Global Marketing
Contemporary Theory, Practice, and Cases

工商管理经典译丛·市场营销系列
Business Administration Classics·*Marketing*

全球营销

伊兰·阿隆 (Ilan Alon)
尤金·贾菲 (Eugene Jaffe) / 著
多娜塔·维亚内利 (Donata Vianelli)
郭晓凌 龚诗阳 / 译

中国人民大学出版社
·北京·

《工商管理经典译丛·市场营销系列》
出 版 说 明

随着我国市场经济的不断深化，市场营销在企业中的地位日益突出，高素质的市场营销人才也成为企业的迫切需要。中国人民大学出版社早在1998年就开始组织策划了《工商管理经典译丛·市场营销系列》丛书，这是国内第一套引进版市场营销类丛书，一经推出，便受到国内营销学界和企业界的普遍欢迎。

本丛书力图站在当代营销学教育的前沿，总结国际上营销学的最新理论和实践发展的成果，所选图书均为美国营销学界有影响的专家学者所著，被美国乃至世界各国（地区）的高校师生和企业界人士所广泛使用。在内容上，涵盖了营销管理的各个重要领域，既注意与国内营销学相关课程配套，又兼顾企业营销的实际需要。

市场营销学是实践性很强的应用学科，随着我国企业营销实践的日渐深入和营销学教育的快速发展，本丛书也不断更新版本，增加新的内容，形成了今天呈现在读者面前的这一较为完善的体系。今后，随着营销学的发展和实践的积累，本丛书还将进行补充和更新。

在本丛书选择和论证过程中，我们得到了国内营销学界著名专家学者的大力支持和帮助，原我社策划编辑闻洁女士在早期的总体策划中付出了大量的心血，谨在此致以崇高的敬意和衷心的感谢。最后，还要特别感谢为本丛书提供版权的培生教育出版集团、约翰威立公司、麦格劳-希尔教育出版公司、圣智学习出版公司等国际著名出版公司。

希望本丛书对推动我国营销人才的培养和企业营销能力的提升继续发挥应有的作用。

中国人民大学出版社

译者序

世界不再有孤岛，市场无界限，社会将由容忍走向理解、尊重和融合。在此大势下，需真正带着寰宇一体的眼光来学习、从事国际商务和全球营销。本人讲授“全球营销学”已历十余年，且多采用英文教材，但由伊兰·阿隆、尤金·贾菲和多娜塔·维亚内利所撰写的这本教材给人耳目一新之感。所以，当中国人民大学出版社的石岩老师约我翻译此书时，我欣然接受。经多日奋战，终能不负承诺。幸甚之余，觉得此书有若干鲜明特色，欲与读者分享。

其一，全球关怀。该书真正体现出对全球市场的关注，采用大量来自新兴经济体的事例和案例，较好地克服了教材作者时有的“我群中心主义”(ethnocentrism)。随着世界走向多元，市场迈向一体化，全球商务人士也需洞察各地文化传统和需求特色，不以本人、本国、本民族为大为优。该书作者分别来自美国、以色列和意大利，并在多国生活、学习和工作。自书中可窥其包容开放、兼收并蓄之意，能将世界尽皆纳入，显示文化社会特色、政治制度、经济发展水平和地理位置不同的国家市场之差异，从而使读者真正了解全球而非局部。

其二，重视实用性。本书提供了若干实用性思考框架和分析工具，如CAGE（文化、行政、地理和经济距离）、政治风险评估模型、营销信息系统模型等，增强了本书的实践指导意义。此外，全书整体上注重数据和文献引用，并在介绍的基础上予以评论，辅以专栏展示具体应用，呈现出客观、翔实、实用的风格。

其三，关注伦理问题。本书专辟一章讲述企业伦理和社会责任问题，凸显作者的社会关怀。具体内容既包含国际和地区机构的作为，也包括企业实践，还特别介绍了“金砖四国”的企业社会责任。这些努力既是回应全球对环境、员工福利、多样性、资源等问题的日益关注，也有助于企业通过社会责任行为来提高市场接受度并获取竞争优势。笔者以为，全球营销，抑或更一般的商务行为，都应该是商务、文化和伦理“三位一体”模式，本书做到了这一点。

其四，强调技术应用。书中专设“聚焦技术”专栏，以极简短的方式介绍企业的技术应用实例。另外，鉴于社交媒体在当代企业营销中的作用日渐显著，本书专门用一章来论述社会营销及其企业应用。虽然篇幅不长，但覆盖了社会营销界定、社会营销网络、社会营销广告、社会营销中的隐私等问题。作者还简要介绍了星巴克、卡夫等若干全球著名消费品公司的社会营销实例，这些公司具有典型性，其做法很有启发意义。

除以上特色，该书以营销环境、营销职能和战略、营销策略和营销新趋势四方面来组织内容，纲举目张，提纲挈领，易于学生学习和老师授课。全书共分16章，符合我国大学一般学期长度，适用性强。另外，伊兰·阿隆非常熟悉中国，与中国的商学院合作过，并出版过多部关于中国商务的著作。这使得全书读起来十分亲切自然，全无隔膜之感。当然，由于中国市场发展极快，或许有些内容中国读者觉得已非最新情况。事无完美，可撷英去陈，而且学习应当以视角、思路与方法为重，以此为纲即可了解、理解商务世界中不断涌现的新现象和新趋势。

由于本书注重全球导向、实用性、新趋势，而且做到理论和实践并举，因此适合作为商学院“全球营销学”或“国际营销学”课程的教材，对象包括市场营销、工商管理、国际商务等相关专业的本科生、学术型硕士和工商管理硕士。同时，对于涉足国际市场、从事全球营销的企业管理和营销人员而言，也能开卷有益，不仅可以获得丰富的资料，而且能从案例中借鉴学习，对照反思，以提高企业在全球市场的表现。

本书译稿得以付梓，首先要感谢对外经济贸易大学国际商学院营销学系的龚诗阳老师。他入职不久，教学科研压力巨大，但欣然助一臂之力，承担了第4篇的翻译。本人的硕士研究生邓栖霞和张佩翻译了第1篇章末案例及书末四个案例，王彬和高赟翻译了书末四个案例，曾经教过的学生韩煦翻译了第3篇章末案例和书末一个案例，毕业于经贸学院之后保送就读北京大学汇丰商学院的赵倩对第2篇进行了初译。另外，辛闻、张茂华和王雪在翻译过程中也提供了若干帮助，在此一并致谢。本人负责翻译第1篇和第3篇，并对全书进行了统校。虽然限于篇幅并非原书所有案例都能付印，但所有人付出的所有劳动都值得铭记。

村上春树说有“翻译之神”，无形之中盯着译者的工作。然而，现实中纵有此心，也难以达到如村上般平静专注。再加上笔者所学所知有限，因此不免有错误不当之处，敬请读者指正（请致 xiaoling. guo@uibe. edu. cn），不胜感激！

郭晓凌

前 言

概 述

将营销职能拓展至全球并非易事，这要求管理者能够对全球市场和不同的营销环境进行全球性和战略性思考。由于政治、社会、经济和技术环境的差异，国际市场存在很大挑战。地区和国家差异可能使一些营销战略和战术在新环境里变得无效。

要想在全球市场上把握机会，必须进行跨越国界的市场调研和分析。跨国公司的市场细分、目标市场选择和定位战略必须寻求市场的共性，与此同时考虑单个市场的特性。企业只有在这一背景下才能执行产品、定价、分销和促销即4P策略。本书将考察这四方面策略，并为学生提供分析相关营销决策优缺点所需的工具。营销人员的个人决策必须置于整体中考察。为此，营销的跨国和跨部门协调、设计和控制乃关键所在。

社交媒体等新技术最近几年得到快速发展，企业领导人的社会责任和伦理也重新受到关注。本书试图紧跟这些新发展，在许多章节新增了“聚焦技术”专栏，并且有专门章节论述全球营销中的社会责任、伦理和社交媒体。

方 法

我们在撰写《全球营销》这本书时，目的是出版一本真正全球导向的教材。三位作者共同实现了这一目标，他们分别居住在美国、欧洲和以色列，有大量国际教学和咨询经验，涉及奥地利、澳大利亚、中国、克罗地亚、丹麦、法国、德国、印度、以色列、意大利、斯洛文尼亚和美国等众多国家，国际商务和营销教学经历合计超过80年。这种全球导向也很好地体现在章末案例中，这些案例由国际性的教育工作者团队撰写，涵盖很多国家，其中大部分专为本书而作。我们选择的营销素材不限于发达国家，还包括新兴国家，既有大型跨国公司的战略，也有中小企业的战略。本书第5篇是篇幅较长的分析型案例，它们与章末短小的讨论型案例一道为老师提供了更多的教学材料，也为学生带来更加多样化的学习素材。本书试图实现理论与实践的平衡，使学生能够掌握丰富的国际营销术语，理解国际营销模型，在案例中应用所学知识，并能应对全球营销管理者所面临的各种问题。

组 织

本书分为5篇。第1篇通过回顾全球营销环境提出本书的背景，特别关注了市场评估和形势分析工具，比如第1章和第2章的CAGE（文化、行政、地理和经济距离）和PEST（政治、经济、社会和技术环境）。第3章更深入地研究了文化环境，回顾了跨文化管理的一些模型及其对营销战略的作用。第4章则深究政治法律环境，开发了一个政治风险模型用以评估风险。作为第1篇的结尾，第5章考察了全球、地区和国家市场的相似及差异之处，并讨论了促进世界贸易的一些重要的贸易集团。总体上，第1篇是分析外部，特别是不可控的外部营销环境。

第2篇由与营销职能战略有关的四章内容组成，包括全球营销调研、国际市场选择、全球市场进入战略，以及全球市场细分、选择目标市场和定位。国际市场上的营销调研更为复杂，充满变数，使得数据收集和结果阐释难以统一应用于不同国家。营销经理可能犯的一个错误是，以为在本国可行的办法一定适用于海外。在全世界寻找机会，不仅需要开展市场调研，而且需要对引发需求的各种不同条件进行细致而系统的分析。接下来讨论国际市场选择模型。国际市场进入决策通常紧随其后，它涉及对风险和控制力的权衡。乐于在市场上投资的营销人员必须通过财务回报来证明投资的合理性。企业越来越多地采用非股权进入模式，原因在于，企业对远距离市场的管理难度不断加大，而越来越多的国际营销活动在新兴市场开展，此类市场因政治因素、文化距离和经济欠发达等原因往往包含更多风险。

全球市场细分、选择目标市场和定位（STP）战略既可应用于国家层面，也可应用于国际层面。针对北美中等收入消费者的某一产品也可能会吸引巴西的高收入人群。由于存在全球性媒体和跨国广告客户，加上互联网和社交媒体提升了人们之间的关联性，全世界年轻城市消费者的生活方式正在趋同。营销人员日益能够采用基于网络的技术手段来识别和接触不同市场上想法类似的消费者，并向他们销售产品。

第3篇涵盖传统的产品、定价、分销和促销策略（4P）。营销人员面临的可控环境大多涉及这四方面的决策。这些决策需要协调一致，以便对目标群体产生吸引力。本书详细回顾了产品和品牌策略、定价策略、全球布局和分销策略，最后是全球沟通和广告策略。这些策略共同构成国际营销规划的基础内容，为企业形成国际市场竞争力奠定了基础。

第4篇是全书最具创新之处，集中关注国际营销中包括社交媒体在内的新兴技术、全球营销的设计和控制，以及营销人员的伦理和社会责任行动。作为一种破坏性（disruptive）技术，社交媒体对未来营销和广告方式具有特别的影响。它是一种广告媒介，是一种使分散的消费者彼此连接的办法，也是一种消费者和市场调研工具。消费者借此与朋友、伙伴和同事分享品牌感想，从而有机会对企业所传递的信息施加影响。2008年以来弥漫于全球市场的衰退促使人们反思营销在社会中的作用，以及公司应当承担的责任。人们越来越要求营销人员担负更多责任，不仅满足“底线”（bottom line）要求，而且为受其影响的社会各个方面负责。

第 5 篇提供了一些篇幅较长的分析型案例，它们大多来自毅伟案例交换所（Ivey Case Clearing House）。这些案例为学生进行正式的案例分析提供了真实的情境和机会。

特 色

本书涵盖了全球营销的所有基础性内容，包括对国际营销环境的充分介绍，其中既有外部不可控因素，也有国际营销经理用于应对这些因素的各种工具和策略。

就我们所知，本书是唯一用专门章节讨论商业伦理和社交营销的全球营销教材。跨国公司管理者和其他需要在多文化背景下从事经营的商业人士日益受窘于伦理困境，因此需要对伦理问题给予更多关注。这一需求指导我们专设章节来讨论国际市场中的伦理和企业社会责任。另外，由于国际市场上社交媒体的增长以及日益频繁的使用，我们觉得有必要增加一章关于全球社会营销的内容。读者将会看到，社会营销不仅限于发达国家，在新兴市场同样适用。

本书的另一个特色是每章都有一些专栏，它们是聚焦国家、公司、人物或技术的一些微案例或小故事，放在特定章节里强调最近发生的一些全球营销事件或人物。

本书既有各章末的短案例，也有第 5 篇的长案例。章末案例帮助突出各章内容的实际应用，可用于课堂作业和讨论，展示如何应用本章所讲的模型和理论。长案例最好用于整合所学内容，一般要求学生分析营销环境和产业态势，然后确定问题并提供备选解决方案。案例都经过仔细挑选，兼顾中小型和大型企业、世界各个地区以及包括非营利公司在内的各种产业。所选案例多为畅销案例，例如，茹丝葵案例是毅伟连续三年最畅销案例之一。

全球营销是持续变化的，为了跟上时代，国际营销的教师和学生不必拘泥于书中理论和案例，而应进一步考察它们如何才能运用于真实世界中。

目 录

第1篇　全球营销环境

第 2 篇 全球营销职能和战略

第 3 篇 全球营销策略

第 4 篇　全球营销的新趋势

第 5 篇 全球营销综合案例

第 1 篇　全球营销环境

第 1 章　认识全球市场和全球营销

第 2 章　评估全球营销环境——全球经济和技术

第 3 章　评估文化和社会环境

第 4 章　分析政治和法律环境

第 5 章　整合全球、地区和国家市场

第1章 认识全球市场和全球营销

企业必须学会将世界看作一个大市场，忽略地区和国家之间的表面差异。

——西奥多·莱维特（Theodore Levitt）

学习目标

1. 理解全球化如何影响营销战略。
2. 界定“全球营销”的含义。
3. 采用 CAGE 模型来理解国家之间的差异。
4. 根据 EPRG 框架确定公司的组织形式。
5. 了解制定全球营销战略的三种途径。
6. 认识全球愿景对制定全球营销战略的重要性。

市场全球化

在国外旅行时，你会碰到肯德基、可口可乐和麦当劳等熟悉的品牌名称，你认为这些品牌系美国所有，确实如此。可能你觉得国外销售的这些产品，其中有些尽管看起来没区别，但实际上它们的味道会与在美国买到的有所不同。假如情况是这样，那意味着这些产品改变了配方以符合当地人的口味，即采取了适应化措施。如果你足够幸运有机会驾驶一辆劳斯莱斯汽车，你很可能认为它是英国的产品，虽然它看起来很有英国范儿，却为德国所有；可能你驾驶过英国的路虎，或者瑞典制造的沃尔沃，但它们实际上卖给了福特公司。市场和营销全球化的结果之一，是美国产品在世界各地参与竞争，欧亚厂商也可角逐美国市场，谁曾想到中国和印度的汽车会在美国销售？

试想，在哥本哈根，18 岁的汉娜（Hanna）登录一个加拿大网站，订购了麦当娜的最新 CD，用当地银行发行的丹麦信用卡支付，货币为克朗。而她从法国来的表兄雅克（Jacques）则登录一家电子消费品网站，注意到日本开发的一款新型录音设备的广告，但它尚未在欧洲销售。雅克用搜索引擎发现在中国澳门销售该产品。于是，他向一个澳门经销商订购，要求邮寄至他在巴黎的地址。他用欧元支付，收据被发送至他的电子邮箱。这些交易代表了全球营销，它使得全世界的买方和卖方几乎用任何一种语言和货币都可以方便、精确、安全、可靠地实现在线见面和交易。

全球市场的另一现象是脸书（Facebook）和推特（Twitter）等**社交网络**（social networking）网站的兴起。例如，2008 年初脸书的全球用户总计 3 400 万，到 2009 年初这一数字就增至 9 500 万。脸书的许多市场都以每月两位数的速度增长。你上网了吗？这些网站掌握注册用户的兴趣爱好，有时候也了解他们的购买习惯。在一定意义上，脸书的分析人员可能对人们及其朋友的兴趣点了解甚多，这些信息对渴望在这些网站做宣传的广告主有很大价值。

所有这些事例得以发生，主要是全球化所致（见专栏 1—1）。**全球化**（globalization）是受全球贸易和投资所驱动的许多国家之间人员、公司和政府互动和整合的过程，结果带来我们所说的全球经济。

专栏 1—1

聚焦国家：印度

你办公室的电话铃响了，电话那一头传来不熟悉的嗓音，用的英语虽然有口音，但是很标准，“早上好，先生！我是会计巴瓦·辛格，愿意为您提供个人纳税申报服务。”尽管你不一定会接到这样的电话，而且不管怎样你都有一个当地会计帮忙做纳税申报的事儿，但你的纳税申报却很有可能是由像巴瓦·辛格这样的人完成的。你可能从未听说过他，但他是众多位于孟加拉国和德里的离岸会计师事务所的上千名印度籍员工之一。辛格先生解释道：“我们与一些美国 CPA（注册会计师）公司有协议，我们链接到它们的数据库，能够即时进入，我们的会计用这些数据库来做纳税申报工作。美国公司因此可以集中于会计服务、顾客关系以及更复杂的纳税申报，而我们做一些基本工作，这样可以降低成本。”

按照类似的方式，印度离岸公司为零售连锁企业和银行做账务清单工作，并在建设网站和开发软件方面具有专长。

全球化：世界在变小

世界各个角落的企业，无论规模大小，一定知道全球经济对它们业绩的影响。互联网、电子商务、数字化沟通和信息透明化带来日趋移动办公的雇员、信息更加充分的顾客以及快速变化的技术和商业模式。其结果是，许多企业必须选择全球营销战略以便赢得市场份额，获取并保留现有和潜在客户。市场营销变得更为重要，因为全球的企业都在尽力开发对顾客有吸引力的产品和服务，目的是在日益拥挤的全球市场上实现差异化。

我们相信，营销战略是在全球市场上获取竞争优势的关键所在。因此，本书的目的就在于阐述如何制定并维持一项成功的全球营销战略。

全书围绕全球营销活动的三个方面展开：评估、战略和营销组合，其步骤如图 1—1 所示。在进入全球市场之前，企业必须对经济、政治和文化环境进行评估。完成评估之后，下一步涉及选择市场和市场进入战略。最后，在各市场制定营销组合策略，包括产品、促销、分销和定价。图 1—1 展示了书中的前后各章，对应评估、战略和营销组合三方面活动之一。

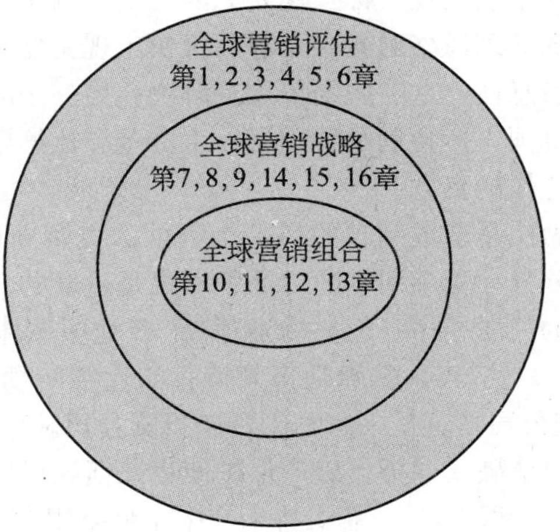

图 1—1　本书结构

全球化和全球营销

全球化正在改变公司制定营销战略时所必须考虑的竞争环境。电子商务的使用在增长，互联网和手机等技术驱动元素在扩散，交通设施在改进，世界很多地区的政治和经济边界在取消，这些因素使得公司不仅聚焦国内市场，还可以瞄准多样化的全球市场。当全球市场从长期来看联系日益紧密且更具动态性时，企业要想获取竞争优势，就必须对外部环境进行有效监控，并且最大限度地利用公司的特有资源。

全球公司长期陷入一种矛盾中：一方面，接触到全球市场意味着公司的总目标和技能跨越任何一个特定国家，确实，公司的愿景和先进技能可以使它比当地公司更好地利用某国的生产资源，进入该国市场；另一方面，全球公司在应对当地市场的众多特色时会遭遇比较劣势的挑战。成功意味着一般性知识能适合每个国家的特定环境。当进入一个新的国家市场，全球公司面临的战略挑战在于决定哪些业务技巧和做法可以引进，哪些需要在当地发展，如何将二者结合起来纳入一个有效运作的全球企业中。[1]

全球化催生的技术进步使得全球外包显著增长，正如专栏 1—1 中的事例所示。显示全球化如何影响企业文化和战略的例证之一，就是在两个或两个以上国家多元化全球联合公司的兴起。一个联合或合并公司的例子是戴姆勒-奔驰（现在的戴姆勒）接管克莱斯勒，目的是在戴姆勒和克莱斯勒的市场上为二者提供支持。[2]

戴姆勒与克莱斯勒合并后形成了一个大型汽车制造企业，收益、资本市值和盈利居全球第三，乘用车和商用车销量居全球第五。但是，这一合并实际上使它们的竞争对手日本丰田变得更加强大。2003 年，两家公司的总市值仅仅是合并前 1998 年各自市值总和的一半。[3]

为什么合并未能实现目标？主要原因之一是两家公司的组织文化存在差异。由于美国和德国的管理风格迥异，合并后很快出现文化冲突，尽管开办了研讨班来提高人们的文化敏感性，这一问题仍无法解决。另一个问题是美国人的工资水平显著高于同级别的德国人，特别是管理层。工资差异让德国员工嫉妒美国员工，嫉妒可不是促进双方合作的良方。

营销上的做法是造成问题的另一个因素。克莱斯勒和戴姆勒-奔驰，二者的品牌形象有很大差异。克莱斯勒的"品牌形象是过度的美国化……品牌价值在于坚定性和冒险牛仔的气质……（但）梅赛德斯-奔驰……体现的是严谨的德国工艺辅以过硬的质量"。[4]2007 年，戴姆勒将其持有的克莱斯勒品牌股票的 80%卖给了 Cerberus 资产管理公司，这是一家私人资产投资公司。但是到 2009 年，受金融危机影响，克莱斯勒申请破产保护。破产保护使克莱斯勒得以与意大利菲亚特公司缔结联盟，后者在公司持股 20%。菲亚特生产中小型乘用车，该联盟有助于克莱斯勒生存下去。

上述跨大西洋合并之困难不仅在于要跨越国家和文化边界，而且需要在法律、金融和管理方面做出新的考虑。[5]因此，全球化时代的企业战略设计要求的不仅是技术能力，还有地理覆盖范围，以及在外国环境中进行管理和营销的专门技能。

全球化：机遇还是威胁？

全球化指朝向一个整合的、互相依赖的单一世界的趋势，它受国际贸易的驱动，由于信息技术而成为可能。全球化可以从多个角度来理解：对经济学家而言，全球化指的是全球市场的兴起；从另一方面，社会学家视全球化为生活方式和社会价值观的趋同；政治学家则认为，全球化削弱了国家主权。尽管全球化方面的现象已经出现百余年，但马歇尔·麦克卢汉（Marshall McLuhan）首先认识到现在人们所理解的全球化。他提出了"地球村"（global village）的概念，指时间、空间上彼此分隔的人们靠电子媒介连接在一起。这种连接带来正面利益，但与此同时，也意味着在全球范围内承担责任。[6]

当国家边界消失，时空距离缩短，世界就成为一个"地球村"。这种压缩是因为大气、海洋和通信成本在 20 世纪大幅降低，平均每吨货物的海运和港口费用在 1920 年为 95 美元，1930 年降至 60 美元，到 1990 年则降至 29 美元。运费降低主要得益于集装箱运输，1980 年集装箱在总货物中占比 20%，2000 年则提高到 65%。

信息技术的进步使通信成本也降低了。例如，从纽约给伦敦打 3 分钟电话的费用在 1930 年为 245 美元，1990 年仅需 3 美元。现在，用电话做一笔银行交易需要 55 美分，用 ATM 机（自动取款机）成本可降到 45 美分，如果用互联网则费用低于 10 美分。

全球化给我们带来什么机遇？贸易自由化意味着对一国产品的需求不局限于本国市场，投资、技术和专门知识能更加自由地跨国界流动，既流向发达国家，也流向发展中国家。但是，也有很多人诋毁全球化，例证之一便是1999年下半年在西雅图，约4万名抗议者中断了世界贸易组织召开的第三届部长会议。全球化带来的利益未能平等地分配到每个人、每个国家，大多数不满与这一事实有关。

尽管如此，世界上大多数人对全球化的态度是积极的。皮尤全球态度项目（Pew Global Attitudes Project）[7]调查了全球44个发达和发展中国家的38 000人，其中35个国家的大多数人相信贸易增长给他们国家带来的利益很大或者比较大。美国人和欧洲人对全球化有正面看法，这不奇怪，但让人称奇的是非洲和亚洲人与更发达国家的人相比，对全球化的支持程度相同，甚至更强。

全球营销

如何利用技术的突破和发达及新兴市场所带来的机遇，成为管理者面临的重要任务，这要求营销战略的制定和实施采用全球方式。全球方式需要公司聚焦于全球，而非按照不同国家分别制定营销战略，还要求生产、营销等职能活动进行跨国的协调和整合。对许多公司而言，全球营销战略要求有集中的运营，以便能够杠杆化地利用规模优势，实现资源最大化和成本降低。

具体地，**全球营销**（global marketing）的目的在于实现所有营销活动在全球范围内的协调、合理化和整合，这些活动包括目标市场选择、营销组合决策、组织设计和控制机制等。[8]营销活动的全球整合包含开发全球产品、建立全球品牌及制定全球沟通和分销战略。

全球营销和全球市场

全球营销的支持者认为，随着市场同质化，国际营销比国别差异更为重要。[9]其他人则持相反观点，声称全球市场不多，仍然有必要根据当地市场的需求来专门制定营销战略。[10]尽管如欧盟、北美自由贸易协定（North American Free Trade Agreement，NAFTA）和南方共同市场（Southern Common Market）[11]等区域性整合市场确实朝着“无边界世界”迈进一步，但不同市场上消费者的消费动机和偏好仍然存在显著差异。因此，全球营销和全球市场有着本质不同，前者指在全球范围内对营销活动的整合和控制，后者指地区甚至全球市场的汇聚，它使企业能够实施标准化营销战略。是否执行全球战略取决于地区和国家之间的距离远近，下面讨论的就是一个距离衡量框架。

CAGE 距离框架

根据**CAGE框架**（CAGE framework），两个或两个以上国家之间的距离可以用四个维度衡量：文化（culture）、行政（administrative）、地理（geographic）和经济（economic）。[12]其中，文化距离包括语言、种族、宗教、价值观和规范；行政距离衡量法律、政治风险和政府架构的国家差异；地理距离包括国家面积大小、基础设施、气候和是否远离邻国；经济距离指的是在国民收入、做生意的成本、人力和自然资源的价格和可获性上的国家差异。这些因素不仅影响国家之间的差异，而且影响不同产业间的差异。

上述因素中，哪种因素对国际营销决策最重要？要看情况。例如，两个国家可能在地理上接近，但行政距离却很大，因为政治上可能存有敌意。在其他情况下，文化距离可能成为制造两国距离的主导因素，如食品。有时候经济距离太大，难以逾越，如消费者收入太低这一情况就不好克服，除非能专门生产低档产品并相应地制定低价。这些差别的相关性将在下面以及本书的其他部分进行讨论。表 1—1 就如何测量 CAGE 距离提出了建议。

表 1—1　　CAGE 距离测量

维度	来源	包含的国家数
1. 文化	Hofstede（2001）	
权力距离	World Values Survey	68
不确定性规避	（WVS；Inglehart，2004）[13]	66
个人主义		69
男性气质		69
2. 行政		
殖民—被殖民关系	CIA Factbook	198
同种语言	La Porta et al. 1998[14]	
法律体系		
3. 地理	CIA Factbook	196
大圆距离		
4. 经济	World Development Indicators	
收入	（World Bank）	179
通货膨胀		157
出口		165
进口		165

资料来源：Adapted from：Berry，H.，Guillén，M.F.，& Zhou，N.（2010）. An institutional approach to cross-national distance. *Journal of International Business Studies*，*41*（9），1460-1480.

国内营销和全球营销的比较

全球营销与国内营销有何不同？差异主要体现在三个方面。全球营销的特点是：

1. 市场和环境不确定性更大。许多全球战略归于失败，或因为未能实施，或因为在充分发挥作用之前商业环境发生了变化。在沃顿商学院组织的一场论坛中，演讲者明确了决定未来经济环境的两个主要因素：第一，“可能影响经济的外部事件是已知的、明白的，还是未知且令人吃惊的”；第二，“公司是否具有利用快速变化的外部条件的文化、历史和能力。”[15] 不仅如此，成功的公司还明白主动承担风险和在风险面前被动无为的区别。[16]

2. 全球市场比本国的内部市场更具多样性和动态性。从不利的一面看，与本国市场相比，全球市场的经济、法律、社会和文化差异使得国际营销者的任务更为艰巨。尽管市场之间具有相似性，但它们的差异性更大。从有利的一面看，全球市场的多样性使跨国公司能够获得多种经验，倘若竞争对手没有同样的学习经验，跨国公司就可以借此赢得竞争优势。跨国公司的所有分支通过转移和利用这些知识就可领先于竞争对手。例如，那些最佳商业实践可以在组织间转移和共享。

新兴市场（emerging markets）为投资和营销提供了新机遇。例如，中国在20—21 世纪经历着一场空前的工业化。中国在全球工业产出中的比重稳步提升，包括逐步由生产廉价、简单的产品向提供更高质量的产品转变。其他新兴市场也显示出强劲增长。印度在 20 世纪末已经成为全球 IT 和电信服务的领先提供者。中国、印度和波兰等新兴国家不仅提供了机遇，也给全球公司提出了双重挑战：第一，如何渗透进这些新兴国家市场；第二，如何与新兴市场的公司在全球市场上竞争。

人口变化也很显著。在欧洲和日本都出现出生率下降和老龄人口增多的现象。例如，英国、日本和美国的出生率在过去 10 年持续下降，导致人口零增长。有人认为这是向好的方面发展。英国家庭规划方面的一位退休教授约翰·吉尔布兰德（John Guillebrand）说，低人口增长率会减少资源压力，增加温室气体的排放①。虽然总人口增长的比率小幅下降（见图 1—2），可是预计到 2050 年人口仍将达到 90 亿。然而，低出生率意味着人口老龄化、养老金支出加大、工作模式变化以及医疗成本提升。这些变化将给经济中的消费相关部门带来严峻挑战，当然如何满足老年人对一些特殊产品和服务的需求也是一大问题。

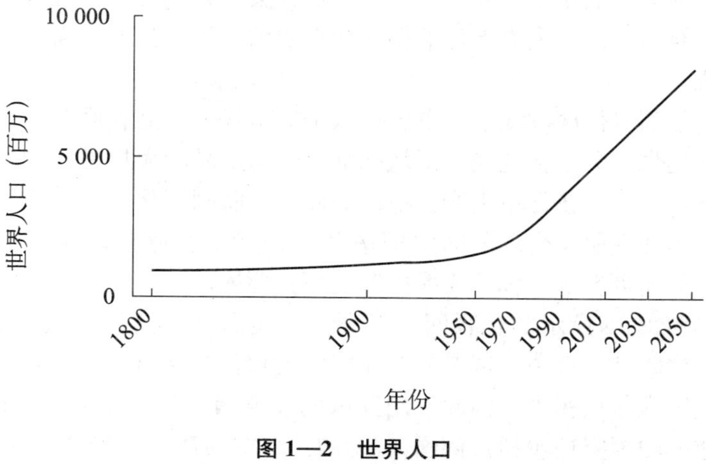

图 1—2　世界人口

资料来源：Data from *Internet Geography*. Retrieved from www. geography. learnontheinternet. co. uk.

① 应该是减少而不是增加温室气体的排放。——译者注

专栏 1—2

聚焦技术：在家购物

技术和零售工作

既然有些特定的电视频道致力于销售各种各样的商品和服务，那么在家购物是否成为一种不可逆转的趋势？

当前的购物频道卖锆石、护肤霜和美发产品，看起来对很多消费者没什么吸引力，但技术和营销所提供的支持应当最终使在家购物变得更成熟，完全取代传统零售。利用互动高清电视，你能够操控屏幕中的产品，从不同角度观察，或仔细查看某一细节。

我们大部分人还会在商店买很多东西，但是新的购物方式更省钱，因为没有批发商、分销商和零售商。结果是，零售店的很多人失业，与此同时，提供快速服务的递送工作增加。

资料来源：Campbell，C.（1994）. *Where the jobs are：Career survival for Canadians in the new global economy*. Toronto：Macfarlane，Walter & Ross，6-8.

全球市场的另一个动态是：随着东欧、中国和印度等新兴经济体的产量提高，美国、日本和西欧等传统工业国出现产能过剩的问题。这加剧了价格竞争，使利润变得更低。

3. 全球市场被更大的地理和心理距离所分隔。

地理或空间距离

随着买卖双方用 IT 媒介代替面对面接触，国内营销和全球营销在空间上的差距在缩短。利用互联网和视频会议，某地的消费者可以与另一地的卖方进行即时沟通。以往需要很长时间才能达成的交易现在通过互联网可以迅速完成，曾经需要分散在各地的人们集中起来才能召开的业务会议如今可采用视频会议，管理人员不再需要频繁出差。全世界上亿的移动和在线网络用户为电子商务和移动商务创造出巨大商机。

电子商务彻底改变了消费者获取全球市场上产品和服务信息的方式。互联网为制造商提供了另一种选择，即从标准化转向产品的大规模定制。戴尔计算机公司正是如此，它可以按订单生产。不仅如此，互联网消除了由地理、时区、位置造成的障碍，借此克服了全球的时空壁垒[17]，消除了企业与顾客和雇员进行沟通的多种障碍，从而创造了一种“无摩擦”的商务环境。[18]

如图 1—3 所示，互联网在亚洲、北美和欧洲的使用最广泛。在发达国家中，冰岛、格陵兰、挪威和瑞典的互联网总人口渗透率在 2010 年达到 90%以上。请注意这些国家人口稀少，因此使用互联网及通信工具对于人们之间的交流至关重要。高渗透率的国家还包括：德国（79%）、日本（78%）和美国（77%）。倘若考虑网络用户的总数而非人口比例，中国比美国的网络用户更多。2010 年，全球总的互联网渗透率为 28.7%。[19]

还存在一些限制因素可能使电信无法取代旅行。有关电信的一项早期研究[20]

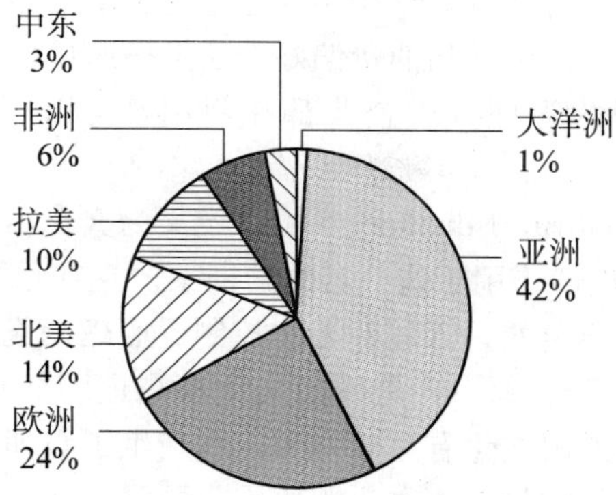

图1—3　按地区划分的世界互联网用户

资料来源：Adapted from：Internet World Stats（www.internetworldstats.com/stats.htm）．Basis：1，966，514，816 Internet users on June 30，2010．Miniwatts Marketing Group.

发现，不是面对面时，人们更易于回想起来，但说服水平则是面对面时更高。该项研究在伦敦开展，这可能影响了研究结果，因为“工作可以在一个舒服的地方完成，徘徊不去的清教徒伦理使很多人无法接受这一点”。更近的一项研究[21]发现，视频会议的增长可能会停顿，因为人们“不想被看见”。Lazar（2006）认为，虽然视频会议迫使人们集中注意力，不能查邮件或上网，提高了会议效果，但其增长受到限制，因为人们更喜欢被听到，而不是被看到。

21世纪以来最剧烈的一个变化是广告支出由传统媒体转向互联网（见表1—2）。电视、电台和平面广告增长缓慢，而网络广告上升很快。例如，在英国，网络广告占广告支出的份额在2009年达到19.2%，比2007年的15.5%提高了3.7%。2002年，英国的互联网心理份额（share of mind），即互联网在消费者考虑购买和使用的少数产品或服务中所占的比例仅为1.4%。同一时期，美国的网络广告出现同样明显的增长，尽管低于英国。2002年，美国的互联网心理份额为2.5%，到2006年达到5.6%，2008年则上升至12.9%。

表1—2　美国的在线广告支出（2001—2011年）　单位：十亿美元

2001	7.1	2007	21.4
2002	6	2008	27.5
2003	7.3	2009	32.5
2004	9.6	2010	37.5
2005	12.5	2011	42
2006	16.9		

资料来源：Data from eMarketer.（2007，October）．Retrieved from www.eMarketer.com.

2008年，8个国家的网络广告支出达到两位数（以10亿美元为单位）。在美国，2001年的网络广告支出为71亿美元，2010年增至375亿美元（见表1—2）。除了英国和美国，还有瑞典、澳大利亚、以色列、日本、挪威、韩国等。

心理/文化距离

公司的国际化往往意味着冒险进入未知世界。“未知”部分与东道国文化相关。

在外国开展业务，管理者必须决定是适应东道国文化，其中包括语言、生活方式、行为标准（例如，伦理）和消费偏好，还是按照母国文化的规则和假定来经营。遵守东道国或母国的管理方式企业都在使用，可以用下面所讨论的 EPRG 框架来解释。

文化距离（cultural distance）可以定义为文化相似或相异程度的某种测量，第 3 章将提出并讨论若干用于这一目的的框架。现在重要的是理解文化距离在国家层面进行测量，是给定的，管理者无法控制。**心理距离**（psychic distance）与文化距离不同，它存在于个体[22]，是母国文化和东道国文化之间的感知距离。如果管理者认为母国和东道国文化有显著差异，就产生了心理距离。因此，心理距离在个体而非国家层面进行测量，而文化距离属于国家层面。

文化距离和心理距离都会对管理者制定全球营销战略产生影响。不同类型的产品会因为文化差异导致消费者行为和偏好的不同。因此，食品、家具等具有文化含义的产品必须调整以适应消费者需求方面的差异。类似地，心理距离会影响管理者的信念，两个或两个以上国家的距离越远，消费偏好的差异越大。尽管心理距离属于感知范畴，而且可能无法准确反映实际的差异或者相似性，但它能够影响管理者制定决策。心理距离还可能影响跨国公司在国际化进程中的组织形式，特别是在进入模式选择和海外经营管控方面，这可以用 Perlmutter（1969）提出的 EPRG 分类来解释。[23]

EPRG 框架

EPRG 框架（EPRG framework）以公司管理者看待世界的方式为基础，它决定着公司国外市场业务如何组织。根据这一框架，在国外市场如何管理公司有四种方法或导向，它们也反映了公司从单纯的国内企业发展为全球竞争者这一国际化进程中的不同阶段。

1. **母国中心导向**（ethnocentric orientation）。在这一阶段，公司将重点放在母国市场。持这一认识的公司相信国内战略优于国外战略，因此国内战略可用于海外经营。海外经营的重要性次于国内市场，企业不会进行系统的营销筛查来寻找国外市场。美国礼来制药公司（Eli Lilly）最初扩张到海外市场时就抱着这一观念，公司在重要市场上设立办公室，雇用当地员工，并通过测量每个国家的最低盈利水平对当地经营实施严格控制。海外分公司仅提供支持当地销售所需的下游活动，营销活动由总部负责。[24]

2. **多国中心导向**（polycentric orientation）。与母国导向公司不同，持多国中心导向的公司采取分权式管理，允许分公司制定自己的营销战略。但是，管理者的思维还是集中于母国市场，因为他们相信国家市场互不相同，营销战略必须进行调整以适应各个国家的特殊需求。这一导向基本上不实行标准化营销，海外市场要进行个别检视，各个市场独立运营，彼此之间不进行任何实质性协调或整合。营销活动的组织和实施逐个国家展开，必要时调整营销组合来满足各市场要求。福特公司在营销 Escort 汽车时就采取了这一导向。其英国版与美国版不同，不仅因为在美国方向盘需要从右侧改到左侧，还因为美国的汽车排量更大，款式也不同。

3. **地区中心导向**（regiocentric orientation）。指某特定地区被看作一个单一市场。营销活动可能聚焦于欧盟和南方共同市场等贸易地区，营销人员试图为整个地区内的所有国家制定并实施营销战略。与多国中心导向不同，这里的重点是地区营销活动的协调，并尽可能采用标准化。例如，丰田公司就是按照地区中心导向组织营销活动的，其销售收入的45%来自日本，39%来自北美。丰田在北美的成功基于针对这一特定地区市场的顾客驱动式新产品开发。

4. **全球中心导向**（geocentric orientation）。采取这一导向的公司将全球视为一个潜在市场。公司试图通过世界范围的整合开展全球营销，为了实现规模经济而大量生产全球产品和品牌，在所有市场上提供标准化产品、品牌、品牌形象和定位，并且尽可能采用标准化广告，将适应化举措降到最低。不管采取地区中心导向还是全球中心导向，公司都可以在全球各地获取和分享最佳商业实践等方面的知识，公司网络也可以实现最大化，由此赢得并维持竞争优势。例如，宝洁公司在美国推出的汰渍洗衣粉是由德国分公司开发出来的并在德国上市，品牌名称为 Vizer，其后在其他几个欧洲国家生产、销售。Vizer/汰渍之所以能在欧洲及拉丁美洲推出，原因是宝洁公司德国管理层获得的经验和知识能够与其他分公司分享。表 1—3 总结了跨国公司采取上述各种导向所对应的产品策略。

表 1—3　ERPG 和全球产品策略

导向	产品策略
母国中心	产品开发取决于母国消费者需求
多国中心	按照当地需求开发当地产品
地区中心	地区内标准化，但地区间有差异
全球中心	全球产品，在不同地方有一些变化

资料来源：Thomson，A. Jr. & Strickland，A. *Strategic Management*，13e © 2003 The McGraw-Hill Companies，Inc.

制定全球营销战略

公司要想在全球竞争中获得成功，就必须赢得明显的竞争优势。为此，公司必须制定全球营销战略。全球营销战略有三种途径：标准化、布局/协调和公司价值链的整合。

标准化/当地化——适应化流派

倘若我们组织一个由跨国公司营销经理参加的研讨会，一个主要议题是对于各地的营销活动，标准化是否优于当地化或差异化。一项真正全球化的营销战略试图在所有市场上实现营销组合的标准化。但是，实际中很少有完全标准化的营销组合。有些公司的产品是标准化的，但不得不对广告实行当地化；另一些公司必须对产品实行当地化，但采用标准化的广告。例如，戴尔公司在所有市场上实行直销战略的标准化，但对广告进行了当地化。相反，雀巢公司对某些产品进行了当地化，但对广告尽量实行标准化。

图 1—4 显示，当地化程度取决于职能，大部分营销职能需要进行跨市场的调整适应，而财务等职能所需的调整微乎其微。大多数公司希望将品牌识别标准化，以便品牌在全世界保持形象一致。

图 1—4 当地化需要因职能而异

资料来源：Adapted from：ITSMA *Viewpoint*，June 2005，p. 3.

何时标准化受到偏好呢？制造商和服务商出于多方考虑可能在全球偏好标准化战略，包括获得生产和营销的规模经济、降低成本特别是高昂的研发成本、减轻来自全球客户希望获得统一供货的压力等。对于那些开发和生产准备成本偏高而且技术淘汰很快的产业而言，有利的做法是，开发标准化产品，在很多市场上快速投放以收回投资。类似地，如果学习曲线带来的优势对产业很重要，那么**标准化**（standardization）可以降低成本。全球客户也会对供应商施加压力，要求供应商为他们在多个国家设立的制造厂提供统一产品。例如，为全球汽车厂商提供喷漆产品的企业，其位于各地的喷漆厂必须提供标准化的产品，以保证所有汽车的外饰一致。表 1—4 列出了一些采用标准化营销战略的公司，有些在全球设计产品而分销实行当地化，如吉列剃须刀；有些可能实行两种或两种以上所列出的标准化战略，如柯达。

表 1—4　　采用标准化营销战略的公司

战略	公司
产品设计	福特（Escort）、诺基亚手机、吉列（剃须刀）、柯达（相机）
品牌名称	喜力、可口可乐、锐步、妮维雅、宜家
产品定位	高露洁（牙膏）
包装	吉列（剃须刀）
广告	麦当劳、柯达（相机）
促销	Thane International（运动器材）
分销	玫琳凯（化妆品）、宜家

另一方面，有一些因素会影响企业实行标准化营销战略，主要包括国家之间消费者口味和偏好的差异以及产品性能要求和标准的不同。雀巢在中国推出咖啡产品时，专门根据中国消费者的口味研制了一种混合粉末。雀巢的威化品牌奇巧（Kit Kat）的全球销售额大约为 10 亿美元，但这款产品在很多市场上都进行了适应化调整。例如，在俄罗斯，其规格就比西方国家小，巧克力颗粒更大，而在日本是草莓口味。大前研一（Kenichi Ohmae）[25]写道："就产品策略而言，在无边界经济中的管理并不意味着平均化管理。并不意味着所有的口味都汇聚成杂乱一堆，全球普适。也不意味着全球经营的吸引力消除了改动产品的必要性。全球普适产品的光环是虚假的。"但是，在修订版中[26]，大前研一评论道："发达国家的年轻人变得越来越没有国家印记，更像美国、欧洲和日本这三极地区的'加利福尼亚人'……"

可以推断，发达国家这一特定的年轻人细分市场可能是标准化产品的目标消费人群。确实有这样一些跨界标准化产品的例子，我们能想到的如 Levi's 牛仔裤、iPods 和 Timberland 鞋子。

即使产品实现了标准化，营销组合的其他成分也可能无法标准化。一个很好的例子是雀巢咖啡在智利的电视广告。广告展示了湖边的一幢房子，父亲想叫醒儿子去钓鱼，但儿子更想待在床上。很快，儿子醒来，准备了一杯咖啡。充满活力的他给父亲端了一杯咖啡，父亲当时坐在湖边，为儿子不和他去钓鱼而感到失望。可是，父子因为一杯咖啡而重归于好。广告传递的信息是咖啡使二人关系融洽。但是，同样的广告若在巴黎播放，人们可能仅仅认为是一个环境报告。尽管两国咖啡的味道没有差别，但对同样的广告诉求人们的感知可能大相径庭。

同一广告引发不同感知的另一个例子，是为北美观众制作的一则电视广告投放到几个拉丁美洲国家时发生的。广告意在鼓励有两层房子的家庭多买电话机。打给丈夫的一个电话，由在厨房干活的妻子接到了，丈夫在二楼，那里没有电话机。妻子朝丈夫大吼，让他立刻下来接电话。这则广告给人带来负面的感觉，因为在男性主导的国家，妻子在命令丈夫并且看起来很不耐烦，而当地人对时间和紧迫性的认识与北美有很大不同。

莱维特和营销全球化

西奥多·莱维特（Theodore Levitt，1925—2006）教授是企业实行全球营销战略可能性的预见者之一，他曾长期在哈佛商学院工作。莱维特前瞻性地预计到全世界消费者的需求将趋同，趋同指每个东西都变得更像别的东西。[27]他相信国家和地区偏好的惯常差异已经消失，如果营销人员能够以合理的较低价格提供高质量产品，就可以吸引不同国家的消费者。然而，制造商是否具备这种能力取决于三个因素：（1）可观的规模经济效益；（2）消费者购买时对价格和质量最敏感；（3）跨国消费者的需求和口味趋同。莱维特的这三个假设受到质疑，特别是第二和第三条。不同国家市场所存在的明显差异要求企业进行适应和定制，即使不针对营销活动的全部，至少有些部分需要适应，比如产品和促销策略。是否各地的消费者都偏好便宜的标准化产品而非差异化产品？我们还记得福特的 T 型车，“你可以自主选择你喜欢的汽车的颜色，只要它是黑的”。莱维特本人也把他的语气减弱了，意识到公司需要在悠久的国家文化模式和追逐全球品牌的大趋势之间找到平衡。因此，他承认，如果全球品牌不被接受，就应该采取一些当地化举措，比如麦当劳用当地菜补充其标准菜单，如印度的素餐，可口可乐改变其软饮料中的甜分，雀巢开发符合当地人口味的产品。

标准化相对于大规模定制

派恩（Pine，1993）提出的“大规模定制”理论[28]对营销的全球化和标准化提出了挑战。**大规模定制**（mass customization）定义为：“通过在运营层面的生产和组装阶段公司和顾客之间某种形式的互动而实现价值创造的一种战略，它可以创造定制的产品，但其生产成本和货币价格与大规模制造的产品相似。”[29]派恩声称，很多消费者不愿意购买标准化产品，即使这些产品的价格很低。相反，人们愿意为满足特定需求的定制产品支付高价。事实上，定制将每名消费者视为一个细分市场，其支持者认为依靠计算机辅助制造（CAM）形成规模经济，就可以实现大规模定制。

成功的定制消费品和服务包括：

● 戴尔著名的“按订单生产”模式使其在个人电脑直接购买市场上占据主导地位。

● 缅因州的 Architectural Skylight 公司利用计算机辅助设计（CAD）实现了按照建筑师特定要求自动生产窗户。

● 在整个旅游行业，公司通过大规模定制提供多种背包度假选择。

当今有很多大规模定制的例子，比如对于基于软件的产品，人们可以在核心产品基础上增加或改变功能，也可以从零开始创建完全个性化的外观。但是，这种程度的大规模定制采用得并不多。如果企业的营销部门提供个性化产品（进行原子化市场区隔），这并不意味着产品是单个生产出来的，而是在同样的大规模制造件上做出一些类似的变化。

尽管理论上可行，但定制在营销文献中并未获得很大支持。其缺点包括，定制产品的等待时间更长，寻找零售店的时间更长，当然还有价格更高。许多产业由于过长的供应链和配置的经济性，实现大规模定制缺乏经济上的可行性。早期尝试大规模定制的一些企业最终失败了，比如自行车生产企业。大规模定制趋势的支持者将 Cannondale 自行车作为一种新模式。例如，Wind and Rangaswany[30]（2000）提到，Cannondale 自行车公司具备大规模定制的能力。尽管该公司在 2003 年的破产归咎于其他原因，包括进入运动摩托车市场的尝试失败，但“革命性”的大规模定制未能让公司免于破产，因此管理大家不再视其为榜样。公司之后成为 Dorel 的一部分，后者是一家生产休闲和娱乐产品的跨国公司，产品包括 Schwinn 和 Cannondale 自行车，总部设在加拿大（www. dorel. com）。

尽管有以上失败，“定制消费者”（customized consumer）确实作为一个单独的利基市场与乐于接受标准化产品的那些消费者共同存在。[31]

管理公司的价值链

配置和协调公司的价值链是赢取并维持竞争优势的一种重要工具。简言之，**价值链**（value chain）是生产产品或提供服务所需的一系列活动。[32]公司的生存取决于它是否具有创造顾客所需价值的能力。表 1—5 是公司价值链的一个例子。

表 1—5　　价值链框架

主要活动	辅助活动
内向物流	基础架构
运营	人力资源管理
营销和销售	技术开发
服务	采购

资料来源：Adapted from：Porter，M.（1985）. *Competitive advantage：creating and sustaining superior performance*. New York：The Free Press.

价值链这一概念由迈克尔·波特（Michael Porter）[33]提出，其基本道理是一个组织所包含的各种活动若连接起来，可以为公司和最终消费者双方带来价值。这些活动划分为主要活动和辅助活动，前者如生产和营销，后者为提高公司的效率和效益提供便利，包括调研、开发和人力资源管理等。主要价值活动包括：

- 内向物流：接收和储存原材料，并分配到制造部门。
- 运营：将原材料转化为最终产品和服务。
- 营销和销售：识别并满足顾客需求。
- 服务：售后支持。

次要的价值链活动为主要活动提供支持，包括：

- 公司基础架构：组织和控制机制，企业文化。
- 人力资源管理：招聘、录用、培训、开发雇员并支付薪酬。
- 技术：支持价值创造活动的技术开发。
- 采购：购买原材料、供应品和生产设备。

链条中的每个环节都创造价值，只不过有些环节创造的价值更多一些。最终结果是“毛利”，即总价值（顾客愿意支付的价格）和开展链条中所有活动所需成本之差。降低活动的成本或增加价值都可以提高毛利。应该强调，并非所有公司都从事价值链上的全部活动，有些活动被承包或外包给其他公司，后者能够以效果更好、效率更高的方式提供服务，比如更低的成本。这正是波特[34]所谓的“价值体系”（value system），即彼此关联的一组公司从事一条既定价值链上的全部职能，以实现其目标，比如生产计算机。如今大部分知名品牌所销售的笔记本电脑是在中国台湾设计、大陆组装的，这个例子就体现了上述价值体系。由公司总部来规划营销战略。在本例中，产品的设计、生产和营销至少在三个国家/地区进行。因此，这些价值活动的协调必须由一个强有力的体系来控制，因为存在供应商无法提供高质量产品以及无法按时送货的风险。在这些情况下，往往有一个“领导公司”（lead company）进行控制，这类公司通常是品牌的拥有者，比如戴尔或者惠普。领导公司负责控制和协调供应商应该生产什么产品，并提供链条中所需的关键资源。在大多数情况下，价值链由产品驱动，比如笔记本电脑制造商的例子。但是，也有购买者驱动的情况，有些产业由大型零售商和贸易公司担任领导公司，如总部设在英国的玛莎（Marks & Spencer）连锁百货。

全球价值链配置

在一个全球营销体系中，组成价值链的活动越来越分散于各地。这是国内和国际价值链的主要区别之一。根据迈克尔·波特的观点，这种区别围绕着价值链活动的配置和协调两个方面。**配置**（configuration）指的是活动位于何处及如何安排，是集中于一个国家还是分散于多个国家。**协调**（coordination）指的是活动如何管理，具体指如何通过地理上分散于不同国家的一条价值链将这些活动联系在一起。因此，配置和协调是管理价值链的两个主要工具。

表1—6显示了一家总部设在丹麦的优质鞋跨国制造商的两类主要活动和一类辅助活动如何在全球范围内进行配置和协调。[35]鞋子的部件（如鞋帮和鞋底）在5个国家生产：印度尼西亚、丹麦、葡萄牙、斯洛伐克和泰国。但是，几乎50%的鞋

帮在印度尼西亚生产，随后被运至其他工厂加上鞋底。位于丹麦的总部决定产品开发和市场营销战略，包括销售预测、分公司生产配额以及许可等事宜。当然，采购、分销和服务等其他活动也会在全世界配置，这显示出全球价值链的复杂之处。确实，一个公司的竞争优势在很大程度上取决于它能否有效地管理跨界的一系列增值活动。

表 1—6　　全球价值链配置

主要活动	辅助活动
内向物流 *在印度尼西亚、丹麦、葡萄牙、斯洛伐克和泰国生产*	基础架构
运营	人力资源管理
营销和销售 *丹麦制定营销计划*	技术开发 *在丹麦和印度尼西亚进行产品开发*
服务	采购

资料来源：Adapted from：Porter，M.（1985）. *Competitive advantage：creating and sustaining superior performance*. New York：The Free Press.

整合公司的竞争战略

另有一些营销学者认为，获得竞争优势并取得全球营销的成功，关键在于参与全球主要市场，并进行跨市场的竞争战略整合。这一思路的核心包含两种策略：其一，通过转移资本、管理人才等资源对某一市场上的经营进行交叉补贴；其二，更好地应对市场竞争压力，比如公司若在母国市场面临压力，则可以在竞争对手的母国或其他关键市场进行反击。公司若进入竞争对手的母国市场，对手将不得不分配资源进行防御，由此在其他市场上竞争的资源会被迫减少。

全球竞争

全球公司选择在哪里竞争并投入最多资源打击竞争对手：自己的母国市场，竞争者的母国市场，还是双方都参与竞争的第三方市场？例如，法国轮胎制造商米其林 1998 年计划进入美国，后者是固特异轮胎的母国市场。当时，米其林占据全球轮胎销售额的 18%，固特异占 17%。为了加强在欧洲的市场地位并与米其林竞争，固特异与占全球 5.5%份额的日本厂商住友（Somitomo）达成合资协议，规定由固特异控制住友的欧洲业务，包括分销渠道。其结果是，固特异提高了自己在欧洲的市场份额，并在一段时间内使米其林对其母国市场——美国的挑战难以继续。

全球竞争的另一种情况是交叉补贴。当公司能获益于成本共担和收益共享时就可以采用交叉补贴。[36]全球公司可将高盈利分公司的资源转移至低盈利分公司，另一种可能是分公司之间分担成本以支持产品的研发活动。从事全球性产业的公司还可以通过分公司之间的知识共享来创造协同效应。20 世纪 60 年代以来全球最大的拖拉机制造商卡特彼勒（Caterpillar）就因为缺乏知识共享在 1982—1984 年间以及 1991—1992 年间遭到重大损失，而日本竞争对手小松在此期间提高了在欧洲和北美的市场占有率。但是，到 1999 年，卡特彼勒又转为盈利，这主要得益于其全球营销和销售网络不断加强，同时财务控制趋于严格。

全球营销管理框架

许多研究人员[37]认为，全球营销战略影响公司的全球营销业绩。全球营销战略本身又受到外部市场和内部两类驱动因素的影响，内部因素实质上是公司的内部特征。产业经济学方面的研究显示，公司的外部环境影响其战略，并因此影响其业绩。[38]那些有能力"读出"（read）并理解外部驱动因素的公司更可能有良好表现。在全球范围内经营的公司绝对需要对经济、竞争、顾客要求和技术等方面的变化做出快速、高效的反应。对这些变化保持敏感非常重要，此方面的例证有，2003 年由于法国反对美国向伊拉克派兵导致美国暂时抵制法国葡萄酒，2005 年丹麦的穆罕默德漫画危机引起中东国家对丹麦产品的抵制。同时，公司成功将取决于它在多大程度上发展内部能力和资源以便执行战略。为此，需要那些既认识到公司国际化的重要性，同时又能成功执行全球营销战略的管理者。

本章开始时提到，全球战略是一项涉及整个组织的规划，旨在使公司有能力在全球市场上立足，特别是在营销和生产方面。图 1—5 显示了全球营销战略的构成要素以及内外部驱动因素。内部驱动因素源自公司内部，受管理者控制，例如全球愿景、公司能力、管理者的国际经验；相反，外部因素不受公司控制，但影响公司制定和执行全球战略的能力，包括全球经济、文化、政法体系，以及技术。后面章节中会讨论这些因素。这里所讨论的全球营销框架特别关注因变量，即全球营销业绩。

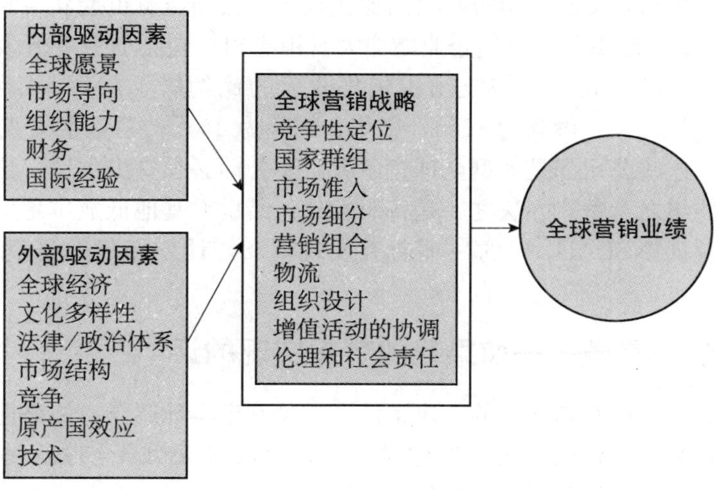

图 1—5　全球营销战略框架

全球营销业绩

Ambler and Xiucun (2003)[39]建议营销效果或业绩用业务活动的 4 个维度来测量，如表 1—7 所示。尽管财务绩效能衡量公司的总体业绩，但市场和消费者导向的测量能够更好地反映营销是否成功。如果全球营销战略将外部越来越全球化的那些驱动因素纳入进来考虑，会对公司的全球业绩产生显著影响。[40]不仅如此，有证据表明在顾客知识的积累、新产品优势和市场绩效之间存在正向关系。[41]

表 1—7　　营销绩效测量

维度	测量
市场	市场份额 广告心理份额 促销心理份额
消费者	顾客渗透 顾客忠诚 赢取新顾客 品牌认可 品牌资产 满意 购买意向
创新	新产品推出 新产品收益占总营业额的比例
财务	营业额 边际贡献 利润

资料来源：Adapted from：Ambler，T.，& Xiucun，W.（2003）. Measures of marketing success：a comparison between China and the United Kingdom. *Asia Pacific Journal of Management*，*20*，267-281.

根据表 1—7，创新也会影响营销绩效。博思艾伦（Booz Allen Hamilton）咨询公司发现研发支出占销售收入的比例越高，公司越有可能获得高于同业竞争对手的毛利率。[42]较高的毛利使企业能加大营销支出，包括研究和开发。在全球，健康和电子行业的公司其研发支出占销售收入的比例居于前列，如罗氏（Roche Holdings）为 16%，微软为 16%，诺华和辉瑞为 15%，葛兰素史克为 14%，诺基亚为 14%。这些公司都是大型全球竞争者，小公司必须支出占销售比例更高的研发费用才可能与之竞争。办法之一是将研发外包给世界其他低成本地区。博思艾伦和欧洲商学院（INSEAD）[43]的一项研究发现，75%计划新建的研发中心将落户中国和印度。

全球愿景——如果我的梦想实现的话

制定全球营销战略的先决条件之一是确定全球愿景。战略愿景表明公司想到哪里去，怎么去，以及为何这样做的公司会取得成功。**全球愿景**（global vision）是预测未来或预见公司在全球努力创造的形象的能力。企业家需要一个明确的全球愿景以了解目标以及如何实现自己的目标。

每年，雄心勃勃的企业家创建新公司，希望立即走向全球，但存活下来的企业寥寥无几。在有些情况下，创建一个企业并非十分困难，因为企业家可能已经有充足的资源，包括风险投资，愿意承担风险，可以认识和利用世界经济中的商业机会。但很少有企业家能够带领新公司发展壮大并扩张至全球，原因在于缺乏清晰的愿景和正确的战略。愿景不清晰，就无法规划未来，也就不能做好准备应对增长、竞争以及国际市场变化所带来的威胁。

为了制定长期规划，即使著名的公司也需要确定全球愿景。下面的例子来自松下（Matsushita）电子产业公司给利益相关者提供的报告。

专栏1—3

聚焦公司：松下

当前的商业环境具有不确定性，电子消费品行业的多变形势预计将持续。在新管理者的带领下，松下将支持专利技术，以此为基础开发有竞争力的产品，将管理资源聚焦于战略性业务，不断强化管理架构，进一步推进全球业务扩张，从而实现“飞跃21”计划所确立的各项目标，包括营业利润占销售收入的比例达到5%或更高……为了在2010年达到全球卓越的目标，松下将继续致力于实现双愿景：建立普遍的网络社会，与全球环境共存。不仅如此，我们把对股东、投资人、顾客及所有其他相关者的利益负责置于优先地位，为进一步提高公司价值而不断努力。

资料来源：Matsushita Electric Industrial Co.，Ltd.，Annual Report，2007.

本章小结

● 本章探讨了全球营销和全球营销战略的含义以及如何实施它们。

● 全球公司必须在制定全球规划的同时采取当地化行动，并决定营销活动能在多大程度上实现跨国界标准化。

● 全球化是受国际贸易和投资驱动，许多国家的人员、公司和政府之间的互动和整合。

● 国家市场之间的相似性和差异性如何？要确定国家之间的距离，一个很好的出发点是CAGE模型。国家间的绝对距离很容易测量，但是，还有主观距离可能影响市场进入。另外，心理和文化距离也应该予以考虑。

● 公司在国际市场上的业绩如何？我们基于消费者、产品开发和财务回报提出了一些业绩测量指标。

● 我们建议使用全球营销战略框架作为议题，该议题所包含的题目将在随后的章节中进行讨论。

讨论题

1. 为何国内公司会选择“走向全球”？请提出四个原因并解释。

2. 作为一个中小型企业（SME）的管理者，你在执行“走向全球”战略时会采取EPRG中的哪一种导向？

3. 在制定全球营销战略时，你认为哪些驱动因素最重要？内部因素还是外部因素？请解释。

体验性练习

1. 在互联网上搜索，用CAGE框架讨论日本和美国汽车厂商之间的距离。

2. 为丰田卡罗拉构建一个全球价值链。

关键术语

CAGE 框架（CAGE framework）
配置（configuration）
协调（coordination）
文化距离（cultural distance）
新兴市场（emerging markets）
EPRG 框架（EPRG framework）
母国中心导向（ethnocentric orientation）
全球中心导向（geocentric orientation）
全球营销（global marketing）
全球市场（global markets）
全球愿景（global vision）
全球化（globalization）
整合（integration）
大规模定制（mass customization）
多国中心导向（polycentric orientation）
心理距离（psychic distance）
地区中心导向（regiocentric orientation）
社交网络（social networking）
标准化（standardization）
价值链（value chain）

注释

[1] Calomiris，C.（30 August 2004）. *What does it mean to have a global vision*? Columbia Business School.

[2] DaimlerChrysler was ejected from membership in the American Automobile Manufacturers association because Chrysler was no longer considered to be an "American" producer.

[3] The New European order [Special report].（2 September 2004）. *The Economist*. Retrieved from www. economist. com/node/3127264.

[4] Finkelstein，S.（2002）. *The DaimlerChrysler merger*. Tuck School of Business.

[5] Lazer，W.，& Shaw，E.（2000）. Global marketing management：at the dawn of the new millennium. *Journal of International Marketing*，*8*（1），65-77；Meyer，K.（2006）. Global focusing：from domestic conglomerates to global specialists. *Journal of Management Studies*，*43*（5），1109-1144.

[6] McLuhan，M.（1964）. *Understanding media*. New York：Mentor.

[7] The Pew Global Attitudes Project.（2003）. *Views of a changing world*. The Pew Research Center，Washington，D. C.

[8] Douglas，S.，& Craig，C. S.（1989，Fall）. Evolution of global marketing strategy：scale，scope and synergy. *Columbia Journal of World Business*，47-59.

[9] Sheth，J.，& Parvatiyar，A.（2001）. The antecedents and consequences of integrated global marketing. *International Marketing Review*，*18*（1），16-34.

[10] Quelch，J. A.，& Hoff，E. J.（1986，May-June）. Customizing global marketing. *Harvard Business Review*，*64*，59-68；Douglas，S. P.，& Wind，Y.（1987，Winter）. The myth of globalization. *Columbia Journal of World Business*，19-29.

[11] NAFTA members include the United States，Canada，and Mexico；Mercosur members are Brazil，Argentina，Uruguay，Paraguay，and Venezuela. See Chapter 5 for a detailed discussion of these and other trade agreements.

[12] Ghemawat，P.（2001，September）. Distance still matters：the hard reality of global expansion. *Harvard Business Review*，137-147.

[13] Inglehart，R.（2004）. *Human Beliefs and Values*. Madrid：Siglo XXI.

[14] La Porta，R.，Lopez-de-Silanes，F.，Shleifer，A.，& Vishny，R. W.（1998）. Law and finance.

Journal of Political Economy, *106* (6), 1113-1155.

[15] Knowledge@Wharton. (5 December 2001). Retrieved from http://knowledge. wharton. upenn. edu/article. cfm? >articleid=470.

[16] Laudicina, P. (2005, March/April). Managing global risk to seize competitive advantage. *Ivey Business Journal*, 1-7.

[17] Lazar, I. (16 October 2006). Counterpoint: demand for video conferencing seems weak. *BCR Magazine*. Retrieved from www. collaborationloop. com/blogs/video-conferencing-market-demand-2. htm.

[18] Colony, G., Deutsch, H., & Rhinelander, T. (1995, May). Network strategy service: CIO meets the Internet. *The Forrester Report*, 12.

[19] Miniwatts Marketing Group. (2010).

[20] Albertson, L. (1977). Telecommunications as a travel substitute—some psychological, organizational, and social aspects. *Journal of Communication*, *27* (2), 32-45.

[21] Lazar, I. (16 October 2006). Counterpoint: demand for video conferencing seems weak. *BCR Magazine*. Retrieved from www. collaborationloop. com/blogs/video-conferencing-market-demand-2. htm.

[22] Sousa, C., & Bradley, F. (2006). Cultural distance and psychic distance: two peas in a pod? *Journal of International Marketing*, *14* (1), 49-70.

[23] Perlmutter, H. (1969, January /February). The tortuous evolution of the multinational corporation. *Columbia Journal of World Business*, *4*, 9-18.

[24] Malnight, T. (1995). Globalization of an ethnocentric firm: an evolutionary perspective. *Strategic Management Journal*, *16*, 119-141.

[25] Ohmae, K. (1990). *The borderless world*. New York: HarperCollins Publishers, Inc.

[26] ______ (1999). *The borderless world* (Rev. ed.). New York: HarperCollins Publishers, Inc.

[27] Levitt, T. (1983, May/June). The globalization of markets. *Harvard Business Review*, *61*, 92-102.

[28] Pine, B.J. (1993). *Mass customization: the new frontier in business competition*. Boston, MA: Harvard Business School.

[29] Kaplan, A., & Haenlein, M. (2006). Toward a parsimonious definition of traditional and electronic mass customization. *Journal of Product Innovation Management*, *23* (2), 168-182.

[30] Wind, J., & Rangaswamy, A. (2000). Customerization: the next revolution in mass customization. *eBusiness Research Center Working Paper 06-1999*. Penn State School of Information Sciences and Technology.

[31] Bardacki, A., & Whitelock, J. (2004). How "ready" are customers for mass customization? An exploratory investigation. *European Journal of Marketing*, *38* (11/12), 1396-1416.

[32] Schmitz, H. (2005). *Value chain analysis for policy-makers and practitioners*. Geneva: International Labour Office.

[33] Porter, M. (1985). *Competitive advantage: creating and sustaining superior performance*. New York: The Free Press.

[34] Porter, M. (1990). *The competitive advantage of nations*. New York: The Free Press.

[35] Er, M., & MacCarthy, B. (n. d.). *Configuration of international supply networks and their operational implications: Evidences from manufacturing companies in Indonesia*. University of Nottingham.

[36] Ghoshal, S. (1987). Global strategy: an organizing framework, *Strategic Management Journal*, *8*, 425-440.

[37] Porter, M. (1986, Winter). Changing patterns of international competition. *California Management Review*, *28*, 9-40; Ohmae, K. (1989, May/June). Managing in a borderless world. *Harvard Business Review*, *67*, 152-161; Yip, G. (1995). *Total global strategy: managing for worldwide competitive advantage*. Englewood Cliffs, NJ: Prentice-Hall; Zou, S., & Cavusgil, T. (2002, October). The GMS: a broad conceptualization of global marketing strategy and its effect on firm performance. *Journal of Marketing*, *66*, 40-56; Townsend, J., Yeniyurt, S., Deligonul, S., & Cavusgil, S. (2004, March). Exploring the marketing program antecedents of performance in the global company. Unpublished working paper.

[38] Porter, M. (1980). *Competitive strategy*. New York: The Free Press.

[39] Ambler, T., & Xiucun, W. (2003). Measures of marketing success: a comparison between China and the United Kingdom. *Asia Pacific Journal of Management*, *20*, 267-281.

[40] Zou, S., & Cavusgil, T. (2002, October). The GMS: a broad conceptualization of global marketing strategy and its effect on firm performance. *Journal of Marketing*, *66*, 40-56.

[41] Li, T., & Cavusgil, S. (2000). Decomposing the effects of market knowledge competence in new product export: a dimensionality analysis. *European Journal of Marketing*, *34* (1/2), 57-79.

[42] Jaruzelski, B., Dehoff, K., & Bordia, R. (2006). Smart spenders: the global innovation. *Special Report*. Booz Allen Hamilton.

[43] Duhoff, K., & Sehgal, V. (2006, Autumn). *Innovators without borders*. Retrieved from www.strategy-business.com/press/article/06305.

案例 1—1 马来西亚汽车品牌宝腾前路曲折

对于任何公司来说，这都不是一个值得羡慕的处境。2010 年，宝腾在马来西亚的市场份额下滑至 28%，从 1988 年的 73%，到 2002 年的 60%，再到 2005 年的 40%，宝腾的国内市场份额一路下跌。同时，随着东南亚国家联盟自由贸易区的成立，外国进口汽车的关税逐步取消。

马来西亚国立汽车有限公司（Perusahaan Otomobil Nasional Sdn. Bhd.，也就是大家所熟知的“宝腾”）是马来西亚两大国有汽车制造商之一。和马来西亚许多其他现代企业一样，宝腾也是前总理马哈蒂尔·穆罕默德（Mahathir Mohamad）的智慧的结晶。宝腾创立于 1983 年，是马来西亚政府与日本三菱汽车公司共同创建的一家合资企业。在将近 20 年后，马来西亚于 2004 年结束了与三菱汽车公司的合作关系。马哈蒂尔作为公司董事会顾问，仍然积极关注公司的发展。

马来西亚——国家概况

众所周知，马来西亚是 20 世纪过渡相对平稳，实现现代经济增长的最成功的非西方国家之一。它拥有大约 2 870 万人口，是东南亚最具活力的经济体之一。就地理位置而言，马来西亚主要由两大地区组成，中间由中国南海隔开。政治上，它是一个由 13 个州和 3 个联邦直辖区组成的联邦制国家。马来西亚的经济和工业发展主要集中在西部地区，即马来西亚半岛（Peninsular Malaysia）。东部地区主要包括沙巴州（Sabah）和沙捞越州（Sarawak）的大部分地区，工业发展相对落后。

马来西亚是一个多种族社会，绝大多数是马来西亚裔穆斯林，还有数量相对较少但经济实力雄厚的华裔人口。第三个种族是印度移民，除部分属于医药和法律专业人士，大部分属于工人阶级。除了这三个主要族群，马来西亚还拥有一些部落族群、欧亚混血和大量外派人员。马来西亚以自由、进步和现代化的伊斯兰国家形象而闻名于世。

贸易、国际化和全球化等现象，对于马来西亚来说并不新奇。历史上，马来西亚在很长一段时间内是世界主要贸易线路的重要枢纽。土著居民与主要来自中国和印度的劳动移民，使马来西亚成为一个具有多元文化的国家。同时，外国资本对于马来西亚的经济发展发挥了重要作用。马来西亚主要对外出口电子设备、石油和液化天然气、化学药品、棕榈油、木质产品、橡胶和纺织品，它还是全世界电脑磁盘驱动器、棕榈油、橡胶和木制品最大的制造国之一。同时，马来西亚的旅游业也蓬勃发展。

马来西亚的汽车制造

一个人口稀少的小国，1957年从英国人手中独立后仅30年的时间，如何敢贸然从事汽车制造这一规模巨大的工程，这一直是一个谜。很有可能，正是由于这个国家的不懈奋斗才使马来西亚坚定地走上工业化道路，因为汽车行业是工业发展的重要引擎。马来西亚的汽车行业历史可追溯到20世纪60年代早期，那时政府出台了一项政策，推动汽车行业的全面发展，以此强化国家的工业基础。政府之所以推进汽车组装工业的发展，主要是希望借此减少进口、节省外汇、增加就业岗位、加强与其他经济部门的前后向联系并转移工业技术。

1966年年初，马来西亚政府宣布实行保护性关税，强制要求所有的分销商和经销商必须获得进口许可证。1967年，马来西亚政府授权6个装配厂开始运营。最初，装配厂主要是欧洲汽车制造商和本地合作伙伴的合资项目，这些合作伙伴之前是欧洲制造商的本地分销商。到80年代早期，马来西亚有15个装配厂为欧洲和日本制造商生产汽车。

国家两大汽车项目——宝腾和派洛多（Perodua）——的创立为马来西亚汽车工业提供了巨大推动力。第二大国有汽车生产商（Perusahaan Otomobil Kedua Sdn. Bhd.，派洛多）1993年由马来西亚的公司与日本大发汽车公司（Daihatsu）合资创办。派洛多公司开始生产灵鹿（Kancil），一款以大发公司“米拉”（Mira）系列为模型，配有660cc排量引擎的小客车。宝腾专门生产大型载重车，而派洛多则专门生产小容量、小体积、价格实惠的小型家庭车。

多年来，马来西亚政府对汽车行业采取强有力的保护政策。政府通过对进口汽车和零配件征收高额关税，来保护当地汽车生产商免受国外竞争者的冲击。这种贸易保护政策是一把双刃剑。其积极的一面在于，本土汽车生产商得以兴旺，外汇流出减少，政府从高额关税中获得更多财政收入。同时，保护政策也带来一些溢出效应，实力雄厚的零配件生产商和其他汽车企业的原始设备制造商（OEM）得到发展。但从消极方面来看，对本土汽车制造商的保护使它们盲目自大且效率低下，市场产生扭曲，消费者难以获得价格实惠的高质量汽车。同时，本土汽车企业无法在国际上竞争。

据统计，马来西亚是东南亚地区最大的汽车市场，2010年新车注册量超过56万辆（见表1）。宝腾占据马来西亚汽车市场大约28%的份额，近几年来市场份额持续下滑。

表 1 马来西亚汽车注册量

年份	乘用车	汽车总量（包括商务车和四轮驱动车）
1980	80 420	97 262
1990	106 454	165 861
2000	282 103	343 173
2005	416 692	552 316
2006	366 738	490 768
2007	442 885	487 176
2008	497 459	548 115
2009	486 342	536 905
2010	563 594	605 156
2011 年年初至 3 月	142 546	158 433

资料来源：Adapted from: Malaysian Automotive Association's website at www.maa.org.my/info_summary.htm. Retrieved May 26，2011.

众所周知，汽车是能够唤起人们多种不同情感的产品。对于消费者来说，它是一个移动的家、一个伙伴、一种地位象征。当然，除了是一个移动交通工具，它还给人们带来安全感。对马来西亚人来说，汽车制造可以带来民族自豪感。每当汽车公司提出向外国人出售股份，人民都感觉受到莫大的伤害。同样令人沮丧的是，当今全球化迅猛发展，企业不得不加强与其他经济体之间的联系，马来西亚不可能再沿用贸易保护政策。确实很难做出抉择。对于典型的全球化狂热者来说，似乎很难理解保护主义论者对保护主义赋予的情感。同样，对于具有民族主义情绪的人来说，很难想象为何允许"外国掠夺者"侵吞本国来之不易的财富。两方各执一词。正如马来西亚前总理马哈蒂尔·穆罕默德在接受《商业周刊》采访时所说的，"韩国和日本政府对本土汽车制造商的保护长达 40 或 50 年，为什么我国却要在仅仅保护 20 年后就对外开放我们自己的小市场？"

国外联系

事实上，马来西亚并非无视外国资本、技术和劳动力。多年来，宝腾在国外合作方面有良好记录，运营之初就与日本三菱汽车公司达成联盟，一直持续了 20 多年。2006 年 2 月，宝腾和日本三菱修改了它们的联盟，签订协议共同开发宝腾汽车新品。

1985 年，宝腾生产出第一款汽车，命名为"传奇"（Saga），这款车主要针对国内汽车市场设计，同年出口到孟加拉国，这是宝腾汽车公司的首次出口。1989 年，宝腾开始向英国出口汽车。自此以后，宝腾汽车出口到越来越多的国家，但英国始终是其汽车出口的主战场。在公司官网上（www.proton.com/Corporate/About-Proton/Corporate-Information/History-of-PROTON.aspx#story），宝腾称其生产的汽车已远销非洲、亚洲、欧洲、中东和太平洋地区的 50 多个国家。出口业务在 20 世纪 90 年代停滞不前（大约年出口 1 万辆），之后逐年上升，到 2010 年，年出口量达 25 000 辆。宝腾公司一直宣称要将出口量提升至 10 万量，根据以往的出口表现，这似乎不太现实。

由于不满三菱公司技术转让缓慢和日元大幅升值，宝腾与法国雪铁龙公司建立了合作关系，共同研发新车"皇冠"（Tiara）。同时，宝腾在菲律宾和越南建立分公司和关联公司来装配和分销汽车。2006 年 9 月，标致雪铁龙集团与宝腾公司签署合作协议，形成战略联盟，希望进入东南亚市场。在这之前，宝腾就与罗孚（Rover）和大众等汽车制造商举行过会谈，以期形成合作联盟，但并未成功。2006 年 5 月，宝腾又与中国奇瑞汽车公司就共享生产设备、研发新品汽车及共同采购原料和零部件签订联合备忘录。为了向东方推进，宝腾与中国金华青年汽车有限公司达成协议，以寻求后者开发的一些成组技术的许可机会。总体上，有很明显的迹象表明宝腾有意向一个外国合作伙伴出售股权。然而，在一次又一次与国外公司洽谈合作中，马来西亚政府和宝腾公司管理层在协议最终敲定时犹豫不决。

尽管英国和澳大利亚一直是主要出口市场，但宝腾努力将其出口拓展至中东及其他伊斯兰国家和东盟国家。目前，宝腾已在伊朗、中国和印度（与印度汽车公司合作）等地建立汽车装配厂。此外，其子公司 Proton Edar 与 PT Ningz Multiusaha 创办了一家合资企业，在印度尼西亚组装和分销宝腾汽车。这是宝腾第一次试图进军东南亚地区市场。宝腾公司计划增加英国和澳大利亚的整车出口量，并扩大在印度尼西亚、泰国、中东和东欧等地区的全散件组装业务。另外，宝腾还考虑在中国和印度开展全散件组装业务的可行性。

在几个亚洲国家预计汽车产能过剩这一背景下，可以看到宝腾国际化努力所面临的困难。例如，中国“十一五”计划（2006—2010）对国内 32 个主要汽车生产商提出要求，希望在 2010 年年底产能达到 1 800 万辆。预计到 2015 年，这一数字将提高至 3 000 万辆，这将造成产能严重过剩。

战略选择：独立还是融合?

2000 年，马来西亚总理马哈蒂尔·穆罕默德在接受《亚洲周刊》访问时指出：“全球汽车巨头正在实行大规模生产，宝腾进军国际汽车市场可谓困难重重。”他进一步补充道：“我们不能拒绝全球化，也无法避免与行业主要竞争者合作……但我们依然想保留宝腾，将它作为我们自己的企业，有了它，我们认为本国与其他汽车生产国不相上下。”宝腾做到了，仍然属于马来西亚，但代价是什么？现在，宝腾仅能实现其 33 万辆产能目标的一半。它的出口量大大减少，2010 年仅为 25 000 辆，而且其中大多数出口至英国。除汽车本身存在的感知质量问题外，宝腾在马来西亚以外地区的品牌影响力很弱，顾客忠诚度和保有率也很低。随着马来西亚经济在全球衰退之后开始缓慢复苏，缺乏规模经济、产能过剩、技术水平落后、产品组合有限等原因加上其他弊端使情况更加恶化。同时，宝腾面临来自多家跨国企业的竞争，主要有美国汽车巨头福特和通用汽车公司，以及已进入邻国泰国的戴姆勒-克莱斯勒公司。另一方面，1997 年，马哈蒂尔在东南亚金融危机期间公然反抗国际货币基金组织，因此声誉颇佳。在这场危机中马来西亚受到的影响不大。在他的咨询式指导下，宝腾可能摒弃传统经营理念，作为一个成功的汽车厂商存活下来。

宝腾公司发现自己正处于十字路口。一方面，为履行马来西亚在东盟自由贸易协议中的义务，现任总理纳吉布·拉扎克（Najib Razak）被迫不断降低贸易保护力度。东南亚国家生产的汽车销往马来西亚，需缴纳的关税税率由 2004 年的 50%降至 2006 年的 20%，有望在 2008 年降到 5%，并在 2010 年实现零关税。2009 年 10 月，政府在出台的汽车政策中强调，将继续对本土汽车实行差异化退税政策，这对像宝腾这样的公司来说无疑是一个好消息。另一方面，对东盟的义务可能威胁到宝腾公司的 1 万个工作岗位和相关零配件厂的 9 万个工作岗位，也可能使国家陷入危险境地。

宝腾的支持者认为，随着区域一体化的发展，如东盟自由贸易区的成立，马来西亚的汽车市场不局限于本国 2 700 万人口，而是涵盖东南亚的 5 亿多人口。公司的批评者则认为，宝腾作为一个独立公司没有发展前景。香港汽车城邦咨询公司（Autopolis in Hong Kong）的亚洲分析师格雷姆·马克斯顿（Graeme Maxton）引用《商业周刊》2005 年 7 月刊的文章，说："宝腾是汽车行业的一个时代错误，将无法长久生存。"他说，宝腾是一个连本国市场份额都在下滑的小企业，缺乏与其他大公司竞争所需的规模。这话说得有点重，但可能是对的！

在争议持续不断的同时，国外不少公司争先恐后地想要收购宝腾，或者利用其生产设备在炙手可热的东南亚市场上提高自己的产量。但是，它们可能害怕步大众汽车的后尘。宝腾与大众汽车于 2004 年开始进行间歇性谈判，最终所看到的是外国公司于 2010 年失望地退出。

资料来源：Case prepared by Azhar Kazmi，Visiting Professor of Management at King Fahd University of Petroleum & Minerals，Dhahran，Saudi Arabia and formerly Professor of Business Administration at International Islamic University Malaysia，Kuala Lumpur. Reprinted with permission.

第2章 评估全球营销环境——全球经济和技术

如果通用汽车像计算机行业那样跟上技术发展的脚步，我们可能都会开上每加仑行驶 1 000 英里、价格仅为 25 美元的车。

——比尔·盖茨

学习目标

1. 应用 PESTEL 模型扫描全球环境。
2. 理解全球公司的特征。
3. 评价美国的国际贸易地位。
4. 意识到跨国公司的力量。
5. 证明高科技和全球贸易的重要性。
6. 理解支持和反对全球化的原因。

许多公司进入它们不熟悉的国际市场。在这些市场上做生意，可能需要采用与在国内经营截然不同的方式。例如，风险管理者必须保证其海外代表不会用行贿方式取得有利可图的合同。或者，应该为那些到某发展中国家检查高速公路建设的工程师制定绑架和赎金保险政策，包括准备一个经过培训的当地危机小组来应对此类情况。

营销人员还必须了解消费者之间微妙的文化差异。来自国外的社交网络，如脸书，费了很大劲才赢得日本 9 000 万网络用户，这是因为它对日本用户在文化上有误解。日本用户尽量避免提供真实姓名和照片，但在美国和西欧，人们提供这些资料毫无问题。

鉴于宏观环境的差异（见表 2—1），在外国市场做生意往往风险更大。对外国市场和商务习惯不熟悉、不了解导致海外经营具有更大的不确定性，进而要求有专门机制来获取有关外国环境的知识，从而对风险实施管理。

本章和随后的几章将介绍全球营销环境，包括政治、经济、社会/技术和环境/法律因素，它们对企业的全球营销战略产生决定性影响。这些环境因素组成一个首字母缩略词 **PESTEL**，可用来审计公司的外部环境，审计的结果用于制定战略性营销规划。为了帮助决策者，PESTEL 分析应当考察表 2—1 所包含的这些及类似因

表 2—1　　宏观全球环境的 PESTEL 分析

因素	可能的研究因素
政治	当地和国内政府架构、政局稳定性、影响商务的国内政治、国际关系、恐怖活动和政治风险
经济	地区经济增长指标、汇率、贸易和贸易政策、政府对经济的干预、税收、消费、就业/失业、通货膨胀、国际收支
社会	人口统计指标、生活方式、教育、生活水平（健康和福利）、入境/出境
技术	技术基础设施[1]，包括在电子和高科技市场的机会、生物科技和信息技术产业的发展以及清洁能源市场
环境	环境法规、全球变暖、污染、绿色营销
法律	法律体系、商业法规、消费者保护、知识产权问题

素。本章将考察全球经济环境，重点放在高科技市场上。第 3 章将涵盖社会环境，第 4 章涉及政治和法律环境。

全球经济

经济增长和全球贸易

世纪交替时出现的重大趋势，一是经济自由程度进一步提高，**欧盟**（European Union）现在有 27 个成员国，还有几个候选国在等待批准加入；二是技术进步和人口转移。一个值得考虑的重要事实是全球贸易的增长远高于国内增长。图 2—1 显示了全球贸易的走势。例如，2007 年，全球贸易从 10%增长到 30%，直到 2008 年经济危机才放缓。同一时期，工业产值平均涨幅为 5%左右。世界贸易在制造业方面非常密集，人们在收入减少、感觉不太安全时最容易推迟购买耐用品。

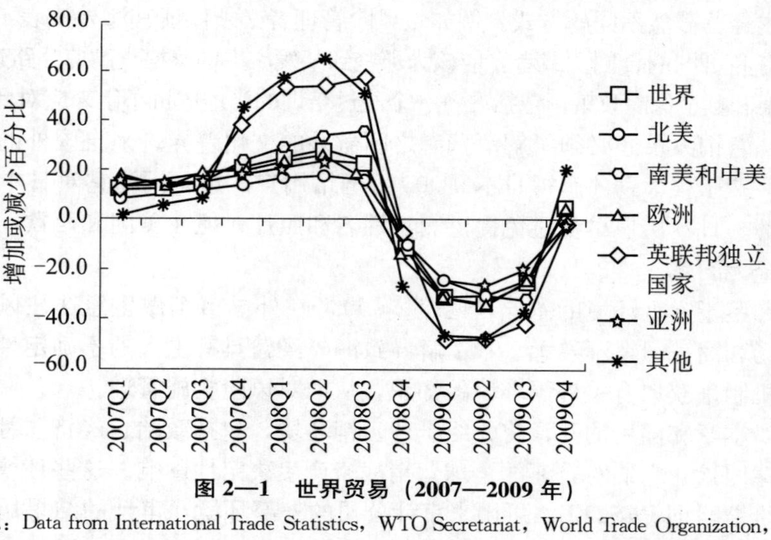

图 2—1　世界贸易（2007—2009 年）

资料来源：Data from International Trade Statistics，WTO Secretariat，World Trade Organization，2010.

如果将商品和服务的进出口都纳入考虑，美国仍然是全球最大的贸易国。表 2—2 列出了贸易额最高的 10 个国家。尽管德国是商品出口的第一大国，但它在商品进口、服务进出口方面落后于美国。中国是第二大商品出口国、第三大商品进口国。尽管中国在未来很可能加大购买金融和保险等服务，但目前在服务进出口方面还不算强国。美国的商品出口掉到第三位，但如果将商品和服务放在一起考虑，它仍然是全球最大的出口国，德国紧随其后。

表 2—2　　**十大进口和出口国（2008 年）**　　单位：十亿美元

商品						服务					
排名	出口国	出口额	排名	进口国	进口额	排名	出口国	出口额	排名	进口国	进口额
1	德国	1 462	1	美国	2 170	1	美国	521	1	美国	368
2	中国	1 428	2	德国	1 204	2	英国	283	2	德国	283
3	美国	1 287	3	中国	1 133	3	德国	242	3	英国	196
4	日本	762	4	日本	763	4	法国	161	4	日本	167
5	荷兰	633	5	法国	706	5	中国	146	5	中国	158
6	法国	605	6	英国	632	6	日本	146	6	法国	139
7	意大利	538	7	荷兰	573	7	西班牙	143	7	意大利	132
8	比利时	476	8	意大利	555	8	意大利	122	8	爱尔兰	106
9	俄罗斯	472	9	比利时	470	9	印度	103	9	西班牙	104
10	英国	459	10	韩国	435	10	荷兰	102	10	韩国	92

资料来源：Adapted from：International Trade Statistics，WTO Secretariat，World Trade Organization，2009.

谁是美国的大客户？

大多数贸易是地区性而非全球性的，因为国家倾向于与邻国进行贸易，它们之前很可能签订了优惠贸易协定。美国也不例外，2010 年美国向加拿大和墨西哥的出口总额达 2 320 亿美元，它们都参加了**北美自由贸易联盟**（North American Free Trade Association，NAFTA）。欧盟国家是美国的第二大客户，其后是南/中美洲以及一些新兴工业化国家和地区（中国香港、韩国、新加坡和中国台湾）。加拿大是美国最大的国家客户，进口总额为 1 420 亿美元，接下来是墨西哥，900 亿美元。反过来，美国是加拿大和墨西哥的最大客户（见表 2—3）。

表 2—3　　**美国出口目的地（2010 年）**　　单位：十亿美元

地区	出口额	地区	出口额
欧盟	135	南/中美洲	78
加拿大	142	新兴工业国	68
墨西哥	90		

资料来源：Adapted from：Bureau of Economic Analysis，United States Department of Commerce，2010.

尽管美国是全球最大的贸易国，但却在**贸易收支**（balance of trade）上体现为赤字。贸易赤字指出口与进口之差额。如图 2—2 所示，2008 年 8 月至 2009 年 8 月，进口比出口下降更大，这使得贸易赤字减少了 300 亿美元，但是到 2010 年情况有所恶化。贸易逆差缩小的主要原因是经济危机以及美元贬值，贬值使得美国出口商品更为便宜而进口商品更贵。逆差有必要修正，因为当进口大于出口时，其差额就形成一国给付货币的净流出，而货币（如美元）的流出又进一步削弱其货币价值。逆差引起**总收入**（aggregate income）及其他有关指标的下滑，特别是消费、储蓄、投资和税收。然而，在有些国家，经济增速和总收入提高将带来国内消费支出增长，包括购买外国的进口商品。在这种情况下，进口增长实际上是经济繁荣所致，虽然它可能扩大贸易逆差。因此，贸易逆差不应当被贴上"不利"的标签。

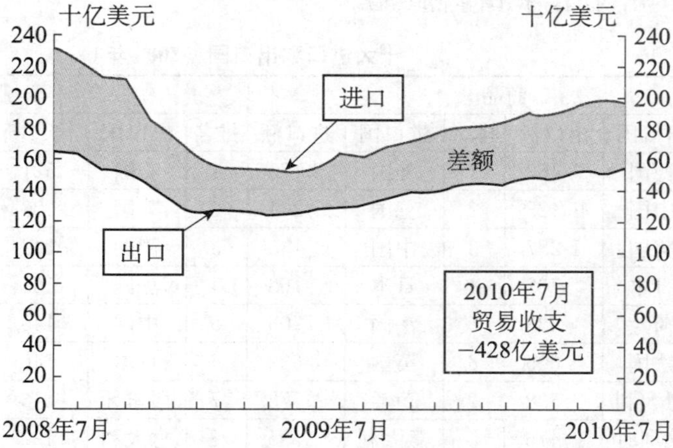

图 2—2　美国商品和服务国际贸易

资料来源：International Economic Accounts，Bureau of Economic Analysis，United States Department of Commerce，2010.

出口驱动型公司并不局限于大型跨国公司。一些中小型企业已经成功地将产出的绝大部分出口至国外。美国 95%的出口商是中小型企业[2]，它们实现了 1/4 的出口。其他发达国家也存在类似的出口模式。专栏 2—1 就是此类公司的一个例子。

专栏 2—1

聚焦公司：Bio-Med Devices

ThinkGlobal 是美国商务部官方促进出口杂志《美国商务新闻》（*Commercial News USA*）的出版单位，它将 2009 年度出口奖颁给了 Bio-Med Devices 公司。该公司位于康涅狄格州的吉尔福德，它设计、制造并营销包括可移动呼吸面罩/呼吸机、空气—氧气混合器、通风监控器、一次性和可重复使用的呼吸管及附件在内的一整套关键护理产品。

公司首席执行官（CEO）迪恩·贝内特（Dean Bennett）说："我们很高兴获得年度出口奖，公司的国际业务在 4 年内增长了 400%以上，这要感谢 Bio-Med Devices 努力工作的团队，还有分布在全球 70 多个国家的海外分销伙伴。出口销售和服务已成为公司不断增长的一个重要组成部分。"

Bio-Med Devices 从 1985 年开始就是美国市场上呼吸机和相关设备的主要生产商，1986 年开始出口业务。公司于 2005 年在提高出口收益方面加大了力度，当时出口占公司总收益不足 20%。2007 年，公司为 70 多个国家提供产品。公司希望到 2011 年，出口占公司总收益的比例达到 40%。

资料来源：Adapted from：United States Commercial Service，United States Department of Commerce.

高科技产品领导全球贸易

高科技产品指研究密集型产业使用当下最先进技术生产的产品，包括航空航天、医药、计算机、电子产品和通信设备。高科技制造部门的增长最快，在发达国家和发展中国家都是如此。高科技产品的全球市场增长比其他制造品快两倍。在美国，领先高科技公司的海外收益几乎占总收益的65%。

互联网经济的发展和扩张使**全球化**（globalization）的步伐加快，而高科技电子产品制造的空前发展促进了互联网经济。仅仅用一代人的时间，从加州硅谷起源的高科技革命就扩展至全球广大地区。苏格兰、爱尔兰、以色列和中国台湾成为高科技产品的重要生产地，产品多数出口。在美国后面，哪个国家目前注册的高科技公司最多？英国？法国？日本？德国？全错！是以色列，而且这是按实际数目而非国家人口的比例来计算的。尽管面积只有瑞士的一半，但以色列拥有3 000多家高科技公司，其中4/5成立不到10年。

技术应用的加速将改变人们的互动方式。不仅全球公司，国内公司也在汲取知识、通信、制造和营销产品或服务方面越来越多地采用IT技术。利用先进的技术，加上统计控制设备，管理者能够使用复杂的软件程序来管理他们的组织。**纳米技术**（nanotechnology）和**生物技术**（biotechnology）也应用于企业。最有可能受纳米技术影响的产业包括：电子用品，如柯达EasyShare提供更清晰、耗能更低的图像；时尚用品，如Maui Jim太阳镜有更强的防反射功能；化妆品，如欧莱雅有更好的柔肤功效。预计下一个十年，纳米技术会在工业上有更多的应用。可用来说明这一点的是，欧洲NanoBusiness协会的一项调查结果表明，大多数被访者预计纳米技术将在几年内影响到他们的企业。[3]

生物技术的工业用途也十分广泛，从医疗、药品、化妆品到海洋应用和医学影像诊断。加州是生物技术的发源地，2006年那里生命科学行业的员工大约有25万人。但是，越来越多的制药公司把研发中心设在中国、印度和东欧等境外地区。对186家全球公司的一项调查发现，计划成立的研发中心有3/4将设在中国和印度，这些公司在研发上的合并预算高达760亿美元。不仅如此，中国和印度还占全球研发的近1/3，这一数字在2004年只有14%。[4]

许多高科技产品是用几个国家所生产的零件制造出来的。例如，对于一台典型的计算机，其半导体芯片产自新墨西哥、苏格兰或马来西亚，磁盘驱动器产自新加坡或泰国，阴极射线管（CRT）显示器产自日本，电路板来自中国，之后在墨西哥或哥斯达黎加完成组装。

2001—2006年，高科技产品的出口总额增长了4.7%。在领先的高科技产品大类中，增长最快的是电子机械，其次是科学仪器和制药（见表2—4）。中国和美国高科技产品出口占全球份额最大，2006年分别达到16.9%和16.8%。接下来是包含27国的欧盟，为15%。美国对高科技产品的进口占全球17.3%，居领先地位，欧盟和中国分别以17%和15.4%紧随其后。[5]相对而言，马耳他的高科技出口占出口总额的比例最高，超过50%，接下来是卢森堡（41%）和爱尔兰（29%）。在英国、塞浦路斯和匈牙利，高科技出口占国家出口的比重都超过20%。相比之下，美国为27%，日本为22%。发展中国家/地区和新兴国家/地区的高科技产品出口比重也很高，如图2—3所示。菲律宾最高（80%），第二和第三分别是马来西亚（71%）和新加坡（62%）。

表 2—4　　高科技产品的全球市场份额

业务	高科技产品的总出口		国家（%）				
	百万欧元	年增长率（2001—2006 年）	欧盟（27 国）	美国	日本	中国	其他
航空航天	109 425	－2.5	33	47	1	0.7	19
军事	6 236	2.4	24	48	1	0.5	26
化工	32 155	5.5	21	17	5	15	42
计算机/办公设备	298 243	2.9	8	11	6	33	42
电子机械	46 328	9.7	10	13	15	9	52
电子/通信	562 814	6.1	10	12	9	16	52
非电子机械	36 775	3.1	28	28	18	2	25
制药	49 802	8.2	44	21	2	4	29

资料来源：Adapted from：*Eurostat Statistics in Focus*，25/2009.

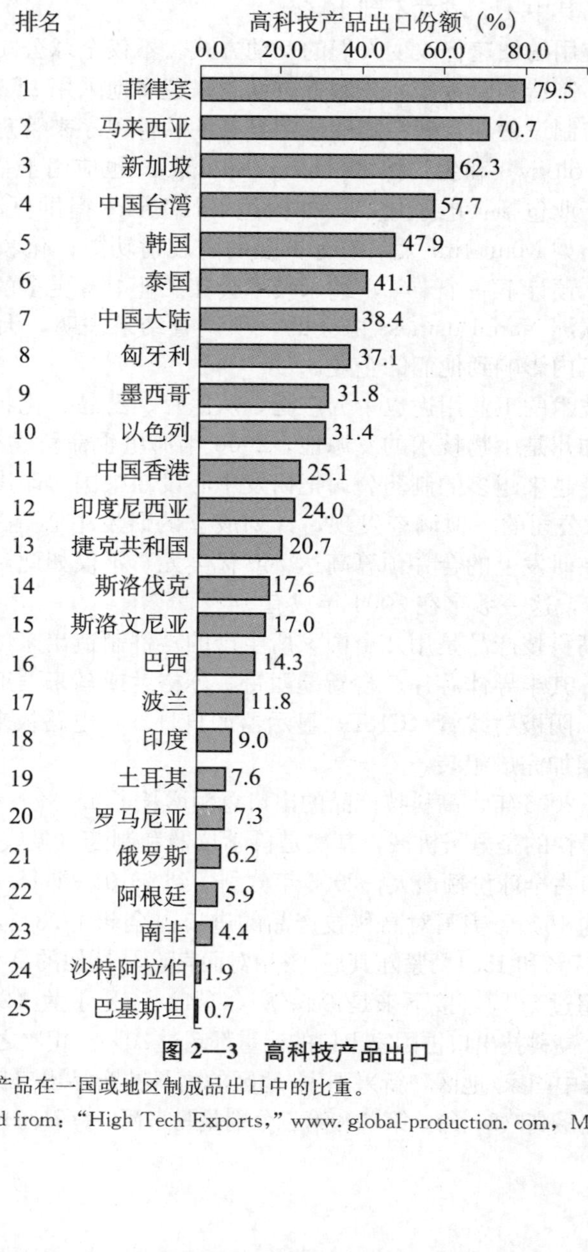

图 2—3　高科技产品出口

注：%衡量高科技产品在一国或地区制成品出口中的比重。

资料来源：Adapted from："High Tech Exports，" www. global-production. com，March 2008.

为何一个发展中国家虽然技术能力有限但却是电子产品的最大出口国？基本原因是，电子元件，如中间投入品，可以由其他国家进口组装为最终产品，然后销往本国和外国市场，或者加工后再出口。通用电气和英特尔等公司在菲律宾有大型工厂，IBM和西门子在中国也有。许多低收入国家会大量进口电子元件进行加工，或者组装为成品，这更多是基于工人的低工资而非技术能力。

专栏2—2

聚焦技术：技术的全球化

"技术企业，特别是那些基于产品而非服务的技术公司，必须进行快速全球化，否则就会被淘汰出局。一个高科技起步公司必须能够与业内自己地盘上的领导企业展开有效的竞争，即在全球主要市场上竞争，否则，大型公司将击败外国的起步公司，包括在自己的地盘即其母国市场。尽管可能在当地市场取得成功，但事实并不如此。比如在土耳其卖土耳其啤酒比较容易，但卖土耳其生产的电脑芯片就极其困难。产品或者为全球市场所接受，或者一无所获，甚至在土耳其本地什么也不是。

创新速度加快，技术流更富动态性，这意味着竞争优势日益不可持续。为了使收益最大化，公司通过跨国收购和共享生产安排等手段将合作者集中在一起，它们的利益和优势可以互补。如此一来，发达国家和发展中国家都能更高效地利用技术，为所有相关者创造更高的生活水平。"

资料来源：*Globalization of Technology*：*International Perspectives*，The National Academies Press，1988. Rptd. in "Globalization of Technology：Lessons from Israel，" www. knowledge. wharton. upenn. edu；August 13，2009.

高科技市场的特征

高科技市场的特征有三点：

1. 高度动态化
2. 复杂
3. 风险大

这些特征使高科技市场成熟更快。由于技术先进、竞争激烈，加上消费者挑剔，高科技市场变化迅速而且需要大量投入。[6]高科技产品市场采用生产导向而非消费者导向，这是它和低科技产品市场之间的一个主要区别。由于市场富于竞争，厂商匆忙奔向市场，有时准备不足或忽略了消费者调查。

在许多情况下，消费者无法想象他们对高科技产品的未来需求如何。大多数消费品的需求由供给而非其他因素决定，因此，高科技产品的开发人员必须能够预见到这些需求，甚至要比消费者更早。高科技市场以产品为中心，而产品是由技术而不是消费者需求驱动的。但是，高科技消费品无法创造足够需求的例子比比皆是，最著名的案例包括索尼的Betamax（盒式视频录像机）和飞利浦的CD-I（光盘家庭娱乐系统）。苹果公司的CEO和创始人之一史蒂夫·乔布斯曾被问到在推出 iMac 之前做了哪些市场调研，他说基本没做，因为“对这么复杂的一个东西，实在难以通过焦点小组的方式设计产品……在你没给他们看产品之前，人们不知道他们想要什么”。[7]在 Betamax 和 CD-I 的失败中也可明显看出企业对消费者选择的漠视。

为了降低高科技产品失败的风险，Rosen，Schroeder，and Purinton（1998）提出了以下步骤：

● 决定是否必须获取“先动者”（first-mover）优势，或尽最大可能确定产品会带来足够收益。

● 推出产品之前考虑一下市场调研的价值。

● 仔细瞄准市场，并识别出最可能购买产品的那部分消费者。

● 利用创新者和早期采用者。

高科技营销的另一个关键问题涉及高科技行业的起步公司如何选择市场进入方式。一些调查[8]发现，这些公司偏好资源投入较少的方式，目标指向商业化而不是生产。盲目追逐商业化或许能解释起步公司高达 50%左右的失败率。第 7 章将讨论高技术起步公司如何进入外国市场这一话题。

全球**供应链**（supply chain）的表现也至关重要，在生产制造从传统地区扩展至一些新地区和国家的情况下更是如此。高科技制造企业必须满足消费者在产品服务和运送方面的强烈需求，但元件制造又如前所述分布在几个不同国家，这一事实使价值链的控制变得更为复杂。因此，制造商需要有效地管理全球贸易。

技术和全球金融服务

全球金融服务日益依赖 IT 基础架构来赢得竞争优势。尽管金融服务的大部分 IT 投资源自北美和欧洲，但亚太地区金融机构的投资增长更快，如图 2—4 所示。

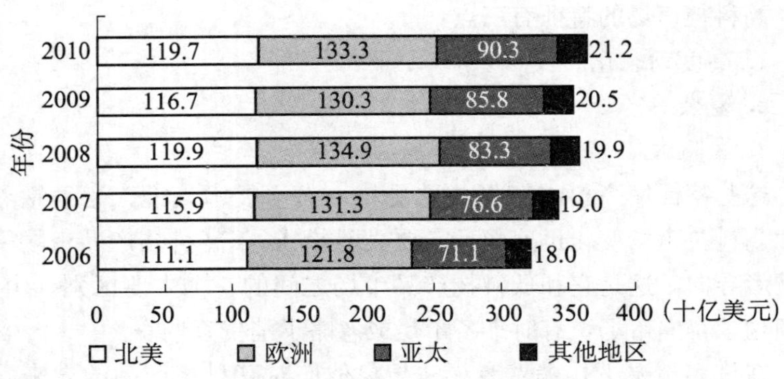

图 2—4 全球金融服务公司的 IT 支出

资料来源：Adapted from：Jacob Jegher，“IT Spending in Financial Services：A Global Perspective，” January 9，2009. www. Celent. com/node/26595.

金融服务行业技术驱动的创新集中于改善顾客体验（见专栏 2—3）。

专栏 2—3

聚焦国家：瑞士

瑞士信贷（Credit Suisse）发现了利用技术向大众客户提供服务的机会，“它将为大众市场的散户投资人提供主要面向高净值客户的服务……与面对面会谈相比，技术是有效和高效进行分销的唯一机制。现在有大量的技术，但在金融服务领域，技术的应用还很不够……”

资料来源：*Global Financial Services Industry Outlook*，Deloitte & Touche，USA，2006.

全球国家和全球公司

国家/地区和公司均可以按照全球化程度进行分类。例如，《外国政策》（*Foreign Policy*）杂志与科尔尼（A. T. Kearny）咨询公司合作推出了一个国家/地区排序，指标包括经济整合、人员接触、技术关联性和政治参与。根据这些指标，2006 年，新加坡是最全球化的国家/地区，其次是瑞士和美国。2007 年，新加坡保持第一，接下来是中国香港、荷兰、瑞士和爱尔兰，在全部 20 个国家/地区中最缺乏全球化的是挪威、芬兰、捷克共和国和斯洛文尼亚。美国位列第七。注意，20 个国家/地区中仅有 3 个为发展中国家/地区或新兴国家/地区，11 个为欧盟成员国。图 2—5 列出了这 20 个国家/地区。

全球经济（global economy）这个词体现了各国日益紧密相连这一事实。经济已经跨越国家边界，越来越多的生产制造由**跨国公司**（transnational corporation，TNC）完成。简言之，生产、财务、营销、沟通和劳动力都已经全球化。世界上跨国公司的数量从 1975 年的 8 000 家增加到 2005 年的 40 000 家。据估计，全球 1/3 以上的私有资产归跨国公司所有，世界贸易总额的 1/3 是跨国公司的内部交易。这些跨国公司尽管市场覆盖广泛，但它们的总部几乎都集中于工业化国家，其中多半设在法国、德国、荷兰、日本和美国。虽然跨国公司数目不断增加，但其资源却高度集中，300 家最大的跨国公司拥有全球大约 1/4 的生产性资本。

公司全球化的指标之一是其业务在多大程度上集中于母国以外市场。表 2—5 列出了 10 个全球化程度最高的公司。例如，表中排名第一的通用电气（GE），其 60%的资产、37%的销售和 46%的员工来自美国以外市场，跨国性（transnationality，TNI）指数达到 47.8。跨国性最高的是沃达丰（Vodafone），TNI 指数为 87.1，其次是英国石油，TNI 为 81.5，道达尔（Total）次之，TNI 为 74.3。三者中有两个是能源公司，其他未列入表中的公司集中于电子、通信、制药和汽车制造行业。在十大全球公司中，4 个总部位于美国，3 个位于英国和荷兰，2 个在法国，1 个在日本。

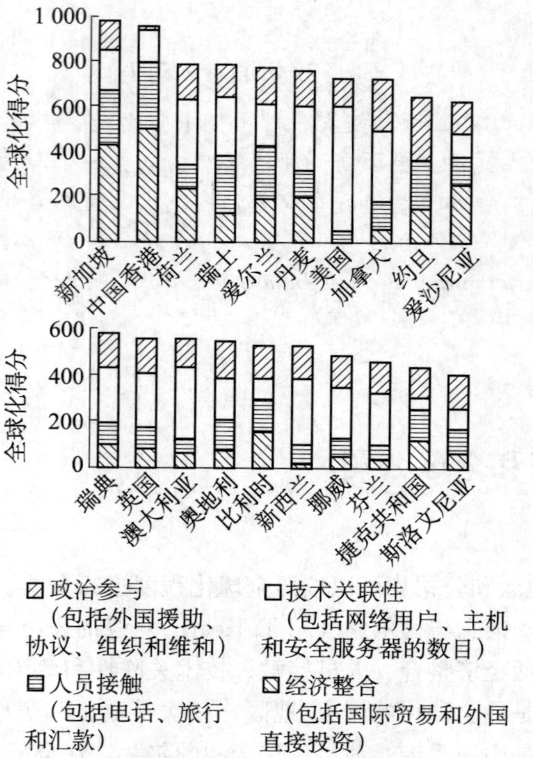

图 2—5 《外国政策》/科尔尼全球化指数

资料来源：Data from "The Global Top 20," A. T. Kearney, November/December 2007.

表 2—5　　　　按海外经营排序的跨国公司

公司	母国	行业	国外资本占比	国外销售占比	国外员工占比	TNI[a]
GE	美国	电气和电子产品	59.9	37.3	46.3	47.8
沃达丰集团	英国	电信	95.8	85.4	80.7	87.1
福特汽车	美国	汽车	59.0	41.3	45.6	48.7
通用汽车	美国	汽车	36.3	30.4	35.5	34.0
英国石油	英国	能源	80.3	81.4	83.5	81.5
埃克森美孚	美国	能源	96.1	69.8	50.5	63.0
荷兰皇家壳牌	英国/荷兰	能源	67.4	64.2	84.2	71.9
丰田	日本	汽车	52.6	59.7	35.7	49.4
道达尔	法国	能源	86.1	80.9	55.9	74.3
法国电信	法国	电信	65.7	40.7	39.8	48.7

a. TNI 是跨国性指数，用国外资本占比、国外销售占比和国外员工占比三个指标计算。

资料来源：UNCTAD/Erasmus University Database. www. ib-sm. org/ibr. htm. Reprinted with permission.

跨国公司不仅高度全球化，而且拥有强大的经济力量。若干跨国公司的经济实力和规模堪比许多发达国家。将跨国公司的销售额和国家的国内生产总值（GDP）进行比较即能看出这一点（见表 2—6）。例如，2009 年《财富》500 强公司中最大的是沃尔玛，其销售额高达 4 080 亿美元。这一数字高于许多发达国家的 GDP，如奥地利、挪威和丹麦。美洲银行（Bank of America）的收益大于丹麦、以色列、匈牙利和新西兰的 GDP；荷兰皇家壳牌同年 2 850 亿美元的销售额高于以色列、匈牙利和新西兰的 GDP。在许多情况下，跨国公司的经济力量可以用于资本筹集、人力资源开发、技术转让、国际贸易和环境保护等领域。跨国公司最重要的一个贡献，特别对发展中国家而言，是得到技术及贸易中的分销渠道。[9]

表 2—6　　用销售额和 GDP 衡量的国家和公司规模（2009 年）

国家/公司	销售额或 GDP（十亿美元）	国家/公司	销售额或 GDP（十亿美元）
沃尔玛	408	荷兰皇家壳牌	285
奥地利	382	以色列	195
挪威	383	匈牙利	129
美洲银行	331	新西兰	118
丹麦	309		

资料来源：Data from CNNMoney. com，Fortune 500（Full List）.

全球人口状况

人口状况也发生变化。21 世纪初，全球 60 岁以上人口大约为 6 亿，是 50 年前的 3 倍。到世纪中期，将有近 20 亿老年人。可见，在 50 年内老年人又增长了 3 倍。人口老龄化会产生深远的影响，对人类生活的所有方面产生重大影响。据联合国估计，到 2015 年，近 1/3 的日本人口、1/4 的欧盟人口和 1/5 的美国人口将是 60 岁以上老年人。在经济领域，人口老龄化会影响经济增长、储蓄、投资和消费、劳动力市场、年金、税收和代间转移。需要注意，亚洲国家/地区相对年轻的人口意味着这些国家/地区劳动力充足，这是维持它们近年来高增长所必需的（见图 2—6）。而西欧国家和美国必须继续从第三世界国家移民，以提供维持经济增长所需的劳动力。从社会的角度看，人口老龄化会影响健康和医疗、家庭结构和生活安排、住房以及迁移。

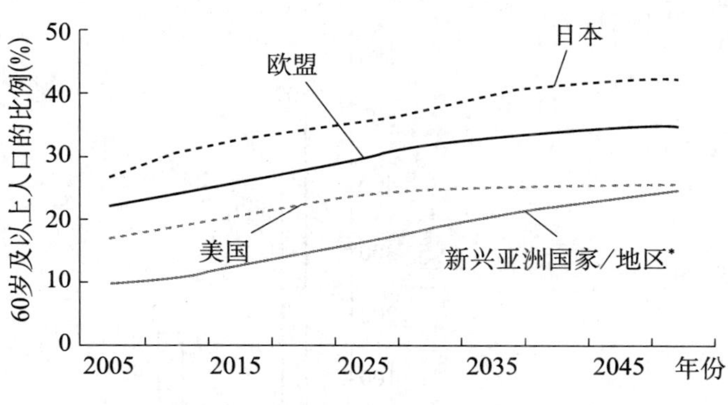

图 2—6　老龄化人口

＊中国内地、中国香港、印度、印度尼西亚、韩国、马来西亚、菲律宾、新加坡、泰国。

资料来源：Adapted from："Asia's Role in the World Economy，" *Finance and Development IMF*，June 2006，43. 2.

世界人口目前大约为 60 亿。对全球营销而言，下一个十年估计有近 10 亿新消费者进入市场这一点很重要。仅新兴经济体的消费者购买力就会增加 9 万亿美元，几乎相当于 2006 年西欧国家的总消费力。[10]

绿色经济

绿色经济（green economy）是一种新兴市场，它寻求社会、环境和财务三种价值间协同性的最大化，常被称为“三重底线”（triple bottom line）。

据此定义，绿色经济有以下特征：

- 环境可持续性，其基本信念是生物圈乃一个资源可耗竭且自我调节和再生能力有限的封闭体系。我们依赖于地球上的自然资源，因此应当创造一个尊重生态系统完整性并保证生命支持体系还原能力的经济系统。
- 社会公平性，其基本信念是文化和人类尊严是珍贵的资源，要求像自然资源一样受到负责任的管理，避免枯竭。我们应当创造一个生机勃勃的经济体系，保证所有人都能过上体面的生活，并有充分的机会实现个人和社会的发展。
- 植根当地性，它基于这样一种信念，与某一地方的真实连接是可持续性和公正的重要先决条件。绿色经济是个人社群的全球集合，通过商品和服务在当地负责任的生产和交换来满足公民的要求。

能源和商品成本上涨，以及消费者需要一个更具可持续性的环境，推动了能源与公共事业、建筑、交通和制造等行业的绿色经济。理解绿色经济及其带来的全球机会对全球营销者而言非常重要。绿色经济中有一部分需要采用“清洁技术”（clean technology）。虽然没有标准的定义，但一般认为清洁技术包括采用可再生原材料并能保护自然资源的产品、服务和过程。代表性的清洁技术包括风力发电、太阳能、水能和生物燃料。如图 2—7 所示，韩国和中国是清洁技术的主要投资国，接下来是美国。

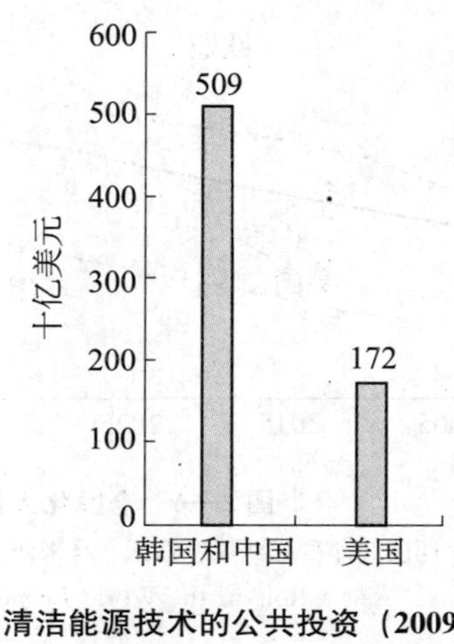

图 2—7 清洁能源技术的公共投资（2009—2013 年）

资料来源：Data from “Rising Tigers, Sleeping Giant,” Breakthrough Institute and the Information Technology and Innovation Foundation, November 2009.

绿色经济市场规模

绿色市场有多大？美国商务部认为，绿色产品和服务占美国私有经济总量的1%～2%。[11]用金额来衡量，市场规模估计为3 710亿～5 160亿美元。英国贸易和工业部估计，环境产品和服务的全球市场在2020年将达到6 880亿美元。[12]在欧洲有1.42亿有机食品和饮料消费者，分为忠诚的和偶然的两种类型。忠诚用户在欧洲有2 000万，但其支出却占到69%。这表明相当大一部分有机市场的顾客不经常购买。假如传统食品市场的生产过程大幅进步，或者有机市场失去其时尚的一面，那么有机市场的潜力将明显低于分析家的预期。

我们对消费者对购买绿色产品和服务的态度了解多少？由于开发绿色产品所需成本相对更高，因此确定消费者对环境问题的看法及相应行动，特别是对绿色和环境友好型产品的态度就至关重要。Straughan and Robert（1999）按照其行为是否关注生态对大学生进行了细分，称人们越年轻，越对环境问题敏感。[13]其研究结果表明，生态意识行为与年龄和性别这些人口统计指标显著相关，但与收入的相关性不显著；绿色产品购买意愿与年龄和收入正相关，但与教育无关。[14]许多研究发现男性和女性在环境态度上存在显著差异。[15]具体地，男性对环境的态度比女性更负面[16]，女性更可能购买绿色产品，因为她们相信这有利于环境。[17]研究人员和环保主义者通常认为，通过购买环境友好型产品、绿色产品、包装可回收产品以及正确放置无法降解的垃圾，消费者能够对改善环境质量做出巨大贡献。[18]

环境质量取决于消费者的知识水平、态度、价值观和做法。[19]在消费者自我感觉良好而非利他的动机作用下，他们更有可能购买有机产品或环境友好型产品。有些制造企业已经认识到，将利己置于首位，利他置于第二位，这样的产品定位可获成功。例如，Café-Direct最近重新定位了它的公平贸易咖啡，首先宣传产品质量然后才是公平贸易。在预测消费者购买绿色产品的意愿时，态度是一致性最高的解释因素。[20]这意味着就消费者购买绿色产品的动机而言，如果他们是亲环境的，那么价格尽管很重要但并不是主要因素。消费者感知的环保自我涉入水平是另一个重要因素。

对美国消费者的一项调查发现，质量和价格是购买绿色产品的两个最重要的影响因素（见表2—7）。另一个考虑因素是产品不含有害化学物质。一项消费者细分研究识别出6个细分子市场：惊慌者（18%）、担忧者（33%）、谨慎者（19%）、不关心者（12%）、怀疑者（11%）和蔑视者（7%）。

表2—7　购买绿色产品的考虑因素（被访者中回答“极为重要”或“非常重要”者所占比例）

性价比合适	87	纯天然	40
不含有害化学物质	77	有机	31
在促销	61	包装吸引人	10

资料来源：Adapted from："Green Products and Services：A Viewpoint from Consumers and Small and Medium Business，" Clearworks Green Resource Network，Fall 2009.

归为惊慌者的是那些对气候变化最为忧虑的人，他们最积极地行动起来以削弱自己对环境的影响，同时希望公民、产业和政府都能针对气候变化的威胁采取措施。他们最有可能购买那些对环境的负面影响最小甚至有正面作用的产品，并降低温室气体的排放。研究称，这一群体最有可能参与消费者激进活动，目的是鼓励公司加强气候变化应对行动。他们也更可能回报那些采取行动的公司，在自己家里采取措施提高能源利用率，或者是“习惯性地参加保护性行动”，比如调节恒温器。这一人群正是营销者销售绿色产品时的目标市场。

绿色产品的宣传不仅要聚焦于使用某特定产品和服务的环境利益，还需要考虑成本节约、健康和更高效率等方面。接下来要集中围绕购买绿色产品的利他本质展开宣传，以展示其符合大众利益。英国零售店玛莎的例子就说明了绿色战略如何与现有业务相整合。公司用“标签后面”（behind the label）广告教育 1 600 万消费者，让他们了解公司产品对环境的影响；公司还帮助其供应商变得更为环保，具体措施包括推广来自大牧场主的沼气，并通过与乐施会（Oxfam）的合作来宣传衣物回收。

本章小结

● 扫描全球宏观环境时 PESTEL 是一个非常有用的框架，它可以衡量市场潜力，特别是增长或下滑，以及市场吸引力、商业潜力和市场是否值得进入。

● 在大多数工业化国家和新兴国家，全球贸易的步伐快于经济增长。德国是最大的商品出口国，但若综合考虑商品和服务，美国则成为第一。值得注意，中国很快将成为第二大商品出口国，但服务出口还较为落后。

● 世界贸易的绝大部分是地区性的。欧盟的贸易大多发生在内部成员国之间。美国的主要客户是加拿大和墨西哥。

● 世界贸易中占主导地位的是技术的进出口，发达国家尤为如此。高科技产品的全球市场扩张比其他制造品更快，而且高科技产品引领着全世界的经济增长。在高科技产品出口方面，美国和日本居领先地位。

● 根据《外国政策》/科尔尼指数，美国是第七大全球国家。6 个最大的跨国公司中 4 个是美国公司。由于美国靠多边贸易协定进行经济整合的程度低于一些欧洲国家，因此在全球化指数上的排名不高。

● 绿色经济在创造就业和收入上潜力巨大。全球绿色经济就业方面的例子包括：中国，60 万人在太阳能热水器等太阳能生产和安装领域实现就业；尼日利亚，基于木薯和甘蔗的生物燃料行业可能有 20 万员工；印度，在生物气化方面，到 2025 年可产生 90 万个工作岗位，其中 30 万在制造煤炉的岗位，60 万在为燃料供应链处理煤块和煤球的岗位。这些数字表明，绿色清洁技术产品的全球市场机会可能使其成为增长最快的经济领域。

讨论题

1. 据称，高科技产品将主导 21 世纪的贸易，这是否意味着新兴市场国家将被这一发展挡在外面？

2. 大多数发展中国家的人口出现老龄化趋势，预计未来将更为明显。如果你是一家消费品公司的国际营销经理，人口老龄化将如何影响你下一个十年的营销组合策略？

3. 你如何区分针对“惊慌消费者”和“担忧消费者”的广告？

体验性练习

1. 除本国以外，选择你感兴趣的任何一个国家，用 PESTEL 模型为太阳能热水器做一个环境分析。

2. 在《新闻周刊》网站上查一查“十大最佳居住国”。这一指标与全球营销有什么关联？（小贴士：看一下分值是怎么计算出来的。）

关键术语

总收入（aggregate income）
贸易收支（balance of trade）
生物技术（biotechnology）
欧盟（European Union）
全球经济（global economy）
全球化（globalization）
绿色经济（green economy）
高科技产品（high tech products）
纳米技术（nanotechnology）
北美自由贸易联盟（North American Free Trade Association，NAFTA）
PESTEL
供应链（supply chain）
跨国公司（transnational corporation，TNC）

注释

[1] Technological infrastructure includes the social and economic institutions that a nation relies on to develop and market new technology; e. g. , the number of people employed in R&D, technical training schools, competence in high technology manufacturing, and capital markets.

[2] Trembley, C. (2008). Commentary: Internet resources for global business practitioners. *Daily Record*, p. A8.

[3] ENA. (2004). *The 2004 European nanobusiness survey*: "*Use it or lose it.*" Research report, European NanoBusiness Association, Brussels.

[4] Crabtree, P. (26 November 2006). Good old days gone for biotech. *The San Diego Union Tribune*, www. signonsaniego. com.

[5] *Eurostat Statistics in Focus*, 25/2009, p. 3.

[6] Rosen, D. , Schroeder, J. , & Purinton, E. (1998). Marketing high tech products: lessons in customer focus from the marketplace. *Academy of Marketing Science*, *6*, 1-17.

[7] Jobs, S. (1998, May 18). There's sanity returning. *Newsweek*, 48-52.

[8] Burgel, O. , & Murray, G. (2000). The international market entry choices of start-up companies in high technology industries. *Journal of International Marketing*, *8* (2), 33-62.

[9] World Investment Report (1992). *Transnational corporations as engines of growth*. New York: United Nations.

[10] Davis, I. , & Stephenson, E. (2006, January), Ten trends to watch in 2006, *The McKinsey Quarterly*, www. emergencemarketing. com/2006/01/19/ten-trends-to-watch-in-2006-according-to-McKinsey/.

[11] Economics and Statistics Administration. (2010, April). *Measuring the green economy*. Washington, D. C. : United States Department of Commerce.

[12] Retrieved from www. dti. gov. uk/sectors _ environment. html.

[13] Straughan, R. D. , & Roberts, J. A. (1999). Environmental segmentation alternatives: A look at green consumer behavior in the new millennium. *Journal of Consumer Marketing*, *16* (6), 558-75.

[14] Soontonsmai, V. (2001). *Predicting intention and behavior to purchase environmentally sound or green products among Thai consumers*: *An application of the theory of reasoned action*. Unpublished doctoral thesis, Nova Southeastern University.

[15] Brown, G. & Harris, C. (1992). The United States forest service: Toward the new resource management paradigm? *Society and Natural Resources*, *5*, 231-245; Tikka, P., Kuitunen, M., & Tynys, S. (2000). Effects of educational background on students' attitudes, activity levels, and knowledge concerning the environment. *Journal of Environmental Education*, *31*, 12-19.

[16] Eagly, A. H. (1987). *Sex differences in social behavior: A social-role interpretation*. Hillsdale, NJ: Lawrence Erlbaum Associates.

[17] Mainieri, T., Barnett, E., Valdero, T., Unipan, J., & Oskamp, S. (1997). Green buying: The influence of environmental concern on consumer behavior. *Journal of Social Psychology*, *137*, 189-204.

[18] Abdul-Muhmin, A. G. (2007). Exploring consumers' willingness to be environmentally friendly. *International Journal of Consumer Studies*, *31*, 237-247.

[19] Mansaray, A., & Abijoye, J. O. (1998). Environmental knowledge, attitudes and behavior in Dutch secondary school. *Journal of Environmental Education*, *30* (2), 4-11.

[20] Chyong, H. T., Phang, G., Hasan, H., & Buncha, M. R. (2006). Going green: A study of consumers' willingness to pay for green products in Kota Kinabalu. *International Journal of Business and Society*, *7* (2), 40-54.

案例 2—1　给印度尼西亚提供燃料：是机会还是遗憾？

煤油在印度尼西亚家庭中广泛使用，年平均使用量为 1 000 万升。它是家庭烹饪用的主要补贴能源，印度尼西亚 2.3 亿居民中 60%以上使用煤油。补贴计划使政府负担沉重，每年补贴总计 40 亿美元。由于这一做法花费巨大，政府开始着手改变现有的煤油补贴政策。其他原因包括原油价格波动、未补贴市场上煤油走私猖獗以及煤油引发的国内火灾事故迅速增加。政府决定用液化石油气（LPG①）取代煤油。② 尽管液化石油气的价格比煤油高，但是液化石油气更便于管理和使用。印度尼西亚政府意识到，很多贫困家庭无法承担所需投资。使用液化石油气需要购买炉灶，还需支付燃料罐的押金，这对很多家庭形成巨大的障碍。

为了鼓励这种转变，政府决定给每个家庭发放一个免费炉灶和一个液化石油气罐，运送液化石油气首次免费，还补贴③ 3 千克罐装液化石油气。由于预测液化石油气的需求量将会大增，印度尼西亚的国家石油公司即 PERTAMINA 宣称无法满足每年 200 万吨的市场需求。因此，政府邀请外国石油公司进入印度尼西亚液化石油气的批发或零售市场，这打破了印度尼西亚国家石油公司的垄断地位。④

然而政府的决定引发公众的不满，人们开始组织游行，走上街头宣泄不满。由于现有

---

① LPG 指液化石油气，一种主要用于烹饪和加热的燃料。它在自然状态下为液体，需要储存在钢制容器或者特殊容器中。

② 煤油是从原油中提取出来的液体燃料。它是一种在发展中国家广泛使用的传统燃料。在印度尼西亚和马来西亚，它被称为 minyak tanah。

③ 补贴是指给最终消费者的价格是固定的。政府会将实际价格和固定价格的差价补贴给供应商。一桶 3 千克重的液化石油气价格固定在 28 000 印度尼西亚盾或 2.68 美元。

④ PERTAMINA 掌控着印度尼西亚燃料生产市场上 80%的份额和燃料产品的销售。虽然计划在印度尼西亚证券交易所上市，但它是印度尼西亚政府全资所有的公司。

的液化石油气价格昂贵且供应有限，很多人担心自己的支付能力不足或者买不到。另外，杂货店收入可能受损，因为杂货店占据煤油分销网络的90%以上。还有些人担心生活方式可能改变，同时有少数人称用液化石油气烹饪的食物的味道会与原来不同。

然而，政府公告却是外国石油商所盼望的，它们认为燃料消耗会增加。尽管如此，对于政府制定的在不到一年的时间里从使用煤油转换为使用液化石油气的目标，它们仍感到惊讶。印度尼西亚共有2.3亿人口，其中70%以上的收入低于国家平均水平，让他们使用新产品看起来是一件不可能完成的任务。在政府发表公告之后，蓝油公司（Blue Oil）在它位于雅加达的办公室召开紧急会议，讨论蓝气（Blue Gas）进入印度尼西亚液化石油气市场的可能性。蓝气公司是液化石油气全球供应商的领导者，业务遍及全球80多个国家。蓝气公司的母公司蓝油[①]已经在印度尼西亚的零售加油站和润滑油市场占据了一席之地。蓝气公司副总裁约翰·贝利（John Baily）、蓝气印度尼西亚（Blue Indonesia）主席罗基尔·范卡克斯（Rodgier Van Cux）、东南亚蓝气公司（Blue Gas—Southeast Asia）总经理乔汉·萨利（Johan Salleh）以及蓝气印度尼西亚公司通信部（Corporate Communication—Blue Indonesia）副总裁鲁迪·哈瑞安托（Rudy Harianto）聚在一起进行激烈的讨论。

罗基尔非常想抓住这次机会扩张蓝气集团在印度尼西亚的市场，他说："相信在座的各位都意识到蓝气公司进入印度尼西亚液化石油气市场具有很大的商业潜力。"他继续补充道："多年来，印度尼西亚液化石油气市场被PERTAMINA公司垄断，外国石油公司进入印度尼西亚市场面临着政府的官僚体系、不友好的市场条件和没有收益的投资。现在开启了机会之门，每年200万吨的市场需求是一个不能错过的良机，其市场规模位列第三，仅次于中国和印度。"

为了进一步解释他的观点，罗基尔大声朗读了关于印度尼西亚液化石油气市场的初步报告。在没有开发的液化石油气市场上，印度尼西亚蕴藏着巨大机会。由于拥有2.3亿人口，GDP以每年4.5%的速度稳定增长，因此印度尼西亚同中国、印度一样具有广阔市场。在第六任总统苏西洛的领导下，印度尼西亚在稳定的政治气候背景下取得了可靠的经济增长。尽管市场曾被PERTAMINA所垄断，但是和邻国马来西亚（95%）、泰国（80%）和菲律宾（65%）的液化石油气市场渗透率相比，印度尼西亚仅仅为15%。

乔汉指出："还有宏观和微观层面的一些根本因素需要考虑。"他补充道，"最近进入中国、印度等国家的经验告诉我们，注入资本进行投资需要格外谨慎。"

乔汉认为，公司将不得不承受他所说的风险："首要因素就是补贴，看来政府取消煤油补贴的主要动机是抑制过高的产品成本并打击走私。所以当趋势发生逆转时会发生什么？我的意思是当液化石油气的基础价格比煤油高的时候会发生什么？在我们投资数百万美元后，政府是否会改变政策？"

现在，政府制定的罐装液化石油气价格大约为每千克0.45美元（每吨450美元），这与市场全成本价——每千克0.99美元——完全不同，因此需要补贴的差额部分很大。尤其是未来大部分液化石油气的需求增长将由进口来满足，印度尼西亚，确切地讲是PERTAMINA将不得不支付国际市场价格。例如，它们最新的进口液化石油气在丹戎乌班（Tanjung Uban）等待向印度尼西亚其他地区进行重新分配，PERTAMINA支付了12月合同价（CP），加上每吨60美元的成本加运费（CFR）。PERTAMINA承担的补贴成本到

---

① 蓝油是世界上第二大石油公司，主营业务为上游燃料产品的生产和销售。

2008 年预计达 3.45 亿美元，在 2012 年将增长至 18 亿美元。

乔汉补充说："我相信，随着 2009 年选举迫在眉睫，以及政府意识到在雅加达和其他地区社会动荡的潜在危险，液化石油气的价格不会有任何上涨。然而选举完成之后会发生什么，仍然让人忧虑。"

乔汉继续说："第二个因素就是印度尼西亚公平竞争环境的不确定性。是否会给外国石油公司发放许可证，对于贸易地区是否有限制等问题尚不明确。PERTAMINA 看起来不可能允许现有市场份额被请进来的外国石油公司所侵蚀。政府很可能设计一些机制来保护国家石油公司。在这点上，政府的透明度必不可少。"可乔汉很担心。

约翰问："政府可能采取什么保护机制?"

乔汉回答道："实际上有很多。首先，政府可以限制外国石油公司的贸易区域，大家都知道爪哇岛拥有印度尼西亚 50%以上的人口，该地区的需求还会大增，那里也是印度尼西亚迄今为止物流最发达的地区，政府可能倾向于限制外国石油公司在爪哇岛进行贸易，只允许在加里曼丹、苏拉威西、苏门答腊等其余岛屿上交易。这将为 PERTAMINA 利用现有基础设施实现利益最大化铺平道路，而其他的外国公司只能奋力修建基础设施，它们的投资收益更低，而收益回收期更长。"

约翰继续问："在决定投资之前，对于这些潜在的限制条件我们能够确认吗?"

乔汉回答说："可以，甚至还有政府担保，每四年的政府选举会带来政策变动风险。印度尼西亚的民族主义情绪非常强烈，因此像这样的问题很可能会赢得选票，并且得到社会的支持。"

"从微观的角度，我们不得不小心选择投资的子市场。"乔汉补充说，"在印度尼西亚，现有两种液化石油气规格，得到政府补贴并且非常受欢迎的是 3 千克罐装，还有一种是 12 千克罐装[①]，后者没有补贴并且价格没有标准，供应商可以任意制定价格，目标受众主要是高收入家庭。"他声称："需要考虑的因素是，3 千克罐装不是蓝气在任何其他国际市场上的标准包装。因此，如果我们需要满足这种需求的话，将不能获得规模经济。如果我们要求气罐制造商改变设计，工厂传送带就需要和非标准传送能力相匹配，此外，3 千克气罐的安全问题和优化处理将使整个研发成本加大。"

约翰说道："还有一个因素需要考虑，消费偏好在不久的将来可能会改变。一旦家庭收入增加，将出现选择更大型号气罐的趋势。我们在中国[②]、印度甚至马来西亚的经验证实了顾客需求演进理论。"

"除此之外，不能确保政府将来继续补贴 3 千克气罐。现在补贴的动机是清楚的，是为了促使公众从煤油转到液化石油气。如果没有补贴，就不可能让公众转换到使用液化石油并且会引发众怒。"鲁迪陈述道，"补贴政策在今后如何发展不得而知，在政府终止液化石油气补贴之后，民众是会重新使用以前的燃料，还是选择新的替代品?"

"所以，如果我们把这些考虑到，补贴还会存在吗? 3 千克和 12 千克罐装液化石油气每千克的基础价格几乎没有区别，消费者将很快意识到对于 12 千克气罐，尽管他们

---

① 一桶 12 千克重的液化石油气价格不会获得价格补贴。它的价格每月都会依据之前产品的价格作出调整。现在它的售价为 148 000 印度尼西亚盾或 14.12 美元。

② 在中国，随着国内总收入的提升，消费者的需求从 10 千克上升到 14 千克。由于需求急剧下降，10 千克重的液化石油气被迫退出市场。

不得不支付更多的钱，但可以免除频繁更换的麻烦，而3千克气罐只够维持一个星期左右。”乔汉说，“是我们弄错目标了吗？尽管需求庞大，但我们现在应该进入3千克市场吗？”

约翰补充说：“我需要补充，还有一个问题是政府补贴何时到位①，不难想到PERTAMINA的一个优势在于很早得到补贴。如果补贴被永久推迟，我们需要做好准备，将有一股巨大的现金流锁定在印度尼西亚。”

“但是只限定在12千克市场上是没有道理的。”罗基尔回复说，“首先，12千克与3千克相比，需求非常小，因此我们将无法取得满意的销量。第二，政府可能觉得蓝气公司限制于12千克市场的提案不怎么吸引人，因为政府主要针对的是低收入家庭。第三，不能保证PERTAMINA允许我们进入盈利丰厚的12千克市场，而不分担投资3千克气罐市场的痛苦。”罗基尔补充说。

乔汉说：“最后还有一个问题需要解答，我们需要考虑是单独进入印度尼西亚市场还是寻求合作伙伴。为了能在印度尼西亚持续发展，我们必须对供应有绝对的控制，而不能依赖第三方。”（依赖第三方来源意味着价格完全由第三方掌控，而且供应不可靠。）“2.5亿美元的进口终端投资是巨大的，为了减少曝光度，我们应该考虑和当地企业组成合资企业，最好对方声誉非常好并且资金雄厚，与政府关系紧密，这样我们可以共享。”乔汉提出他的建议。

“各位绅士，我们所面临问题的挑战性比我们预期的更大。但不管怎样，让我们总结一下行动要点并约定好时间表。”约翰说，“我们没有很多时间，印度尼西亚政府正期盼我们就是否有兴趣给出初步答复，其他企业②对这个市场也非常感兴趣，先行者优势将会给我们的提案带来一些可靠性。”他补充道。

团队同意在两个星期内把提案定下来，交给蓝气投资董事会，这将是一个成功的机会，还是一次遗憾的市场进入？

资料来源：This case is based on a real-life company. In order to protect confidentiality, names of the company and people mentioned in the company have been changed. Case prepared by Abdul Rahim Abu Bakar and Fariza Hashim, Prince Sultan University, Saudi Arabia. The authors would like to thank Johari Jalil for his earlier contribution in the writing of this case.

讨论题

1. 指出印度尼西亚液化石油气行业的机会和威胁，蓝气公司应该考虑进入印度尼西亚市场吗？
2. 根据印度尼西亚市场的特征制定蓝气公司的产品策略。它应该进入哪个产品市场？为什么？
3. 根据印度尼西亚的消费者和公司的产品策略为蓝气公司制定沟通策略。
4. 蓝气公司应该集中于12千克气罐吗？它的定价策略应该是什么？为什么？
5. 蓝气公司最好的进入策略是什么？为什么？

---

① 平均而言，政府补贴还款的范围在3～12个月之间。

② 一些显示出兴趣的大公司包括埃克森美孚石油公司、加德士（Caltex）和马来西亚国家石油公司（PETRONAS）。

参考文献

Nasution，B. （17 December 2008）. Kerosene a luxury item in C. Java after conversion to LPG. *The Jakarta Post*.

Business in Asia Today. （17 February 2009）. Retrieved from www. asiapulse. com.

Budya，H. （2008，September 24-26）. Indonesia LPG kerosene conversion program，challenges and opportunities. *21st World LP Gas Forum*. Seoul，South Korea.

LPG in World Markets. （2007）. LPG in Indonesia：Big plans，big problems.

第3章 评估文化和社会环境

作为一个国际公司，我们希望有一种文化，这是最理想的。但公司不可能跨越国家文化。东方和西方之间存在复杂的差异，我们必须接受并理解这些差异。在中国做生意的美国公司必须学习、理解中国文化，同样的道理也适用于在海外做生意的中国公司。[1]

——杨元庆，联想集团总裁

学习目标

1. 认识到文化对全球营销的重要性。
2. 列举文化的要素。
3. 应用文化框架来理解消费者行为。
4. 用文化相似性对国家进行分组。
5. 采用文化概念来制定沟通策略。
6. 理解语言和非语言沟通的区别。

老大哥的大争议[2]

《印度斯坦时报》（*Hindustan Times*）声称“种族攻击引发了暴怒”，《亚洲时代》（*Asia Age*）宣布“老大哥印度支持在英国的希尔帕”，《经济时报》（*Economics Times*）说“老大哥的影子落在布朗身上”，布朗指的是当时正访问印度的英国财政大臣戈登·布朗（Gordon Brown）。

占据印度媒体头条，在英国热度也很高的这件事，发生在英国第四频道播出的《老大哥》（Big Brother）真人秀节目中。目前在英国、印度以及全球，人们都已经知道这场“大吵闹”。事情起源于“名人老大哥”，即名人版《老大哥》节目中一些选手对宝莱坞明星希尔帕·谢蒂（Shilpa Shetty）的一系列负面评论。节目里，14个人被要求在一间房子里共同生活四周，与外界隔绝，节目跟踪其生活和互动情况。每周至少有一位选手经观众投票被淘汰，可能是迈克尔的哥哥杰梅因·杰克逊（Jarmaine Jackson），也可能是其他演员、歌手和模特。

参赛选手的言谈似乎在刻意侮辱希尔帕的种族和文化，这激起印度的街头抗议、英国议会的讨论、布朗尴尬的新闻发布会，还导致节目主要赞助人退出，收到4万多条观众投诉。

此事在全球引发了一场同样激烈的争论，即室友们的言辞是确实有意贬低希尔帕的印度身份，还是一群文化无知者的暴怒之词。说到其言论引发众怒的杰德·古迪（Jade Goody），杰梅因·杰克逊说："……希尔帕来自另一个文化，她们（希尔帕和杰德）相互不适合。"

尽管希尔帕坚持下来并赢得了那一期的《老大哥》比赛，但文化差异以及人们在理解文化差异时面临的困难，必然是全球化时代需要一直讨论的话题。

跨文化冲突不仅会导致国际合资公司和战略联盟管理不善，而且可能使关系破裂，如专栏3—1所示。

文化及其各种明显的、隐蔽的含义，在商业世界发挥着关键作用。特别是国际营销人员，他们在试图向那些与自己的文化传统不同的目标顾客营销产品和服务时往往会跌跟头。本章将讨论文化差异为何在国际商务和国际营销中作用如此巨大，以及商业人士如何学习并应对与自己不同的社会和文化环境。

理解文化的重要性在于能带来国际市场洞察，并为全球的领先企业提供竞争优势。如果留意文化，国际营销的领先企业就能更好地适应任何一个社会和文化，取得商业成功。文化概念很复杂，很多领域对此进行了大量研究，这些研究使我们进一步理解文化差异如何影响企业和消费者行为。

专栏3—1

聚焦公司：Vitro Corning

并非所有的业务联盟都能成功，特别是跨国联盟。1992年Vitro和康宁（Corning）的合资就是一例。

"Vitro和康宁都采取顾客导向的理念，而且企业文化高度一致。"Vitro执行官胡里奥·埃斯卡梅兹（Julio Escamez）在合资完成时这样说道。两家公司在组织上有相似之处，都有合资经验和全球导向，而且都有创始家族成员担任领导人。

"文化不匹配，"纽约Smith Barney Shearson公司的分析师弗朗西斯科·切维兹（Fransisco Chevez）说，"这是一场地狱式的婚姻。"尽管有相似之处，但合资公司不到3年就解体了。

文化差异是失败的主要原因。康宁按照自己的时间观认为一些重要决策的制定太不及时，而且Vitro的销售方式不太有进攻性，这与康宁的竞争战略完全相反。

Vitro和康宁合资的失败在墨西哥和美国公司中并不罕见。显然，NAFTA协定很可能使人们对两国文化的亲密性形成不切实际的期望。双方对时间的态度不同，美国人认为Vitro的执行官动作太慢，而墨西哥人认为美国人太直接、太快。另外，双方对工作的态度也有差别，一方认为是建立人际关系，另一方则认为是制定决策。

资料来源：Adapted from：DePalma，A.（26 June 1994）. It takes more than a visa to do business in Mexico. *The New York Times*.

全球化时代的文化多样性

全球化创造了一个无边界的区域，这使我们能够跨越地理和经济上的原有边界。在这个无边界的世界，跨国公司数量的增长以及信息技术和观念的全球扩散都会对个体的文化产生影响。尽管全球化是一股促进思想在全球扩散的强大力量，大量的文化多样性仍然存在于地区之间、国家之间甚至一国内部。例如，表 3—1 列举了一些国家/地区的文化多样性。在美国，尽管英语占主导地位，82%的美国人都会讲，但是还存在其他大约 150～300 种语言，某些语言仅在部落举行仪式时使用。除英语之外，其他使用广泛的语言包括西班牙语和中文。在某些地区，如加利福尼亚和得克萨斯，讲西班牙语的人口占 35%。仅在洛杉矶，使用西班牙语的电台有 22 个、周报或日报有 17 份、电视台有 8 个。中文在纽约是第三大语言，在加州和马里兰州是第四大语言。

表 3—1　　文化多样性指数最高的国家/地区

语言数	宗教数	语言数	宗教数
印度（几百种）	印度（40）	俄罗斯（100）	美国（20）
美国（150～300）	南非（30）	墨西哥（62）	加拿大（15）
菲律宾（170）	中国台湾（25）	中国大陆（10）	英国（10）

文化差异在语言、饮食习惯、衣着和传统方面表现很明显。此外，在社会组织形式、伦理观念、与环境互动等方面也存在显著的不同。根据联合国教科文组织(UNESCO)，大约 5 个国家垄断了全世界的文化产业贸易。例如在电影行业，185 个国家中 88 个没有能力制作电影。

星巴克、麦当劳和肯德基等公司改变了许多国家的饮食习惯。例如，麦当劳在中国香港出售辣薯条和将军汉堡包（加日本照烧汁和大白菜的猪肉包），但在印度不提供含猪肉或牛肉的食物，在日本和菲律宾等其他国家提供不同的产品。肯德基在中国内地市场上不仅提供鸡肉，还有四川泡菜和猪排。

本章将讨论的问题包括：文化对于制定全球营销战略有何用处？全球化如何影响文化？全球化时代文化在何种程度上能保持多样性？讨论这些问题之前我们首先要定义文化。

什么是“文化”

一个国家的文化被定义为“共享的意义体系”（shared meaning system）[3]或者“能够将一个群体或民族的成员与另一个分开的思维集体编程”。[4]若采取一种宽泛的认识，文化包括一个国家的所有价值体系，它定义了人类社群、个体、社会组织、经济和政治体系。[5]文化包含以下一些概念[6]：

- 国民性格
- 时间导向
- 空间导向
- 感知
- 思考
- 语言
- 非语言沟通
- 行为
- 社会群组和关系

图 3—1 用“冰山”来描述上述多种文化要素，有些位于表层，是有形的“表层文化”，可观察、倾听、触摸。比如，我们能看出人们如何行事、着装和谈话。但是，大多数文化要素处于表层以下，是“深层文化”，比如价值观、时间和空间导向，还有**非语言沟通**（nonverbal communication），包括面部表情和手势（肢体语言）。这些要素具有隐藏的含义，只有内部人才能明白。水位线以下的大部分区域只能猜测、估计或凭直觉判断。

图 3—1　文化冰山

了解你的冰山

在国外，假如有人邀请你喝茶。可是，“茶点时刻”究竟是在晚餐后，还是单独的时间，比如下午？再假如，在一个拉美国家，你接到晚 7 点的用餐邀请。那么，你应该在指定时间到达还是略晚一些？在国外，你如何跟别人打招呼？握手，拥抱，或保持一定距离以示尊敬？在别的文化中举止是否恰当取决于对文化的理解，既包括显性部分，也包括隐性部分。在冰山之巅犯错误可能不太严重，但表层之下的错误却可能导致沟通失败，如下例：

> 一家外国公司打算进入法国市场……头几年很困难……我们不理解他们的思维，他们也不理解我们。这是一个沟通问题。法国人跟我们讲英语，然而我们很快意识到尽管我们讲同一种语言，但却无法相互沟通。

营销方面沟通失败的一个例子，是一家北美电话公司在某拉美国家播放的一则电视广告。广告中有一家人只安了一部电话——在楼下。电话铃响了，在二楼的妻子喊她丈夫去接电话。广告的主题是每层楼有部电话更方便，但该广告最终失败，因为在一个男权导向的国家，妻子向丈夫说出像是命令的话不符合社会规范。

为什么文化知识对于全球营销非常重要？文化被看作一个国家的关键环境特征，能支持系统性的行为差异。[7]如此一来，文化是塑造消费者行为的强大力量。不仅如此，忽视国家之间的文化差异被视为许多商业失败的原因之一。[8]

以下就是一个商业失败的例子：

> 图波（Turbo）啤酒是斯堪的纳维亚的一家啤酒公司，它的一名执行官被派到东欧担任地区营销经理，任务是调查自己的高端啤酒在当地是否有潜力，有潜力的话如何开发这一市场。我们知道，文化会影响啤酒口味和消费行为，因此，该经理计划的第一步就是确定这一地区的不同国家的文化是否相似。此外，他还希望了解这些国家的人们在喝啤酒方面是否与本国有某些相似之处。

上例中的经理需要某种模型，用来显示文化的异同，以及在哪些方面异同。换言之，是否存在一些国家文化框架可用来提供啤酒经理在项目中所需要的信息？

国民性格的概念

国民性格（national character）就是一个国家文化框架。这一概念假定每个国家都有自己的性格，即某一特定民族的人们具有相同的行为方式，但与别的民族不同。例如，2006 年，乔治·布什总统发起了“关心国民性格周”（National Character Counts Week）活动。什么价值观塑造了美国的国民性格？根据总统的宣讲，应该是“正直、勇敢、诚实和爱国”。这些基于个人经验或刻板印象的国民性格概括是否具有“一定的真实性”或者是错误的？国民性格该如何确定？

从历史角度看，阿尔让斯（Argens）、孟德斯鸠和让·雅克·卢梭等 18 世纪初的哲学家最早论及国民性格或文化这一概念。他们就构成一国国民性格的要素展开争论，如物质和精神因素以及政治制度。例如，阿尔让斯断言居民构成具有一系列特征的国家。[9]但是，他对“国家”的描述大都是刻板化的。[10]西班牙人被描述为精明、骄傲、自负，而且爱嫉妒；相反，英国人聪明、公正、勤勉，但有点粗鲁。其他例子可参见插图 3—1 中达顿（Darton）的国家文化画像，该结果发表于 1790 年。

国家文化的研究由于两方面原因受到了批评。首先，国家文化研究缺乏严谨的基础，导致一些毫无事实依据的刻板发现。所有国家的人对于自己文化和其他文化

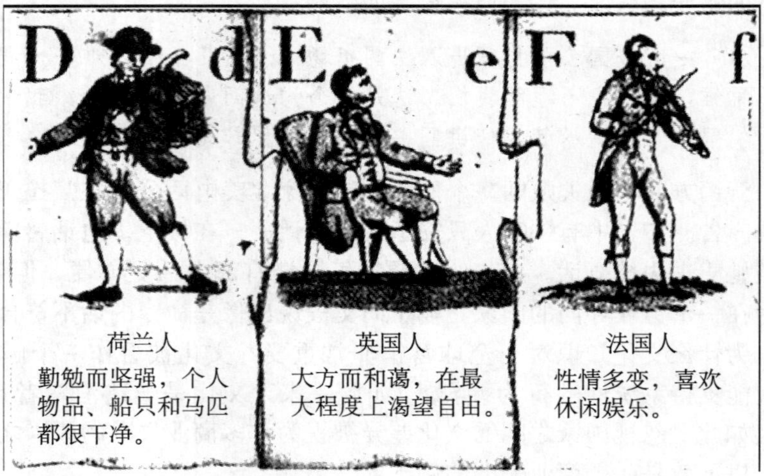

插图 3—1　早期的国家文化概念

资料来源：Darton，W.（1790）. *Inhabitants of the world*.

中典型成员的个性特征确实有一些共同的认识，比如“德国人缺乏幽默”、“意大利人容易激动”、英国人“很公正”、瑞典人“很内向”。但是，Peabody（1985）批判了这些认识[11]，认为它们缺乏可靠性，通常建立在间接经验的基础上，因此不够精确，而且被种族主义、民族中心主义和歧视所蒙蔽。

一项针对 49 种文化的研究发现，国民性格可能无法反映人们实际的个性特征。[12] Terracciano（2005）等研究人员让被调查者描述其“国家文化”（national culture），发现对国家文化的认识与国民的个性特征得分相去甚远。因此，国民性格可能更多基于刻板印象而非现实，如下所述：

> [A] 瑞典人的思维特征是迫切希望达成一致。很少看到激烈的讨论，讨论中说服别人的最佳办法不是最大限度地投入感情，而是给出一些有力的论据。正因为如此，外国人有时觉得瑞典人过于冷漠和正式。这可能有点道理，但是应当记住，瑞典人在公开的、职业的情境下倾向于理性和客观，但也可能是非常感性的，特别是凌晨两点以后在酒吧的时候。[13]

亚文化的作用

营销人员也应该理解国家文化之间以及国家内部各种亚文化之间的差异。**亚文化**（subcultures）是在居主导地位的国家文化内部，围绕一些独具特色的共同特征而形成的。亚文化成员的共同特征范围很广，从种族背景、宗教和语言，到性别、年龄等人口特征，到共同的兴趣，都可以成为共同特征。例如，流行在线游戏《第二人生》（Second Life）的玩家构成一个亚文化，时尚达人和素食主义者也是亚文化。通常所说的“企业文化”事实上也是存在于商业世界的一种亚文化。

需要注意的一点是，亚文化通常会跨越国家边界和文化，在当今相互关联性极强的世界更是如此。全世界持有某亚文化价值观和规则的人往往要适应自己的国家文化价值观，而且稀里糊涂地变成现代社会持续存在的悖论的一部分，这个悖论指的是国家文化和全球化混杂在一起，无法分开。想想乌克兰的一名聚友网（MySpace）用户，她有聚友网页面，表明接受个人表达这一与美国文化相连的价值观。同时，她根据自己文化的价值观和敏感性对网页进行个性化处理。另外，她还与全世界的其他聚友网用户相连，大家分享在线社群带来的利益，但不一定认同她的国家文化或品位。

如果营销人员想接触这名假设的消费者，他们需要问问，自己的产品和服务是否符合消费者的国家文化价值观，或消费者所属的亚文化群体的价值观，还是二者都符合。

国民性格框架构建方面的尝试遭到不少批评，要想改进，就要参考跨文化行为的研究方法，它们基于理论而且是有效的。这些方法包含基于开放性、宜人性、尽责性等个性特征的国民性格实证研究[14]，例如，Hofstede（2001）[15]、Schwartz（1994）[16]和 GLOBE 框架。[17]第二，有人质疑国民性格与国际营销的相关性，因为国民性格不能解释消费者个体行为。但是，这一概念对国际营销非常重要，原因在于，它可用来解释营销现象中的国家差异。[18]尽管国民性格研究不能解释也不能预测个体消费者行为，但可以解释集体的消费者行为，由此发现消费者行为的相似之处。不仅如此，有证据显示，国家文化还可以对个体将何种价值观置于优先地位发挥调节作用。[19]识别价值观的异同已经成为文化研究的一个有用方法。尽管这些异同发生在群体层面，但通常会被个体内化。例如，Lee and Green（1991）[20]发现国家文化的个人主义程度影响人们购买意向的形成，既影响群体，也影响个人。这一结果可用来进行市场细分，并制定地区或全球营销战略。

霍夫斯泰德的五维度国家文化

霍夫斯泰德框架（Hofstede's framework）在国际营销研究中应用最广、引用最多。他识别出文化内在的 5 个维度：个人主义（团体中的个人关系）、男性气质（性别作用）、权力距离（社会不公平性）、不确定性规避（不确定性的处理）和长期—短期导向，并对每个维度用由高到低的连续量表进行评分。[21]表 3—2 概括了这 5 个维度。霍夫斯泰德的数据库中包含 116 000 份调查问卷，1967—1973 年 IBM 全球 66 个国家分公司的管理者和工人填写了问卷，1980—1983 年重填过一次。

将 IBM 员工视为国家文化的代表人物是有问题的。[22]最近一些研究人员在几个国家重复了霍夫斯泰德的方法。若干研究再次验证了霍夫斯泰德的维度[23]（Bochner，1994；Sondergaard，1994；Robertson & Hoffman，2000）。例如，Sondergaard 的论文回顾了 60 多项对霍夫斯泰德模型的重复研究，结论是其维度“大部分被证实”。此外，Hoppe（1990）[24]对 19 个国家进行了更新研究，发现自己的结果和霍夫斯泰德的分值并无显著差别。

表 3—2　　霍夫斯泰德维度的概括

文化导向	跨文化对照
自我和他人概念 个人主义相对于集体主义	个人与集体的关系。个人还是集体能发挥最大努力，取得最大成就。
与他人的互动还是为他人互动 男性气质相对于女性气质	社会上更喜欢自信和个人成就（男性气质），还是关心他人，担任培育角色并强调生活质量（女性气质）。
应对不确定性 不确定性规避	尽量避免风险（高不确定性规避），偏好稳定，制定能降低不确定性的规则和无风险的流程，这些被认为是提高效率的必要之举；或者相反，有一种亲风险态度，个体能够实施变革，这被认为是提高效率的条件（低不确定性规避）。
人际互动中的公平性和不公平性 权力距离	层级性强，权力集中于顶层（权力距离高）；或者，权力更为平等地分配，上下级感觉作为人是平等的。
与真理无关的美德 长期导向相对于短期导向	与长期导向相关联的价值观是节俭、有毅力；与短期导向相关联的价值观包括尊重传统、履行社会义务和保全自己的“面子”。

资料来源：Adapted from：Usunier，J.（2000），*Marketing Across Cultures*. Harlow：Pearson Education Limited，p. 64 and http：//www. geert _ hofstede. com/.

为了弥补过分强调西方文化的不足，霍夫斯泰德在最初的 4 个维度之外增加了第 5 个维度，即长期导向和短期导向。作者采用中国学者开发的问卷调查了 23 个亚洲国家的学生，从而发现了这一维度。与长期导向相关联的价值观是节俭和有毅力，而与短期导向相关联的价值观是尊重传统、履行社会义务和保全自己的“面子”。“面子”意为通过公开承认某人的地位显示对他的尊敬。如果经理当着其他人的面训斥下属，后者就会觉得丢脸。在公开场合批评某人，或者指出某人的失误或者错误会让对方觉得羞愧或者低人一等。但同时，管理者也可能因为当着下属的面发火而有失身份。在社会关系中维护面子，在亚洲的重要性更高，因为面子会带来权力和影响力并且影响到声誉。丢面子会使人不再受到别人的尊重，并陷入窘迫的境地。不仅如此，如果一个人丢面子，整个团队也会丢面子，后果可能非常严重。考虑下面这个例子：

> 一家以色列公司在中国建立了一个全资子公司。当工厂完工后，当地经理建议总部考虑在厂区前面建一扇昂贵的、宏大的门。总部认为这是浪费钱。但是，中国人认为威武的大门能反映公司的强大。这是一个“面子文化”（face culture）的例子。面子在东西方谈判中非常重要。就是否修建大门，公司经历了数次激烈讨论，到最后，以色列管理者意识到丢面子是个大事，因此同意了中国当地经理的提议。[25]

在上例中，母国和东道国经理之间长时间的冲突有可能使公司员工士气低落，从而遭受比修建大门成本更高的经济损失。

采用霍夫斯泰德的维度将国家置于一个二维图表上，就可以获得文化相似的国家群组。如表 3—3 所示，个人主义在发达国家和西方国家最明显，而集体主义内生于发展中国家。东欧和讲德语国家的男性气质得分最高，不确定性规避在拉美国家和日本得分很高。权力距离高的国家包括拉美、亚洲和非洲国家。对于具有文化含义的产品和广告信息，营销战略需要与基于文化距离的国家群组相匹配，我们将在下面和后面的章节中讨论这一问题。

表 3—3 按照霍夫斯泰德模型比较东西方文化

集体主义，女性气质	集体主义，男性气质
韩国、泰国、智利、哥斯达黎加、保加利亚、俄罗斯、葡萄牙、西班牙	中国、日本、墨西哥、委内瑞拉、埃及、约旦、叙利亚、希腊
个人主义，女性气质	**个人主义，男性气质**
法国、荷兰、斯堪的纳维亚国家	匈牙利、波兰、斯洛文尼亚、美国、英国、澳大利亚、德国、奥地利
权力距离小，不确定性规避弱	**权力距离大，不确定性规避弱**
美国、英国、澳大利亚、丹麦、瑞典、挪威	中国、印度
权力距离小，不确定性规避强	**权力距离大，不确定性规避强**
德国、奥地利、匈牙利、以色列	埃及、约旦、叙利亚、韩国、日本、拉丁美洲

霍夫斯泰德模型在全球营销中的应用

文化价值观会影响营销组合中的诸多决策，特别是产品和促销决策。例如，Steenkamp et al.（1999）[26]发现，在个人主义和男性气质都比较强的国家，消费者更具创新性。在不确定性规避弱的国家，创新性也较强。由于创新性与对模糊性的容忍度有关，如果社会成员对不确定性的规避程度低，则倾向于更有创新精神。包含在个人主义、男性气质群组中的国家有奥地利、比利时、捷克共和国、德国、匈牙利、意大利、波兰和英国，其中不确定性规避相对较低的国家有奥地利、德国、意大利和英国。创新型消费者对于刺激性、创造性和好奇心等价值观更为重视。因此，在不确定性规避程度低的国家，向消费者宣传新产品时应当突出此类价值观。哈根达斯尽管是由美国的联合利华生产的，但定位为来自斯堪的纳维亚，以便激起消费者对品牌创新性和可靠性的认知。

在另一项研究中，Steenkamp[27]计算了法国、德国、意大利、西班牙和英国这 5 个欧洲国家的包装品采用类型的比例，发现包装品的采用和低不确定性规避以及个人主义文化显著相关。

De Mooij（1998）[28]发现，产品的使用和购买动机与霍夫斯泰德模型中的 4 个维度相关，与长期—短期导向无关。在 13 个欧洲国家，许多产品与 4 个维度显著相关，包括食品和饮料、服装和鞋子、休闲品、娱乐和消遣、家具和室内布置。注意，这些产品类型都与文化有关。与这些维度相关性很强的一类特殊产品是矿泉水。在法国、德国、意大利和比利时这些高不确定性规避国家，矿泉水的消费高于斯堪的纳维亚和英国，后者的不确定性规避程度都比较低。这一消费差异无法用收入或自来水质量来解释。若再加上男性气质，关系就变得更密切了。这些发现使用了1970年、1991年和1996年的数据，这显示出霍夫斯泰德的文化价值观和消费在一段时间内保持稳定的关系。

施瓦茨价值观调查

施瓦茨（Schwartz）的研究为各种各样行为态度和导向的产生和后果提供了洞察，包括宗教信仰、政治导向和选举、社会群体关系和消费者行为，也为跨文化价值观的概念化提供了新观点。其框架基于4个维度：对变化的开放态度（自治相对于遵从）、自我超越（自我导向）、保守性（传统）和自我提升（成就、权力）。霍夫斯泰德和施瓦茨的理论有些相似性。Smith & Bond（1998）[29]认为二者尽管所用方法不同，但内容几乎完全重叠，因此得出一个普适的价值理论为时不远。对变化的开放态度和自我超越类似于霍夫斯泰德的个人主义，而保守性/自治性与霍夫斯泰德的个人主义/集体主义维度极其相似，也与权力距离维度紧密关联。[30]施瓦茨价值观调查（Schwartz Value Survey）在许多国家重新做过，测量一致性得到验证。[31]施瓦茨的人类价值观量表明确了动机各异的十大价值观，这些价值观对不同文化的人而言是相同的。图3—2显示了4个维度及其价值观。

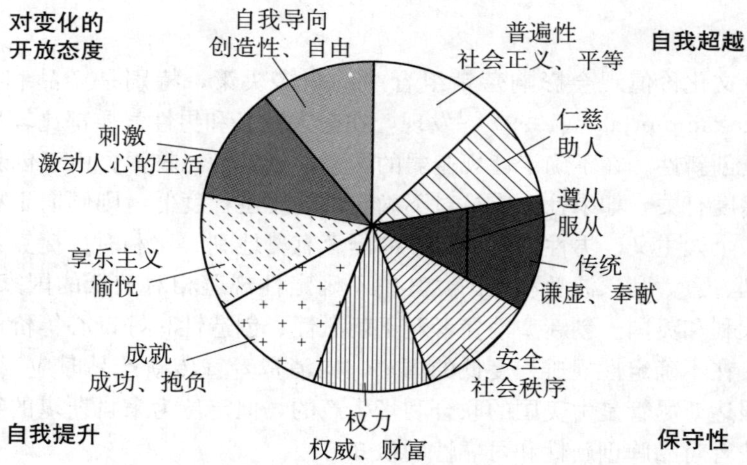

图3—2 施瓦茨十大价值观

资料来源："The Structure of Value Relations," Norwegian Social Science Data Services, http://essedunet.nsd.uib.no. Accessed 6 June 2011. Reprinted with permission.

使用施瓦茨价值观调查的优点在于，它能够测量个体的价值观差异。Schwartz and Bilsky（1990）[32]认为，个人主义/集体主义维度暗示着不同类型的个人主义价值观能一致变化从而形成与集体主义相对的一种价值导向。但是，在个体层面，个人和群内利益可能同时服务于个人主义和集体主义价值观。有些价值观是集体性的，但不是群内的，比如人人平等和社会正义。一个社会内个人的异质性意味着集体主义文化中的所有人必然具有集体主义导向。为了克服这些局限性，施瓦茨建议在个人层面更为深入地探讨价值导向。个人主义价值观关乎享乐主义、成就、自我导向、社会权力和刺激；集体主义价值观包括亲社会、接受约束并遵从、安全和传统，成熟既是个人主义价值观，也是集体主义价值观。按照这一范式测量被调查者的文化价值观，可以进一步探索传统在消费者选择中的重要性，还可以发现价值观类型与选择行为之间的其他关系。[33]

许多研究人员采用施瓦茨价值观调查来研究消费者行为，特别是在市场细分和广告方面。Kihlberg and Risvik（2007）[34]就用它来确定斯堪的纳维亚的有机食品消费者是否能划分为几个子市场。他们发现，根据年龄和消费频率划分的消费者群体呈现出相似的价值观。例如，30岁以上的消费者强调自由、精神生活和安全等价值观，而30岁以下则强调享乐主义、友谊和成功等价值观。为了增加有机食品消费，作者建议营销人员推出人们在感官上高度接受的产品，同时宣传那些目标市场人群认为最重要的价值观。类似地，一组研究人员发现价值细分可用来理解斯堪的纳维亚地区的国家异同，这一地区有人可能认为是同质的。[35]一项针对日本被试的研究[36]则发现，那些选择购买有机食材的消费者，其行为受到价值观的很大影响。与其他人相比，这些消费者更为利他，更不自私，女性与男性相比环保意识更强。

全球领导力和组织行为有效性[37]

全球领导力和组织行为有效性（Global Leadership and Organizational Behavior Effectiveness，GLOBE）模型采用一系列文化价值观和实践来测量国家文化。霍夫斯泰德曾呼吁为了开展严谨的跨文化研究而开发更好的测量工具，建立更好的理论，GLOBE正是对此所做的回应。该理论假定，用来界定特定文化的那些特质能够预测领导类型和组织实践。它还预计文化实践的某些方面可用于解释一国的经济竞争力及其成员的物质和心理幸福感。

GLOBE研究团队按照态度、价值观和工作目的等社会和心理变量的相似性将国家/地区进行分组。61个国家/地区被分为10组（见表3—4），分组依据是9个文化维度（见表3—5），其中5个与霍夫斯泰德维度的定义相似。类似霍夫斯泰德的研究，被访者是中层管理者。不同之处在于他们是从61个国家/地区的825个组织中被选出来的，而非集中于一个组织。

表3—4 国家/地区的社会性分组

盎格鲁	拉丁美洲	拉丁欧洲	撒哈拉以南非洲
英国	哥斯达黎加	以色列	纳米比亚
澳大利亚	委内瑞拉	意大利	赞比亚
南非（白人样本）	厄瓜多尔	葡萄牙	津巴布韦
加拿大	墨西哥	西班牙	南非（黑人样本）
新西兰	萨尔瓦多	法国	尼日利亚
爱尔兰	哥伦比亚	瑞士（法语区）	
美国	危地马拉		
	玻利维亚		
	巴西		
	阿根廷		

北欧	阿拉伯	日耳曼欧洲	南亚
芬兰 瑞典 丹麦	卡塔尔 摩洛哥 土耳其 埃及 科威特	奥地利 瑞士 荷兰 德国（东部和西部）	印度 印度尼西亚 菲律宾 马来西亚 泰国 伊朗
东欧	儒教亚洲		
匈牙利 俄罗斯 哈萨克斯坦 阿尔巴尼亚 波兰 希腊 斯洛文尼亚 格鲁吉亚	中国台湾 新加坡 中国香港 韩国 中国大陆 日本		

资料来源：Reprinted from Gupta，V. et al.（2002），“Cultural Clusters：Methodology and Findings，” *Journal of World Business*，37，11-15. Permission from Elsevier.

表 3—5　　GLOBE 文化维度

不确定性规避	多大程度上一个组织或社会的成员依靠社会规范、仪式和层级实践来避免不确定性，从而减少未来实践的不可预见性。
权力距离	多大程度上一个组织或社会的成员期望并且同意权力的享有应该不平等。
社会集体主义	多大程度上组织的和社会的制度鼓励资源的集体分配和集体行动，并为之提供回报。
群内集体主义	多大程度上个体会在组织或家庭中表达自豪、忠诚和凝聚力。
性别平等主义	多大程度上一个组织或社会将性别角色差异和性别歧视最小化。
自信	多大程度上组织或社会中的个体在社会关系中表现为有主见、有对抗性和进攻性。
未来导向	多大程度上一个组织或社会中的个体承诺未来导向行为，比如做计划、为未来投资、延迟满足。包括 Hofstede and Bond（1988）所提“儒学动力”（Confucian Dynamism）维度的未来导向成分。
业绩导向	多大程度上一个组织或社会鼓励并回报团队成员的业绩进步和卓越表现。
人道导向	多大程度上组织或社会中的个体鼓励并回报那些公正、利他、友好、慷慨、有爱心和对人友善的个人。这与 Hofstede and Bond（1988）中的维度“爱心”有相似之处。

资料来源：Adapted from：House，R. et al.（2002），“Understanding Cultures and Implicit Leadership Theories across the Globe：An Introduction to Project GLOBE，” *Journal of World Business*，37，3，p. 6.

GLOBE 和霍夫斯泰德的群组类似吗？以盎格鲁组为例，我们可以比较两个框架下某个国家的得分。如表 3—4、表 3—5、表 3—6 所示，盎格鲁国家与 GLOBE 中的分组相似。但是，两个框架下量表得分有差异。权力距离在 GLOBE 调查中的得分更高，而不确定性规避和长期导向在霍夫斯泰德样本中的得分低于 GLOBE。其他文化测量在二者中基本一致。之所以有差异，原因在于样本选择和问卷上问题的措辞。

表 3—6　**霍夫斯泰德的文化维度**

国家/地区	权力距离	个人主义	不确定性规避	男性气质	长期导向
澳大利亚	36	90	51	61	31
加拿大	39	80	48	52	23
德国	35	67	65	66	31
英国	35	89	35	66	25
荷兰	38	80	53	14	44
新西兰	22	79	49	58	30
瑞典	31	71	29	5	33
美国	40	91	46	62	29
巴西	69	38	76	49	65
中国大陆	80	20	30	66	118
中国香港	68	25	29	57	96
中国台湾	58	17	69	45	87
日本	54	46	92	95	80
韩国	60	18	85	39	75
印度	77	48	40	56	61
菲律宾	94	32	44	64	19
新加坡	74	20	8	48	48
泰国	64	20	64	34	56
西非	77	20	54	46	16

资料来源：Adapted from：Hofstede，G.（2001）. *Cultures' consequences*，*comparing values*，*behaviors*，*institutions*，*and organizations across nations*. Thousand Oaks，CA：Sage Publications.

文化与沟通

人们的沟通方式是文化的一个重要组成部分。讲话或者语言沟通通常被认为是主导方式，但据估计，50%～90%的沟通是非语言沟通。例如，感情话题和态度表达所包含的非语言沟通的比重更大。非语言沟通包括面部和肢体的表达和姿势，比如目光接触和时间、空间的使用方式。肢体语言可能被误解，手势在不同文化中的含义不同（见图 3—3）。有时即使讲同一种语言，相互理解仍然非常困难。下文以及专栏 3—2 所展示的就是语言沟通的两个例子。

	在一些拉美国家，轻拍头部可能指“我在想问题”，在美国等别的国家则表示“他疯了”。
	握紧拳头，像无花果的样子，在巴西和委内瑞拉表示幸运，在其他一些国家却被视为下流的手势。
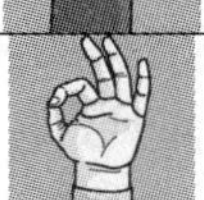	一个圆圈在美国表示 OK，但在日本表示钱，在德国是一个下流手势，在俄罗斯则被看作不礼貌。

图 3—3　非语言沟通的例子

专栏 3—2

聚焦技术：联想公司

在联想位于北卡罗来纳州的办公室里，一个多元文化的产品设计团队见面了，他们准备开发一个具有“独特外观和感受”的计算机产品概念。但是，很显然团队成员有文化差异。“西方人认为联想的产品线应该在外观和消费者感受方面保持一致，也就是所谓的‘共同图标’（common icon)。但来自中国的设计队伍不同意……西方团队用‘共同’（common）一词表示普遍适用，而中国团队理解为普通。”该例表明许多词在不同文化中的含义可能不太一致。例如，行李箱在英式英语中是 boot，而在美式英语中是 truck；mess kit 对英国军队而言是带漂亮领结的衣服，可以穿着赴正式的大型晚宴，但美国人认为它指的是刀、叉、勺和锡盘组成的一套餐具；cheers 在南非指再见，但在英国指感谢；just now 在南非指立刻，但在英国指现在。

资料来源：Adapted from：Rosenbusch，S. （2008，Spring）. The developing world 101. *Wharton Alumni Magazine*，15.

原计划要开数周的会议不到一个小时就结束了。德国团队很恼火，因为他们的工作没有得到承认，而法国人很着急，他们担心会议准备不足这一点被发现。真正的问题隐藏于一个词的翻译之中。德国人希望对他们的 Konzept 进行讨论，翻译时法国人用了与之很相似的词，concept。遗憾的是，这个词的含义不同。对德国人而言，Konzept 指的是一份详细的新产品计划；但对法国人来说，concept 是指大家有一个机会讨论、建议、准备一个提案，最终可能形成一个详细计划。很遗憾，会议开始时双方并没有相互沟通，因此白白浪费了时间。[38]

人类学家霍尔（Hall，1966）[39]划分了高背景和低背景文化。在美国、北欧和德国等低背景文化国家，人们用词直截了当，而且说出来的话人们都会相信。但是，在法国、拉美和日本等高背景文化国家，词语的真正含义隐藏于说话方式或当时所处的背景中。可能不得不通过“体会言外之意”来了解真实的含义。不仅如此，高背景文化中的成员倾向于更多使用肢体语言等非语言沟通方式。

非语言沟通

高背景和低背景文化可以按照时间观来区分。一般而言，低背景文化采取**单一时间取向**（monochronic)，一段时间只做一件事，时间很重要，它规制怎么做事情。例如，严格按时间表做事并用甘特图来计划和控制项目非常重要。相反，**多元时间取向**（polychronic）指同时做几件事，时间导向较弱，条理性较差。打断会场上的发言者被视为听众有兴趣而非粗鲁。在单一时间取向文化中，迟到 10～15 分钟需要道歉，但在多元时间取向文化中，很可能比规定时间迟到 1 小时才需要道歉（见表 3—7)。

表 3—7 **迟到了怎么办？**

	在单一时间取向文化中迟到	在多元时间取向文化中迟到
小声说对不起	5～10 分钟	45～60 分钟
道歉	10～15 分钟	60 分钟以上
找一个充分的理由	15 分钟以上	1 小时以上①

表 3—8 展示了单一时间取向和多元时间取向文化的一些维度。应该牢记，在特定国家，时间维度可能不是二元的。例如，日本人两种导向可能都会用。在技术方面以及与外国人打交道时采取单一导向，而在个人关系方面采取多元导向。

表 3—8 **单一时间取向和多元时间取向文化的一些差异**

因素	单一时间取向的行为	多元时间取向的行为
行为	一段时间只干一件事	同时干很多事
聚焦	集中于目标或任务	注意力容易分散
对时间的关注	必须完成的事要做计划	完成什么事比何时完成更重要
优先性	任务第一	关系第一
对财产的尊重	很少借钱，也很少借给别人钱	借入和借出经常发生，也很容易

资料来源：Adapted from：Hall，E. T. (1959). *The silent language*. New York：Doubleday.

非语言沟通的另一方面是空间。霍尔（Hall）[40]提出人们在安排家或者办公室这些地方时，可能采取固定和半固定两种空间观。有些人要求房子大、车子大、办公室宽敞。甚至在办公楼附近有停车位也能体现社会地位。在这些情形中，“大”可能成为地位、权力和重要性的信号。在另一些文化中，“大”不一定代表重要。例如，对大学教室的安排，学生可以坐成椭圆形或者横排来面对老师。不仅如此，教室还可能是水平的或者倾斜的，或者像剧院一样。教室的设计方式会影响学生之间，以及学生和老师之间的互动。

人与人之间的距离，即私人空间，是另一种空间形式。霍尔认为，人与人之间需要保持的距离不仅取决于文化，而且取决于具体情形（见插图 3—2）。情景距离

插图 3—2 文化决定人与人之间的距离

① 1 小时以上与 60 分钟以上很难区分，原文如此。——译者注

因见面双方是熟人还是陌生人、会见是否正式而异。一般而言，正式会谈中的陌生人之间距离最远。在某一既定文化中，什么样的肢体接触是允许的？在拉丁美洲和中东等高背景文化中，人与人之间距离很近，而在低背景文化中正好相反。如果一名拉丁美洲的销售人员试图用热烈拥抱的方式与一名德国顾客打招呼，很可能不会带来富有成果的关系。

上述文化差异大体上可以解释为何脸书和推特这些西方社交媒体在日本无法成功。Mixi 是日本最大的社交网站，它定位为用日记和讨论组进行远距离沟通的工具，用户能借此结识想法类似的其他成员。这与脸书的定位不同，后者是为了结交新朋友或者呈现自我。

全球顾客

我们根据以上内容明白了文化是理解消费者行为的关键所在。这一部分将考察世界上一些主要地区市场的特征，包括中国和印度。在研究这些市场时，我们集中于购买者了解、评估和采用产品的过程，以及影响决策的一些因素。

中国

许多西方公司将中国看作全世界最大的市场。它们倾向于利用过分简单的算术计算来认识中国市场。例如，如果 13 亿人口中每人一年内使用一次某产品，将给公司带来巨大的销售额。事实上，任何人都不应该如此幼稚地看待这个市场。但是，许多人高估了中国市场。确实有必要真正理解中国市场的潜力和复杂性（Yong & Baocheng，2003）。*Le Monde*（2003）的一名分析人士强调，企业家必须停止对"中国黄金岛"（Chinese Eldorado）的梦想。中国是一个复杂的市场，需要投入很大力气，虽然中国人是忠诚消费者，但很难满足。

可是，把中国视为一个统一大市场充满危险。实际上，中国与欧盟十分相似，不同地区的文化、语言、人们的品位以及经济发展水平都有不易察觉的重大差异。首先，上海、北京和广州等全球化城市的人们更富有，他们与发展落后的内地居民有差异。若考虑分销和物流，中国不发达的交通基础设施和时间观念也给习惯于"及时"的西方人带来挑战。还有性别差异。一名资深广告公司经理称，该领域的中国女性比男性更加诚实、灵活，学东西更快，但是比较缺乏，因为竞争公司会提供更好的工作机会，甚至能动摇最忠诚的专业人士。最后是对营销人员而言最重要的差异：中国消费者依靠广告获取不同的信息，这取决于他们的营销成熟度。中产阶层能很快地了解世界其他地区中产者的需求和欲望，对传统产品的品牌信息有很高的接受度。但是，大多数中国消费者期望从广告和标签中了解产品的基本信息。因此，目前在中国，产品包装和营销沟通当地化比以往任何时候都重要。[41] 中国文化影响购买行为的另一个方面是不愿出头。典型的中国消费者不想首先尝试一种新产品，但是，"跟不上时代"也会让他们不舒服，如果邻居已经用了，他们最好跟着用。集体主义特征可能意味着非正式沟通渠道在中国社会很重要。

专栏 3—3

聚焦人：雅皮士在这儿

住在城里、年轻而且富有的中国职业人士被称为雅皮士。他们中的很多人是成功的企业家、商界领袖以及在华外国公司的雇员。虽然他们目前只占总人口的很小一部分（5 000 万），但正在以每年 10%的速度增长。这些人构成一个非常有潜力的市场，他们拥有 iPod、使用信用卡、注重时尚、外出就餐并参加文化活动。在行为和穿着方面，他们与其父辈截然不同。他们会多年保持单身，购买自己的房子而非租住，投资于股票和期货，并且到国外旅游。1960 年以后出生的人没有经历过"文化大革命"，相对于毛泽东，他们更喜欢马克·扎克伯格（Marc Zuckerberg）的形象。30 岁以下的雅皮士与在国外生活、工作的中国职业人士的穿着一模一样。

但是，中国的雅皮士与西方国家的同龄人有些不同：他们的收入约 50%用于储蓄；约 20%与父母住在一起；大部分会毫不犹豫地购买假名牌。

简而言之，雅皮士将继续作为中国的一个重要细分市场而存在，出口商以及在中国做生意的公司如果忽视它的话，其后果将难以承担。

资料来源：Adapted from：Robert Hsu.（2010）. The Chuppie strategy. Phillips Investment Resources，LLC，newsletter to subscribers.

印度

2004 年，印度人口超过 10 亿，国民生产总值（GNP）为 6 910 亿美元，人均国民总收入（GNI）仅 620 美元，是整个地区最低的。有些人口专家预计到 21 世纪中期，印度将超过中国成为世界第一人口大国。国内收入呈现两极化。印度有好几亿贫困人口，接近总人口的 60%。这些人中的大多数生活在每天 2 美元的贫困线附近或者以下。[42]但是，在班加罗尔有很多富人，那里是印度的硅谷，许多有天赋、懂计算机的年轻毕业生推动着国家的软件工业。由于有这些人才，而且其工资低于美国，又有实时沟通的通信链接，许多美国公司将软件开发和出口搬到印度，或者在那里新建办公室。事实上，过去 5 年印度的软件工业以每年 30%以上的速度增长。电子产品和技术领域的产出预计到 2010 年将达到 800 亿美元，它们的出口将占总出口的 20%。[43]

由于经济增长迅猛，许多人将印度与亚洲另一个新兴经济大国——中国进行比较。但是，已经有迹象显示，印度追赶对手变得日益困难。从高通货膨胀到薄弱的基础设施、公共服务缺乏和腐败，印度可能落后中国十年。[44]表 3—9 显示了印度与中国在基础设施方面的对比情况。中国的公路和机场快速赶上了美国，而印度远远落后。尽管中国看起来很引人注目，但是不要忘记国家的相对规模（距离和人口）。中国的有些地区依然比美国落后。

尽管如此，由于印度市场规模可观，中产阶级人数较少但在不断增长，营销人员应该考虑这一未饱和市场上的潜力和机会。

但是，印度也面临不少挑战，如腐败蔓延，非正式经济体量大（非正式经济占一些拉美国家国民生产总值的很大一部分），大多数穷人与少量精英之间的收入差距全球最大。这些挑战仍然威胁着该地区，可能对最近几年的进展造成破坏。

表 3—9 印度、中国、美国的基础设施对比

	印度	中国	美国
人口	1.1	1.3	0.3
国家高速公路	3.7	25	47
大型机场	17	56	189
发电量	652	2 500	4 000
互联网渗透率	3.6%	10.1%	69.3%
港口装运	0.4	2.9	1.4

资料来源：Adapted from：Hamm，S.，& Lakshman，N.（2007，March 19）. The trouble with India：Crumbling roads，jammed airports，and power blackouts could hobble growth. *Businessweek Online*.

普拉哈拉德（C. K. Prahalad）在其富有影响力的著作《金字塔底层的财富》（*Fortune at the Bottom of the Pyramid*）中指出，这些发展中市场为公司提供了最大的机会。只要公司提供合适的产品，每天生活费不足 2 美元的 40 亿人代表明天的 40 亿消费者。令人惊奇的是，营销者控制着很多在这些曾被忽略的目标市场上提供合适产品，从而创造出"消费能力"的因素。根据普拉哈拉德，开发此类产品的三个原则基于三个 A[45]：

● 可负担性（Affordability）：设计小包装的洗发水、茶、火柴等，或者创造性地允许穷人分期付款来买东西，营销人员可通过这些方式开发出在这个市场上买得起的产品，而不需要降低质量或者功效。

● 可进入性（Access）：在穷人居住的地区有售，而且使他们在不工作时也能买到，为此营销人员可以利用那些能使其产品到达这些消费者的分销渠道。

● 可获得性（Availability）：穷人在手里有钱的时候买东西。由此，通过让人们更方便地在更多的地方买到产品，营销者可以在"金字塔底层"提高销售和市场份额。

通过设计更符合穷人特殊需求和购买习惯的产品和服务来开发发展中国家的市场，不仅对这里的弱势人群意味着机会，对服务于这些市场的公司而言也是机会。

今天，随着手机的广泛应用和网络上用户生成内容（user-generated content，UGC）的兴起，早期采用者和有影响力的人与其社交圈甚至全世界进行交流的工具比以往任何时候都多。博客、播客、网站及 Web 2.0 上的所有互动式工具使人们之间的互动变得极其简单。

本章小结

● 关于世界市场和购买者，最明显的事实可能是都在增长，这在历史上还是头一次。根据世界银行的估计，世界每个地区，包括非洲，都将继续增长，大多数情况下，发展中国家的增长速度快于富裕国家。

● 有不同方法可将世界上的国家划分为不同的地区市场。事实上，确定地区市场是将国家进行分组，使组内同质性和组间异质性最大化。

● 商品和服务的匮乏是转型经济和低收入国家的主要问题。尽管这些国家可能给营销者带来挑战，但对许多消费品公司而言，它们代表富有吸引力的潜在市场。营销人员可以利用基本的营销观念来为这些市场设计

出符合其需求和收入水平的产品。

● 所有购买者都要经历一个相似的决策制定过程。因此，尽管不同国家、不同地区的购买者都经历相似的购买决策过程，但他们的实际购买互不相同。这是因为，他们受到特定经济、社会和文化、政治和政府、环境、竞争和个人因素的影响。

● 扩散理论总结了购买者普遍经历的过程，社会学家埃弗雷特·罗杰斯（Everett Rogers）描述了个人接受新事物的模式，包括三个对营销人员极其重要的概念：采用过程、创新特征和采用者类型。①

讨论题

1. 基于专栏3—3，假设一个西班牙葡萄酒品牌试图进入中国市场，请为该公司制作一份市场进入计划书。

2. 有些国家的消费者（如日本消费者）不愿意接受“外国”零售商及进口产品。用本章包含的文化模型来解释这一行为。

3. 你是否同意“人们不是买产品，而是买关系”这句话？为什么？

体验性练习

1. 用霍夫斯泰德框架比较本国和法国。这一框架如何帮助你理解家具等文化产品的消费者行为？

2. 比较霍夫斯泰德的国家分组与GLOBE模型国家分组的异同。哪一组包含的国家是相同的？哪些不同？你如何解释两种框架下有些群组不完全一致？

关键术语

全球领导力（global leadership）
霍夫斯泰德框架（Hofstede's framewok）
单一时间取向（monochronic）
国民性格（national character）
非语言沟通（nonverbal communication）
多元时间取向（polychronic）
亚文化（subcultures）

注释

[1] Quoted in PricewaterhouseCoopers. (2006, January). *10th annual global CEO survey*. Retrieved from www.pwc.com/extweb/insights.nsf/docid/A9FAF3E5965EED618525726B000B2109.

[2] Sources: BBC News, Indiapress.org, Channel 4.com.

[3] Sweder, R., & LeVine, R. (1984). *Culture theory: essays on mind, self and emotion*. New York: Cambridge University Press.

[4] Hofstede, G. (2001). *Culture's consequences: comparing values, behaviors, institutions and organizations across nations* (2nd ed.). Thousand Oaks, CA: Sage.

[5] Venkatesh, A. (1995). Ethnocentrism: a new paradigm to study cultural and cross-cultural consumer behavior. In Costa, J., and Bamossy, G. (Eds.), *Marketing in a multicultural world* (pp. 26-67). New York: Sage.

① 正文并未论述。——译者注

[6] Maletzke, G. (1996). *Interkulturelle Kommunikation: zur Interaktion zwischen Menschen verschiedener Kulturen*. Opladen: Westdt. Verlage.

[7] Steenkamp, J. (2001). The role of national culture in international marketing research. *International Marketing Review*, *18* (1), 30-44.

[8] Ricks, D. (1993). *Blunders in international business*. Cambridge: Blackwell.

[9] Kra, P. (2002). The concept of national character in 18th century France. Retrieved from www. cromohs. unfi. it/7 _ 2002/kra. html.

[10] D'Argens, J. (1738). *Lettres Juives*. The Hague.

[11] Peabody, D. (1985). *National characteristics*. Cambridge, UK: Cambridge University Press.

[12] Terracciano, A. et al. (2005). National character does not reflect mean personality trait levels in 49 cultures. *Science*, *310* (5745), 96-100; McCrea, R., & Terracciano, A. (2006). National character and personality. Current *Directions in Psychological Science*, *15* (4), 156-161.

[13] Source: www. sverigeturism. se/smorgasbord/smorgasbord/culture/swedish/index. html. Retrieved 18 April 2007.

[14] Terracciano, A. et al. (2005). National character does not reflect mean personality trait levels in 49 cultures. *Science*, *310* (5745), 96-100.

[15] Hofstede, G. (2001). *Culture's consequences: comparing values, behaviors, institutions and organizations across nations* (2nd ed.). Thousand Oaks, CA: Sage.

[16] Schwartz, S. (1994). Beyond individualism/collectivism: new cultural dimensions of value. In Kim, U. et al. (Eds.), *Individualism and collectivism: theory, method and applications* (pp. 85-119). Thousand Oaks: Sage; ______ (1997). Values and culture. In Munro, D. et al. (Eds.), *Motivation and Culture* (pp. 69-84). New York: Routledge.

[17] Javidan, M., House, R., Dorfman, P., Hanges, P., & de Luque, M. (2006). Conceptualizing and measuring cultures and their consequences: a comparative review of GLOBE's and Hofstede's approaches. *Journal of International Business Studies*, *37*, 897-914.

[18] Clark, T. (1990, October). International marketing and national character: a review and proposal for an integrative theory. *Journal of Marketing*, 66-79.

[19] Steenkamp, J., Hofstede, F., & Wedel, M. (1999, April). A cross-national investigation into the individual and national cultural antecedents of consumer innovativeness. *Journal of Marketing*, *63*, 55-69.

[20] Lee, C., & Green, R. (1991). Cross-cultural examination of the Fishbein behavioral intention model. *Journal of International Business Studies*, *21* (2), 289-305.

[21] Appendix 1 shows scale values of Hofstede's five dimensions for a selected 19 countries.

[22] McSweeney, B. (2002). Hofstede's model of national cultural differences and their consequences: a triumph of faith—a failure of analysis. *Human Relations*, *55* (1), 89-118.

[23] Sondergaard, M. (1994). Hofstede's consequences: a study of reviews, citations and replications. *Organization Studies*, *15* (3), 447-456.

[24] Hoppe, M. (1990). A comparative study of country elites: international differences in work-related values and learning and their implications for international management training and development. Doctoral dissertation, University of North Carolina.

[25] Adapted from Zhu, Y., & Wagner, M. (2006). Cross-cultural management among foreign-owned subsidiaries operating in the People's Republic of China: The case of Sino-Israeli enterprises. *Journal of Transnational Management*, *12* (1), 3-24.

[26] Steenkamp, J., Hofstede, F., & Wedel, M. (1999, April). A cross-national investigation into

the individual and national cultural antecedents of consumer innovativeness. *Journal of Marketing*, *63*, 55-69.

[27] Steenkamp, J. (2002). *Consumer and market drivers of the trial probability of new consumer packaged goods*. Working paper, Tilburg University.

[28] De Mooij, M. (1998). *Global marketing and advertising, understanding cultural paradoxes*. Thousand Oaks: Sage Publications; De Mooij, M. (2000). The future is predictable for international marketers: converging incomes lead to diverging consumer behaviour. *International Marketing Review*, *17* (2), 103-113; De Mooij, M. (2001). *Convergence and divergence in consumer behavior: consequences for global marketing*. Unpublished doctoral dissertation. Pamplona: University of Navarra.

[29] Smith, P. B., & Bond, M. H. (1998). *Social psychology across cultures* (2nd ed.). London: Prentice Hall.

[30] Steenkamp, J. (2002). *Consumer and market drivers of the trial probability of new consumer packaged goods*. Working Paper, Tilburg University.

[31] Spini, D. (2003). Measurement equivalence of 10 value types from the Schwartz Value Survey across 21 countries. *Journal of Cross-Cultural Psychology*, *34* (1), 3-23.

[32] Schwartz, S., & Bilsky, W. (1990). Toward a theory of the universal content and structure of values: extensions and cross-cultural replications. *Journal of Personality and Social Psychology*, *53*, 550-562.

[33] Jaeger, S. (2000). Uncovering cultural differences in choice behavior between Samoan and New Zealand consumers: A case study with apples. *Food Quality and Preference*, *11* (5), 405-417.

[34] Kihlberg, I., & Risvik, E. (2007). Consumers of organic foods—value segments and liking of bread. *Food Quality and Preference*, *18* (3), 471-481.

[35] Bjerke, R., Gopalakrishna, P., & Sandler, D. (2005). Cross-national comparison of Scandinavian value orientations: From value segmentation to promotional appeals. *Journal of Promotion Management*, *12* (1), 35-56.

[36] Aoyagi-Usai, M., & Kuribayashi, A. (2001). Individual values and pro-environmental behavior: Results from a Japanese survey. *Asia Pacific Advances in Consumer Research*, *4*, 28-36.

[37] Javidan M., House, R. J., Dorfman, P. W., Hanges, P. J., & Sully de Luque, M. (2006). Conceptualizing and measuring cultures and their consequences: a comparative review of GLOBE's and Hofstede's approaches. *Journal of International Business Studies*, *37*, 897-914.

[38] *The Guardian* (15 March 1993).

[39] Hall, E. T. (1966). *The hidden dimension*. New York: Doubleday.

[40] Hall, E. T. (1959). *The silent language*. New York: Doubleday.

[41] Anonymous. (2006, October/November). Don't think local, think locals. *FDI: Foreign Direct Investment*, 83.

[42] (3 February 2007). India on fire. *The Economist*, 69-71.

[43] David, R. (9 February 2007). India IT industry faces competition. Forbes. Retrieved from www. forbes. com/markets/2007/02/09/nasscom-forum-india-markets-equity-cx_rd_0209markets20. html.

[44] Hamm, S., & Lakshman, N. (19 March 2007). The trouble with India. Businessweek. Retrieved from www. businessweek. com/magazine/content/07_12/b4026001. htm.

[45] Prahalad, C. K. (2002). *The fortune at the bottom of the pyramid*. Upper Saddle River: Pearson Education. Retrieved from www. whartonsp. com/articles/article. asp? p=389714&seqNum=4&rl=1.

案例 3—1　星巴克：在故宫被禁

北京故宫是中国最热门的旅游景点，被列入联合国教科文组织世界文化遗产，每年接待 600 万～800 万游客。故宫占地面积 72 万平方米，包括几大宫殿和 1 万多个房间。它始建于 1420 年，是中国明清两朝 24 位皇帝的居所，直到 1911 年统治结束。无论对中国游客还是外国游客，故宫都是一个绝佳的旅游地。

中国咖啡市场

由于传统饮茶文化深入人心，许多人怀疑中国咖啡市场是否具有可持续性。茶在中国历史悠久，价格比咖啡便宜，同时，饮茶有益人体健康，这是咖啡所不具备的优点。2001 年，国际咖啡组织在上海和北京举办咖啡文化节，旨在让中国消费者熟悉咖啡消费和文化。然而，对许多中国人来说，茶文化仍然是主流，咖啡只是一种时尚。

作为中国咖啡市场潜力的证据，国内外许多公司出售中国咖啡市场的需求预测、趋势和发展前景市场报告，并且标价不菲。中国消费者一般更熟悉速溶咖啡，因为速溶咖啡引入市场早于现磨咖啡。

一般而言，中国的咖啡消费者主要分为三类：年轻富有的专业人士；海归（那些在国外学习或工作过的人群，他们成为咖啡爱好者，回国以后仍想喝咖啡）和外国企业的外派人员。很显然，那些生活在大都市、熟悉西方饮食和生活方式的中国人更常饮用咖啡。

星巴克

创建于 1971 年的星巴克是一家西雅图咖啡公司，也是十分成功的北美公司，获得全球认可。公司有三条宗旨：热情好客、生产和教育。1992 年，公司成功上市。1996 年，在日本东京开设第一家国际店面。到 2008 年年底，除了在美国经营的 11 000 多家店面，星巴克还在其他 48 个国家开设了 4 500 多家店面。这些店面既有公司自营，也有合资公司联合创办和许可经营。公司总裁兼首席执行官霍华德·舒尔茨（Howard Schultz）为公司制定的愿景是，让星巴克成为顾客心目中除家和工作之外的“第三空间”。

由于北美市场已趋饱和，星巴克放远目光寻找其他潜在市场。在 2008 年度报告中，星巴克强调公司将聚焦国际市场，称“每家店面都是社区的一部分，我们郑重地承担自己的责任，做一个好邻居。在任何地方，我们都希望受邀开展经营。我们能成为一支积极行动的力量，联合我们的合作伙伴、顾客和社区每天做一点贡献。现在，可以看到，我们的责任以及我们的发展潜力越来越大。全世界都在期待星巴克再一次建立新标准。我们将成为领导者”。

2008 年，国际业务占星巴克收益的 20%。对于进入并持续发展国际市场所面临的困难，星巴克并非不知。在 2008 年度报告中，公司列出了在国际市场上成功所面临的一些风险，包括全球经济危机、公司增长日益依赖于国际业务的成功、其他国际市场的成功主要取决于公司三大国际市场——加拿大、日本和英国——的财务业绩等。

星巴克在中国的发展历程

1998年，星巴克在中国台湾开办第一家连锁店，同时以公司名“Starbucks”和中文名称“星巴克”注册。星巴克是根据Starbucks的字面和发音直译过来的，“星”意味着“star”，而“巴克”的汉语拼音发音与“bucks”比较相似。1999年，一家以“上海星巴克咖啡厅有限公司”命名的咖啡店在上海创办，其公司标识与星巴克类似——以绿色为背景，带有一圈白色文字。但与星巴克标识不同的是，中心图案并非美人鱼，而是一杯咖啡。

在庭外和解失败后，星巴克将这家公司告上法庭。2006年12月，上海市高级人民法院做出具有里程碑意义的判决，星巴克公司胜诉。法院命令上海星巴克公司停止使用“星巴克”名称，向星巴克公司公开道歉，并赔偿对方50万元人民币（合62 500美元)。许多在中国经营的跨国企业将这一事件视为防止商标侵权行为的一个重大突破。

考虑到许多光顾星巴克的中国消费者希望获得西式体验，星巴克在中国提供的产品种类和规格只做了些许改变。星巴克在中国的店面装修采用典型的中西合璧风格。店内通常设有壁炉，这对于中国家庭来说是一个陌生的概念，但店内通常也会融入中国消费者熟悉的元素，如竹子和中国象征物、设计和手工艺品。

中国的年轻专业人士通常将星巴克视为一个具有异国风情和西式格调的地方，它同时也是聚会、聊天、约会的绝佳场所。许多人将它视为中西文化的桥梁。星巴克在提供产品的同时还提供一种体验，对许多顾客而言，这里的氛围与咖啡一样具有吸引力。对这些中国年轻人，店内的环境和现磨咖啡工艺是非常有趣和令人向往的。

中国咖啡市场存在很多机会来培养潜在消费者。一些中国人反映，由于不熟悉咖啡文化，他们经常在星巴克不知道该干什么，或者具体该怎么做。一名顾客说道：“第一次去星巴克时，我完全不知道这［糖、搅拌器和牛奶］有什么用途，我想用，但不知道好不好用……我喜欢来星巴克，我喜欢这里的环境和氛围，但说实话我很不喜欢这里的咖啡，因为我觉得咖啡是一种文化，需要更详细地向我解释这种文化，但他们并没有这样做。”

应北京政府人员的邀请，星巴克于2000年在故宫保和殿附近开设了一家分店。市政府官员希望通过开设星巴克分店来增加市政资金。最初，媒体的报道主要是质疑星巴克是否属于故宫，但最终这些讨论逐渐平息。时不时地，争论还会再次产生，为应对这一情况，星巴克于2005年移除了其品牌标识，但继续经营。

2007年1月，央视著名节目主持人在博客中写道，星巴克在故宫的出现“并不是全球化的体现，而是对中国文化的一种践踏”，这一事件使人们对星巴克的争议再次升温。该主持人继续写道：“故宫是中国文化遗产的标志，而星巴克是西方中下层阶级的文化象征。我们需要拥抱世界，但也需要保留我们的文化特性。全球化和污染之间有明确的界限。”这些言论在网上引发了让星巴克离开故宫的活动，活动征集了超过50万人的联合签名，支持关闭星巴克。

时任总裁兼首席执行官的吉姆·唐纳德（Jim Donald）收到了该主持人的来信，信中他重申了星巴克应该离开故宫的主张。唐纳德回复道：“六年前，博物馆官员邀请星巴克在故宫开设分店，我们怀着对故宫历史文化遗产的极大尊重这样做了。我们一直都表示并将继续表示对当地历史、文化和社会风俗的尊重，会努力配合故宫的环境。”

为应对这一抗议活动，星巴克高层和故宫管理层合作提出一个双方都能接受的解决方案。其中的一个提议是继续在故宫经营咖啡店，但不使用星巴克的名称。最后，星巴克大中华区副总裁表示："我们认为，开设以其他名字命名的分店不符合我们在全球范围的惯例，因此我们选择退出故宫。"星巴克在故宫的分店于2007年7月关闭。星巴克高管认为这一决定"非常合适"。从那以后，一家传统的中国咖啡馆代替了星巴克。

星巴克的关闭可能引发了在故宫减少商业气息的趋势。自从星巴克退出后，故宫的店铺数量减少了一半。

到2008年9月，星巴克在中国拥有448家直营和特许经营咖啡店。

资料来源：Case prepared by William X. Wei and Kimberley Howard，both of Grant MacEwan University. Reprinted with permission.

案例3—2 香港迪士尼：游客行为和迪士尼国际化战略

中国内地经济在过去30年里经历了史无前例的高速增长，其中旅游业的贡献很大。中国内地游客是世界旅游业的一大主力军，随着内地游客对出境旅游和购物的需求逐渐增加，与中国内地相邻的香港特别行政区从中获利良多。为促使香港成为中国内地游客的首选，香港政府成功地与华特·迪士尼公司组建合资公司，共同兴建香港迪士尼乐园。同时，香港政府也全力支持香港海洋公园的发展，帮助这一本土主题公园恢复活力，以应对即将到来的强大竞争对手迪士尼，同时进一步吸引更多游客到香港旅游。

香港迪士尼乐园由香港国际主题公园所有和管理，而香港国际主题公园是华特·迪士尼公司和香港政府共有的联合股份有限公司。经过漫长的谈判和施工，坐落于香港大屿山竹篙湾的迪士尼公园于2005年9月12日正式对游客开放。由于华特·迪士尼在中国内地受到许多文化抵制，因此不得不在景点设计和建筑中融入许多中国文化、习俗和传统，包括考虑风水。香港迪士尼乐园设计的日接待量为34 000名游客。公园在开张的第一年吸引了大约520万游客，而公司预计的游客数是560万。开张第二年，游客数量减少了20%，仅为400万，第三年游客又增加了8%，达到450万。从2005年香港迪士尼乐园开业至今，共吸引了1 500万游客。

香港迪士尼乐园的主要竞争者——海洋公园——是香港唯一的本土主题公园，建于1977年。它是亚洲最大的海洋类主题公园，并宣称是亚洲唯一获得美国动物园暨水族馆协会认证的主题公园。海洋公园的主要特色是大熊猫展览、蝴蝶园、鲨鱼馆、三层楼高的水族馆和其他游乐设施，占地面积87万平方米，目前拥有40多个游乐设施和景点。随着香港迪士尼乐园的开业，海洋公园的游客数量预计将减少25%。

迪士尼主题公园和度假村

华特·迪士尼公司是华特·迪士尼（Walt Disney）先生智慧的结晶，主题公园和与之相关的娱乐公司都由其名字命名。1955年，第一家迪士尼乐园在加利福尼亚州的阿纳海姆市亮相。此后，公司成为儿童娱乐的象征。首个迪士尼主题公园在阿纳海姆开业16年后，华特·迪士尼公司于1971年在佛罗里达州开办第二家主题公园。1983年，东京迪士尼乐园建成，标志着公司首次进军国外市场。东京迪士尼乐园吸引了大量日本游客，取得了巨大成功。事实上，它是世界上最受欢迎的主题公园之一。然而，由于双方签订了许可协议，协议中规定的特许权使用费影响了华特·迪士尼公司的收益。在欧洲，公司于1992年开办了欧洲迪士尼乐园，这是公司在国外建设的第二个迪士尼主题公园。受欧美文化差异、高利率、旅游支出因为欧洲经济衰退而减少、法郎走强等一系列因素的影响，欧洲迪士尼乐园的经营状况非常差。1994年年末，公司需要进行重大重组以使欧洲迪士尼乐园重新步入正轨。贷款方同意公司延迟两年支付贷款利息，同时允许延期三年支付贷款本金。1992—1998年间，华特·迪士尼公司同意放弃管理费用，同时出售股份以筹措资金。在一名沙特阿拉伯王子对公司注资5亿美元后，欧洲迪士尼乐园的经营业绩得到改善。公司的最后一个努力是，将主题公园改名为意味着魔法和浪漫的巴黎迪士尼乐园，希望以此吸引更多的欧洲游客。

香港迪士尼乐园

规模巨大且经济表现持续强劲的中国内地市场引起华特·迪士尼公司的注意。其他参与争夺迪士尼乐园入驻的城市还有上海、珠海和新加坡。对于迪士尼公司来说，上海无疑具有很大的吸引力，因为它是中国最先进、战略位置最重要的大都市。但是，与香港相比，上海的基础设施比较落后，法律体系不够完善，货币兑换不太方便，与亚洲其他地区不易连接，综合其他一系列因素，上海对迪士尼公司的吸引力逊于香港。与香港、上海相比，珠海的基础设施更为落后，GDP更低，吸引力就更低。至于新加坡，它的基本条件使它作为美国以外第三个迪士尼乐园的选址是完全可行的，但其地理位置无法帮助华特·迪士尼公司实现最终目标——在中国市场站稳脚跟（Chan and Wang，2000）。华特·迪士尼公司与香港政府最后通过协商达成协议，迪士尼公司和香港政府分别控股43%和57%组建合资公司（Hong Kong Government，1999）。华特·迪士尼公司将香港迪士尼乐园作为未来在中国内地发展业务的跳板。另一方面，香港政府想借此振兴低迷的旅游业，并向国际商界传递这样一个信号，即香港仍然是理想的投资地。

除了面临经济困境，香港迪士尼乐园也饱受员工不悦的困扰，因为香港员工要求获得与国外迪士尼员工相同的待遇。这与海洋公园在改革过程中大获成功形成了鲜明对比。海洋公园竭力为顾客提供卓越体验，让人们与大自然亲密接触，从而在顾客体验方面成为主题公园中的全球领导者。海洋公园的宗旨是通过对话、娱乐和教育等形式让人们接触自然，这使其在市场中独具一格。它相信自己强有力的竞争优势在于“教乐融合”（edutainment）的体验，这种体验能够拉近人与动物之间的距离，让人们了解动物在野外的生活状态。作为人与大自然之间的沟通桥梁，海洋公园唤醒了人们对动物和海洋生物自然之美的尊重，也让人们意识到环境保护的重要性。对这种自然理念的全身心投入使海洋公园受到越来越多游客的欢迎。虽然海洋公园本质上是一个以本土市场为中心的土生土长的主题公园，但其提供的创新性产品能够激发顾客的想象力，最终帮助它在全球市场中占据一席之地。在2006年福布斯网站对全球十大最受欢迎主题公园的排名中，香港海洋公园成功入选，这对于海洋公园甚至香港来说都是令人骄傲的一刻，促使海洋公园在满足本土市场需求的同时，进一步提升其服务质量和全球竞争力。大多数人可能认为，香港迪士尼乐园是海洋公园的唯一竞争者。但实际上，香港海洋公园将全球所有的主题公园视为竞争者，尤其是海洋主题公园。

香港迪士尼乐园陷入困境的几大因素

文化适应

虽然香港迪士尼乐园尽最大努力理解目标市场的文化，但在开业前仍然没有做好主题公园的文化适应。中国内地消费者对于迪士尼人物非常陌生。中年人不是看着美国电视或电影长大的，而那些在改革开放后出生的年轻一代是伴随着日本动漫而不是美国英雄人物长大的，日本流行文化对这些年轻一代的影响巨大。简而言之，米老鼠和唐老鸭对于中国内地市场来说是外国产品。因此，当中国内地游客到迪士尼乐园游玩时，不会轻易将这些迪士尼人物与主题乐园联系起来。他们不熟悉这些产品。即使迪士尼乐园在正式开园前就竭尽所能地向游客介绍迪士尼人物，甚至在入口处播放一个短节目向不熟悉这些人物形象的游客介绍迪士尼故事，但这些努力似乎并不足以吸引内地游客进园游玩。由于是全球品牌，香港迪士尼乐园尽管有巴黎的教训但仍可能假定，中国内地游客更关注能买到什么，吃什么，带什么回家，与注重旅游体验的西方游客完全不同。对于中国内地游客而言，拍照和带纪念品回家向亲朋好友展示似乎比旅游体验本身更为重要。例如，当中国内地游客去海边旅游时，许多人不会真的下海游泳。到过这里，看了风景就已足够，并不需要真的到海里游泳和晒日光浴。事实上，很多中国内地游客为了保持肤色会尽量避免日晒，正如俗语所言："一白遮百丑。"

中国内地游客行为

对西方游客来说，出国旅游是放松和体验外国文化的美好时光。但是，对于中国内地游客而言，去香港意味着一种购物体验。因此，相比迪士尼乐园，他们会选择更实惠的替代景点——香港海洋公园。事实上，许多本土游客认为，海洋公园以更低的价格提供更好的顾客体验。香港迪士尼乐园或许已经预期到本土需求，并努力通过降低门票价格和寻求创新性定价等方式先在主题公园中立足，随后再追求利润。就中国内地购物者和游客的旅行需求以及对价格的敏感度而言，香港迪士尼乐园未能成功应对这些本土需求的压力。它在管理方面表现出明显的傲慢情绪，认为中国内地游客一定会喜欢迪士尼品牌（案例作者的判断），因为它对全球都具有吸引力，却未意识到中国内地游客在文化上与海洋公园及其主题更为接近。

中国人普遍重视教育，把教育看作为自身提供经济保障的一种社会流动方式。因此，典型的中国家庭会尽力确保他们的孩子上国内最好的大学甚至出国深造。而海洋公园正好满足了他们的这种教育倾向，因此比迪士尼乐园提供的奇幻体验更具吸引力。香港迪士尼乐园再次没有注意或者忽视了当地文化的细微之处。

与旅行社的关系

与西方游客不同，中国内地游客大多通过旅行社出境旅行。旅行社掌握大量游客信息，在很大程度上能够影响游客的决定。香港迪士尼乐园并未注意到这一事实，也没有十分重视与旅行社的关系。相反，作为该地区的先锋，海洋公园对旅行社做出大量让步，以此激励它们为海洋公园带来更多游客。

回顾与总结

事后看来，华特·迪士尼公司决定在美国以外开办第三家迪士尼乐园，这似乎是一个很大的教训。公司的目的是通过在香港的经营来衡量中国内地市场，虽然公司可能失败了，但它能将这一经历作为成功的记录。这一经历教会华特·迪士尼公司在经营过程中小心谨慎，静候进入中国内地市场最佳时机的到来。海洋公园的成功证明了一个富有远见的领导者对于组织的重要性，海洋公园就是盛智文的企业家才能和苗文乐的技术专长完美结合的成果。

另一方面，香港迪士尼乐园虽然具有全球竞争力却不免失败，主要是因为它未能很好地应对本土需求的压力。一些跨国企业往往具有很强的控制力和强大的全球品牌，却不能适应当地市场，主要是因为它们担心在适应当地市场后品牌会被稀释，或仅仅由于它们在理解消费者洞察或据此行事时疏忽所致。同时，这也带来几则负面的宣传报道。

讨论题

1. 什么导致香港迪士尼乐园在开园第一年遭遇困境？香港迪士尼乐园应该怎样扭转市场局面？

2. 香港迪士尼乐园需要在多大程度上使产品适应中国内地消费者而又不稀释其品牌形象？

3. 香港迪士尼乐园应该怎样应对竞争？

资料来源：This case was written by Joseph Sy Changco，University of Macau，and Ramendra Singh，Indian Institute of Management Calcutta，and is an abridged version of the Hong Kong Disneyland case. Reprinted with permission.

注释

Anonymous.（2003）. Ocean Park. *Hong Kong Chamber of Commerce*，Member's Profile，Ocean Park.

Chan，S. H. and Wang，K.（2000）. Hong Kong Disneyland（A）：The Walt Disney perspective. *Asia Case Research Center*，University of Hong Kong.

Crawford，B.（2006，July 31）. Mr. Enthusiasm. *South China Morning Post*.

Doz，Y.（1976）. *National policies and multinational management*. Unpublished doctoral dissertation. Boston：Harvard Business School.

Emmons，N.（2002）. Hong Kong Disneyland on time，on budget. *Amusement Business*，*114*（13），6.

Fan，M.（2006）. Disney culture shock. *Washington Post*. Retrieved from www. thestandard. com. hk/news _ detail. asp? pp _ cat = 20&art _ id = 32372&sid = 10991562&con _ type = 1&d _ str = 20061122&sear _ year=2006.

Hong Kong Disneyland（Accessed from http：//en. wikipedia. org/wiki/Hong _ Kong _ Disneyland）（accessed on July 9，2009）.

Hong Kong Government.（1999）. Background information on Hong Kong Disneyland. Press release.

Hong Kong Institute of Marketing.（2004）. Lan Kwai Fong—Over two decades of success. Retrieved from www. hkim. org. hk/event _ 20041211. html and http：//www. chamber. org. hk/info/member _ a _ week/member _ profile. asp? id+32&P=3&KW=&search _ p（accessed 24 March 2009）.

Lau，J.（21 March 2005）. HK theme park plans revamp to compete with Disneyland. *Financial Times*，p. 6.

Leung, W. (2005). Wong under fire as Disney escapes action in FEHD case. *The Standard*. Retrieved from www. thestandard. com. hk/news _ detail. asp? pp _ cat=11&art _ id=25410&sid=5401592&con _ type=1&d _ str=20051110&sear _ year=2005.

Liu, E., & Wong, E. (1999, November 10). Information note—Disneyland Paris: Some basic facts. *Legislative Council Secretariat*.

Miller, P. M. (2007, January/February). Disneyland in Hong Kong. *The China Business Review*, *34* (1), 31-33.

Murphy, J. (2006, May 19). Morale Crisis Shakes HK's House of Mouse. *Media*, 1. Ocean Park Corporation. (2003). Annual report.

Pierson, D. (2007, June 30). Hong Kong theme park outsmarts the mouse. *Los Angeles Times*.

Prahalad, C. K. (1975). *The strategic process in a multinational corporation*.

Unpublished doctoral dissertation, Harvard Business School. ______, & Doz, Y. L. (1987). The multinational mission: Balancing local demands and global vision. New York: The Free Press.

Reckard E. (19 December 1999). Disney discovering it's a small world after all. *Los Angeles Times*.

Reuters. (9 September 2006). Disneyland struggles to make magic in Hong Kong.

Roberts, G. (27 February 2004). HK park gears for battle with Disney. *Media*, 8.

Roth, K., & Morrison, A. J. (1990). Empirical analysis of the integration-responsiveness framework in global industries. *Journal of International Business Studies*, *21* (4), 541-564.

Whaley, F. (2001, May). Move over Mickey. *Asian Business*, *37* (5), 28.

Yim, B. (2007). Ocean Park: In the face of competition from Hong Kong Disneyland. *Poon Kam Kai Series*. Asia Case Research Center, Hong Kong University.

Yim, C. K. (2004). Hong Kong Disneyland: Where is the magic. *Poon Kam Kai Series*. Asia Case Research Center, University of Hong Kong.

第4章 分析政治和法律环境

让每个人、每个机构……像负责任的地球受托人一样思考和行动，采取符合生态、经济和伦理的选择，以便创造可持续的未来，消除污染、贫困和暴力，唤醒生命中的奇迹，促进人类发现之旅中的和平进步。

——约翰·麦康奈尔（John McConnell），世界地球日创建人

学习目标

1. 理解在采取全球性的、标准化的营销组合时所面临的一些法律壁垒。
2. 识别国际营销中的法律议题。
3. 讨论使用互联网进行商品国际销售中的法律问题。
4. 讨论如何解决知识产权纠纷。
5. 了解政治风险的类型以及如何管理政治风险。
6. 讨论世界贸易组织为促进自由贸易所做出的努力。

法律/全球政治体系

全球贸易和营销要受到由不同法律体系制定的法律、规则和法规的影响。如图4—1所示，全世界有5种法律体系，任何一种都没有主导性，但普通法、民法和伊斯兰法是最主要的。全球只有30%的GDP是由民法和普通法系国家创造的。**民法**（civil law）法系主要基于罗马法传统，在欧洲、亚洲和中南美洲国家实行。民法法系由涵盖广泛的规则或立法体系组成，通常编成法典，由法官来应用、阐释。**普通法**（common law）主要在北美采用，它基于英国惯例，法庭判决是法律的主要来源，虽然政府可以通过法规，但只能狭隘地解释，因为这被视为对普通法的一种侵犯。引发新问题的每个案例都因其自身的价值被单独考虑，成为未来相同案例的以往判例。美国的路易斯安那州是一个例外，那里的法律体系基于《拿破仑法典》（*Napoleonic Code*），还有实行民法的魁北克省。

普通法和民法在概念和法律方法上具有根本性差异。但是，美国等普通法国家也有民法，也需要学习如何依据法规开展工作。同样，苏格兰法基于民法，因此在

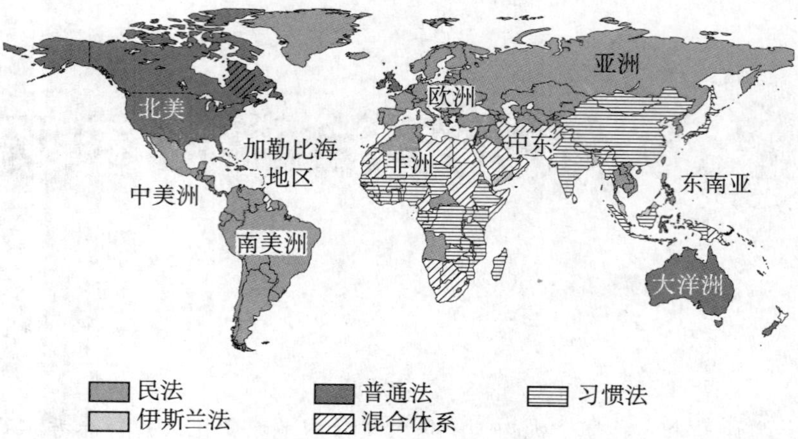

图 4—1 世界法律体系

资料来源：Adapted from：JuriGlobe World Legal Systems Research Group，University of Ottawa. Accessed 6 June 2011.

那里英国律师经常处于更为欧洲化的环境中。但是，如今有足够多的法律顾问精通两种法系。

伊斯兰法

伊斯兰法的问题之一是它存在很多不一致，因此国际商务活动中的可预见性成为一大问题。另外，伊斯兰的不同教派，如逊尼派和什叶派之间还有分歧。确实，缺乏统一性和一致性会引起混淆和困惑。伊斯兰法，即伊斯兰教教法 *Sharia*，是用事例而非原则制定的。尽管给国际商务带来问题，但目前海湾地区的每个伊斯兰国家都有一套成文公司法。

全球营销中的法律问题

全球营销者应该熟悉他们业务所在地区法律体系中的特定部分，特别是海外经营中的销售代理、分销商协议等，以及海关和国际贸易法规、出口激励和控制、仲裁、知识产权、国际技术转让，这些都需要进行咨询。试想以下例子：

● 秘鲁的购买者没有给来自得克萨斯州休斯敦的一家小型供应商的一批轴承付费，供应商如何行使追索权？

● 法国的消费者从另一个国家的一家供应商处订了书，但后者在网上进行了虚假宣传。消费者应到哪里进行抗议，在母国还是东道国（如果能确定的话）？

● 你的品牌产品（如三星手机）在某国通过授权经销商销售，倘若你接到一名经销商的电话，你被告知另一个未经授权的经销商进口并分销同样的产品，你该怎么办？

● 你的产品在目标市场上是否容易遭受政治攻击？

作为公司的全球营销经理，你和你的法律顾问必须能够回答上述问题。对于第一例，不履行合同可以按照《联合国国际货物销售合同公约》（United Nations Convention on Contracts for the International Sale of Goods）（1980）处理。美国和秘鲁都是签约国。在跨界消费者欺诈一案中，赔偿取决于跨界协定和合作。不断增长的互联网使用引发了大规模的跨界欺诈，欺诈公司往往在一个国家开店，以别国消费者为销售目标。消费者很可能需要向欺诈发生国投诉。但是，其难易程度取决于欺诈公司所在国（欺诈发生在另一国）是否有证据来执法，而且愿意在第一时间这么做。

非授权经销商销售产品的行为称为**平行进口**（parallel importing），或灰色市场分销。当商标和品牌所有人，通常也是制造商，未提供授权，但却有完全相同的产品在市场上销售时，就发生了平行进口。在有些国家平行进口是非法的，但在有些国家是合法的。

应该避免销售那些容易遭受政治攻击的产品，例如香烟和烈酒。可是，即使食品也可能受到政治的影响。在有些国家，人们深受“营养过剩”的困扰，表现为有相当多的人超重，这些国家就可以禁止反式脂肪含量高的食品。某些与防御有关的产品可能被视为本国经济的关键，其出口受到限制或者完全禁止。身为北大西洋公约组织（North Atlantic Treaty Organization，NATO）成员的美国和一些西欧国家禁止向社会主义国家出口计算机及其外设。如今，美国和法国等几个国家生产的军事飞机在出口时不会使用其最新电子技术。在将产品推向外国市场前确定其政治情形实为明智。这是政治风险分析的一部分内容，其他的法律问题还包括专利、商标和知识产权、营销组合法规、消费者保护、雇佣惯例和环境法规。

知识产权问题：商标、专利和版权

如同所有的**知识产权**（intellectual property）一样，商标和专利以领土原则为基础。每个州或国家决定在自己的领土上保护什么，谁是保护的受益者，保护多久以及如何进行保护。

专栏 4—1

聚焦国家：中国

中国实行注册在先的商标体系，申请者不需要提供任何之前使用或拥有商标的证据。这使得任何人都能注册流行的外国品牌，包括一些知名的全球品牌，比如索尼-爱立信，甚至英国皇家盾徽！由此，打算在中国开展特许经营的公司必须立刻采取行动注册自己的商标、域名和品牌。如果涉及专利，也应当注册。否则，后果是灾难性的，而且可能带来一场旷日持久的官司。当然，另一种选择是从所有人手里买回商标。

公司，特别是那些将产品和服务直接出售给大众的公司，视其商标（无论是品牌名称还是图形标志）为最有价值的资产之一。商标保护用以区分商品（TM）和服务（SM）的词语、名称、标志、声音或颜色。换言之，商标保护品牌名称或者广告。[1]商标与专利不同，只要在使用，就可以不断续展。获取商标权，大多数国家采用注册在先（first to file）原则，有的采用使用在先（first to use）原则，因国家法律而异。尽管全球化意味着对商标的全球认可，但情况不一定是这样。国际商标纠纷的产生可能有若干原因。例如，在一国视为独特的一个词在别国可能认为不是这样，因为消费者对品牌的感知不同。另一个原因是，人们误以为一个商标可以覆盖类似产品或服务。比如，在某些国家，联想电脑的商标可能无法涵盖联想太阳镜，假定联想将产品线由主产品线（这里是电脑）延伸至太阳镜这样的不相似品类。

不断变化的国际关系也可能造成知识产权方面的问题。以古巴为例，如果古巴和美国关系实现正常化，就可能打开法律问题的一个潘多拉盒子。

弗吉尼亚州里士满的通用雪茄有限公司（General Cigar Co.，Inc.）自从 20 世纪 90 年代就在美国销售科伊巴（Cohiba）雪茄。科伊巴是古巴的第一品牌，据说卡斯特罗在 80 年代中期戒烟之前也喜欢这个品牌。但是，国有烟草公司哈伯纳斯（Habanos）从未在美国注册科伊巴品牌。当通用雪茄 1997 年推出自己的科伊巴时，哈伯纳斯提起了诉讼。官司历时 9 年，2006 年美国最高法院做出裁定，美国对古巴的贸易禁运阻碍了这一商标挑战，因为科伊巴未获授权在美国保护自己的商标。

商标保护

商标保护全球安排方面的一个例证是由设在瑞士日内瓦的世界知识产权组织（World Intellectual Property Organization，WIPO）国际局管理的《马德里协议》。通过该协议进行商标注册，相当于在商标所有人指定的成员国全部进行了法律注册，而且可以在所有成员国享受为期 10 年的保护。不仅如此，只需要用一种语言注册，就可以实现在所有国家享受保护。[2]

专栏 4—2

聚焦公司：麦当劳

马来西亚的一家印度餐馆起名为“McCurry”，麦当劳称其商标被侵犯，因此向法院起诉这家餐馆。其实，两个商标的唯一相同之处是前缀“Mc”，但麦当劳认为这个前缀是它的产权。类似情形在马来西亚也发生过，当时麦当劳打赢了对 McBagel 和 McDhama's 两家餐馆的官司。但是，在此案中，法庭判决当地餐馆胜诉，允许其继续使用“McCurry”。商标律师克雷格·福克勒（Craig Fochler）在思考这一判决时说：“当你有一个类似麦当劳、可口可乐或 7-11 的商标时，法律工作是不断的。”

在澳大利亚，情形就不同了。法庭认为“Mac”和“Mc”是麦当劳的知识产权。塔斯马尼亚的一家小企业用“McBaby”作为它的童装品牌，法庭判决该名称与“McKids”太接近，后者经麦当劳许可在沃尔玛销售。

资料来源：Adapted from：DKD Trade.（7 May 2009）. Trademark battle lost by McDonald's. *Trademark News*；Eviatar，D.（2005）. It takes a global village to protect McDonald's trademark. *IP Law & Business*.

尽管通过《马德里协议》注册有种种好处，但美国及其他几个大国，如澳大利亚、丹麦、芬兰、希腊、冰岛、爱尔兰、日本、荷兰、朝鲜、瑞典和英国，仅仅是签约国。这意味着在这些国家，比如美国，基于商标注册申请的国际注册带来的保护仅限于条约成员国。[3]

商标区域认可的例子是《欧盟商标注册》（Community Trademark Registration），它使所有欧盟国家享有统一商标权。只要在欧盟的一个国家使用某商标，那么在整个欧盟都可获得商标保护。

专利

专利保护为个人或法律主体提供在特定时期内制造、使用、销售某个概念或发明的独有权，其他人无权做同样的事。有许多国际专利条约或组织，包括《专利合作条约》(Patent Cooperation Treaty，PCT)、欧亚专利组织（Eurasian Patent Office，EAPO）和非洲地区工业产权组织（African Regional Industrial Property Organization）。

《专利合作条约》由世界知识产权组织管理，它规定专利获取程序方面的要求，并试图简化世界专利申请的提出、搜索和公布。通过《专利合作条约》，向单个专利局的单项国际申请可能在很多国家获得专利权。所有欧盟国家都是签约国，但是没有整个欧盟范围的专利。一般而言，申请人首先在本国申请，然后才可能在别国申请。《欧洲专利公约》（European Patent Convention，EPC）允许采用英语、法语、德语中的任何一种提起一项欧洲专利申请，由此可能在所有《欧洲专利公约》成员国获得专利。但是，如同在商标案例中所示，授予或拒绝专利，决定权在每个国家手中。2009年，欧洲专利组织有36个成员国，还有几个正在申请加入。专利保护的最长期限为20年。

欧亚专利组织的成员国包括亚美尼亚、阿塞拜疆、白俄罗斯、哈萨克斯坦、吉尔吉斯斯坦、摩尔多瓦、俄罗斯、塔吉克斯坦和土库曼斯坦。根据这一公约，在莫斯科的一个中央专利局用俄语提出一份指向所有成员国的申请，对申请的管理与欧洲专利局类似。专利保护的最长期限为20年。

在所有国家/地区中，美国获得的专利数最多（见表4—1)，接下来是日本和德国。有许多因素影响一个特定国家的专利注册数，其中有些与投资于研发和教育的费用有关。其他指标衡量一个国家促进专利申请的相对成功水平，如每百万人专利数，它将国家规模纳入进来考虑。按照这一指标，美国居于日本和韩国之后，位于第三。相反，荷兰的专利数排名第十一，每百万人专利数居第六。芬兰在这两项指标上分别居第十四位和第七位。

美国、日本和欧洲的大部分专利注册申请是在高科技方面。美国专利局在高科技领域的专利申请份额最高，占该领域申请总数的39%。在这一比例中，55%来自国内（见图4—2)。在日本专利局，高科技申请份额在2007年降至22%，其中86%来自国内。至于欧洲专利局，高科技申请份额稳定在23%，其中37%来自39个成员国和几个申请加入的国家，即阿尔巴尼亚、波斯尼亚和黑塞哥维那、塞尔维亚。

表 4—1　　　　　　　各个国家/地区的专利数（2008 年）

国家/地区		专利数	每百万人专利数	
美国	1	92 000	289	3
日本	2	36 679	994	1
德国	3	10 086	235	4
韩国	4	8 731	779	2
中国台湾	5	7 779	—	
英国	6	3 843	82	8
法国	7	3 813	205	5
加拿大	8	4 125	31	11
意大利	9	1 916	31	12
中国大陆	10	1 874	1	13
荷兰	11	1 724	189	6
澳大利亚	12	1 614	75	9
以色列	13	1 312	74	10
芬兰	14	908	187	7
印度	15	672	1	13

资料来源：United States Patent & Trademark Office；WIPO（World Intellectual Property Organization）.（2009）. Intellectual Property Statistics. Publication A. Geneva.

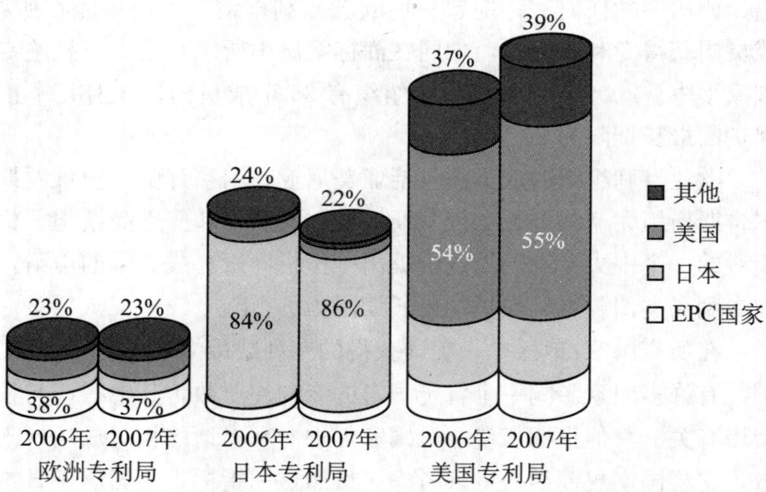

图 4—2　高科技申请比例和来源国

*美国专利局的申请依据美国专利分类体系。国际专利分类是根据两种分类标准的基本一致性来确定的，因此，美国专利局相对于国际专利分类的技术范围可能与欧洲专利局和日本专利局的范围不同。

资料来源：United States Patent & Trademark Office；WIPO（World Intellectual Property Organization）.（2009）. Intellectual Property Statistics. Publication A. Geneva.

在非洲，有两个知识产权组织，一个是非洲地区知识产权组织（African Regional Intellectual Property Organization，ARIPO），其成员国主要讲英语；另一个是非洲知识产权组织（African Intellectual Property Organization），其成员国主要

讲法语。它们各有16个成员国。非洲地区知识产权组织向联合国非洲经济委员会(United Nations Economic Commission for Africa)或非洲联盟(African Union, AU)的成员国开放。二者均集中于所有成员国专利和商标申请的注册，随后申请由成员国政府考虑。

版权

版权是赋予文学作品、绘画、音乐、视频游戏和戏剧等“原创作品”所有权的法律。在美国，国会图书馆在作者一生再加上70年的时间里注册版权，欧盟也是如此。版权可以延展至国际版权条约、公约或组织所涵盖的其他国家。在加拿大，版权在作者死后还可延续50年。最有争议的话题是数据库、数字录音和网站。根据《伯尔尼公约》(Berne Convention)，TRIPS协定(《与贸易有关的知识产权协议》)保证计算机程序受到与文学作品相同的保护，并概述了如何保护数据库。[4]协定还声明，演职人员在不少于50年的期限内有权阻止未经授权对现场演出进行录音、复制和广播。唱片录制人有权在50年内阻止未经授权的翻录。

专栏4—3

聚焦技术：商业机密

许多技术公司依赖商业机密法来保护其知识产权。商业机密指的是能给公司带来竞争优势的任何商业机密信息。公司可以要求可能获知商业机密的员工或商业伙伴签订保密协议。当员工在某大型软件开发的中途离开公司，到另一家从事类似开发的公司就职时，就需要签订此协议。在此情形下，第一家公司可以要求法院发布禁令，以防商业机密泄露。但是，法律支持合法的逆向工程。

商业机密

商业机密是公司不向外泄露的一些信息，公司依靠这些信息获得竞争优势。知识产权法保护商业机密的方式不同于商标或专利，它通过保密协议来保证信息的机密性。例如，公司要求其员工签订类似协议，保证不泄露设计、工具或其他任何被视为商业机密的信息。但是，由于缺乏正式的保护，一旦机密泄露，就无法防止第三方自行复制和使用机密信息。

贸易法规

1947—1994年，**关税和贸易总协定**(General Agreement on Tariffs and Trade, GATT)是为贸易自由化制定规则的主要国际组织，它让在第二次世界大战期间崩溃的世界贸易体系恢复了秩序，为达成减少关税限制的协定而努力。在该组织存在的那段时间，世界贸易中将近一半被后续的协定所覆盖。GATT的一个主要问题是服务未包含在其中，尽管服务已经成为世界贸易总体中的重要组成部分。另一个问题是许多国家为了补贴农业出口而强化了贸易保护政策。这些以及其他问题削弱了GATT的有效性，一个新的组织取而代之，这就是世界贸易组织(World Trade Organization, WTO)。1995年，WTO取代GATT并运行至今。

在WTO形成之初(1947—1973年)，它集中于通过在贸易回合(见表4—2)

中进行多边磋商来降低关税。102个国家参与了1973—1979年断断续续举行的东京回合谈判，这是应对除关税以外其他贸易壁垒的首次重大尝试。但是，东京回合谈判并未完全成功，因为几乎没有工业化国家同意大多数提议。1986—1994年举行的第八次会谈，即乌拉圭回合，是最后一次谈判，议题也最为丰富。该回合促使WTO形成，还达成了关于服务、农业和知识产权的一系列协议，结果是世界上9个主要工业市场的平均关税降低了1/3，工业品的平均关税降至4.7%。2001年，在卡塔尔的多哈举行了新一轮会谈，谈判之后在坎昆（2003)、日内瓦（2004)、中国香港（2005)、日内瓦（2006)、波茨坦（2007）和日内瓦（2008）继续。2008年的谈判陷入僵局，因为发达国家和发展中国家，尤其是美国、印度和中国，无法就农产品贸易自由化达成一致。特别地，印度和美国在专门保护机制（special safeguard mechanism，SSM）上有重大分歧。该机制意在保护贫困农民，具体做法是对于特定农产品，当进口增加或者产品价格下跌时允许国家征收一笔专门的关税。

表4—2　关税和贸易总协定谈判

年份	地点/名称	涉及的主题	国家数量
1947	日内瓦	关税	23
1949	安纳西	关税	13
1951	托基	关税	38
1956	日内瓦	关税	26
1960—1961	日内瓦狄龙回合	关税	26
1964—1967	日内瓦肯尼迪回合	关税和反倾销措施	62
1973—1979	日内瓦东京回合	关税，非关税措施，“框架”协定	102
1986—1994	日内瓦乌拉圭回合	关税，非关税措施，条例，服务，知识产权，争端解决，纺织品，农业，创立世贸组织等	123
2001—	卡塔尔多哈	发展中国家需要，非关税壁垒，农业和工业关税	

资料来源：Data from International Trade Statistics，WTO Secretariat，World Trade Organization (2009).

与GATT类似，**世界贸易组织**（World Trade Organization，WTO）也是一个政府磋商贸易协定、解决贸易纠纷的论坛，有大约150个成员，其中约75%为发展中国家。发展中国家享有一些优惠安排，比如，允许用更长的时间来实现协定所要求的降低关税。WTO与GATT的不同在于它覆盖了服务，包括知识产权。不仅如此，歧视性**产品标准**（product standards）等非关税壁垒也被纳入协定。

仲裁和调解

本章开头是产生贸易纠纷方面的典型例证。纠纷可能发生在私人部门，如两个企业之间，也可能发生于两国之间，或者个人和国家之间。解决纠纷有三种途径：

(1) 法庭裁决;(2) 仲裁;(3) 调解。裁决可能成本高昂,而且耗时过长,因此许多人偏好其他两种方式。

仲裁和调解之间的区别是什么?**仲裁**(arbitration)指一种行动过程,双方将纠纷提交给一个或更多仲裁人,并遵守仲裁人的决定。这一过程可以替代法庭诉讼。一旦仲裁启动,双方就不能撤回。仲裁人的规定因此具有法律约束力,而且必须在合理的时间内执行。仲裁的优点在于可执行性、保密性、仲裁人员的技术专长以及相对诉讼而言更低的花费。

调解(mediation)与仲裁不同,不具有约束力。在调解过程中,双方都同意由某人担任调解人,后者尽力引导双方使纠纷得到满意的解决。即使调解不能形成协议,这一过程也能明确纠纷的问题所在,如果需要的话,可为仲裁做准备。若争议双方希望维持或重建商业关系,调解可能是一种更好的办法。它的另一个好处是所花时间更短。

有一些国际组织提供仲裁或调解服务,或者二者都提供。仲裁方面,包括国际投资纠纷解决中心(International Center for Settlement of Investment Disputes, ICSID)、世界知识产权组织(WIPO)、仲裁和调解中心(Arbitration and Mediation Center)、伦敦国际仲裁院(London Court of International Arbitration)以及国际商会(International Chamber of Commerce, ICC)。以下是一些仲裁案例。

一家法国药物研发公司将自己的专有技术和专利药品许可给另一家法国公司。许可协议包含一个仲裁条款,规定任何纠纷将按照 WIPO 规则由三人组成的仲裁团解决,并且要符合法国的法律。针对受许方拒绝支付许可费这一问题,研发公司启动了仲裁程序。

一家提供数据处理软件和服务的美国公司和一家亚洲银行就备抵账户处理达成协议,双方同意由美国公司为银行在北美和欧洲的一些分支机构提供独家服务。协议规定,协议所产生的或者与协议有关的任何纠纷都将按照 WIPO 加速仲裁规则解决。

协议签订后第四年,美国公司声称银行破坏了协议,因为银行在协议覆盖的国家使用了第三方提供的数据处理服务。双方无法解决纠纷,于是美国服务提供商启动了 WIPO 加速仲裁程序,称对方违反协议并造成巨大的间接损失。

双方同意由一位仲裁人在纽约举行为期两天的听证会。在申请加速仲裁后第三个月,仲裁人做出最终裁决,认定银行部分违反协议并给美国服务提供商造成损失。[5]

国际投资纠纷解决中心(ICSID)

ICSID 的总部设在华盛顿特区,对本国和他国国民之间的投资纠纷进行仲裁,比如大陆灾害保险公司(Continental Casualty Company)与阿根廷,或者 EDF(服务)公司与罗马尼亚。仲裁费为 25 000 美元,不可退还。ICSID 公约有 156 个签约国。

世界知识产权组织(WIPO)仲裁和调解中心

中心设在日内瓦,为解决私人主体之间的纠纷提供仲裁和调解服务,在解决涉及技术、知识产权、互联网和电子商务的争端方面有专长。中心处理过的纠纷所涉金额从 2 万美元到几亿美元不等。

伦敦国际仲裁院（LCIA）

LCIA 为国际商务中的合同纠纷提供仲裁和调解服务，所涉领域十分广泛，包括电信、保险、石油和天然气、建筑、货运、航空、制药、股东协议、IT、金融和银行。它是一个非营利组织，通过收取 1 500 英镑的仲裁申请费及后续按小时收费来弥补成本。LCIA 由伦敦市政府、伦敦工商会和特许仲裁员协会（Chartered Institute of Arbitrators）管理。仲裁庭有多达 35 名仲裁员，他们来自世界主要贸易地区，其中英国国民最多不超过 6 名。

营销组合法规

产品标准

全世界的消费者都期望买到的产品安全、健康而且与制造商的宣传相符。为了保证实现这些期望，制定产品和促销法规是必需的。消费品和工业品制造商关心的一个主要问题是世界范围的立法和法规的影响。因为在全球、地区和国家层面，产品的法规和标准可能不同，这些差异意味着跨国制造商必须基于全球或地区制定产品策略，并在必要时调整以满足当地的标准。

产品规划主要有三类。第一，最终产品必须满足各目标国家的要求。厂商所设计的产品能否被所有监管机构接受？第二，公司如何以较低的成本高效地完成这一任务？你如何确保新产品或老产品的换代产品能满足上市销售必须遵守的所有法规？第三个挑战与标准本身有关。标准是代表一种可实现的目标，还是满足这一标准会让厂商和顾客都过于辛苦？在产品上市之前如何预见法规的变化？

尽管几乎所有产品都受制于某种法规，但是对药品、化妆品、食品和电子产品的监督最为严格。例如，世界上药品行业的立法和法规最多。全世界的法规，虽然范围和强度不同，但都瞄准药品的开发、测试和生产。对电子产品跨国企业而言，将产品销往世界各国意味着要符合一系列性能标准，这些标准在不同国家可能大不相同。食品生产、加工、分销、零售、包装和贴标签受制于很多法律法规、行业惯例和指导意见，它们也因国家而异。

全球或地区范围内的产品标准化协议很难达成。很多人在国外旅行时带着笔记本电脑。从英国到法国，再到瑞士，你需要三个转换插头。当然这只是个很小的麻烦，还有更严重的壁垒，比如汽车和卡车甚至机械的不同安全要求。这些都要求对产品进行调整，以满足特定国家的特殊要求。在某些情况下，产品标准的差异化是为了获取竞争优势。索尼在 1975 年推出 Betamax 系统，一年之后，JVC 推出 VHS（视频家庭系统）。日本公司在两个竞争系统中选择采取其一，从而划分出阵营。二者之间的一个主要区别是录制时间不同。Betamax 最多只能录 60 分钟，而 VHS 可以录 3 个小时。到 2002 年，Betamax 成为历史，两种系统都被数字技术所取代。

不存在产品的世界标准。欧盟启动了一个标准协调过程，适用于所有成员国。

"协调"指的是将不同标准的技术要求变为同质或完全一致的过程。欧盟的"相互认可原则"是一个例外。这一原则规定，只要产品在一个成员国市场上的营销是合法的，那么在其他任何一个成员国均合法，即使产品不完全符合目标成员国的技术规则。但是，如果产品可能威胁公众安全、健康或环境，那么成员国就可以拒绝其进入。

国际标准化组织

国际标准化组织（International Organization for Standardization，ISO）是一个非政府组织，总部位于瑞士日内瓦。ISO包括160多个国家的全国标准机构，主要任务是在成员达成共识的基础上建立产品的国际标准。谋求符合ISO标准是一种自愿行为。成员组织可以申请ISO的质量管理体系（Quality Management System，QMS）认证，包括高层管理者的质量承诺、员工能力、过程管理（生产、服务交付及相关的行政和支持过程）、质量规划、产品设计、订单审核、采购、监控、过程和产品衡量。大多数知名品牌都被ISO认证为符合国际标准，例如Adobe System的便携式文档格式（Portable Document Format，PDF）、Bang & Olufsen音响、三星、诺基亚和惠普。

沟通法规

广告法规由国家和地方制定，各国决定如何管制那些欺诈性或误导性广告。在欧盟，广告靠自我调节。根据欧洲广告标准联盟（European Standards Advertising Alliance），自我调节（self-regulation，SR）是"广告业主动进行自我监督的机制。广告主、广告公司和媒体三方合作达成标准，并建立一种体系保证不符合这些标准的广告可以很快修正或者撤销"。尽管人们尝试在烈酒和针对儿童的广告这些特殊广告方面进行协调，但收效甚微。然而，所有欧盟国家已经颁布相关法律，监督这些领域的广告行为。

网络法律

现在，大多数人有电子邮件账户，或者每天上网。如果你有电子邮件，毫无疑问你已经被淹没在"垃圾邮件"中。这些邮件提供打折产品信息，有些可能你家里需要，有些你不需要。无论如何，你可以过滤掉垃圾邮件中的一部分，但不可能是全部。未过滤掉的不仅让你觉得烦，还产生成本，因为你不得不花时间删除不需要的垃圾邮件，因此提高了每月服务费。多余的邮件还占据两端的存储空间，可能导致网速下降。尽管未经请求的商业电子邮件是一个国际性问题，但网络空间的监管非常困难。一个简单的传送指令可能涉及三个国家的监管：（1）收件人所在国；（2）服务器所在国；（3）交易发生国。这些监管互相矛盾的情况并不罕见，如以下雅虎公司的案例。

2001年，法国的雅虎拍卖网站开始销售纳粹收藏品。由于此类产品在法国禁售，因此许多团体采取法律行动要求从公司网站上撤下这些收藏品。法国法院命令雅虎从网站上撤下产品，否则将面临每天高达10万法郎的罚款，直到撤下为止。公司则认为，因公司在美国注册，法国法院对它没有司法权。它要求加利福尼亚地区法院推翻法国法院的判决。美国法院认为，法国法院的命令不可在美国强制执行，而且侵犯了美国宪法第一修正案。因此，这个案例体现出法院在一国的司法权不一定能在另一个国家强制执行。

包括美国在内的38个国家签订了《欧盟委员会网络犯罪公约》（Council of Europe's Convention on Cybercrime），意味着在国际层面，计算机犯罪法律方面的协调又迈进了一步。公约意在打击计算机侵入、儿童色情、侵犯商业版权以及网络欺诈。用美国司法部长阿尔伯特·冈萨雷斯（Alberto Gonzales）的话说，"条约使美国和其他国家在获取电子证据方面加强合作，从而为我们打击恐怖主义、计算机网络攻击、儿童色情提供了重要工具"。签约国当中既有欧洲国家，也有非欧洲国家，比如美国、加拿大、日本和南非。

政治风险

政治风险（political risk）可以定义为一组不利事件发生的概率。"不利事件"（unwanted events）指那些由于对公司价值造成威胁而可能影响其业绩的事件。此类事件包含指向特定公司的**公司风险**（firm-specific risk），以及不指向特定公司，但能影响特定行业内全国所有公司的**国家风险**（country-specific risk），或称微观风险和宏观风险，如表4—3所示。公司风险如征用公司资产、绑架公司员工、限制某些技术转让以及违约。

表4—3　政治风险类型

	政府风险	不稳定风险
公司风险	歧视性法规 "蚕食性"征用 违约	蓄意破坏 绑架 抵制
国家风险	大规模国有化 法规变化 货币不可兑换	大规模工人罢工 城市暴动 内战

资料来源：Wagner，D.（2000）. Defining "Political Risk," *International Risk Management Institute*. Retrieved March 21，2007，from www.irmi.com/IrmiCom/Export/Articles/2000/Wagner10.aspx. Reprinted with permission.

国家风险包括限制利润汇回本国、内乱、货币不可兑换、当地持股的强制要求、特定产业的国有化（例如政府接管某一产业所有公司的资产，如发电）。例如，1959年卡斯特罗控制古巴以后，价值数亿美元的美国资产和公司被征用。很不幸，大部分美国公司，即使不是全部，未获得任何赔偿。

对于具备以下特征的公司而言，政治风险特别值得关注：

- 国际与国内收益的比率高
- 大量海外投资
- 依赖全球供应链
- 资产或业务高度集中于某一地区或国家
- 依赖于国际增长

关于政治风险的主要问题是如何进行测量和管理。大多数政治风险观察家认为，政治风险取决于政治权力如何行使，既包括政府的权力，也包括工会和活动人士等团体的权力。使用（或滥用）政治权力通常是因为经济下行和宗教冲突等因素引发了社会动荡。因此，通过监测社会动荡和不稳定是否可能发生并最终威胁公司业绩，可以衡量政治风险发生的概率。跨国公司和银行的风险管理专家或者咨询公司都可以进行政治风险评估。评估方法从评分制图的比较技术到专家体系和概率决定等分析技术，应有尽有。

衡量政治风险有两种办法：(1）定性法，基于德尔菲法的专家分析，专家包括经济学家、工会领导、政治家和当地企业家；(2）定量法，始于找出影响政治风险的量化因素，然后用公式计算各因素得分。尽管第二种方法看起来更加客观，但不一定比定性法更精确。精确度取决于模型的可靠性和有效性，以及使用什么数据库。

有两种著名的政治风险定量评估方法：经济学人智库（Economist Intelligence Unit，EIU）模型和商业环境风险情报（Business Environment Risk Intelligence，BERI）模型。EIU复合风险评分包括政治风险（占复合分的22%)、经济政策风险(28%)、经济结构风险（27%)、流动性风险（23%)。政治风险因子衡量政治稳定性（战争、社会动荡、有序的政治交接、政治暴力和国际纠纷)。BERI模型包括一个利润机会推荐（Profit Opportunity Recommendation)，这是一个宏观的政治衡量，基于以下三方面评分的平均值：

- 由政治和社会变量分值计算的政治风险指数（Political Risk Index)；
- 由政治、金融和经济结构变量计算的经营风险指数（Operation Risk Index)；
- R因子（汇兑和资金汇回本国)，是根据国家法律框架、外汇、硬通货储备和外债计算的一个加权指数。

图4—3以古巴和丹麦为例，展示了政治风险（也包括经济和金融风险）的定量评估结果。在Y轴上的得分越高，风险越低。注意，古巴的政治风险相对更高(黑实线)，而丹麦几乎没什么风险。根据图中的复合指标（政治、金融和经济风险指数的均值)，那些年如果在古巴做生意的话确实风险很高。

每个公司都必须进行风险评估，时时想到那些本行业特有的微观风险，与此同时，也要考虑到总体的宏观政治风险。表4—4采用本章所讨论的一些关键变量提出了一个简化的风险评估模型，该表可以作为任何一个公司制定全面政治风险评估战略的起点性矩阵。在微观变量部分，还应当加入恰当的国家、行业和项目变量。为每个关键变量赋予权重以反映相应公司的行业、地点、风险容忍度和总体政治经济环境。在各个类别上为各个国家打分，然后乘以权重得到各国在各个类别上的得分，加总后得到各国的总分，我们很容易通过比较总分来评估各国的相对风险。

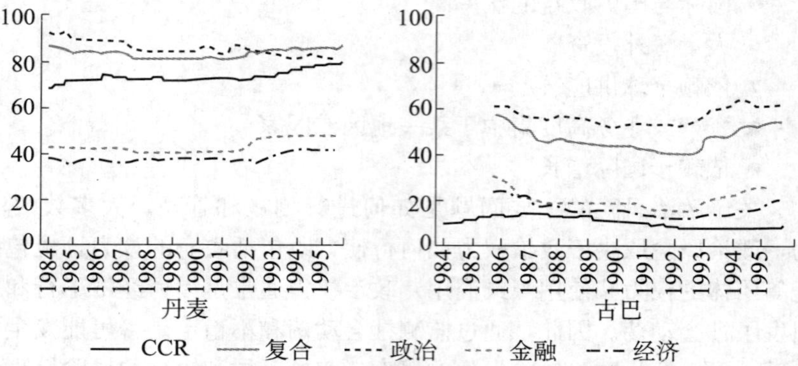

注：CCR指国家信用评级

图 4—3 国家风险衡量

资料来源：Campbell A. Harvey，Duke University. Reprinted with permission.

表 4—4 风险评估模型

	宏观变量	权重	国家 1	国家 2	国家 3	国家 4
政治/政府	战争和安全问题 政权稳定性	0～10 0～10				
经济	通货膨胀 汇率波动性 经济稳定性 人均 GDP 国际收支 真实的 GDP 增长率 货币可兑换性	0～10 0～10 0～10 0～10 0～10 0～10 0～10				
社会	社会革命 腐败	0～10 0～10				
	微观变量	权重	国家 1	国家 2	国家 3	国家 4
政治/政府	工业法规体系 （恰当的政治/政府微观变量）	0～10 0～10				
经济	能源脆弱性 （恰当的经济微观变量）	0～10 0～10				
社会	（恰当的社会微观变量）	0～10				
		合计				

资料来源：Alon，I.，Gurumoothy，R.，Mitchell，M.，& Steen，T.（2006）. Managing micropolitical risk：A cross-sector examination. *Thunderbird International Business Review*，*48*（5），623-642.

上述讨论使国家/地区成为另一个非常重要的因素，即存在国家和地区风险。例如，尽管希望在中东、南亚和非洲某些地区开展业务的公司面临日益严重的恐怖主义和腐败威胁，但在斯堪的纳维亚国家寻求发展的公司就不会有此类威胁。每个国家和地区都应该被视为一个特殊的经营环境。这意味着公司必须在多层次实施风险评估战略。

建议每个公司在 2～3 个层次开展政治风险评估。公司总部评估团队的任务可能是创建一个总体模型，识别出一些适用于所有国际经营的宏观变量，如汇率波动、GDP 增长速度和战争威胁，以及广泛的与产业有关的微观变量。另一方面，处于世界各地的评估团队会创建包括各国宏观和微观变量的亚模型。大型跨国公司还可以再进一步，创建区域性模型。总体而言，如今每个全球公司必须考虑制定一个全面的政治风险评估战略，这是超越竞争对手所必需的。

恐怖主义

恐怖主义已经成为整个世界（中东、非洲、拉美和亚洲的部分地区）的一个主要威胁。它对公司经营造成直接和间接威胁。它代表一种市场缺陷，这一缺陷使交易成本提高，形成商品自由流动的壁垒，从而使公司丧失在商品交换顺畅情况下可获取的潜在收益。恐怖主义反映了公司遇到暴力行为的风险或实际遭遇，这些暴力行为的目的是制造恐惧、胁迫或恐吓。[6]恐怖主义已经对人们的旅行和总体贸易造成影响。例如，通过全国概率抽样，Public Agenda 组织对 1 002 名住在美国大陆地区的成年人进行了调查，结果发现美国人将世界视为一个对美国及其利益有危险的地方（见图 4—4）。2010 年，那些回答世界变得“对美国和美国人更危险”的人数比例为 72%，与 2008 年的 73%几乎相同。普通大众也持有相同的看法，证据是不管在什么时候，只要有恐怖主义威胁，人们就会取消自己的旅行计划。

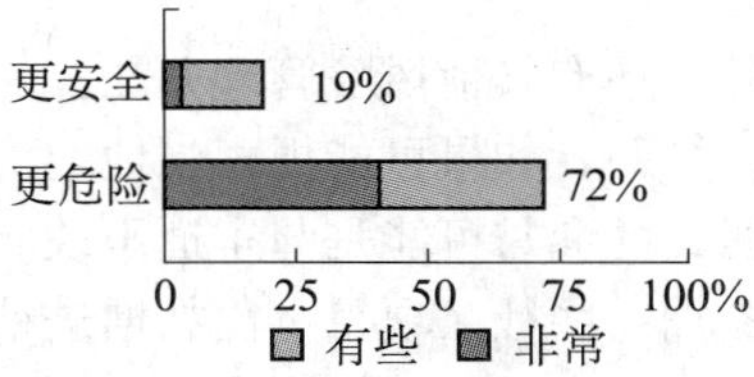

图 4—4　世界对美国人而言变得更安全还是更危险？

资料来源：Adapted from：Bittle，S.，Rochkind，J.，& Ott，A.（2010，Spring）. *Confidence in United States Foreign Policy Index*，vol. 7.

Nitsch and Schumacher（2003）[7]研究了 200 多个国家在 1960—1993 年间的双边贸易往来，发现恐怖主义行为降低了贸易量。当恐怖事件翻倍时，双边贸易就下降约 4%。Costoiu（2006）同样发现了恐怖主义上升和贸易下降之间的关系。[8]由于恐怖主义和贸易相关，恐怖主义就成为政治风险分析中的一个重要组成部分。

对恐怖主义风险进行管理是一个专门的话题。恐怖主义可能影响多种形式的商业活动，包括袭击游客、绑架人员和破坏基础设施等。恐怖主义风险包括三部分：对目标的威胁（threat）、目标易受伤害性（vulnerability）和对目标的攻击一旦成功其后果（consequences）如何。当人员和组织既有动机又有能力伤害目标时，就代表着威胁。对目标的威胁可以通过在特定时期、以特定方式攻击特定目标的可能性来衡量，比如一年内城市的足球场被放射性武器袭击的概率。易受伤害性的衡量方法是既定威胁造成损害的概率。损害有可能是死亡、受伤、财产损失或其他后果，各自的易受伤害性评估可能不同。后果是恐怖袭击如果成功，造成损害的程度和类型。风险是威胁、易受伤害性和后果这三个成分的函数。[9]

在对美国国会发表的证词中，Czinkota（2005）分析了一项调查结果，该调查用来确定有国际营销业务的美国商业公司经理人对恐怖主义的认识，以及在应对恐怖主义方面的准备情况。[10]绝大多数被访者感到尚未有针对自己企业的恐怖主义威胁，但其中很多人相信，公司可能在未来 10 年受到恐怖主义的直接影响。可是，很多经理报告，他们公司没有恐怖应急预案。按照成本—收益原则，许多人认为风险不能证明风险管理投资的正当性。但是，在海外有分公司的美国企业应当咨询一家恐怖主义风险管理公司，以确定是否存在威胁，如果存在的话，是否容易受到损害。特别地，美国政府已经实施了一个恐怖主义风险保险项目（Terrorism Risk Insurance Program，TRIP)，对认定的恐怖主义行为，该项目会赔偿保险公司所遭受的损失。

管理政治风险

由于某些国家存在巨大的政治风险，政治风险问题不容忽略。尽管无法消除，但政治风险在某些情况下还是可以降低并实行管理的。例如，政府和私人机构都提供针对某些政治风险的保险。海外私人保险公司（Overseas Private Insurance Corporation，OPIC）是一家美国政府机构，它提供的保险涵盖货币不可兑换、征用和政治暴力，而且适用于新投资和现有业务的扩张。加拿大政府机构 Export Development Canada 也有类似保险。许多其他政府和私人保险公司，如 AIG，也有相似的政策。

除风险保险之外，还有其他风险管理办法。一种方法是与东道国居民分享所有权，它有很多优点：第一，如果可能损害当地经济利益的话，政府就不大可能采取行动；第二，当地居民的参与可能是与东道国政府及工会代表沟通的桥梁。另一种降低风险的方法是参加一些社区项目，比如增进社会福利（学校、医疗设施）和农村发展的项目。耐克在印度尼西亚推出小发展项目，这就是参与社会福利项目的一个例子。在 5 年时间里，受耐克资助的这一项目已经为 11 500 名企业主提供了将近 180 万美元的小企业贷款。这些免担保贷款使他们得以创建自己的公司，脱离长期贫困状态。[11]

本章小结

● 尽管全世界使用 5 种不同的法律体系，但是民法和普通法系国家的国民生产总值占全世界的 30%左右。

● 全球营销者必须清楚在海外做生意可能面临的法律问题。具体而言，这些问题围绕“4P”（产品、分销、定价和促销）等营销问题。

● 知识产权包括专利、商标、版权和相关权利、地理标志、工业设计、专有技术和商业机密。知识产权是国际贸易的一个组成部分，现在，知识的有效利用对国家和世界经济繁荣的贡献度大于以往任何时候，因此知识产权的重要性与日俱增。

● 贸易纠纷可能发生在国家之间、国家与商业公司之间或者商业公司之间。世界贸易组织是解决涉及两个或两个以上国家贸易纠纷的主要机构。尽管会解决纠纷，但世界贸易组织的主要目的是通过降低或取消关税和配额等贸易壁垒来实现贸易自由化。

● 在海外做生意可能涉及政治风险。政治风险会分为两类：宏观或国家风险，此类风险会威胁某个经济部门整体；微观或公司风险，它只威胁单个公司。政治风险无法消除。因此，全球公司必须预测它们将面临哪些风险，以及如何管理风险。

讨论题

1. 在中国如何保护知识产权？

2. 跨国制造商如果试图让产品符合一般标准，它可能会面临哪些陷阱？请解释。

3. 你负责你们公司的风险管理。你将如何预测投资新兴市场的政治风险？中小型企业如何评估和管理政治风险？

体验性练习

1. 用任何你能找到的资料对中国进行政治风险分析。

2. 选择 4 个欧盟国家，解释各国如何管制酒精饮料广告。

关键术语

仲裁（arbitration）
民法（civil law）
普通法（common law）
国家风险（country-specific risk）
公司风险（firm-specific risk）
关税和贸易总协定（General Agreement on Tariffs and Trade，GATT）
知识产权（intellectual property）
调解（mediation）
平行进口（parallel importing）
政治风险（political risk）
产品标准（product standards）
世界贸易组织（World Trade Organization，WTO）

注释

[1] The familiar symbol ® designating a trademark can only be used in the United States following registration.

[2] However, some legal experts suggest registration in the local language as well, e. g. , China, Muslim countries.

[3] For a list of members of the Agreement and Protocol, see www. wipo. int.

[4] The TRIPS Agreement is annex 1C of the Marrakech Agreement Establishing the World Trade Organization, signed in Marrakech, Morocco, on 15 April 1994.

[5] www. wipo. int/amc/en/arbitration/case-example. html. Retrieved 10 October 2009.

[6] Czinkota, M. , Knight, G. , Liesch, P. , & Steen, J. (2005). Positioning terrorism in management and marketing: Research propositions. *Journal of International Management*, *11* (4), 581-604.

[7] Nitsch, V. , & Schumacher, D. (2003). Tourism and trade. *European Journal of Political Economy*, 353-366.

[8] Costoiu, A. (2006). *The reciprocal effect of terrorism and international trade, 1975-2002*. University of Illinois at Chicago.

[9] Willis, H. , Morral, A. , Kelly, T. , & Medby, J. (2005). *Estimating terrorism risk*. Santa Monica, CA: Rand Center for Terrorism Risk Management Policy, p. xvi.

[10] Czinkota, M. (1 November 2005). *International marketing and terrorism preparedness*. Testimony

before the House of Representatives Committee on Small Business.

[11] Frank, W. (2007). *Successful partnership for CSR activities in Thailand: The NIKE village development project*. Retrieved from www. pda. or. th/pdf/CSR-Thailand.

案例 4—1 在俄罗斯创建合作伙伴关系面临的严重问题

成立于 20 世纪 90 年代初①的 BaltFoodEx 是一家中等规模的波罗的海食品制造商，90 年代中期，它决定进入俄罗斯市场，原因是它考虑到尽管自己的产品在波罗的海和另两个周边国家非常受消费者欢迎，产品在市场中占据相当高的份额，甚至超过一些非常著名的西方品牌，但波罗的海市场还是无法给它提供更大的发展空间。因此，公司决定进入俄罗斯市场而非斯堪的那维亚半岛国家或者波兰，因为波罗的海食品在苏联时期就非常受苏联及周边国家消费者的欢迎，尤其在圣彼得堡和莫斯科。在这些地区，很多人都将三个波罗的海国家视为“真正的西欧”，他们事实上把来自西欧的产品视为高品质的象征。同时，波兰和斯堪的纳维亚半岛国家的消费者不太熟悉波罗的海食品。在苏联时期，波罗的海食品没有大量出口到这些国家。那时，前苏联国家的公司（包括波罗的海企业）不能自己选择出口市场，而是由计划委员会做决定，而波罗的海企业的主要任务就是供应苏联北部及其他前苏联国家。此外，尽管俄罗斯的生活水平低于三个波罗的海国家，但是它的人口多，当时约有 1.5 亿，因此成为一个有吸引力的市场。白俄罗斯和乌克兰虽然与波罗的海相邻，而且那里的消费者对波罗的海产品非常熟悉，但与这两个国家相比，俄罗斯拥有更加广阔的市场和更高的生活消费水平。比较之下，俄罗斯是一个更为理想的市场。而地理位置更偏远的一些西欧国家和前苏联社会主义国家在一开始就被排除在外，因为运输成本更高。此外，西欧国家消费者对波罗的海产品不熟悉，前苏联社会主义国家的收入水平太低。BaltFoodEx 的管理者会说非常流利的俄语②，由于拥有共同的历史，他们相信在俄罗斯进行商业活动应该和本国相差无几，这些因素也影响了公司的目标市场选择。

BaltFoodEx 无法依靠出口成功进入俄罗斯市场，因为俄罗斯对波罗的海食品的进口关税非常高，所以公司将无法与俄罗斯低成本的制造商竞争。一年前，它尝试出口俄罗斯，但是没有取得显著成果。俄罗斯消费者对价格非常敏感，即使有些人不敏感，他们也更喜欢那些著名的、“真正的”西方品牌，这些品牌在苏联时期买不到。即使没有税收的影响，由于有运输成本，而且工人工资更高，波罗的海产品也要比俄罗斯当地产品价格更高。考虑到上述情况，BaltFoodEx 决定在俄罗斯建立一个生产工厂，然而公司缺乏在俄罗斯独立建厂的资金。在俄罗斯建立一个子公司同样非常困难，因为公司的所有者和经理在俄罗斯没有什么关系，他们也害怕严苛的官僚体制。此外，因为公司在苏联解体之后才

① 波罗的海市场由三个小国家组成：爱沙尼亚、拉脱维亚和立陶宛，它们的人口数量分别为 130 万、220 万和 350 万。2004 年 5 月，它们都加入了欧盟。这些国家在 1991 年苏联解体时获得独立（它们在第二次世界大战开始前曾独立了 20 年）。由于这个案例的敏感性，我们变更了案例中两家公司的名称（所以这些公司的真实名称与 Rusfood，Baltfood，Baltex，Rusprod 或者诸如此类的名称没有任何关联），并隐匿了它们确切的活动区域和财务数据。

② 虽然每个波罗的海的国家都有自己的语言，但在苏联时期，所有在本地语言学校上学的孩子必须将俄语作为第一外语，通常英语或德语紧随其后。而现在在本地语言学校中，第一外语通常是英语，而在俄语学校中首先教授本地语言。

成立，对俄罗斯的市场状况不是很熟悉，公司的所有者和经理没有在俄罗斯经商的经历，所以他们决定和当地企业合作。在一个食品展览会上，公司找到一家非常小的俄罗斯企业RusFoodProd。该企业能够生产和BaltFoodEx类似的产品，产品市场潜力很大，但是生产技术非常落后。由于它缺乏技术更新和提高产能所需资金，所以对与波罗的海食品制造商建立合作伙伴关系非常感兴趣。两家公司讨论了未来计划：扩大俄罗斯的工厂；在它的生产线中增加波罗的海产品种类；增加在俄罗斯的市场占有率；在不久的将来把产品出口到周边国家，甚至在乌克兰建立一家新工厂。

BaltFoodEx和RusFoodProd在合同中约定，前者为后者提供生产技术。BaltFoodEx最近买了一批产量更高、更现代化的设备，所以有些旧生产设备它不再需要，而且它同意给俄罗斯合作伙伴再采购一些新设备。作为回报，BaltFoodEx将获得俄罗斯企业可观的股份。俄罗斯伙伴建议BaltFoodEx在进入俄罗斯边境时不要报关，这样可以节省进口关税。波罗的海公司接受了这一建议，因为这样可以大大减少成本，而且俄罗斯边境管理不是特别严格，被抓和受罚的风险非常小。此外，俄罗斯伙伴还保证，他们认识边境上一些管事的人，即使被发现，打点一下就可以免交罚金。

在未经任何检查的情况下，生产设备成功跨境并且按时抵达俄罗斯企业。当BaltFoodEx联系它的俄罗斯伙伴，询问何时可以取得合同上约定的股权时，俄罗斯公司宣称，波罗的海公司无法证明自己曾把设备送至RusFoodProd，因为没有任何文件记录显示设备已经入境或者到达企业。它还威胁波罗的海合作伙伴，宣称知道他们家人的住址。它建议波罗的海合作伙伴要么按照合同再次运来生产设备，要么终止合作。波罗的海公司的所有者决定选择后者，尽管他们不知道俄罗斯企业的威胁是否当真。

BaltFoodEx因此损失了一大笔钱，既没有取得RusFoodProd的股权，也没有追回机器，因为它既不想向当局承认自己没有按要求支付进口关税，也不想再签订什么非正式合同，因为这可能导致更严重的问题，它还担心将这一问题公开会损害它在波罗的海市场的形象并降低未来进入其他国家的可能性。庆幸的是，它还没有跟俄罗斯伙伴分享生产配方。BaltFoodEx从未从这个事件中完全恢复过来，再也没有进入俄罗斯市场。它不能按照原定计划在波罗的海扩张，比如，在遭遇俄罗斯问题之前，它允诺要收购波罗的海当地一家企业，但现在由于缺少资金而作罢。同样由于资金问题，它无法再进入其他国家市场。若干年之后，它被波罗的海一家更大的食品制造商接管。接管的公司决定进入斯堪的纳维亚国家而不是俄罗斯。

资料来源：Case prepared by Tiia Vissak，Faculty of Economics and Business Administration，University of Tartu，Narva Rd. 4-A211，51009 Tartu，Estonia. Reprinted with permission.

讨论题

1. 波罗的海公司选择俄罗斯作为新的目标市场是合理的吗？

2. 列出BaltFoodEx对与RusFoodProd合作感兴趣的原因。

3. 解释本案例中两家公司为何合作失败。

4. BaltFoodEx在既没有得到设备赔偿也没有取得俄罗斯企业股权的情况下退出俄罗斯市场，你认为这一决定正确吗？从此以后再也不进入俄罗斯市场，这个决定合理吗？为什么？

案例 4—2 扩张困境：选择穆巴拉克还是另一个强硬者

案例概述

卡特·詹姆斯（Carter James）一直都喜欢冒险，然而他即将做出职业生涯中最具风险性、潜在回报也最高的一个决定。去年，他设在美国的汽车技术公司 WowTech 研发了一个能够将旧机动车效率提高 10%～20%的新汽化器，销量攀升超过了国内的产能。因此，他决定采用生产外包来满足全球需求。现在他需要选择到哪里建造新工厂。在这一超高效的绿色汽车新业务上竞争十分激烈，他无法承担这种转变万一失败带来的任何混乱，因此必须做到地点选择正确。

卡特·詹姆斯和 WowTech

卡特生而为汽车工作。从很小的年纪开始，他就看着他的家人靠经营汽车来维生，而他总在旁边帮忙和学习。大学毕业以后，卡特从未想过在短短几年内他会掌管一家迅速扩张的创业公司。WowTech 虽是一家汽车公司，但等同于一间硅谷高科技研发实验室，其主营业务是给新一代汽车发动机设计外形。偶然的是，公司最受欢迎的产品是绿色汽化器，这种产品取代了以往的汽车汽化器，并且燃油效率提高了 10%～20%。借助绿色工业活动分子的大规模社交媒体宣传，这个产品一夜之间取得了巨大成功。对于高效机动车，为了增加公众利益，联邦政府提出更加苛刻的排放规定，并予以减税。

卡特很快意识到绿色汽化器的需求会在六个月内超过现有产能，所以他需要赶快行动。为了使 WowTech 继续侧重于研发，他决定将绿色汽化器的生产外包。为了完成这一艰难转变，他聘请了一家与通用汽车、福特和克莱斯勒三大巨头有合作记录的国际咨询公司，主要任务是给新工厂找到潜在地址，并与东道国政府协商优惠政策。经过几个月的工作和实地调查，咨询师将目标缩减至两个国家：埃及和委内瑞拉。两国政府正想吸引汽车厂商从东亚国家转移出来，因此提供有吸引力的政策来获得 WowTech 的对外直接投资。这两个国家都接近有大量老旧汽车的潜在市场，而且本国已经具备汽车生产能力。

埃及和委内瑞拉提供的优惠政策看起来非常有吸引力，但是要想做决定还需要更多的东西。卡特知道，在这两个国家经营，他必须考虑更广泛的社会政治环境。在这些经济、社会和政府机构完全不同的国外市场中，WowTech 能够平稳运营吗？为了帮助他系统地评估这些问题，管理风险团队将两个汇总表（参见下面的市场总结）和一个计分卡放在一起来比较两个选址。咨询顾问已经提供给他所需信息，但是最终卡特必须自己做出决定。

市场总结：委内瑞拉玻利瓦尔共和国

基本信息：委内瑞拉玻利瓦尔共和国位于南美洲北部海岸，是拉丁美洲最现代化的国家之一，拥有超过 2 600 万常住居民。委内瑞拉对它的种族和文化多样性非常自豪，它的文化受到美洲印第安土著、西班牙、非洲、意大利和葡萄牙移民者的影响。在20世纪大部分时间里，委内瑞拉在拉丁美洲国家中政权最为稳定。然而，自1989年开始，该国经历了血腥的暴动、两次不成功的政变和普遍的政治动乱，进入有新的政治领导人并且充满不确定性的时期。1998年，查韦斯通过经济的重新分配和激进的政治改革开展社会主义运动，赢得了总统大选。在过去10年中，尽管有批评、政府和石油工人罢工以及失败的政变企图，但查韦斯系统地实施了他的改革方案，即著名的玻利瓦尔革命（Bolivarian Revolution）。查韦斯寻求向其他国家出口其“21世纪社会主义”（Twenty-first Century Socialism）品牌，抓住每个机会公开抨击全球化、自由市场政策及其最喜欢的替罪羊——美国。

经济因素：尽管查韦斯有不少激进的反美言论，但在委内瑞拉还是有很多不容忽视的商业机会。美国一直是委内瑞拉最重要的贸易伙伴，占据后者52%的出口和25%的进口。这种贸易关系主要是因为委内瑞拉靠近美国市场。更进一步，委内瑞拉有接受美国对外直接投资的传统，涵盖石油、汽车制造、造纸及纺织等各行各业。委内瑞拉的经济由政府掌管的石油产业主导，但石油价格经常大幅波动。最近，高油价导致的政府支出使2008年的通货膨胀率高达30%以上。当年，该国采用“大玻利瓦尔”（Bolivar Fuerte）作为新的流通货币，所有的外汇交易都需要得到政府许可。此外，由于货币价值被高估，如果石油价格下调的话，货币价值将面临压力。石油价格下降将导致收支平衡问题，并且将抑制政府支付必要进口品的能力。最后，政府在社会项目上的花费增加，导致提高对企业“社会责任”的要求，增加了企业的实际税负。

社会因素：委内瑞拉是一个关系导向而非规则导向的国家，这意味着公司若想成功必须了解当地文化的复杂性。根据文化大师霍夫斯泰德的文化理论，委内瑞拉在全部4个文化维度上的得分都是极端值。首先，权力距离得分很高（PDI＝81），说明在该国历史上长期容忍不平等，这不是查韦斯平民政府上台后所导致的。第二，不确定性规避指数得分也很高（UAI＝76），显示出该国不容忍不确定性，这可能导致用大量规章制度来确保安全并降低风险。第三，个人主义得分很低（IDV＝12），显示出委内瑞拉人民更愿意实现使家庭、社区甚至整个国家等相关群体受益的集体目标。查韦斯强大的社会主义政策导向看来利用了这一文化特质。最后，男性气质得分很高（MAS＝73），显示出这个国家的性别不平等。尽管预期社会由男性主导，但很高的男性气质得分表明女性也将更有自信和竞争力。在这种文化环境下，关键是找到一名当地伙伴并与之密切合作，因为它能避开所有潜在的文化陷阱。

政治因素：如前面所介绍的，委内瑞拉的政治环境由查韦斯的性格和政策所主导。政府实行反市场导向的“玻利瓦尔改革”，这对任何考虑在这个国家投资的公司都产生了深刻影响。首先，私有产权受到国有化和征用的威胁。最近几年，政府对国内所有水泥和钢铁企业以及部分银行、食品加工企业和制造企业实行了国有化。其次，知识产权保护才达到及格水平。由于立法不完善和执法不力，政府持续处于国际行动分子和产权所有者要求更好地保护知识产权的压力下。再次，政府腐败，缺乏透明度，这些顽疾继续妨碍外国的投资。在国际透明组织（Transparency International）2009年的全球清廉指数排名中，委内瑞拉在180个国家中排第162位。最后，委内瑞拉不仅与美国关系紧张，国内也存在各种紧张关系，因此任何向该国的投资都必须全面考虑风险和回报。

公司/行业相关因素：2008 年，制造业贡献了委内瑞拉国内生产总值的 16%。自 2002—2003 年经济危机之后，制造业稳定发展。总体上，汽车行业高度发达，十分协调，为绝大部分大型汽车厂商和零部件供应商进行加工生产。然而，最近的劳动纠纷使行业生产受阻。由于缺乏私人投资，加上币值高估使出口竞争力降低，行业增长变缓。按照新实施的政治改革政策，轻工业和商务部对进出口制定了全面的许可政策，对汽车制造行业所有企业的进口、出口和生产制定严格的配额。此外，还要求公司递交详细的年度经营目标，由政府批准，唯一的结果是使生产放慢。

市场总结：阿拉伯埃及共和国

基本信息：阿拉伯埃及共和国形成一座大陆桥，连接非洲东北部和亚洲西南部。它处于非洲、亚洲和欧洲的交叉点，战略地位很重要，因此在过去数千年间成为该地区一个经济、政治和文化强国。埃及也是中东人口最多的国家，民族单一，拥有大约 7 900 万居民。埃及人口主要集中在开罗和亚历山大港，以及沿尼罗河和苏伊士运河的人口不太密集的地区。自 20 世纪 50 年代以来，埃及名义上一直是共和国，但已故总统穆巴拉克执政超过 28 年。在穆巴拉克漫长的任期内，埃及与以色列的关系十分脆弱，政府不断受到政治腐败的指控，民主改革毫无起色，经济增长迟缓，失业率长期高居不下。在过去 5 年间，穆巴拉克政府削减关税，体现出市场导向改革的诚意。但公众的不安情绪渐长，因为改革似乎以牺牲埃及普通民众的利益为代价，让那些有强大社会关系的人得利。弥漫的社会不满情绪很容易造成政治动荡。

经济因素：长期以来，埃及经济的特征是潜在需求得不到满足，情况令人沮丧。在过去 50 年里，埃及的经济高度集中，由公共部门掌控。然而在前总统萨达特和穆巴拉克的领导下，经济开始实行自由化。1991 年启动了全面经济改革计划，但很快又放弃，这使得经济在接下来的 14 年内放缓。2005 年改革重启，取得了令人鼓舞的结果：完成已陷入僵局的私有化改革；削减关税和贸易壁垒；增加政府决策的透明度；加大立法来提高经济竞争力。尽管取得上述进步，但还有很多问题需要解决，比如官僚主义仍然存在，长期腐败导致效率低下，复杂的立法系统和监管政策使潜在投资者感到困扰等。美国一直是埃及的主要经济伙伴，占埃及进口总额的 10%和出口总额的 7.1%。此外，为了推进中东和平进程，美国每年为埃及（和以色列）提供超过 20 亿美元巨资，并且对那些含一定比例以色列组件的埃及产品实行零关税。

社会因素：埃及文明有 5 000 年的历史。为了在埃及取得成功，公司必须：(1) 尽可能地了解这个复杂的文化；(2) 面对令人沮丧的官僚主义时保持灵活性，要有耐心；(3) 理解伊斯兰信仰在商务中的角色。根据文化大师霍夫斯泰德的观点，伊斯兰教是影响包括埃及、沙特阿拉伯等国在内的阿拉伯世界文化的主要原因。首先，权力距离指数很高（PDI=80），表明埃及人一般能接受社会权力分配的不平等。因此作为当地文化传承的一部分，人们普遍接受并认可将领导者和普通大众区分开来。其次，高不确定性规避得分（UAI=76）表明，这是一个风险规避型社会，不欢迎未来的变化。在拥有高不确定性规避分数的国家中，一般都会有繁冗的官僚机构和规章制度。高权力距离和高不确定性规避社会的特点是，有穆巴拉克这样的强势领导人，他们控制了庞大的官僚机构，为其提供支持，并使其地位长久。再次，个人主义得分中等（IDV＝38），这表明埃及人偏爱集体目标，在文化中强调忠诚。最后，男性气质指数得分中等（MAS＝52），非常接近全球平均水平50，表明整体上，埃及社会在男性特质中的自信、竞争与女性特质中的温和、同情之间取得了平衡。

政治因素：埃及在非洲和阿拉伯国家的政治和文化中起着主导作用。开罗是非洲最大的城市，长期以来一直是学习和文化教育中心，对整个欧洲、非洲和中东地区有着重大影响。伴随最近的经济改革计划，穆巴拉克也显示出对政治改革的兴趣，希望埃及人民有更多的自由和民主。首先，埃及法律体系以伊斯兰法和民法为基础，法院最近显示出更大的自主权。此外，2005年首次修改了选举法，允许进行差额选举。然而，穆巴拉克还规定了一系列不可能达到的提出候选资格申请的要求，实际上是用来确保他当选。选举结束后，穆巴拉克的主要对手艾曼·诺尔（Ayman Nour）因伪造罪被判入狱五年。这些持续不断的案件使埃及人民和美国政府开始对穆巴拉克致力于民主、自由、法治的承诺表示怀疑。国际社会也同样批评埃及社会长期腐败和侵犯人权等问题。在透明国际组织的清廉指数排名中，埃及在全球180个国家中排第118位。2009年，“自由之家”（Freedom House）形容埃及社会“不自由”。所有这些因素造成了广泛的社会和政治不满。埃及很有可能进行政治改革，普遍的观点是改革将提高社会、政治和经济自由度。这将对外国公司在埃及投资非常有益，但并不表示没有重大风险。

公司/行业相关因素：埃及的战略位置、强劲的国内市场需求以及最近的政府行动使其发展为一个汽车业地区制造中心。这一成功的主要原因是，根据经济改革计划，汽车关税从5%～12%降到2%～5%，企业税率从40%大幅削减至20%。基于工业和技术发展部制定的战略计划，这一进程仍将继续。截至2008年的过去5年内，美国对埃及的对外直接投资增长了10倍以上。然而，仍然有很多问题值得担忧，由于埃及镑升值，加之当地生产成本相对较高，出口将缺乏竞争力。此外，对埃及政府而言，经济持续增长仍将面临劳动力普遍缺乏技能和恐怖主义的长期挑战。

政治风险分析

根据对这两个市场的分析以及下面所展示的政治风险计分卡，可以比较两个新厂址。

政治风险计分卡的各列按如下方式组织：第1列是本案例所讨论的重要的政治风险维度，根据具体项目或者特定公司的历史，一些项目可能不相关，也可能需要增加一些其他项目；第2列，0～5反映各因素对于公司目标的重要性，“0”表示对面临的潜在风险不重要或者不相关，“5”表示非常重要；第3列通过信用评级对每个因素的潜在影响进行评估，范围从－4到＋4，“－4”表示该因素单独就能对企业产生重大的不利影响，“0”指在这个时期该因素对企业没有影响，“＋4”表示该因素对企业产生重要的正面影响；第4列评估各因素发生的可能性，评估范围1～5，数越大代表发生的可能性越小；第5列将第3、4列相乘，得到一个指数，是某特定因素对公司影响的好坏程度与实际发生可能性的乘积；最后，第6列显示本框架其他部分进行分析和评估所得出的最终结果，它将各步整合起来，得出一个0～100的输出结果，可用来比较政治风险维度分别对公司有何影响，也可用来评估公司面临的总体风险。请使用市场分析和政治风险计分卡来比较两个选址。

政治风险计分卡

第1列	第2列 因素的重要性 评分（0～5）	第3列 因素对公司的影响：非常不好到非常好 （－4～＋4）	第4列 因素发生的 可能性（1～5）	第5列 因素的风险评估 （第3列×第4列）	第6列 总体潜在影响 （第2列×第5列）
因素描述					
阿拉伯埃及共和国计分卡					
1. 经济因素 （例如，劳动条件、经济政策、监管、国际收支的影响、币值稳定性、贸易协定等）					
A.					
B.					
C.					
D.					
				经济因素合计	
2. 社会因素 （例如，文化得分、文化距离、公众舆论、活动分子等）					
A.					
B.					
C.					
D.					
				社会因素合计	
3. 政治因素 （例如，政府控制程度、民族主义程度、透明度和腐败、外交和经济关系等）					
A.					
B.					
C.					
D.					
				政治因素合计	
4. 公司/行业相关因素 （例如，公司或者项目对当地经济的贡献、技术水平、经营规模、公司议价能力、公司对当地市场的依赖程度等）					
A.					
B.					
C.					
D.					
				公司/行业相关因素合计	
				总计	

委内瑞拉玻利瓦尔共和国计分卡					
1. 经济因素 （例如，劳动条件、经济政策、监管、国际收支的影响、币值稳定性、贸易协定等）					
A.					
B.					
C.					
D.					
				经济因素合计	
2. 社会因素 （例如，文化得分、文化距离、公众舆论、活动分子等）					
A.					
B.					
C.					
D.					
				社会因素合计	
3. 政治因素 （例如，政府控制程度、民族主义程度、透明度和腐败、外交和经济关系等）					
A.					
B.					
C.					
D.					
				政治因素合计	
4. 公司/行业相关因素 （例如，公司或者项目对当地经济的贡献、技术水平、经营规模、公司议价能力、公司对当地市场的依赖程度等）					
A.					
B.					
C.					
D.					
				公司/行业相关因素合计	
				总计	

第5章 整合全球、地区和国家市场

全球的跨国公司已经……将发展中的亚洲［国家］……视为离岸生产基地。虽然这种高效率的离岸解决方案仍然具有吸引力，但是，企业真正面临的一个不断增长的机遇［是］它们能够接近该地区的35亿消费者。

——史蒂芬·罗奇（Stephen Roach），摩根士丹利亚洲区主席

学习目标

1. 明白地区和全球贸易协定的差异。
2. 理解不同类型地区经济体的差别。
3. 了解与新兴市场特别是BRIC国家有关的重要议题和概念。
4. 讨论为什么地区贸易大于国际贸易。
5. 就“公平贸易”开展讨论。
6. 明确哪些新兴市场最具潜力及其原因。

去年，当Rapiscan Systems公司打算竞标一份安全设备合同时，公司的政府事务副总裁彼得·康特（Peter Kant）认为自己理应战胜两个竞争对手，因为只有本公司设在美国，而且在美国国内生产这些设备。Rapiscan公司是位于加利福尼亚州霍桑的一家行李和货物安检系统制造商，本次的竞标对手包括一家英国公司和另一家美国公司，该公司与中国公司合作，打算在中国生产这些设备。但是，作为美国国际开发署（United States Agency for International Development，USAID）4 000万美元货物扫描设备合同的第一承包人，Chemonics却把分包合同授予中美团队。美国国际开发署选择在合同中不加入要求供应商在美国组装设备的条款。这一决定以及随后康特的失望，都显示出对“购买美国货”（Buy American）法规的争论在加剧，因为机构需要在当今由全球供应链驱动的世界上（见图5—1），努力去遵循这一复杂的、几十年不变的法规。[1]

每天，报纸上的文章、电视中的简报都会谈及世界贸易问题。在经济危机时期，人们购买本国制造的产品而不买进口产品的压力更大。尽管大多数消费者有选择国货或进口货的自由，实际上，大多数国际贸易会涉及一定形式的政府干预，目

图 5—1　“购买美国货”广告

资料来源：Logo reprinted with permission from How Americans Can Buy American.

的是保护本国工业。

保护主义政策包括进口税即**关税**（tariffs）、限制进口数量的**配额**（quotas）以及在进口产品质量或内容方面有强制要求的**非关税贸易壁垒**（non-tariff trade barriers）。如今，最后一种壁垒最为普遍。许多国家的政府采购受到“当地采购”法规的限制。1979 年美国在《贸易协定法》（Trade Agreement Act）中规定，政府机构（如以上 Rapiscan 例子所示）购买的产品需要在美国或其他 30 个与华盛顿有贸易协定的国家之一经历“重要”的生产流程，或者在这些国家完成最后的组装。但是，在全球化的世界执行此类法规非常困难。

欧盟成员国尽管同意实行自由贸易和人力与资本的自由流动，但也存在保护主义迹象。英国首相布朗曾说过，“英国工作给英国工人”，这明显是鼓励给予英国员工比其他欧盟公民更多的照顾。另一个与此无关的事件是，法国政府在考虑补贴其处于挣扎状态的汽车工业。二者均违背了欧盟政策。

大多数经济学家支持在全球化世界里实行贸易自由化，意在使尽可能多的国家加入多边协定，增加相互间的贸易，特别是发达国家和发展中国家的贸易。问题在于这类协定能否全球化。

本章将讨论地区和全球贸易协定的有关问题。下面将介绍主要的贸易协定类型。新兴市场，特别是 BRIC 国家（巴西、俄罗斯、印度和中国）的国内市场和贸易显著增长。本章最后将对 BRIC 国家进行市场分析。

地区主义还是全球主义

尽管全球化提高了经济体之间的互依性，但地区贸易协定还是超过了全球协定。理论上，全球贸易协定是资源配置、经济福利和经济繁荣的理想解决方案，它能使许多国家摆脱大多数限制开展贸易。地区贸易协定是次优方案，它可以降低地区内成员之间的贸易壁垒，但不一定能降低针对非成员国的壁垒。许多国家在试图达成多边或全球贸易协定时遇到了困难，所以将地区贸易协定作为扩大国际贸易的首要途径。多边谈判的困难之一是坎昆部长级会议（Cancun Ministerial Conference）未能就议程中的大部分贸易问题达成一致，该会议在世界贸易组织的支持下于 2003 年在墨西哥召开。

北美自由贸易协定（NAFTA）等**自由贸易集团**（free trade blocs）和欧盟

(EU) 等海关和货币联盟消除了成员国之间的贸易壁垒，同时在哪些工业部门可以自由化、哪些问题可以在谈判上具有灵活性。贸易集团使得贸易集中在地区内部，而不是扩展至全球。

地区集团的形成也影响到市场进入。首先，优惠贸易条款降低了向其他成员国市场出口的成本，一个贸易集团内部的成员与集团外国家相比，向其他成员国出口的成本更低。其次，服务一个贸易集团内多个国家的成本可能因业务基地而异，战略性地将基地设在集团内一个国家可能比投资于集团外的国家效率更高。此外，在地区层面上协调营销标准可能比全球协调更为容易。因此，地区整合行动不断增多。

地区贸易

欧盟等地区经济组织的形成加快了商品和服务的国际贸易流动。对外贸易流动集中于发达国家，特别是由美国、欧盟和中国组成的**三极地区**（triad nations）（见图 5—2）。直到最近，日本都被视为三极国家中的一员，但它现在已被中国超越。这些国家占 2009 年世界贸易额的一半。美国和中国商品贸易总额约 1/3 发生在三极国家内部，欧盟是 10%。不仅如此，欧盟成员国之间发生的内部贸易占世界贸易的 10%左右。世界贸易越来越多地发生在地区内部和 NAFTA、亚洲和欧洲三大经济区域之间。

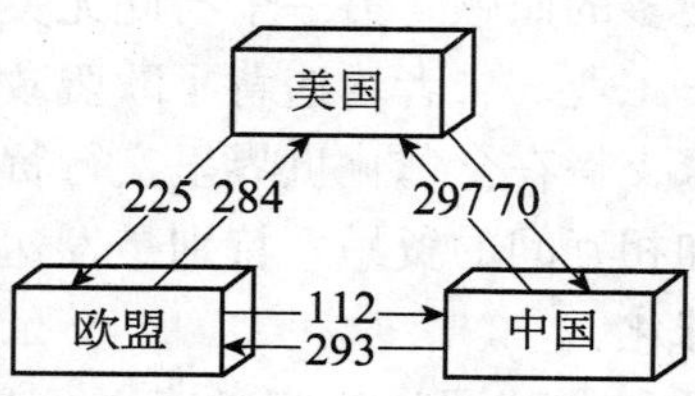

图 5—2 三极地区的商品贸易（10 亿美元，2009 年）

资料来源：United States Census Bureau, Foreign Trade Division, Washington, D. C. European Commission.

尽管美国仍然是世界第一大进出口国，但 2011 年中国赶了上来（见表 5—1），它超越德国和日本成为主要贸易国。因此，三极地区包括美国、欧盟和中国。

表 5—1 世界最大进出口国家/地区（商品和服务，10 亿美元，2009 年）

1. 美国	3 462	4. 日本	1 402
2. 中国	2 522	5. 欧盟	12 123
3. 德国	2 495		

资料来源：Data from International Trade Statistics, Secretariat, World Trade Organization, 2010.

中国贸易的快速增长为许多国家创造了机会，但纺织品和电子消费品供应商现在遇到一个主要竞争对手，导致价格竞争更为激烈（见专栏 5—1）。随着针对中国纺织品的配额取消，对美国的进口大幅增长。因此，东南亚地区的纺织厂很可能大批关门。不仅美国制造商受到影响，亚洲厂商也是如此。日本和韩国的制衣厂也面临着不断增加的来自中国的竞争。

专栏 5—1

聚焦国家：中国

经济是一回事，政治是另一回事。2006 年，由美国财政部长汉克·保尔森（Hank Paulson）领导的美国总统内阁几乎一半的成员，加上美联储主席本·伯南克（Ben Bernanke）对中国进行了正式访问，与中国官员首次进行“战略经济对话”。当时议程中最关键的话题是不断扩大的中美贸易顺差，几乎达到 2 000 亿美元。这一话题现在仍然重要。期望中国从美国进口更多商品，同时使人民币升值，这不太现实。到 2009 年，贸易顺差增加到 2 270 亿美元。

资料来源：Adapted from：Big guns，small prizes.（2006，December 19）. *The Economist*. Retrieved from www. Economist. com/node/8450185.

来自中国的竞争也影响到印度等其他新兴经济体。印度原料药小型生产企业所生产产品的 1/3 在中国也有，但价格却比在印度生产的成本要低。

在地区层面上，亚洲经历了相对快速的增长。由于经济具有活力，亚洲占世界 GDP 的比重在上升。确实，地区经济已经完全从 1997—1998 年的金融危机中恢复过来，目前的增长速度全球第一，对世界增长的贡献接近 50%。以 2005 年为例，按照购买力平价计算，亚洲占世界 GDP 的比重为 35%，超过美国（20%）和欧洲（20%）（见图 5—3）。**购买力平价**（purchasing power parity，PPP）反映出国家之间生活成本的差异，它使国家货币的购买力达到平衡，比汇率更好地反映国家财富。

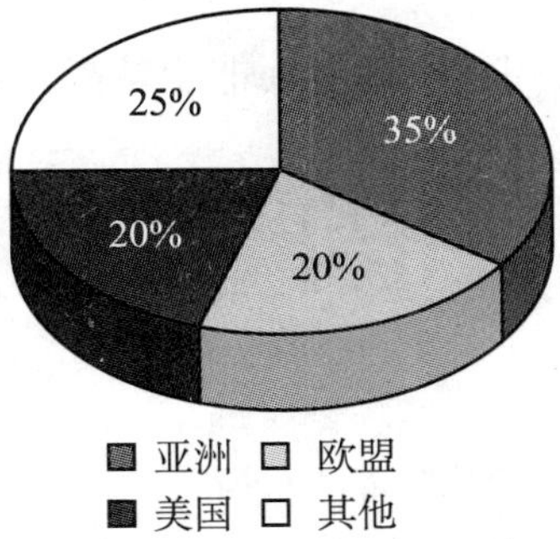

图 5—3　世界 GDP 份额（2005 年）

资料来源：Adapted from：International Monetary Fund.（2006，June）. Asia's role in the world economy. *Finance and Development*，*43*（2）. Retrieved from www. imf. org/external/pubs/ft/andd/2006/06/picture. htm.

预计亚洲市场未来还会继续增长，这加大了对潜在投资者的吸引力。如表 5—2 所示，据联合国贸发会议（UNCTAD），专家和**跨国公司**（transnational corporation，TNC）[2]经理将中国和印度等发展中国家列为对外国投资最具吸引力的地方。87%的跨国公司经理和 85%的专家都认为中国很有吸引力，比接下来的美国高出大约 30%。这些结果意味着投资将从市场饱和、生产成本高昂的发达国家转向亚洲国家等新兴经济体。

表 5—2 全球最具吸引力的经商地点：专家和跨国公司的回答*

专家的回答	跨国公司的回答	专家的回答	跨国公司的回答
1. 中国（85%）	1. 中国（87%）	6. 英国（21%）	6. 墨西哥（16%）
2. 美国（55%）	2. 印度（51%）	7. 德国（12%）	7. 德国（13%）
3. 印度（42%）	3. 美国（51%）	8. 波兰（9%）	8. 英国（13%）
4. 巴西（24%）	4. 俄罗斯（33%）	9. 新加坡（9%）	9. 泰国（11%）
5. 俄罗斯（21%）	5. 巴西（20%）	10. 乌克兰（9%）	10. 加拿大（7%）

*国家根据回答的数量进行排序。

资料来源：UNCTAD，*Global Investment Prospects Assessment*（www.unctad.org/fdiprospects），2005-2008. Reprinted with permission.

地区之间经济相对增长份额的变化将会很大，但是地区内的变化不会太大。例如爱尔兰在1999—2005年的真实GDP增长率为6.5%，同期卢森堡为4.5%，而丹麦和意大利仅为1.5%（欧盟委员会，2006）。2008—2009年的经济和金融危机使得GDP出现负增长。大部分发达国家都经历了负增长，但是，中国（+8.7%）和印度（+8.8%）是仅有的例外。经济团体的成员国看待自己的方式也有所不同。欧盟这样的**单一市场**（single market）对不同的人而言含义不同。例如，多年来欧盟最大的一项法案；重新尝试在整个欧洲实行最大工作周时；最近的一项民意调查显示欧洲大部分商业人士认为欧盟法规的成本大于利益。所有这些都显示出人们对欧洲单一市场态度的变化，以及对其目的的不同看法。[3]

有充分的证据表明，在国家和商界更盛行地区战略而非全球战略。例如：

1. 三极地区和地区贸易占主导地位，例如，欧盟成员国出口的67%面向其他欧盟国家。

2. 大部分多国公司追求地区而非全球战略，例如，欧洲所生产的全部汽车中大约90%在欧洲销售。

为了理解这些发展变化，我们首先介绍地区贸易协定，然后回答全球和地区安排哪种是更好的国际化战略这一问题。

地区经济集团

通过建立欧盟、北美自由贸易协定和南方共同市场等经济体，经济和政治方面的全球化力量引发了社会地区化趋势。这些经济体或所谓的市场靠协调一致的法规标准和相同的社会保障水平结合在一起。借助这些市场所提供的框架，包括制造商、分销商和服务提供商在内的各种公司依据一套新规则行事，即在国家规则之外加上经济地区的规则。新规则导致超国家公司的诞生，它们试图在世界或地区范围内对营销活动进行全球化。

地区贸易集团（regional trading blocs），如欧盟、北美自由贸易协定和南方共同市场，其确立旨在使国家之间的贸易自由化，并促进商品、服务、投资和沟通的流动。这些集团的中心原则是它们对于成员国的贸易和投资政策更为优惠。至于与非成员国的贸易，它们也会制定共同的政策。在成员尚未形成充分的货币和政治联盟之前，有三种主要的合作协定形式：自由贸易区、关税同盟和共同市场（见章末附录 1）。

自由贸易区

自由贸易区（Tree Trade Area，FTA）是国家取消商品关税等壁垒，互相给予优惠贸易待遇的一种协定。对于自由贸易区协定以外的其他国家，每个成员国维持其正常贸易政策。自由贸易区的一个例子是北美自由贸易协定，由美国、加拿大和墨西哥在 1994 年签订（见图 5—4）。据此协定，三国之间大多数工业品贸易的海关关税被取消。自由贸易区的目的在于降低或取消成员国之间的关税和非关税壁垒。然而，每个成员国可以决定与非成员国贸易时维持什么样的**外部关税**（external tariffs）水平。

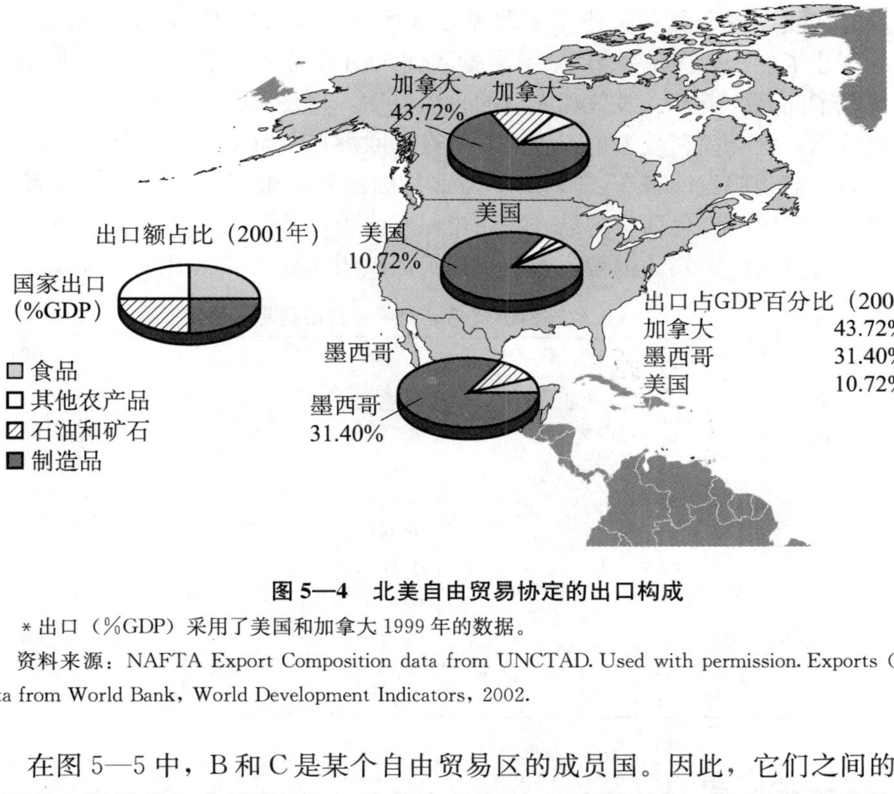

图 5—4　北美自由贸易协定的出口构成

* 出口（%GDP）采用了美国和加拿大 1999 年的数据。

资料来源：NAFTA Export Composition data from UNCTAD. Used with permission. Exports（% GDP）data from World Bank，World Development Indicators，2002.

在图 5—5 中，B 和 C 是某个自由贸易区的成员国。因此，它们之间的贸易没有关税。假设某个非成员国 A 希望向 B 国出口建筑材料，B 国对非成员国征收 15%的关税，这使得 A 国产品的价格高于当地竞争者。为了提高竞争力，制造商可以转而向 C 国出口，缴纳更低的 8%的外部关税，然后再从 C 国出口到 B 国，它们之间零关税。然而在实际中，大多数国家都有国产成分法，对产品发生在来源国的增值有最低要求，符合要求才能免关税。

由于建筑材料在 A 国而非 C 国生产，它们无法享受关税减免，因此还需要向 B 国再缴纳 7%的关税。如此一来，就不可能通过先出口 C 国来规避关税。

有许多自由贸易区，有些涉及两个以上国家，但也有**双边协定**（bilateral

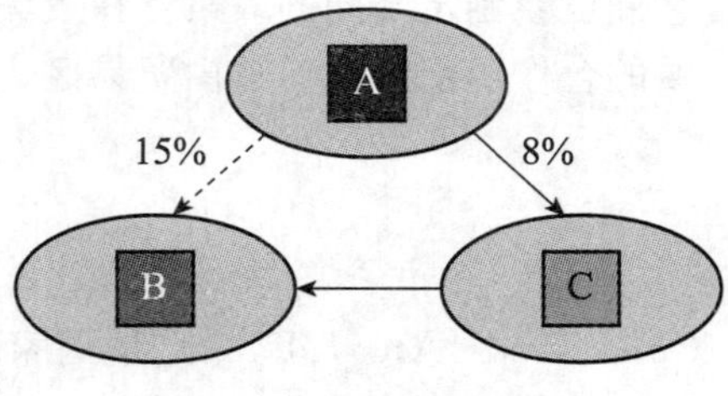

图 5—5 贸易转移示例

agreements)，比如美国和以色列，以及美国和韩国之间的协定。**欧洲自由贸易区**(European Free Trade Area，EFTA）由冰岛、列支敦士登、挪威和瑞典组成，这些国家在欧盟成立时就选择不加入欧盟。但是，欧洲自由贸易区居民的富裕程度是欧盟的 2 倍，它们还享有更低的通货膨胀、更高的就业水平、更健康的预算盈余以及更低的真实利率。有趣的是，这些国家的人均出口也高于欧盟国家。1994 年，欧盟和欧洲自由贸易区建立了**欧洲经济区**（European Economic Area，EEA)，因此创建了一个欧洲单一市场。[4]尽管欧洲自由贸易区国家不是欧盟成员国，但它们实现了商品、资本、服务和人员的自由流动，只是没有像欧盟那样的统一货币和农业政策，社会福利政策也不相同。所有的欧洲自由贸易区国家都有极其广泛的自由贸易和双边协定。表 5—3 列出了与这些国家有自由贸易区协定的国家。在所列国家中，美国与以色列、约旦、墨西哥、摩洛哥、韩国和新加坡有双边协定。墨西哥的双边贸易协定签约国最多，包括拉美、欧盟和欧洲自由贸易区国家。

表 5—3　欧洲自由贸易区网络：自由贸易区协定

东欧	巴尔干地区	中东和非洲	美洲和亚洲
保加利亚 罗马尼亚	克罗地亚 马其顿	以色列 摩洛哥 约旦 黎巴嫩 突尼斯 土耳其 巴勒斯坦民族权力机构 南部非洲关税同盟（博茨瓦纳、莱索托、纳米比亚、南非、斯威士兰）	智利 墨西哥 韩国 新加坡

关税同盟

关税同盟（customs union）与自由贸易区的条款一致，只是增加了实行共同外部关税这一条。在上述建筑材料一例中，B 国和 C 国对来自非成员国的进口建材等产品征收相同的外部关税。在这种情况下，B 国关税较低这一优势就消失了。B 国和 C 国的共同外部关税很可能落在最初的 8%～15%之间。

共同市场

共同市场（common market）是最高形式的贸易集团，兼具自由贸易区和关税同盟的特点，另外还新增两个特点，即人员、资本的自由流动。欧盟是最大的共同市场，1959 年建立时称为**欧洲经济共同体**（European Economic Community），2007 年已经拥有 27 个成员国。欧盟还有另外两个目标，建立货币和政治联盟。货币联盟至少要求有共同货币和中央银行。欧盟中的 11 个国家具有加入货币联盟的初始资格，包括奥地利、比利时、芬兰、法国、德国、爱尔兰、意大利、卢森堡、荷兰、葡萄牙和西班牙。它们需要在价格稳定性、公共财政（特别是政府赤字）及利率和汇率方面遵守**《马斯特里赫特条约》**（Maastricht Treaty）的规定。在最初协议之后，欧洲中央银行于 1998 年开始运行，1999 年成立了**欧元区**（Euro area）。2002 年，推出欧元纸币和硬币代替各国原有货币。到 2007 年，13 个欧盟国家和 6 个非欧盟国家开始采用欧元，后者包括安道尔、科索沃、摩纳哥、黑山共和国、圣马力诺和梵蒂冈城。欧元采用国和货币与欧元挂钩的国家相加，使得欧元成为全球使用地域最广的货币，地区人口达到 5 亿左右。

同一贸易集团内国家整合的最后一步是政治联盟。尽管《马斯特里赫特条约》包含此项条款，但是远未实现。政治联盟意味着至少部分国家主权让渡于联盟，很多国家都不情愿这么做，特别是英国、德国和法国。某些形式的政治合作是可能的，比如共同的防御和外交政策，北大西洋公约组织成员就是一例。然而，正式的政治联盟仍然是一个十分遥远的目标。

欧盟内部贸易何等“自由”？

尽管欧盟内部取消了关税壁垒，但非关税壁垒仍然存在，特别是公司采用的狭窄的技术标准使其难以进入不同国家市场。为了终结这些壁垒，欧盟建议通过立法让各国政府接受那些已获准在另一个欧盟国家销售的产品，称为**相互认可**（mutual recognition）。但是，实现欧盟内部以及其他国家之间产品标准的**协调**（harmonization）还有很长一段距离，如下例所示。

> 一家丹麦食品生产企业可能因缺乏协调而受制于贸易壁垒。例如，欧洲对“调味汁”没有统一定义，因此有不同的解释。在一个国家被认为是调味汁的产品，到了另一个国家，可能就被描述为“蔬菜”。此外，确定产品成分的手段不同也造成不一致。结果是，同样的产品在不同国家的进口税率不同。[5]

从成员国的数目和规模、经济实力和联盟治理制度（议会和中央银行）任何一个角度看，欧盟都是世界最大、最知名的共同市场。但是，贸易协定存在于世界每个地区。表 5—4 列举了若干，其中大部分不像欧盟，没有统一货币（海湾合作委员会计划发行统一货币），也不寻求政治联盟，但取消了跨国投资和服务壁垒。

南方共同市场

南方共同市场（MERCOSUR）是南美洲最大的贸易集团，GDP 总量达 1.1 万亿美元。1991 年《亚松森条约》（Treaty of Asuncion）和《欧鲁普雷图条约》（Treaty of Ouro Preto）的签订建立了南方共同市场，使关税同盟正式化，商品、资本、服务和人员在成员国之间得以自由流动。集团覆盖的市场包括 2.5 亿多人，经济活动占整个大陆的 75%。

表 5—4 贸易协定

组织	成员国
东南亚国家联盟	文莱、柬埔寨、印度尼西亚、老挝、马来西亚、缅甸、菲律宾、新加坡、泰国、越南
东非共同体	肯尼亚、乌干达、坦桑尼亚、布隆迪、卢旺达
海湾合作委员会	巴林、卡塔尔、科威特、阿曼、沙特阿拉伯、阿联酋
南方共同市场	巴西、阿根廷、巴拉圭、乌拉圭

巴西和阿根廷是拥有最高国民收入和贸易额的集团成员。玻利维亚、智利、哥伦比亚、厄瓜多尔和秘鲁是准集团成员；它们可以加入自由贸易协定但仍然独立于集团的关税联盟。南方贸易共同体的关税政策管控进口和出口，集团可以对成员的贸易争端进行仲裁。

南方共同市场希望在未来创建一个涵盖整个大陆的自由贸易区，而且提出建议——创建一个南方共同市场发展银行。但是，成员国之间气氛紧张。例如，集团的小成员国巴拉圭和乌拉圭抱怨它们进入墨西哥和巴西市场受到限制，因此它们寻求与集团外的其他国家签订双边贸易协定，尽管这是不允许的。与欧盟签订贸易协定的会谈陷入停顿，绊脚石之一是农产品补贴和工业品关税。计划中由美国支持的美洲自由贸易区的谈判也陷入困境，因为南方共同市场的一些成员国反对美国的自由市场政策。

东非共同体

东非共同体（East African Community，EAC）比南方共同市场小，人口总计1.2亿，地域范围185万平方公里，GDP总计410亿美元。东非共同体成立于2000年，当时建立了自由贸易区，后于2005年成立了关税同盟。其主旨是形成一个共同市场和货币联盟，最终创立东非国家的政治联邦（Political Federation）。共同体的规则和贸易问题由立法会议和法庭处理。

东南亚国家联盟

东南亚国家联盟（Association of Southeast Asian Nations，ASEAN）成立于1967年，包括印度尼西亚、马来西亚、菲律宾、新加坡和泰国5个初始成员国，及后来加入的文莱、越南、老挝、缅甸和柬埔寨。东南亚国家联盟地区有大约5.6亿人口，GDP总计11 000亿美元。该集团的目标是创造一个稳定、繁荣和高度竞争的经济区域，商品、服务、技术工人、投资和资本在其中能够自由流动。

海湾合作委员会

海湾合作委员会（Gulf Cooperation Council，GCC）宪章称，委员会的基本目标是实现成员国在所有领域的协调、整合和互联，具体方式包括强化各国人民联系的纽带；在经济、金融、贸易、海关、旅游、立法和行政方面制定相似的法规；促进工业、矿业、农业、水和动物资源方面的科技进步；建立科学研究中心；组建合资企业；鼓励私人部门合作。从本质来看，海湾合作委员会既是关税同盟，也是共同市场，它允许商品、资本和人员在成员国之间自由流动。成员国包括世界上发展最快的几个国家，其发展得益于石油和天然气，以及受数十载石油收入资助的建设和投资潮。海湾合作委员会与欧盟在能源、工业、农业、渔业和科学方面有经济和技术合作协定。

自由贸易相对于公平贸易

我们已经了解自由贸易的含义就是取消国家之间商贸往来的壁垒。另外，还有一个概念叫做“公平”贸易。**公平贸易**（fair trade）的目标是保证发展中国家的商品和服务价格公道，工作条件体面，而且买方要对卖方承诺，让他们感到有合理的安全性。

世界上有许多旨在促进公平贸易的非政府组织（non-governmental organization，NGO），包括公平贸易基金会（Fairtrade Foundation，www. fairtrade. org. uk）、国际乐施会（Oxfam International，www. oxfam. org）、Traidcraft（www. traidcraft. org. uk）和国际公平贸易协会（International Fair Trade Association，IFAT，www. ifoam. org/partners/partners/ifat. html）。这些组织将公平贸易定义为：“传统国际贸易的替代方式，是一种贸易伙伴关系，其目的在于使那些遭排斥和弱势的生产者实现可持续发展。为此，它通过唤起人们的意识和大量的宣传努力为他们提供更好的贸易条件。”

国际公平贸易协会拥有来自60多个国家约300个公平贸易组织，包括生产商、出口营销公司、进口商、零售商和金融机构。例如，Organic Partners是一家设在英国的组织，隶属国际公平贸易协会，它与40个国家的100多个生产商和供应商建立联系，覆盖100万公顷[①]的认证土地，专门为国际食品、饮料和化妆品制造商和经销商提供植物原料和成分。该组织与农民和植物采集者建立合作关系，在作物生产和销售方面提供帮助，而且设计了一个利润分成机制，以年度利润一定比例为基础给予生产者经济利益。该组织对于生产者的最大贡献在于供应链管理，他们因此使自己的作物获得“公平”价格。

全球营销者应该知道，此类组织的重要性在不断增长。它们的市场份额在有些国家非常高，比如瑞士所销售的47%的香蕉、28%的鲜花和9%的糖都有公平贸易标签。英国人口是瑞士的8倍，在该市场售出的产品中，5%的茶叶、5.5%的香蕉、20%的研磨咖啡也有这一标签。全世界公平贸易销售的产品的净零售额估计为29亿欧元，欧洲约6.6亿欧元。

新兴市场

新兴市场（emerging market）一词由安东尼·W. 冯阿格塔米尔（Antoine W. Van Agtmael）创造，他当时担任世界银行国际金融公司资本市场部副主席。他将所有低收入和中等收入国家归为“新兴”国家。此后，这一术语被扩展至包括差不多全部发展中国家。但什么是发展中国家？关税和贸易总协定将发展中国家定义为生活水平低下的国家，但没有确定究竟如何低下。世界贸易组织让国家自己判断是发达国家还是发展中国家。其他人认为发达程度应该取决于人们生产或赚取的金

① 1公顷=10 000平方米。——译者注

钱价值，如人均国民总收入。[6]通常，最多用来反映国家发展水平的就是某一国民收入衡量指标。尽管发展中国家的国民收入低于发达国家，但是，许多产品在发展中国家市场上的潜力巨大，专栏 5—2 展示了这一点。

专栏 5—2

聚焦技术：新兴市场

未来技术增长的引擎是新兴市场而非欧洲、北美或日本。新兴市场消费者很可能使用智能手机、iPad 等手持设备，而不是台式机或笔记本这些曾经的网络沟通主要设备。

新兴市场为诺基亚、三星和爱立信等公司提供了销售潜力，因为这些市场尚未有时间或资金来扩展光缆通信。但是，无线通信公司必须调整其产品，以便更好地适应消费者要求和购买力水平。

资料来源：Adapted from：Abate，T. （2007，August 31）. Emerging markets in BRIC nations are focus of technology firms. *The San Francisco Chronicle*. Retrieved from http：//articles. sfgate. com/2007-08-31/business/1725917 _ 1 _ emerging-markets-technology-firms.

克文特（Kvint）建议，新兴市场国家可以定义为从独裁向自由市场导向经济转型的社会，此间经济自由度提高，国家市场与全球市场逐渐整合，中产阶层扩大，人们的生活水平和社会稳定性及容忍度提高，与多边机构的合作增多。[7]按照这一定义，新兴经济包括匈牙利、波兰、罗马尼亚、波罗的海国家、爱沙尼亚、拉脱维亚和立陶宛等东欧国家，以及中国、印度尼西亚和马来西亚等亚洲国家。

作为新兴市场，这些国家实施的经济改革带来了更好、更负责任的表现，以及更加透明高效的资本市场。如果改革成功，新兴国家可能获得发达国家以及世界银行、国际货币基金组织等机构的援助。

按照第 2 章所阐述的 CAGE 模型，发达国家和新兴市场还有很大距离。**文化距离**（cultural distances）显而易见，包括企业社会责任和伦理问题方面的巨大差距。在向新兴市场投资时，政治风险也是一个重要的考虑因素。**行政距离**（administrative distances）在一些没有参加共同市场和世界贸易组织等多边群体的国家更为突出，它源于制度缺陷，以及管理人才和经验缺乏。政府在经济方面的法规和控制更多，比如要求由本国经销商来分销产品。**地理距离**（geographic distances）存在于国家之间，也存在于一国之内。例如，在印度这样的大国从事分销（见专栏 5—3），基础设施和设备是关键问题。在该国的很多地方，给顾客送的货很难不损坏，原因是路况太差，商品安放也很糟糕。

专栏 5—3

聚焦公司：惠而浦

在印度，惠而浦面临的一个主要问题是它的很多产品在长途运输时会受损。交通基础设施差，农村地区更差，这给公司带来了严峻挑战。疏于维修的道路，在铁路、公路和小型运输车之间装卸产品的不便，这些问题公司必须克服。此外，来回装卸多次也造成产品运输过程中的时间浪费。

在农村地区，分销基础设施比德里等发达地区的效率低许多。因此，供应链管理可能困难重重，而且成本高昂。**经济距离**（economic distances）体现为金融机构不够发达，缺乏发达的通信和交通基础设施，收入和国内投资水平低下。

新兴市场在实行经济开放政策时必须考虑当地政治和社会因素。当地的商务人士和消费者已经习惯于被保护，不受外部世界威胁，往往对外商投资充满不信任。国民自豪感也可能是一个问题，因为国民可能反对经济有一部分由外商控制。转型期间的经济自由化意味着人们接触到不同的消费文化，比如快餐、西方电影、工作条件和伦理等工作文化。

金砖四国

所谓**金砖四国**（BRIC countries），是指增长最为迅速的几个新兴经济体，包括巴西、俄罗斯、印度和中国。这一称谓由高盛公司于 2001 年首次提出，用来指代那些消费市场潜力巨大，将于 2050 年在经济上超越发达国家的经济体。届时，中国将成为全球最大的经济体，印度将位居第三，紧随美国。金砖四国的 GDP 总量将超过 G6（美国、欧盟、澳大利亚、日本、印度和中国）。特别是中国，处于世界经济发展的前沿。如表 5—5 所示，中国的人口世界第一，经购买力平价换算的 GDP 为世界第二，出口世界第一，进口第三，外汇储备第一，手机拥有量和网络用户数最多。

表 5—5　　**金砖四国**

项目	巴西	俄罗斯	印度	中国
面积	第 5	第 1	第 7	第 3/第 4
人口	第 5	第 9	第 2	第 1
GDP（名义）	第 10	第 8	第 12	第 3
GDP（购买力平价）	第 9	第 6	第 4	第 2
出口	第 21	第 11	第 23	第 1
进口	第 27	第 17	第 16	第 3
经常账户收支	第 47	第 5	第 169	第 1
获得的外商直接投资	第 16	第 12	第 29	第 5
外汇储备	第 7	第 3	第 4	第 1
外债	第 24	第 20	第 27	第 19
公债	第 47	第 117	第 29	第 98
电力消费	第 10	第 3	第 7	第 2
手机用户	第 5	第 4	第 2	第 1
网络用户	第 5	第 11	第 4	第 1

在 2008—2009 年的金融危机之前，金砖四国的实际 GDP 都在增长。如图 5—6 所示，中国增长最快，2007 年达到 10%，同年印度也增长将近 10%，接下来是俄罗斯（8%）和巴西（6%）。与同一时期的发达国家相比，这些数字十分可观。

金砖四国不仅是许多产品的主要制造国，而且是食品、服装和高科技产品等的

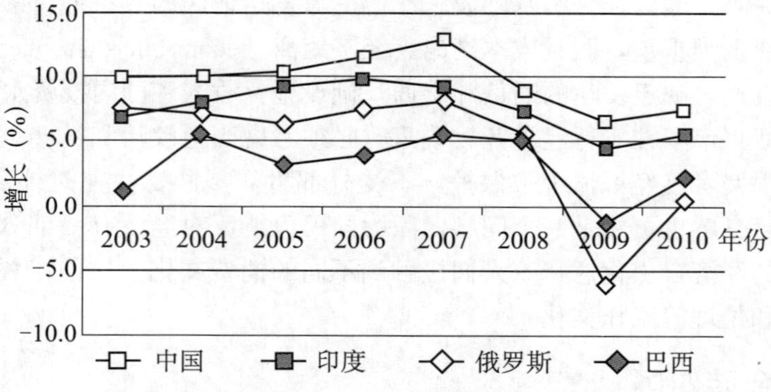

图 5—6 2003—2010 年金砖四国的实际 GNP 增长

资料来源：Adapted from：Assis，L.（2009，June 25）. Special report：diverging demographic prospects for BRIC consumer markets. *Euromonitor*.

消费国。消费品必须根据这些国家的当地要求进行调整，在定价上要符合当地大部分消费者的购买力水平。由于新兴国家收入较低，在发达国家针对中等收入人群的产品在发展中国家必须定位于中等偏上人群，或者是对产品进行本地化以使价格更低。

在购物习惯方面，金砖四国互有差异。麦肯锡公司的一项调查[8]发现，中国消费者购买衣服的预算较少，衣柜也因此较小；巴西消费者时尚意识强；而在印度，购物是家庭的事，由多人讨论来决定买什么。此外，仅有 1/4 的中国消费者偏好西方品牌，在印度这一比例为 50%。与巴西、印度和俄罗斯消费者相比，中国消费者更倾向于通过价格来推断产品质量。在印度和巴西，大约 80%的消费者渴望买衣服，而在中国和俄罗斯，仅有约 1/4 的消费者有这样的愿望。

表 5—6 总结了金砖四国的关键强项和弱项。四国共有的一个主要强项是经济改革。俄罗斯对许多工商业实行私有化，印度和俄罗斯鼓励外国投资，巴西也实行经济改革，采取经济自由化措施。俄罗斯和印度有娴熟的工人，巴西和中国正在投资教育以提升人力资源层次，特别是提高管理人员的技能。不足之处在于，所有金砖四国必须改进基础设施来实现经济增长。许多新兴国家都存在官僚主义问题，金砖四国也不例外。如表 5—7 所示，在其他一些新兴国家，如波兰和白俄罗斯，注册所用的时间比金砖四国更长，而金砖四国比美国、英国和澳大利亚等工业化国家的时间更长一些。

表 5—6 金砖四国的强项和弱项

国家	关键强项	关键弱项
巴西	● 南美第一经济体 ● 加大高等教育投资 ● 自然资源丰富，经济多元化	● GDP 增速和消费支出能力在下降 ● 需要在基础设施方面加大投资
俄罗斯	● 自然资源丰富，工人技术水平高	● 是金砖四国中唯一一个人口数量下降的国家，降低了劳动力市场供应并增加了靠养老金生活的人口

续前表

国家	关键强项	关键弱项
印度	● 到2020年小于15岁的人口将占27%，是一个重要的未来消费市场 ● 自2003年以来经济增长平均8% ● 大量人口从事具有世界竞争力的工业，工人IT技术高，金融机构稳定，法律体系强大	● 外商投资有限，基础设施不足，国内储蓄水平不足以支持投资
中国	● 2003—2008年经济增速为10.7%，庞大的13亿人口能支撑国内消费增长 ● 持续进行市场导向的改革（例如加入世界贸易组织）	● 金融体系脆弱，收入差距加大可能导致社会动荡。缺乏高水平的管理者 ● 知识产权法薄弱

表5—7　　部分国家产权注册和实施所需时间

国家	产权注册		合同实施	
	时间（天）	费用（产权价值%）	时间（天）	费用（产权价值%）
俄罗斯	37	0.8	330	20.3
中国	32	3.1	241	25.5
印度	67	13.9	425	43.1
巴西	42	2.0	566	16.5
葡萄牙	83	7.3	320	17.5
波兰	204	1.6	1 000	8.7
匈牙利	79	6.8	365	8.1
哈萨克斯坦	52	1.8	400	8.5
阿塞拜疆	61	0.5	267	19.8
亚美尼亚	18	0.9	195	17.8
白俄罗斯	221	0.2	250	20.77
英国	21	4.1	288	15.7
德国	41	4.2	184	10.5
意大利	27	1.3	1 390	17.8
澳大利亚	7	4.3	157	14.4
美国	12	0.5	250	7.5
刚果	106	10.1	909	256.8

新兴国家的未来潜力

根据市场规模、潜力、增长等一些普遍接受的经济和市场指标，密歇根州立大学国际商务中心的GlobalEDGE构建了一个市场潜力指数，如表5—8所示。根据这一指数，10个最具潜力的国家和地区为中国香港、中国大陆、新加坡、中国台湾、韩国、捷克共和国、匈牙利、墨西哥、以色列和波兰。印度和俄罗斯居第 11 和 12 位，巴西第 23 位。① 看看每个国家/地区的指数，就能明白为何它们排名如此。比如，中国内地排在第二，主要是因为其巨大的市场和快速的增长，它们在总体指数中的权重很高，而且风险处于中等。相反，巴西远远落后于中国，主要原因是市场增长缓慢和人口有限。

表 5—8　　新兴市场的市场潜力指数（MPI，2009 年）

总体排名	国家/地区	市场规模	市场增速	市场密度	市场消费能力	商务基础设施	经济自由度	市场接受度	风险	总分
1	新加坡	1	28	73	57	94	77	100	100	100
2	中国内地	100	100	1	60	34	1	4	55	97
3	中国香港	1	27	100	48	100	93	69	89	93
4	韩国	10	12	64	100	92	77	15	67	69
5	捷克共和国	1	17	45	94	94	85	14	77	61
6	以色列	1	12	68	74	70	77	23	74	54
7	波兰	4	27	63	78	78	70	6	61	53
8	匈牙利	1	1	67	90	82	81	16	43	48
9	俄罗斯	25	38	29	75	65	7	3	48	40
10	马来西亚	3	26	27	73	64	45	24	55	36
11	印度	38	54	25	60	2	44	3	24	36
12	土耳其	7	38	66	58	49	51	4	35	33
13	智利	2	27	49	24	49	100	13	63	33
14	墨西哥	10	16	58	38	46	63	15	51	31
15	沙特阿拉伯	4	39	12	75	59	19	12	72	31
16	巴西	21	29	44	20	47	54	1	46	26
17	埃及	4	40	54	75	32	19	6	34	24
18	阿根廷	4	53	47	42	56	46	3	14	23
19	泰国	4	31	22	52	46	38	15	40	18
20	巴基斯坦	6	52	61	79	4	28	1	1	17
21	秘鲁	2	56	42	39	1	61	5	40	16
22	印度尼西亚	11	26	37	55	30	43	3	27	15
23	菲律宾	5	12	59	48	26	38	6	25	8
24	委内瑞拉	3	24	37	60	41	5	7	13	3
25	南非	6	21	45	1	13	65	6	47	2
26	哥伦比亚	3	17	46	9	41	47	3		

本章小结

- 地区贸易占世界贸易总量的 10%。与加拿大、墨西哥这两个邻国的贸易占美国

① 各个国家的排名与表 5—8 不符，疑有误。——译者注

贸易总量的将近一半。欧盟3/4的贸易发生在欧洲内部，而亚洲贸易的一半在亚洲。地区贸易的增长得益于地区贸易集团，比如北美自由贸易协定和欧盟。

● 中国已经成为一个经济强国，其进出口超过日本和德国，增速高于所有发达国家。中国还是对投资者最具吸引力的国家之一。

● 世界经济的增长大部分转移至新兴国家。虽然不限于金砖四国，但巴西、俄罗斯、印度和中国是新兴国家的代表。金砖四国经历了快速的经济增长，消费市场巨大，而且有充足的高技能人力资源。韩国、波兰、匈牙利和捷克共和国等新兴市场也发展迅速。

讨论题

1. 你是否同意新兴市场和发展中国家几乎没有什么不同？为什么？

2. 一家中型企业生产数字闹钟，企业主认为自己的产品在金砖四国有市场并向你咨询，你会建议它首先寻找哪个市场？

体验性练习

1. 用第2章所讲的CAGE模型讨论金砖四国之间的距离。

2. 用表5—8讨论为什么中国的市场潜力大于印度。

关键术语

行政距离（administrative distances）
东南亚国家联盟（Association of Southeast Asian Nations，ASEAN）
双边协定（bilateral agreements）
金砖四国（BRIC countries）
共同市场（common market）
文化距离（cultural distances）
关税同盟（customs union）
东非共同体（East African Community，EAC）
经济距离（economic distances）
新兴市场（emerging market）
欧元区（Euro area）
欧洲经济区（European Economic Area，EEA）
欧洲经济共同体（European Economic Community）
欧洲自由贸易区（European Free Trade Area，EFTA）
外部关税（external tariffs）
公平贸易（fair trade）
自由贸易区（Free Trade Area，FTA）
自由贸易集团（free trade blocs）
地理距离（geographic distances）
海湾合作委员会（Gulf Cooperation Council，GCC）
协调（harmonization）
《马斯特里赫特条约》（Maastricht Treaty）
南方共同市场（MERCOSUR）
相互认可（mutual recognition）
非关税贸易壁垒（non-tariff trade barriers）
购买力平价（purchasing power parity，PPP）
配额（quotas）
地区贸易集团（regional trading blocs）
单一市场（single market）
关税（tariffs）
跨国公司（transnational corporation，TNC）
三极地区（triad nations）

注释

[1] Palmer, K. (22 November 2006). "Buy American" compliance tricky in increasingly global economy. Retrieved from http://GovernmentExecutive.com.

[2] *A transnational corporation* (*TNC*) is generally regarded as an enterprise comprising entities in more than one country which operate under a system of decision making that permits a common strategy. (United Nations Commission for Trade and Development). Other terms that are used to describe these firms are Multinational Corporations (MNC) and Multinational Enterprises (MNE).

[3] Single market blues. (5 February 2009). *The Economist*. Retrieved from www.Economist.com/world/Europe/PrinterFriendly.cfm? story_id=8134936.

[4] Switzerland is not a member of the EEA, but it has a separate agreement with the EU.

[5] Confederation of European Business Associations. (2004). *It's the internal market, stupid: A company survey on trade barriers in the European Union*, p. 13.

[6] Cui, F. (2008). Who are the developing countries in the WTO? *Law and Development Review*, *1* (1), 144.

[7] Kvint, V. (28 January 2008). Define emerging markets now. *Forbes*. Retrieved from www.forbes.com/2008/01/28/kvint-developing-countries-oped-ex_kv_0129kvint.html.

[8] How half the world shops: apparel in China, Brazil and India. (2007). *McKinsey Quarterly*, p. 4. Retrieved from www.mckinseyquarterly.com/how_half_the_world_shops_Apparel_in_Brazil_China_India_2075.

附录 1 地区集团比较

地区集团	自由贸易区	关税同盟	经济和货币同盟		自由旅行		政治协定	防卫协定	其他
			单一市场	货币同盟	免签	无边界			
欧盟	是	是	是	是	是（申根和共同旅行区（CTA））	是	是	是（北大西洋公约组织、共同渔业政策（CFSP）/欧洲安全与国防政策（ESDP））	欧洲航天局(ESA)、欧洲原子能共同体（Euratom）
欧洲自由贸易联盟	是	是	是		是	是（申根协议）		是（北大西洋公约组织）	欧洲航天局
加勒比共同体	是	是	是	是，提议采用统一货币	是	提议	提议		
南美国家共同体、南方共同市场	是	是			是		提议2014年成立		

续前表

地区集团	自由贸易区	关税同盟	经济和货币同盟		自由旅行		政治协定	防卫协定	其他
			单一市场	货币同盟	免签	无边界			
安第斯国家共同体	是	是			是				
中美洲共同市场	提议 2014 年成立	提议 2019 年成立	提议 2019 年成立	提议 2019 年成立	是		提议 2019 年成立		
西非经济共同体	是	是		是，提议 2009 年成立，并采用共同货币	是	提议	提议	是	
中非经济与货币共同体	是	是	提议	是	提议			是	
东非共同体	是	是		提议 2009 年成立	提议		提议 2010 年成立		
南部非洲关税同盟	是	是	提议 2012 年成立	事实上成立，提议 2016 年采用统一货币	提议				
东南非共同市场	是	提议 2008 年成立		提议 2025 年成立					
阿加迪尔	是								
海湾合作委员会	是	是	提议 2007 年成立	提议 2010 年成立					
北美自由贸易区	是			提议				是（北大西洋公约组织和北美安全与繁荣伙伴关系）	
东盟	是		提议 2015 年成立	提议	是		提议 2015 年成立	提议 2020 年成立	
南亚区域合作联盟	是								

续前表

地区集团	自由贸易区	关税同盟	经济和货币同盟		自由旅行		政治协定	防卫协定	其他
			单一市场	货币同盟	免签	无边界			
欧亚经济共同体	提议	提议	提议		是			是	
泛亚自由贸易区	事实上存在，提议	是		提议			提议		
中美洲共同市场	事实上存在，提议	提议	提议						
非洲经济共同体	提议 2019 年成立	提议 2019 年成立	提议 2023 年成立	提议 2028 年成立			提议 2028 年成立		

附录 2 各地区集团的面积、人口和 GDP

地区集团	面积（平方公里）	人口	GDP（购买力平价，美元）		成员数
			百万	人均	
欧盟	4 325 675	496 198 605	12 025 415	24 235	27
欧洲自由贸易联盟	529 600	12 233 467	471 547	38 546	4
加勒比共同体	462 344	14 565 083	64 219	4 409	16
南美国家共同体	17 339 153	370 158 470	2 868 430	7 749	10
西非经济共同体	5 112 903	251 646 263	342 519	1 361	15
中非经济与货币共同体	3 020 142	34 970 529	85 136	2 435	6
东非共同体	1 763 777	97 865 428	104 239	1 065	3
南部非洲关税同盟	2 693 418	51 055 878	541 433	10 605	5
东南非共同市场	3 779 427	118 950 321	141 962	1 193	5
阿加迪尔	1 703 910	126 066 286	513 674	4 075	4
海湾合作委员会	2 285 844	35 869 438	536 223	14 949	6
北美自由贸易区	21 588 638	430 495 039	15 279 000	35 491	3
东盟	4 400 000	553 900 000	2 172 000	4 044	10
南亚区域合作联盟	5 136 740	1 467 255 669	4 074 031	2 777	8
欧亚经济共同体	20 789 100	208 067 618	1 689 137	8 118	6
泛亚自由贸易区	528 151	7 810 905	23 074	2 954	14
中美洲共同市场	422 614	37 816 598	159 536	4 219	5

案例 5—1 沃尔玛在日本

沃尔玛在日本市场上的扩张

在许多方面，沃尔玛是典型的美国零售商，但是这并没有阻止该公司近年来在海外市场大举扩张。作为在北美三大市场早已排名第一的零售商，沃尔玛几年前就开始进行积极的国际扩张。沃尔玛在英国收购了阿斯达集团（ASDA Group），从而成为英国最大的零售商之一。它在亚洲也积极扩张，在中国香港开设店铺，在中国内地建立了一个成功的合资企业。然而，沃尔玛与西友百货（Seiyu Group）的合作未能取得成功，西友百货是一家日本日用商品和杂货连锁店，在2002年纳入沃尔玛麾下。沃尔玛投入大量时间和资金让这家曾经占主导地位的零售商转身，成为日本市场的一支重要力量。由于失误并且错过机会，西友的市场占有率下降，亏损加剧。沃尔玛在日本的保护策略成了股东批评的对象，成为其国际声誉上的一个污点。这是如何发生的呢？

西友百货有限责任公司比它的合作伙伴沃尔玛成立的时间更早。它成立于第二次世界大战后，是Saison Group的一部分。它与西武铁道株式会社（Seibu railway company）联合，为商店提供现成的顾客流。虽然不是像三菱或者日产这样的知名企业，但西友是一组关联公司所组成集团的一部分，住友银行是集团的主要股东。这种情况直到沃尔玛收购住友集团在西友的所有资产才告结束。

西友百货在20世纪80年代迅速扩张。90年代中期经济泡沫破灭，土地价值迅速下降，公司开始出现财务问题。在沃尔玛入股前，西友一直举步维艰，尽管其核心杂货业务仍然盈利。[1]为了接近新市场，西友百货在新建居民楼附近开店，并且尝试开设新的商店类型，如瑞穗16商厦（The Mall，Mizuho 16），这是以西友掌管的店面为坐标、含大量其他租赁零售商的综合商厦。另外，还有Livin百货商店，它采取日本高端零售业的惯常做法，底层全是杂货。西友百货在一年之内重建，改造了几家商店，尽管它实际上根本没有资本来实现所需的快速发展。公司在日本泡沫经济时期过度扩张，忽略了自己的核心业务，无法再与竞争对手抗衡。西友百货的销售、利润和品牌声誉都在下降。许多消费者似乎对西友百货究竟提供什么颇感困惑，它仅仅是众多零售商中的一家，消费者没有感觉到任何特殊的吸引力。在最近的一次民意调查中，只有5%的人回答说他们在西友购物的原因是质量。[2]

在西友百货苦苦挣扎之际，竞争对手却在行业内不断发展。1990年，西友百货是日本第三大零售商[3]，占据前两位的分别是大荣（Daiei）和伊藤洋华堂（Ito Yokado），二者都是像西友那样的食品和杂货店。到2003年，西友百货的排名掉出前五，而大荣、另一家食品和杂货店吉之岛（Jusco）/永旺（AEON），以及伊藤洋华堂仍然排在前五。排在第一和第五位的分别是连锁便利店劳森（Lawson）和7-11（Seven and I控股公司同时控股7-11便利店和伊藤洋华堂）。[4]

2002年，西友百货依靠沃尔玛的投资得以延续。经过几年的财务困境，与世界上最大的零售商结盟必定是一个意外的惊喜。确实，回看当时的媒体报道，有许多声音敦促它保持谨慎，但预测由于方向正确，沃尔玛和西友百货可以在日本盈利。[5]西友的财务困境让沃尔玛有更大的自由来做出重大但是必要的改变。[6]

这两家公司的合作似乎是一个不错的选择。它们都是杂货店，都在郊区有很多店。西友和沃尔玛都试图以低价赢得竞争。在许多人看来，通过西友这家现成的合作者，沃尔玛抓住了进入日本市场的黄金机会。它可能没什么风险，不像宜家和家乐福等决定在日本单干的公司那样受困于各种风险。

日本消费者行为——挑战大于预期

日本与美国很不同。日本购物者的行为不同，对商品的偏好也不同，想从零售商那里买什么也与美国购物者不同。对于日本消费者，价格不是唯一考虑因素。新鲜的鱼和散装卫生纸一样重要，包装几乎和产品同等重要。沃尔玛似乎了解和西友合作的财务风险[7]，但从之后几年的行为来看，很难说它明白了日本零售市场的基本规则。

在日本“天天低价”行得通吗?

日本经常被称为大众奢侈品市场。法国著名手提包和时装鞋制造商路易威登（Louis Vuitton）在日本的销售额几乎占其总量的1/3。[8]日本消费者喜欢奢侈品，尽管就某些商品而言他们非常热衷于省钱。这一事实必须有个附加说明，即日本消费者尽管喜欢省钱，但仍然看重质量。他们不会购买非常廉价的商品，特别是劣质仿冒品。正如老话所说，“便宜没好货”。对于日本料理，如何摆放跟味道一样重要，甚至更重要，因为没人消费难看的食物。价格是呈现的一个方面。

与此相反，沃尔玛自从进入日本市场就一直以低价形象呈现。仓储商店和全国品牌的大幅折扣是公司在美国取得成功的关键因素。然而，重要的是知道低成本领先战略在日本是否可行。管理失误和对消费者的误解可能是导致沃尔玛最终失败的一些因素，但也许需要问的最重要的问题是：“‘天天低价’在日本行得通吗?”

日本人对价格和质量的态度适用于杂货，同样也适用于其他商品。价格低廉给沃尔玛在日本的经营带来重大风险。西友百货和它的新伙伴花费大量资金重建、装修商店，使它们对日本消费者更具吸引力。但是，仍然需要让消费者相信自己在做一个很好的交易，即用难以置信的低价买到最好的产品。这对沃尔玛来说是个问题。正如西友百货前社长木内正男（Masao Kiuchi）所哀叹的，“生鱼片的低价并不意味着它不新鲜了，只是沃尔玛获得了更优惠的进价”。但遗憾的是，许多日本消费者还是不禁对沃尔玛出售的商品感到可疑，尤其是标价低廉的食品。

解读日本消费者

沃尔玛的第一个错误是在日本伤害了一个强大的利益相关者集团——家庭主妇。沃尔玛在美国郊区取得巨大成功的原因之一是美国这个汽车社会带来的购物习惯。住在郊区的美国人会在周末开车去最近的商场或购物中心购买一个星期的生活用品和食品。他们家中有足够空间来储存大量廉价物品，并且有汽车来运输重物。在日本，特别是在城市，他们几乎整个星期都会购物，通常是骑自行车或者步行。有些商品，特别是新鲜的蔬菜和谷物，日本消费者平均每隔一天购买一次。[9]家庭主妇在购买前通常会看每日报纸上的插页来比较价格。

2004年，沃尔玛引用著名的口号“天天低价”，没有让西友继续在报纸上刊登广告。在美国，消费者将沃尔玛和低价联系在一起，沃尔玛通常比竞争对手的价格低15%～20%。[10]但在日本，消费者仍然希望看到印刷广告，在未经证实的情况下，他们不相信西友能提供最低价格。[11]由于不能比较价格，家庭主妇们感到困惑，直接去别的超市购物。[12]在市场销量明显下降后，沃尔玛被迫在报纸上重新刊登广告。

自有品牌

沃尔玛在日本的另一个主要策略是颇富进攻性地推出自有品牌。在美国，沃尔玛以独家商店品牌而著名，比如在美国消费者眼中不贵并且价值高的山姆美国优选可乐。由于与沃尔玛合作，西友把越来越多的沃尔玛自有品牌商品摆在货架上，希望吸引价格敏感型消费者。[13]其他的日本零售商也开始模仿这种做法。Seven and I控股公司（伊藤洋华堂和7-11便利店的母公司）、吉之岛/永旺开始提供洗衣粉和零食等一般商品。近期的经济衰退进一步推动日本零售商引入自有品牌。《日经流通新闻》（*Nikkei Marketing Journal*）的最近一篇文章称，近70%的日本零售商正在储存自有品牌，其中包括90%以上的超市。[14]这与几年前相比有了大幅增加。既然沃尔玛在世界各地推出了自有品牌，公司无疑在开发自有品牌上处于领先地位。但是这些全球品牌适合日本人的口味吗？如果西友误解了关于自有品牌的消费者最新趋势，它最终吸引的顾客会更少，且不会带来新顾客。

对日本说“是”

值得称赞的是，沃尔玛一直在日本坚持，相信能使西友扭转趋势。这不仅仅是固执，正如它在德国和韩国所做的，它知道什么时候退出。沃尔玛也显示出自己清楚如何适应市场。[15]在西友百货，沃尔玛看到了真正的机会。然而，公司并没有完全控制整个西友的经营。直到2006年，日本西友百货的主席辞职，沃尔玛才把本公司的爱德华·科罗杰斯基(Edward Kolodzieski)推上主席之位。直到2007年，西友才成为沃尔玛的全资子公司。回顾这些事实，沃尔玛完全掌管西友百货的时间并不长。自过去两年完全接手西友百货以来，因为损失持续增加，沃尔玛采取了积极行动将西友下属商店分流。然而上面列出的诸多问题仍然存在。沃尔玛对日本顾客和日本市场的理解依然有问题。沃尔玛努力将西友重塑为美国沃尔玛形象，并且采用了很多与竞争对手截然不同的策略，这些做法让人质疑。[16]

沃尔玛继续重建、改造西友百货商店，希望对日本消费者更有吸引力。然而，很多改造后的商店很像美国的沃尔玛。该风格能否吸引挑剔的日本消费者还有待观察。西友的另一大变化是引进自有品牌，这反映了沃尔玛的影响。

沃尔玛终于接受了纸质宣传单。西友显示出保持最低价零售商形象并确保“天天低价”在日本行之有效的一贯渴望，同时宣布尊重其竞争对手。[17]这是沃尔玛设计的一种营销手段，旨在确保当顾客想到低价时就会想到西友。

将来会怎样？

2008年，西友再次亏损，尽管有些商店开始显示出同比销量增加。[18]公司迎来新任

CEO，看起来前景比较乐观，然而事实依旧，沃尔玛在和西友百货结盟的 7 年内一直没有赚到钱。

日本尽管保持世界第二大经济体的地位，但是不像过去那么富裕。假如商品达到基本质量标准，消费者可能愿意接受更便宜的替代品。看来全球经济衰退和日本消费者对储蓄的偏好与沃尔玛的自有品牌战略颇为契合。沃尔玛是美国的低价领导者，它努力将这种形象传输到日本，甚至接受竞争对手的优惠券。当前，由于金融危机对消费者的沉重打击，沃尔玛及其“天天低价”策略应占据一个在其后几年超越竞争对手的最优地位。

然而，日本是一个变化无常的市场，尽管著名的民族品牌食品和消费品在 2008 年上半年价格持续走高，但下半年看来由更便宜的自有品牌主导。[19] 只有时间才能证明这是一个长期趋势还是对全球经济衰退的暂时反应。

我们已经看到沃尔玛和西友所犯的错误和失去的机会。假如吸取了经验教训，经济危机将给公司带来一个提升销量和市场份额的良机。对于一个日益将自己视为全球企业的公司而言，在日本市场的失败是一个巨大打击。然而，在承认失败之前很长一段时间内，在日本的不懈经营将会更加痛苦。

资料来源：Case prepared by Aaron Toussaint and Parissa Haghirian, Sophia University, Tokyo. Reprinted with permission.

讨论题

1. 沃尔玛在进入日本市场时选择了何种进入策略？
2. 沃尔玛在日本遇到了什么挑战？
3. 日本消费者和西方消费者的行为有哪些不同？
4. 自有品牌能国际化吗？
5. 沃尔玛应当改变其价格策略吗？
6. 经济衰退对沃尔玛在日本的业务有何影响？
7. 有其他在海外取得成功的美国零售商吗？请说出公司名称，并指出其国际营销策略。
8. 未来，沃尔玛在日本市场上应该采用什么策略？

注释

[1] Smith, C. (13 December 2002). Walmart stocks up on Seiyu. *The Daily Deal*. Retrieved from “http://www.lexisnexis.com” www.lexisnexis.com.

[2] Ibid.

[3] Aoyama, Y. (2006, July 17-18). *Why foreign retailers fail in Japan, Carrefour vs. Walmart*. Paper presented at the Globalizing Retail Seminar, Surrey, UK. Retrieved from www.sorn.surry.ac.uk/research/groups/globalizingretailseminar/Aoyama.pdf.

[4] Ibid.

[5] Troy, M. (25 March 2002). Walmart invests in Japan, buys 6% share of Seiyu—*DSN Retailing Today*. Retrieved from http://findarticles.com/p/articles/mi_m0FNP/is_6_41/ai_84183445/.

[6] Kumakura, T. (27 October 2007). Walmart seeks full ownership of Seiyu; Business Asia by Bloomberg. *International Herald Tribune*. Retrieved from www.bloomberg.com/apps/news?pid=

newsarchive&sid=a4LJlkfK12FI.

[7] Smith, C. (13 December 2002). Walmart stocks up on Seiyu. *Daily Deal*. Retrieved from www. lexisnexis. com/us/Inacademic/delivery/PrintDoc. do? .

[8] Japan is the World's Most Concentrated Source of Revenue for Luxury Brands. (2006, May). *Japan External Trade Organization*. Retrieved from www. jetro. org/content/361.

[9] Aoyama, Y. (2006, July 17-18). *Why foreign retailers fail in Japan, Carrefour vs. Walmart*. Paper presented at the Globalizing Retail Seminar, Surrey, UK. Retrieved from www. sorn. surry. ac. uk/research/groups/globalizingretailseminar/Aoyama. pdf.

[10] Rowley, I. (28 February 2005). Japan isn't buying the Walmart idea. *Businessweek*, Retrieved from www. businessweek. com/magazine/content/05 _ 09/b3922073. htm.

[11] Ibid.

[12] Holstein, W. J. (27 July 2007). Why Walmart can't find happiness in Japan. *Fortune*. Retrieved from http://money. cnn. com/magazines/fortune/fortune _ archive/2007/08/06/100141311/index. htm.

[13] Seiyu to boost store-brand goods to lure bargain hunters. (2 May 2008). *The Nikkei Friday Morning Edition*. Retrieved from www. nni. nikkei. co. jp/cgi-bin. See also: Seiyu to import 100 Walmart store brand items by year's end. (7 June 2008). *The Nikkei Saturday Morning Edition*. Retrieved from http://e. nikkei. com/bti-ntn.

[14] PB wo tokubai 17%—7wari dounyuu, hyakattennmo hannsuu. (17% give sales on PB items—70% of Japanese firms stock PBs, including 50 percent of department stores). (24 June 2009). *Nikkei Marketing Journal*. Retrieved from www. shopbiz. jp/rt/news/35872. html. Translated by authors.

[15] One small example: in Canada, Walmart's Super Centers are spelled "Super Centre". Also, in numerous markets, Walmart has kept from making huge changes to acquisitions' names and logos. Walmart's China stores have also provided ample opportunities for adaptation to local markets.

[16] Seiyu adopts contrarian strategy. (19 March 2007). *The Nikkei Weekly*. Retrieved from http: //e. nikkei. com/e/fr/tnks/Nni20110820D. htm.

[17] Seiyu "tamise chirashi nebiki OK" supa—kakaku sennsou hakusya. (Spurring on the supermarket wars—Seiyu announces competitors' coupons are OK.) (12 May 2008). *Fuji Sankei Business/Bloomberg Global Finance*. Translated by authors. Retrieved from http: //www. business-i. jp/article/200812040018a. nwc.

[18] Holstein, W. J. (27 July 2007). Why Walmart can' t find happiness in Japan. *Fortune*. Retrieved from http://money. cnn. com/magazines/fortune/fortune _ archive/2007/08/06/100141311/index. htm.

[19] PB wo tokubai 17%—7wari dounyuu, hyakattennmo hannsuu. (17% give sales on PB items—70% of Japanese firms stock PBs, including 50 percent of department stores). (24 June 2009). *Nikkei Marketing Journal*. Retrieved from www. shopbiz. jp/rt/news/35872. html. Translated by authors.

案例 5—2 通过整形手术理解全球消费者行为

世界各地的新闻和趋势分析表明，人们高度认可外表的重要性，对整形手术的需求因此在增长。今天，整形行业的价值达数十亿美元，影响化妆品公司、制药厂、整形外科、百货商店、沙龙、水疗、美容院、杂志和图书等多个领域的生存。在现代社会，身体本身所反映的形象可以进行交易，在自我、身体和消费之间创建一个连接。身体之所以可以进行交易，是因为消费文化广泛展示了理想的身材形象。

整形手术一直是非常有效的变美工具，包括隆鼻、除皱手术等脸部外科整形，还有其他身体部位的整形，比如腹部去脂、缩乳、隆胸和抽脂。第二次世界大战以后，整形外科获得重大发展，特别是为了医治患创伤性身体官能障碍的士兵。从那以后，伴随着整形手术病人需求的不断变化，整形手术知识和技术有了重大进步。从定义来看，这个医学分支被认为是可选择的，而且价格不菲。

尽管会带来风险和痛苦，而且需要时间、精力和金钱投入，但整形手术在过去十年里突然变得非常流行，世界各地有越来越多的人接受整形手术。病人不再仅仅是病人，他们成为有独特要求和不同期望的病人消费者。现在很多医生利用广告来增加病人的需求。如果身体被视为另一种消费项目，病人被视为病人消费者，那么这个医学分支就成为一个全球营销和消费者行为领域。生产商（医生、医药公司和媒体）和消费者（整容手术的病人）的影响可在国际范围内讨论。

全球理想形象的推广

理想外表如何在全球范围内推广，这在不同领域的学者和实践人士当中仍然是一个热门话题。在医学等领域，健康身体是用数字定义的。而消费文化可能鼓励人们以健康的名义来训练身体。美容产品的广告语可能很有技术含量、很科学，从而使广告宣称的效果更为可信。因此，包含内科医生在内的医学权威经常出现在广告宣传中，造成“外表医学化”。既然身体能以身高、体重、肤色和各部位比例来测量，在全球范围内用统计均值和医学事实来宣传身体就变得更加容易、更为可行。

全球医学抑制了对“适当”身材的需求，但媒体用健康、适当的男女形象强化了这一点。一个最重要的论据是，广告系统确立、提出并推广了男性和女性的理想外表。除了媒体本身，时尚业通过时装表演、时尚杂志、时装模特等大规模的媒介来创建人们对美的时尚标准。电影和音乐代表其他领域，全球消费者借此接触到“主流”审美规范，具体通过电影明星、歌手和其他名人等行业从业者来体现。选美比赛是另一个表达认同和差异性的视觉展露领域，它是一种模式，全球和本地文化机构借此来表达对美的看法。

因此，在一个全球化世界，人们对于美的标准可能有相同或不同的看法，大多数时候标准是混杂的。另一种文化中的理想外表——与自己完全不同——可能会被认为是美的。这种外表在不同文化看来可能非常时尚以至于它可能形成一种集体情绪，使人们对某种特定风格或外表形成偏好。

美容旅游

如同个人在一个社会中的定义与其他社会相关一样，一个人的身体也展露在来自世界上各个社会的影像之中。美容旅游，即到国外旅游的同时接受整形手术的人数正在增加。在海外寻求医学治疗和服务变得更加容易，这导致美容旅游的世界性消费。美容旅游增加的原因之一是存在国际连锁医院的全球市场。规划美容旅游类似于通过旅行社规划度假。由于成本更低，即使有旅费，美容旅游也能节约费用。它同时还带来社会利益，因为决策相对自主，并且没有变成社区事务。最后，它的另一个好处是合法，因为有些诊所可以实施变性等手术，而这在病人消费者国是非法的。

此外，这些诊所用浪漫的逃离作为营销主题，称在此过程中病人可以在一个异国城市享受美好时光。有时它们会为个人提供定制打包服务，包括办理签证、旅行、接机，以及手术前后在目的地享受假期。通常可以通过互联网和医生交流，询问整个定制包的大概价格以及东道国的金融选择。整形外科诊所或医院的国际医疗认证成为病人主要关心的事项。很多发展中国家的医院宣传自己和美国、西欧的医院相当，已通过国际联合委员会(Joint Commission International）的认证，以此说明医院具有相同的质量和可靠水平。

医疗消费体验的全球共创

由于关于整形手术的信息来源很多，并且做整形手术的人越来越多，现在整形手术的病人可以对他们的问题发表评论，批评医生的治疗，干预技术细节，尽管不一定正确。他们有时候会根据从互联网上了解到的知识来问一些问题，以“测试”外科医生的知识水平。但是当病人希望在手术前知道准确的结果时，就出现一种语言差异。医生试图让病人明白，手术结果也许和他们想象的不同，结果取决于病人的身体条件和康复水平。

病人和医生之间的沟通非常重要，尤其当医生被视为朋友而不是医生的时候。在其他医学领域，医生和病人成为朋友不太常见，但由于整形外科医生被视为美容专家，他们被病人视为追求理想外表道路上的同伴。当病人觉得医生理解他们的需求和期望时，信任就建立起来。几乎所有被调查者都会说，信任医生极其重要，因为你新的外表将“取决于”医生的知识和能力。除了医学知识和经验，医生的个人特征，比如诚信和友好，对于建立信任也很重要。

与医生类似，机械、技术和软件也很容易在全球范围内转移。各种各样的医学知识、设备、药品和工具可以在不同国家之间毫不费力地进口出口。因此“美”变成所有人的通用语言，全世界这些公司、医生和病人之间形成一种特殊的依存关系。

资料来源：Case prepared by Assistant Professor Dr. Berna Tarl Kasnakoğlu of the TOBB University of Economics and Technology. Reprinted with permission.

讨论题

1. 营销中可以讨论药物和医生吗？以怎样的方式？使用什么营销工具？
2. 谁是美容手术的全球消费者？他们的消费行为如何？在不同文化中有何异同？
3. 美容手术旅游如何被定义为一种全球现象？
4. 在医疗营销方面有哪些伦理问题？

参考文献

Appadurai, A. (1990). Disjuncture and difference in the global cultural economy. *Theory, Culture & Society*, *7* (2/3), 295-310.

Bocock, R. (2001). *Consumption*. London: Routledge.

Burkett, L. (2007). Medical tourism: concerns, benefits, and the American legal perspective. *Journal of Legal Medicine*, *28*, 223-245.

Featherstone, M. (1982). The body in consumer culture. *Theory, Culture & Society*, *1*, 18-33.

Howson, A. (2004). *The Body in Society: An Introduction*. Cambridge: Polity.

Parasuraman, A., Zeithaml, V. A., & Berry, L. L. (1985, Fall). A conceptual model of service quality and its implications for future research. *Journal of Marketing*, *49*, 41-50.

第2篇　全球营销职能和战略

第6章 进行市场调研

对信息的需求，对更清晰、更智能、更及时、更快捷信息的需求如今正在增长。

——印度百事可乐消费者洞察总监 Sangeeta Gupta

学习目标

1. 解释全球营销调研为何对跨国公司很重要。
2. 理解营销调研与营销情报的区别。
3. 理解信息技术对管理决策的重要性。
4. 决定如何使用营销情报（信息）系统。
5. 解释公司如何预见营销危机。
6. 理解有些营销调研技术可能并不适用于所有国家。

一家美国公司的营销经理发现，公司在某个拉丁美洲国家所售食用油的品牌名称在西班牙语中译为“蠢货油”(Jackass Oil)，他们对此感到十分震惊。一个生产加热系统的美国公司正在考察其产品是否会吸引瑞典的工业和家庭用户。考虑进入瑞典市场时，管理人员需要瑞典生态、文化、技术、经济、政治、法律和竞争环境方面的信息。具体而言，管理人员需要确定公司的产品可否原样出售，还是必须进行调整。不仅如此，价格、分销和沟通策略这些营销组合的其他方面也需要确定。最后，如果产品需求充足，对美国公司而言最好的市场进入方式是什么？

营销调研人员的任务就是确定回答上述问题所需的信息，并且施以管理。所以，全球营销调研的作用主要是通过收集和分析特定问题的相关信息来帮助决策者。

全球营销调研的重要性

在2007—2009年全球经济危机的中期，很多营销人员对近期走势不抱希望，营销调研是少数几个保持增长的营销领域之一。根据ESOMAR全球市场研究报告，2008年，全球市场调查收入达到320亿美元，整体增长4.5%（净增长0.4%）。对全球营销者而言，更重要的是，新兴市场，特别是亚太和拉丁美洲地区，继续保持该领域增长率之首的位置。[1]北美洲的增长率很低，绝对增长率为1.5%，扣除通货膨胀因素后下降2.1%。同时，欧洲的年度同比增长率降至4.7%，通货膨胀调整后仅为0.9%。欧洲占全球调研总支出的一半，北美洲只占1/3。

另一项产业调查“营销趋势”显示，只有22%的营销调研人员预期他们下一年度的预算将下降，39%的营销调研管理者预期预算会逐年增加。[2]考虑到营销调研对组织全球成功的重要性，可知他们的乐观并非没有根据。

尽管很多人交替使用市场调研和营销调研这两个术语，但市场调研被认为是更广泛的营销调研领域的一部分。美国市场营销协会（American Marketing Association，AMA）将**营销调研**（marketing research）定义为用于发现市场机会和问题、指导市场行为、跟踪市场表现并且致力于构建一个更好的营销流程的任何信息。[3]该定义显然包括**市场调研**（market research）。市场调研经常用来分析市场规模和趋势，也包括竞争调研、价格和产品调研，以及其他一些关于营销组合和顾客的调研。

ESOMAR是市场和民意调查行业的全球交易组织，它强调营销调研人员不能为商业用途而使用、传播调研参与者的个人信息，由此将市场和社会调研活动与广告和促销等其他营销活动相区别。进行全球市场和营销调研，需要考虑很多文化、方法和其他方面的因素，你将在本章中逐步了解。

如果管理得当，不可否认营销调研过程和调研所收集到的见解对公司有影响。例如，欧洲的食品杂货商乐购（Tesco）通过监控会员卡资料，结合旗下某些商店滞销品的调查，使婴儿用品的销量上涨了8%。通过此次调查，乐购发现，年轻妈妈在有些商店购买的婴儿用品较少，因为她们觉得药店更加可信。于是，乐购推出了婴儿俱乐部（BabyClub），为这一子市场提供专家意见和打折婴儿用品。由此乐购在赢得年轻妈妈信任的同时，还可以获得她们更大的钱包份额。[4]

另一个例子是LG电子。在公司营销洞察团队（Insight Marketing Team）的经理看来，LG电子在西方国家的成功是公司开展市场调研来理解产品如何融入人们生活的结果。比如，亚洲和西方国家的文化差异决定了电器设计。在一些亚洲国家，洗衣机摆放在客人能看到的地方以显示主人富有。然而，在西方，外表并不重要。这种差异使LG电子在亚洲推出了一批红葡萄酒颜色的电器，而在西方，金属制的工业化外观更受欢迎。[5]

全球营销调研的范围

营销人员要想寻求进入新市场、赢得竞争优势、提高市场份额等方面的最佳战略，获得营销洞察至关重要。**国际营销调研**（international marketing research）的简单定义是，为一个以上国家提供决策辅助信息而开展的营销调研。调研既可在所有市场上同步进行，也可按顺序开展。[6]明智的公司和市场营销人员在进行任何前面提到的活动之前，都会开展某种形式的全球营销调研。很多公司的调研还会采取多种形式。

实施营销调研的最重要原因包括：

1. 风险管理
2. 竞争优势
3. 战略决策
4. 战术决策
5. 业绩追踪和报告

通过各种调研方法听取顾客想法，并且按照收集到的洞察采取行动，这在美国和欧洲都是高业绩公司最重要的标志。成功运用营销调研、在整个组织内分享发现并使其符合组织优先战略的公司能够获得更好的产品创新、更有效的顾客沟通以及更高的市场投资回报。[7]

进行全球营销调研

全球营销调研负责在全球范围内收集、分析和总结信息，这些信息用于新市场和新营销机会的决策。持续地，营销调研也用来监控和评估营销表现，并在需要时建议公司做出一些改变。在全球营销中，调研应该提供关于市场进入决策的信息，以及营销经理为赢取和保持新市场上的份额对产品、价格、渠道和促销策略做出的任何改变。

调研种类

市场调研有多种方法，定量研究和定性研究运用最为广泛。

定量研究。**定量研究**（quantitative research）主要依靠收集和分析数据资料，这些资料通常采用标准化调查或问卷来收集。定量研究人员之后会运用统计分析方法在某一特定领域得到洞察，如消费者行为、市场趋势或者价格差异。很多管理者偏好定量研究方法，因为它基于更大规模的样本提供“硬数据”（hard numbers），从而成为更坚实的决策基础。根据ESOMAR的报告，2008年定量研究占全球调研预算的80%。[8]

国际货运公司UPS委托进行了两项关于中国市场的调查，调查为客户提供了增加在华销量（因此发运更多的产品到中国）所需的信息，并将自身定位为有关中国市场的宝贵的知识来源。第一项调查有1 000名城市中产阶层市民参与，明确了哪些美国产品对中国消费者具有吸引力。CD、DVD、美容产品、运动鞋、洗衣机名列前茅。第二项调查包括中国6大城市的1 200名居民，试图发现为何这些产品在当地受欢迎。该调查证实，就个人偏好和产品选择而言，中国消费者和美国消费者都是个人主义者。UPS公司把研究结果提供给那些尚未对中国出口的客户、根本不出口的客户以及潜在客户。UPS的调查包含这一引人注目但充满挑战的市场上的大量信息，受到所有媒体的广泛关注。更重要的是，据UPS透露，这些信息对公司的净利润有显著影响。[9]

当然，定量研究只有当测量“正确”的事物时才有用。正因为如此，调查问卷的设计至关重要，从决定测量什么，到提出相关的问题。在国际市场上恰当地设计和开展定量研究显得日益重要，原因在于，如果设计调查问卷时未考虑特定市场的特征，那么语言、文化和社会规范差异就会使研究结果变得完全无用。专栏6—1

强调了调研人员在进行海外市场调研时必须考虑的某些因素。

定量研究也有局限性。一些专家，如国际投资公司 Innosight Ventures 总经理斯科特·安东尼（Scott Anthony）就强调[10]，定量研究在明确定义的现有市场中很有用，营销会增加市场份额。但是，在发现提高消费者满意度的新方法或者激发新产品设计创意的时候，定量研究不太有用。而且，那些太过依赖定量研究的企业执行官，若其战略制定的基础仅限于所收集的数据，未注意到可能代表新市场机遇的微弱的市场信号，也许会产生一种错误的安全感。

定性研究。与定量研究不同，**定性研究**（qualitative research）的形式更主观、更自由。定性研究方法通常包括面对面访谈、焦点小组、民族志等观察法，以及采用频率日渐增多的在线焦点小组和访谈。这些研究技术是为了让调研人员更好地理解客户以及他们的需求和欲望。

本质上，定性研究依靠的是调研人员自己对周围世界的阐释和他们对人们语言和行动背后含义的解读。[11]

定性研究一般是为了提高客户对公司产品或服务的体验，发现未满足的需求，或者获得新产品设计灵感等。品牌、顾客—品牌关系是定性研究中经常出现的话题。因为定性研究深入关注某个话题，其结果不像定量研究报告那样高度结构化和受数字驱动。

麦当劳全球妈妈固定样本组反映了定性研究经常调查的话题类型。该样本组由来自 6 个国家的 9 位母亲组成。麦当劳全球首席营销官玛丽·狄龙（Mary Dillon）解释，公司的目标“是聆听全球妈妈固定样本组的意见并从中学习，以便在全世界为光临我们餐厅的家庭提供最佳消费体验。我们希望成为妈妈最好的盟友，成为世界各地家庭的真正伙伴”。[12]有意聚焦于健康生活方式、餐厅沟通和孩子幸福等主题，该样本组项目的投入帮助公司开发了新产品，确定了促进均衡膳食的营销宣传活动。公司透露，活动之一是伴随电影《怪物史莱克 3》的全球宣传，活动覆盖 100 多个国家，提供 8 种不同语言的玩具，是迄今麦当劳在水果、蔬菜和牛奶方面最大的单次促销活动。[13]另一个例子涉及一家在世界各地有中小型下属公司的大型 IT 企业，总部想了解小型下属公司与规模较大的下属公司的需求有何不同，感兴趣的领域是两类下属公司所使用的沟通渠道和各自提供的服务组合。为此，公司在内部与将近 500 位首席执行官、首席财务官和一些 IT 执行官进行访谈以获得所需信息。

根据 ESOMAR，定性研究占 2008 年全球调研支出的 14%，经常和定量研究结合使用。这种结合越来越受欢迎，因为营销人员想要更加完整、详细地了解其客户和市场。

研究数据类型。数据是营销调研的命脉。调研人员主要用两种方法获取数据：其一，收集市场上调研参与者的原始、第一手资料，称为**一手调研**（primary research）；其二，收集并分析统计摘要、媒体报道和以往研究等已有资料，称为**二手调研**（secondary research）。

如今大多数定性和定量研究都是从直接或一手来源收集数据，比如被访者和焦点小组参与者。但是，二手调研（也叫案头调研）也有其作用。根据 ESOMAR，二手调研约占全球调研预算的6%。

当调研人员在多个国家进行实证营销调研时，数据质量和度量一致性是需要面对的两大难题。这两个问题至关重要，它们能确保在跨国市场调研中，对相同问题进行不同市场的比较和对照时获得有效结果。有些研究发现，文化差异会影响回答者对问题的理解[14]，或者他们回答时如何看待问卷中的测量尺度。[15]这些情况会使数据分析产生偏差，因此一般鼓励调研人员评估跨市场的研究问题、测量尺度和度量指标的一致性。但是，最近的一项调查发现，称为测量一致性的这一过程很少被执行，原因在于研究人员不甚了解，并且测量一致性的不同方法感觉太复杂。[16]

在线调研

如今各类营销调研趋于在网上进行。**在线调研**（online research）包括利用在线固定样本、社交媒体、在线调查、民意调查和其他一些网络调研方法所开展的营销调研。尽管在网上进行的调研只占调研总数的10%～20%，但很显然，当在线调研的技术和方法变得日益成熟，这一方法的使用将持续增长。成本更低、项目周期更短是在线调研的两个最大优点。此外，在线调研更易找到被试，在那些互联网渗透率高、用传统方法收集数据日益困难的国家，在网上开展营销调研更占优势。

然而，如同任何新兴的做法，在线调研在成为一种成熟、主流的营销调研方法之前还有很多问题亟待解决，尤其是全球在线调研。其中，一个主要问题是在线调研的质量能否与传统方法持平。对于被访者身份验证（为了复制或欺诈伪造）、采用一致性度量或者编制适合网络环境的调查问卷等问题，调研人员仍然在努力思索能被广泛接受的质量标准和做法。全球营销人员特别感兴趣的问题还有将网络调查翻译成一种或更多语言，对此，使用机器翻译等捷径经常导致不准确的结果。[17]

对任何希望揭示一般大众的看法的调研，如果仅仅使用在线人群作为样本，就具有内在偏差，这是在线调研的另一大问题。即使在那些互联网渗透率很高的国家，倘若排除线下人群，仅含在线人群的任何样本仍然可能不平衡。这一偏差在新兴市场尤为明显，因为这些国家的网络接入程度较低。大多数人，即便有网络，连接也是断断续续的。

一项从35个国家150个固定样本组收集数据的全球在线样本组研究强调了衡量样本来源一致性和有效性的重要性，尤其是对于跨国营销调研而言。采用一致性度量，度量可在多个市场使用而含义不发生显著变化，这对于开展高质量的全球营销调研很关键。[18]

在线数据普遍缺乏可信度，涉及国际调研时尤其如此。最近英国的一项关于营销调研的调查发现，尽管96%的人认为测量的一致性极其重要，但只有23%的人认为这种标准已经建立。研究专业人士认为跨国和跨地区市场的不一致是一大问题。[19]

尽管存在诸如此类的问题，在线调研一直在改进，因为有更新、更先进的趋势和新兴的形式，如网站分析、移动调研和社交媒体研究等。通过专栏6—1可快速浏览在线调研的某些形式。

专栏 6—1

聚焦技术：在线调研工具

网站分析

网站分析是一个新兴研究领域，源自互联网在商业和营销中日益复杂的应用。具体而言，网站分析协会（Web Analytics Association）把网站分析定义为互联网资料的测量、收集、分析和发布，目的是理解和优化网络的使用。网络分析工具可以跟踪访客与公司网站的大量互动数据（现场分析）或在社交媒体网站或第三方商家等其他网站与公司品牌的互动数据（非现场分析）。网站分析市场一直高度两极化，由 Google Analytics、WebTrends、StatCounter、Woopra、尼尔森和最近被 Adobe 收购的 Omniture 等免费工具占据。

研究人员可以使用网站分析工具评估某网站的总体表现，办法是跟踪访客的访问路径、点击的链接以及在特定页面花费的时间等。其他人可能将这些信息与线上调查或传统调研结合起来，探讨访客满意度和不同营销产品的有效性等问题。通过对一段时期内某应用的使用情况进行观察和分析，可以了解用户的行为模式。

在美国以外的国家使用网站分析技术之前，最好事先确定这些技术的法律地位。例如，德国政府在 2011 年宣布 Google Analytics 等网站分析工具非法，因为未经被跟踪访客的同意。在其他国家也可能存在使用上的限制。

全球营销调研中社交媒体的角色

使用像脸书、领英（LinkedIn）和推特或其全球竞争对手 Viadeo（法国）、Xing（德国）和天际（中国）等社交网络的巨大吸引力在于，营销调研人员可以从数亿网络用户中得到庞大的消费者数据。另一个优点是，其中大部分数据免费，还有感知真实性和在线人群的多样性。

社交媒体领先企业没有忽视为营销调研人员提供高价值服务这一可能性。例如，脸书提供有关用户和用户偏好的针对性信息，以便营销人员制作更好、更具相关性的广告。领英为特定 B2B 研究项目和调研公司直接合作，题目涵盖客户满意度、市场前景和品牌感知等。作为一项其他服务，某些网站还为调研人员直接提供人群样本服务。当前，社交媒体研究人员使用最多的方法是弹出和条幅广告，以及文本搜索，有时也会使用自然语言处理工具进行数据挖掘或品牌感知研究等消费情感调研。[20]

然而，很多研究人员担心，伴随社交媒体调研的优点，也会出现一些隐患。为满足营销调研行业的基本标准，调研人员使用社交媒体工具时应该严格测试其搜索和来源参数，适当给调研内容分类并绘图，调整其中一些用于趋势识别的度量，最终用报告总结所有的结果，为经理提供可操作的营销情报。[21]

专栏 6—2 是一个在印度使用社交媒体接触消费者的例子。

专栏 6—2

聚焦国家：在印度开展研究

印度已经成为全球市场的一个焦点，但是尚不确定社交和互动媒体能在多大程度上到达目标市场。传统媒体依然是接触大部分印度消费者的最好方式。互动媒体主要针对高收入阶层中受过高等教育的年轻人。尽管印度只有少数人使用互联网，但他们同时也是社交媒体用户。在印度，那些以日益增长的中产阶级为目标的广告主应该使用基于社交和互动媒体的整合营销策略。

资料来源：Adapted from：Steven Noble，"Social Technographics in India：While Few Indians Are Online，Most Who Are Use Social Media." *Forrester*. Updated October 6，2010.

在许多国家，在线调研技术的发展引发了一场关于在线消费者隐私的激烈争论。关于这一热议话题，营销调研人员应当保持清醒和警惕，遵守当地法律。

进行全球营销调研的差异

调研方法受限于当地特定文化、社会风俗或其他情境因素等特殊条件，进行可靠、高质量的全球营销调研要求客户和供应商（如果有供应商的话）必须理解和同意这一点。例如，美国调研客户必须意识到国际电话访谈可能花费更长时间和更多金钱，因为开场白必须长一些，与调查对象还有些闲聊。在大多数其他国家，美国式的单刀直入被认为相当粗暴，因此也要求这样的访谈风格。关于进行全球营销调研的国际差异，表 6—1 展示了其他一些例子。

表 6—1　在部分国家进行全球营销调研的差异

中国
在中国，调查偏好人员访谈，被访者一般是企业高管、医生或政府官员。专业人士和政府官员在参加调查之前必须受到邀请，以示尊重。 尽管电话访谈在中国或许有些用途，但语言差异，如普通话和广东话的不同，或者品牌名称发音的差异，会妨碍理解并扭曲研究发现。
印度
印度消费者在个人访谈中经常愿意讨论他们的购物偏好和动机。在购物点比如商店和集市进行观察是了解印度人购物行为的一个好方法。
拉丁美洲
在拉丁美洲，大部分营销调研的受访者处于中上阶层。我们不能概括该地区使用的调研方法，因为国家之间不同。然而，由于人们之间的社会接触很重要，很多国家偏好个人访谈。成本高低也决定了所使用的调研方法。比如，在巴拿马，在家里进行人员访谈比电话访谈更便宜，因为当地的电话费用很高。
中东
在中东，人们偏好通过个人访谈采集数据，更喜欢在室外访谈而非室内。在大多数中东国家，若有男性家庭成员在场，女性可以在家里接受访谈。焦点小组、深度访谈、友情配对访谈和其他一些定性方法被广泛使用。

全球营销调研过程

在任何营销调研项目中，确保结果最优的方法就是制定一个明确的行动计划，并了解完成任务所需的各个步骤。无论项目涉及单个国家市场的进入还是全球性竞争分析，都要求调研人员采用一系列较小步骤，并在整个过程中进行独立决策。为了保证所有行动能实现所期望的结果，全体人员要理解调研目的和目标，并且遵循已确立的调研步骤。

典型的营销调研过程可以包括以下 6 个步骤：

1. 定义调研目的和目标
2. 确定调研方法
3. 调研设计
4. 数据收集
5. 数据分析
6. 数据报告

定义调研目的和目标

调研目的和目标如果定义明确，会使调研团队的任务明晰，后续决策更为容易，包括确定一手和二手调研的资料来源、编写调查问卷的问题和选择样本量等。

在全球营销中，最自然想到的研究主题便是识别和评估新市场。确实，不论公司是国际市场的新人还是老人，通常都需要调研新市场。

尽管主题相同，但每个调研的目的和目标可能完全不同。例如，一个小公司可能决定进行初始的**国外市场机会分析**（foreign market opportunity analysis），目的是找到最适合自己产品和服务的国际市场。然后，调研目标可以定义为汇总 10 个潜在市场的概况，包含人口、人均收入水平、特定产品类别的销量、贸易限制以及其他相关指标等基本信息，并且开发一个可对这 10 个市场进行排名的评分标准。

在全球市场上，已经有些经验的公司可能对评估世界某一特定地区的竞争格局更感兴趣。此时，调研的目的可能在于识别该地区的主要竞争对手及其市场优势和劣势，目标可能包括对每个竞争对手做 SWOT 分析，分析它的营销策略及其有效性，考察其产品线以发现未覆盖的利基市场或未饱和的市场区域。

确定调研方法

一旦最初阶段明确了信息需求，就该决定以下组成项目的基本要素。

首要决策是如何获取所需信息。是否值得进行一手研究？现有的二手数据是否足以回答问题？营销人员在制定这一决策时必须考虑更多因素，比如希望的数据定制水平、数据可靠性、数据获取成本以及项目时间表。

另一个重要因素是倾向采用哪种项目管理方法：项目由公司总部运行（如多国公司），还是由地方办事处执行？此外，公司使用内部资源还是外包给一个营销调研公司?

上述每个问题的答案不仅取决于公司内部结构、资源和文化，而且涉及市场特征。所研究的市场越不同，或公司对它越不熟悉，使用专攻该市场的调研机构就越是明智之举。这样可以消除很多潜在问题，如抽样、翻译、数据质量、结果阐释等。

调研设计

调研过程中的这一步骤涉及项目的许多细节。此时需要考虑定量数据、定性数据或者二者结合，哪类数据更有用？通过回顾项目目的和目标，明白实现的途径是焦点小组、在线固定样本组、调查、已发表的报告，或者它们的结合或其他办法，就可以做出最佳决策。调研设计的其他影响因素与当地情况有关。假如电话访谈最合适，但当地法律限制通过电话接触消费者，或者该方法对该国消费者来说很陌生，那么调研设计就得修改。

不管使用什么技术，负责调研设计的研究人员应该尽量避免**自我参照标准**(self-reference criterion，SRC）的影响。自我参照标准往往是一种无意识倾向，它假定世界各地的人看待世界的方式与自己相同，持有的文化价值观和个人态度也与自己类似。自我参照标准很可能发生在全球调研项目的问卷编制和（错误地）阐释其他文化被访者回答的时候。

样本量是另一项重要决策。收集到有意义的数据需要多大样本？答案可能取决于公司对精确度和结果确定性水平的要求，以及项目预算等。

数据收集

在数据收集真正开始之前，需要考虑很多方面的因素以确保调研结果的一致性和有效性。从获得各类数据来源的允许，到记录的标准，调研人员应该清楚地理解并遵守关于调研过程所有步骤的约定。不论收集定量还是定性数据，保证一致性都是避免过程偏差的关键所在。

在全球调研项目的这一阶段，至关重要的一点是，研究人员在保持调研设计完整性的同时有能力在不同研究环境下收集数据。要想采用一手调研方法（表6—2）获得最多回应，并且收集到有意义的、可靠的数据，最好使用当地员工，因为他们能说当地语言，而且能够根据既定的文化和社会习俗与被试交流，让被试感觉轻松自在。受过专业训练的员工更可能遵守营销调研领域确立的质量和伦理标准。

公司内部完成和外包

用公司内部人员和资源还是外部机构进行营销调研，这是全球营销组织的一个关键决定。即使对那些海外子公司内部设有市场调研部的企业，把这项工作外包给专业的市场调研组织也可能是更有效的做法。当公司计划进行区域或全球调研时，更是如此。此时，确保全部调研的对等性至关重要。跨文化研究的一个基本要求就是使用的概念在不同社会背景下含义相似。跨文化市场调研使用的概念主要源于特定文化（比如，美国），并在一个特定语境中发展起来（比如，美式英语）。在使用源于美国或其他国家的概念之前，应该评估该概念在目标情境中是否等价，因为翻译可能使其丧失一些含义从而造成不等价。跨文化营销调研的一个主要问题就是所

表 6—2　　选择研究工具

- 访谈：为了市场调研而通过询问被访者来收集信息，可以通过面对面、电话、传真或者网络形式进行，地点可不同，家、办公室、街道、商厦或娱乐场所皆可。
- 消费者调查：用来确定某目标人群的人口统计特征、人们做出特定购买决策的原因、何时何地购物、市场潜力和购买习惯的调查。
- 综合性研究：对一个以上客户就多个主题进行的定期调查。客户得以集中提问从而分担调研成本。作为某调查问卷的一部分，特定时段的所有问题都交予某个代表性样本回答。当然，每个客户的问题是保密的，调查结果的呈现方式确保客户只能看到自己的数据。
- 焦点小组访谈：焦点小组鼓励受邀的一群参与者就特定主题分享其想法、感受、态度和观点。
- 观察研究：一种通过观察消费者在购物情境下的行为来收集数据的研究方法。调研人员，即观察者，记录行为但不会与被观察者接触。
- 调查问卷：调查问卷是由一系列问题和其他提示组成的一种调研工具，目的是从参与者那里收集信息。

谓的主位（emic）、客位（etic）困境，焦点在于测量因文化而异（主位）还是在所有文化中通用（客位）。必须在每个文化环境下考察，才能确定构念及其测量与特定文化背景相关，而且有等价的测量。使用当地调研机构，或者那些虽然在多国有分支机构但会雇用熟悉当地文化的当地员工的全球机构，有利于保证测量的等价性。表 6—3 展示了全球一些主要营销调研机构，使用这些机构有助于保证在许多国家开展的营销调研项目彼此等价并相互协调，当调研在同一时间段进行时尤其如此。

表 6—3　　全球 25 大营销调研组织

2008 年排名	公司	总部	母公司	子公司所在国家数	全职研究人员数	全球调研收入（百万美元）	母国以外全球调研收入所占比例（%）
1	The Nielsen Co.	纽约	美国	108	34 516	4 575	51.2
2	The Kantar Group	伦敦和康涅狄格州费尔菲尔德	英国	80	21 510	3 615	75.3
3	IMS Health Inc.	康涅狄格州诺瓦克	美国	76	7 500	2 330	63.9
4	GFK SE	纽伦堡	德国	57	9 692	1 797	77.3
5	Ipsos Group, S. A.	巴黎	法国	64	9 094	1 442	89.0
6	Synovate	伦敦	英国	61	6 746	961	85.1
7	IRI	芝加哥	美国	8	3 600	725	37.4
8	Westat, Inc.	马里兰州罗克韦尔	美国	1	1 998	470	—

续前表

2008 年排名	公司	总部	母公司	子公司所在国家数	全职研究人员数	全球调研收入（百万美元）	母国以外全球调研收入所占比例（%）
9	Arbitron，Inc.	弗吉尼亚州哥伦比亚	美国	2	1 116	369	1.2
10	INTAGE，Inc.	东京	日本	3	1 779	332	1.1
11	J. D. Power & Assocs.	加利福尼亚州西湖村	美国	9	850	272	30.7
12	Maritz Research	密苏里州芬顿	美国	4	756	230	14.4
13	Opinion Research Corp.	新泽西州普林斯顿	美国	5	485	228	36.2
14	The NPD Group，Inc.	纽约州华盛顿港	美国	13	1 090	226	25.5
15	Harris Interactive，Inc.	纽约州罗切斯特	美国	7	899	222	38.2
16	VideoResearch Ltd.	东京	日本	3	393	188	0.1
17	IBOPE Group	圣保罗	巴西	12	1 884	159	22.5
18	Comscore Inc.	弗吉尼亚州莱斯顿	美国	5	581	117	14.1
19	Cello Research & Consulting	伦敦	英国	2	451	99	39.8
20	Market Strategies International	密歇根州利沃尼亚	美国	3	307	92	15.9
21	Lieberman Research Worldwide	加利福尼亚州洛杉矶	美国	4	324	90	18.2
22	Mediametrie	巴黎	法国	1	515	85	11.0
23	BVA Group	巴黎	法国	4	742	84	10.7
24	You Gov PLC	伦敦	英国	9	474	83	71.0
25	Dentsu Research Inc.	东京	日本	1	16	68	0.3

资料来源：Adapted from：*Marketing News*，American Marketing Association，August 30，2009.

数据分析

数据分析阶段的主要目的是解释前一步骤中收集到的数据，并形成可行的一系列结果。然而，用于分析和解释定性和定量数据的过程与收集这两种数据的方法一样完全不同。

在定性数据分析中，调研人员通常会回顾实际资料收集的记录，例如深度访谈或者焦点小组，或者依据他们自己的访谈笔记或回忆。这种情形自然会导致分析过程中的主观性和个人偏差，使得最后结果的解释和分析大多仅凭调研人员的技术和经验。[22]

分析定量数据是一个更加结构化的多步骤过程。它始于对数据的彻底"清洗"，以确保只加工那些填写正确的、没有错误的问卷。之后，采用一系列分析方法（包括相关分析、回归分析和其他为建立数据间联系而设计的测量方法）来处理经正确编码的问答。通常，调研人员使用专门软件程序来执行这些复杂的运算。通过对分析结果进行阐释，调研人员能发现数据的内在含义，并且识别潜在趋势、隐藏趋势或者可能影响消费者行为、竞争压力或市场表现的其他因素。[23]

例如，最近对美国银行（Bank of America）的一项研究发现，中国客车产量在 2006 年首次超过美国。然而，经过更细致的考察，发现中国定义的客车包括轻型货车，而美国不包括。如果轻型货车不计入客车，美国的客车生产依然领先。倘若包括运动型多用途乘用车（SUV）等轻型卡车，差距更加明显。尽管如此，中国该产业的增长率依然令人瞩目，自 1997 年以来产量激增 16 倍，而当时仅是美国的 5.4%。[24]

专栏 6—3

聚焦公司：佩瑞·艾力斯公司

佩瑞·艾力斯公司利用一个有价值的工具实现增长和整合

佩瑞·艾力斯国际公司（Perry Ellis International Inc.）是一家总部位于迈阿密的时尚企业，管理着 Perry Ellis，Nike Swim 和 Jantzen 等 27 个知名品牌构成的品牌组合。公司有三个目标：提供符合顾客需求的产品、增加门店数、整合其电子商务和实体店。公司在 12 500 个地方销售产品，包括自己的精品店和美国的 Nordstrom，Neiman Marcus 等高档百货店。

公司首席信息官路易斯·佩斯（Luis Paez）认为，在快速变化的时尚产业保持如此之多品牌、如此之多渠道的相关性，要求公司密切关注消费者的需求和品位。他说："我们的做法是对各销售点收集的数据进行数据挖掘。我们还使用地理信息系统（GIS）软件和自定义程序来预测趋势和分析销售点（point-of-sale，POS），直至商店层面的最小存货单位（stock keeping unit，SKU）。"他接着补充道，"这些战略使我们将正确的产品推向正确的市场。"

使用甲骨文公司（Oracle Corp.）的专门软件，佩瑞·艾力斯公司可以过滤销售点数据，然后将其输入另一个软件模块，计算出是否需要降价，并且将这些信息立即发回零售店。这一过程减少了不必要的降价，同时使销量增加。更重要的是，同一系统可以用于公司新开设的在线商店，帮助它们根据顾客购买行为了解需求趋势，计算需求并设计促销活动。所以，一个客户数据流可以用于整个组织几近实时的营销和定价策略，这是拥挤的时尚零售行业亟须的竞争优势。

资料来源：Adapted from：Amato-McCoy，D. M.（2007，February）. Perry Ellis' IT priorities. *Chain Store Age*，*83*（2），33.

数据报告

对许多研究人员而言，没有什么比看到自己数周、数月努力完成的最终报告被高管束之高阁更令人沮丧了。企业高管对调研行业的术语和实践可能并不精通，确保他们理解并应用调研报告的最好方法是，让报告容易阅读，而且对管理者有用。

在最终报告中遵循调研目的的顺序和结构，这是引起管理者关注的可靠办法，因为他们花钱是想知道问题的答案，而起初是因为有问题才进行调研。通过在原始问题和研究发现之间建立直接联系，调研人员可以使那些未经历调研过程的人理解报告的逻辑和结论。调研人员若能以通俗易懂的故事形式而非干巴巴的数字分析展示调研结论，也许人们会对报告有更大兴趣，在组织的其他部门产生更显著的影响。[25]

如今，调研人员不仅依靠文字来教育主管，视频或者录音等多媒体工具有时可以在几分钟之内就达到交流目的，而阅读报告可能会花费数小时。多媒体展示方法可能更加适合高管自己的信息处理风格。现在，这些多媒体能够轻松嵌入展示之中，或者作为最终报告的视听辅助资料。[26]

全球营销情报/信息系统

一家美国大型制药公司的首席执行官大喊道："我做梦也没想到这事会发生在我们身上！"该公司不知道自己受到参议院健康分委会的调查，指控其在两个畅销品的调研上行为不当。

另一个例子涉及丰田对安全问题反应迟缓，最终导致在 2010 年召回全球 850 万辆汽车。问题在于，为何像日本丰田汽车这样的全球公司未能预见这一问题，而且没有一个现成的应急预案。一些人指责日本的共识文化，冗长的决策过程阻碍了快速响应。

这些案例说明这些公司像其他公司一样，不具备充分的"预警"能力或信息系统，导致管理人员无法预见危机。

营销情报与营销调研不同步。营销调研往往关注一个特定问题或项目，有明确的开始、过程和结尾。营销情报/信息系统涉及营销信息的持续收集和分析。情报是经过评估的信息，其可靠性、含义和重要性已经明确，因此可用于当前或潜在的营销环境中。

美国市场营销协会将营销信息系统（marketing information system，MIS）定义为"用于营销决策的常规且有计划的信息收集、分析和展示的一整套过程和方法"。换言之，营销信息系统的目的不仅是聚合数据，而且要帮助将数据转换成有意义的信息，并用一种便于决策的方式展示出来。良好的营销信息系统应该帮助整合营销信息和会计、运营等组织内其他部门存储的有关信息，因为今天大多数组织职能必须依赖最新的全球市场信息才能保持竞争力。由此看来，以项目为基础、在一段时间解决特定问题的营销调研，便成为更宽泛的营销情报系统的一个组成部分。营销情报系统旨在从多种来源持续不断地收集、阐释和组织营销信息，来源可能包括：

- 二手数据分析
- 人力资源
- 驻外高级经理、公司子公司和附属机构
- 旅行和建立联系
- 数据库分析（内部/外部）
- 行业专家
- 正式市场调查

此外，营销信息系统不仅是市场现状的快照，也可进行预测，用于将来或潜在的营销活动。图 6—1 展示了一个营销情报/信息系统模型。

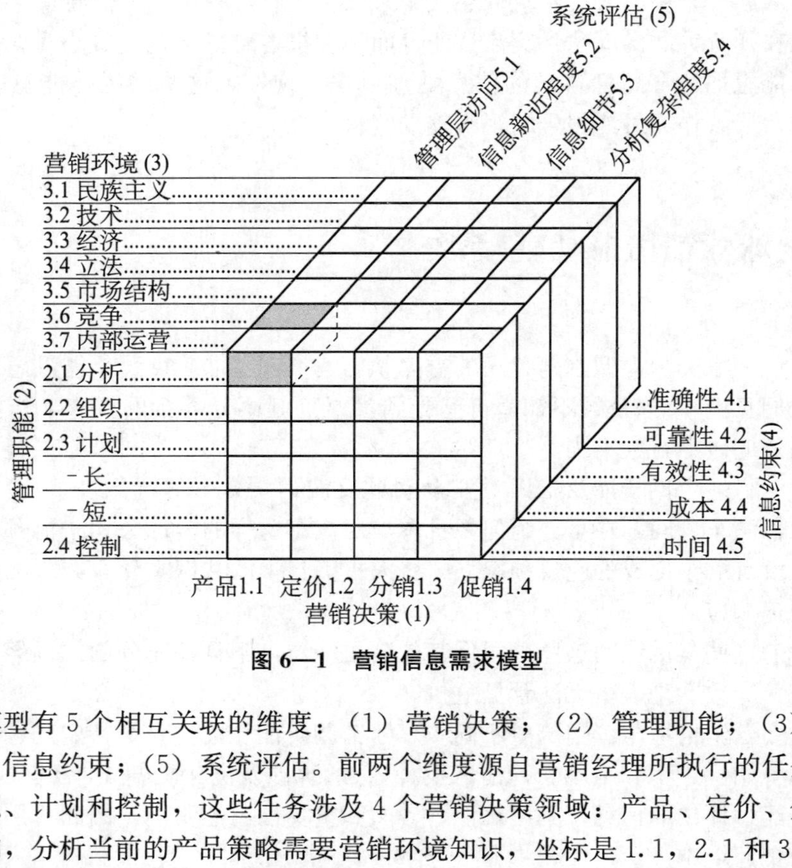

图 6—1 营销信息需求模型

该模型有 5 个相互关联的维度：（1）营销决策；（2）管理职能；（3）营销环境；（4）信息约束；（5）系统评估。前两个维度源自营销经理所执行的任务，即分析、组织、计划和控制，这些任务涉及 4 个营销决策领域：产品、定价、分销和促销。例如，分析当前的产品策略需要营销环境知识，坐标是 1.1，2.1 和 3.5，这次产品分析涉及的是市场结构，包括市场份额、市场细分等。每个单元都成为计划书中的一页或一部分，计划书包括营销决策所需的全部信息和每个单元代表的管理职能。

对于任一单元，还有另外两个维度，例如，时间和成本以及情报系统评估。收集数据时一定要检验数据的有效性和可靠性，如维度 4 所示。系统评估可通过 4 个标准来完成：（1）管理层访问，即信息请求和获准之间的时间间隔；（2）信息新近程度，指从事件发生到存储于系统之间的时间间隔；（3）信息细节，即系统存储信息的细致程度；（4）分析复杂程度，指系统中的数据结构，从事件描述到统计评估和建模。

信息民主化是使营销信息系统行之有效的因素之一。信息存在于网络和其他免费、易得的来源之中，这使产品或公司营销命运的控制权由营销者转移给消费者。如今，国际营销人员需要审视和监控的不仅是竞争对手在做什么，还有博主张贴什么类型的产品信息、YouTube 视频如何展现其产品特性，以及产品在 Epinions. com 等消费网站上的评价如何。这可以解释为何定制信息过滤和雅虎、MSN、谷歌等门户网站的电子代理等特性日益流行，以及为何兴起称为“聚合器”或订阅器的 RSS（Really Simple Syndication）[①] 工具。

营销人员手头也有新型技术工具来提供帮助。在医药、计算机技术、电信、国防和航空航天等竞争激烈的行业，领先企业越来越多地使用数据管理程序、专业数据挖掘软件、文本检索和分类、专利搜索、网页追踪和网络监控技术。依靠这些技术，高管更容易接触广泛的媒体来源、提炼出与公司最相关的信息并在组织内分享。

本章小结

- 在制定营销策略时，全球营销调研的重要性与日俱增，因为国家之间具有文化、社会和经济差异。企业在开拓新市场时，需要运用特殊技能来应对市场差异，并在区域内协调调研活动。在全球和地区开展经营的公司需要决定调研范围是在全球、地区还是国家。在大多数情况下，调研如何进行取决于公司业务在全球的组织情况。此外，全球公司还需要决定营销调研交予公司内部，还是外包给跨国调研机构或当地公司，它们可能对特定地区或国家所需的调查技术掌握得更好。

- 技术的进步，比如互联网，对全球营销调研有显著贡献。在互联网出现之前，全球（和国内）营销调研只有大型公司才有能力负担。如今，相当多的国际营销调研可通过个人电脑在几个小时内完成。基于电脑技术的数据收集设备，比如扫描器、计算机辅助电话调查系统（CATI）和计算机辅助面访（CAPI），在发达国家使用频繁，在新兴国家也开始使用。当然，跨国公司依然拥有更多调研资源，而中小企业可下载大量调研资源，成本能负担得起。

- 全球公司日益认识到，为了获得长远规划所需的竞争对手和市场结构未来预测，除营销调研之外，营销情报/信息系统也很必要。营销情报/信息系统还具有预警功能，以避免错失市场机会或者用于预测威胁。这些威胁一旦发生，会使公司损失惨重。

讨论题

1. 在肯尼亚、尼日利亚、加纳、南非的家庭用户调查中，哪种信息收集方法（个人访谈、电话访谈等）更好？请参考表 6—2。

2. 营销副总裁派你调查巴黎和纽约顾客的餐厅偏好，为此你将使用哪些信息来源？

---

① RSS 即简易信息聚合。——译者注

3. 特定国家的消费品进口量是这些产品国内市场容量的一个很好的衡量指标吗？为什么？

4. 什么类型的信息对全球公司至关重要，而只在国内经营的公司往往并不需要？详细说明全球公司关键信息的类型。

体验性练习

1. 访问 www. acnielsen. com 网站，并从“趋势和洞察”（Trends and Insights）部分选择一个消费者报告。基于报告中的发现，请为一个特定产品类别进入一个新市场提出战略建议，并说明理由。

2. 你就职于一家中等规模的消费品公司，公司决定扩展至中国。你作为营销经理，需要雇用一家市场调研公司进行初步研究来决定哪些产品线应该首先进入中国。确定你面临什么调研问题，哪些问题你希望在调研项目结束后获得答案。

3. 采用图 6—1 的营销信息需求模型，说明应当用哪些单元来获得以下问题的信息：

a. 假设你在 X 国的经营可能受到政府更替的威胁，你将如何确定事件发生的可能性？

b. 你获悉在 Y 国的竞争对手正在开发一个新产品，倘若成功，该产品将优于你的现有产品。你如何获得有关竞争对手新产品开发阶段的信息？

关键术语

国外市场机会分析（foreign market opportunity analysis）
国际营销调研（international marketing research）
市场调研（market research）
营销调研（marketing research）
在线调研（online research）
一手调研（primary research）
定性研究（qualitative research）
定量研究（quantitative research）
二手调研（secondary research）
自我参照标准（self-reference criterion，SRC）

注释

[1] ESOMAR.（8 September 2009）. *ESOMAR global market research report—slowdown in market research revenues confirmed*. Press release. Retrieved from www. esomar. org/index. php? mact=News, cntnt01,detail,0&cntnt01articleid=211&cntnt01returnid=1894.

[2] Anderson, T.（2009, March）. Back to basics. *ESOMAR's Research World*, 12-14.

[3] American Marketing Association. Definition of marketing. Retrieved from http://www. marketingpower. com/AboutAMA/Pages/DefinitionofMarketing. aspx.

[4] Forsyth, J. E., Galante, N., & Guild, T.（2006）. Capitalizing on customer insights. *The McKinsey Quarterly*, *3*, 43-53.

[5] Bowman, J.（2009, April）. Made in Asia. *Research World*, 17.

[6] Aaker, David A., Kumar, V., & Day, G.（2004）. *Marketing research*（8th ed.）. Hoboken, NJ: John Wiley & Sons, Inc.

[7] Holscher, A., & Grogan, A.（2008, April）. Breaking the mold. *Research World*, 12-15.

[8] ESOMAR.（8 September 2009）. *ESOMAR global market research report—slowdown in market research revenues confirmed*. Press release. Retrieved from www. esomar. org/index. php? mact=News,

cntnt01,detail,0&cntnt01articleid=211&cntnt01returnid=1894.

[9] Fielding, M. (1 February 2007). Special delivery. *Marketing News*, 13.

[10] Anthony, S. (2 September 2009). In market research, use numbers with caution. [Web log post]. Retrieved from http://blogs.hbr.org/anthony/2009/09/in_market_research_use.html.

[11] Denzin, N. K., & Lincoln, Y. (Eds.). (2005). *The Sage handbook of qualitative research* (3rd ed.). Thousand Oaks, CA: Sage Publications, Inc.

[12] McDonald's. (9 May 2006). McDonald's announces global moms panel. [Press release]. Retrieved from www.mcdonalds.com/corp/news/corppr/2006/corp_05162006.html.

[13] McDonald's. (8 May 2007). McDonald's brings the joy of Shrek to customers around the world. [Press release]. Retrieved from http://mcdepk.com/shrek/mediadocs/McDonalds_Shrek_Lead-Release.pdf.

[14] Myers, M. B., Calantone, R. J., Page Jr., T. J., & Taylor, C. R. (2000). An application of multiple-group causal models in assessing cross-cultural measurement equivalence. *Journal of International Marketing*, *8* (4), 108-121.

[15] Riordan, C. M., & Vandenberg, R. J. (1994). A central question in cross-cultural research: Do employees of different cultures interpret work-related measures in an equivalent manner? *Journal of Management*, *20* (3), 643-71.

[16] Yi, H., Merz, M. A., & Alden, D. L. (2008). Diffusion of measurement invariance assessment in cross-national empirical marketing research: perspectives from the literature and a survey of researchers. *Journal of International Marketing*, *16* (2), 64-83.

[17] Day, D. (2009, December). Online research grows up. [Special supplement]. *Research.*

[18] Gittelman, S., & Trimarchi, E. (2009, November). The value of consistency auditing of online panels. *Quirk's Marketing Research Review*. Retrieved from http://www.quirks.com/articles/2009/20091107.aspx? searchID=53982536.

[19] Online metrics get thumbs down. (2009, June). *Research*, p. 6.

[20] Poynter, R. (2009, October). The rise of observational research. *Research World*, 29-31.

[21] Evans, R. S. (2009, December). Promises and pitfalls of social media. [Special supplement] *Research*. Retrieved from www.research-live.com/magazine/promises-and-pitfalls-of-social-media/4001830.article.

[22] Crouch, S., & Housden, M. (2003). *Marketing research for managers*. Oxford: Butterworth-Heinemann, p. 223.

[23] Ibid.

[24] Simon, B. (8 March 2007). China speeds past the United States in passenger car production. *Financial Times*, 25.

[25] Widemann II, R., & Fitzgerald, A. (2008, April). By the numbers: mastering the art of writing quantitative research reports. *Quirk's*. Retrieved from www.quirks.com/articles/2008/20080410.aspx? searchID=65182389&msg=3.

[26] Johnston, G. (2005, December). Thoughts on the role of video and ethnography in marketing research. *Quirk's*. Retrieved from www.quirks.com/articles/a2005/20051206.aspx? searchID=65180541&sort=9.

案例6—1　力拓集团："严格业务"概念能否用于中国市场？

英澳矿业公司力拓（Rio Tinto）是世界第三大和澳大利亚第二大矿业公司。它是中国钢铁和铝生产企业的一个主要铁矿石供应商，与众多中国企业和政府机构建立了长期合作关系（Lo，2007）。

2008 年 2 月，为响应国家提高在世界矿产资源市场的参与度以支持内需的战略目标，世界第二大、中国最大的国有铝业公司中国铝业（Chinalco）通过收购力拓 9.3%的普通股与其建立起战略合作伙伴关系。从那时起，中国铝业成为力拓最大的利益相关者和最大的客户（Leggatt，DeGeer，& Makin，2009）。同时，中国向澳大利亚资源市场的拓展是否会威胁澳大利亚的国家利益成为一个激烈争论的政治话题（*ChinaStakes*，2009）。

就在 2009 年 2 月 6 日，即世界最大的英澳矿业公司必和必拓（BHP）竞价并购财务出现问题的力拓公司的截止日前不久，中铝与世界第三大铝生产商美国铝业组建合资公司（其中中国铝业拥有 91.45%的股份，美国铝业拥有 8.54%的股份）试图收购力拓 9%的股份，以阻止必和必拓的行动。它们签署了一份价值 195 亿美元的有条件合同，交予力拓股东和各政府部门等待批准（*ChinaStakes*，2009）。如果本协议成功实施，将保证中国铝业从力拓公司获得足够的矿物供应，以满足中国未来 20 年巨大的国内需求，同时将其在力拓的持股比例提高到 18%。在考虑中铝出价的同时，力拓公司等待所有相关公司提出更高的报价。“必和必拓（BHP Billiton）的出价尽管有所提高，但未能认识到力拓优质资产和未来前景的潜在价值。”力拓董事长保罗·斯金纳（Paul Skinner）在新闻发布会上说（*BBC News*，2008）。

2009 年 6 月 5 日，力拓与必和必拓达成估值 58 亿美元的合资协议来共同开采西澳大利亚矿山，并立即放弃中铝的报价，为此付出了 1.95 亿美元的违约费用，这在附条件合同条款里写明（Zhu，Wu，& Ma，2009）。根据 Fortgang，Lax and Sebenius（2003，p. 66），合同条款指的是合同中明确写入的条款和条件。至于力拓拒绝中铝的提议，国家发展和改革委员会对外经济研究所主任张燕生认为，可能是出于“某些非经济因素的考虑”（Zhu et al.，2009）。事实上，这两个大型矿业公司的合作“正是澳大利亚政府希望看到的”，Umetal 公司的分析师胡凯安（Hu Kaian）评论道（Zhu et al.，2009）。

然而，力拓的不友好行为让北京方面很生气（*BBC News*，2009）。工业和信息化部的官员陈沿海公开回应称，力拓与必和必拓的铁矿石联盟带有“很强的垄断色彩”（Powell，2009）。两个大型矿业公司的合并产量达到世界铁矿石供给的 1/3，这将大大削弱中国大型钢铁和铝企业原本不强的议价能力（*BBC News*，2008）。

2009 年 7 月 9 日，中国方面证实，来自力拓矿业集团的澳大利亚籍中国高层管理人员胡士泰和他的 3 个下属因涉嫌刺探和窃取国家机密遭到拘留，他们主要负责与中国钢铁协会进行铁矿石供应的价格谈判。之所以遭拘留，可能与 4 人收集中国钢铁企业的定价信息来制定他们的谈判策略有关（Barboza，2009a）。

此后数周，澳大利亚不断施加压力，加上国际商界对这一案件缺乏透明度表示关注，2009 年 8 月 12 日，中国官员向澳大利亚外交官透露，他们决定撤销最初对 4 名力拓员工的窃取国家机密的指控，取而代之的是轻得多的商业贿赂和侵犯商业机密的指控（Barboza，2009b）。初始的窃取国家机密的指控可能判决终身监禁，而对商业贿赂的处罚可能仅仅是罚款或有固定期限的刑期（Galani，2009）。现在，将由中国调查人员决定是将案件移交检察机关还是予以放弃（Kang & Norton，2010）。

考虑上述事实，拘捕力拓员工确实反映出中澳政府之间的政治、经济关系处于两难境地。由于国内政治压力和中国国有企业中铝控制其国家利益的可能性，澳大利亚外资审查委员会（AFIRB）极有可能不批准中铝对力拓的195亿美元投资。因此，力拓除了利用中铝的出价与另一家英澳矿业公司必和必拓讨价还价，使交易更好地解决迫在眉睫的短期财务问题之外，没有其他选择。两大英澳公司之间的联盟明智地避开了澳大利亚外资审查委员会的干预。然而，力拓与必和必拓的联合对其老朋友中国铝业而言可能是一种背叛，因为它拒绝中铝的报价，就是为了与必和必拓建立合资公司以避免股东和澳大利亚外资审查委员会的异议。

作为回应，中国铝业公开谴责力拓为"可耻的女人"（Nagpal，2009），因为力拓的倒戈将其与中铝和中国政府的长期关系推到了悬崖边，也使中铝在中国政府面前丢了面子。与此同时，北京方面对一个长期贸易伙伴与中国铝业周旋最终却与必和必拓共舞的不友善行为感到震怒。"让将你带上台面的中国贸易伙伴丢面子，这不仅是失礼，而且是一场灾难"（Graham & Lam，2003，p. 9）。实际上，铁矿石价格谈判为这种关系的两难境地添了一把火。Tung（1982）很早以前就警告过西方企业，真诚和长远预期才是它们与中国合作伙伴谈判应有的态度。西澳大利亚州长科林·巴奈特（Colin Barnett）表示同意，指出"澳大利亚与中国的外交、政治和经济关系完全由力拓这家私人公司及其在伦敦的会议室决定，是不妥当的"（佚名，2009）。

从窃取国家机密的指控降级为商业贿赂，并对继续或取消贿赂指控予以考虑，这实际上是中国政府就两国间政治、经济关系修复的可能性给力拓和澳大利亚政府释放的信号。纽约大学的中国法律专家杰罗姆·科恩（Jerome Cohen）评论道："把这（案件降级）置于商业背景，而不是国家机密范畴内……似乎是为了降温"（Garnaut，2009）。总而言之，中国政府将利用相关法律来惩罚一个打乱其计划的公司，回应其背叛老朋友、破坏长期合作关系的行径。事实上，法律学者指出，中国的国家保密法是模糊的（Cohen & Daum，2009），经常用来惩罚政治对手或是那些对国家利益有威胁的人。因此，公司在中国开展业务，项目谈判需要符合中国的国家利益，关键是与中国政府和所有相关方面维持和谐关系，这对于避免公司掉下政治悬崖至关重要。Ho（1979），Wilson（1974）和其他人（Kirkbride et al.，1991）都支持这种观点。此外，Ghauri and Fang（2001）及其他学者（Fayerweather & Kapoor，1976；Ghauri，1996）指出，中国式政治在生活各方面无孔不入。在中国的计划经济体制下，商界和政界几乎难以分离。因此，外国公司及其高管必须重视其中国合作伙伴的政治立场，不要陷入中国权力争斗的交叉火力中（匿名，1995）。

关于第二个问题，实际上中国政府对国家工作人员在公务活动中接受或给予国外公司的礼物有非常严格的法律规定。根据《国务院关于在对外公务活动中赠送和接受礼品的规定（1993）》，在没有授权的情况下，任何政府人员不得以暗示或明示的方式向外国公司索要礼物（第2条和第8条）（中国政府法制信息网，1993）。此外，根据1988年1月21日通过的《全国人民代表大会常务委员会关于惩治贪污罪贿赂罪的补充规定》（http://www.lawinfochina.com.ezproxy.lb.polyu.edu.hk/），与国家工作人员、集体经济组织工作人员或者其他从事公务的人员勾结，伙同受贿的，以共犯论处（第4条）。第7条指出，为谋取不正当利益，给予国家工作人员、集体经济组织工作人员或者其他从事公务的人员以财物的，是行贿罪。

Steidlmeier（1999）指出，纵观整个中国历史，可以发现中国政府一直在使用法律法规谴责腐败和贿赂。事实上，政府将继续对违法公司施加压力。在此背景下，中国法律确实反对外国公司的赠礼行为，特别是用现金或有价证券贿赂国家工作人员的行为，因为贿贿和礼金之间的界限是十分模糊的。据《费尔法克斯新闻》(*Fairfax Press*)一篇未经证实的报道，力拓雇用公关公司定期向中国记者派发装有大量现金的信封，以便在中国媒体上得到大量报道（Crook，2009）。如果这是真的，这 4 名力拓公司员工由于送礼或行贿，可能已经间接地触犯中国法律，因为公司经理在中国被视为公司的法律代表（Fu，1993）并对其员工行为负责。因此，对力拓的高层及其手下 3 名雇员的逮捕似乎与中国法律制度相符。

总之，当进入中国这个重要市场时，跨国公司的管理者必须对社会和政治环境保持高度敏感。

资料来源：Case prepared by Dr. Thomas K. P. Leung of the Department of Management & Marketing, The Hong Kong Polytechnic University, Hung Hom, Kowloon, Hong Kong. Reprinted with permission.

讨论题

1. 跨国公司管理者与中国合作伙伴是否仅仅在谈判时才应当强调合同的条款？倘若不是，与中国合作伙伴确立合同关系时还需要注意什么？

2. 跨国公司管理者与中国合作伙伴谈判时是否应当完全遵守当地习俗，比如送礼？如果不是，该怎么办？

3. 除了经济因素，跨国公司管理者还应当考虑其他哪些潜在因素？

参考文献

Anonymous. (6 February 2008). Anglo-Australian mining giant BHP Billiton has formalized a hostile bid to buy its rival Rio Tinto in a deal worth about U. S. $147bn (£74. 8 bn). *BBC News*. Retrieved from http://news. bbc. co. uk/2/hi/business/7229516. stm on January 21, 2010.

Anonymous. (11 July 2009). Australia not handle well relation with China: West Australian Premier. *People's Daily*. Retrieved from http://english. peopledaily. com. cn/90001/90776/90883/6698338. html on January 19, 2010.

Anonymous. (14 February 2009). Chinalco eyes assets and board seats in Rio Tinto deal. *China-Stakes*. Retrieved from http://www. chinastakes. com/2009/2/chinalco-eyes-assets-and-board-seats-in-rio-tinto-deal. html.

Anonymous. (25 February 1995). The perils of connections. *The Economist*, 64-65. Anonymous. (2009). Rio Tinto-Chinalco U. S. $19. 5B deal now dead. *China Daily*. Retrieved from http://www. chinadaily. com. cn/china/2009-06/05/contents _ 8252601. htm on January 21, 2010.

Anonymous. (6 February 2009). Mining firm Rio Tinto has rejected a U. S. $147bn (£74. 8bn) takeover offer from rival BHP Billiton. *BBC News*. Retrieved from http://news. bbc. co. uk/2/hi/business/7230670. stm on January 21, 2010.

Anonymous. (14 July 2009). China's Rio Tinto inquiry widens. *BBC News*. Retrieved from http://news. bbc. co. uk/2/hi/business/8149061. stm on January 21, 2010.

Barboza, D. (9 July 2009a). China says Australian is detained in spy case. *The New York Times*. Retrieved from www. nytimes. com/2009/07/10/world/asia/10riotinto. html on January 28, 2010.

Barboza, D. (12 August 2009b). 4 on Rio Tinto's China staff won't face spying charge. *The New York Times*. Retrieved from www. nytimes. com/2009/08/13/business/global/13riotinto. html on January 28, 2010.

China Legislative Information Network System. (1993). *Regulations of the State Council of the People's Republic of China on giving and receiving gift in official functions involving foreigners*. Retrieved from www. lawinchina. com/laws/list. asp on January 1, 2010.

Cohen, J. A., & Daum, J. (2009, August 6). China's draft state secrets law: revision without reform. *United States Asia Law Institute*. Retrieved from http://www.usasialaw.org/?p=1491 on February 5, 2010.

Crook, A. (16 July 2009). The envelope please: Rio's winning way with public relations. *Crikey*. Retrieved from http://www.crikey.com.au/2009/07/16/the-envelopeplease-rios-winning-way-with-public-relations on February 3, 2010.

Fayerweather, J., & Kapoor, A. (1976). *Strategy and negotiation for the international corporation: Guidelines and cases*. Cambridge, MA: Ballinger Pub. Co.

Fortgang, R. S., Lax, D. A., & Sebenius, J. K. (2003, February). Negotiating the spirit of the deal. *Harvard Business Review*, 66-75.

Fu, T. (1993). Legal person in China: Essence and limits. *American Journal of Comparative Law*, *41*, 261-272.

Galani, U. (12 August 2009). China steps back in Rio Tinto "spy" case. *The Telegraph*. Retrieved from http://www.telegraph.co.uk/finance/breakingviewscom/6016800/China-steps-back-in-Rio-Tinto-spy-case.html.

Garnaut, J. (12 August 2009). Rio "spy" case: Stern Hu officially charged.

Sydney Morning Herald. Retrieved from http://www.theage.com.au/business/rio-spy-case-stern-hu-officially-charged-20090812.

Ghauri, P., & Fang, T. (2001). Negotiating with the Chinese: A socio-cultural analysis. *Journal of World Business*, *36* (3), 303-325.

Ghauri, P. (1996). Introduction. In P. N. Ghauri & J. C. Usunier (Eds.), *International business negotiations* (pp. 3-20). Oxford: Pergamon.

Gundlach, G. T., & Murphy, P. E. (1993). Ethical and legal foundations of relational marketing exchanges. *Journal of Marketing*, *57*, 35.

Graham, J. L., & Lam, M. N. (2003, October). The Chinese negotiation. *Harvard Business Review*, 82-91.

Kang, B., & Norton, J. (8 January 2010). Rio Tinto spy saga set to move forward next week. *Mineweb*. Retrieved from www.mineweb.com/mineweb/view/mineweb/en/ on January 27, 2010.

Kirkbride, P. S., Tang, S. F. Y., & Westwood R. I. (1991). Chinese conflict preferences and negotiating behavior: cultural and psychological influences. *Organization Studies*, *12* (3), 365-386.

Leggatt, H., DeGeer, C., & Makin, J. (2009, March). *Rio Tinto Review*, Issue 89.

Lo, A. (2007, August 27). *Rio Tinto in China*. Speech and presentation in Beijing.

Retrieved from www.riotinto.com/media/speeches_6693.asp on January 28, 2010.

Nagpal, S. (4 September 2009). Rio Tinto toughens China iron ore stance. *TopNews.in*. Retrieved from www.topnews.in/rio-tinto-toughens-china-iron-orestance-2210537 on February 1, 2010.

Powell, B. (24 August 2009). Rio Tinto—China strikes back. *CNN News*. Retrieved from http://money.cnn.com/2009/08/24/news/companies/china_rio_tinto.fortune/index.htm on January 28, 2009.

Steidlmeier, P. (1999). Gift giving, bribery and corruption: Ethical management of business relationships in China. *Journal of Business Ethics*, *20*, 121-132.

Tung, R. L. (1982, Fall). United States China trade negotiations: Practices, procedures and outcomes. *Journal of International Business Studies*, *13* (2), 25-37.

Zhu, Y., Wu, Q., & Ma, S. (2009). Chinalco confirms deal breakup with Rio Tinto, expresses disappointment. Retrieved from www.chinaview.cn on January 21, 2010.

第7章 选择国际市场

这是一个最好的时代，也是一个最坏的时代……

——查尔斯· 狄更斯《双城记》

学习目标

1. 理解公司向海外而非本国市场扩张的动机。
2. 明确国际市场扩张的驱动力。
3. 了解国际化理论的基础。
4. 运用各种模型选择进入模式。
5. 将国际化理论用于商务案例研究。
6. 运用国际市场筛选工具。

Nuvotronics（化名）公司目前年销售额为450万美元，有65名员工。80%的销量来自美国政府和军队，20%来自商业买家，包括油气、航空和卫星制造业。公司的核心竞争力是生产可在极端环境下工作的高性能和高可靠性的电容、模具和组件，借此在竞争中脱颖而出。其国际销量大约占总销量的15%。为了削弱产业内在的国内商业和政治周期性，公司想在5年内将国外销量提高到总销量的30%。因此，公司的目标是大力提升国际化程度。

当公司做出战略决策，通过投入有形和无形资产、经验知识、学习和人力资源，决定进入国外市场并使公司经营与国际环境相适应时，就产生了**国际化**（internationalization）。管理人员必须意识到，由于不同国家顾客需求的复杂性，以及来自本国和国际公司的密集竞争，国外或国际市场比国内市场的竞争更加激烈。国际市场一方面为Nuvotronics这样的公司提供了扩张和盈利的机会，另一方面代表着艰难的竞争环境。所以管理人员在进入市场、进入模式及进入时机上的选择至关重要。

本章将介绍公司可选择的方案，以及对内（本国）和对外（外国）扩张的动机。对于Nuvotronics而言，管理层的首要决策是决定集中于国内市场，还是向海外扩张，或两者兼而有之。

假设公司决定向海外扩张，下一步是寻找特定的市场机会。一旦发现有潜力的市场，就需要确定扩张战略，以便进入一个市场（集中化），或在短时间内进入多个市场（多样化）。之后，必须选择一种进入模式（如出口、特许经营或其他模式）。Ansoff（1965）模型是一个理解各种扩张方式的很好的框架。

安索夫扩张模型

显而易见，为了竞争和盈利，企业必须扩大经营。安索夫（Ansoff）认为，公司可以通过四种方法实现这一目标：市场渗透、市场开发、产品开发和多样化。以下矩阵（图 7—1）描述了这些可能性。当公司发明新产品或者渗透到新市场时，商业风险随之增加。

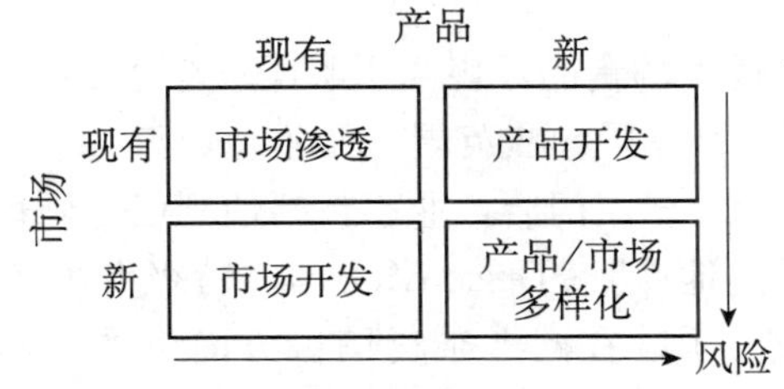

图 7—1　安索夫矩阵

资料来源：Adapted from：Igor Ansoff，“The Firm of the Future，” *Harvard Business Review*，September-October 1965.

现有市场/现有产品

公司选择该战略意欲用现有产品在现有市场上获取更高市场份额。营销活动会获得更多资源，用于调整营销组合，例如采用更具攻击性的广告和促销。市场渗透也可通过提供价格折扣、与顾客建立更好关系来实现。渗透战略在四种增长战略中风险最低。Fuller's London Pride（一种啤酒品牌）便是该战略的一个应用实例。

你是否听说过或者品尝过 Fuller's London Pride？它最初只在英国东南地区销售，后来却成为全国最畅销的鲜啤酒，它通过改进产品及投资于更好的广告和商品陈列实现市场渗透。

现有市场/新产品

该战略意味着向当前市场提供新产品，它要求开发或收购新产品，或进行产品线延伸。一个很好的例子是以自来水钢笔出名的德国万宝龙（Mont Blanc）公司。一旦你购买了一支或一套万宝龙钢笔，你就会一直用下去，只有少数收藏家会再购买钢笔或铅笔。为了在现有客户中扩大销量，万宝龙延伸至饰品领域，比如钱包和袖扣。

新市场/现有产品

新市场可能仅仅在国内，或者既在国内也在国外。最大的女装零售连锁店之一Dress Barn（在美国48个州和哥伦比亚特区有约1 500家门店）自1962年成立以来主要在美国东部经营。2005年它收购了Maurices连锁店，从此扩张至美国中西部和西部。公司在美国以外地区没有商店，大多数服装采用合同制造，产自亚洲、中东和非洲。

相反，英国最大的食品零售商乐购谋求全球多样化扩张，大部分店面分布于英国之外（见图7—2）。乐购在英国、爱尔兰、匈牙利、波兰、捷克、斯洛伐克、土耳其和亚洲有2 300多家门店，业态包括便利店“乐购捷运”（Tesco Express）、小型城郊商店“乐购地铁”（Tesco Metro）、特级市场（Tesco Extra）、金融服务公司和一家电信企业。乐购在网上杂货销售方面也处于领先地位，其在线商店网址为www.tesco.com。

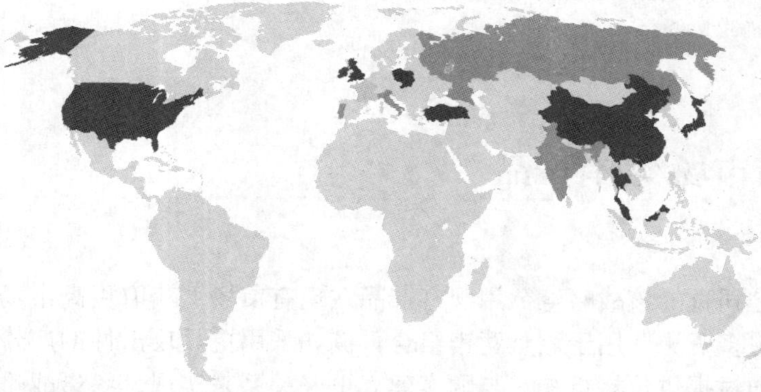

● 乐购目前开店的国家和地区（美国、爱尔兰、英国、捷克、波兰、斯洛伐克、匈牙利、土耳其、中国大陆、日本、韩国、马来西亚、泰国）
● 乐购计划或者设想将来要开店的国家（葡萄牙、意大利、印度、俄罗斯）
○ 乐购已经退出的国家和地区（法国、中国台湾）

图7—2 乐购的全球版图

资料来源：Adapted from：www.tescopoly.org/index. Retrieved June 20，2011.

新市场/新产品

苹果电脑通过瞄准图形设计市场起步，如今它不仅向最终消费者销售电脑，还有以 iPod 和 iPad 为代表的电子消费品。苹果也在向全球扩张。例如，2008 年，苹果在英国有 19 家商店（公司最大的商店不在美国纽约而在伦敦摄政街），加拿大 9 家，日本 7 家，澳大利亚 3 家，瑞士 2 家，中国、以色列和意大利各 1 家。当年，苹果个人电脑的全球份额大约是它在美国市场份额的两倍。[1]

国际化和安索夫矩阵

国际化定义为使公司运作（战略、结构、资源）适应国际环境的一个过程。因此，只有市场开发战略，即进入外国市场，才符合这一定义。然而，上述大多数公司已经采用安索夫矩阵中的全部或者大部分战略来拓展国内外业务。再看一下这个矩阵（图 7—1），以乐购公司为例，可以看出它曾采取全部四种战略。

乐购通过运用营销组合中的所有因素提高了国内外市场份额，包括产品线延伸和差异化，比如为现有客户提供金融服务及为现有客户和新客户提供电子消费品。乐购也进行了海外拓展，进入新市场。有哪些驱动因素促使上述公司和其他公司迈向国际化？

国际化动机

公司国际化的想法或冲动可能来自公司内部或外部。产生这样的想法，也许是因为管理层意识到海外市场比国内市场潜力更大，也许是因为来自外部的驱动力，比如，一个海外潜在买主听到公司产品的口碑或看到网上的一则新闻后与公司取得联系。自发跟踪和调查外国市场是一种**反应性动机**（reactive motive），类似于发生国内经济下滑等不可控事件所激发的企业动机；另一方面，国际化还有**前瞻性动机**（proactive motive），例如管理者渴望成为全球参与者。这些动机通常是表 7—1所示四类动机中的一种（Albaum et al.）。

表 7—1 **国际化动机分类**

	内部	外部
前瞻性	● 管理者要求 ● 增长和利润目标 ● 抢先竞争 ● 规模经济 ● 独特的产品/技术	● 国外市场机会 ● 变革者 ● 地理优势
反应性	● 分散风险 ● 延长季节性产品的销售 ● 产能过剩	● 自发的订单 ● 本国市场狭小 ● 本国市场停滞或下滑

资料来源：Adapted from：Albaum，G.，Strandskov，J.，Duerr，E.，& Dowd，L.（1994）. *International marketing and export management*（2nd ed.）. Reading，MA：Addison-Wesley.

Jompponen et al.（2004）[2]使用 Albaum et al. 的分类方法法调查了爱沙尼亚和俄罗斯银行的国际化动机，发现很多动机与表 7—2 相似。

表 7—2　爱沙尼亚和俄罗斯银行的国际化动机

	内部	外部
前瞻性	● 寻找市场动力，增加市场份额 ● 特色服务和品牌 ● 拓展产品范围和生命周期 ● 领导层富有远见	● 通过并购提高集中度 ● 改进信息技术 ● 改善物理基础设施（沟通网络）
反应性	● 提高业绩水平 ● 默认收购外资银行的恰当时机 ● 产能过剩	● 竞争激烈 ● 服务走向国际客户 ● 国内市场停滞或下滑

前瞻性动机

一般而言，内部的前瞻性动机源于管理层的信念，这种信念就是公司拥有可用于海外的专有资产，例如，可通过向国外出口产品加以利用的闲置产能、高管所拥有的尚未充分利用的国际经验、强大的品牌资产等。

对波兰中小型企业的一项调查发现，企业的国际化动机大部分是前瞻性的，如图 7—3 所示。

John Dunning（1993）[3]发现了四类前瞻性国际化动机：寻求市场、寻求资源、寻求效率、寻求战略资源。

市场寻求企业（marketing seeking firms）寻找扩张机会，也可能进入新市场以抢占竞争先机或者更好地服务客户。另一个原因是利用竞争优势。Filipescu (2007)[4]提供了烘焙、光学和玩具行业的三个企业国际化案例研究。在这三个案例中，企业涉足国际化的主要动机是在全球化中存活。三个企业都具有创新性，推出了新产品，因此它们有参与国际竞争的强大资产。Child and Rodrigues (2005)[5]进行了 4 项中国企业寻求市场的案例研究。研究表明，它们寻求技术和品牌资产以便在外国市场上赢得竞争地位。在这些案例中，中国企业受到激励，通过国际化来应对竞争劣势。它们的国际化战略是“向内”的，因为这些战略涉及原始设备制造商（OEM）和合资企业。同时，它们也通过收购海外资产实施“向外”国际化战略。

资源寻求企业（resource seeking companies）在海外投资以获取资源。企业以低于国内的比较成本获得所需资源，或者这些资源在本国根本不存在。收购原材料、利用低工资员工（特别是为了生产劳动密集型产品）就是如此。图中波兰中小企业的国际化动机主要在于寻求资源。

效率寻求企业（efficiency seekers）通常指那些已经立足国外，但试图通过共同治理和知识共享获得规模经济和范围经济从而优化运营的公司。

战略资源寻求企业（strategic resource seekers）指那些试图收购为长期战略目

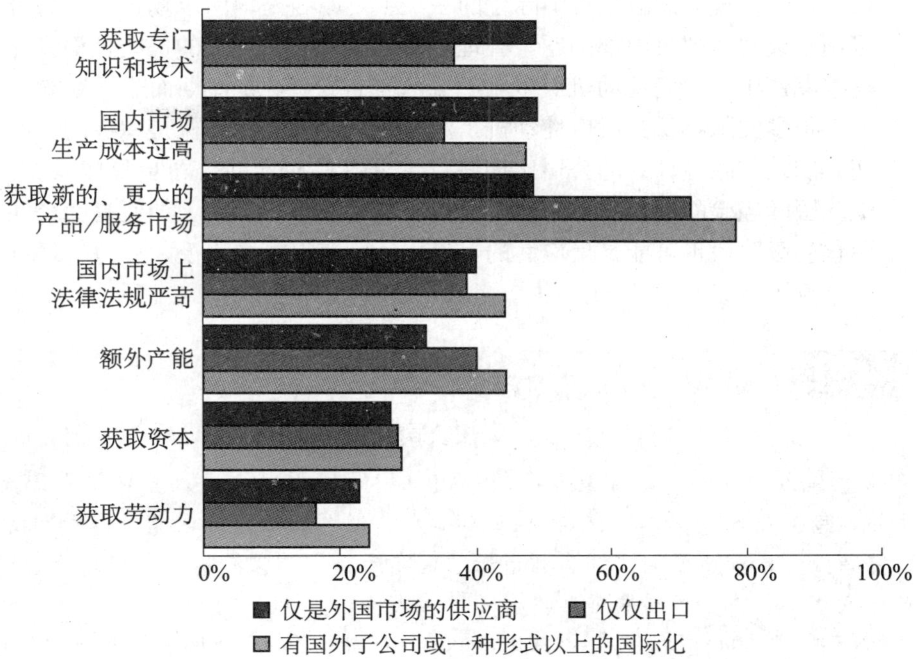

图 7—3 波兰企业的国际化动机

注：百分比表示某国际化动机"重要"或者"非常重要"的占比。

资料来源：Data from ENSR Enterprise Survey，2003.

标服务的关键资产从而获得竞争优势的公司，这些资产包括知识、专利和人力资源内嵌的一些技巧。

一种主要的外部动因或发起人是变革者（change agent），他们或许是外国公司（比如连锁百货店）的常驻采购员，为寻求供连锁店销售的产品而着手联系国内供应商。他们也可能就如何调整产品以适销国外市场提出建议。

另一类变革者是以色列出口协会（Israel Export Institute）雇用的所谓粗纱出口经理。这些出口经理虽已退休，但在各行各业积累了丰富的经验和渊博的知识。他们代表那些渴望国际化但缺乏相关知识和技能的当地中小型企业进行谈判，完成销售并安排货物出口。公司和协会对他们的工作给予适当报酬。

贸易协定也能促进国际化。一个用于减少贸易壁垒的协议必然会鼓励国内企业利用更低的关税从事出口业务。同样，取消东道国的银行和投资管制等壁垒，可以促使这些机构在海外建立分支机构或子公司。此外，海外市场更高的售价对出口可能形成有力的刺激。

反应性动机

具有反应性动机的公司将国际化视为应对当前不利市场条件的必要之举，这些条件可能是竞争压力、国内市场产能过剩或国内市场萎缩。Ersson and Tryggvason

(2007)[6]发现，北欧银行国际化的一个主要原因是国内市场饱和。另外，国际化也可用于改善或解决内部问题，管理者借此应对公司内部的一些负面变化。然而，在这些案例中，它们的动机更多属于战术而非战略，是短期而非长期的。

很多文献都认为反应性动机是消极的，而前瞻性动机是积极的。有一些证据表明，制定前瞻性计划的公司比那些仅仅具有反应性的公司更加成功。[7]资源优先而缺乏国际经验的小公司更倾向于进行反应性扩张。然而，即便是大公司，它们在国际化初级阶段也可能是反应性的，但之后会变得更加积极，喜力（Heineken）就是一个例子（见专栏 7—1）。[8]

专栏 7—1

聚焦公司：喜力

20 世纪五六十年代，喜力专门集中出口到那些用很少投入就可获得最大财务收益的市场，包括非洲、美国、波斯湾地区和免税市场。喜力并未将大量资源用于渗透发达、复杂而又竞争激烈的欧洲啤酒市场。仅在渗透进“容易的”市场之后，喜力管理层才在七八十年代将目标转向难度更大的发达市场。

资料来源：Adapted from：www. annualreport. Heineken. com. Retrieved，December 20，2010.

喜力从反应性扩张战略转变到前瞻性战略是因为竞争压力。它现在已经成为世界最大的啤酒制造和分销商之一。利用不同的进入战略和模式（许可、合资企业和收购），喜力在 170 个国家销售啤酒，并在 50 个国家建立了 100 多家酿酒厂。

国际化和市场进入理论

国际化理论试图解释在何种条件下，公司创建国内市场比进入外国市场更有效率。公司在国内市场而不是外国市场扩张取决于信息交易成本、机会主义和资产专属性。一般而言，在外国市场获得信息的成本远高于国内。公司对海外代理的控制更不容易，可能导致机会主义行为（代理在经营中更多考虑自身利益而非委托公司的利益，或者协议一方试图以牺牲对方利益为代价获取更大利益）。机会主义行为的例子包括不报告所有销售情况、无视总部的行为准则以及彻头彻尾的欺诈。此外，在母国市场，那些拥有技术或营销诀窍方面优势的企业能够受到更好的保护。如果海外经营的交易成本更高，会造成市场失败并形成企业国际化障碍。

尽管交易成本更高，公司仍然可以通过内部化（internalizing）技术诀窍等专门优势进行国际化，途径是采用直接投资而非授予代理技术许可的模式进入市场，因为后者有丧失技术诀窍的风险。内部化理论认为，当内部化收益超过其成本时，就会出现直接投资。

典型的国外进入模式是，先通过新市场上的当地代理进行出口，之后采用许可和全资子公司/制造工厂（见图7—4）。从一个阶段发展到下一阶段依赖于长期学习积累起来的经验知识。

图7—4 典型的国外进入模式

国际产品生命周期

雷蒙德·弗农（Raymond Vernon，1966）[9]建立了**国际产品生命周期**（International Product Life Cycle，IPLC）模型（见图7—5），这一模型解释了创新型美国制造商（和其他发达国家的类似厂商）的国际化。根据该模型，美国公司主要为国内市场开发新产品，当新产品在海外市场的需求凸显时，公司就会向海外出口该产品。国内生产和出口构成国际产品生命周期的第一阶段，即新产品。

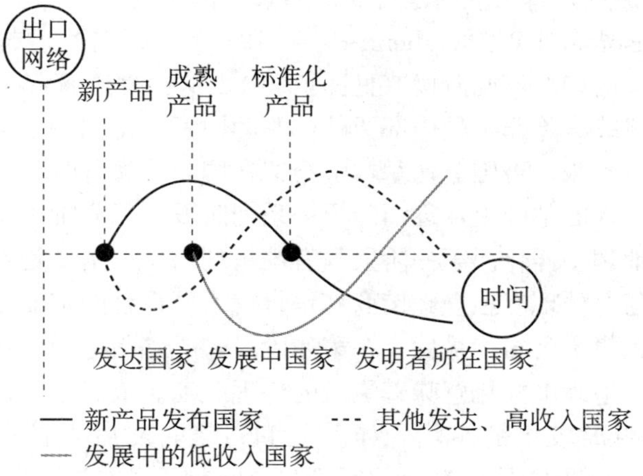

图7—5 弗农的国际产品生命周期

资料来源：International Product Life Cycle. Retrieved from www.provenmodels.com/583 on June 7, 2011. Reprinted with permission.

在第二阶段，即产品成熟阶段，新产品变得更像一种大宗商品，失去大部分竞争优势，国外生产商也很容易生产。此时，美国公司在海外市场面临来自发达国家和发展中国家的竞争，被迫以更低的成本进行生产。在这种情况下，美国厂商仅靠出口无法保持其海外地位，因此必须寻找其他生产地点，尤其是那些低成本的发展中国家。

当产品变得更加标准化，同时国内市场趋于饱和时，制造商必须想办法或者“再发明”产品，或降低过程成本，或将产品撤出市场。或者，在海外低成本国家生产产品，再出口本国。

IBM 手提电脑是国际产品生命周期的一个很好的例子。它首先在美国开发、生产；第二阶段，在国外设立了若干研发中心和生产厂；第三阶段，生产转移到亚洲国家，比如新加坡和后来的中国，在中国，产品被卖给联想。

批评

弗农的主要假设是新技术的扩散过程十分缓慢，足以使国家之间在新技术获得和使用方面形成暂时性差异。到 1970 年年底，他承认该假设不再有效。发达国家之间的收入差异显著下降，竞争者能够以比原先设想更快的速度模仿产品。跨国公司已经建立了一个全球生产网络，使得产品能在多个市场同时推出。

乌普萨拉模型

根据**乌普萨拉模型**（Uppsala model），企业首先进入与国内心理接近的市场（心理距离）[10]，之后随着经验知识的增加进入更远的市场。[11] 大多数研究人员同意，决策者最有可能首先探索那些他们认为与国内市场相似的市场。根据相似原理[12]，外国进入者采取的是所需产品修改幅度最小的战略。

Johanson and Weidersheim-Paul（1975）[13] 研究了瑞典公司的国际化，发现进入国际市场的四个不同阶段（见图 7—6）。这一理论解释了为什么企业在后期会研究国际化战略。除非某种内部或外部驱动因素，比如一个自发而来的出口订单，促使公司进行扩张，否则公司基本上会留在国内。随着时间的推移，企业在体验性学习和资源投入的基础上，逐渐经历一系列阶段，每一阶段都代表更高程度的国际市场承诺和地理多样化。第一阶段只有零星的出口，主要是自发而来的订单。第二阶段是通过与海外现有独立经销商和销售代表签订合同定期出口。在第三阶段，企业组建海外销售子公司。最后，在第四阶段，成立制造子公司。据此模型，当公司进入新市场，地理多样化意味着更大的心理距离。依据这一假设，瑞典公司可能首先进入心理距离较小的市场，如芬兰和丹麦，之后再扩展到更远的市场。然而，Nordström（1991）[14] 发现，他所研究的瑞典公司首先进入德国、美国和英国市场，之后才进入丹麦、芬兰和挪威。

批评

阶段模型受到很多批评。为什么公司不能超越阶段？知识获取速度比阶段模型所显示的更快，通过雇用经验丰富的国际管理者、参加由出口机构和咨询公司赞助的研讨会便可获取知识。可能的另一种解释是，自这些模型提出以来，信息的快速传播使世界变得扁平而整合。

对模型的另一个批评是，它具有单向性，不考虑在特定阶段策略有可能改变，如撤资或选择战略联盟等合作模式。

早期国际化理论的批评家认为，它过分简化。援引意大利和以色列悖论等案例，他们争辩道，在这些国家，出口商并非逐渐渗入国外市场（如创建分支机构、

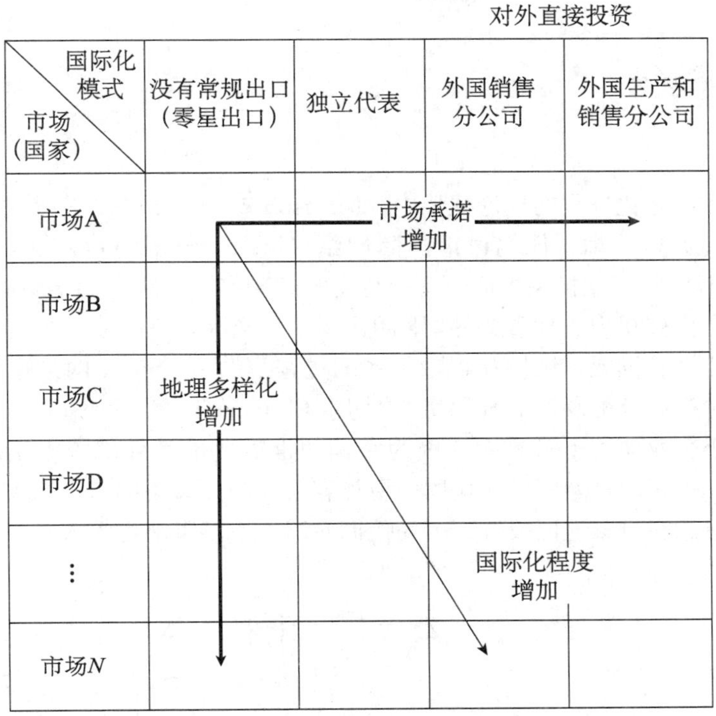

图 7—6　企业国际化的渐进途径

资料来源：Adapted from：Forsgren，M.，& Johanson，J.（1975）. *Internationell företagsekonomi*（*International business economics*）. Stockholm：Norstedts；Dervilée，F.，Rieche，M.，& Zieske，A.（2004）. *Internationalization and foreign market entry choice*：*An alternative approach to the Kristianstad 30 Model* [MBA thesis]. Högskolan：Kristianstad.

子公司或制造厂），而是通过加强与经销商的沟通实现更高效的市场扩散（见 Rosson and Reid（1987）[15] 和 Bonaccorsi and Dalli（1990））[16]。这些**天生全球化公司**（born globals）最开始并没有服务于本地市场，而是开展海外经营。国际化理论家则辩解，简单的演进式理论直到 20 世纪 70 年代对企业国际化而言都是合适的，当时市场尚未全球化和一体化，但他们不认为这一理论适合当今时代。

专栏 7—2

聚焦技术：天生国际化

澳大利亚上市公司 Infomedia 现在已经是全球汽车行业电子零件目录的领先供应商，总部设在悉尼，在墨尔本、欧洲、日本、拉丁美洲和北美洲设有支持中心。

这一天生国际化公司通过与其他企业合作的方式首先进入国际市场，之后通过自己的全资子公司分销产品。作为典型的天生全球化公司，Infomedia 是被其客户拉进世界市场的。今天，该公司的电子零件目录已经成为汽车行业的全球标准，发送至 160 多个国家的 5 万多家经销商，并被翻译成 25 种语言。

网络途径

在国际化进程的理论框架中，Mattson & Hertz（1998）[17]提出的理论更常用，也得到更多引用。他们讨论**国际网络**（international networks）的发生和重要性（见图7—7）。交换关系而不是市场支配着网络参与者。由于许多小公司资源有限，网络合作被视为一种重要的国际化战略。“国际化……是一个为了实现公司目标而不断建立、发展、维护和解除关系的过程。”[18]一个工业网络通常包括不同参与者参与生产、分配及产品和服务的使用（Johanson & Mattson，1988）。[19]金融网络对中小企业而言十分重要，因为它们通常需要借助外部资本实现扩张。有些情况下，在扩张国家融资可能比国内更加容易。与此有关的一个事实是，有些风险投资人更愿意在自家地区投资，因为他们对当地市场了解更深入。

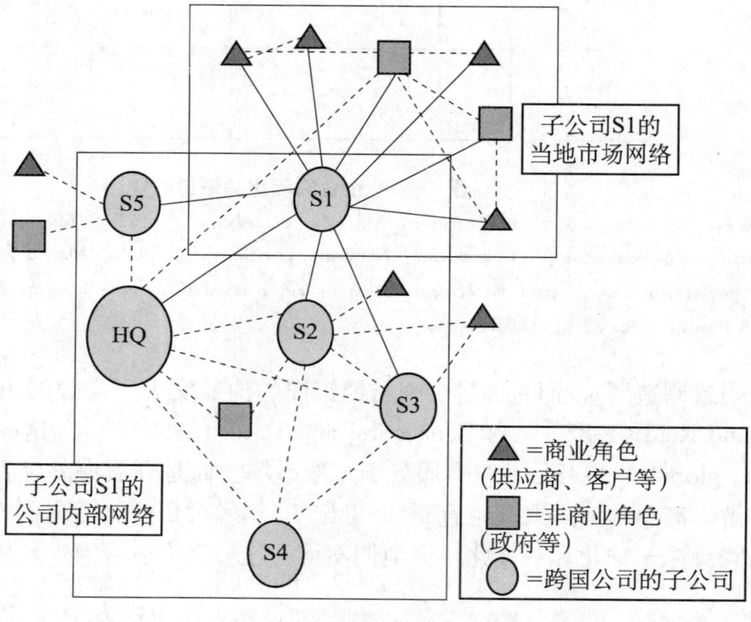

图7—7 跨国公司的网络图

资料来源：Rian Drogendijk, “The Development of Network Relations of MNC Subsidiaries: How Internal MNC and External (Local) Relations Evolve,” Department of Organizational Strategy, Tilburg University, December 2005. Reprinted with permission.

表7—3显示了网络和市场关系的一些差异。在网络中，最佳实践等知识不仅与全资子公司共享，也与供应商共享。例如，买家和供应商可以通过计算机连接彼此的库存系统，该系统将自动通知网络伙伴——全球供应商何时给相关客户发货。因此，公司与子公司和供应商是相互依存的。最后，网络模型在斯堪的纳维亚国家比在英美更流行。请注意，该情形部分源自一个事实，即根据霍夫斯泰德量表，斯堪的纳维亚国家在集体主义文化上得分更高，而美国和英国更加个人主义。

表 7—3　　网络相对于市场关系

知识共享	知识成为竞争优势
相互依赖	相互独立
协商	合同
信任	价格
学习	权力
伙伴	客户
斯堪的纳维亚	英国、美国、澳大利亚

在国际化进程中，公司可以用三种办法建立新网络：在公司以前未知的扩张国家的网络中创建新关系，在公司已知的网络中创建新关系，或者通过现有联系人进入新网络（Johanson & Mattson，1988）。

实际上，Johanson and Mattson[20]主张阶段理论和网络理论相互补充。我们也认为这两种理论互补，因为跨国公司内部会发生组织性学习，而这两种理论都认为这种学习是无形的、企业特定的优势。

图 7—7 是某跨国公司的网络图。我们假设，该网络由跨国公司总部及其在不同国家的 5 个子公司构成。图中详细显示了子公司 S1 与总部、网络中其他子公司和代理商形成的网络。此外，图中还显示，各子公司都与总部以及一个或一个以上其他子公司形成网络。跨国公司的子公司不仅是网络的一部分，它们也与供应商、分销商、监管机构和竞争对手等网络中的其他角色建立关系。公司与当地网络的行为人互动并且建立关系，以便交换资源，包括商品、服务、知识和信息。通过建立网络关系，子公司管理者学习如何在当地环境下运作。

网络理论的一个核心思想是，倘若不分析该公司所处的直接或间接网络，就无法解释公司内部的不同过程。网络的作用在过去几十年里引起了广泛关注。人们常说，一个良好的网络是成功的关键。对中小企业而言，工业和金融网络都在其国际化过程中发挥重要作用。

对那些选择开发海外新市场的公司，一个关键决策是采取何种市场进入模式。下面将讨论驱动企业国际化的原因，何时进行国际扩张更加有利，如何选择国外市场，以及使用何种扩张战略和进入模式。

交易成本分析

公司是否国际化也要考虑交易成本。**交易成本**（transaction cost）指进行经济交换的成本。所有市场进入形式都会导致交易成本，基本上包括以下三类：

1. 搜索和信息成本。市场调研以及发现合适国外经销商或合作伙伴的调研。

2. 议价成本。潜在经销商或合作伙伴一经确定，接下来就是对协议条款讨价还价。这一过程中会产生各种费用，如法律和咨询费、交通费、电话等通信费。

3. 监控（治理）成本。协议一旦达成，就要遵照执行，确保双方都达到合同条件。当涉嫌违反合同，需要采取仲裁或法律行动时，成本会相当高。

从进入模式能看出至少三种交易成本情形。国内生产用于出口，这一情形涉及当地制造成本、搜索和与经销商议价成本、治理成本。许可包括被许可人的搜索和议价成本、治理成本和传播风险。当商标、专利和知识资产的控制力较弱时，就会发生传播风险。

损失这些资产会给公司带来可观的成本。一个经典案例是法国汤姆逊公司拥有的现称为 RCA 公司的美国无线电公司（Radio Corporation of America）。1939 年，RCA 在纽约的世界博览会上推出电子电视系统。第二次世界大战后，该公司开始生产电视机，在美国销售。1953 年，政府批准其彩色电视系统成为行业标准（NTSC）。1955 年，彩色电视机开始向大众销售。后来，该公司将专利知识出售给日本公司，后者随即成功占领了美国市场。

海外生产涉及外国制造成本，在子公司不是全资拥有的情况下还可能有议价成本及治理成本。根据交易成本理论，当交易成本低时，企业倾向于采取出口或许可，当交易成本高时，则将生产转移到海外。

Hirsch（1976）[21]将出口和对外直接投资（FDI）视为市场进入的两种战略选择。国内生产用于出口的成本包括：（1）国内生产成本 P_d；（2）出口营销成本 M_d；（3）国内治理成本 C_d。海外生产的成本包括：（1）国外生产成本 P_f；（2）当地营销成本 M_f；（3）国外治理成本 C_f。出口营销和国内营销成本之差（M）定义为：

$$M=M_f-M_d$$

国外和国内治理成本之差（C）定义为：

$$C=C_f-C_d$$

出口还是对外直接投资，决定方式为：

如果 $P_d+M<P_f+M+C$，就出口

如果 $P_d+M\geqslant P_f+M+C$，就对外直接投资

批评

交易成本理论假定出口和海外生产相互替代。但在现实中，企业既在海外生产又从母国出口的例子有很多。本田汽车在美国市场的总销量中大约 84%在美国生产，其余从日本出口。其他汽车制造商也有类似情况，在国外生产并从国内市场出口，比如丰田和大众。

企业也许会为了获得国内没有的原材料或专门技术而进行海外投资，这种行为的交易成本无法解释。对该理论的另一个批评是，交易成本难以衡量，尤其在选择进入模式之前。

中小企业往往本能地依靠非股权进入模式（出口、许可），因为它们在进入国际市场时更希望保护资本并规避高风险。然而，最近的研究建议[22]，虽然大公司会通过交易成本分析选择国际进入模式，但实际上，该方法也可提高中小企业选择对自身最有效方式的可能性。研究者建议中小企业评估以下三个交易成本的具体标准：

- 各项资产所需的投资水平。如果没有特定资产要求大规模投资，许可或特许经营等非股权模式可能适合市场进入。如果需要高水平专用资产投资，合资或全资

子公司等股权进入模式可能更合适。

- 目标国家的环境因素。一个更稳定、经济和政治更安全的国家可能适合股权进入，而政治或社会动荡、经济危机频发的国家更适合非股权进入模式。
- 内部控制系统和过程现状。建立在强大内部文化和规则基础上的企业，通过股权方式进入新市场来支持其业务更合适。相反，一个更加开放和灵活的公司更适于依靠对出口代理或者被许可方等合作伙伴的控制。

中小企业的决策者可以根据交易成本理论，就最恰当的进入模式做出更明智的决定。上述研究发现，利用这种方法制定的决策能带来更好的国外市场表现。当公司采用交易成本分析或其他公认方法来评估自己的国际市场战略时，应该仔细考虑并认真规划进入模式，以保证海外业务更加顺畅、盈利能力更高。

邓宁的折中 OLI 模型

约翰·邓宁（John Dunning，1981）[23]指出，进入模式选择基于三个条件或优势：所有权（谁在海外生产）、区位（在哪里生产）和内部化（为什么自己生产，而不是许可他人使用你的资产和技术为你生产）。满足这三个条件的首选模式是对外直接投资，具体条件为：

1. 公司必须拥有超过竞争对手的净所有权优势，这些优势足以抵消国外经营产生的额外成本。
2. 公司利用自己的独特资产而不是把权利转让给别人，必须对公司更有利。
3. 公司通过海外生产而不是出口来利用自己的独特资产，必须给公司带来优势。

当公司与当地企业相比有一些垄断优势时，就可能采取对外直接投资。这种优势可以是资产（公司规模，它能带来规模经济，从而形成共同治理一组国外业务的优势），也可以是技能（差异化产品的营销和管理经验）。垄断优势必须大于一个外国子公司的创建和运行成本。总之，这些都是模型中的所有权优势。

区位优势来自某特定国家的吸引力。一个对海外投资感兴趣的公司会选择最有利于自己控制财务风险、实现足够回报的地方。此时，是国家拥有特定优势，具体形式包括原材料、低生产成本、良好的基础设施等。区位优势也可能由某个地区的市场失败造成，市场失败使得贸易壁垒无法逾越，或者使得进口品对当地消费者来说非常昂贵。

当公司能够通过选择层级组织模式，让下属机构从属于总部，来克服风险和不确定性时，内部化的优势得以增强。这种组织结构导致不同国家在价值链上的不同活动的整合（见第 1 章中的示例），能保护产权并确保生产过程中的质量控制。然而，治理一个层级组织的成本越高，管理层就越可能青睐合资企业等股权分享形式。在国外市场找到一个熟悉业务领域和公司产品的当地合作伙伴，可降低交易成本。这种合作关系能够使公司更快地渗入当地市场，同时控制风险和不确定性。

批评

在折中理论框架中，区位优势从所有权优势中分离出来独立处理。然而，决定在哪里进行国际扩张并不独立于所有权优势或者将来的优势采用路线。换言之，所有权（O）、区位（L）和内部化（I）三者之间会持续地相互作用。[24]

专栏 7—3

聚焦人：约翰·邓宁

邓宁教授被瑞典乌普萨拉大学、马德里自治大学和安特卫普大学授予名誉博士学位。他也是北京对外经济贸易大学的国际商务名誉教授。他曾担任国际贸易和金融协会（International Trade and Finance Association）和国际商务学会（Academy of International Business）会长。彼得·巴克利（Peter Buckley）和马克·卡森（Mark Casson）在他们1992年编辑出版的一本书中向邓宁致意。第二本书出版于2003年，书中包括了邓宁在罗格斯大学的工作成果。由约翰·坎特维尔（John Cantwell）和拉杰尼希·那鲁拉（Rajneesh Narula）编辑的《国际商务和折中范式》（*International Business and the Eclectic Paradigm*）也因其对国际商务的理论贡献而向他致谢，2002年8月，邓宁教授在丹佛的管理学年会上被授予“国际管理杰出学者”荣誉称号。2004年12月，他在斯洛文尼亚卢布尔雅那的欧洲国际商务学会年会上获得了终身成就奖。

市场选择

市场扩张筛选

筛选是为了选择那些在国外市场扩张中最有潜力的市场。第一步是制定与公司环境相关的标准，其中包括政治和经济风险、文化多样性或趋同性、产品匹配度、市场需求规模和增长率、竞争强度。每个公司都必须决定哪些标准与其业绩相关。Maranda（2001）[25]认为，关于市场可能性，我们可以假定决策者有一个先验的感知空间来考虑国外市场进入问题，不管后来进入与否。因此，市场选择可以看作一个决策过程，涉及缩小纳入考虑的进入市场的范围，而纳入考虑的市场可视为未来可供出口的全球市场的一部分。使用多因素指数与决策矩阵，能以量化方式缩小范围。

多因素指数

第一步是识别确定公司产品或服务需求的因素。在表7—4中，乳制品容器需求是15岁以下人口数（P15）、平均人口增长（APG）、人均国民生产总值（GNP/N）和经济指标综合指数（EAI）的函数。每个国家的最终分值由多因素指数（MFI）给出，指数越高意味着市场潜力越大。结果显示，根据需求函数的既定标准，美国、加拿大、瑞典和澳大利亚对企业最具潜力。

表 7—4　多因素指数和政治活动指数

国家	15 岁以下人口数	平均人口增长	人均国民生产总值	经济指标综合指数	多因素指数	政治活动指数
美国	0.081	0.016	0.428	0.288	0.813	0.800
加拿大	0.090	0.024	0.333	0.267	0.714	0.793
巴拿马	0.129	0.092	0.207	0.039	0.467	0.218
牙买加	0.138	0.030	0.060	0.007	0.235	0.384
波多黎各	0.111	0.028	0.149	0.086	0.374	0.712
瑞典	0.063	0.006	0.364	0.225	0.658	0.697
英国	0.072	0.006	0.204	0.228	0.510	0.789
法国	0.075	0.012	0.279	0.219	0.585	0.668
德国	0.075	0.000	0.264	0.240	0.579	0.706
瑞士	0.069	0.020	0.299	0.093	0.481	0.728
墨西哥	0.138	0.066	0.060	0.065	0.329	0.408
利比亚	0.132	0.062	0.159	0.024	0.377	0.002
意大利	0.072	0.014	0.158	0.186	0.480	0.441
澳大利亚	0.087	0.038	0.254	0.255	0.634	0.702
日本	0.072	0.024	0.173	0.258	0.527	0.742

此外，政治活动指数（PAI）用来测量每个国家的政治风险，政治活动指数越高，表示政治风险越低。多因素指数所显示的最具潜力国家，其政治风险相对较低。这两个指数都可在以下矩阵中用散点绘制出来（见图 7—8），该矩阵假设它们的权重相同。似乎有两个相关国家集群：美国和加拿大（北美集群），以及澳大利亚、瑞典、德国、法国、英国和日本集群。

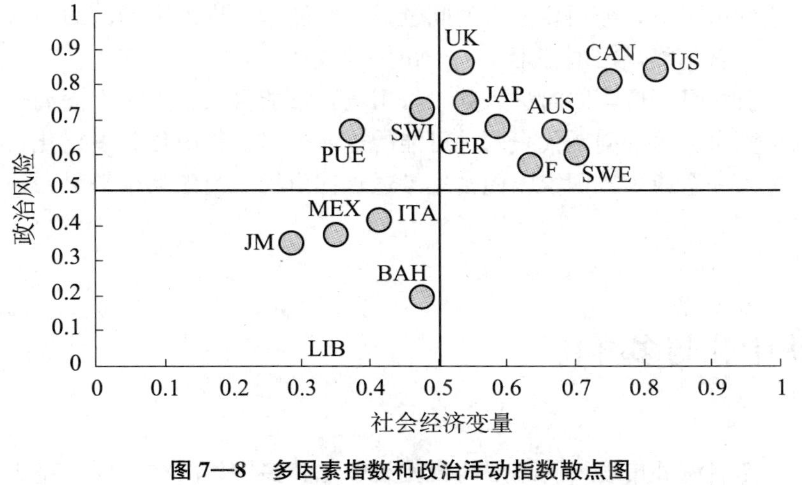

图 7—8　多因素指数和政治活动指数散点图

定向决策矩阵

定向决策矩阵用于公司战略业务单元的战略规划，这些矩阵也可在进入市场的筛选阶段使用。在这种情况下，分析对象是国家而不是战略业务单元。有两个主要的矩阵：波士顿咨询集团矩阵（参数是市场增长和市场份额）和麦肯锡/通用电气矩阵，后者用市场吸引力代替市场增长，用竞争力代替市场份额。麦肯锡/通用电气矩阵更适用于国家市场进入的选择，因为公司在这些潜在市场上还没有市场份额。此外，市场增长仅仅是国家吸引力的一个指标，还有市场规模、进入壁垒、政治风险、竞争强度和分销结构等其他指标。竞争力或业务实力可以通过品牌知晓/形象、企业的其他专属资产、较之竞争对手的成本结构和国际经验来衡量。这一矩阵如图 7—9 所示。

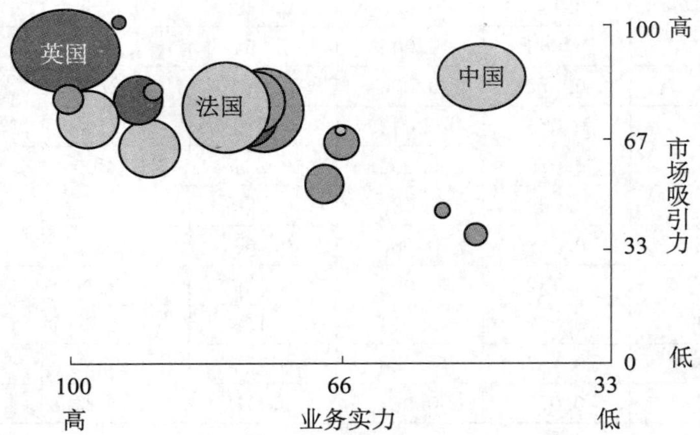

图 7—9 麦肯锡/通用电气矩阵

在图 7—9 中，假设圆圈的大小代表一些国家的市场吸引力和业务实力大小，圆圈越大，吸引力和业务实力的值越高。因此，英国最有吸引力，也是公司竞争力/业务实力最强的国家之一，无疑是市场进入的首选。其次，法国极具吸引力，竞争力/业务实力中等。中国虽然代表一个极具吸引力的市场，可公司竞争力不强。在这种情况下，公司要考虑的问题是，它能否在进入市场前后不久提高自己的竞争力。倘若不能，中国就不是一个很好的选择。

公司是否应当同时进入英、法市场，可能再加上处于上图高—高象限的其他一两个国家？这些问题代表两种可能的进入战略：集中化和多样化。集中化战略是选择进入一个或少数国家以便密集渗透这些市场。当先动优势显而易见时，这种战略更好。

集中化与多样化

拓展海外市场，管理层需要就集中化和多样化两种主要战略进行决策。两种战略需要不同程度的营销努力和资源。**集中化战略**（concentration strategy）是在短期内将营销努力和资源放在一个或少数几个关键市场上，长期逐步扩张至其他市场。相反，**多样化战略**（diversification strategy）需要在短期内将营销努力和资源投入到更多市场。在这两种情况下，所需资源数量都取决于进入模式，如对子公司直接投资比出口需要的资源更少。如果资源数量固定，与集中化战略相比，采取多样化战略分配给各市场的资源数量更少。因此，中小企业最好采取出口集中战略。将营销努力和资源集中于一个或少数几个市场，能获得更大的市场份额，进而获得更高利润。然而，如果竞争激烈，那么小公司应该避免与大公司直接竞争。此时，在更多市场上拥有较小市场份额可能更好。所以，公司大小和市场因素（比如竞争）是扩张战略选择的影响因素，此外还有增长率、各市场的销售稳定性、产品是否需要标准化或适应化以及广告信息等其他因素。表 7—5 列出了选择扩张战略时必须考虑的市场和产品因素。

表 7—5　集中化和多样化战略（一）

市场/产品因素	集中化	多样化
销售反应函数	S 形曲线	凹形曲线
各市场增长率	高	低
各市场的销售稳定性	高	低
有竞争力的供货时间	长	短
溢出效应	低	高
多大程度需要调整产品	高	低
多大程度需要调整促销	高	低
分销规模经济	高	低

资料来源：Adapted from：Ayal，I.，& Zif，J.（1979）. Market expansion strategies in multinational marketing. *Journal of Marketing*，84-94.

市场渗入成本是选择扩张战略时最重要的考虑因素之一。销售反应函数是一个现成工具，它计算营销投入的收益（或利润、销量等）。如果销售函数呈 S 形，最好采用集中化战略争取较大市场份额。第一阶段以建立品牌知晓和需求为基础。之后，营销的进一步投入使市场份额和边际收益不断增长，与产品生命周期的成长阶段很相似。研究表明，高市场份额与高盈利能力相关。如果市场对公司产品的销售反应函数呈凹形，在一个或几个市场追加投资带来的边际收益很低，甚至为零，那么在较多市场进行多样化发展是有好处的。指向多样化战略的其他因素还有低增长率、低销售稳定性（如季节性变化）、供货时间短（这使快速进入市场很重要）、国家之间溢出效应高（例如使用相同专利）、产品和促销几乎无须调整以及分销规模经济收益甚微。在现实中，这些因素不是二分的（高或低），而是介于中间。

图 7—10 显示了两条曲线的不同函数。扩展至某一市场并投资 a，S 形曲线将产生销售额 c，凹形曲线将产生销售额 e。但是，在同一市场追加投资至 f，S 形曲线的销售收入为 j，而凹形曲线的销售收入仅为 h。因此，如果市场函数是 S 形，则选择集中化战略有好处，但决策者还必须考虑在表 7—5 中所列的其他因素。

表 7—6 再次列出了决定扩张战略的市场/产品因素。在第一列，既定公司的管理层已对因素赋予权重。其中，最重要的因素是各市场增长率、销售反应函数和销售稳定性，最不重要的是溢出效应和分销规模经济。接下来，对考虑扩张进入的某既定市场，管理者从 1 到 7 对各因素打分。例如，人们认为该市场的增长率和产品

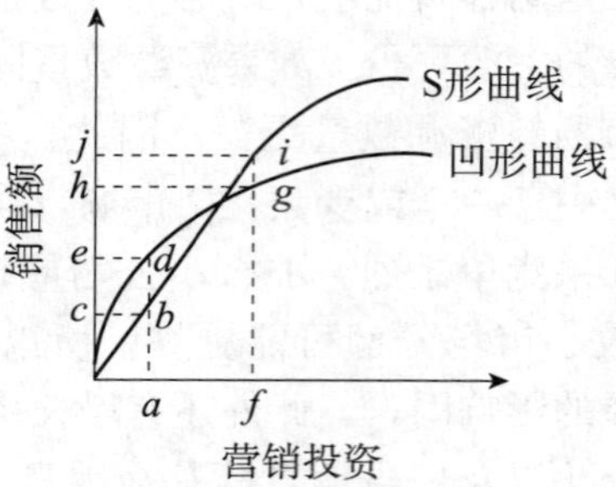

图 7—10　销售反应函数

所需调整程度高。供货时间和分销规模经济分值低，即不太重要。最终评级基于因子权重和管理评分相乘的总和（$W[X]$）。计算结果是 $\sum(wx)=5.22$，在1～7分范围内这是一个高值，因此指向集中化战略。

表 7—6　集中化和多样化战略（二）

权重（W）	市场/产品因素	评分（X）	加权分 $W(X)$
0.2	销售反应函数	5	1.0
0.4	各市场增长率	6	2.4
0.2	各市场的销售稳定性	4	0.8
0.02	有竞争力的供货时间	2	0.04
0.01	溢出效应	2	0.02
0.07	多大程度需要调整产品	7	0.49
0.09	多大程度需要调整促销	5	0.45
0.01	分销规模经济	2	0.02
1.00	$X=1\sim7$		$\sum(wx)=5.22$

本章小结

● 公司决定扩张乃生存之需。公司可扩张国内或国际市场。选择国际化必须有恰当的理由，否则国外市场进入可能只是暂时的，会损失宝贵的资源。一旦企业管理层决定走国际化道路，就必须以市场调研为开端确定一条最佳路径。根据国际化模型，第一步是识别潜在市场群。

● **市场筛选**（market screening）涉及选择一种用来识别对公司产品和服务而言最具潜力的市场的方法。国家集群是用于市场筛选阶段的方法之一。一旦明确了市场，下一步就是选择市场进入战略。

● 有两种可能的市场进入战略：集中化战略和多样化战略。就前者而言，公司在初步扩张阶段进入一个或几个市场；对于后者，公司可能在短期内同时进入更多市场。文中讨论了影响战略选择的市场和内部因素，以及一个决定性框架。

● 国际化的最后阶段是选择市场初始进入模式。这个初始模式十分关键，因为它在短期内把公司锁定于特定的战略。然而，在国际化进程中，当公司扩张到其他市场时也许会改变运作模式。扩张可通过若干模型来解释，例如乌普萨拉模型和邓宁模型。特定进入模式的优缺点是第8章的学习目标。

讨论题

1. 解释定向决策矩阵和多因素指数的区别。

2. 跨国公司与国内企业相比拥有什么垄断优势？

3. 乌普萨拉模型是如何考虑国家动态的（撤资）？

4. 乌普萨拉模型能解释大型跨国公司的行为吗？

5. 管理人员如何利用折中决策框架？

6. 30年后，乌普萨拉模型还有用或者有关吗？你的看法是什么？

体验性练习

1. 在你所在地区，采访有国际业务的一家小型或中型公司的一名高管。确定该公司分析国外市场的步骤。这些步骤和本章所建议的类似吗？为什么？

2. 选择另一家在三个以上国家有国际业务的公司，确定管理层选择的是集中化战略还是多样化战略。详细说明选择其中一种战略的原因。

关键术语

天生全球化公司（born globals）
集中化战略（concentration strategy）
效率寻求企业（efficiency seekers）
多样化战略（diversification strategy）
国际网络（international networks）
国际产品生命周期（International Product Life Cycle，IPLC）
国际化（internationalization）
市场筛选（market screening）
市场寻求企业（market seeking firms）
邓宁的折中OLI模型（Denning's OLI Model）
前瞻性动机（proactive motive）
反应性动机（reactive motive）
资源寻求企业（resource seeking companies）
战略资源寻求企业（strategic resource seekers）
交易成本（transaction cost）
乌普萨拉模型（Uppsala Model）

注释

[1] From http：//apple20. blogs. fortune. cnn. com/2008/05/19/report-apples-market-share-of-pcs-over-1000-hits-66/. Retrieved October 15，2008.

[2] Jumpponen，J.，Liuhto，K.，Sörg，M.，& Vessel，V.（2004）. *Banks' internationalization：Estonian and Russian banks' expansion to the foreign markets*. School of Economics and Business Administration，Tallinn University of Technology，p. 88.

[3] Dunning，J.（1993）. *Multinational enterprises and the global economy*. Reading，MA：Addison-Wesley.

[4] Filipescu，D.（2007）. *Innovation and Internationalization：A Focus on the Spanish Exporting Firms*. PhD Dissertation，Universitat Autònoma de Barcelona.

[5] Child，J.，& Rodrigues，S.（2005）. The internationalization of Chinese firms：A case for theoretical

extension? *Management and Organization Review*, 1 (3), 381-410.

[6] Ersson, M., & Tryggvason, J. (2007). *Internationalization of two Nordic banks* [master's thesis]. Luleå University of Technology.

[7] van Gelder, J., Reinout, E., de Vries, M. F., & Goutbeek, J. (2007). Differences in psychological strategies of failed and operational business owners in the Fiji Islands. *Journal of Small Business Management*, *45* (3), 388-400.

[8] From www. heineken. com/annualreport, 2010.

[9] Reymond Vernon (1966). International investment and international trade in the product cycle. *Quarterly Journal of Economics*, *80*, 190-207.

[10] Evans, J., Treadgold, A. & Movondo, F. (2000). Explaining export development through psychic distance. *International Marketing Review*, *17* (2), 164-174. These authors define psychic distance as the "mind's processing, in terms of perception and understanding, of the cultural and business differences" between the home and foreign market.

[11] Bilkey, W., & Tesar, G. (1977). The export behavior of smaller-sized Wisconsin manufacturing firms. *Journal of International Business Studies*, *8* (1), 93-98; Cavusgil, S. (1980). On the internationalization process of the firm. *European Research*, (November), 273-281; Johanson, J., & Vahlne, L. (1977). The internationalization process of the firm—a model of knowledge development and increasing foreign market commitments. *Journal of International Business Studies*, (Spring/Summer), 3-32.

[12] Jaffe, E. D. (1974). *Grouping: an international marketing strategy*, New York: American Management Association.

[13] Johanson, J., & Weidersheim-Paul, F. (1975). "The internationalization of the firm—four cases," *Journal of Management Studies*, *8*, 23-32.

[14] Nordström, K. (1991). The internationalization process of the firm—searching for new patterns and explanations. Stockholm: Institute of International Business, Stockholm School of Economics.

[15] Rosson, P., & Reid, S. (1987). *Managing export entry and expansion: concepts and practice*, New York: Praeger Publishers.

[16] Bonaccorsi, A., & Dalli, D. (1990). Internationalization process and entry channels: Evidence of small Italian exporters. Iin H. Mulbacher, & C. Jochum (Eds.), *Proceedings of the European Marketing Academy Conference*, Innsbruck.

[17] Mattson, L., & Hertz, S. (1998). Domino effects in international networks. *Journal of Business-to-Business Marketing*, *5* (3), 3-32.

[18] Ahokangas, P. (1998). Internationalization and resources: An analysis of processes in Nordic SMEs [unpublished dissertation]. Retrieved from http: //worldcat. org/oclc58312841.

[19] Johanson, J., & Mattson, L. (1988). Internationalization in industrial systems—a network approach. In N. Hood (Ed.), *Strategies for global competition*. London: Croom Helm.

[20] Ibid.

[21] Hirsch, Z. (1976). An international trade and investment theory of the firm. *Oxford Economic Papers*, *New Series*, *29* (2), 258-270.

[22] Brouthers, K. D., & Nakos, G. (2004). SME entry mode choice and performance: A transaction cost perspective. *Entrepreneurship: Theory and Practice*, *3*, 229-247.

[23] Dunning, J. (1981). *International production and the multinational enterprise*. London: George Allen & Unwin; Dunning, J. (1998). The eclectic paradigm of international production: A restatement

and some possible extensions. *Journal of International Business Studies*, 1-31.

[24] Cantwell, J., & Narula, R. (2001). The eclectic paradigm in the global economy. *International Journal of the Economics of Business*, *8* (2), 155-172; Dunning, J. (2001). The eclectic (OLI) paradigm of international production: Past, present and future. *International Journal of the Economics of Business*, *8* (2), 173-190.

[25] Maranda, Z. (2001). Market and channel preferences for manufacturing exporters: A study of Zimbabwean companies. *Zambizia*, *28*, 70-82.

第8章 进入全球市场

一些外国公司已经厌倦了等待，从中国撤退，希望在有利的时机再回来……中国把这样撤退的公司作为典型的……自私自利的外人，绝不让它们再回来。

——安德鲁·威廉姆森（Andrew Williamson），《中国商业难题》

学习目标

1. 区分公司着手开展海外业务时的各种选项。
2. 了解海外市场进入决策的影响因素。
3. 比较股权与非股权进入模式的优缺点。
4. 解释为什么合资企业容易失败。
5. 区分合资企业和战略联盟。
6. 了解不同国际市场进入模式的风险。

引言

本章将考察中小企业可利用的各种市场进入模式，尽管其中许多内容与大公司相关。后面会特别讨论诸多市场进入模式，如出口、许可、特许经营、合同制造、交钥匙工程、管理合同、国际合资企业和全资子公司。

进入国外市场对企业家来说常常是偶然的。一种可能的情况是，由于公司出现在互联网上，或者某个聊天室或博客提到了公司的产品，因此引来第一个海外订单。如果公司充分利用互联网的话，那么可以预计数月内就能获得国际网络客户。[1]

公司在最初出口成功后是否采取更深入的行动来扩大国际市场份额，取决于高层管理者给公司制定的愿景。然而，今天的商家不应该认为，仅凭自己在国内市场地位稳固就可免受全球化带来的竞争压力。很可能，即使企业自己不追求国际化战略，国际上的竞争者、供应商、买者等最终也会追求国际化战略（见专栏 8—1）。公司若决定将自己限于单一国内市场，那么与国际化的对手相比，其竞争力和成功的可能性都会大大减弱。

公司走国际化道路有以下一些原因：

- 向业已饱和的国内市场之外扩张
- 寻找新的利润来源

专栏 8—1

聚集技术：磨具

钻石加工技术公司（Diamond Machining Technology Inc.，DMT）制作手工磨具，供美国奥林匹克速滑队使用，产品由美国公共电视网（PBS）的《美国木工房》（*American Woodshop*）节目主持人斯科特·菲利普斯（Scott Phillips）背书。

位于马萨诸塞州马尔堡的这家公司经营了27年，销售额达到1 000万美元，成为磨具行业的领先企业。在公司推出一系列用金刚石制成的工业打磨产品之后，它很快就面临价格更低的以色列磨具的巨大竞争。

为了应对竞争威胁，公司开发了名为“金刚石磨刀石”（Diamond Whetstone）的产品，这是一个小型手持磨具。一名高管说：“我们得推出一种不同的产品，这样公司才能存活下来。”

1979年，公司在旧金山美食产品展览会上推出了金刚石磨刀石。同年，金刚石磨刀石入选布鲁克斯东（Brookstone）[①] 产品目录。

公司改变了分销策略，将产品直接卖给消费者，借此迅速在猎人、厨师、运动员、木匠和园丁中间建立起一个利基市场，这些人想要不会损坏其刀刃金属边缘的磨具。

目前，公司面临来自中国的以金刚石为原料的磨具的威胁，这些产品的成本比DMT低20%。所以公司管理人员强调自己品牌的质量，希望将市场扩张至普通消费者。虽然DMT没有计划在国际市场上竞争，但是来自国外的竞争迫使这个有30名雇员的公司改进产品。

资料来源：Adapted from：Archambeault，B. (2004，February 19). Sharpening its focus. *Boston Business Journal* [electronic version].

- 增强公司的竞争优势
- 为应对经济危机而实行市场多样化，扩大市场
- 跟随走向国际化的客户

本章其余内容分为三个部分：第1部分从公司和公司经营环境的角度讨论进入模式决策的影响因素；第2部分是本章的核心，分析不同进入模式的优点和缺点，并提供一些说明和中小企业的实践；最后是结论部分，思考中小企业向海外扩张业务时可采用的方法。

进入模式决策过程的影响因素

一旦公司决定国际化，接下来就应该认真考虑进入模式问题。决策过程受一系列因素的影响，而这些因素可能将决策者推向截然相反的方向。管理者要经历连续的决策过程，在这一过程中回答以下问题：

① 美国一家连锁零售商。——译者注

- 我们的产品可以销售到国外吗?
- 我们产品成功的关键因素是什么?
- 关于那些市场/产品，有可用的二手数据吗?
- 还需要哪些额外数据? 我们如何收集?
- 我们的哪些产品在国外市场的潜力最大?
- 哪些市场对我们的产品来说潜力最大?
- 我们有多余的生产能力吗?
- 我们的目标市场有何特征?
- 公司有哪些国际化能力?

回答这些问题是对市场和进入模式选择进行初步分析的第一步。

为了便于讨论进入模式决策过程所有的影响因素，我们将其划分为两大类：内部因素和外部因素。**内部因素**（internal factors）与公司的总体战略、管理理念、承诺付出的时间有关，而且很重要的是，与考虑进入国际市场的产品或服务类型有关。大多数创业型企业在决策过程的初始阶段会围绕以下一些关键话题展开讨论：

- 财务资源：我们有多少费用可用于国际市场扩张；我们应该借钱还是使用积累的资本；这一举措的潜在回报是否值得冒财务风险等。
- 人力资源：我们应该雇用新人还是使用现有人员带领公司扩张；新职位的报酬如何；新的管理角色如何定义；新职位位于哪里等。
- 产品或服务类型：我们的哪些产品/服务应该进行国际营销；产品的适应性如何；需要怎么做才能使产品适应目标市场等。
- 时间维度：我们有多少时间可致力于国际扩张；我们是否愿意接纳较长的应收账款周期等。
- 风险容忍度：对于货币汇率，陌生的政治、法律和市场环境以及经济周期固有的高风险，我们是否做好准备承受，等等。

最近有些研究集中于中小企业从国内加速转至国际业务，使得学者们质疑国际化过程的阶段模型，提出“有些公司是天生国际化吗?”这样的问题。最近一项针对法国、丹麦和挪威677家中小企业的研究发现，企业更快地“走向全球”在很大程度上基于公司初创时建立的内部结构。公司做好出口准备、形成出口意愿的快慢，最主要的一个指标是公司是否很早就在内部开发有利于提高国际市场竞争力的资源。[2]这些发现进一步强调了公司在发展国际业务之前内部评估的重要性。

除了内部因素，公司在最终决定市场进入模式时也需要考虑很多外部因素。**外部因素**（external factors）指影响公司的国外市场进入选择，但不由管理者决定的因素，包括目标国家因素和国内因素两类。

当选择一种市场进入模式时，需要考虑以下**目标国家因素**（target country factors）：

- 市场：规模、竞争环境、市场基础设施等。
- 生产条件：包罗一切，从当地原材料的成本、质量、数量、劳动力到运输、通信、能源供应和其他类似的经济基础设施构成。
- 环境条件：这一大类条件包括使在某国从事国际商务比在另一国更具吸引力的大部分政治、经济、地理和社会因素，例如政府的外贸政策、外商投资的总体比率、国民生产总值、当地经济多样化水平、国家腐败评分、文化和语言障碍。

某些**国内因素**（domestic country factors）也对市场进入模式有很大影响。例如，如果公司的国内市场足够大，它就可以在成长到可观规模之后再进行国际扩张，不管那时是自己选择这么做，还是有必要如此。小公司和大公司的市场进入模式选择显著不同，取决于资本、生产能力和营销资源等。国内市场庞大可能导致一些公司无心国际扩张，因为本国就存在巨大的增长机遇；相反，国内市场狭窄可能会刺激小企业更快地寻求国际扩张。可能刺激公司寻求国际市场的其他国内因素包括：国内竞争压力大；高昂的国内生产成本；有利的政府出口政策，例如税收刺激和贸易支持项目。

市场进入的动态

市场进入并不是一个静态过程，进入模式可能由于环境条件变化而必须进行重构。这些条件包括经济因素、竞争、市场结构、消费者特征和政府法规。印度是一个典型例子，对其他新兴市场有启发作用。许多在印度的国际公司的结构与其进入该市场时不同。例如，1977 年，印度政府通过一部法律，规定外国公司如想继续在印度经营，就要将子公司持股比例稀释至 40%。本规定要求全资子公司与印度人分享所有权，不然就停业，就像可口可乐和 IBM 所做的。然而，法律到 1996 年发生了改变，即使母公司只拥有 51%的股份，也允许有百分之百的表决权。

随着时间的推移，一些跨国公司和品牌改变了它们在印度的经营模式。威富公司（VF Corporation）[3]在 20 世纪 80 年代通过授权品牌给杜邦运动服（Dupont Sportswear）而进入印度。自此，威富公司在 20 年里与印度合作伙伴一起推出许多品牌，覆盖不同产品大类。最后，成立一家合资企业，称为 VF Arvind Brands Pvt. Ltd.（印度）。

另一个演进的例子是贝纳通（Benetton）公司，它通过 Dalmia 这一被许可方首次进入印度，其后在 1991 年过渡到五五开的合资企业，最终在 2004 年完全接管印度业务。然而，2006 年，它为自己的高档时装品牌希思黎（Sisley）采用特许经营路线，指定特伦特（Trent）（塔塔集团的一个公司）作为其全国特许零售商。

每种策略变化都会导致品牌在时间、管理工作和金钱上的花费，偶尔会降低市场份额。在许多情况下，初始进入模式会由于不断变化的市场环境而重构，包括印度现代零售业的发展和消费者购买力的提升。能预测到这些变化的公司在运作模式的战略变革方面具有优势，它们借此获得竞争优势。该例也说明为何环境扫描对全球营销规划如此重要。

国际市场进入方法

大多数创业型企业是中小企业，因此它们最初选择的国际市场进入模式的风险程度往往是中等或偏低，如出口、许可和特许经营。当企业在国际上规模更大并且更加成功时，其中一些可能会选择合同制造、交钥匙工程和管理合同，甚至组建国际合资企业（IJV），或投资建立全资子公司。图 8—1 展示了这些最常见的市场进入方式，按公司风险递增排列。国际战略联盟是进入国际市场的另一种形式，后文将进行讨论。

出口。进入海外市场最常见、风险最低的方法是出口，出口的财务、营销、人

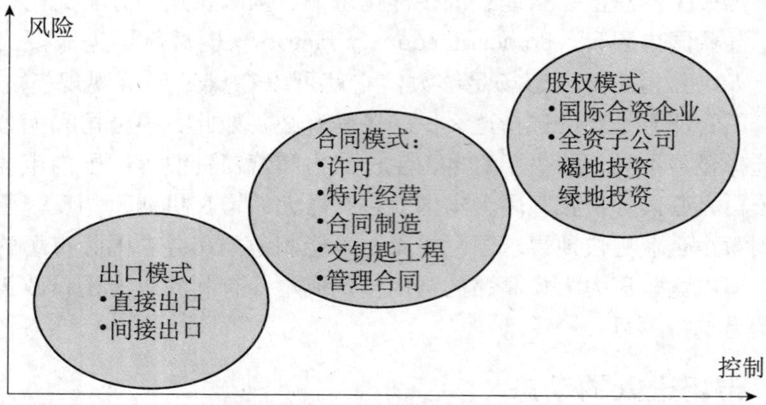

图 8—1 进入模式选择的风险和控制

力资源和时间投入也最小。由于要求的承诺水平低，出口是大多数小企业和个体企业的首选市场进入模式。出口特别适用于对市场的最初测试，因为如果出口不盈利，企业撤出市场较为容易。[4]

出口和其他进入模式之间的主要区别是，出口限于在目标国家市场以外所生产的实体产品。本质上，服务企业无法在国内开展服务然后运至另一个国家，因此需要使用合同或投资进入模式。相反，出口产品既可以通过设在本国的专门中间商销往海外，即**间接出口**（indirect exporting），也可以由目标国家的代理商和分销商直接分销，即**直接出口**（direct exporting）。直接出口的一个替代方法是将产品出口至一个部门或子公司，这已然假定公司在目标市场已经进行了某种形式的直接投资。[5]

一家小型电子公司决定为其专业产品积极开拓国际市场，因此开始直接出口。为了确定首先进入哪些国际目标市场，公司管理层采用了细致的分析方法，同时他们也意识到自己的扩张资源有限。在美国商务部的帮助下，公司首先从出口文档的海关编码中直接获得商品数字，以此为基础研究产品出口。因为与公司的产品直接相关，所以这是衡量出口市场潜力的一个极好的指标。

接下来，他们通过分析公司网站的点击量来了解大部分访客来自哪里。虽然可能会有波动，但时间长了点击量可以成为一个丰富的数据源，显示哪些国家对公司的产品最感兴趣。然后，管理层通过分析公司的客户和竞争对手，找到相关国外市场。因为其竞争对手往往也是小公司，既不上市，也不出名，所以没什么信息。然而，考察行业的整体国际化或大型跨国公司的国际化证明是有帮助的。寻找跨国公司的当地采购中心是这次调研中最具挑战性的部分。确定了几个潜在市场后，公司首先按照市场潜力，其次按照进入难易程度对这些市场进行排序。公司在决定实际进入模式之前，评估并优先考虑那些最有前途的市场。

公司决定将直接出口作为进入模式，是由于其产品的专业化本质，以及产品市场潜力最大的那些行业的特殊性。下一步，公司需要确定，目标市场按照地域还是行业标准划分更有利，从而决定是去寻找分销网络覆盖广泛地理区域的分销商，还是寻找在作为目标市场的那些特定行业中有地位的分销商。公司认为，行业专有知识和关系比地理覆盖范围更重要，因此采用以下指标来选择合适的分销商：

- 分销商已经在目标行业建立关系了吗？
- 分销商熟悉公司制造的产品类型吗？
- 分销商与美国公司有合作经验吗？
- 分销商规模、当前的产品线和收入如何？
- 分销商会允许公司在该国独立开展营销和销售吗？

为寻找合适的分销商，公司开始访问设在目标国家的美国商业服务局（United States Commercial Service）的行业专家。在选择决策的第一阶段，这些国际贸易专家在提供深度分析和联系信息方面具有重要作用。针对少数几个潜在合作伙伴，经过几次开会和评估，公司可以基于相互的业务目标、兴趣和兼容性与一名分销商签订合约。

与所有其他形式的市场进入一样，考虑出口的企业家在进入市场或确定分销商之前应该做足调研和计划。尽管全球贸易自由化不断推进，一些国家仍对进口产品怀有敌意，对其设置很多壁垒，比如征收高关税、高税收或进行外汇管制。了解目标市场的进口环境，或雇用一个熟悉当地政府对特定产品进口政策的专家，至关重要。另外，无论在国内还是国外，公司必须经过调研雇用一个有信誉、可信赖的分销商。

有些办法可用来保证出口伙伴满足公司在目标市场经营的要求，比如研究其市场范围、基础设施、伦理标准、财务报表和以往记录。找证明人和采访当前客户是确保国际市场中间商提供同等服务水平、价格和伦理行为，从而维持并提升公司品牌的上佳方法。最后，为确保进口公司的法律权利和特权得到保护，公司应考察该国有关进出口伙伴关系的法律法规。一些国家的法律法规使退出经销或代理合同很麻烦，即使不履行合同义务。

2001 年发表在《国际营销期刊》（*Journal of International Marketing*）上的一项研究[6]试图找出哪些因素导致出口伙伴关系和谐或问题重重。根据对 201 家美国出口厂商的访谈，研究人员为希望建立良好国际商务关系的其他公司制定了出口管理指南，如下：

- 把出口视为一套不断发展的业务关系，关系不仅靠协议中的财务条款来界定，更是动态的、不断发展的。因此，每种关系既要单独，也要作为整体国际业务组合的一部分来监控并给予关注。
- 公司关系管理的专业人士与来自其他国家人员的关系最成功，因为他们拥有跨文化经验和语言能力。为了与国外客户建立和谐关系，对公司内其他员工进行国际业务技能培训很重要。
- 前瞻性地给国际业务赋予战略意义，并且获得公司所有部门和员工的支持，这很有必要。公司进行系统的市场分析、评估出口业务和国际客户基础也很重要。
- 与相距千里的客户打交道，会对良好客户关系的建立造成特定障碍。出口商应该利用专业文献、经济数据、实地考察、跨文化训练和模拟等手段，通过协调一致的努力来缩小与客户的距离。
- 为保持和发展国际关系，持续建立并加强合作伙伴之间的信任至关重要。在某些特定文化中，商业伙伴的可信度特别重要，出口商应该循序渐进地获得和保持这种信任，任何长期业务关系都不可避免会出现一些问题。

● 降低国际商务中固有的不确定性，对于为跨国合作关系创造一种有利的环境很重要。关键是建立能保证远距离信息可靠传达和获取的通信、组织、财务和运营过程。

● 即使是国内伙伴，要做到相互理解也有不少挑战。考虑到文化、政治、环境和经济因素的不同，挑战就更大，开放、善意和互惠对建立长期国际伙伴关系很有必要。

● 在一段国际商务关系中，灵活并接受小额牺牲、花费和限制等可以促进相互承诺和长期视角。当双方都具有这种灵活性和承诺时，关系就可以达到最佳状态。

● 如同任何关系一样，坦诚、持续的交流很重要。为了促进跨国、跨组织和跨越个体差异的沟通，双方都应该投资于跨文化培训、现场参观和互动沟通技术。

● 如果管理得当，矛盾虽然无法避免，但对国际商务合作来说却是健康的。出口商应该确保矛盾是有用的、公开的并且是可控的，以便快速处理和解决。

● 如同所有企业都努力追求内部合作一样，公司之间合作更好、目标兼容和信息传播，应该成为任何进出口关系的优先目标。

许可。许可是另一种常用的市场进入模式。国际**许可**（licensing）是为了实现产品海外生产或销售而将公司的产品权利转移给海外公司的过程。许可方（licensor）允许被许可方（licensee）使用其技术、商标、专利和其他知识产权，以便让产品在后者所在市场上销售，同时自己获得一定的许可费。

对许多创业型企业而言，许可是一种很有吸引力的市场进入模式，因为与出口类似，许可的前期风险和支出比较小。由于开发特许产品的大部分成本已经产生，许可方收取的许可费往往直接转化为利润。[7]这种形式的市场进入最适合那些通过高关税和利润汇出限制等手段设置进口壁垒的国家，以及那些采用相对标准化手段生产的成熟产品。[8]

然而，许可并非没有缺点。和出口合作伙伴一样，建议考虑采取许可方式的公司深入调查潜在被许可方及其专业标准，制定详细的法律合同，明确协议的限制条款、补偿率、期限和其他类似问题。持如此谨慎态度很重要，尤其是对知识产权法律保护薄弱或者政府执行不力的国家而言。通常，许可公司发现自己要与被许可公司竞争，因为后者复制了自己的专门知识，而且研发费用很低甚至为零。那些考虑许可的高技术企业应当特别警惕技术剥夺风险。

特许经营。国际**特许经营**（franchising）是一种许可形式，它可以消除前面所描述的一些担心。相比于受许人（franchisee），国际特许经营给予特许人（franchisor）对授权的商标、产品和/或服务、生产和/或操作过程更多的控制权。特许人通过特许经营费施加控制，如果不遵守合同，可以没收特许经营费，也可通过详细的合同来管控双方关系从而实现控制。另一方面，特许人需要为受许人提供更多的材料、培训和其他形式的支持。运行良好的特许经营是一种双赢安排：特许人逐渐以较低甚至零风险和投资扩张到新市场，受许人得到成熟的品牌、营销宣传、确定的客户群和管理技能来帮助自己取得成功。

尽管特许经营在北美和欧洲的最发达国家已趋饱和，但许多新兴市场正在经历国际特许经营的激增。要想在发展中国家取得成功，考虑这一进入模式的企业家在寻找潜在受许人之前，应当考虑几个重要的环境因素，如国家的经济发展水平、经济增长率和市场治理政策。尽管特许经营以前主要由麦当劳、唐恩都乐（Dunkin's Donuts）和假日酒店（Holiday Inn）等大型跨国公司开展，但它给规模较小的企业进入新市场并与其他企业竞争带来了前所未有的机遇。

合同制造或外包。合同制造最近颇受关注，不仅由于经济和商业利益，而且由于充满争议但又是内在趋势的生产跨境转移。合同制造日益普及的原因是它能为企业节约大量财务和人力资源。

按照成熟的生产过程使用海外廉价劳动力来生产成品或部件，这种安排称为**合同制造**（contact manufacturing）或**外包**（outsourcing）。使用该进入模式可以降低公司的生产成本，也可以使公司以少量资本投入进入市场，不存在所有权麻烦。采用外包方式的缺点之一是对生产过程和工作条件失去控制，可能造成产品质量低下和侵犯人权，导致对公司品牌的负面宣传和财务损失。例如，耐克、天伯伦（Timberland）和其他几家知名美国公司就无意间造成了这些不良结果。

近年来，中国和印度等新兴市场的多家公司兴起，它们帮助中小企业通过在国外采购产品、制造和服务来降低成本。尽管报道称印度是全球领先的接包国（见图8—2），但中小企业的外包不仅仅指向发展中国家/地区。Wax Info Ltd. 是一家设在英国的开发安全分布式内容管理软件的领先企业，它选择新西兰的黑咖啡软件公司（Black Coffee Software，Ltd.）作为外包公司，在创纪录的时间内开发了一款复杂、大规模的安全应用。

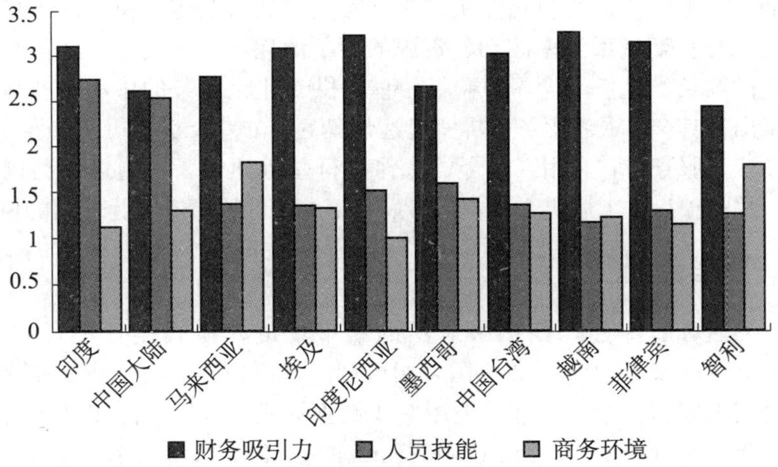

图8—2　领先的接包国家/地区

资料来源：Data from A. T. Kearney Global Services Location Index 2011.

如图8—3所示，IT公司是外包的最大用户，其次是人力资源、市场营销和销售。《财富》500强中大约40%会采取某种形式的外包。如上所述，外包也为中小企业提供了与更强大的对手展开竞争的机会。

交钥匙工程

另一种以合同形式进入新市场的模式叫交钥匙工程。典型的**交钥匙工程**（turnkey operations）是海外公司设计、施工、装备一个大型工厂，对人员进行初

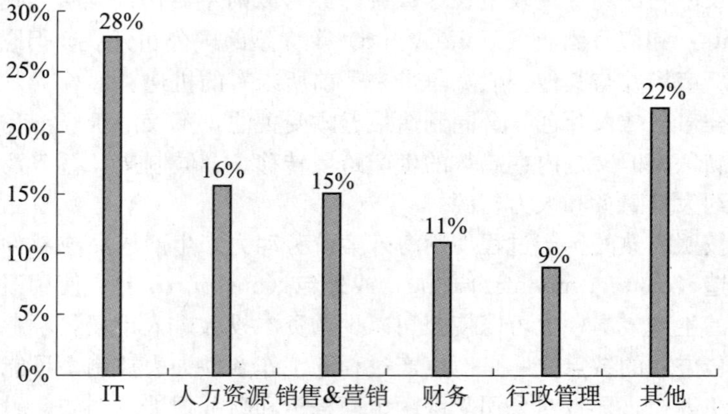

图 8—3　IT 领域的外包最活跃

资料来源：Data from A. T. Kearney Global Services Location Index 2011.

始培训，然后将准备好运行的工厂的钥匙交给买方。

交钥匙工程由大型专业建筑和制造公司承包最为常见，这些工程通常是由政府外包的巨型项目，如建造水坝、炼油厂、机场、能源工厂等。不过，创业型企业可以作为交钥匙工程的分包商。[9]

交钥匙工程规模巨大、涵盖广泛，因此需要人员、资金储备、供应和其他资源方面的长期承诺。小公司在决定参与交钥匙项目之前，应该仔细检查是否已经做好准备承受长期货币汇率波动、资源的不断消耗，以及其他如此复杂任务可能引发的更高的政治、经济和金融风险。一些提供专业化服务的中小企业可以通过交钥匙工程来出售其产品或者服务。佛罗里达州奥兰多的一个小公司就向发展中国家政府营销机场开发服务，它利用区域合资伙伴进行基础建设，并通过大型国际银行为项目融资。总有项目完工后买方不支付最后一笔费用的风险，因为它们的付款动机降低了。

管理合同

酒店和航空公司使用最广泛的新市场进入模式是管理合同。根据**管理合同**（management contract），一国公司可利用专业技能、技术或专业化服务，在一段固定时间内经营其业务，获得使用费或销售提成。例如，许多酒店所有者与丽思卡尔顿酒店公司（Ritz-Carlton Hotel Company，LLC）等著名酒店管理公司签订合同，共同开发和管理它们的财产。

虽然管理公司负责日常运作，但它不能决定业务的所有权、财务、战略或政策。这种安排适合那些对在国外赚取额外收入感兴趣、同时又不想纠缠于外国市场上长期财务或法律义务的公司。

国际合资企业

国际合资企业（IJV）作为更大范畴的国际商业联盟的一部分，已经成为进入国际市场最受欢迎的途径之一。**合资企业**（joint ventures）是一种外商直接投资形式，指两个或两个以上公司共享第三个商务实体的所有权，合作生产产品或服务。国际合资企业对企业很有吸引力，因为进入市场相对容易，能分担风险、共享知识和专业技能并且在全球市场上具有协同和获得竞争优势的潜力。[10]

建立国际合资企业的原因不同，比如继续扩大现有业务、将公司产品推向新市场、在公司的现有市场上引入外国产品以及开展新业务。对企业家来说，合资企业适合进入那些缺乏甚至完全没有国际商务经验的新市场，以及将信任视为文化特征的一些特定国家，那里人们往往对国际合作持更加开放的态度。[11]

国际合资企业可以采取多种不同形式：

- 来自同一国家的两个或两个以上公司形成联盟进入另一个国家。
- 一家海外公司与一家当地公司联合进入该国市场。
- 来自两个或两个以上国家的公司在第三国以合资企业形式组合在一起。
- 一家国外私人公司和政府同意为追求共同利益结合起来。
- 一家国外私人公司与一家国有企业建立合资企业进入第三国市场。

合资企业有很多不同方式，让我们比较一下**上游合资企业**（upstream joint venture）和**下游合资企业**（downstream joint venture）的不同。当两个或两个以上合作伙伴组建一家公司（合资企业）来生产最终产品或中间品，或者整合批发和零售业务时，就形成了一个下游合资企业（见图 8—4）。在例 1 中，建立合资企业是为了整合供应和精炼，包括合伙双方石油产品的零售。两个公司所有的下游活动都整合在一起，产品采用双重品牌。此外，该合资企业拥有 3 000 个服务站，使它成为欧洲最大的石油产品零售供应商。

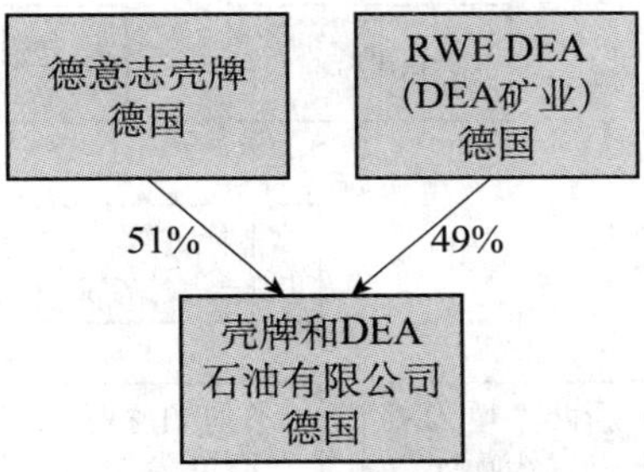

图 8—4　下游合资企业

组建上游合资企业，也许是为了利用双方都需要的原材料来生产中间产品。在这种情况下（见图 8—5），合资公司成立的目的是挖掘和/或加工原材料，然后提供给合作双方进一步加工。例 2 是雪佛龙（Chevron）公司和俄罗斯天然气垄断企业 OAO Gazprom 的石油部门建立的合资企业，两家公司成立合资企业是为了开采石油。雪佛龙占初始所有权的 70%，俄罗斯天然气工业股份公司（Gazprom）占 30%。

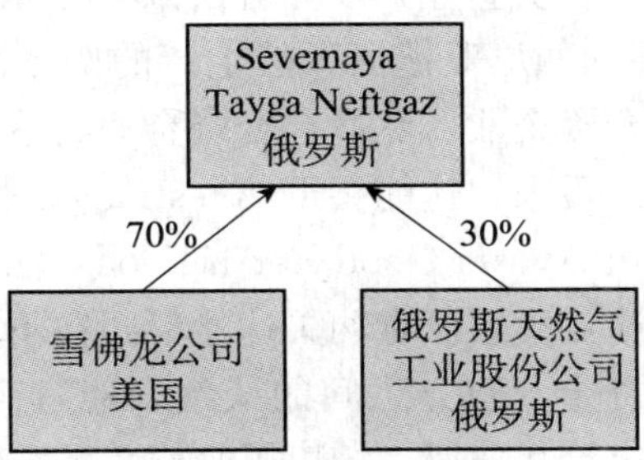

图 8—5　上游合资企业

合资企业这样的跨国战略联盟有时成功，但失败更多，其影响因素已有很多研究。总结起来，这种安排最普遍的问题是，如何在合作伙伴之间保持微妙的平衡，包括双方的目标、管理要求、贡献、组织和国家文化以及导致合作成败的无数其他因素。很多合资企业的失败都可归咎于所谓的“囚徒困境”（Prisoner's Dilemma）。这是一种合作双方都有机会从合作中获益的情形，但由于缺乏信任，结果双方互相竞争，导致收益更低。下面描述了合资企业的一个失败案例和一个成功案例。

瓦迪亚—达能合资企业（1995）

瓦迪亚集团（Wadia Group）（印度）是一个投资于纺织、航空（Go Airlines）、种植园、保健、食品和电子产品的企业集团。总部设在巴黎的达能集团（Groupe Danone）声称是世界新鲜食品领导者，公司销售额的一半来自奶制品，以酸奶品牌闻名。达能约30%的销售额来自新兴市场，主要通过合资企业来实现。瓦迪亚和达能（见图8—6）在国际饼干联合公司（Associated Biscuits International）这家控股公司中各持一半股权，而国际饼干联合公司又持有不列颠尼亚公司（Britannia）50%的股权。不列颠尼亚公司是印度最大的饼干公司，占印度饼干市场38%的份额。不列颠尼亚公司以其不列颠尼亚（Britannia）和老虎（Tiger）品牌著称。报道称，仅老虎品牌就占不列颠尼亚公司总销量的20%。

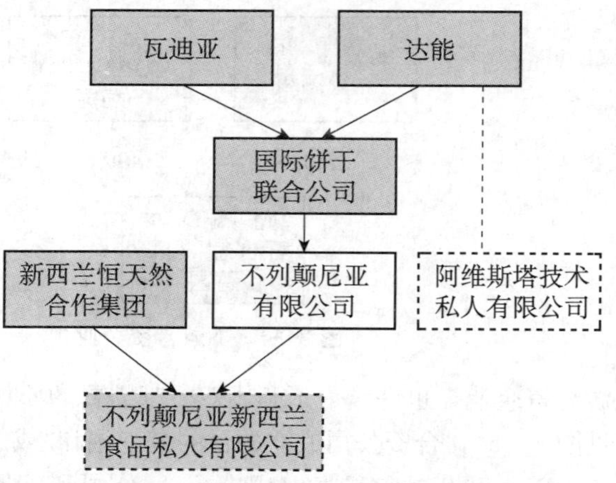

图8—6 瓦迪亚—达能合资企业

合资企业合作伙伴之间的麻烦始于2001年，当时不列颠尼亚和新西兰恒天然合作集团组建了一个合资企业，双方各占49%的股份，一名战略投资人持有剩余的2%。按照协议，不列颠尼亚把恒天然生产的奶制品推向印度市场，而不列颠尼亚的奶制品业务交给合资企业。然而，合资企业与达能有冲突，因为达能已经确立了自己的奶制品业务。后来，达能买下Avesthagen 4.6%的股权，这是一家印度生物技术公司，其子公司Avesta Good Earth Foods生产健康食品（见专栏8—2）。

有消息称，瓦迪亚集团没有购买达能集团在不列颠尼亚公司的股份，因为目前情况下它无法筹集资金。双方之间的谈判未能解决问题。2009年，达能将自己在合资企业的股份出售给瓦迪亚，结束了合作关系。

专栏 8—2

聚焦公司：瓦迪亚集团

瓦迪亚集团是一个印度企业集团，拥有食品巨头不列颠尼亚，并与瓦迪亚-达能 BSN 印度（Wadia-Danone BSN India）有一个合资企业。瓦迪亚集团反对达能投资 Avesthagen，认为这样做违反相关规定（PN 1）。它声称，Avesthagen 这家生物技术公司的子公司——Avesta Good Earth Foods 有类似业务线。该公司生产健康食品。

根据 PN 1，合资企业中的外方在相同业务领域进行任何新投资之前，都必须征得国内合作伙伴的同意。Avesthagen 的副主席兼总经理声称其公司所从事的生物技术研究是针对临床验证有疗效的食品这一新兴的高端利基市场，必须区别于葡萄糖饼干制造公司。

"我们的业务并不相同，因此，达能集团投资我公司不需要任何其他方的同意。事实上，全世界没有一家研究型公司的战略或产品线与我们的相同。" Avesthagen 副主席声称。

资料来源：Adapted from：Prasad，G.（2007，September 24）. Avesthagen contests Wadia claim on Groupe Danone. *The Economic Times*.

固特异—住友合资

1999 年，固特异轮胎与橡胶公司（Goodyear Tire and Rubber Company）与住友橡胶工业有限公司（Sumitomo Rubber Industries Ltd.）组建多家合资企业，整合了很多它们在美国、欧洲和亚洲的工厂和销售业务。合并业务后，合资企业当时的年销售额高达约 155 亿美元。成立合资企业的动机是什么？

20 世纪 80 年代末，美国轮胎业因兼并和收购而萎缩。美国最大的轮胎公司，如凡士通（Firestone）、百路驰（Goodrich）、永耐驰（Uniroyal）和阿姆斯特朗（Armstrong）都被外国轮胎公司收购。到 1991 年，固特异成为美国唯一的主要轮胎制造商，而美国所有轮胎制造商生产的轮胎仅占世界产量的 17%。固特异的全球市场份额从 1971 年的 24%下降到 1993 年的 17% 。虽然固特异是美国占主导地位的轮胎制造商，但是到 1998 年，它有约 20 亿美元的债务，在世界市场的份额排到第三，在普利司通和米其林之后。米其林威胁说要打击固特异，加强自己在北美市场的地位。

固特异—住友合资的优势

合资企业给固特异带来住友的邓禄普（Dunlop）品牌，使其得以进入日本市场。在欧洲，合资公司使固特异和住友超过普利司通，但米其林仍然是市场的领导者。然而，固特异和住友的市场份额合计（见表 8—1）略领先于普利司通和米其林。组建合资企业的另一个动机是节约成本，因为效率低下的工厂被取消，同时采购等职能被合并。住友的主要动机是减少由于邓禄普运营问题和日本萧条所带来的负债，同时获得固特异的领先技术。

表 8—1　全球轮胎市场份额（%）

1997 年		2009 年	
普利司通	18.6	米其林	19.2
米其林	18.3	普利司通	18.8
固特异	17.1	固特异	16.8
住友	5.5	住友	3.7
全球销售总额 690 亿美元		全球销售总额 1 270 亿美元	

合资企业包括 4 个运营公司：北美 1 个，欧洲 1 个，日本 2 个。还在美国设立了两个协同企业，一个是为了全球采购，另一个是为了共享轮胎技术。固特异在北美和欧洲的合资企业中占 75%的股份，而住友控制了两家日本合资企业 75%和 50%的股份。作为协议的一部分，固特异获得邓禄普轮胎（日本）和邓禄普轮胎公司 75%的股权。固特异和住友还向彼此投资。如图 8—7 所示，固特异收购了住友 10%的股权，而住友在固特异获得 1.4%的股份。此外，固特异支付住友 9.36 亿美元以弥补双方投资建立合资企业时的股权价值差异，这对合资企业双方都有益，还可以帮助住友减少一些债务。固特异的北美轮胎集团（包括凯利-斯普林菲尔德（Kelly-Springfield）和加拿大）及其在波兰、斯洛文尼亚、土耳其、摩洛哥和南非的业务不包括在合资企业内。在合资公司成立的五年内，固特异的邓禄普成为欧洲第二大轮胎制造商（居米其林之后），而资金得到增强的住友保持着日本第二大轮胎制造商的地位（居普利司通之后）。

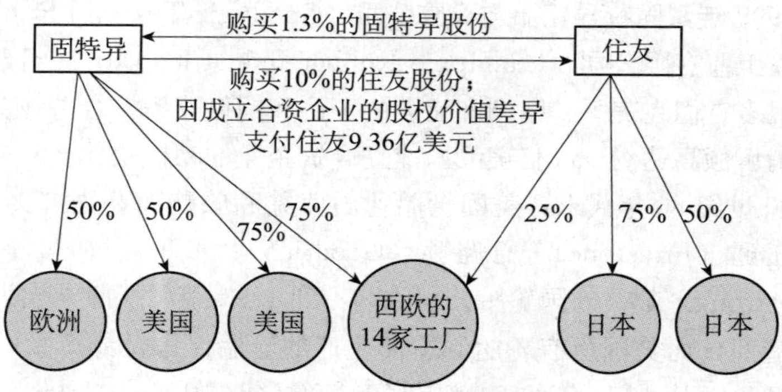

图 8—7　固特异—住友合资企业

到 2009 年，固特异和住友的全球市场份额合计达到 20.5%，该合资企业占有全球最大的市场份额。

为合资企业失败投保

许多研究表明[12]，合资企业失败近半。一种夸张的说法是合资企业只持续 5～7 年，比国家橄榄球联盟球队中跑卫的平均职业生涯略长一点。[13] 合资企业为何失败率这么高？如何防止失败？下面是一些原因和建议的补救措施[14]：

● 想法不好。经典的合资是双方都没有足够的资源独自去冒险，因此建立合资企业。合资企业更多被风险分担而不是资源共享所驱使。遗憾的是，“风险”经常代表不值得或商业上不可行。如果一个项目不值得独自去做，它也许就不值得去做。

● 规划不足。合资企业失败最常见的原因是缺乏充分规划。合资企业的“规划”仅仅说明各方对合资企业的预期贡献以及各自的利润份额，它们很少起作用。对双方如何形成预期、管理纠纷没有任何说明。合资各方应该制定全面的书面计划，包括合资公司的形式、各方的贡献、后勤问题（谁、在哪里、做什么）、治理、共同开发资产的所有权、争端解决以及如果需要终止的话有何条款。

● 资本不足。根据实现合资企业目标所需资本的估计，合资企业通常分配到固定数额的资本。很重要的是，任何计划不仅应提供当前的资本需求，还应提供未来的或额外的资本需求。

● 缺乏领导力。合资伙伴坚持分享领导权的情况太常见。从一开始，各方就应当对项目或项目部分的日常运营控制达成协议。只有一些根本决策才要求双方形成一致意见，例如，合资企业或资产的出售或其他处置、债务的发生或认可一个新的合作伙伴加入。在这些情况下，若双方陷入僵局，治理文件应提供争议解决办法。

● 缺乏承诺。许多企业建立合资公司是希望尽快获利。如果利润无法实现，或者没有预期那么快，它们就失去了兴趣。

● 文化和意识形态上的差异。在评估合资伙伴时，公司要像收购那样进行兼容性和整合性分析，包括对企业文化、管理风格、人员、员工福利和IT系统的全面评价。在国际合资企业中，合作伙伴来自两国或更多国家，国家文化差异比企业文化更可能妨碍良好工作关系的形成。文化相反也许会使双方互相吸引，但除非找到融合差异的办法，不然合资企业很可能不稳定。

国际商业联盟[15]

国际商业联盟定义为：“相对持久的公司间合作安排，它利用来自自治组织的资源和/或治理结构形成的流动和联系，来共同实现企业的个别目标，这些目标关系到每个发起企业的宗旨。”国际商业联盟正在快速发展为一种海外市场进入模式。与对外直接投资相比，国际商业联盟的资金投入更少，风险更低，而且资源、技能和能力可以在多个企业之间共享，目的是实现一个联合目标。然而，国际商业联盟并非没有风险。联盟公司的不同决策风格、松散的关联以及战略资源的共享，有可能造成企业失败，而且可能形成一种不稳定的商务环境，其中一方可能利用另一方。

战略联盟

战略联盟（strategic alliance）是两个或两个以上公司之间的一种正式合同关系，它们通过共享资源来追求一个共同目标。简言之，这是非股权协议，合作伙伴分享技术等战略资产以便创造协同效应，或者获得一个或两个公司都没有的一些资源。专栏8—3是对战略联盟的总体描述。

专栏 8—3

聚焦公司：富士通和思科

富士通和思科扩大战略联盟来为日本提供统一的通信解决方案

两家公司将专业技能和交付协作解决方案结合起来以帮助企业提高生产力。

东京——2009 年 4 月 16 日，富士通和思科宣布扩展其战略联盟，以便为日本市场提供统一的通信服务。此外，富士通和思科已经同意合作开发统一的通信解决方案，并在服务和营销活动上展开合作。

富士通和思科战略联盟的这一扩展，结合了思科行业领先的统一通信技术和富士通在信息和通信技术产品开发能力方面的全球经验。该战略联盟将使双方为日本市场上的顾客提供一系列广泛的合作工具和统一的通信解决方案。

富士通总部设在东京，是全球市场上基于 IT 的商务解决方案的领先提供者。富士通拥有大约 16 万员工，为 70 个国家的顾客服务。公司将全世界的系统和服务专家、高度可靠的电脑和通信产品、先进的微电子技术结合起来，为顾客传递增值。

资料来源：Adapted from：Cisco press release，April 19，2009.

战略联盟可以是纵向或横向的。在纵向战略联盟中，不同行业的公司进行合作。例如，一个建筑公司可以和一个室内设计师事务所组成联盟，提供带家具的成品住宅。在横向联盟中，公司属于同一行业。为政治候选人做广告的代理公司，也许会和一个专门从事政治民意调查的营销调研公司组成联盟。两种情况都是合同性安排，没有形成一个新的实体。富士通和思科（见专栏 8—3）也是一个横向联盟的例子。

是什么让一个联盟具有“战略性”？根据加利福尼亚惠普公司的全球联盟运营主管的说法，有五个标准可以确定联盟是否为战略联盟[16]：

- 是实现核心业务目的或目标的关键
- 是实现竞争优势的关键
- 是抢先竞争所必需的
- 可能对公司的未来战略选择至关重要
- 有助于管理那些威胁战略目标的风险

尽管战略联盟伴随着风险，但这种国外市场进入模式也有优点。例如，战略联盟有潜力降低交易成本，对冲战略不确定性，获得所需资源，使企业规避国际进入壁垒，保护公司的本国市场不受国际竞争威胁，扩大公司产品线，进入新的产品市场并提高资源利用率。托尔曼（Tallman）认为，企业利用战略联盟可以强化专属资源（有形资产、无形资产、专利和商标、人力资源和互补性资源）、技术能力（研发、制造、营销、销售和市场知识）和管理能力（管理技能和能力、增值活动）。

利用国际战略联盟所获得的优势取决于产业类型和联盟构成方式。例如，一些研究人员认为成熟产业的公司更可能从战略联盟中获益，其他人员则提出，与传统行业相比，高技术行业从技术型战略联盟中获益更多。

为正确组成和执行国际商业联盟，有很多框架，包括对参与公司进行 SWOT 分析、目标兼容性分析以及增值分析，和/或检查它们的市场实力、效率和能力。

然而，对于一个成功的国际商业联盟，最重要的是选择合适的合作伙伴，建立信任，并制定相应的合同框架。

全资子公司

作为资本最密集的进入模式，**全资子公司**（subsidiaries）通常只适用于规模大、国际经验丰富、能承担企业在国外市场的所有权与经营方面巨大风险的公司。通过全资子公司进入一个市场，涉及在一个新的目标国家购买现有业务（也称为褐地策略）或新建工厂（也称为绿地策略）。尽管在这两种情况下，公司都可以在业务上保持最大限度的控制权，而且果断地进入目标国家市场，但同时也面临最大的政治、环境、法律和金融风险。

进入模式的优缺点

表 8—2 总结了各种进入模式的优点和缺点，其中许多涉及财务和/或政治风险、市场进入速度、业务控制权和市场知识的获取。

表 8—2　　国际进入模式的优缺点

进入模式	优点	缺点
出口	风险低 市场容易进入或退出 获得当地市场知识 绕过外国直接投资的限制	关税和配额 运输成本 可能与分销商关系不和
许可	风险低 快速进入市场 绕过法规和关税 获得当地市场知识	对市场和收益的控制权更小 知识产权问题 与被许可人/未来竞争对手的潜在问题
特许经营	财务风险低 绕过法规和关税 保持更多控制权 获得当地市场知识	对市场和收益的控制权更小 对运营失去一些控制 与受许人的潜在关系问题
合同制造	财务风险低 节约制造成本 短期承诺的灵活性 强调营销/销售	对运营的控制权更小 当地市场知识少 如果出现人权问题会对品牌/财务造成潜在损害
管理合同	作为内部人进入市场 强调公司的专业技能 财务风险低	有限的利润和市场进入 潜在的版权和知识产权问题
交钥匙工程	进入不欢迎外国直接投资的市场 没有长期运营风险 强调公司的专业技能	有一些财务风险 合作伙伴/基础设施/劳工/利润汇回国内等方面的潜在问题
合资企业	作为内部人进入市场 潜在高收益 对运营的控制权更大 分担风险 从合作伙伴那里获得知识	资源投入大 合作伙伴之间在控制/贡献/目标等方面的潜在问题 管理层次更多 潜在的知识产权问题

续前表

进入模式	优点	缺点
全资子公司	完全市场进入/接受 对运营/利润的完全控制权 绕过关税 运营多元化	资金/资源投入大 政治和环境风险高 利润汇回国内的潜在问题 管理层次更多

本章小结

● 本章研究了公司在国际化进程中可以选择的各种市场进入模式。应当强调，当公司一次进入一个以上市场时，它可能为每个市场选择不同的进入模式，这样做往往出于两方面原因：同时进入多个市场；转换到另一模式之前利用某一进入模式的优点。随着全球通信、旅游、贸易变得日益方便且普遍，许多公司发现同时利用一个以上进入模式是可能的，甚至是有利的。

● 各项资产所需的投资水平。如果没有特定资产要求大规模投资，许可或特许经营等非股权模式可能适合市场进入。如果需要高水平专用资产投资，合资或全资子公司等股权进入模式可能更合适。

● 一个更稳定、经济和政治更安全的国家可能适合股权进入，而政治或社会动荡、经济危机频发的国家更适合非股权进入模式。

● 建立在强大内部文化和规则基础上的企业，通过股权方式进入新市场来支持其业务会更合适。相反，一个更加开放和灵活的公司更适于依靠对出口代理或者被许可方等合作伙伴的控制。

● 中小企业的决策者可以根据交易成本理论，就企业最恰当的进入模式做出更明智的决定。根据一项有限的研究，用这种方法做出的决定似乎能带来更好的国外市场表现。

● 当公司采用交易成本分析或其他公认方法来评估自己的国际市场战略时，应该仔细考虑并认真规划进入模式，以保证海外业务更加顺畅、盈利能力更高。

讨论题

1. 你认为中小企业决定外包面临的最大挑战是什么？

2. 你认为中小企业和大型企业的市场进入决策有什么不同？

3. 合资企业在新兴市场的失败率比在发达国家更高。你认为是什么原因造成的？

体验性练习

1. 你要为一家考虑扩张到英国市场的中型服务企业提建议，但公司没有任何经理有国际商务经验。你将如何确定公司是否为扩张至英国做好了准备？

2. 寻找美国商务部的数据，确定过去十年里美国公司最常采用何种市场进入模式进入新兴国家，解释这一趋势的原因。

关键术语

合同制造（contract manufacturing）

直接出口（direct exporting）

国内因素（domestic country factors）
下游合资企业（downstream joint venture）
外部因素（external factors）
特许经营（franchising）
间接出口（indirect exporting）
内部因素（internal factors）
合资企业（joint ventures）
许可（licensing）
管理合同（management contract）
外包（outsourcing）
战略联盟（strategic alliances）
子公司（subsidiaries）
目标国家因素（target country factors）
交钥匙工程（turnkey operations）
上游合资企业（upstream joint venture）

注释

[1] This assumes that the company is conducting an active Internet marketing campaign with emphasis on search engine placement, website advertisements, affiliate marketing strategy, and other marketing methods. Also, to be appealing and understandable to international visitors, a website should use (at a minimum) common English language, simple navigation signs and graphics, and clear pictures and descriptions of the products/services offered.

[2] Deresky, H. (2000). *International management: Managing across borders and cultures* (3rd ed.). Upper Saddle River, NJ: Prentice Hall.

[3] VF is an American corporation headquartered in North Carolina. Its brands include Nautica, Wrangler, Lee, and others.

[4] Deresky, H. (2000). *International management: Managing across borders and cultures* (3rd ed.). Upper Saddle River, NJ: Prentice Hall.

[5] Ibid.

[6] Adapted from Leonidou, L. C., Katsikeas, C. S., & Hadjimarcou, J. (2002). Executive insights: building successful export business relationships: a behavioral perspective. *Journal of International Marketing*, *3*, 96-15.

[7] Griffin, R. W., & Pustay, M. W. (2003). *International business: A managerial perspective* (3rd ed.). Upper Saddle River, NJ: Prentice Hall.

[8] Deresky, H. (2000). *International management: Managing across borders and cultures* (3rd ed.). Upper Saddle River, NJ: Prentice Hall.

[9] Daniels, J. D., & Radebaugh, L. H. (2001). *International business: Environments and operations* (9th ed.). Upper Saddle River, NJ: Prentice Hall.

[10] Griffin, R. W., & Pustay, M. W. (2003). *International business: A managerial perspective* (3rd ed.). Upper Saddle River, NJ: Prentice Hall.

[11] Daniels, J. D., & Radebaugh, L. H. (2001). *International business: Environments and operations* (9th ed.). Upper Saddle River, NJ: Prentice Hall.

[12] Turowski, D. (2005). The decline and fall of joint ventures: How JVs became unpopular and why that could change. *Journal of Applied Corporate Finance*, *17* (2), 82; Bamford, J., Ernst, D., & Fubini, D. (2004, February). Launching a world-class joint venture. *Harvard Business Review*, 1.

[13] From www.1000ventures.com/business_guide/jv_main.html. Quoted in MacMillan, T. (2006). *CIBC Mellon: A joint venture success story*. [Speech to the Financial Services Institute.]

[14] Spranger, D. (2004). *Why joint ventures fail*. Retrieved from www.saul.com/common/publications/pdf_29.pdf.

[15] Alon, I. (2003). International business alliances: A practical perspective from the packaging industry. *Proceedings, Annual Academy of International Business, Southeast Meeting*.

[16] Wakeam, J. (2003, May-June). The five factors of a strategic alliance. *Ivey Business Journal*, 1-4.

案例 8—1 戈尔：评估巴西航空公司的墨西哥市场进入模式

戈尔（GOL，www. voeGOL. com. br）是世界上最盈利的低成本航空公司之一，2006 年 12 月净收益为 17.78 亿美元，净收入 2.66 亿美元，其中现金收入 1.31 亿美元。

该公司成功的关键在于它在国内市场和一些拉丁美洲国家实施低成本战略。2006 年 12 月，公司在国内的市场份额达到 37.1%，在巴西的国际市场上占据 13%。

2006 年年底，戈尔航空每天执飞 530 个航班，飞往五个拉丁美洲国家的 55 个目的地。

2007 年年初，公司面临着开辟拉丁美洲新目的地的挑战。为此目标，公司正在评估进入墨西哥市场。墨西哥是拉丁美洲仅次于巴西的第二大重要市场，航空市场估值 55 亿美元，乘客超过 4 000 万。墨西哥的墨西哥航空（Mexicana）和 Aeromexico 两大公司在国内和国际市场上展开竞争。此外，当地五家新的低成本航空公司也在争夺本地市场。这些问题显示出进入该市场不得不考虑的一些困难。

公司

戈尔公司在巴西运营，是盈利最多的低票价、低成本航空公司，它提供连接巴西所有主要城市和部分南美城市航线的日常服务。

戈尔于 2001 年 1 月开始运营，有 6 架单舱波音 737-700 飞机，服务于 5 个巴西城市。在不到一年的时间里，乘坐戈尔航空的旅客超过 100 万。

公司建立的基础是创始人的陆地运输经验，他们的公司 Aurea Group 拥有 36 家陆地运输公司。

奇迹的缔造者是戈尔的首席执行官兼总裁康斯坦丁诺·奥利维拉（Constantino de Oliveira Jr.）。当奥利维拉决定将美国西南航空和欧洲瑞安航空（Ryanair）做得非常好的低成本模式引入巴西时，几乎没有人认为他有任何成功的机会。奥利维拉时年 32 岁，没有民用航空的经验。然而，奥利维拉确实有一些 Aurea Group 的管理经验，这一集团为其家族所拥有，已经营了 50 多年。

2004 年，戈尔航空开启国际化进程，飞到美洲最南端的一些目的地，包括布宜诺斯艾利斯、蒙得维的亚和亚松森，最新目的地是智利圣地亚哥，2006 年 9 月首航。

公司的长期经营目标是提供到南美洲所有重要目的地的价格实惠的空中旅行。2006 年年底，戈尔每天执飞 530 个航班，飞往 55 个国内外目的地。2006 财年，净资产收益率（ROE）达到 25.8%。

2007 年 3 月，戈尔花费 3.2 亿美元，获得几乎消失的巴西航空公司 Varig 的控制权。在很多国家，人们仍然认为 Varig 是最传统的巴西航空公司品牌，因此这一品牌名称仍具有市场价值。

戈尔通过其子公司 GTI 来完成收购，以保护其财务状况不受 Varig 数十亿债务的影响，同时这也是试图让 Varig 独立于主公司开展运营的一个明确信号。

这两个公司完全不同，有不同的管理人员，并且在理论上是竞争对手。戈尔继续关注低成本的国内航班，而 Varig 则优先考虑机票价格更高的国际和直飞航班。

在巴西国内和国际航班构成的航空市场上，戈尔位居第二。2007 年 2 月，公司几乎占国际航班的 19%，领导者天马航空公司（TAM）占据 61%。国内航班的竞争更加严峻，戈尔占 40%，天马为 47%。

使命

通过为客户、股东、员工和社会带来创新解决方案来提供安全、高价值的客货运输。

愿景

到 2010 年被认可为在南美推广优质低价航运的航空公司。

价值观

继续改进公司基于原创、创新性、伦理和公正行为的商业模式，致力于可持续发展和持久的效果，为客户提供低票价和优质服务。在员工方面，要尊重员工，使其获得专业认可，并为其提供职业生涯发展机会，再加上团结精神和对社会、环境负责的态度。

商业模式

公司的商业模式基于一个高度整合的、多站点的航线网络，是世界上其他成功的低成本航空公司点对点模式的一个变化。公司通过精选机场上高度整合的航班所构成的网络，提供巴西最重要经济中心和南美连接枢纽之间的高频次低价直飞航班。这些航班会结合起来以连接城市，中转或停留时间很短。航班网络使公司得以提高那些最繁忙城市间航线的载运率，使用这些城市的机场让乘客中转并到达最终目的地。

除了低票价，公司的战略还包括使飞行更简单、方便。公司已经实现了这一目标，主要是通过削减不必要的额外支出和对技术的应用。戈尔航空鼓励客户使用互联网，让客户舒服地在家里或者办公室预订机票，并完成值机、改座位等许多其他事宜，不然这些事情他们将不得不在拥挤的机场或航空公司票务办公室办理。

戈尔航空营销副总裁塔西森・加吉奥尼（Tarcision Gargioni）将公司成功归于技术因素。"平均来说，我们的飞机比其他航空公司飞得更多，载更多的乘客，在地面上花的时间更少。这使我们有所不同。基本上，我们的工作更关注成本，我们有成就记录系统，由此形成比其他公司更高的生产力。"

戈尔航空的竞争优势不仅在于成本管理和运营效率的优化。"戈尔一直是低成本公司，但它永远不是廉价航空公司。其机票价格虽然低于其他巴西航空公司，但与欧洲和美国相比，它的价格并不算低。"任教于圣保罗天主教大学的教授桑帕约・吉尔索・德利马・加洛法罗（Sampaio Gilso de Lima Garofalo）说道。

公司通过提高飞机的利用率大大促进了生产率，达到平均每天 14 轮档小时，是巴西业内的最高水准，并且高于最高国际标准。

此外，戈尔航空创纪录的 25 分钟周转时间是国际同行中最低的，低周转意味着在空中飞行的时间更多，生产效率更高，从而能降低票价。

营销战略

戈尔航空以非常高效的方式部署飞机以保持飞机利用率居行业领先地位。同时，公司高度集中于基于互联网的分销渠道和销售并大力推广，这种推广是公司低成本结构和高效率的有机组成部分，使公司成为巴西最大的电子商务领先企业之一。

销售渠道中，82%集中于互联网，15%借助呼叫中心和机场。有接近70%的销售通过旅行社完成，后者可获得佣金。

戈尔航空相信，有效利用各种技术使运营更加高效，包括采用实时销售和运营信息、互联网销售和无票旅行、先进的收益管理系统和智能化外包。

简化舱内服务是戈尔航空战略的一部分。公司处在一个尚未被其他航空公司开发的小型利基市场上，其他航空公司提供工业化加工的膳食，乘客并不总是喜欢。在短途航班上，戈尔提供健康营养的小吃和谷物，据巴西杂志 *VIP* 的调研，这些食品被认为是"时尚"的。

公司认为，通过低票价和优质服务，它为国际和国内市场提供了最好的价值并创造了空中旅行需求。它的平均票价低于其主要竞争对手。公司识别并激发了对安全、方便、简单的空中旅行的需求，不仅针对商务人士，也面向休闲旅客。这种旅行成为传统的飞机、公交车和汽车旅行的替代方式，而且定价合理。

将低票价和在机舱内为乘客提供相同的、简单可靠的服务相结合，戈尔航空提高了它在国际和国内市场的占有率，增强了客户忠诚度，并且在现有市场上吸引了一批新的旅客。这些新乘客在戈尔进入市场以前并未考虑空中旅行，因为他们觉得乘坐飞机价格更高、购票程序更复杂。

公司认为，该品牌已经成为巴西国内航空业创新和价值的同义词。

2005年，戈尔在 *Isto é Dinheiro* 杂志第四届巴西年度最具价值品牌排名中，被评为巴西最具价值品牌之一，价值高达3.26亿美元。2005年，公司还被《全球金融》（*Global Finance*）杂志评为拉丁美洲最佳航空公司。此外，巴西和国际投资者认为戈尔的信息披露充分，透明度很高。它根据巴西和美国的一般公认会计原则（GAAP）发布财务信息。在2006年2月的IR第八届全球排名中，戈尔在拉丁美洲的"披露程序"分类排名中居首位，在巴西的"公司治理"分类排名中位居前五。

戈尔航空特别希望加大对中小型企业商务旅行者的关注，这类客户的数量在不断增长，他们往往对价格更加敏感。公司将密切监测路线和航班频率，最大限度满足这部分客户的旅行需求，并且增加针对他们的营销力度。通过提供经停地点集中于网络内的国际航班，戈尔提高了运力。这不仅拓展了网络，而且增加了竞争优势，并为需求刺激策略提供了支持。公司采用在2006年年底已经被证明成功的增长战略对现有网络进行扩展，以此为基础在毗邻的南美城市和巴西之间增加了航班。

国际市场开发

2004年，戈尔航空开始飞抵阿根廷的布宜诺斯艾利斯——它的第一个国际目的地。在巴西—布宜诺斯艾利斯航线开启8个月后，戈尔在阿根廷乘客中满意度极高，83%的受访者称赞其服务。调查在2005年4—7月通过Databrain Pesquisas Inteligentes完成，调查结果显示出极高的顾客忠诚度，89%的受访者说会毫不犹豫地再次选择戈尔航空，不低于92%的受访者说他们“一定”把公司推荐给朋友和熟人，62%说这是他们最喜欢的航空公司。值得指出的是，乘坐这条航线的乘客有56%来自阿根廷。

这些数字促使公司继续增加在该地区的航线，在2006年2月的头两个星期就新增两个阿根廷目的地，分别是科尔多瓦和罗萨里奥。没有哪家巴西航空公司飞往阿根廷这么多目的地。戈尔航空继续开发国际市场，新开了到蒙得维的亚（乌拉圭）、亚松森（巴拉圭）和圣地亚哥（智利）的航班。

墨西哥市场

2005年，墨西哥政府决定对两家国有航空公司Aeromexico和Mexicana实行私有化，并允许几家低成本航空公司进入人口达1.03亿的本国市场。

墨西哥航空业在2005年的总收入为55亿美元，这使2001—2005年的复合年均增长率（CAGR）达到4.2%。同期行业客运量的复合年均增长率为5%，2005年乘客总数达到4 660万。

2006年，墨西哥超过70%的国际航班被外国航空公司主导，当年仅有7家墨西哥航空公司飞往国外目的地，占国际航运总量的27%。墨西哥民航总局声称，自2005年10月起，从美国到墨西哥的民用航班比以前更多了。仅7家美国航空公司就运载了40%的墨西哥国际旅客，这些美国航空公司占墨西哥和美国之间总航班的34%。其中，美国航空公司（American Airlines）占有11%的墨西哥国际市场。

预计行业表现会加速向好，2005—2010年的复合年均增长率估计达到5%，从而使2010年年底的行业总值达到70亿美元。行业总规模预计到2010年年底将增至5 400万乘客，从而使2005—2010年的复合增长率达到3%。

主要的墨西哥公司

Mexicana是墨西哥领先的航空公司之一，拥有20%的市场份额。该公司在过去几年中损失了近20%的市场份额，财务也出现了问题。

在其国际业务中，Mexicana和其他航空公司达成很多代码共享协议，顾客因此可以到达很多目的地。公司在全世界近800个目的地提供服务，并且在不同国家和地区设有代表处，包括新西兰、中国香港、南非、英国、新加坡、阿根廷和美国。公司总部设在墨西哥的墨西哥城。

Mexicana希望在2007年增长12个百分点。公司拥有30%的国内市场，25%的美国—墨西哥市场，以及52%的拉丁美洲市场。

Aeromexico是另一家重要的航空公司，每天大约有300个航班，其维修基地经美国联邦航空局（FAA）和墨西哥民航总局（DGAC）认证，被授权为飞机维修工场。

公司主要在墨西哥、北美、南美和欧洲经营。在南美的主要目的地有圣保罗（巴西）、布京（阿根廷）、圣地亚哥（智利）和利马（秘鲁）。公司总部设在墨西哥的Colonia del Valle，雇员大约7 900人。

在截至2005年12月的财政年度，公司收益为36.628亿美元，比2004年增加8.8个百分点。2005 财年的净利润为 1.352 亿美元，而 2004 财年仅为 5 530 万美元。

为留住顾客，Mexicana 和 Aeromexico 也在探索除价格折扣以外的其他战略。

2005 年，为了加强对国内乘客的服务，Mexicana 推出低成本航空服务 Click Mexicana，提供经墨西哥城、瓜达拉哈拉和韦拉克鲁斯这些枢纽站的优惠国内机票。

再一次，两家航空公司像它们的美国同行那样正在削减成本，并且瞄准了低成本航空公司不飞的国际航线。

墨西哥的低成本航空公司

历史上，墨西哥的空中运输仅限于中上层家庭。随着 2005—2006 年新的低成本航空公司不断涌入，才开始面向大众。

没有强大的低成本竞争对手、人口趋于年轻以及最近的经济稳定营造了一个成熟的投资环境。低成本航空公司希望将人们的注意力从公路旅行转移到空中旅行，而大客车交通运输市场为此提供了机会。

大部分潜在乘客的年龄为 20～40 岁，占总人口的 33%。

作为墨西哥航空的分公司，Click 从 2005 年 7 月开始运营，成为第一家低成本航空公司。接下来，9 月有 Avolar，Interjet 跟随其后。Volaris 于 2006 年 3 月开始运营，6 月 Aerolineas Mesoamericanas 开始运营。

在 2006 年开始运营的航空公司中，Click 到达的城市最多（墨西哥 19 个，加上哈瓦那、古巴以及紧随其后的迈阿密），其次是 Avolar（17 个）、Interjet（7 个）和 Volaris（5 个）。另外还有 Vuela 和 Viva。

大多数航空公司预计乘客是墨西哥人，他们被低价和更好的转机服务所吸引。但是，机遇不仅存在于国内市场。

墨西哥和美国签署了开放天空协议，这使该国的航空公司飞往美国更加容易。美国有大量移民，这使墨西哥的航空公司有机会去拓展国际市场，吸引人们跨境看望朋友和家人。

一些新开的航空公司有兴趣针对住在美国的 2 600 万墨西哥人制定营销策略，以便在下一个十年里加速发展。

许多航线对美国旅行者也有意义，尤其对那些喜欢到处走走或者有兴趣找一个城市或海滩去度假的人而言。

可预订系统是低成本航空公司和美国旅客面临的一项挑战。大多数网站只用西班牙语，价格一般以比索计价。尽管如此，习惯乘坐颠簸、拥挤的墨西哥公共汽车的旅客还是更喜欢现在这种不便。

对于同一条路线，低成本航空公司机票的价格略高于公共汽车票，因为航空公司期望人们为缩短旅行时间支付少许溢价。

发展在线销售对保持低分销成本至关重要。为了成为业内举足轻重的公司，低成本航空公司每小时都有飞机出港，以便与国内大公司争夺商务旅客。在美国航线上，它们还需要与美国公司展开竞争。

评估墨西哥市场的进入

2007 年，戈尔航空给投资者展示的一个关键议题是它的增长战略——主要集中于开发 8 个新市场，其中 5 个在巴西，3 个是国际市场，并且要增加超过 130 个新班次。

它选择了墨西哥市场，虽然进入墨西哥有点复杂，因为那里有涉及外商占本地公司投资份额等的法规。

戈尔航空曾经以相同的战略进入国际市场，即独自进入和低票价。但墨西哥比较特殊，戈尔必须与该国两个强大的对手 Mexicana 和 Aeromexico 展开竞争。Mexicana 数月前推出名为 Mexicana Click 的低成本航空公司。最大的挑战来自 5 家新成立的低成本航空公司，它们投资近 8 亿美元成立公司，每个公司的投资额从 9 000 万美元到 2 亿美元不等。

未来，这些公司尝试实现两方面目标：第一，在随后的几年开发国内市场；第二，争取在国际上或拉丁美洲开展业务。重要的一点是，不仅仅是拉丁美洲的低成本航空公司在角逐国际市场上的拉丁美洲航线。

另一个挑战是，美国的大公司有可能决定在国际拉丁美洲航线开展更富进攻性的竞争，这些公司占据 40%以上的墨西哥国际航线市场。

在这些情况下，进入墨西哥市场的最佳战略是什么？戈尔航空传统的低成本模式是最佳方式吗？通过与当地合作伙伴合作来进入墨西哥国内市场是最佳选择吗？或者像进入其他国际目的地一样，独自进入就已足够？最近，戈尔收购了巴西的 Varig。这是进入墨西哥的最佳方式吗？每个决策的利弊如何？进入墨西哥市场还有其他选择吗？

资料来源：Case prepared by Marcelo Barrios，EDDE-Escuela de Dirección de Empresas，Argentina. Reprinted with permission.

第9章 全球市场细分、选择目标市场和定位

我们要说的是，你必须了解并选择那些你想要服务的客户。不要只是跟随别人。通过细分市场认真确定目标市场，然后将你自己在该市场中定位为与众不同的、优越的。如果你不是优越的那一个，就不要进入该目标市场。

——菲利普·科特勒（Phillip Kotler）[1]

学习目标

1. 细分全球市场。
2. 理解全球化如何影响市场细分。
3. 应用一些标准来选择目标市场。
4. 理解差异化营销和无差异营销的区别。
5. 证明定制营销如何应用于全球。
6. 说明如何通过定位获得竞争优势。
7. 选择一种全球目标市场战略。

让苹果和樱桃“酷”在台湾[2]

美国华盛顿州代表苹果和樱桃种植者的两个组织正试图提高中国台湾消费者对其水果的需求，台湾在过去三年里是它们的五大市场之一。在该地区，这些水果的价格更高，人们对其产地有正面联想。尤其是樱桃，这种水果只用于特殊场合，经常留给生日派对和假日，因此是很受欢迎的个人和商务礼品。

两个组织希望以这种声望形象为基础来推进，同时聚焦年轻人市场。“过去，我们把重点（营销）放在母亲身上……那些买水果的人。”委员会的国际营销副总裁埃里克·梅尔顿（Eric Melton）说道。“但在亚洲，70%的人口在35岁以下。我们认为，如果没人想吃的话，就不会有人去买，所以我们想吸引年轻人的注意力。”

为了吸引年轻顾客并保持苹果和樱桃的高端地位，种植者确定其水果的定位是“嘻哈”（hip）和“酷”（cool）。为了使其紧巴巴的200万美元媒体预算发挥最大作用，两个组织跟随两位选美冠军——华盛顿苹果女士和华盛顿樱桃女士制作了自己

的电视秀，记录了她们在樱桃3个月的生长期穿越华盛顿州的旅行。两位新的选美皇后成为生活秀、娱乐节目、旅行和烹饪节目中的明星，通过其他媒体产生了更多的宣传报道。

水果种植者组织成功使用市场细分、选择目标市场和定位战略在台湾营销其产品。**市场细分、选择目标市场和定位**（segmentation，targeting，and positioning，STP）这些概念对营销人员来说很容易理解，但经常难以付诸实践。即使在对文化、顾客偏好和营销渠道等关键因素悉数了解的国内市场，营销人员往往也不能正确地细分市场，这会导致不准确的目标市场和定位，最终无法发挥既定产品或服务的潜力。

在全球市场上，挑战更大，全球市场细分、选择目标市场和定位的多样性和复杂性呈指数增长。

全球市场STP战略的必要性

在今天的营销策略与实践中，市场细分、选择目标市场和定位是一些最基本的概念。事实上，营销专家菲利普·科特勒在其著作《营销管理》（*Marketing Management*）中将市场细分、选择目标市场和定位列为营销最重要的三个概念。

简单地讲，STP使营销人员得以确定其产品或服务可以传递给特定类型顾客的价值（市场细分），了解如何到达这些客户（选择目标市场），并以吸引人的方式将所说的价值告诉他们（市场定位）。

全球市场的竞争更激烈，价格压力更大，更需要文化适应，但营销人员所面临的挑战远不止这些，制定正确的STP战略对营销活动的成功至关重要。

特别是，市场细分可以使营销人员简化决策过程，对跨国、跨文化子市场使用一套相同的指导原则。这种从产品开发到营销沟通的营销标准化可以让公司节约运营成本。另一方面，市场细分可在全球识别出与标准特征参数不同、需要全新营销方法的目标市场人群。

全球消费者和营销渠道的持续碎片化给营销人员带来许多新的挑战。使用新技术，消费者可以与营销人员沟通自己的兴趣和偏好，并且可以聚集在一起（特别是在线）分享彼此的兴趣和偏好，他们在本质上创建了无尽的细分市场。这些人群要求从他们试图接近的品牌那里获得相关的定制沟通。否则，品牌沟通很容易被忽视。

从简单地通过传统的印刷品、电视或广播传播标准化营销信息，转变到通过很多专业渠道吸引客户，需要全球营销人员更加重视STP战略。目标不仅是识别和吸引正确的顾客群，而且要在满足通过高水平定制、针对特定人群的沟通来定位品牌这一需要的同时，保持品牌的真实身份（见图9—1）。

另外值得注意的是，尽管Web 2.0等技术使全球营销人员的市场细分、选择目标市场和定位工作更为复杂，但这也使他们比以往任何时候都更接近自己的顾客。来自在线固定样本、cookies、搜索引擎统计、博客评论和无数其他消费者行为跟踪

图 9—1 传统营销沟通让位于努力吸引特殊子市场、根据其特殊需求定位品牌的定制营销信息

资料来源：© image100/Corbis.

工具的大量信息为营销人员提供了一个名副其实的宝库，他们现在可以发现从顾客浏览习惯、购物方式偏好到消费者对特定品牌和产品的意见等一切内容。更重要的是，营销人员可以得到营销活动如何与目标人群产生共鸣的即时反馈。

凭借所有这些对客户瞬时、详细的了解，营销人员应该能够正确地识别目标市场，并有效地与他们沟通，对吗？遗憾的是，我们将在本章看到情况并非总是如此。

全球市场细分策略

美国市场营销协会将市场细分定义为“将市场再分为行为方式一致或需求类似的不同顾客亚群体的过程”。[3]

在任何市场，正确地进行市场细分都不是一个容易、快速的过程。在全球市场上，子市场，特别是发展中国家的子市场，可能随着社会、政治或经济的变化而变化，这使得识别正确的子市场更为困难。尽管在市场细分的分析和实施中面临许多固有挑战，但如果做得好，细分可以给公司带来巨大的竞争优势。

良好市场细分的关键是选择有用的维度来识别每个客户群体。可以采用五项标准来确定任何顾客群体能否成为一个真正的细分市场。每个细分市场必须是：

1. 可衡量的
2. 足够不同，确实需要不同的营销组合
3. 可以通过营销和分销渠道到达
4. 规模大，足以盈利

5. 足够稳定，可以作为目标市场并且市场反应可以衡量[4]

只有符合上述各项标准的细分市场才可以帮助营销人员设计恰当的营销活动来满足顾客的真正需求，通过有效的沟通渠道到达顾客，并且衡量营销对销售的财务影响。

全球化与全球市场对市场细分产生两极效应。一方面，全球化使世界联系得更紧密，识别全世界的类似顾客群体变得更加容易。想想 2008 年 7 月 11 日，全世界 22 个国家苹果专卖店外的果粉排队等着购买 iPhone 3G，便是一例。另一方面，随着可进入的全球市场越来越多，营销人员发现他们越来越难以对付子市场的多样性，文化、社会习惯、地区和国家偏好及其他因素的差异激发了这种多样性。

今天，由于实践中使用的细分方法多种多样，更容易的办法是首先根据作为细分基础的实体来区分。从这个角度出现的两大类细分市场是，基于国家的细分市场和基于个人（在 B2B 营销中是基于公司）的细分市场。

基于国家的细分市场（宏观细分市场）

以国家为基础的市场细分包含一些最基本的细分方法，但它们的简单性往往带来局限性。这一方法使用地理、人口和社会经济变量组成国家细分市场群，这些变量包括地理位置、人均国民生产总值、人口规模或者家庭规模等。例如，某公司可能决定只在人口规模 1 亿以上、人均收入 1 万美元以上的国家营销其产品，或者在所有中东国家或讲西班牙语的国家营销同一种产品。

这种方法能使公司集中运营，并节约生产、销售、物流和支持性职能费用。[5]但这种基于国家的市场细分不考虑每个国家内部以及国家集群市场之间的消费者差异，也没有意识到存在一些超越特定地理区域边界的细分市场。[6]

基于消费者的细分市场（微观细分市场）

使用个体消费者作为市场细分的基础将许多变量引入分析，增加了复杂性。它也可以包括某些地理与人口统计变量，但最有价值的是更复杂的心理和行为细分，这些方法可以得到更精细的市场，因此选择目标市场和定位战略更为精准。

根据消费者在文化偏好、价值观、态度或生活方式选择等方面的共同特征进行组合，为营销人员提供了地理聚焦方面更大的灵活性。一些被认为具有相同特征的细分市场也许存在于全球范围，而其他细分市场也许只是某个国家或地区所特有的。

例如，RoperASW 一项衡量亚洲不同世代价值观和态度的研究发现，年轻消费者比其父母拥有更多个人主义价值观。在亚洲，13～19 岁的年轻人远比 40～65 岁的成年人看重个人主义、抱负和自由。这证明全球化使得与相同文化中的年长一代相比，来自不同文化背景的年轻人之间往往有更多共同点。[7]

灵智大洋公司（Euro RSCG Worldwide）① 进行了另一项研究，比较年轻消费者对吃饭的态度。研究发现，美国的青少年更喜欢快点吃，而世界上大多数其他地方的青少年觉得在平静的气氛中慢慢吃饭更为享受。[8]

---

① 现更名为汉威士国际（Havas Worldwide）。——译者注

其他细分市场分析，如美国正在退休的婴儿潮一代（见专栏9—1）揭示了有助于营销人员更好地理解和细分顾客的另外一些见解。

专栏9—1

聚焦人：一代人的心理肖像

C&R Research进行了一项研究，旨在解释正在变老的美国婴儿潮一代的价值观、思想和习惯，这一细分市场仍然被误解，尽管它规模很大，市场影响力可观。

基于这些和其他研究结果，本研究把婴儿潮一代分为四组：寻找平衡的（27%）、自信而生活优越的（23%）、自在轻松的（31%）和不知所措的（19%）。

婴儿潮一代的白日梦	**婴儿潮一代的焦虑**
金钱/财务自由：34%	金钱/财务问题：39%
假期/旅行：21%	家庭：20%
与家人相处：15%	健康/饮食：16%
退休：14%	工作保障：6%
健康：6%	
婴儿潮一代最喜欢的活动	**婴儿潮一代花费时间最多的**
田径/体育：65%	工作：75%
电影/戏剧：65%	与家人在一起：64%
	照顾孙辈：58%

资料来源：Business is booming.（2005，March/April）. *Marketing Management*，4.

VALS是基于个人特质的细分市场的最经典权威的体系，由Strategic Business Insights（SBI）拥有并运营，SBI是从SRI国际公司分出来成立的一个公司。VALS最初称为价值观及生活方式（Values and Lifestyles）项目。[9]

VALS的基本信条是人们通过行为表达自己的个性，它以影响消费者市场行为的个性特质为基础界定消费群体。

VALS模型可以追溯到20世纪70年代后期，1989年予以修正，这一模型允许基于持久的人格特质而非不断变化的社会价值来预测消费者行为。美国消费市场的VALS体系包含以下细分市场（也显示在图9—2中）。其他国家也开发了VALS系统。SBI的研究表明，不论你处于何种文化，相似的心理特质会驱动相似的消费行为，但是特质的表述因文化而异。例如，各种文化中都有一些消费者因为商品带来某种地位而购买，但具体什么象征地位却因国家和文化而异。

创新者是成功、复杂、高度自尊的领导式人物。形象对创新者来说很重要，它不体现地位或权力，但是表达其品位、独立性和人格。

思考者受理想驱动。他们成熟、感到满足、随和，并且爱沉思。他们往往受过良好的教育，在决策过程中积极寻求信息。他们追求产品的耐用性、功能性和价值。

信奉者很传统，尊重规则和权威。由于他们偏保守，因此变化缓慢，不喜欢技术。他们选择自己熟悉的产品和那些成熟的知名品牌。

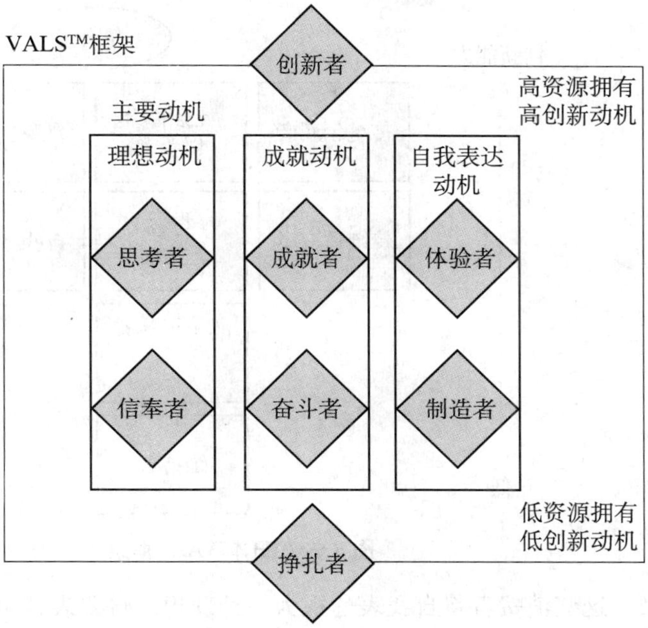

图 9—2　VALS 框架

资料来源：Strategic Business Insights (SBI)；www. strategicbusinessinsights. com/VALS. Reprinted with permission.

成就者有目标导向的生活方式。他们避免那些带来刺激和变化的环境，更喜欢用高档产品向同行证明自己的成功。

奋斗者追赶时尚，爱好娱乐。他们几乎没有可支配收入，往往兴趣不广泛。他们喜欢时尚，企图效仿那些物质财富更丰富的人。

体验者标新立异。他们积极、冲动，喜欢从新鲜、另类和冒险中寻求刺激。他们收入的一大部分用于时装、社交和娱乐。

制造者看重实用性和自给自足。他们选择自己动手的建设性活动，比如做一个木制休息平台或户外烧烤架，喜欢与家人和朋友在一起。在产品选择上，他们偏好价值甚于奢侈，有用甚于时尚。

挣扎者生活窘迫。他们拥有的资源最少，因此购买的产品比其他群组少，体现不出强烈的消费动机。虽然过去常常看起来比未来更加充实（即他们的配偶在世或孩子在家），但他们对现状倒不一定感到悲伤或绝望，能接受生活中的小乐趣。他们担心安全和保障问题，所以倾向于对品牌忠诚并购买打折商品。

图 9—3 比较了以上相当直接的美国模型和更复杂、层次更多的日本 VALS 模型。

如图 9—3 所示，日本 VALS 模型按照创新能力由高到低将消费者分为 10 个群体。创新能力最高的归为“整合者”（占总人口的 4%），他们受过良好教育，现代，高度社会化，收入高，经常阅读和出差并追求最新趋势。传统创新者（6%）和传统适应者（10%）遵守宗教习俗，社交上偏保守，这些信念使他们青睐熟悉的产品。自我创新者（7%）和自我适应者（11%）在创新能力测度上的位置相对较高。

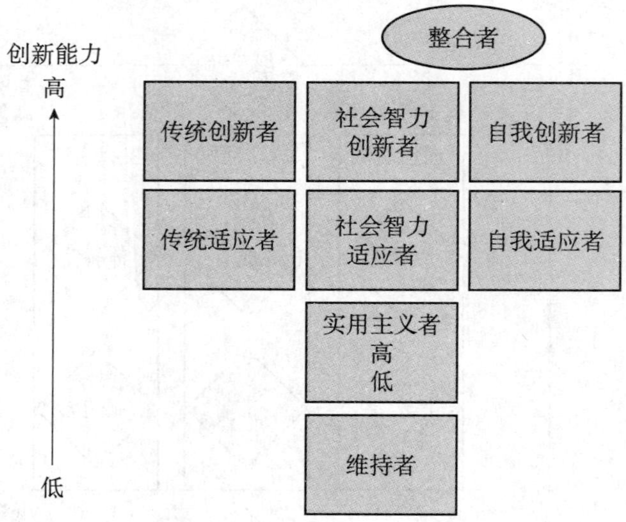

图 9—3　日本 VALS 框架

顾名思义，这些消费者将自我表达视为一种理想。自我表达可以通过消费那些展示自我形象的产品（如时尚服装）或者那些带来个人体验的产品来实现。社会智力创新者（6%）是中年人，具有职业导向。社会智力适应者（10%）关心个人进步以及家庭和社会地位。高实用主义者（14%）沉默内向，而低实用主义者（17%）没有明确的生活方式，喜欢买廉价品。维持者或者现实主义者（15%）抗拒变化，受教育程度和收入水平最低。他们位于创新测度的最下端，具有过去导向。

Backer Spielvogel & Bates Worldwide（BSB）公司的全球扫描（Global Scan）是一项主要在三极地区和环太平洋国家持续进行的心理调查，它测量大量态度和消费价值观，以及媒体使用和购买行为。调查还包括自足、自尊等价值观和人格特征，以及政治观点和对社会问题的态度。调查就 1 000 多个品牌和产品的使用情况询问消费者。该机构称，所有调查国家合计人口的 95%可以划分为五类：(1) 采用者（18%），他们是年龄较大的消费者，坚持历史悠久的价值观；（2）传统者（16%），他们遵循传统的文化价值观并且偏好熟悉的产品；（3）紧张者（13%），主要是负责家庭、鲜有工作或娱乐时间的女性；（4）成就者（22%），他们是意见领袖，收入较高并关注产品款式和质量；（5）奋斗者（26%），他们是寻求即时满足的年轻人。

B2B 市场细分

比较消费市场和 B2B 市场的细分过程，可以发现几个明显的主要差异。最显著的一个差异是市场规模。消费市场的营销人员经常要应对包含成千上万甚至数百万个体的大市场，但一个公司面临的 B2B 市场很少超过数百家公司，只有极少数大公司声称自己有几千个商业客户。

然而，如果将购买能力纳入考虑，情况就相反。企业的采购量远远超过个人消费者的购买量，尤其是比较单项交易时。[10]

另一个差异是实际购买过程的动态。与个人消费者购买决策和最终行动所涉及的步骤相比，企业采购，从动机到选择和执行，显然更加复杂，涉及更多的人、因素和系统。

即便如此，消费市场和B2B市场细分的最终目标是相同的，即把市场划分为明确界定的、成员想法一致的顾客群。例如，邓白氏（Dun & Bradstreet，D&B）基于行为类似性提出细分企业客户的一些方法：

- 行业
- 地理
- 决策者的人口统计特征和生活方式
- 调查数据（愿望、偏好、投诉等相似的企业其行为也会相似）
- 企业统计结构和支付行为（业务特点、支付数据、供应商基础、风险、经验程度及增长等方面类似的公司其行为也会相似）[11]

采取一种由内而外的视角，可以根据客户对营销人员业务的重要性对客户分类，其中最活跃、购买最频繁、数量最大的客户被视为最重要，次之的被视为不那么重要，依此类推。

专栏 9—2

聚焦公司：应对转变中的细分市场

在当今迅速全球化的世界，伴随着影响每个社会的全球、社会和文化方面变化的步伐，细分市场经常转移、改变甚至完全消失，全球企业和营销人员必须能够快速识别新的或转变中的细分市场，相应地调整产品和营销策略。考虑一下，就《麦肯锡季刊》提出的关于市场两极趋势的问题，瑞典电器公司伊莱克斯的CEO汉斯·斯特伯格（Hans Stråberg）回答道："考虑到消费者重视的东西已经不同，我们放弃了传统的、基于价格和'好—更好—最好'层级的行业细分……"

结果，该公司的细分战略包含20个产品，与不同消费者的生活方式和购买模式直接相关。例如，蒸炉被成功营销给健康型消费者。最初为较小厨房开发的紧凑型洗碗机，现在卖给要经常洗碗的更广泛的消费群体。

资料来源：Adapted from：Trond Riiber Knudsen，"Escaping the Middle Market Trap：An Interview with the CEO of Electrolux，" *The McKinsey Quarterly*，no. 4，2006.

对市场细分方法的当前思考

近年来，基于价值观、生活方式和其他个人特质的市场细分方法受到一些批评，称这些方法更像是广告和品牌建立工具，而不是真正有效的市场细分，细分应当能引导营销人员发现有可能购买其产品的有意义的消费群体。正如非人口细分最早的支持者之一丹尼尔·扬克洛维奇（Daniel Yankelovich）在《哈佛商业评论》中所言，"消费心理学可以捕捉人们的一些真实的生活方式、态度、自我形象和抱负，但很难预测人们在既定产品类别上会买什么。因此，该方法恰巧很不擅长告诉企业决策者如何维持他们的当前客户或赢得新客户"。作者接着描述了如今良好的市场细分应具备的特点，它们是：确定最值得追求的群体，保持动态性，并引导企业根据顾客需求设计产品。作者还区分了制作广告所需的细分和帮助产品开发的细分。表 9—1 解释了两类市场细分的主要特点。

表 9—1 **广告和新产品的细分战略**

	广告	新产品
目标市场	产品和服务使用者	具有相似需求的消费者
信息来源	态度调查	购买频率、产品使用、商店忠诚度、购买力
结果	根据对信息的不同反应进行细分	根据购买行为和收入的不同进行细分

资料来源：Adapted from：Yankelovich，D.，& Meer，D.（2006，February）. Rediscovering market segmentation. *Harvard Business Review*，3.

对市场细分的另一个批判是[12]，尽管营销人员有能力界定越来越狭窄的细分市场并向其推出越来越多的新产品，但这些产品 90%不成功，因为它们无法通过一项最重要的测试，那就是它们无法帮助客户完成他们需要完成的任务。换言之，现在的营销人员花更多的努力来了解客户——客户的自我形象、愿望和品位，但实际上他们应该做的是理解顾客需要做什么“工作”，并向顾客营销有助于做这些工作的产品。引用西奥多·莱维特（Theodore Levitt）的话，“人们不想要 0.6 厘米的钻头，而想要一个 0.6 厘米的洞！”

Church & Dwight 的小苏打产品艾禾美（Arm & Hammer）就完全听取了莱维特的建议，将人们完成特定任务的期望作为市场细分的基础。20 世纪 60 年代末，该公司的营销人员开始观察在日常生活中人们如何以及在什么情况下使用小苏打。令人惊讶的是，他们发现有些客户在洗衣房使用小苏打，另一些客户在牙膏里使用小苏打，还有一些客户用于冰箱除味或地毯除臭。通过该研究，艾禾美设计了以下几类产品为需要完成这些具体工作的顾客群服务：

- 清洁我的牙齿——艾禾美牙膏
- 清洁我的家——艾禾美清洁用品
- 清洁我的游泳池——艾禾美泳池 pH 稳定剂
- 给我的冰箱除臭——艾禾美去味剂
- 给我的地毯除臭——艾禾美地毯除臭剂
- 给我的宠物窝除臭——艾禾美猫砂
- 给我的衣服除臭——艾禾美衣物清洁剂
- 帮我做饭——艾禾美小苏打

由此，通过专注于一款基础产品的实际应用，公司能够以指数形式扩张市场、增加品牌价值并赢得顾客忠诚。[13]

在拥有无限选择的世界里细分

在其开创性著作《长尾理论：为什么商业的未来是小众市场》（*Long Tail：Why the Future of Business Is Selling Less of More*）中，克里斯·安德森（Chris Anderson）考虑市场上出现的深刻转变，写道：“技术将大众市场转变为数以百万计的利基市场。”为了证明自己的观点，安德森以亚马逊、易趣网、谷歌、Rhapsody、iTunes、Netflix 等基于互联网的媒体和零售公司为例。依靠技术，这些公司提供的不仅有音乐、电影、书籍等方面的热门产品，还包括世界各地无名的、地下的、特殊的和自制的作品。采用形象的表述，这种现象创造了一张“长尾”图，图中的点击和销售代表规模庞大的、陡峭的趋势线，接下来是很长很细的“尾巴”，代表数百万未知产品，这些产品以前没有市场展露机会，但现在凭借网络的力量可以创建自己的客户群。

在这个选择无限但客户群有限的世界上，营销人员如何能成功？如克里斯·安德森所指出的，“在传统媒体中，我们习惯和巨人竞争，而现在我们和一大群小鱼竞争”。[14] 在网上世界，货架无限，产品的成功之道就是迎合由这些数百万条小鱼创造的特定利基市场。他们是新的口味制造者、新的过滤器，消费者选择倾听，购买决定以此为基础。表 9—2 提供了安德森对一些新旧渠道的比较，通过这些渠道，今天的“营销”信息可以到达其预期受众。当然，营销人员仍在寻找通过这些新型沟通渠道来选择并服务目标子市场的有效方法。

表 9—2　　每个顾客都能成为一个子市场吗？

旧过滤通道	新过滤通道	旧过滤通道	新过滤通道
营销人员	消费者	唱片公司的星探	推荐者
广告主	顾客	制片厂的高管	播放列表
编辑	博主	百货商店的顾客	评论人

资料来源：Adapted from：Chris Anderson，*The Long Tail：The New Economics of Culture and Commerce*，New York：Hyperion，2006，p. 123.

《哈佛商业评论》的一篇文章[15]重新引发了有关长尾理论的争论，该文章同意数字市场创造了长尾效应，但不同意长尾通过创造数百万利基子市场来永久改变市场这一结论。事实上，作者认为，“即使对于冒险进入长尾深处的消费者，热门产品仍然占主导地位”。观察发现，至少对音乐和视频产品，最大的消费细分市场是“轻度”消费者，他们倾向于购买市场上存在很久的热销品；“重度”消费者尽管可能时不时体验一下不知名的产品，但也会经常购买热销品。这构成上述说法的基础。作者对企业的建议是：继续销售最受欢迎的产品来保持盈利，但如果不花费太大成本，可以扩大产品组合去吸引长尾上的消费者。

选择目标市场

一旦在瞄准的市场上识别出所有可行的细分市场，就要开始选择最具前途的细分市场，即那些最有潜力为公司带来销量和利润的市场，并决定如何满足其需求。

目标市场选择标准

如同在市场细分中，选择最佳潜在目标子市场所采取的标准极其重要。以下是一些基本的、使用最广泛的目标市场选择标准：

- 市场规模：细分市场规模越大，越有可能是持续的、有利可图的。
- 增长速度：细分市场增长越快，越有可能带来更多销售。
- 有竞争力的地位：目标细分市场上现有的产品竞争力越弱，企业越有可能获得更大市场份额。
- 市场通达性：到达细分市场的成本越低、速度越快，则越有吸引力。
- 顾客匹配：细分市场与企业的品牌和资源越兼容，越可能带来销量。

顾客匹配问题指的是，追求某个特定子市场是否与公司的整体目标以及已经建立起来的竞争优势的来源兼容。下面用一家小型软饮料厂商凭借出色的目标市场战略挑战全球性企业集团的例子进行说明。

尽管百事可乐和可口可乐在拉美市场根基深厚，但秘鲁的小竞争者 Kola Real 并不害怕与其竞争。在 Kola Real 进入市场时，两个软饮料巨头几乎占领了秘鲁的全部可乐市场，它们的地位似乎难以撼动。但是，由于 Kola Real 用最简单、最少量的广告和低价策略吸引了自己的目标市场人群，它得以迅速占据近 20%的秘鲁市场，并成功地在厄瓜多尔、委内瑞拉和墨西哥占领一席之地。[16]

通常，几个标准需要同时使用才能对最有吸引力的细分市场进行详细分析。例如，由于市场规模巨大，大城市的中产阶层快速增长，中国成为一个颇具吸引力的市场。

俄罗斯是另一个庞大且不断增长的市场。在经济和政治挫折过去几十年后，一个庞大的中产阶级正在崛起。在短短 6 年里，俄罗斯中产阶级已经从 800 万人增加到 5 500 万人，大约占总人口的 37%。这个新的细分市场对新得的财富难抑激情，开始对其他富裕国家的各类产品和服务产生需求，全球企业也都乐意满足这些需求。从荷兰喜力啤酒和瑞典零售商宜家，到福特、通用汽车和丰田等汽车制造商，以及 Zara、耐克和美体小铺（The Body Shop）等零售商，每家企业都在进入或扩大它们的俄罗斯业务。银行也是一个蓬勃发展的行业。2006 年，花旗银行报道说它在该国的分支数几乎翻了一番，业务以每年 70%的速度增长。[17]

选择一种全球目标市场战略

跨国公司如何瞄准这些新市场？是简单地将现有产品转到俄罗斯，还是为到达这一新市场的特定子市场开发新产品或修改现有产品？瞄准有吸引力的全球市场采用的战略可能不同，差异可以追溯到全球营销的标准化和适应化这个古老的话题。

无差异营销

无差异营销也称为**大众营销**（mass marketing）或者**标准化营销**（standardized marketing），其核心假设是，世界各地的顾客子市场将接受相同的产品或服务，不管其文化、行为或社会经济有何差异。换言之，当使用无差异营销时，公司开展营销的基础是顾客的共同需求而非差异。

采用标准化的全球战略在全球范围内取得成功，这样的品牌非常少。结果是，其中大多数成为世界上的一流品牌和公司。约翰·奎尔奇（John Quelch）是著名的WPP集团营销服务公司的一名总监，他认为这些全球品牌具有以下共同的特点[18]：

1. 在世界范围内定位相同。这提供了产品功能质量和创新与情感诉求的结合，可口可乐和迪士尼就是如此。

2. 关注单一的产品类别。想想诺基亚和英特尔。

3. 公司名称就是品牌名称。所有营销投入都集中于一个品牌，GE和IBM就是这样。

4. 进入全球村。对品牌的消费相当于成为全球俱乐部的成员。想想IBM的"一个小星球的解决方案"。

5. 社会责任。消费者期望全球品牌在企业社会责任方面发挥引领作用，利用其技术来解决世界性问题。想想雀巢和干净的水。

对于某些产品，特别是汽油或糖等大宗商品或波音和空客等全球B2B市场的主导品牌，标准化营销更为可行。然而，随着全球竞争加剧，即使在最商品化的市场，无差异营销也开始逐渐消失。例如，宝洁是采用汰渍（Tide）、威娜（Wella）、激爽（Zest）、维克斯（Vicks）等全球品牌实行大众营销的传统巨人，但即使是宝洁，其全球营销官吉姆·斯坦格尔（Jim Stengel）也在最近宣布，"大众营销时代的终结对我们公司和品牌以及整个行业来说都是一件好事"。[19]同时，斯坦格尔承认，在宝洁开展营销的140个国家中，大多数主要通过电视与消费者连接。

一些研究已经发现经验证据，表明在相似的目标市场上采用标准化营销可能对品牌的长期绩效有显著正向影响。然而，采取无差异战略可能使决策趋于集中，导致这种正面效果发生扭曲。[20]

差异化营销

与无差异营销相反，差异化营销的目的在于针对每个细分市场调整产品和营销组合。大多数全球品牌如今使用类似的方法来保持竞争力，通过依据顾客需求和口味专门设计的产品和广告扩展至更多的细分市场。

手机制造商诺基亚已经成为全球领先的公司，掌握了目标市场的差异化营销方法。几年前，公司在21个国家进行了一次大规模的营销调研，旨在发现客户是谁，手机在他们的生活中发挥什么作用。调研结果帮助公司识别出全球手机用户的12个细分市场，标准是他们的生活方式需求和手机在其中扮演的角色。据此，诺基亚设计了可以到达这些全球细分市场的关键目标类别：生活、连接、实现和探索。

- "生活"类包括时尚前卫的城市达人，他们注重设计、款式和趋势。针对这类人群的手机是Brian Enodesigned Sirocco 8800。
- "连接"类消费者正在寻找通过语音或短信与家人和社交圈保持联系的一种简单方法。他们可能喜欢优雅、易用的诺基亚6131手机。
- "实现"类消费者是那些业务主管，他们希望在不牺牲家庭生活的同时实现效率最大化。他们可能喜欢诺基亚E61手机的日历、电子邮件和网络浏览工具。
- "探索"类消费者精通技术，他们引领可以接收和产生多媒体内容的电子融合小工具的潮流。这些消费者很可能被诺基亚N系列手机吸引。

诺基亚全球营销高级副总裁乔·哈洛（Jo Harlow）称，这四个目标消费市场存在于所有国家，考虑到地区态度，营销差异化变得非常必要。比如，诺基亚在亚洲的营销可能要做出改变，因为在那里地位是消费者的一个重要考虑因素。相反，在北美，诺基亚的短信功能可能会强调实用性，这更能引起当地消费者的共鸣。[21]

针对目标子市场的定制营销虽然会提高公司做生意的成本，但被证明可以增加品牌有效性和销量。图 9—4 是三种营销方法的比较。

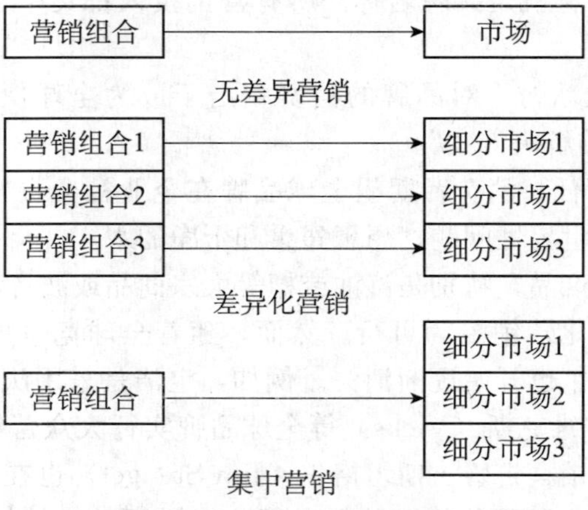

图 9—4　选择目标市场时最常用的三种方法

集中营销

集中营销有时也称为利基目标市场营销（niche targeting），若公司密切关注一个细分市场，并在设计营销方案时想着该市场，就会采取集中营销。以全世界滑板运动员为目标市场的公司，或者是重点考虑政府合同的服务企业，宜采取该策略。

加拿大皇家银行（Royal Bank of Canada，RBC）几年前发现，在较为富裕的客户中，很多人在他们位于佛罗里达州的第二居所度过寒冷的冬季。作为加拿大人，他们发现很难在美国建立信用、购买房子或进行其他复杂的金融交易。此外，他们与母国银行建立的个性化的长期关系在佛罗里达州并不存在。所以，RBC 通过重建“佛罗里达州分支的加拿大体验”将目标锁定这些“冬鸟”。银行在其分支机构组织社交聚会，通过提供不收费的旅行支票、美元账户、定制的按揭服务和专为这一利基市场客户设计的其他产品，努力使佛罗里达这些客户的交易尽量顺畅。[22]

集中于一个细分市场有好处，如减少竞争，如果成功的话还可主导市场。然而，当高管们选择“将所有鸡蛋放在一个篮子里”时，会有失去一切的风险。例如，倘若滑板不再流行，或全球经济危机迫使各国政府减少开支，服务于这些市场的公司可能会很痛苦。

定制营销

随着网络时代和社交媒体网络的到来，一种新的营销方式已经取得成功，并且日益流行，这就是定制营销或微营销。它需要对目标市场进行更深入的细分，针对具体的消费者子市场设计更细微、更专业的产品和营销宣传活动。

正如负责吸引游客来纽约州的纽约政府机关办公室首席营销官（CMO）托马

斯·拉尼斯（Thomas Ranese）所指出的，“今天做营销，你要努力发现一个人的市场”。为此，他的办公室最近重新推出了著名的“我♥纽约”宣传活动。与以往几年不同，这次大约一半的活动预算将用于网络定制的小册子和视频，以及搜索引擎营销和有针对性的横幅广告。此外，活动覆盖的地理范围将更有针对性，信息和设计所面对的受众只位于纽约附近几个州和加拿大的几个省份。[23]这种针对具有特殊需求并在附近特定地区的个体的营销方式，只是在最近几年才使用。

网络环境在定制营销的增长趋势中发挥了关键作用，特别是自复杂的数据分析程序使网络宣传活动很容易跟踪并能报告营销投资回报（return on marketing investment，ROMI）以来。一些专家认为，有针对性的在线广告，比如福特2007年把林肯水星（Lincoln Mercury）汽车推向“25～54岁、独立、有商业头脑的网络女性”时所采用的在线广告，虽然成本可能增至两倍，但其效果也可能是无针对性广告的两倍。[24]

专栏9—3

聚焦技术：行为定向：营销人员新的在线朋友

行为定向在线广告日益增加的复杂性和有效性正在吸引越来越多的营销人员，因为他们可以容易地测量营销投资回报，并获得洞察顾客的机会。根据eMarketer近期的一份报告，行为定向（behavioral targeting）趋势将在美国成倍增长，2008年估计为7.75亿美元，2012年将飙升至44亿美元以上。

但行为定向涉及在网络用户通常不知情时跟踪其访问并显示与其爱好相关的广告，隐私保护者认为这太有侵犯性而且不道德，因此攻击这一做法。此外，营销人员也担心失去控制，因为广告显示独立于环境，可以在任何网站上出现，即使是那些不适合他们品牌的网站。营销人员也怀疑广告可能针对性太强，创造的消费者子市场规模太小而难以实施。

然而，行为定向的前景与潜在增长促进许多行业交易，谷歌、雅虎和微软等大型网络公司正在争夺这个快速增长的新市场的份额。仅在2007年的一个多月内，就达成了四项这样的交易，每个交易都是收购一家提供行为定向工具或专门技术的公司。

eMarketer的高级分析师戴维·哈勒曼（David Hallerman）提到行为定向日益普及的三个主要原因：营销人员可以使用更少的影响力来吸引更感兴趣的观众；网络出版商逐渐在网页上填充更多的广告来“赚钱”；用户看到更多可能会感兴趣的广告。eMarketer预测，在接下来的4年里，YouTube这样快速增长的在线视频网站有可能吸引最多的行为营销客户。

在网络隐私法律更严格的许多国家，人们怀疑行为定向可能永远无法成为一种可行的网络营销策略。如果是这样，营销人员会面临一个新挑战：在他们投放网络广告的每个国家和地区，如何找到一种办法来考虑法律、文化和道德等各方面的因素。但由于网络环境无边界，毫无疑问，在线行为定向已经成为一种全球现象。

资料来源：“Behavioral Targeting Poised for Growth,” press release, eMarketer, June 16, 2008; “Behavioral Targeting Goes Online,” *Marketing Matters Newsletter*, July 2, 2007; “Behind Those Web Mergers,” *Business Week*, May 21, 2007.

尽管微营销可能成本高昂，但移动营销、嵌入式全球定位系统（GPS）、网上行为跟踪（通过 cookies）和直接邮寄的数码印刷品等技术进步，会使针对更小目标细分市场的微营销更加容易、更加有效地实施。

市场定位

定位过程主要出自营销人员之手。但事实上，定位主要发生在消费者心目中，消费者通过比较类似品牌和产品，创造出一幅心理地图，反映各品牌和产品如何与个人需要和欲望相关。因此，当营销人员制定自己的定位策略时，目的是影响其品牌相对于竞争对手品牌在消费者心目中的位置。

成功的定位应当形成消费者与品牌的强烈的长期情感联系。要建立这样的连接，必须不断发送营销信息，在个人层面与消费者产生共鸣，随后兑现承诺，提供产品和服务。

现在流行的爱尔兰特色黑啤健力士（Guinness）使用虚拟社区来定位并加强对全球粉丝的营销。从互联网商店出售与其产品相关的东西，到“真正的健力士生啤爱好者”1759 协会，到收藏家社区网站和免费下载的屏幕保护程序，始终在提醒健力士啤酒饮用者的不同子市场这个产品是什么，同时与该产品以及其他健力士啤酒饮用者建立情感联系。依靠网络，健力士已经找到办法来连接世界各地的饮用者，鼓励他们与公司、其他消费者及品牌保持联系，因此健力士“地产”在消费者心目中显著增加，同时还保持了品牌全球一致的定位。[25]

这样的全球定位一致性对大部分品牌可用吗？这在很大程度上取决于该品牌是否对人类的普遍需求和欲望具有吸引力，还是适合有特定生活方式、文化偏好或特别品位的小范围受众。质量、价格或性能等特定的定位主题很容易从地方扩张到全球，从全球回到地方。试想，雀巢的“好食物，好生活”、沃尔玛的“天天低价”或耐克的“想做就做”，这些定位陈述代表了宽泛的情感，并且能广泛吸引世界各地的人们。

然而，文化偏好或传统也可能对一个品牌的全球定位战略产生持久的影响。例如，最近一项研究比较了来自 18 个西欧和东欧国家的公司的营销战略，发现来自古老、发达的西欧国家的公司倾向于使用质量和分销等属性来区分其产品在消费者心目中的地位，而来自东欧欠发达国家的公司更多依靠价格和质量来定位产品。[26]

一些品牌基于对当地市场最具吸引力的利益对产品进行重新定位。例如，诺基亚手机在西方定位为优雅和高质量的，而发展中国家消费者则认为它使用方便而且可靠。即使在国家之间，诺基亚广告也不是标准化的。例如，最近在丹麦使用的一个主题是“联系人们”。同样的手机在美国的广告语为“专为我们的生活方式而设计”。在阿根廷的一则广告写着“你将与诺基亚一同经历”。此外，诺基亚在发达国家不采取价格竞争方式，但在中国、中东、非洲等市场实行富有攻击性的定价，这帮助它获得了 1/3 以上的全球手机市场。[27]

本章小结

- 通过全球市场细分可以识别潜在购买　客户的相似性和差异性，并进行分组。

● 为确定细分市场，营销人员可以基于国家或地区的人口和经济统计数据进行宏观市场细分，或者基于人口统计特征、心理特征、行为模式进行微观市场细分。

● 为了选择适当的消费者子市场作为目标市场，营销人员必须根据市场规模、增长潜力、市场可达性、竞争地位和兼容性对它们进行评估和比较。

● 为了选择正确的目标市场战略，营销人员必须决定是否使用无差异、差异化、集中或定制营销。对于每种方法，产品和营销组合所需的标准化或适应化程度不同。

● 定位发生在消费者心目中，消费者通过比较类似品牌和产品创建一幅心理地图，反映各品牌和产品如何与个人需要和欲望相关。营销人员努力影响其品牌相对于竞争对手品牌在消费者心目中的位置。

讨论题

1. 解释差异化营销与无差异营销的区别。

2. 解释市场细分和市场定位的不同。

3. 使用需要的任何资料来源（如互联网），运用基于国家的市场细分来细分欧盟市场。

4. 说明菲亚特在美国如何为它的汽车确定目标市场。

5. 中国的各区域有差异，请描述零售商在中国如何针对这些差异开展营销。

体验性练习

1. 访问世界银行的世界发展指标（World Development Indicators，WDI）网站，从 www.worldbank.org 可以进入。更深入地了解各类指标，哪些信息对寻求进入电信业消费端相关产品的国际新市场的营销人员特别有帮助，请列出来。

2. 列出你最喜爱的服装品牌，猜一下公司采取什么目标市场和定位战略来吸引你？如果你是负责该品牌的营销主管，你会有什么不同的做法吗？

关键术语

B2B 市场细分（B2B segmentation）
集中营销（concentrated marketing）
差异化营销（differentiated marketing）
宏观细分市场（macro segmentation）
大众营销（mass marketing）
微观细分市场（micro segmentation）
定位（positioning）
市场细分（segmentation）
标准化营销（standardized marketing）
选择目标市场（targeting）
无差异营销（undifferentiated marketing）
价值观及生活方式（VALS）

注释

[1] Five steps to marketing success.（30 June 2005）. *Global Office*，CNN. com. Retrieved from www. cnn. com/2005/BUSINESS/06/29/guru. kotler/index. html? section=cnn _ latest.

[2] Andruss，P. L.（4 Dec. 2000）. Groups make fruits apple of Taiwan's eye. *Marketing News*. Retrieved from www. marketingpower. com/content16144S0. php.

[3] Market segmentation. *AMA Dictionary*. Retrieved from www. marketingpower. com/ _ layouts/Dictionary. aspx? on July 6, 2008.

[4] Ibid.

[5] Steenkamp, J. E. M., & Hofstede, F. T. (2002). International market segmentation: Issues and perspectives. *International Journal of Research in Marketing*, *19*, 185-213.

[6] Hassan, S. S., & Kayanak, E. (Eds.). (1994). *Globalization of consumer markets: Structures and strategies*. New York: Haworth Press.

[7] Parmar, A. (28 October 2002). Global youth united. *Marketing News*, 49.

[8] Ibid.

[9] SRI Consulting Business Intelligence (SRIC-BI); www. sric-bi. com/VALS.

[10] Hague, P., Harrison, M. (n. d.). Market segmentation in B2B markets. *B2B International, Ltd.* Retrieved from www. b2binternational. com/whitepapers3. htm.

[11] Janis, T., & Singson, M. (15 November 2005). Leveraging cluster analysis in the B2B world: Motivations, applications & successes. *AMA webcast*. Retrieved from www. b2bsalesandmarketing. com/ama/.

[12] Christenses, C. M., Cook, S., & Hall, T. (2005, December). Marketing malpractice: The cause and the cure. *Harvard Business Review*, 74-83.

[13] Sources: "Marketing Malpractice: The Cause and the Cure"; www. churchdwight. com, Hoover's.

[14] Comments made during "The New Economy: Long Tail vs. 80/20" presentation by Chris Anderson at the MPlanet 2006 conference, American Marketing Association, Walt Disney World Dolphin Resort, Orlando, Florida, Nov. 30, 2006.

[15] Elberse, A. (2008, July/August). Should You Invest in the Long Tail? *Harvard Business Review*. Retrieved from http: //harvardbusinessonline. hbsp. harvard. edu/hbsp/hbr/articles/article. jsp? ml _ action = get-article&articleID = R0807H&ml _ issueid = BR0807&ml _ subscriber = true&pageNumber=1&.

[16] Luhnow, D., & Terhune, C. (27 October 2003). Latin pop: A low-budget cola shakes up markets south of the border. *Wall Street Journal*, A1.

[17] Bush, J. (18 December 2006). Russia: How long can the fun last? *Business Week*, 50.

[18] Quelch, J. (16 October 2007). How to build a global brand. *Harvard Business Review*. Retrieved from http: //discussionleader. hbsp. com/quelch/2007/10/how _ to _ build _ a _ global _ brand. html.

[19] Colvin, G. (17 September 2007). Selling P&G. [C-Suite series]. *Fortune*. Retrieved from http: // money. cnn. com/magazines/fortune/fortune _ archive/2007/09/17/100258870/.

[20] Özsomer, A., & Prussia, G. E. (2000). Competing perspectives in international marketing strategy: Contingency and process models. *Journal of International Marketing*, *8* (1), 27-50.

[21] Harlow, J. (18 December 2006). Segmenting for success. *Brand Strategy*, 11.

[22] Selden, L., & Selden, Y. S. (10 July 2006). Profitable customer: The key to great brands. *Advertising Age*, *77* (28), S7. Also: United States banking for Canadians. *RBC Bank website*. Retrieved from www. rbcbankusa. com/specialtybanking/cid-96799. html.

[23] Elliott, S. (6 May 2008). Calling on tourists to come for New York City, but stay for the state. *The New York Times*. Retrieved from www. nytimes. com/2008/05/06/business/media/06adco. html.

[24] Behind those web mergers. (21 May 2007). *Business Week*.

[25] Flavián, C., & Guinalíu, M. (2005). The influence of virtual communities on distribution strategies in the Internet. *International Journal of Retail & Distribution Management*, *33* (6/7), 405-425.

[26] Golob, U., & Podnar, K. (2007). Competitive advantage in the marketing of products within the

enlarged European Union. *European Journal of Marketing*, 41 (3/4), 245.

[27] Fielding, M. (1 September 2006). Walk the line: Global brands need balance of identity, cultural respect. *Marketing News*, 9-10.

案例 9—1　在日本营销科罗娜啤酒

那是有趣的一年，Export Brand International（EBI）公司的营销经理这样想着，从墙角的窗户望着外面。20 世纪 90 年代后期，EBI 联合 Nippon Spirits（NS）公司在日本营销科罗娜（Corona）啤酒。过去 10 年里，EBI 努力建立起扎实的出口业务。然而，商业环境不断改变，现在 EBI 该考虑一些有潜力的未来举措了。

莫德罗集团

1925 年，莫德罗酿酒集团（Cervecería Modelo）在墨西哥城开始经营。科罗娜是它最早的啤酒产品之一。到 20 世纪 50 年代，莫德罗已经成为墨西哥最大的酿酒厂。通过一系列的并购，莫德罗继续成长，最终成为一个大型公共财团，在全国各地都拥有酿酒厂。莫德罗集团目前拥有 12 个啤酒品牌，除了科罗娜，还有莫德罗（Modelo）、Victoria、Pacífico、Estrella、Leon 和 Tropical 等。合计起来，莫德罗的啤酒品牌占据墨西哥啤酒市场的 63%，在墨西哥最畅销的啤酒就是科罗娜。

科罗娜的出口

1933 年，科罗娜啤酒出口到美国这一最重要的海外市场。出口最初是零零散散的，后来由于美国对墨西哥啤酒需求的高涨而增加。美国将墨西哥啤酒与“国境以南”的娱乐和休闲式阳光海滩度假联系起来。到 1986 年，由于销售和营销方面的攻势，科罗娜啤酒成为美国第二大进口啤酒。1997 年，它超越喜力和其他数以百计的国际品牌，包括有几百年传统的欧洲顶级啤酒而跃居第一。如今，科罗娜啤酒保持美国第一进口啤酒的位置，占据约 28%的进口市场，远超排名第二的喜力，喜力仅占 18%。脸书最近的一项调查证明科罗娜啤酒确实广受欢迎，它被评为最受喜欢的啤酒，超过喜力、健力士、时代（Stella Artois）甚至当地酿造的百威。科罗娜也是世界各地畅销的顶级墨西哥啤酒，在 150 多个国家出售，在其中 20 多个国家排名第一。它位居世界五大顶级啤酒之列，被认为是过去 30 年来最成功的故事之一。

对日本的兴趣

20 世纪 80 年代中期，莫德罗集团向日本出口科罗娜。然而，根据其 20 世纪 90 年代向恰当的全球化推进这一政策，莫德罗想在日本市场上正式巩固其地位。莫德罗对日本感兴趣有几个原因。首先，该国人口多达 1.27 亿，居世界第 11 位。但是，日本的吸引力在于其人口特征：人们高度集中于一个面积略小于加利福尼亚的国家，城市人口占 66%，15～64 岁的人占 64%，有 3 500 万人为 20～40 岁。所有这些会使市场容易进入、规模大而且有规模经济。此外，日本消费者收入高，购买力强。像其他发达国家的消费者一样，日本消费者寻找新奇、不同的产品体验，对进口产品尤感亲近。此外，啤酒是迄今为止消费最多的酒。最后，日本是亚洲的时尚前沿，这意味着在战略意义上，日本市场可以作为接下来进入其他亚洲市场的基石。

日本市场进入选择

莫德罗进入日本有几个选择。第一，建立自己的生产厂。这样，公司能够充分利用丰富的啤酒酿造和营销经验，降低运输和进口成本，并获得几乎所有的控制权。然而，这会相当昂贵、复杂、耗时，而且会分散莫德罗在核心业务和市场上的注意力。为了避免这些问题，第二个选择是与本地啤酒厂商建立合资企业，并许可科罗娜啤酒的生产和分销。尽管该方法更加实用并且能大大减少精力、时间和成本，但它存在很大的缺点。从战略角度，这意味着放弃控制权，使科罗娜的营销达不到最优，甚至可能冒着被合作伙伴为保护其他利益而刻意忽略或搁置的风险。更重要的一点是，与建立当地啤酒厂一样，这一选择将彻底破坏科罗娜啤酒的外国、纯正的本质，这对消费者而言至关重要。第三个选择是直接出口，这能利用莫德罗的生产经验、现有能力和低成本优势，同时不影响控制权。另外，直接来自墨西哥这一点会保持科罗娜啤酒的纯正异国情调，从而极大提高产品对消费者的吸引力。出口本身并不怎么复杂，而在日本建立自己的销售和营销办公室，配备必要的管理人员、销售人员和车队将是昂贵、费时和烦琐的。最重要的是，作为一个“外国人”，意味着没有适当的网络，莫德罗需要从头建立分销系统，这是非常困难的。因此，在这三个选择中，出口是迄今为止最可行的方式。然而，为了获利并使成本最小化，在各国的营销需要交由进口商处理。把这个任务交给当地专家，不仅会优化工作，也能使莫德罗将重点放在酿造和销售这些核心业务上。

EBI 公司

经仔细考虑，莫德罗选择与 EBI/NS 合作将产品出口至日本。EBI 是美国一家提供全方位服务的出口管理公司，莫罗德选择与其合作是出于几方面的考虑。EBI 涵盖了内部出口的所有方面，从发运到金融，再到销售和营销，一应俱全，因而成为便捷的一站式解决方案。但是，EBI 从竞争中脱颖而出，靠的是它一系列的独特能力：擅长食品、饮料出口，这使其熟悉复杂的物流和监管问题；长期出口日本，这意味着它了解该市场在文化上的微妙之处；有现成的日本网络，这对于一个在很大程度上依靠个人关系开展经营的市场至关重要；长期关注国际品牌建设，而不仅仅是短期销量。

NS 公司

NS 是日本一家酒品批发商，创立于 20 世纪 70 年代末。自那时起，NS 不断成长，现已成为日本第二大烈酒独立进口商和分销商。它管理的啤酒品牌超过 40 个，为了品牌组合的多元化和未来增长，也对科罗娜表示欢迎。NS 由于几方面因素而成为有吸引力的合作伙伴：能立即进入一个现成的、成功的啤酒营销体系；有强大资源用来支持行动；几十年的经验；广泛的联系网络；覆盖全国重点城市的销售处；令人印象深刻的一系列客户，包括超过 2 万家便利店、超市、酒类专卖店、折扣店、百货店、酒吧和餐馆，它们都已做好销售准备。此外，NS 有两方面独特的能力：第一，它可以给美国军事基地和外国驻华使馆供应免税啤酒，这进一步增加了科罗娜的销量和可见度；第二，它拥有一家高档酒吧的特许经营权，其23家分店可以用来促进和培养品牌，并教育日本消费者。

科罗娜啤酒在日本的目标市场

科罗娜啤酒的目标市场是20～40岁的中高收入日本人，他们有积极、时尚的生活方式。尽管他们寻求消费体验，但也有价值导向，希望产品质量可靠、价格合理。与其成功的美国定位和日本目标市场相一致，科罗娜啤酒被推介为有个性的高端进口品。除了优质、精致，它还被认为是一个年轻、有趣、可接近的啤酒品牌，与其他古板的进口商品不同。

战略、战术和结果

因此，科罗娜采用的是差异化战略，其营销反映了这一点。科罗娜的营销基于海滩度假形象，强调源自墨西哥的异国休闲情调。定位也反映在物质产品上。科罗娜的酒瓶与其他大多数啤酒不同，有着透明的长瓶颈。然而，这使酒瓶因暴露于紫外线下而更易损坏，并使其制造、发运、储存和处理更加困难，但这却是差异化的重要一点。另一个差异是科罗娜啤酒要和青柠片一起喝，这对啤酒纯化论者来说难以接受。科罗娜与墨西哥典型饮料龙舌兰酒的这一联系，进一步强化了它的异国情调和令人兴奋的特性。根据其差异化定位，科罗娜定价较高，但与其他进口品持平。由此，对这一产品，购买决策不是以价格为基础，而是由品牌形象驱动，而品牌形象正是科罗娜的一个强项。

由于日本啤酒市场竞争激烈，科罗娜开展了积极主动的销售和营销。销售覆盖日本所有的零售网点，包括墨西哥餐厅，以及硬石咖啡（Hard Rock Café）和TGI星期五（TGI Friday's）等著名特许连锁店。广告定期投放于当地报纸、杂志和公共运输工具，覆盖大量的各类消费群体。在零售和消费者层面，组织了专门的促销活动来激发消费者对产品的兴趣。零售网点提供引人注目的宣传材料，以进一步激发消费者的兴趣，促使他们尝试和再次购买。NS在它的酒吧里组织了有趣的墨西哥主题之夜，给科罗娜介绍赞助商，维持大家的兴趣，并产生口碑效应。美国成千上万的驻日部队也可利用，NS向他们销售熟悉的、受欢迎的、家乡的啤酒。这些努力的结果是，科罗娜在日本的销量开始攀升。

2002年的足球世界杯由日本和韩国共同举办。最重要的是，墨西哥队参加了这一赛事。EBI/NS抓住这个机会专门组织了一次世界杯促销，消费者可以赢得让人无比羡慕而且几乎不可能得到的比赛门票。世界杯促销获得巨大成功，不仅增加了科罗娜的销量，最重要的是，把它定位于大联盟品牌中。科罗娜啤酒的销量一直增长，到2008年达到每年近100万瓶，几乎成为日本顶级进口啤酒，超越了嘉士伯、健力士、米勒（Miller）和库尔斯（Coors）等竞争对手。

即将发生的变化

科罗娜在日本的成功部分归于莫德罗、EBI和NS明确的合作伙伴结构。莫德罗生产啤酒，EBI协调运送并制定日本营销战略，而NS负责分销并实施营销战略。然而，这一伙伴关系已有近十年历史，科罗娜现在开始感受到全球化的压力。具体而言，莫德罗正在着力推动在亚太地区的营销沟通。这一变化将使科罗娜啤酒建立更为标准化的品牌形象，同时获得规模经济。这也意味着重组运营模式。随着莫德罗更多地涉入，EBI 和 NS 失去了一些职能和自主性。

市场也在不断发展。20 世纪 90 年代末，美国的进口啤酒风靡一时，顶级消费者日益远离大规模生产的啤酒，转向质量更高、更有品位、由当地生产的手工微酿啤酒。在日本也可见同样的趋势，尽管来得更晚也更弱一些。日本的低端市场因为受到世界经济衰退的重创，退回到更便宜的国产品牌，特别是低价、低麦芽或无麦芽啤酒。不管怎样，进口啤酒的销售放缓，市场份额从两头被缓慢侵蚀。另一个重要的问题是，消费者如何看待如今的科罗娜啤酒。一些分析人士认为，科罗娜已经达到生命周期的成熟期。不同于 20 世纪八九十年代，那时科罗娜品牌仍然较新、和其他品牌不太一样，现在科罗娜开始变得陈旧。它如今是海滩或度假啤酒之一，没有随着时间的推移而改变或重振。

竞争也在加剧。不像十年前，当时科罗娜几乎是日本市场上唯一的墨西哥啤酒，它现在遭受一系列其他墨西哥啤酒的直接进攻，如龙舌兰酒（Tequiza）、Sol、Tecate 和 Dos Equis。由于营销预算充裕，这些新的竞争对手正在迅速获得知名度和市场份额，这一事实同样令人不安。此外，还有在美国卖得相当好的安海斯-布希（Anheuser-Busch）的新品牌百威柠檬啤酒（Bud Light Lime）。虽然不是墨西哥啤酒，但它直接攻击了科罗娜啤酒的柠檬及墨西哥定位。最后，日本市场上来自世界各地的啤酒增多了。

企业环境也发生了变化。大啤酒集团曾经是激烈的竞争对手，但现在展开合作。美国巨头安海斯-布希现在拥有莫德罗 50%的股份，该公司生产百威啤酒，而百威是科罗娜在日本的主要竞争对手。嘉士伯是科罗娜在日本的另一个竞争对手，现在获得了在东欧独家进口和销售科罗娜啤酒的权利。然而在中国，嘉士伯帮助 Sol 对付科罗娜。竞争和合作的界限已经模糊不清，不同商家的职能和能力也变得不够清晰。莫德罗不仅酿造和销售啤酒，它也成了百威和其他安海斯-布希啤酒的独家墨西哥进口商和分销商。这不仅改变了莫德罗核心业务的性质，而且为莫德罗带来一系列全新的、可转向其他市场的核心能力。

所有这些改变让人们很难看到大局，使科罗娜日本业务的中长期前景相当不确定。因此，EBI 是时候该想想如何巩固或者进一步拓展其业务。

资料来源：Case prepared by Francisco Conejo，Department of Marketing，University of Otago，Dunedin，New Zealand. Reprinted with permission.

讨论题

1. 莫德罗、EBI 和 NS 的短期和长期利益如何保持一致？
2. EBI 面临什么潜在的危险？
3. EBI 如何巩固其科罗娜啤酒业务？
4. EBI 有哪些备选做法？

参考文献

Beer Marketers Insights online（www. beerinsights. com/）；Beer Business Daily online（www. beernet. com/）；Beverage World online（www. beverageworld. com/index. php）；Bernstein，M.（2005，September）. Leased railcars lower beer maker's overhead. *World Trade*，48-52；Marketing by the neck.（2001，September）. *Beverage Industry*，*92*（9），42；CIA World Factbook online（www. cia. gov/library/publications/the-worldfactbook/geos/ja. html）；Corona official website（www. corona. com/home/index. jsp）；

Crainer, S., & Dearlove, D. (2003, Winter). Windfall economics. *Business Strategy Review*, *14* (4), 68-72; FIFA official website (www. fifa. com/); Grupo Modelo official website (www. gmodelo. com. mx/intro _ es _ 4. html); Harrell, B. (30 June 2002). Beers all round! *The Japan Times*; Hoovers online (www. hoovers. com/company/Grupo _ Modelo _ SAB _ de _ CV/htryif-1. html); Asahi says cheers to cheap beer. (24 January 2009). *Japan Today*; Malkin, E., & Melcher, R. A. (17 July 1995). Can Corona beer hang onto its crown? *Business Week*, *3433* (90B); Can Sol take Mexican beer battle to Corona? (2006). *Media: Asia's Media & Marketing*, *9* (8), 19; Corona calls pitch to raise Asia profile. (2008). *Media: Asia's Media & Marketing*, September 4, p. 2; Mullman, J. (24 March 2008). Corona losing its golden glow. *Advertising Age*, *79* (12), p. 3; Mullman, J. (15 September 2008). Thanks to Bud, Corona has bummer of summer. *Advertising Age*, *79* (34), p. 3; PC World online; Sandstrom, G. (2009). Carlsberg will market Corona in Eastern Europe for Modelo. *The Wall Street Journal* (Eastern Edition), February 25, p. B. 2. Tejada, C. (8 March 2000). Corona beer emerges as key model for United States importers. *The Wall Street Journal* (Eastern Edition), 1; Trevino, L. J. (1998, May/June). Strategic responses of Mexican managers to economic reform. *Business Horizons*, *41* (3), 73-80.

第 3 篇　全球营销策略

第 10 章　发展全球产品和品牌

第 11 章　制定全球价格

第 12 章　全球布局和分销渠道

第 13 章　全球沟通和广告

第10章 发展全球产品和品牌

人们问我是什么因素促使李维斯品牌得以复兴，我的答案总是："产品，产品，更多的产品。"在我们加强公司实力的所有举措中，创造最好的产品乃成功之关键。

——约翰·安德森（John Anderson）[1]，李维斯公司总裁

学习目标

1. 定义全球产品和服务。
2. 理解国际产品生命周期的含义。
3. 讨论标准化和适应化。
4. 描述在全球背景下的产品属性和感知。
5. 讨论为什么会发现新兴市场上的产品属性有很多不同。
6. 解释在全球市场上进行品牌决策的主要方法。
7. 列举并讨论主要的国际产品策略。

一旦选择了目标市场和国际市场进入模式，公司首先面临的关键决策是如何在外国市场管理产品，这对于产品和服务都适用。事实上，尽管许多人听到"产品"这个词时会想到一个有形产品，但保险和金融咨询等服务，或假期和演出等体验，同样包含在产品中。

为了降低在外国市场上失败的风险，公司需要考虑以下一些变量与国内有何差异：产品使用和期望利益；产品和品牌感知；风格、颜色、设计等方面的偏好。

如果一个产品在某一市场取得成功，它必然会在其他市场同样成功，这一想法太简单了。当企业在某一目标国家市场推出某种产品时，必须清楚是否需要做些改动，以使产品对该市场更有吸引力。

例如，德国大众汽车公司对于未深入分析美国人的产品偏好所造成的后果知道得太晚。在美国这样一个对小型货车、紧凑型 SUV 和敞篷车更感兴趣，而且都知道大众是中低端品牌的市场上，大众"向高端市场提升品牌的策略有缺陷"，一名行业观察员如此置评。[2]大众的高端品牌辉腾在进入美国市场后不到三年就因销量不佳而被迫退出。

歌诗达邮轮（Costa Cruise）是世界最大的游轮公司嘉年华（Carnival Corporation）的一个意大利品牌，它如今在美国市场非常成功。原因何在？在 7 天、8 天

乃至15天内享受世界级意大利游轮，是因为其设计好、优雅、有风格？还是因为有意大利食品？不完全是。实际上，美国游客对第一代歌诗达邮轮不满意的主要原因之一就是食品不符合他们的预期。歌诗达邮轮提供正宗的意大利食品，而美国游客喜欢开在美国的意大利餐厅，两种烹饪方式很不同。游轮公司必须考虑到这一点，并调整菜单以便推出成功的产品和服务。

另一方面，可以用另一种方式服务外国市场，即尝试改变市场对产品的看法。精品咖啡公司星巴克在中国市场就采用了这一策略。中国人大多喜欢喝茶而且喝茶是一种传统，他们对星巴克咖啡的产品和文化自然不会趋之若鹜。面对这一事实，公司把目标锁定于中国雅皮士，即关注品牌和地位并对西方文化和产品持开放态度的年轻专业人士，并且向他们介绍咖啡和咖啡馆文化。从店里摆满小手册，到定期举办味觉课堂并分发免费样品，星巴克的使命是将中国人的口味从茶改为咖啡。然而，为了在这个有巨大潜力的市场上提高市场份额，公司进行了调整：改变门店以提供更多食品，容纳更多顾客；供应绿茶奶酪蛋糕；在中秋节供应月饼。这种互相让步的方式似乎得到了回报。尽管开始时缓慢，但星巴克正在中国持续扩张。[3]

但是，这种方式并没那么简单。通常情况下，它甚至不取决于消费者而是受竞争和体系结构等其他变量的影响，例如，Datamonitor 称[4]，高清电视（HDTV）在美国的销量比欧洲高很多。初看之下，这似乎表明高清电视营销人员应该将欧洲看作一个未开发的大市场。但欧洲市场可能没有吸引力，原因在于，美国87%的家庭能得到有线电视公司提供的高清服务，而极少有欧洲有线电视公司提供该项服务。此外，因为两个市场的电视广播技术不同，在欧洲，高清电视画面质量的提升不像美国那样明显。考虑到这些与不同高清服务体系有关的因素，就很清楚为什么高清电视在欧洲的需求不太高。

本章将讨论国际营销战略中的产品决策，目的是强调在外国推出产品时，必须考虑更加复杂的变量。我们不是假装全面，因为每种产品或服务根据其所属类别具有相应的鲜明特征，这些分类包括工业品、消费品；耐用品、非耐用品；便利品、偏好品、选购品、专门品等。另外，在每个国家，消费者的特点和行为可能不同，他们使用产品的场合和方式会随时间而变化，竞争态势也会不同。因此，营销战略需要反复衡量。公司甚至可能需要对全球市场上取得成功的关键产品进行重新定义。

寻找新的增长机遇：产品跨国生命周期

产品生命周期（product life cycle，PLC）描述产品从进入到最终退出市场整个生命历程中的销售和利润情况，包括五个阶段（见图10—1）。

研发期（research and product development stage）发生在公司确定并开发一个新产品创意时，附带高昂的研发成本。如果营销调研显示这一创意可以成功，那么该产品就会投放市场。

在**导入期**（introduction phase），销售额上升十分缓慢，如果销售无法弥补高

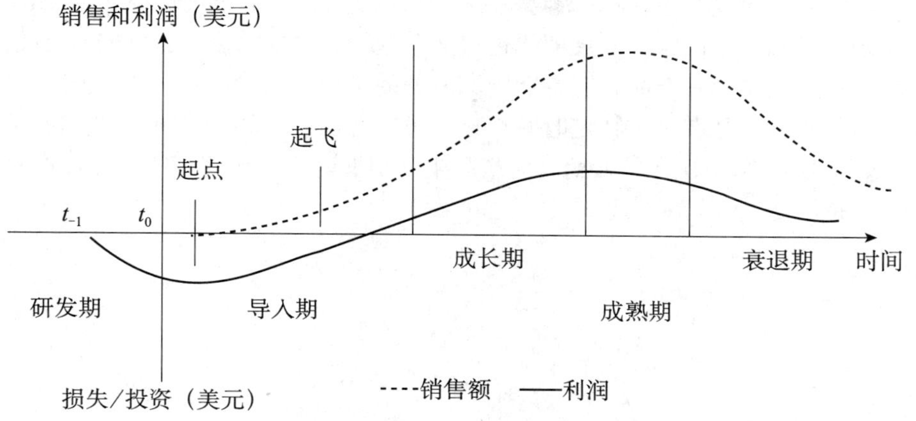

图 10—1　产品生命周期（PLC）

额研发成本，公司就可能遭受损失。潜在消费者尚不清楚产品利益，因为产品瞄准的是新兴的、潜在的需要。需求有限，主要由创新型子市场引领。产品还处于早期阶段，营销沟通以提供信息为主。在此阶段，由于有关产品利益的现有信息有限，公司能够轻易地影响消费者的认知体系，进而影响其购买决策。

第三阶段是销售额大幅提高的**成长期**（growth phase），公司此时应当提供更广泛的选择，以便刺激对特定品牌的需求。

成熟期（maturity phase）定义为需求放缓并达到平稳增长的时期，增速通常与 GDP 增速或人口增长率一致。此时，产品知名度高，价格竞争激烈，营销沟通从信息转为说服，并在说服中更多利用产品的情感特征。

最后是**衰退期**（decline phase），这一阶段需求出现结构性下降，导致销售额和利润下跌。

产品生命周期在不同国家存在显著差异，包括：

- 产品生命周期曲线的形状
- 产品生命周期的阶段

关于产品生命周期曲线的形状，不同国家的扩散过程有三点不同[5]：

- 起点
- 起飞点
- 接受速度（用起飞后扩散的斜率来描述）

如图 10—1 所示，从一个新产品导入市场（time 0）到新产品为“创新型”消费者所采用（起点），所用时间长短因外国目标市场的产品接受度而异。

同样，在起点和起飞点之间，或新产品从采用到市场稳定增长所需时间取决于一国或一个子市场内“创新型”消费者的人数。

最后，采用率在**起飞点**（take-off point）之后的增长主要取决于外国目标子市场上**人际沟通**（interpersonal communication）的形成，即**口碑**（word-of-mouth）。这可能因国家而异。

Tellis et al.（2003）[6]分析了 16 个欧洲国家的 10 大类 137 种新产品。主要结果显示，在不同国家，大部分新产品的销售起飞呈现差异，起飞时间不仅因产品类别明显不同，而且具有国别差异。比如，斯堪的纳维亚半岛国家同地中海国家相比，起飞时间几乎只有一半。在另一项研究中，Stremersch and Tellis（2004）[7]发现，相同地区国家的发展模式也有显著差异，主要原因是经济富裕程度不同。

即使是同一产品，在特定国家所处的生命周期阶段也可能不同。如图 10—2 所示，某一产品在一个特定时间点 t_x，可能在国内市场处于衰退期，在 X 国处于成熟期，在 Y 国却还在导入期。对产品生命周期进行跨国管理能够保证产品的利润水平维持不变。

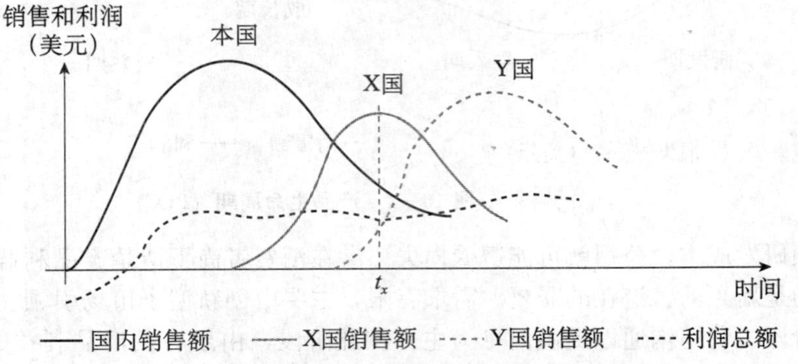

图 10—2　特定产品在不同国家的生命周期

例如，尿不湿在西方国家已经成为日用品，即处于成熟期。然而，中国的母婴市场与之不同，尿不湿在几年前刚刚被引进，最近发展较快，但仍有许多母亲给孩子穿开裆裤（见图 10—3）。

图 10—3　2010 年上海世博会期间穿开裆裤的中国小孩

产品生命周期能从整个产品类别或特定品牌等不同角度进行定义。在任何情况下，分析市场需求是识别产品和品牌所处生命周期阶段的一种可能办法。如果某产品或品牌在不同市场的需求存在广泛差异，这很可能意味着产品在低饱和市场上具有潜力。即食餐和妮维雅分别是产品和品牌的代表性例子。即食餐首先出现在美国市场，后来随着生活方式改变（职业妇女、单身汉、快餐、没时间烹饪），这一产品才引入欧洲。如今，欧洲国家对即食餐有极大需求。2008 年，全球即食餐市场总额达 638 亿美元，预计到 2013 年年底这一市场将增至 772 亿美元。尽管以前美国是最大的即食餐市场，但最近欧洲市场超越了美国。现在，欧洲市场份额为 38.7%，接下来是亚太地区（31.3%），然后才是美洲地区（29.9%）。从 2008 年到 2013 年，美国市场的年收益增长率预计为 3%，欧洲市场则为 4%。[8]

就妮维雅这一世界最大护肤美容品牌而言，德国拜尔斯多夫（Beiersdorf）公司在西欧以外正在关注那些增长快于平均水平但人均销售额较低的地区，比如亚洲、南非和东欧，拜尔斯多夫的巨大增长潜力在上述地区凸显出来。那些销量不高的目标国家代表市场良机。例如，2010 年，拜尔斯多夫在拉丁美洲的增长大于 15%，主要归功于 Deo Men's 和 Sun Care 两个品牌。[9]妮维雅一例显示出如何将西欧处于产品生命周期成熟期的品牌在新兴市场成功地转变为导入期。

显然，产品或品牌生命周期的潜在差异要求公司作出不同的营销选择。意利咖啡（illy coffee）是一个顶级意大利咖啡品牌，在全球 140 多个国家销售。根据产品所经历的生命周期阶段（见图 10—4），意利浓缩咖啡的概念在各国的呈现方式不同。若浓缩咖啡和意利咖啡品牌处于导入期，则非常有必要解释和提供有关产品特质的信息，如“50 颗咖啡豆的提纯”；在像意大利这样浓缩咖啡处于成熟期的国家，营销传递的信息不是产品本身，而是生活方式，如“我们喝什么样的咖啡，所体现的就是什么样的自我”。

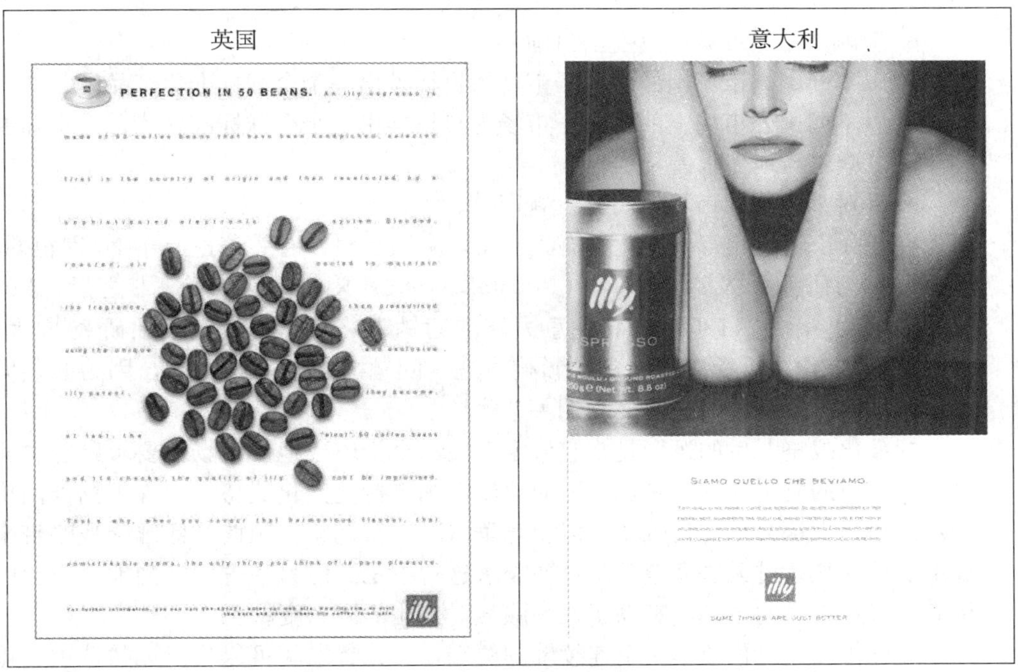

图 10—4　不同国家的产品生命周期和广告

资料来源：Reprinted by permission from illycaffè©.

在制定营销战略时，一定要评价消费者已掌握的产品知识，这一点十分重要。产品可能大多数消费者都不知晓，或大概知道，或者尽管消费者大多知道，但由于可支配收入较低等原因而实际购买有限。

在产品成长期及成熟期，企业有不同选择。例如，全球公司在全球市场层面推出差异化的一组产品来满足不同子市场的需求，这些产品还可进一步根据各个国家的特征进行当地适应化。事实上，如果针对当地消费需求调整产品的一些特性，产品会更有吸引力。在衰退期，因为无法在一个萎缩的市场上继续负担高成本，企业通常会选择标准化产品策略。

标准化与当地适应化的困境

确定公司产品或品牌在国际市场上定位的营销战略和措施是**标准化**（standardization）还是**当地适应化**（adaptation）？这一问题在商业文献中一直占据主要地位。事实上，这一选择通常决定了营销沟通的效果和效率，或者公司成功进入某个市场的可能性。

简单而言，标准化和当地适应化的困境指的是在以下五种方案中做出选择（Vianelli，2001）[10]：

- 国内产品未经改变出口国外，此时公司对国内产品实行标准化并以此进入国外市场。
- 国内产品经过某些改变出口国外。
- 以不同国外市场上的跨国子市场为目标推出一个全球标准化产品。
- 以不同国外市场上的跨国子市场为目标推出一个全球标准化产品，但需要做些改变以应对当地需求差异。
- 针对某个国外市场专门开发新产品。

在国际市场上实行标准化，有人支持，有人反对，有关争论始于20世纪60年代。最早的研究涉及沟通策略（Roostal，1963；Ryans，1969）。[11]之后，Buzzel（1968）和Bartels（1968）[12]将注意力转向营销战略分析。最近一项研究[13]表明，标准化/适应化决策受多种因素的影响。这一问题事实上非常复杂，因为必须同时考虑市场、产业和公司三者之间的关系。[14]

标准化战略背后的逻辑是，它假定存在一个全球或地区市场，要求跨越国家边界开展类似的营销活动。相反，适应化流派则支持差异化战略，允许根据外国市场特定的物质、社会、文化等特征以及竞争状况进行调整。因此，标准化战略带来的成本节约往往超过无法完全满足消费需求这一不足。但另一方面，当地适应化能提供满足特定需求的产品，有助于提高顾客对公司的满意度。

标准化和适应化位于一个连续轴的两端，在二者之间可以找出无数选项。正如Johansson（2000）[15]指出的，适应化的制造成本很高，当公司转向全面标准化时，成本逐渐下降。但是，标准化因无法满足当地需求而导致顾客满意度低，在外国市场上产品滞销，销售损失成本高。若采取当地适应化，则消费者满意度高，在外国市场上销量高，销售损失成本低。当制造成本和销售损失成本合计最小时，就达到了标准化和适应化的最优水平（见图10—5），可这在实践中不太容易实现。

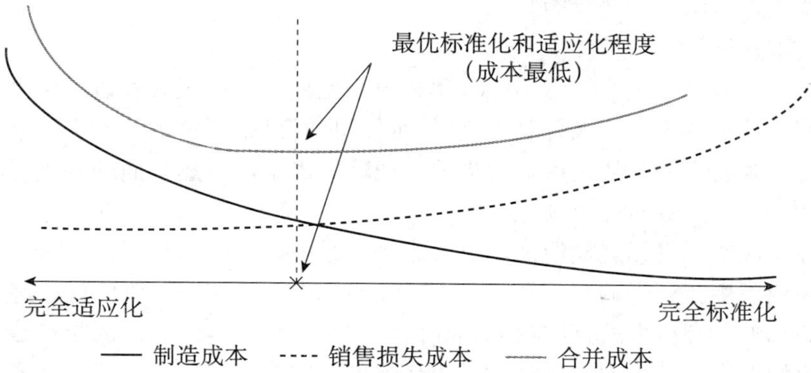

图 10—5　标准化和适应化的权衡

资料来源：Adapted from：Johansson，J.（2000）. *Global marketing*：*Foreign entry*，*local marketing* & *global management*（p. 367）. Reprinted by permission of The McGraw-Hill Companies.

为了评估什么是最理想的标准化和适应化组合，必须考虑到这两种选择的优点和缺点，表 10—1 对此进行了总结。

表 10—1　标准化和适应化的优点和不足

变量	何时标准化是更优选择	何时适应化是更优选择
环境因素	同质	不同质
成本	成本降低	
形象	全球形象	当地形象
计划和控制	更容易	
创新	创新扩散	
动机		当地管理人员动机强
消费者	消费者同质	重视当地消费者的利益
法律问题和技术标准差异	无差异	许多差异
分销成本、协调和客户服务	低成本	高成本可随着适应化措施而降低
竞争	全球竞争	当地竞争
顾客	全球顾客	当地顾客

环境因素

当评估是采取标准化还是适应化时，环境差异可能是首要考虑因素。正如在第 2 章指出的，国家在物质方面的特性，在社会经济和人口统计方面的差异，以及宗教、政治、语言和文化等因素都会对营销决策产生显著影响。南非的标准银行集团（Standard Bank Group）最近在坦桑尼亚推出首个伊斯兰银行产品，因为公司了解到坦桑尼亚的一半人口是穆斯林而且其中大部分没有获得银行服务，因为传统银行业务与其信仰相冲突。事实上，伊斯兰法律认为获取利息是放高利贷，伊斯兰教禁止在不遵从伊斯兰法律的行业进行投机和投资。[16]

另一个例子是意大利费列罗公司生产的巧克力酱能多益（Nutella），它因味道好而闻名世界，受到许多国家消费者的喜爱。但能多益也必须进行当地适应化。在一些气候炎热的国家，巧克力酱必须耐高温，以避免成分发生变化。另外，因为各地饮食文化不同，能多益的口味不完全一样。例如，在意大利，它的坚果味十足，但在德国却有浓郁的巧克力味。

成本降低

依靠在研发、生产、营销、管理和组织流程方面的规模经济，标准化的营销活动能够降低成本。[17]如果评估时考虑到公司的资源（人力、财务和生产资源等）、收入潜力和制定一个切实可行的当地化战略的成本，上述方面的规模经济变得极其重要。[18]

降低成本不仅靠规模经济，也要靠经验经济，它既体现于产品概念开发，也体现于大规模生产获得的累积经验可以提高技术和生产效率。[19]此外，经验使公司对供应商和顾客有更大的合约权力，降低供应和分销成本。较低的生产成本使公司得以在定价上提高竞争力，比竞争对手获得更高的毛利，这些利润可用于再投资，从而有效推动产品的海外销售。

全球形象

同质化战略有利于企业强化在国际市场上的公司和品牌形象。公司只传递全世界广泛认可的一条信息，它不仅包含产品的有形特性及广告、定价和分销策略，还有售后服务和消费者保障条款。当公司产品符合正在兴起的全球子市场的需求时，塑造全球形象就变得极为有利。耐克、可口可乐、麦当劳、乐高和索尼就代表了一小部分高度同质化、针对跨国子市场的产品和品牌。

简化的计划和控制

标准化还可使公司对战略及营销组合策略的制定和执行有更大的控制力。一个销售标准化定位产品的公司，一定比在国际市场上进行产品当地化定位的公司更容易在组织和流程控制方面进行管理。[20]

创新扩散

若采用标准化，则产品在国际市场上的商业化和促销几乎不做改动，开发成本能很快再吸收。因此，标准化使企业有可能更快收回投资，这对产品创新扩散形成支持。事实上，新产品因为适应化而在国际市场上迟迟难以铺开可能会损害新产品绩效。[21]

当地管理者的动机

当地适应化对公司的有利之处是它可以用来刺激创新。Hibbert (1990)[22]确认标准化通常会阻碍创造性和创新，尤其是对于地方分支机构管理者，如果其角色仅限于销售产品，他们将逐渐失去改进产品的动力，因此减慢公司的发展步伐。另一方面，当地适应化会使员工形成更强的承诺，有利于他们不断探索那些能增强公司海外竞争潜力的好办法。

当地消费者利益

多名研究人员强调情境化营销活动对公司业绩有积极影响。[23]事实上，消费者通常倾向于拒绝购买标准化产品，他们反而偏好那些重视传统、特定用途及风俗习惯的产品。企业为了在那些有不同消费需求的国家市场提高竞争力，一项最根本的要求就是根据需求进行适应化调整。

吉布森吉他公司（Gibson Guitar Corporation）在日本市场的例子就强调了当地消费者利益这一关键变量如何影响产品的适应化。总部设在田纳西州纳什维尔的这家公司以生产各大类拨弦经典乐器闻名，包括原声吉他和电吉他、曼陀林和班卓琴。吉布森专门为日本生产了一批吉他，因为日本是该公司最大的国际市场。例如，松本孝弘（Tak Matsumoto）限量版吉他 Les Paul 只在日本销售，采用淡黄和浅红等特殊的色度。吉布森公司在日本塑造出冷酷、真实的形象，并激发人们的敬畏，这与其国内市场形象并不一致。公司的粉丝是日本婴儿潮世代，他们曾目睹音乐传奇人物如吉米·亨德里克斯（Jim Hendrix）在20世纪70年代弹奏吉布森吉他，如今他们通过收集典型的美国音乐和摇滚乐器来抒发怀旧情绪。[24]

法律问题和技术标准差异

如果各国在技术、标准和审核程序方面的要求各不相同，就不能采用标准化产品策略。在这种情况下，管理人员需要付出巨大努力来满足当地需求，为当地顾客定制产品。[25]在其他情况下，如电信、办公设备和电子消费品，顾客不是买产品，而是选择某种系统。从公司角度来看，这意味着产品要包含更加灵活的本地化系统。视频游戏行业便是一个典型的例子。如今主导世界市场的三个视频游戏系统——微软 Xbox、索尼 Playstation 和任天堂 Wii——其视频游戏的标准不同。另外，由于美国、欧洲和日本的视频信号标准不同，在美国能播放的游戏可能在德国就无法用同一品牌的视频游戏系统播放。因此，视频游戏公司被迫设计符合每个地区市场不同技术要求的视频产品。

分销成本、协调和客户服务

全球集中生产和运营带来了标准化，标准化可降低生产成本。另一方面，分销成本、全球需求协调成本和顾客服务成本[26]在持续上升，这些成本的上升需要通过适应化来克服，这也体现了当地化的优势。

全球和当地竞争

如果公司遇到全球竞争，游戏规则倾向于与国际层面一致，支持标准化。相反，公司有时候必须和十分强大的当地品牌竞争，后者要捍卫其富有竞争力的（通常也是唯一的）领地，这时就必须实行适应化以满足当地消费者需求。通过与当地中间商密切合作并提供个性化服务，可以实现这一点。在有些国家，与当地品牌竞争的唯一方法是收购当地竞争者品牌。

全球和当地顾客

如果公司的目标是全球客户，而且这些客户通常在全球集中采购，那么公司就必须实行标准化，因为每个国家的消费者要求同样品质的产品和服务。这不仅适用于产品，而且适用于定价策略。事实上，如果价格差异很大，全球零售商能够轻易在价格相对便宜的国家采购，然后在别国销售。

因此，只有认真考察成本和利益才能找到最佳解决方案。公司必须专注于自身希望在外国市场达到的目标，以及希望为公司国际化进程分配多少物质和非物质资源。如今，经验告诉我们，通过标准化和适应化之间的平衡可以得到公司绩效的最优解。[27]这要求集中某些活动，分散其他一些活动，还需要在国际层面上协调营销活动，目的在于：

- 通过信息分享并允许必要时调整营销战略和策略来复制在某些国家已经成功的办法。
- 通过公司的沟通网络发挥跨国协同效应，使标准化和适应化的利益最大化，以此整合不同国家（或国家群）的经理开展的各种营销活动。

适应化战略对组织决策的影响不容忽视。正如 Ghemavat（2007）[28]所描述的，当选择适应化时，公司通常在各国市场建立分支机构来完成供应链上的所有环节，但在选择标准化时，则试图将开发和生产过程集合起来，通过创造地区或全球运营来获得规模经济。处于二者之间的策略是套利（arbitrage），即对国家或地区市场差异加以利用。这往往通过将供应链的各部分设在不同战略场所来实现，比如在印度设呼叫中心，在中国设工厂，在西欧设零售店。无论什么情况，在适应化、标准化和套利三种策略之间做选择都非易事，管理者必须精确估计公司的需要和优先考虑的问题。

人们普遍追求标准化和适应化的平衡，为了实现这一平衡，产品决策只有在分析目标市场之后才能制定。此时，企业要回答一些根本性问题。产品用作什么？期望利益是什么？在风格、设计、包装及服务方面有何偏好？最好的产品和品牌战略和策略是什么？管理导向发挥什么作用？

产品使用

产品使用（product use）差异会影响公司的营销战略和策略，因为这些差异与消费者行为紧密联系。就国外市场上的产品使用，需要考虑：

- 使用功能
- 使用情境
- 使用条件
- 产品利用率

例如，考虑 Vicks Vapor Rub 的使用功能，这种止咳治感冒的非处方药在一些国家仍用于防蚊。[29]这样的例子还有很多。比如，在秘鲁，人们仍然用奶粉来刷墙，因为从牛奶中发现的蛋白质——酪蛋白生成了一种能依附于多孔表面的耐用涂料黏合剂。[30]惠而浦公司的经理发现在印度出售高容量洗衣机并不明智，因为许多家庭用洗衣机来搅拌凝乳和制造酪乳：洗衣机比电动搅拌器更便宜、更合适。[31]

分析使用情境也至关重要，因为情境可能随考虑的外国市场经常变动。使用情境意味着考虑决定产品使用“时间”和“地点”的所有因素，这些因素对消费者行为有明确的、系统性的影响。[32]更具体地，“地点”可以指沟通环境、产品购买或消费。无数研究显示使用情境可以改变[33]：

- 消费者赋予产品特性的重要性
- 在购买过程中考虑的品牌数目和类型
- 可接受的价格上限
- 信息搜集所花费的时间
- 使用的信息来源

例如，富有的中国家庭通常有两个厨房，一个“为了展示”给朋友和客人，另一个则“为了烹饪”。对第一个厨房，他们会购买欧洲的奢侈橱柜品牌，对于第二个则选择当地生产的比较便宜的家具。

同样，产品使用条件也因国家不同而呈现不同特点。当可口可乐试图将两升装的可乐引入西班牙时，因受当地储存条件限制而未能成功。事实上，极少数西班牙人有足够大的冰箱门来容纳两升的大瓶。[34] Hibbert（1990）[35]强调，使用条件甚至会影响到产品技术，因为技术和功能层面会因为使用条件而被迫做出改变。以西方国家冰箱制造企业为例，它们的产品在日本很难卖，因为冰箱发动机对传统的日本房子来说太为聒噪，这些房子的墙很薄，有的是用纸做的。因此，必须根据当地要求改变技术，同时调整定位标准以使产品满足该国消费者需求。

利用率是确定产品和营销组合特性时需要考虑的另一个变量。例如，地中海国家与美国相比烘干机的使用非常有限，这并非气候原因所致，而是其他多种因素作用的结果。一方面，人们认为让衣物自然风干更健康；另一方面，人们担心衣服在烘干机里受损，因为烘干机温度高而且转速快（美国的棉质衣物比欧洲的衣物更厚实）。因此，烘干机在欧洲是一种利基产品，与美国相比价格更高，种类也不多。

产品感知和期望利益

消费文化和环境能够极大地影响**产品感知**（product perception），最终影响消费者需求和期望。如果期望利益变化，消费者赋予产品不同特性的重要性也会随之改变，进而影响企业的产品决策。[36]

许多研究涉及产品感知、产品的**期望利益**（expected benefits）以及国际层面的产品特征评价体系。这些分析主要基于消费品。根据 Jain（1995）[37]的研究，工业品一般用来满足特定需求，从国家到国家没有太多变化。Askegaard and Madsen（1998）[38]曾引用一项关于欧洲饮食文化的有趣的研究，该研究发现了 12 个欧洲饮食群组，这充分说明在食品行业，针对公司所考虑的欧洲地区有大量不同的产品选择。

喜力之所以在美国市场上获得成功，原因就在于能够改变产品特征来满足市场期望利益。事实上，荷兰啤酒商知道，为了赢得美国消费者，它必须让自己的新型特优淡啤（Premium Light）符合美国消费者的口味。这些消费者青睐淡啤酒，它不同于喜力的传统产品。通过对 20 个版本的试验，以及一次成功的营销推广活动，公司推出了新的产品，其销量比预计高 50%。营销推广活动中公司强调喜力特优淡啤富有吸引力的新酒瓶设计。安迪·托马斯（Andy Thomas），喜力啤酒美国首席执行官称，“我们有能力推出一款在淡啤领域中具有优势，但仍忠实于喜力品牌的啤酒”。[39]

在有些情况下，公司必须应消费者的特殊要求而专门开发针对某国消费者的高度创新性产品。例如，德国皮肤和美容护理公司拜尔斯多夫持续在印度开展“妮维雅男士”品牌的分销，并集中于美白类产品。公司邀请男士参加“加入美白革命”活动，这是公司强化妮维雅地位并使之成为当地面部护理用品领导品牌所做出的努力之一。统计数据令人振奋，表明亚洲男子的面部护理用品使用率高于欧洲，他们的需求完全不同。美国人和欧洲人购买抗紫外线晒黑霜让皮肤看起来更健康，但对亚洲男女而言，没有阳光造成的瑕疵且避免阳光照射的白皮肤才是最美丽的。许多年前，晒黑的皮肤经常同社会底层联系在一起，因为他们必须靠从事室外体力活谋生。此后，人们一直将苍白视为理想肤色，如今甚至男士也十分向往。[40]

在期望利益之外，消费者给产品特征赋予的重要性也因国家而异。一些研究专注于分析消费者选择和购买牛奶、洗衣机和除臭剂等产品的行为，发现消费者给产品特征赋予的重要性具有显著差异。[41]

更常见的一种情况是，由于不同文化对产品的感知有差异，导致对产品特征的不同评价。例如，不同国家消费者考虑航空服务的角度不同。在美国，很多人出于各种原因乘飞机，倾向于把飞机旅行视为一般商品。其他国家的情形完全不同，消费者还有很多其他选择。欧洲人通常把乘飞机与坐火车相比，比如法国的高速列车（TGV）和德国的城际特快（ICE）。在韩国，与飞机相比，人们更多使用汽车或火车。因此，在那些国家乘飞机仍被认为是一件比较特殊的事，这决定了产品感知差异以及对产品或服务特征评价的不同。[42]

产品属性

国际产品决策的一个主要问题是决定哪些**产品属性**（product attributes）能标准化，哪些应适应当地需求。物理特征、颜色、式样、风格、设计、包装、原产地、品牌以及服务属性都是产品整体的一部分，在进入外国市场时需精心考察。其中有些成分，如颜色或风格，可能既是物理特征也可传递象征意义。

需要分析的产品属性包括：

- 规则和标准
- 风格、设计、颜色和产品质量
- 包装
- 品牌
- 原产国
- 服务属性

特别是考虑非洲、中国或印度等新兴市场时，公司面临的挑战不仅是国与国之间的差异，还有特定国家的内部多样性。如专栏 10—1 所展示的，作为一个国家，非洲在文化和价值观上具有很大异质性，以至于愿意向该地区推出产品的营销人员很难识别出文化共性，因为有很多不同的亚文化共存于非洲并且对营销活动的适应化产生显著影响。

规则和标准

前面已经指出，当某个国家在技术、**标准**（standards）和审批程序方面**规则**（regulations）不同时，不能采用标准化产品策略。

对标准采取的协调行动能降低产品特性因国家而改变的需要，比如按照 ISO（国际标准化组织）标准进行协调，或者为了支持创建一个全球市场[43]而在欧洲进行协调，这些协调使生产实现规模经济，从而提高了效率。[44]

专栏 10—1

聚焦国家：非洲

国际营销与国内多样性的较量：非洲及其体育激情

根据《营商环境报告（2010）》（*World Bank 2010 Doing Business*），在全世界最糟糕的做生意的15个地方中，非洲位居第14。尽管困难重重，但许多全球公司发现深入当地市场是有利的，它们努力使营销决策符合当地需求。但什么是"当地需求"？如果意识到非洲不是某个单一地方，甚至每个非洲国家并非同质，就会知道这个问题的答案并不简单。

以尼日利亚为例。宗教能影响消费者行为，尼日利亚南部的人信奉天主教，北边的人信奉伊斯兰教，有传统宗教信仰的则跨南北两部分。结果是，啤酒和其他酒精饮料在南方到处销售，却在北方受到禁止。作为文化的载体，语言体现了另一种国内多样性。单单尼日利亚就有374种部族语言，因此用同样的品牌名称、包装和广告来宣传产品变得异常复杂。在这两种情况下，都需要对产品和宣传进行当地适应化，这影响到全球公司和多国公司的营销绩效。

但是，非洲还有另一种景象，体育文化掩盖了一切市场碎片。如南非等重要非洲市场上的领先电信品牌Vodacom执行经理恩佐·斯加斯拉（Enzo Scarcella）所指出的，南非人和南非国家足球队"小伙子，小伙子"（Bafana Bafana）是不可分割的一个无形整体。在这个文化多元地区，足球文化成为共同文化，那些希望与非洲消费者整体进行沟通的品牌可以使用足球激情这一共同语言。

资料来源：World Bank Group. (2010). *Doing Business 2010*. Retrieved from www. doingbusiness. org/EconomyRankings/; Ekerete, P. P. (2001). The effect of culture on marketing strategies of multinational firms: A survey of selected multi-national corporations in Nigeria. *African Study Monographs*, *22* (2), 93-101; Show Dem Bafana Bafana! (2010, May 27). *Vodacom press release*. Retrieved from www. vodacom. com/news _ article. php? articleID=614; Manqele, S'bu. (2009, March/April). Tapping Africa's passion for sports. *Communication World*.

各种产品的国家法律和标准总是极大地影响公司策略，有时迫使产品和营销做出重大改变。特别地，此类法律大幅增长源自以下两个特殊现象[45]：

- 环境意识的增加使政府通过更多法律支持环保。
- 全球范围内关税壁垒的降低导致替代性进入壁垒的产生，其形式就是那些使外国公司难以进入自己市场的各种法律和标准。

想要进入一个特定国家市场的公司必须满足质量、安全、型号、原料组成以及细节方面的专门要求。在有些情况下，这些要求可作为壁垒用于防止或阻碍国际贸易。[46]为了促进内部贸易，欧盟国家很有兴趣对产品标准进行国际协调，具体措施包括消除技术壁垒、提高市场准入、促进并扩散技术等。事实上，为了适应别国法律而改变产品可能大幅提高产品成本，使得产品出口海外后缺乏竞争力。

各个商业领域在国际层面仍然存在显著的不同。例如，各国依旧在使用不同类型的广播电视系统。NTSC系统最初由美国的国家电视标准委员会（National Television Standards Committee，NTSC）建立并广泛用于基于60赫兹系统的国家。

NTSC 的变形版本是相位交替线（Phase Alternate Lines，PAL），主要由基于 50 赫兹系统的国家采用。另外，法国人自己设计了顺序存储彩电制式（SEquential Couleur Avec Memoire，SECAM），主要用于保护本国制造公司。

确定不同标准通常也与竞争目标有关。例如，法国电信（France Télécom）、萨基姆电信（Sagem Communications）和汤姆森（Thomson）这三个领先的法国电信技术集团为了与微软展开竞争，最近组建了软件合资企业 Soft At Home，用来设计能改进互联网机顶盒、电视、电话以及其他电子设备之间通信质量的软件。其志向是创造行业标准，向全球电信运营商发放软件许可。公司将矛头对准微软的标准——该标准在过去两年内极大地推动了基于互联网协议的电视，并将其软件 Mediaroom 授权给诸多运营商，如 AT&T、英国电信集团、德国电信和加拿大贝尔公司。[47]

然而，与强制适应相比，用来适应消费者行为和国家营销环境差异的物理性适应通常更多。[48]如前所述，产品使用、消费者偏好、需求等方面的差异要求在不同国家进行调整。例如，尽管李维斯[49]牛仔裤的目标市场为全球 15～25 岁的年轻人，但是产品必须根据当地消费者认知进行调整，这些认知形成不同的标准。如今在美国和欧洲，牛仔裤代表随意和反抗。但是，在俄罗斯，牛仔裤暗示精致和社会地位；在西班牙，牛仔裤的高价格使它成为一种时尚商品。不过，认知差异不是国际标准的唯一障碍。除此之外，物质、环境和人口等因素也会影响标准的选择。例如，欧洲市场消费者更喜欢标准重量的牛仔布，但在其他气候炎热的国家，人们希望牛仔布更轻一些、颜色更亮一些。此外，世界各地人们的身材不同，比如，亚洲远东市场要求牛仔裤的前裆更短一些。

同样，食品市场远未标准化。以亚洲国家为例，日本是软饮料方面最具创新性的国家之一。例如，Ito En 是一种成功的新型蔬菜饮料，不添加糖或盐，包含二十多种蔬菜，如胡萝卜、芹菜、西兰花、甘蓝、番茄、红薯、红甜椒、绿豆、芸豆、南瓜、莴苣、青椒、芦笋、中国大白菜、红薯茎叶、豌豆、当归、香菜、水芹、白菜、萝卜、菠菜和日本野生山萝卜等。[50]它怎么可能在美国和欧洲等地区成功呢？这些国家并不像其他国家那样喜爱蔬菜含量高的食品。

类似地，在阿拉伯联合酋长国乳制品市场，人们对骆驼奶制品的兴趣渐长，包括奶酪、风味饮料和冰淇淋。[51]据说，骆驼奶比牛奶的营养价值更高，但这不足以使其他国家的消费者也乐于接受这一产品。另一方面，这并非特例；即便已视为全球化，在全世界各地销售的产品也会发生类似情况。比如，雀巢公司提供 200 种雀巢咖啡混合粉末以满足不同市场上消费者的不同口味要求。[52]可口可乐也是如此。

风格、设计、颜色和质量

国际营销中经常涉及产品设计、风格、颜色、大小和质量方面的改变（Vianelli，2001）。

设计（design）通常占据重要地位，因为它建立起技术创新和市场创新二者之间的连接。这不仅要求经理们有创意，而且要求他们能够利用创造性来满足市场需求。许多产品正是因为设计独特、风格迥异而被选购。丹麦家具或者意大利时尚产品就是如此。

然而，消费者对设计的偏好可能因国家而异。Yamaki and Kanehisa (1995)[53]研究了不同国家消费者对产品设计的偏好，包括美国、法国、韩国、中国、日本、英国和泰国。结果显示：日本和韩国之间，以及美国和法国之间的消费者偏好十分相似；美国和中国之间极其相似；泰国在某些方面与法国和英国接近，在另一些方面则与日本和韩国类似。

显然，每个产品在设计时都要单独考虑，正如专栏10—2所示。公司面临的挑战是如何适应当地消费者需求和技术要求，与此同时使开发成本降到最低。

专栏10—2

聚焦技术：诺基亚

诺基亚的设计在新兴市场面临技术挑战

诺基亚在中国、非洲、巴西、印度和印度尼西亚等新兴市场不断拓展服务。例如，非洲是全球增长最快的移动市场，因为移动技术对当地人很有用。在多哥共和国郊区，当地农民可以即时查询首都的农产品市场价格。在加纳，企业家很容易通过互联网进行连接，这种技术使人们可以通过互联网打电话。关键问题是设计，设计时必须考虑当地技术并满足当地人的特殊需要。

在这一地区，诺基业是最活跃的公司之一。例如，诺基亚生活工具（Nokia Life Tools）使消费者无须使用通用分组无线业务（General Packet Radio Service，GPRS）或接入互联网，就能够获得农业信息以及教育和娱乐服务。通过与一群心理学家、工业设计师、材料专家和人类学家合作，诺基亚分析当地需求来获得创新的灵感，其中以技术和设计为关键，而它们又紧密相连。

正如诺基亚芬兰总部的总设计师安蒂·库加拉（Antti Kujala）所言，“这意味着当地化的颜色、表面材质，以及墙纸、服务或铃声等用户界面内容”。[54]例如，在农村地区，手机可能由村民或者家人共享。针对这些地区，诺基亚设计了Nokia 1200和Nokia 1208两款机型，它们的首要功能是共享。由于很多人共用一部手机，在物理性能方面就需要保证特别结实，比如采用无缝按键以避免尘土，还设计了一个易于在热天握持手机的专门区域。地址簿是共享的，家里或村里的每个人都可以将自己的联系人和电话号码存进去。还有一个通话跟踪设备，可以预设每个电话的时长或者花费限额，这样就可以让不同人借用电话，但仍然可以控制电话费。

资料来源：Lakshman，N.（2007，August 10）. Nokia's global design sense. *Business Week*. Retrieved from www.businessweek.com/innovate/content/aug2007/id20070810_686743.htm；Nokia's Design Research for Everyone.（2007，March）. *Business Week*. Retrieved from www.businessweek.com/innovate/content/mar2007/id20070314_689707.htm；Africa Recovery.（2010）. Africa takes on the digital divide. Retrieved May 30th 2010，www.un.org/ecosocdev/geninfo/afrec/vol17no3/173tech.htm；Nokia in 2009. Retrieved from http://phx.corporate-ir.net/External.File?item=UGFyZW50SUQ9NDE1NDZ8Q2hpbGRJRD0tMXxUeXBlPTM=&t=1.

通常，为了降低产品售价让更多的最终消费者买得起，也需要改变设计。在印度，摩托车公司对自行车进行了重新设计，牺牲速度换取更长的行驶里程，而且以相当便宜的价格卖给数百万消费者。如 Bharadwaj et al. (2005)[55]所指出的，按成本设计能够降低产品成本的 30%，但对消费者体验没有任何影响。当地消费者会接受性能和价格的权衡，同时公司获得更好的毛利。

颜色（color）是另一个关键因素。不同国家消费者对颜色的阐释不同。这方面的例子不胜枚举，比如：在科特迪瓦，黑色与死亡和巫术相关[56]；白色在很多国家象征着纯洁，但在一些亚洲国家却是死亡和霉运之色。[57]在墨西哥，黄花代表死亡或不敬（Cateora & Graham，1998）。[58]Jacobs，Keown，Worthley，and Ghymn (1991)[59]深入研究了不同国家消费者对颜色含义的理解，称需要认真分析颜色的象征意义与产品定位的一致性。例如，在中国和韩国，灰色意味着廉价品，紫色意味着高档货。但是，对于美国消费者，两种颜色的含义则完全相反。

质量（quality）是特别有意义的元素。[60]在一国被认为优质的产品，在另一个购买行为和消费者特征并无不同的国家可能被视为劣质品。[61]这对国际营销战略制定、产品和服务开发、分销、定价和沟通有重大意义。意大利麦罗尼集团（Merloni Group）在法国销售白色商品就是很好的例子。在意大利，其阿里斯通（Ariston）品牌定位于中高端市场。在法国，它因为标有“意大利制造”而被认为质量低劣。因此，意大利产品的价格不得不低于法国竞争对手 10%～30%，而德国制造的家用电器因感知质量高，价格至少比法国产品高 20%。如果产品定位要求低价，则制定与之相符的营销计划是在法国市场取得成功的唯一可行之道。但是，这种办法意大利经理可能不容易接受。[62]

对服务而言，感知质量可能更加重要。最近对美国、印度和菲律宾三个国家银行系统开展的一项研究（Malhotra et al.，2005)[63]发现，在服务质量维度方面，发达国家和发展中国家存在系统性差别，在两类国家实行同样的营销战略可能不太合适。

例如，在发展中国家，质量感知取决于核心服务方面，因此应当强调储蓄和支票账户。但是，在发达国家，银行应当更多强调附加服务，比如信用卡或互联网银行，这些服务更具无形性。在马尼拉，美国银行（Bank of America）集中于更具竞争力的利率水平和更长的服务时间，但是在美国，它提供通过互联网进行账户登录、交易等服务。此外，对服务传递的期望和评价也存在差异。发展中国家消费者对服务低效容忍度更高，质量期望更低；在发达国家，服务缺陷可能导致顾客流失。技术水平、“突破性”服务、即时响应、追求持续改进和前瞻性举措对于树立可靠、高响应度的形象至关重要。

很重要的一点是，质量概念与产品感知特征的联系非常紧密。营销组合因此很有意义，不仅限于包装、品牌或原产国等产品相关因素，定价和分销策略也十分重要。

包装

包装（packaging）对于产品创新非常关键。在 2004—2007 年全世界推出的所有创新型软饮料中，70.8%是配方创新，13.2%是包装利益方面的创新。[64]在 2004—2006 年推出的糖果产品中，1/4 在包装上为消费者提供了新利益。[65]包装代表某种形式的保护，同时也与营销和沟通高度相关，是营销和沟通必不可少的工具。包装决定了产品在超市货架上的差异化。此外，它还可以传递产品的伦理性和可持续性定位。

包装可从以下四个方面进行分析[66]：

- 标签
- 包装风格和设计
- 包装规格
- 功能特点

每个要素都要进行认真分析，以便评估包装是否符合外国规范，但首要的是评价包装是否向最终消费者传递产品的意义和价值，以及它们是否契合公司的定位。尽管标准化包装能够带来一些好处，比如降低产品和分销成本，但在国际市场上，公司很难实现产品包装的标准化。

一般而言，**标签**（labeling）需要根据产品售卖国而做出改变，因为语言不同，而且大多数情况下就标签提供什么信息、包括什么描述性内容还有专门规定。在一些国家，标签必须采用双语，例如在加拿大，法语和英语都是官方语言；在比利时，是法语和佛兰芒语；在芬兰，是芬兰语和瑞典语。[67]包装还有重要的促销功能。因此，考虑包装的外观很重要，如果在颜色、风格、设计或规格方面选择错误，就存在产品感知被扭曲的风险。

通常由法律来规范，例如，包装盒的大小，不同类型产品分别装在什么瓶子或特定容器里。[68]其他情况下，包装方面的重大修改是由消费者强加的，原因可能与国家文化象征有关。例如，日本销售的一些消费品是三包一盒，而不是通常的四包一盒，因为“4”这个数字在日本的象征意义与“死亡”的象征意义类似。[69]另外，不同文化下的产品使用方式也会影响包装。北美最大的优质巧克力和糖果生产商好时（Hershey）公司在分析全球市场开发战略时就指出，在中国等国家，巧克力主要用于送礼，因此它传统的棕印纸包装难以成功。而在美国，好时巧克力实际上被看作一种小吃。如果使用功能改变，那么产品外观必须看起来更加高档、精致或成熟。[70]

再者，某些国家的文化和历史差异会对公司的包装选择产生很大影响。Brandexel是设在希腊雅典的一家品牌和设计公司，它的一名经理说，西方国家与罗马尼亚、保加利亚和俄罗斯等新兴国家之间的文化差异如此深刻，以至于西方潮流，特别是在食品行业，很难在新兴国家成功。西方国家如此热爱的简单化、现代包装设计、复古和怀旧图案，却在东欧国家行不通。这些国家反而想看到更现实的东西，不愿想起过去。[71]

还应考虑一国的教育水平。在肯尼亚、马来西亚和新加坡，产品采用标准尺寸，比如同样大小的瓶和罐。这样做的目的是便于比较价格，避免因大小不一引起的混淆。[72] Hermann and Heitmann（2006）[73]最近的研究在这方面做出了贡献，他们指出在不同国家，消费者感知多样性所带来的成本和利益具有差异。在个人主义国家，人们喜欢选择，寻求多样性，但在集体主义国家并非如此。

分销渠道类型也可能影响产品包装。[74]如果渠道很长，产品从生产商到分销商要经过长时间运输，那么包装必须保证对产品予以高度保护，保质期更长。对于那些气候条件会影响产品保存技术的国家，需要做类似考虑。

最后，产品包装的差异也取决于国家的经济发展水平。经济有时会影响到产品购买方式，例如，无包装、单独包装或多件一起包装。

在所有情况下，如果改变包装带来成本上升，那么公司可以提高产品售价。但是，在有些地方，特别是购买力有限的地方，公司更可能做出维持价格不变的决定，通过推出更简单的产品来降低成本。

品牌

品牌用来识别某产品或服务的制造商或销售商，可以通过名称、术语、标志、象征、设计或这些元素的组合来建立品牌。[75]在国际营销战略中，品牌相关文献之丰富表明了**品牌化**（branding）的重要性。[76]通常，当产品定位战略突出情感诉求时，品牌会变得更加重要。

面对全球市场，品牌决策更为关键、复杂，也更具挑战性。品牌经理在国际市场上需要做出的最重要的决策包括以下三个方面：

- 品牌战略（全球品牌或当地品牌）
- 品牌定位
- 品牌选择（品牌名称和标志）

品牌战略

品牌在企业中占据重要地位，已经被视为无形资产的基本组成部分，能为企业带来增值。有时，公司的**品牌价值**（brand value）比收益还要高。例如，根据 Interbrand 品牌排名[77]，2009 年可口可乐的品牌价值高达 704 亿美元，而同年收益仅为 310 亿美元；微软的品牌价值为 609 亿美元，而收益为 600 亿美元。有时品牌价值低于收益，比如 IBM 品牌价值为 647 亿美元，收益为 960 亿美元。拥有极高品牌价值的公司更可能通过**全球品牌化**（global branding）来利用这一优势。借此，公司保护产品的市场定位更为容易，还能依靠全球品牌的担保使消费者感知更高的产品质量，与此同时，提升产品的海外财务绩效。[78]公司之所以可能获得这些利益，主要依靠其他营销活动的标准化，特别是沟通方面。品牌独特性也使标准化沟通成为一项可行的策略。类似于 IBM 这样品牌价值远低于营业收入的公司，还需增加投入以提升品牌形象。

另一方面，公司也可能出于多种动机，在开展营销的国家或地区建立各种**当地品牌**（local brands）。根据目标子市场的需求对产品进行调整时，同质化的品牌策略会带来很大局限。特别是如果竞争对手是当地公司，企业要想渗透进入，最好采取当地品牌而不是单一的全球品牌，因为当地公司拥有更多顾客知识，能更好地满足顾客需求。[79]

当地品牌还能带来其他好处。首先，排除品牌带来负面含义的风险。企业在一个国家可能犯的错误，事实上会在它采用同一品牌开展经营的其他国家造成影响。

最后，公司难以保证产品在世界各地市场上的质量完全一致，在非集中化生产的情况下尤其困难。此时，应当考虑采用当地品牌，否则，就存在消费者认为产品完全不同因而无法比较的风险。

总体上，采用多种当地品牌能促进定制化营销，对单个国家市场具有强大吸引力。相反，采取单一的全球品牌有利于实施标准化战略。在实践当中，要想获得市场领导地位，企业必须建立一个既包括全球品牌也包括当地品牌的产品组合，在每个目标市场上实现市场份额最大化。在俄罗斯的嘉士伯公司是一个典范（图 10—6）。

图 10—6　嘉士伯集团在俄罗斯的品牌组合

资料来源：www. carlsberg. com. Reprinted by permission from Carlsberg.

在任何一个国家市场，繁多的品牌背后有不同的保证人，可供选择的方案包括以下几种：

● 制造商品牌：品牌由产品或服务的制造商所拥有，例如德芙、圣培露（San Pellegrino）和阿玛尼。

● 自有品牌：品牌属于零售商，比如 H&M、家乐福、Zara、亚马逊和玩具反斗城（Toys‘R’U）。从制造商角度看，可以通过现代分销体系向许多国家出口那些为某个当地或全球零售商专门生产的产品。

● 联合品牌或要素品牌：产品使用两个不同公司的品牌名称时称为联合品牌，当其中一个品牌是产成品的一个成分或部件时就称为要素品牌。联合品牌最近的一个例子是 Martini Gold——马提尼（Martini）和杜嘉班纳（Dolce & Gabana）开发的一种酒精饮料。另外，戴尔公司采用的“英特尔内核”（Intel core）属于要素品牌，因为处理器是笔记本电脑的一个部件。

● 许可品牌：公司通过向品牌所有者支付协定费用或者特许权使用费取得某品牌的使用权。例如，埃里森（Allison）集团得到贝纳通品牌的许可，可以在 2013 年以前生产并在全球分销贝纳通眼镜。

全球品牌定位

很难准确地描述一家公司如何通过全球**品牌定位**（brand positioning）创造了价值。Interbrand（2006）[80]提出了对全球品牌成功至关重要的六条准则：识别、一致性、情感、独特性、适应性和管理层。

领先品牌的一个典型特征是能被消费者高度识别，识别基于较高的品牌知晓度，知晓度高的品牌能快速渗透进新市场。以宝马汽车为例，它是设计和工艺“性能”的代表，体现车主乃“职业成功”人士。

当一个品牌通过全球营销投入实现可视、可说、可听、可触摸的跨国识别，带给全球消费者一致的顾客体验时，就实现了一致性。麦当劳就是很好的例子，它不仅体现了全球性，还会适当调整其店铺外观和菜单来满足当地消费者。

情感维度与个人价值、抱负密切相关，不论文化差异如何必须在各地具有共同的吸引力。例如，耐克利用人们对不同运动的激情将全世界的大众市场作为目标。

伟大的全球品牌不仅需要用产品特征来表达独特性，还要利用宣传手段。苹果在全世界围绕创新理念建立起品牌独特性，成为日常生活技术解决方案的代表品牌。

适应性是指一个全球品牌尊重当地人的需求、欲望和喜好并传递出全球优势的程度。汇丰银行号称“全世界的当地银行”，在实现全球使命的同时追求当地适应化。

最后，全球品牌的成功离不开管理层的重视或承诺，它可以保证企业文化始终将品牌作为所有活动的中心。

品牌定位执行不易，原因之一是市场逐渐碎片化。这已成为一个关键因素，对于跨国公司尤其重要，因为它们必须识别地区或国际层面重要的水平子市场。公司可以提供标准化产品，同时需谨记，不同国家的消费者将产品与不同的象征意义相联系。这解释了品牌为何重要，因为品牌反映了产品形象的独特性，使公司能在跨国子市场协调其定位，同时还能尊重国家之间在产品、分销和沟通方面的差异。这些差异有时很小，但在当地消费者选择过程中扮演重要角色，同时构成与当地企业开展竞争的差异化元素。瑞图·库玛尔设计师服装（Ritu Kumar Designer Wear）是印度领先的设计师品牌，在美国、英国和中东等市场销售。该品牌将目光瞄准跨国子市场，即使实施营销策略时不得不考虑不同国家的差异，它仍试图实现独特的产品定位（见专栏 10—3）。

专栏 10—3

聚焦公司：瑞图·库玛尔：品牌定位案例

公司和品牌

瑞图·库玛尔设计师服装是一个领先的印度设计师品牌，融合了当代印度创意和传统文化根源与认同。公司于 40 年前在加尔各答附近的一个小村庄创立，创始人瑞图成为引入“时装店”概念的印度第一人。目前，她的店遍布全国，并远销美国、英国、中东等国际市场，这是印度进入时装界的一个信号。

品牌定位愿景

愿景：成为印度针对 30 岁以上城市上层现代女性的领先设计师品牌。

战略：提供一系列服装和配饰，满足女性任意衣橱和生活方式所需。

目标顾客：

- 城市上层女性，年龄在 30 岁以上。
- 希望在日常生活中和应酬时穿设计师服装来突出自己的风格。
- 希望自己时尚迷人，同时保持优雅。
- 喜欢“地道印度范儿”，尤其欣赏传统印度手工更加细致的处理。

品牌主张

购买的利益/理由：瑞图·库玛尔设计师服装是唯一展示印度真实风格的品牌，让你卓尔不群。

相信的理由：

- 作为一名设计师，瑞图·库玛尔拥有印度服装行业历史和文化传承方面无与伦比的知识和经验。
- 她投资于培训，使全国成百上千名手工业者的技艺得以复兴。
- 她为参加世界小姐和环球小姐选美大赛的印度选手设计服装，让她们展示个性。
- 她的店是印度市场第一家设计师时装店。

价值和个性

价值：瑞图·库玛尔相信真实、优质、世界级和印度文化传统。

个性：体现永恒的优雅、风范和极致完美主义。

资料来源：www.ritukumar.com；Shivkumar，H.（2006，January）. Managing global brand advertising. *AdMap*，42. Reprinted with permission. www.warc.com/admap.

最后，正面、强大的全球品牌形象不仅能使公司实现上面提到的目标，还能消除消费者对外国产品潜在的负面态度，或使公司强调原产国的积极元素并与产品联系起来。我们会在之后的“原产国”部分详细阐述这一问题。

品牌形象对于情感维度较高的产品至关重要，对于高科技产品等情感维度较低的产品也很重要。对于高科技产品，消费者克服无法充分评价复杂产品的特性的困难，只信任品牌。事实上，品牌能够传递产品功能和性能特征方面的感知，从而成为高科技产品的有力竞争元素。丰田汽车就是很好的例子，凭借最新推出的一款车型——普锐斯，丰田汽车强化了品牌形象，将其环保节能型汽车制造商的感知延伸至所有车型。[81]

品牌名称和标志的选择

品牌名称（brand name）和**标志**（logo）是公司产品的组成部分。作为针对目标客户制定的沟通策略的一部分，品牌名称和标志关系重大。因此，品牌名称和标志的选择不能像过去那样随意，必须慎重考虑，以避免象征意义或法律方面的失误，这些错误有时难以挽回。[82]从苹果公司最近所做的全球层面的决策可以看出品牌名称的重要性。面对iPod等非计算机产品在全球范围的成功，苹果电脑（Apple Computers）近期决定将公司简称为“苹果”（Apple），从而更加明确地反映出苹果转型为“媒体—诠释—设备公司”。[83]

当公司为海外销售设计品牌和标志时，需要回答的主要问题有：

- 我们能在所有潜在国外市场使用相同的品牌名称吗？
- 我们能在国际层面上使品牌标志标准化吗？

品牌名称和标志的选择多种多样。[84]用原始品牌名称进入市场是选择之一。对于有强大品牌形象的进口产品，这种策略可能成功。以进入印度的奢侈品牌和时尚品牌为例，已经进驻的奢侈品牌包括Hugo Boss、香奈儿（Chanel）、路易威登（Louis Vuitton）、范思哲（Versace）、菲拉格慕（Salvatore Ferragamo）、宝格丽

(Bulgari)、迪奥（Christian Dior)、卡蒂亚（Cartier)、伯爵（Piaget)、蒂芙尼(Tiffany)、莫斯奇诺（Moschino)、豪雅（Tag Heuer）和杜嘉班纳（Dolce & Gabbana)。同样，French Connection（FCUK)，La Perla，Tommy Hilfiger 和 Calvin Klein（CK）等时尚品牌也进入印度市场。[85]尽管有时发音不同，但这些品牌名称均保持同质，因为它们在全世界都是地位的象征。

另一种可能是使用完全不同的品牌名称。这种策略常见于跨国公司收购当地品牌以进入某国外市场。这些公司为了实现不同国家市场上的品牌形象标准化，经常将不同品牌名称与统一的标志放在一起，依靠这一标志，产品能够在全球层面被识别。联合利华的冰淇淋品牌拥有不同的名称，但它们共用一个著名的心形标志（见表 10—2)。

表 10—2　联合利华的心形品牌冰淇淋：不同品牌名称的唯一标志

品牌名称	国家
Algida	塞尔维亚、希腊、意大利、波兰、斯洛伐克共和国、土耳其、匈牙利、捷克共和国、罗马尼亚
Bresler	智利、玻利维亚
Eskimo	克罗地亚、奥地利、斯洛文尼亚
Frigo	西班牙
Frisko	丹麦
GB Glace	芬兰、瑞典
Good Humor	美国
Holanda	墨西哥
Kibon	巴西
Kwality Wall's	印度、中国
Langnese	德国
Lusso	瑞士
Miko	法国
Ola	比利时、南非、荷兰
Olá	葡萄牙
Pingüino	厄瓜多尔、哥伦比亚
Selecta	菲律宾
Streets	澳大利亚、新西兰
Tio Rico	委内瑞拉
Walls	爱尔兰、英国

资料来源：Author's elaboration based on Unilever country sites.

以可口可乐为例，品牌名称根据发音被翻译为各种当地语言。在不同国家，可口可乐体现为 Coca-Cola、Coke、可口可乐以及其他译文，但不管何种翻译，总能识别出是可口可乐品牌。另一方面，翻译并不都是必需的。在意大利，耐克、李维斯、阿迪达斯或高露洁等国外品牌的名称发音不同，但不会对产品形象产生负面影响，因此改变品牌名称完全没用。

在品牌名称有不同含义的情况下，翻译就成为向终端消费者传递相同品牌意义的必要之举。想想 Vitalinea，Vitasnella，Taillefine 和 Silhouette 这些达能公司的低热量产品，它们是同一品牌名称的不同翻译，为同一产品传递相同含义。

在多数情况下，即使品牌名称不同，品牌标志也可以实现标准化。[86]已有研究显示不同的国家文化如何对标志设计做出类似反应。[87]此外，Henderson et al. (2003)[88]强调，品牌标志有很高的识别度，因此能为公司带来诱人的好处，尤其是那些品牌名称因语言差异不能被理解的公司。图片比文字更易识别，即便最短暂的展露也能使消费者接收到一定信息。即使图片与伴随的文字无关，对品牌名称的记忆也会因图片而加深。对于任何图片，都能建立起与目标词汇的联系。大众汽车几十年来推行全球命名策略，有时也会出现有争议的名称。宝莱（Bora）汽车一路向北流行，往东北方向跨越了亚得里亚海。但在美国，由于经销商抱怨“宝莱”听起来与英文的“无聊”（boring）相似，大众汽车最终将产品重新命名为“捷达”，英文听起来像“急流”（Jet Stream）。对于升级版的嘉年华（Fiesta）汽车，福特高管的意见不统一，焦点小组中的一些人认为“嘉年华”听起来很廉价。少数高管更喜欢该车在车展上用的名字，即热情（Verve）。首席执行官艾伦·R. 穆拉利（Alan R. Mulally）和营销总监詹姆斯·D. 法利（James D. Farley）最后做出决定。他们听取了不同的意见，但仍认为嘉年华更好。穆拉利说：“要放弃我们的名称所包含的巨大资产，这太疯狂了。”[89]

原产国

原产国（country of origin）或**某国制造效应**（made-in effect）是将对特定国家的感知延伸至产品或品牌，因为消费者对不同国家制造的产品反应不同。一般而言，消费者对某国制造标签的态度与对该国代表性产品的感知有关，并与国家历史、社会经济、政治和文化特征相关联。然而，更具体地，消费者的态度有时与对该国制造产品质量的总体感知相关。

自 20 世纪 70 年代以来，无数研究探讨了制造国感知对消费者评价机制的影响。[90] Reierson（1966）[91]已经证明美国消费者对产品的感知因原产国而异。他后来又指出，如果这一感知不在消费者记忆中，就可以通过恰当的宣传来影响和改变。[92]这也是大多数国家已经尝试或正在尝试做的，目的是克服有损产品也有损其经济的那些负面感知，并强化有时模糊不清的国家形象。它们努力将负面形象转变为正面形象，至少是中性的。但这一战略实施不易。研究结果显示，原产国形象受人们价值观的影响很大，而价值观是公司无法控制的，并且难以改变。[93]中国台湾的宏碁集团最初是一家幕后的原始设备制造商（OEM），现在建立了自己的品牌，代表着质量和全球化。但是，宏碁未能成功地在美国和日本这两个最大的个人电脑市场上立足。经过最初的少许成功后，公司放弃了这些竞争激烈的市场，重新定位于这些市场上的高质量 OEM 供应商。它进入中国大陆后的表现更为成功，这是它试图渗透的下一个市场，尽管存在从一开始就失败的风险。宏碁创始人施正荣坚信，公司创建自己品牌的困难主要源自“对‘台湾制造’的刻板印象”。[94]

民族中心主义，即感知本地生产的产品比进口品更有价值，是分析原产国效应的一个重要方面。许多研究人员都证明确实存在民族中心主义，由于国家内部种族构成的演变，民族中心主义将变得更有价值，也更为复杂。[95]例如，Suh and Kwon (2002)[96]认为，消费民族中心主义会影响消费者对外国产品的负面感知，表明消费者即使身处全球化浪潮中也不情愿购买外国产品。这些结果不总是一致，因为结论往往在很大程度上受到产品类型、国家特征、与其他营销策略变量的交互作用以及所采用的分析方法等因素的影响。[97]

结论推广的风险不小，认识到这一点很重要，同样重要的是强调原产国效应，不管是正面还是负面，它如何得以存在。每当企业计划进入一个外国市场时，都需要衡量原产国效应。

以下因素会影响对产品国籍的感知（Usunier & Lee，2005，pp. 286-287）[98]：

- 本国产品相对于进口品或国际产品的形象。
- 一般产品感知的原产国：酸奶与巴尔干地区相连，香水让人想到法国，牛仔裤与美国相关，通心粉与意大利联系在一起等。
- 制造公司的国家形象。
- 品牌名称传递的形象。
- "某国制造"标签，国际贸易中要求标明制造国。

原产国概念的所有上述维度决定了产品形象，公司必须围绕它来设计营销组合。这并非易事。在国际化背景下，我们通常会看到涉及一个以上原产国的组合产品。

在有些情况下，公司必须有能力制定最佳营销决策来抵消负面的原产国形象。在大多数情况下，国外制造的产品感知风险比较高，尤其是如果公司形象尚未在全球建立起来。以下提出一些避免消费者对外国产品无动于衷并能够强化品牌形象的理想工具，包括：

- 公司产品获得独立制造商的保证。
- 公司产品已经通过外部实验室的检验。[99]
- 公司提供产品保障。[100]
- 公司与声誉卓著的分销商合作。

产品定位需要支持这些方面，以抵消负面感知。通常，这可能需要形成一些不同于原产国的选择。

例如，如果消费者的注意力从制造商转移到分销商，就可能降低或消除潜在的负面原产国效应。因此，公司在与外国分销商签订协议时，一定要认真选择分销商，因为终端销售点是影响消费者选择的重要因素之一，对一些特殊类型的产品更是如此。

另一些情况下，公司可以依靠正面国家形象赢得竞争优势。对于路易威登而言，作为时尚和奢侈品行业的一家法国公司，它进入外国市场更容易取得成功。

但若以百味来（Barilla）公司为例，在外国市场卖意大利面，哪家企业能与意大利公司媲美？然而，高档子市场的国际化并非那么直接、容易。令人惊奇的是，其原因在于消费者对产品上"意大利制造"标签的感知（见专栏 10—4）。

专栏 10—4

聚焦公司：百味来意大利面

想到意大利面，我们自然认为意大利面会“自我推销”。“意大利制造”一直是其制胜之道。但是，当世界头号意大利面百味来在20世纪70年代开始进入国际市场时，很快发现其他国家的一些公司已经使用了这一概念。尽管意大利面是意大利特色产品，但在这些国家却很受消费者欢迎，消费量巨大。马赛的Panzani公司在法国推出了自己的意大利面，还让人们相信这是正宗意大利面。通过将意—法人物唐·卡米洛（Don Camillo）与费尔南德（Fernandel）的微笑和好脾气结合起来，公司占据了市场领导地位。在西班牙，意大利面的领导品牌是Gallo，这是一个意大利名称，被视为意大利产品。此外，“Gallo”在意大利语和西班牙语中都指公鸡，而公鸡在西班牙象征着民族自豪。在德国，Birkel是领先企业，其产品质量上佳，深受消费者喜爱。

在此情形下，我们能否相信百味来仅靠体现高质量的“意大利制造”标签就足以角逐全球食品行业？由通心粉、面包、意大利面、长胡子厨师长、喜气洋洋的妈妈和那不勒斯海湾背景所构成的意大利烹饪整体形象是否与百味来进入外国市场的高定位相匹配？

不，不可能。如果百味来希望消费者视其为高档品，它必须使自己的意大利面与“意大利制造”的一个独特含义联系起来，一种营销选择是让人们联想到奢侈品、时尚和珠宝业。对百味来意大利面的“珠宝集锦”宣传看起来是成功的，这再次说明在外国市场上进行产品管理，企业需要考虑向不同文化以及复杂的竞争环境妥协。

资料来源：Adapted with permission from Gonizzi，G. (2003). 125 anni di pubblicità e comunicazione.

服务属性

产品的**服务属性**（service attributes）可能对产品质量评价产生重要影响，包括安装、售后服务、保障、修理和维护、免费备件、退货、指导手册等。如果不能保证良好的售后服务，那么产品形象可能严重受损。[101]这不仅适用于最终消费者心目中的国家形象和产品形象（企业到消费者），而且适用于从事企业间营销的公司（企业到企业）。

对于前者，售后服务至关重要，因为消费者买了产品以后可能发现有缺陷，而购买之前的售后服务可以避免消费者对外国产品无动于衷，当产品难以评价、评价不全面或者存在负面原产国形象时尤为重要。大量研究[102]已经指出这一现象，即使在全球化不断推进的背景下该现象仍然存在。例如，Tan and Leong (1999)[103]描述了当负面原产国形象影响产品的购买风险感知时，质量保障以及公司提供协助服务的声誉如何能在一定程度上降低这一风险。类似地，Tan et al. (2001)[104]指出，更好的保障声誉能提高消费者对组合产品的评价，降低其感知风险。因此，在全球市场上公司形象尚未建立起来的市场追随者倾向于提供更好的保障和最佳售后服务，这并非巧合。[105]

另一方面，保障延伸有时不太可能。一些国家缺乏消费文化，顾客反应可能与企业预期不符。如Mahajan et al. (2000)[106]所指出的，诸如达美乐比萨和安利等公司试图在其他国家推出与在美国相同的服务。但在某个拉丁美洲国家，达美乐比萨的顾客利用30分钟送达保障来获取免费比萨，他们提供的订货地址既复杂又容易混淆，导致司机延误。同样，安利的退款保障在中国也不太行得通。公司告诉顾客，如果他们不满意，就可以退回产品并获得全额退款，公司不会提出任何质疑，即使瓶子空了也没关系。但是很快，公司发现每天的退款额高达10万美元，无奈只好取消这一政策。

假如公司从事企业到企业业务，客户服务的评价更为复杂，需要与标准化程度以及在原产国和海外市场的保障类型结合起来考虑。

制造商在提供标准化服务方面没有特定优势，但客户公司希望在世界范围内获得标准化的售后支持和保障，这有多方面的原因。[107]首先，如果有任何差异，必须证明是合理的，例如出于气候或政治原因，或者，更宽泛地，由于使用条件不同所致。否则，可能的结果是公司不同分支机构使用的产品相同，但因地点有别而受益于不同的保障和售后服务。其次，如果一国的分支机构买了产品，然后运到另一个海外分支机构（这种情况经常发生），倘若缺乏统一的保障，产品支持服务将变得既混乱又复杂。最后，对于电梯、飞机和药品等可能对生命造成危害的产品，标准化通常是强制要求的。此类产品采取多样化保障会有风险，公司声誉和可靠性可能遭受损害（Vianelli，2001）。

但是，需要注意，售后服务并非在所有国家都重要，特别是在企业对消费者市场上。在有些国家，人们完全不知道日常维修和临时维护这样的概念，或者缺乏人手提供这些服务。服务有时在形成某些产品的进入壁垒方面发挥重要作用。Bartlett and Ghoshal（1989）[108]指出，通过逐步减少地方性维护的必要性和重要性，整个行业的全球化往往可以加速。因此，上市产品出现瑕疵的风险必须降到最低，以使维护降至最低水平，而且变得相对次要（Cateora and Graham，1998）。[109]例如，当今电子消费品行业采用新的元件和制造过程，产品可靠性得以提升，因此降低了对售后服务以及专门员工的需求。

国际市场的产品策略

消费者特征的潜在差异，以及公司策略方面的竞争决定了公司在国际上可以复制其营销战略还是必须调整。若公司从一开始就以全球市场为目标并为此推出新产品，就不必面临这一抉择。不同选择的优劣势前面已有讨论。从战略角度来看，即使"适应化/标准化"问题关系到所有营销组合变量，也必须强调，与产品及其沟通有关的决策最为重要。Keegan（1969）和Keegan and Green（2008）指出[110]，公司有五种策略可选择：

- 策略1：产品—沟通延伸（双重延伸）
- 策略2：产品延伸—沟通调整
- 策略3：产品调整—沟通延伸
- 策略4：产品—沟通调整（双重调整）
- 策略5：产品创新

当公司在不同国家采用相同的沟通策略销售相同的产品时，就是双重延伸。该策略通常对工业品比对消费品更容易实施，因为消费品太容易与当地文化特征相联系，以至于不适合对产品和沟通进行全面延伸。

以麦当劳为例，其汉堡包销往世界各地（有时会调整或加入新元素），而在沟通中强调它是适合家庭的品牌，这一点几乎任何一个国家都能接受。这是个双重延伸的实例，但不是最纯粹的双重延伸。实际上，亲家庭价值观构成麦当劳全球营销广告的基础，但在不同国家其呈现背景不同。例如，在美国是便利性；在印度是“物有所值”；在俄罗斯是独特的美国式体验；在亚洲是年轻与时尚的结合。[111]

一些营销人员吸取教训后才知道，双重延伸并不适用于每一个市场。全球零售商沃尔玛近期被迫退出德国市场，尽管沃尔玛的标准化零售模式被一成不变地用于所有新市场，唯独在德国无法奏效。沃尔玛在团队建设和顾客服务方面的传统做法，即沃尔玛式欢呼和结账处的袋装机，从未完全被德国员工和顾客接受。此外，沃尔玛实行低价领导者的标准化全球定位未能与德国已有的折扣零售商充分区别。随后的价格战以及声誉受损最终迫使这个全球巨头将其剩余的85家店转让给另一个全球连锁零售商——麦德龙（Metro AG）。[112]

当公司出售具有相同特征的产品，而消费者对产品质量和价值有不同看法，或者由于使用产品的目的不同因而寻求不同的产品利益以满足其他需求时，公司会选择产品延伸—沟通调整策略。试看德龙（De'Longhi）集团的例子。德龙是一家意大利集团公司，是便携式加热器、空调和空气处理器市场上的全球领导者，其目标是成为厨具、熨烫工具和地板护理工具行业的欧洲领先企业。该公司在过去几年中成长迅猛，集团收益达到14.91亿欧元，77%的集团销售额来自国际市场，这得益于公司根据消费者对产品的理解和消费者预期利益调整了产品沟通策略。德龙公司在欧洲销售的产品实际上和在美国销售的产品相同，但其沟通策略不同。在欧洲，德龙煎锅的产品价值主要与技术和美学特征、关注细节相关联。“由那些真正知道自己在做什么的人巧妙创造”加上代表精确的女性之手的形象，这是公司在欧洲市场使用的广告语。为了补救与意大利科技相关的潜在原产国负面形象，这一定位乃必要之举。在美国，产品最重要的特征是简单易用。因此，该公司在美国这样介绍自己的优点：“打开，你就会明白”，表示使用其产品非常容易！

产品调整—沟通延伸策略始于那些可以采用相似沟通方式，却需要调整产品以满足当地需求、习俗和特征的市场。该策略对于在线交易而言更容易也更自然。例如社交网站聚友网，随着公司向全球扩张，从澳大利亚到爱尔兰，公司向每一位新用户介绍聚友网的合伙创始人汤姆·安德森（Tom Anderson），并称其为1号朋友（Friend #1）。然而，当“朋友空间”（place for friends）进入日本市场时，聚友网聪明地将其1号朋友的角色转移给日本人井上奥齐（Ozzie Inoue）。此举超越了简单的语言翻译和内容当地化策略，使聚友网与日本这一难进入的市场产生更多文化相关性。[113]

对那些想要进入完全不同的市场的公司而言，必须采取产品和沟通双重调整策略，产品要满足市场需求，沟通要能有效地将信息传递给目标顾客。印度是全球增长最快的移动电话市场，在那里手机巨头诺基亚正使用双重调整策略推动其业务。公司采用防尘套之类的创新措施使其手机在印度炎热的农村也可使用，那里道路通常满是尘土而且未铺柏油。同时，公司也在改变其产品宣传和销售方式。为了避免因使用印度成千上万的小商贩分销其手机而失去对营销、广告的控制权，公司雇用了许多印有诺基亚标志的大小型货车，在赶集日或节庆日驶到印度各地的偏远村庄。公司的销售代表乘坐这些货车四处奔走，向顾客介绍其手机，并当场卖给顾客。诺基亚的执行副总裁兼手机业务总经理凯·奥伊斯塔莫（Kai Oistamo）说："你不得不用当地方式接近人们，即使是自行车和人力车。"[114]

产品和沟通二者都调整或对其中之一进行调整，在有些情况下不足以使企业在国外市场获得增长。新兴市场通常需要以截然不同的方式来满足人们的需求，而世界其他地方并没有这些需求。因此，要推出价格能为大众接受的新产品来满足现有需求，即采用新的产品概念（产品创新）。但在工业化国家，产品处于生命周期的成熟期，而且竞争激烈，几乎没有增长空间，因此公司发展需以新产品发布为基础。正是出于这样的观点，英特尔、OLPC 和福特等公司都在不断追求创新理念。

事实上，微处理器巨头英特尔和非营利机构 OLPC 都在研发简单、低价的便携式电子设备，并将产品销售到第三世界。OLPC 集中研发拥有独特构造和界面、仅售 100 美元的笔记本电脑，英特尔则致力于使其微芯片与所有类型和尺寸的电子设备匹配，从而使世界各地销售的掌上电脑、手机和个人电脑都能拥有同样完备的功能和上网性能。[115]

福特的情况有所不同。迫于竞争和财务压力，再加上消费趋势，福特汽车公司一直努力研发全球小型车。公司的首席执行官艾伦·穆拉利从一开始就大力支持该项目。最近，他将几个分布在不同地方的研发团队合并为一个全球项目团队，目标是研发一款将投放欧洲、北美和亚洲市场的小型车。该车使用马自达研发平台，计划首先在以上三个市场销售。[116]尽管该项目的工程人员希望除去不必要的结构变化，缩减成本，减少团队成员数，但公司仍将成立另一个独立的设计团队，负责推出一个全球设计主题以便与全世界的顾客产生共鸣。据福特汽车集团设计副总裁梅斯（J. Mays）所言，也许要花上七年之久，但最终目标是："不论在世界何处，人们能一下飞机就说，'嘿，有辆福特！'"[117]

管理导向

在很多情况下，管理导向（母国中心导向或全球导向）会影响企业选择标准化或当地适应化。以联想为例，该公司成立于 1984 年，是中国第一家准私营企业，目前是全球第四大个人电脑公司，领先于惠普和戴尔等外国竞争对手以及方正、同方等国内竞争者。联想是全球/当地公司的最佳范例，它没有固定的总部，领导开会这个月在巴黎，下个月在柬埔寨，营销决策在印度班加罗尔制定，设计在中国北京、美国北卡罗来纳州罗利和日本雅马拓完成。受公司这种全球文化的影响，管理者明白标准化带来的成本优势，但也对当地适应化持开放态度。他们理解当地市场，特别是印度、俄罗斯、巴西和土耳其等增长迅速但收入偏低市场的需求，公司以这些市场为战略重点。[118]

其他公司的文化可能截然不同，体现出另一种管理导向。例如，一家意大利公司生产很有名的内衣和运动衣品牌，很多用来出口，但企业主总是拒绝为满足外国市场需求而对产品做任何修改。有一次，德国分销商和零售商需要 1～6 号女式泳衣，不仅是传统比基尼，也包括性感泳衣。但是，对于后者，企业主从来不答应生产所有的尺码，理由是这与意大利风格不符，那里“有进攻性”的模特一般只穿 1～3 号衣服。该公司最近倒闭了，一家国际时尚品公司收购后将品牌保留下来，但是对企业文化进行了变革，彻底消除了母国中心导向，并教育经理们虽然可能有一些跨国社群，但真实情况是“差异”，尤其是考虑到快速增长的、关乎西方公司未来的新兴市场，差异更大。

本章小结

- 产品是营销方案中最重要的内容，全球营销人员面临的挑战是如何为公司制定一个协调的全球产品策略。
- 产品策略要求公司对现有市场及拟进入市场的基本需求和使用条件进行评估。
- 制定营销战略时，公司必须考虑产品在不同国家市场上的生命周期。
- 产品在某一市场上的潜力取决于产品饱和度、国家收入、技术标准和文化条件等多种因素。
- 营销人员必须能够根据具体国家来确定标准化或适应化的最优水平，以便明确每个产品在不同市场上的机会。他们为全球市场设计产品时必须考虑四方面因素：产品使用、产品感知和期望利益、产品属性适应化或标准化以及管理导向。
- 对于追求全球市场扩张的企业，有五种产品战略定位可供选择：产品—沟通双重延伸、产品延伸—沟通调整、产品调整—沟通延伸、双重调整和产品创新。选择扩张战略的基础是对那些使产品实现各个市场利润最大化的因素进行分析。

讨论题

1. 你如何定义全球产品或服务？讨论这个问题，并举出当地产品和全球产品的一些例子。

2. 列出并简要描述产品的主要特性。想一种在你的国家具有代表性，而且在海外销售的产品，界定它在你的国家和其他国家所处的产品生命周期阶段。讨论产品的标准化/适应化选择。哪些特性是标准化的？哪些做了调整？

3. 在国际市场上，企业管理者的哪些品牌决策最为重要？

4. 公司管理者如何管理负面原产国形象？正面原产国形象能带来哪些机会？讨论并举例说明你的国家有哪些负面和正面原产国形象。

5. 不同产品扩张战略有哪些优点和不足？

体验性练习

1. 听一下 NPR 故事《视频游戏先驱 Kutaragi 离开索尼》，故事讲述的是索尼 Playstation 3 如何与微软 Xbox 360 和任天堂 Wii 等对手竞争（www.npr.org/templates/story/story.php?storyId=9884088）。

a. 基于年轻游戏玩家的评论，除价格

高以外，索尼在推出这款产品时还有什么大的失误？

b. 你是否相信索尼在美国市场摔了跟头后还能站起来？如果是，你建议它采取哪些措施？

2. 选择你日常生活中一种非常有用，但价格高于 100 美元的产品。若在更贫穷的国家销售，在设计、生产、功能方面你建议做哪些更改，才能使产品在保持有用性的同时，让更多人买得起且更加实用？

关键术语

当地适应化（adaptation）
品牌名称（brand name）
品牌定位（brand positioning）
品牌价值（brand value）
品牌化（branding）
颜色（color）
原产国（country of origin）
衰退期（decline phase）
设计（design）
期望利益（expected benefits）
全球品牌化（global branding）
成长期（growth phase）
人际沟通（interpersonal communication）
导入期（introduction phase）
标签（labeling）
当地品牌（local brands）
标志（logo）
某国制造效应（made-in effect）
成熟期（maturity phase）
包装（packaging）
产品属性（product attributes）
产品生命周期（product life cycle，PLC）
产品感知（product perception）
产品使用（product use）
质量（quality）
规则（regulations）
研发期（research and product development stage）
服务属性（service attributes）
标准化（standardization）
标准（standards）
起飞点（take-off point）
口碑（word-of-mouth）

注释

［1］Quoted in Levi Strauss & Co. （n. d. ）. *Annual Financial Report* 2007. Retrieved November 8，2010 at www. levistrauss. com/sites/default/files/librarydocument/2010/4/AR _ 2007. pdf，p. 6.

［2］Stoll，J. D. ，Rauwald，C. ，& Power，S. （15 November 2005）. VW to withdraw luxury sedan from United States market. *The Wall Street Journal*，A8.

［3］Adamy，J. （29 November 2006）. Different brew：Eyeing a billion tea drinkers，Starbucks pours it on in China；Its big challenge：creating a new taste for coffee，and charging top prices；wooing the "little emperors." *The Wall Street Journal*，A1.

［4］187 million digital TV households expected across Europe and the United States by 2010. （23 August 2006）. *Datamonitor*，Accessed through ProQuest：http：//dbic. datamonitor. com. ucfproxy. fcla. edu/news/article/? pid=925350F2-C1F9-4000-8060-AA33F12D23F6&type=ExpertView.

［5］Parthasarathy，M. ，Jun S. ，& Mittelstaedt，R. A. （1997）. Multiple diffusion and multicultural aggregate social system. *International Marketing Review*，*14* （4），233-247.

［6］Tellis G. J. ，Stremersch S. ，& Yin，E. （2003，Spring）. The international take-off of new products：

The role of economics，culture，and country innovativeness. *Marketing Science*，*22*（2），188-208.

[7] Stremersch S.，& Tellis G. J.（2004）. Understanding and managing international growth of new products. *International Journal of Research in Marketing*，*21*，421 -438.

[8] Global ready meals.（2009）. Datamonitor. Retrieved from www. datamonitor. com；Mescam，S.（2008）. Innovation and NPD in ready meals. *Business Insights Ltd.*，51.

[9] Company presentations.（4 November 2010，and September 22-23）. Retrieved from www. beiersdorf. de/Investor _ Relations/Kalender _ Präsentationen/2010. html.

[10] Vianelli，D.（2001）. Il posizionamento del prodotto nei mercati internazionali. Franco Angeli，Milano.

[11] Roostal，I.（1963，October）. Standardization of advertising for Western Europe. *Journal of Marketing*，*27*，15-20；Ryans，J. K.，Jr.（1969，March/April）. Is it too soon to put a tiger in every tank? *Columbia Journal of World Business*，*4*（2），69-75.

[12] Bartels，R.（1968，July）. Are domestic and international markets dissimilar? *Journal of Marketing*，*32*，56-61.

[13] Chung，H.（2007）. International marketing standardisation strategies analysis：A cross-national investigation. *Asia Pacific Journal of Marketing and Logistics*，*19*（2），145-167.

[14] Powers，T. L.，& Loyca，J. J.（2007）. Market，industry，and company influences on global product standardization. *International Marketing Review*，*24*（6），678-694.

[15] Johansson J. K.（2000）. *Global marketing：foreign entry，local marketing and global marketing*（2nd ed.）（pp. 366-367）. New York：McGraw-Hill.

[16] Standard bank launches Islamic banking product.（2010，May 5）. *AfricaTimesNews*. Retrieved on May 26，2010 from www. africa-times-news. com/2010/05/standard-bank-launches-islamic-banking-product/.

[17] See：McGrath，M. E.，& Hoole R. W.（1992，May/June）. Manufacturing's new economies of scale. *Harvard Business Review*，*70*（3），94-102；O'Donnell，S.，& Jeong，I.（2000）. Marketing standardization within global industries：An empirical study of performance implications. *International Marketing Review*，*17*（1），19-33；Özsomer，A.，& Simonin，B. L.（2004，December）. Marketing program standardization：A cross-country exploration. *International Journal of Research in Marketing*，*21*（4），397-419.

[18] See Yorio，V. M.（1983）. *Adapting products for export*. New York：The Conference Board.

[19] See：Hout，T.，Porter，M. E.，& Rudden E.（1982，September/October）. How global companies win out. *Harvard Business Review*，60. Levitt，T.（1983，May-June）. The globalization of markets. *Harvard Business Review*，92-102.

[20] Hibbert，E. P.（1990）. *The principles and practice of export marketing*. Portsmouth，NH：Heinemann Professional Publishing.

[21] Chryssochoidis，G. M.，& Wong，V.（2000）. Customization of product technology and international new product success：Mediating effects of new product development and rollout timeliness. *Journal of Product Innovation Management*，*17*，268-285.

[22] Hibbert，E. P.（1990）. *The principles and practice of export marketing*. Portsmouth，NH：Heinemann Professional Publishing.

[23] See：Anderson，C.，& Zeithaml，C. P.（1984）. Stage of product life cycle，business strategy and business performance. *Academy of Management Journal*，*27*，5-24；Venkatraman，N.，& Prescott，J. E.（1990）. Environment-strategy coalignment：An empirical test of its performance implications. *Strategic Management Journal*，*11*，1-23.

[24] Kageyama，Y.（15 September 2006）. The Japanese dream：Japan market warmly welcomes Gibson

Guitars. *Marketing News*, 48.

[25] Chryssochoidis, G. M., & Wong, V. (2000). Customization of product technology and international new product success: Mediating effects of new product development and rollout timeliness. *Journal of Product Innovation Management*, *17*, 268-285.

[26] See Bartlett, C. A., & Ghoshal, S. (1989). *Managing across borders: The transnational solution*. Boston, MA: Harvard Business School Press.

[27] See: Samiee, S., & Roth, K. (1992). The influence of global marketing standardization on performance. *Journal of Marketing*, *56*, 1-17; Carpano, C., & Chrisman, J. J. (1995). Performance implications of international product strategies and the integration of marketing activities. *Journal of International Marketing*, *3* (1), 9-27; O'Donnell, S., & Jeong, I. (2000). Marketing standardization within global industries: An empirical study of performance implications. *International Marketing Review*, *17* (1), 19-33; Takeichi, H., & Porter, M. E. (1986). Three roles of international marketing in global strategy. In M. E. Porter (Ed.), *Competition in global industries*. Boston, MA: Harvard Business Review Press.

[28] Ghemavat, P. (2007, March). Managing differences: The central challenge of global strategy. *Harvard Business Review*, 58-68.

[29] Retrieved from www. ehow. com/how _ 5026133 _ use-natural-insect-repellent. html.

[30] Assael, H. (1998). *Consumer behavior and marketing action*. Cincinnati, OH: South-Western College Publishing.

[31] Retrieved from www. 1000ventures. com/business _ guide/new _ product _ devt _ design _ observing-people. html.

[32] See Belk, R. (1974, May). An exploratory assessment of situational effects in buyer behaviour. *Journal of Marketing Research*, *11*, 156-163; Quester, P. G., & Smart, J. (1998). The influence of consumption situation and product involvement over consumers' use of product attributes. *Journal of Consumer Marketing*, *15* (3), 220-236. Differences in usage situation are numerous. As an example, Askegaard and Madsen (1998) report that internationalization in the food industry is mainly taking place at the ingredient level, but not in the usage situation. Both Italians and Danes drink cappuccino, but not in the same way. The Danes have happily adopted cappuccino and drink it at all times of the day, while in Italy, the native country of this special coffee, it is consumed only in the morning. Askegaard, S., & Madsen, T. K. (1998). The local and the global: Exploring traits of homogeneity and heterogeneity in European food cultures. *International Business Review*, *7*, 549-568.

[33] See: Lai, A. (1991). Consumption situation and product knowledge in the adoption of a new product. *European Journal of Marketing*, *25* (10), 55-67; Bonner, P. (1983). Considerations for situational research. *Advances in Consumer Research*, *10*; Chow, S., Celsi, R., & Abel, R. (1990). The effects of situational and intrinsic sources of personal relevance on brand choice decisions. *Advances in Consumer Research*, *17*, 755-759.

[34] Bennet, A. G. (Ed.) (2010). *The big book of marketing*. New York: McGraw-Hill.

[35] Hibbert, E. P. (1990). *The principles and practice of export marketing*. Portsmouth, NH: Heinemann Professional Publishing.

[36] Collesei, U. (2006). *Marketing*. Padova, Italy: Cedam.

[37] Jain, S. C. (1995). *International marketing management*. Boston, MA: PWS-Kent.

[38] Askegaard, S., & Madsen, T. K. (1998). The local and the global: Exploring traits of homogeneity and heterogeneity in European food cultures. *International Business Review*, *7*, 549-568.

[39] Retrieved from www. businessweek. com/magazine/content/07 _ 03/b4017070. htm.

[40] Pitman, S. (2005). Biersdorf hails men's skin whitener a success in Asia. *Data Monitor*. Retrieved from www. cosmeticsdesign-europe. com/Products-Markets/Biersdorf-hails-men-s-skin-whitener-a-success-in-Asia; Nivea launches male whitening products in India. *Data Monitor*. Retrieved from www. datamonitor. com/industries/news/article/? pid = 914A3E5F-A4FD-451F-977F-89EA1DA7A430&type = NewsWire.

[41] Sriram, V., & Forman, A. M. (1993, Fall). The relative importance of products' environmental attributes: A cross-cultural comparison. *International Marketing Review*, *10* (3).

[42] Cunningham, L. F., Young, C. E., Lee, M., & Ulaga, W. (2006). Customer perceptions of service dimensions: Cross-cultural analysis and perspective. *International Marketing Review*, *23* (2), 192-210.

[43] The European standards bodies CEN (European Committee for Standardization), ETSI (European Committee for Electrotechnical Standardization), and CENELEC (European Telecommunications Standards Institute) are the most important organizations in terms of standards unification; they are based in Brussels, Belgium.

[44] Saghafi, M. M., & Sciglimpaglia, D. (1995, May 16-19). Marketing in an integrated Europe. *Proceedings of the 24th Annual Conference of the European Marketing Academy*. Cergy-Pontoise, France.

[45] Czinkota, M. R., Ronkainen, I. A., & Tarrant, J. J. (1995). *The global marketing imperative*. Lincolnwood, IL: NTC Business Book.

[46] Bertoli, G., & Valdani, E. (2010). *Mercati internazionali e marketing*. Milan, Italy: EGEA.

[47] French telecommunication companies seek to challenge Microsoft. (2008, February 21). Retrieved from www. iht. com/articles/2008/02/20/business/ftel. php.

[48] Usunier, J., & Lee, J. A. (2005). *Marketing across cultures*. Harlow, England: Prentice Hall, Pearson Education Ltd.

[49] (2005). *Strategic Direction Journal*, *21* (6), 14-15; Q, Emerald Group Publishing Limited, ISSN 0258-0543; Vrontis, D., & Vronti, P. (2004). Levi Strauss: An international marketing investigation. *Journal of Fashion Marketing and Management*, *8* (4), 389-98, ISSN: 1361-2026.

[50] Retrieved from www. itoen. co. jp.

[51] Van de Weyer, C. (2007). Emerging food and drinks markets: Growth opportunities in Brazil, Russia, India, China and the UAE. *Business Insights Ltd.*, 102.

[52] Salvatore, D. (9 November 2006). Globalization, international competitiveness, and European regions. General Assembly of the Assembly of European Regions (AER), Palma de Mallorca. Retrieved from www. aer. eu/fileadmin/user _ upload/Governing Bodies/General Assembly/Events/AG2006/speeches/Dominick-Salvatore. doc.

[53] Yamaki, T., & Kanehisa, T. (1995, May 16-19). International comparison of images for basic design patterns. *Proceedings of the 24th Annual Conference of the European Marketing Academy*. Cergy-Pontoise, France.

[54] Lakshman, N. (10 August 2007). Nokia's global design sense. *Business Week*. Retrieved from www. businessweek. com/innovate/content/aug2007/id20070810 _ 686743. htm.

[55] Bharadwaj, V. T., Swaroop, G. M., & Vittal, I. (2005, September). Winning the Indian consumer. *The McKinsey Quarterly*, 42-51.

[56] Kahler, R. (1983). *International marketing*. Mason, OH: South-Western Publishing Co.

[57] Keegan, W. J., & Green, M. C. (2008). Global marketing (5th ed.) (p. 388). Upper Saddle River,

NJ: Pearson International.

[58] Cateora, P. R., & Graham, J. L. (1998). *International marketing*. Burr Ridge, IL: Irwin, Inc.

[59] Jacobs, L., Keown, C., Worthley, R., & Ghymn, K. (1991, Fall). Cross-cultural colour comparisons: Global marketers beware! *International Marketing Review*, *8* (3), 21-30.

[60] Vernon-Wortzel, H., & Wortzel, L. H. (1990). *Global strategic management*. New York, NY: John Wiley & Sons.

[61] Cateora, P. R., & Graham, J. L. (1998). *International marketing*. Burr Ridge, IL: Irwin.

[62] Barre, C. (1983). Merloni Group. *Harvard Business School*, Case No. 9-383-152.

[63] Malhotra, N. K., Ulgado, F. M., Agarwal, J., Shainesh, G., & Wu, L. (2005). Dimensions of service quality in developed and developing economies: Multi-country cross-cultural comparisons. *International Marketing Review*, *22* (3), 256-278.

[64] Horton, N. (2008). Next generation soft drinks: Innovation in natural, functional and premium beverages. *Business Insights Ltd*.

[65] Lewis, H. (2007). Growth opportunities in confectionery: Emerging flavors and new added value segments. *Business Insights Ltd*.

[66] Vianelli, D. (2001). Il posizionamento del prodotto nei mercati internazionali. Franco Angeli, Milano.

[67] Czinkota, M. R., Ronkainen, I. A., & Tarrant, J. J. (1995). *The global marketing imperative*. Lincolnwood, IL: NTC Business Book.

[68] Onkvisit, S., & Shaw, J. J. (2004). *International marketing: Analysis and strategy* (4th ed.). London, UK: Routledge.

[69] Czinkota, M. R., & Ronkainen, I. A. (2007). *International marketing*. Mason, OH: Thomson South-Western.

[70] Frost, R. (2007). Hershey's chocolate dips into foreign markets. Retrieved from www. brandchannel. com/print_page. asp? ar_id=397&section=main.

[71] de Mesa, A. (2007). Europe: A branding dichotomy. Brandchannel. com. Retrieved from www. brandchannel. com/print_page. asp? ar_id=384&section=main.

[72] Mühlbacher, H., Leihs, H., & Dahringer, L. (2006). *International marketing: A global perspective*. London: Thomson Learning.

[73] Hermann, A., & Heitmann, M. (2006). Providing more or providing less? Accounting for cultural differences in consumers' preference for variety. *International Marketing Review*, *23* (1), 7-24.

[74] Paliwoda, S. J. (1992). *International marketing*. Portsmouth, NH: Heinemann Professional Publishing.

[75] Kotler, P., Wong, V., Saunders, J., & Armstrong, G. (2005). *Principles of marketing* (4th European ed.). Harlow, England: Pearson.

[76] Whitelock, J., & Fastoso, F. (2007). Understanding international branding: Defining the domain and reviewing the literature. *International Marketing Review*, *24* (3), 252-270.

[77] Best Global Brands 2010. (2010). *Interbrand*. Retrieved from www. interbrand. com/en/best-global-brands/best-globalbrands-2008/best-global-brands-2010. aspx.

[78] Wong, H. Y., & Merrilees, B. (2007). Multiple roles for branding in international marketing. *International Marketing Review*, *24* (4), 384-408.

[79] Onkvisit, S., & Shaw, J. J. (1989). The international dimension of branding: Strategic considerations and decisions. *International Marketing Review*, *6* (3), 22-34.

[80] Lessons learned from global brands. (4 July 2008). *Interbrand*. Retrieved from www. brandchannel.

com/papers _ review. asp? sp _ id=1260.

[81] Kiley, D. (29 January 2007). How the hybrid race went to the swift. *Business Week*, 58.

[82] There are numerous examples of mistakes in the translation of brand names or simply of their application in a foreign market. Ricks (1983) provides a vast review in Ricks, D. A. (1983). *Big business blunders: Mistakes in multinational marketing*. Homewood, IL: Dow Jones-Irwin. To analyze more in-depth the legal implications, see Onkvisit, S., & Shaw, J. J. (1987, Fall). Standardized international advertising: A review and critical evaluation of the theoretical and empirical evidence. *Columbia Journal of World Business*, *22*, 43-55.

[83] Fujii, R. (2007). Steve Jobs introduces iPhone, TV at weeklong Macworld. *Knight Ridder Tribune Business News*. Retrieved from Proquest on September 16, 2008.

[84] See: Mühlbacher, H., Leihs, H., & Dahringer, L. (2006). *International marketing: A global perspective*. London: Thomson Learning; Hong, F. C., Pecotich, A., & Schultz, C. J. (2002). Brand name translation: Language constraints, product attributes, and consumer perceptions in East and Southeast Asia. *Journal of International Marketing*, *10* (2), 29.

[85] Srivastava, S. (25 September 2007). Indians in the lap of luxury. *Asia Times Online*; The underwear market in India. (2010). Retrieved from www. export. by/en/? act=s _ docs&mode=view&id=6706&type=by _ country&country _ id=48&mode2=archive&doc=64.

[86] Kapferer, J. (1992). *Strategic brand management: New approaches to creating and evaluating brand equity*. London: Kogan Page.

[87] Pittard, N., Ewing, M., & Jevons, C. (2007). Aesthetic theory and logo design: Examining consumer response to proportion across cultures. *International Marketing Review*, *24* (4), 457-473.

[88] Henderson, P. W., Coteb, J. A., Leongc, S. M., & Schmitt, B. (2003). Building strong brands in Asia: Selecting the visual components of image to maximize brand strength. *International Journal of Research in Marketing*, *20*, 297-313.

[89] Kiley, D. (24 March 2008). One world, one care, one name. *Business Week*, http://www. businessweek. com/magazine/content/08 _ 12/b4076063825013. htm.

[90] Chattalas, M., Kramer, T., Takada, H. (2008). The impact of national stereotypes on the country of origin effect: A conceptual framework. *International Marketing Review*, *25* (1), 54-74.

[91] Reierson, C. (1966, Fall). Are foreign products seen as national stereotypes? *Journal of Retailing*, *42*, 33-40.

[92] Reierson, C. (1967, November). Attitude changes toward foreign products. *Journal of Marketing Research*, *4*, 385-387.

[93] Balabanis, G., Mueller, R., & Melewar, T. C. (2002). The human values lenses of country of origin images. *International Marketing Review*, *19* (6), 582-610.

[94] Amine, L. S., Chao, M. C. H., & Arnold, M. J. (2005). Executive insights: Exploring the practical effects of country of origin, animosity, and price-quality issues: Two case studies of Taiwan and Acer in China. *Journal of International Marketing*, *13* (2), 114-150.

[95] Vida, I., Dmitrovic., T., & Obadia, C. (2008). The role of ethnic affiliation in consumer ethnocentrism. *European Journal of Marketing*, *42* (3/4), 327-343.

[96] Suh, T., & Kwon, I. G. (2002). Globalization and reluctant buyers. *International Marketing Review*, *19* (6), 663-680.

[97] See: Thorelli, H. B., Lim, J. S., & Ye, J. (1989). Relative importance of country-of-origin, warranty and retail store image on product evaluations. *International Marketing Review*, *6* (1), 35-

46; Al-Sulaiti, K. I., & Baker, M. J. (1998). Country of origin effects: A literature review. *Marketing Intelligence & Planning*, *16*, 150-199.

[98] Usunier, J., & Lee, J. A. (2005). *Marketing across cultures*. Harlow, England: Prentice Hall, Pearson Education Ltd.

[99] Bilkey, W. J., & Nes, E. (1982, Spring/Summer). Country-of-origin effects on product evaluations. *Journal of International Business Studies*, *13* (1), 89-99.

[100] Schooler, R. D., Wildt, A. R., & Jones, J. M. (1987, Fall/Winter). Strategy development for manufactured products of third world countries to developed countries. *Journal of Global Marketing*, *1* (1/2), 53-68.

[101] Czinkota, M. R., & Ronkainen, I. A. (1993). *International marketing*. Chicago: Dryden Press; Terpstra, V., & Sarathy, R. (1999). *International marketing*. Chicago: Dryden Press.

[102] Numerous authors pointed out the importance of warranty and post-sale service as a client reassurance tool. Ahmed and d'Astous (1995) have noticed, for example, that in the case of household appliances, the warranty can be even more important then the brand and the country of origin. Ahmed, S. A., & d'Astous, A. (1995). Comparison of country of origin effects on household and organizational buyers' product perceptions. *European Journal of Marketing*, *29* (3), 35-51.

[103] Tan, S., & Leong, W. (1999). Warranty strategy: A solution to hybrid product woes? *International Marketing Review*, *16* (1).

[104] Tan, S. J., Lee, K. S., & Lim, G. H. (2001). Warranty and warrantor reputations as signals of hybrid product quality. *European Journal of Marketing*, *35* (1/2); 110-132.

[105] Vianelli, D. (2001). Il posizionamento del prodotto nei mercati internazionali. Franco Angeli, Milano.

[106] Mahajan, V., Pratini De Moraes, M. V., & Wind, J. (2000, Winter). The invisible global market. *Marketing Management*, 30-35.

[107] Terpstra, V., & Sarathy, R. (1999). *International Marketing*. Chicago, IL: Dryden Press.

[108] Bartlett, C. A., & Ghoshal, S. (1989). *Managing across borders: the transnational solution*. Boston, MA: Harvard Business School Press.

[109] Cateora, P. R., & Graham, J. L. (1998). *International marketing*. Burr Ridge, IL: Irwin.

[110] Keegan, W. J. (1969, January). Multinational product planning: Strategic alternatives. *Journal of Marketing*, *33*, 58-62; Keegan, W. J., & Green, M. C. (2008). Global marketing (5th ed.) (p. 388). Upper Saddle River, NJ: Pearson International Edition.

[111] Fielding, M. (1 September 2006). Walk the line: Global brands need balance of identity, cultural respect. *Marketing News*, 8-10.

[112] Wiesmann, G. (29 July 2006). Why Wal-Mart decided to pack its bags in Germany. *The Financial Times*, 21.

[113] Hempel, J. (4 December 2006). Japan's friend no. 1. *Business Week*, 14; Angwin, J., & Alabaster, J. (2006, November 8). MySpace adds a friend in Japan. *The Wall Street Journal*. Retrieved from http://online.wsj.com/article/SB116290234314615478.html.

[114] Ewing, J. (4 May 2007). First mover in mobile: How Nokia is selling cell phones to the developing world. *Business Week*.

[115] Kirkpatrick, D. (11 May 2007). Intel on $100 laptops, smartphones and the Net. *Fast Forward* [newsletter]. Retrieved from http://money.cnn.com/2007/05/11/technology/fastforward_inteltiny.fortune/index.htm?postversion=2007051112.

[116] Wilson, A. (12 March 2007). Ford will have 1 team for global small car. *Automotive News*, 8.

[117] Wilson, A. (22 January 2007). Ford brand plans a global design theme. *Automotive News*, 4.
[118] Buckman, R. (2008). Not East or West. *Forbes*, *182* (13), 50-52.

案例 10—1 Lux：跨文化塑造品牌的艺术

Lux在中国大陆称为“力士”(强壮的男士)，这一名称与产品包装上的年轻女士形象形成了鲜明对比。当力士品牌在20世纪80年代初首次进入中国大陆市场时，采用了最早的一则西方电视广告，广告由一位好莱坞女明星出演。她在大浴缸中泡澡（这对当时的中国观众来说很有异国情调），同时用一种温柔又性感的嗓音说：“我只用力士，你呢?”这则广告在市场上获得了巨大成功，力士在几周之内就成了家喻户晓的品牌。

在中国台湾地区，Lux则被称为“麗仕”，这符合产品包装上的年轻女士形象。“力士”和“麗仕”这两个名称发音完全一样，意味着Lux在同一语言和文化背景中，有形象迥异的两个不同名称。这也可以解释为海峡两岸地区人们的意识形态存在差异。虽然今天“麗仕”在大陆地区完全可以被接受，但若回到20世纪80年代，可能就有问题。按当时的社会意识形态，“美女”意味着腐朽的资本主义审美观。

在海外市场为产品重新命名并非一个一蹴而就的过程。语言和文化具有象征性和形象意义，如果直接翻译，可能会产生滑稽甚至负面的含义。对于许多进入中国市场的国际公司来说，它们遇到的第一道障碍就是语言。由于中国文字基于象形字，而且多数人不熟悉罗马字母，因此国际品牌需要选择一个合适的中文名称。这是一项复杂的工作，要求对中国文化和语言学有充分的了解。

一项有关品牌重新命名（Fan，2002）的研究发现有三种常用的重命名方式：音意结合最常用（46%），其次是意译（29%），最后是直译（25%）。直译使两个名称在发音上保持关联，即新名称和原品牌听起来很像，但在中文语境中并无具体含义；意译则让品牌在汉语中有丰富的含义，但失去了与原品牌在发音上的关联；音意结合用得最多，它使新名称和原品牌听起来相似，同时具有中文含义。

在其他条件相同的情况下，消费者更容易回忆起那些对他们有一定意义的品牌名称。除了语言方面，还有如下一些影响翻译或命名的因素：

- 反映产品利益或行业特点
- 质量和品牌定位
- 与产品标识或包装相关
- 原产国效应
- 传统价值观
- 信念和习俗

以上因素中，反映产品利益和品牌定位这两个方面最为重要。试比较Coca-Cola和Pepsi Cola。在其中文名称中，可口可乐代表“美味的”“享受的”，而百事可乐象征“事事皆顺”，最后两个字“可乐”是相同的。然而，前两个字将它们区别开来。可口可乐的名称与产品利益明确相关（可口），“可”字的重复让其富于韵律且能增强品牌回忆。相反，百事可乐的名称缺乏鲜明特色，更像是下乘的模仿。

在100个品牌中，有3/4被赋予有意义的新名称。品牌的中文名称更注重含义，而不是发音。在塑造心理形象和建立积极联想方面，意义丰富的名称尤为重要。Mercedes Benz 被称为“奔驰”，这两个字，尤其是以马为词根的“驰”，无论从发音还是传递的视觉概念来看，都使人联想到速度、动力、性能和容量，这个德国品牌所代表的正是这些特性。品牌定位是另一个需要考虑的重要因素。例如 Canon，之前称为“卡侬”（直译），虽然听起来与 Canon 十分相似，但在汉语中却没什么含义。相反，“佳能”（中文意思为最佳质量）更富战略意义，听起来充满吸引力，而且能使人联想到高质量。

名称不当可能令消费者困惑或损害品牌价值。虽然并无一条简单法则来保证品牌名称的恰当性，但理解这些问题有助于公司避免名称选择错误，这种错误可能带来巨大损失。品牌翻译对于国际品牌的意义不仅仅在于拥有一个新的中文名称，同时能帮助品牌在当地树立独特的形象。例如，对于数百万中国消费者而言，BMW 是一匹“宝马”，即“珍贵的马”，而不是“终极驾驶器”。在中国文化中，马通常被看作英勇的动物，有许多成语或传说都在赞颂它的功绩，它也是传统国画中常用的素材。通过采用这一名称，BMW 借助中国深厚的文化底蕴在消费者心中建立起积极的品牌形象。

国际品牌所面临的困境并非能否选择一个合适的中文名称（在多数情况下这是必要的），而在于是维持品牌的西方形象，还是创造一个更加本土化的形象。例如，Nike 和 Reebok 采取了完全不同的品牌形象策略。Nike 在进入的所有市场中都保持了标准化的“健康和性能”形象。Nike 的中文译为“耐克”，虽然第一个字的含义为“耐用”，但并无特殊含义。然而，其独特的外国或西方形象似乎更加吸引消费者。相反，其对手 Reebok 的品牌形象却根据国家差异进行了本土化。它被译为“锐步”，这个名称有意义，但缺乏外国形象。

对国际品牌而言，它们所面临的挑战是如何实现两种策略的平衡，因为单纯采用任一策略都有风险。若是纯粹的国际形象，与民族文化格格不入，则对当地消费者没有吸引力；反之，一个完全本土化的形象不能从原有的品牌资产中获益，而且难以与本土竞争品牌相区别。联合利华就是一个很好的例子。其董事长迈克尔·佩里（Michael Perry）说过，全球品牌仅仅是“经过多次复制的本土品牌”。多年来，联合利华在中国一直积极奉行品牌本土化策略，将所有国际品牌本土化，并收购成功的当地品牌。大多数中国消费者可能根本不了解联合利华的来源，它被看作一个拥有中国身份的跨国品牌，正如其名称所表现的那样：联合利华（有利于中国的联合）。

如果在关注语言的同时考虑文化问题和品牌定位，那么品牌在海外市场的重命名可能是一个富有创造性的增值过程。它为国际品牌在新市场重塑形象提供了难得的机会，这些品牌可以创造出独特的全球—本土形象，其内置的定位特性能够提升原有品牌的资产价值。

资料来源：Case prepared by Ying Fan，Northampton Business School，University of Northampton，NN2 7AL England. Reprinted by permission.

讨论题

1. 品牌国际化是一个悖论。可能存在全球品牌，但是它们的形象、定位及感知都会受本土市场条件，特别是文化差异的影响。请用实例进行讨论。鉴于全球品牌的形象因市场而异，你如何定义全球品牌？

2. 选择三个全球品牌进行研究。对于每个品牌，对比两个网站（在你的国家和该品牌的母国），看看品牌识别（名称、标志、品牌联想）和品牌定位（广告语、营销沟通等）是否存在差异。

3. 尝试解释上述差异。这些差异对于公司在你所在国家的营销战略有何启示？

延伸阅读

Fan，Y.（2002）. The national image of global brands. *Journal of Brand Management*，9（3），180-192. This paper presents a study of 100 international brands，focusing on the key factors that affect the meaning of these brands in the Chinese market. The paper can be downloaded free from http：//bura. brunel. ac. uk/handle/2438/1289. De Mooij，M.（2005）. The global-local paradox in global branding. In *Global Marketing and Advertising*（2nd ed.）. London：Sage Publications.

第11章 制定全球价格

我们已投资于品牌资产和产品质量，这让我们今天获得了定价权，虽然成本提高了，但仍然可以保持市场竞争力。

——吉姆·劳伦斯（Jim Lawrence），联合利华财务总监[1]

学习目标

1. 理解定价在国际营销组合中的核心地位。
2. 确定定价决策的主要影响因素，包括竞争对手、消费者、产品和国家。
3. 明白如何制定定价目标、战略和策略。
4. 区分成本定价和市场定价。
5. 学习新产品定价管理方法。
6. 讨论标准化和适应化战略选择。
7. 识别定价策略原型。
8. 理解如何管理转移定价。
9. 描述支付条款和方式。
10. 明白什么是对销贸易。

富有挑战的决策

考虑定价战略和策略时，公司必须进行复杂的决策，要考虑众多因素。其中，不仅有公司内部变量，如公司战略或产品成本，还包括目标市场特征、全球和当地竞争对手以及国家经济和立法架构等外部因素。制造商的定价策略还受到渠道中分销商相对权力大小的影响。对45家工业出口商的研究[2]发现，定价决策最好在高层管理者的监督下集中制定，这并非巧合，主要原因是管理者感到国际定价非常重要，涉及公司在海外市场能否盈利。

价格应当与其他营销组合变量一起反映消费者愿意为公司产品支付的价格，同时还要考虑竞争产品。在许多国家，价格成为产品质量的评价指数。正如法拉利北美区前任总裁吉安路易吉·布托尼（Gianluigi Buitoni）所指出的，如果公司销售一些日用品或日常服务，价格便是销量的决定因素。价格必须具有竞争力，因为许多顾客既通过传统零售店也通过互联网寻找更便宜的交易。公司如果无法降低成本就会出局。必须讲究效率，即使奢侈品价格也不能高得离谱。[3]

价格是由产品、分销和沟通决策创造出来的产品有形价值，因此，价格决策本身与其他营销组合变量相关联。例如，任天堂发现自己正在失去对消费者的吸引力，因此推出了 Wii 控制台。它凭借生动且令人信服的界面重新激发起消费者的热情。任天堂通过“享受游戏”主题将自己与竞争对手区分开来，对品牌进行重新定位以吸引年轻消费者，不仅针对十几岁男生，而且面向爱玩游戏的任何人。Wii 的销量超出预期，在推出阶段，店外排队购买的情形并不罕见，在 eBay 上的售价是市价的两倍。[4]

在全球市场上，产品的售价通常决定了开发什么样的产品。在低收入国家，价格必须与购买力匹配，公司首先衡量销售者愿意支付的价格，然后才有可能确定最合适的产品属性、分销和沟通策略。

以宝洁公司为例，为了在中国市场上具有价格竞争力，公司推出了生产成本较低的一款新产品，减掉了去污和增香功效，所用的洗涤酶也不太先进。一袋 320 克汰渍净白洗衣粉的价格为 0.23 美元，类似于 350 克汰渍三重功效洗衣皂 0.33 美元的售价。[5]

另一个例子是微软，公司与新兴国家的政府合作，使其软件售价与市场相符。提供人们买得起的产品，这种做法完全合理，特别是在消费者购买力低下的环太平洋地区。但是，如何向北美和西欧这些发达市场上的顾客做出解释？解决方案是对价格策略进行跨国、跨地理区域的协调，这样不仅可以避免收入受损，而且可以避免破坏公司和品牌形象。[6]

本章将探讨国际市场定价决策需要面对的一些主要问题。首先分析众多影响因素，其后讨论定价战略和策略。接下来，将集中于全球公司需要管理的一些特殊问题，例如价格升级、转移价格、支付条件和对销贸易。

定价决策的影响因素

国际**定价决策**（pricing decisions）的影响因素可以归纳为以下四类：

- 竞争因素
- 消费者因素
- 产品因素和分销渠道
- 国家因素

此外，公司因素也是需要考虑的一个重要方面，特别是在战略层面。因此，当考虑国际定价的战略和目标时，公司因素就有很大作用。

竞争因素

不同国家在竞争的结构和密度上有显著差异，会对定价策略造成影响。例如，联合利华虽然在很多新兴市场是领导品牌，但在印度必须面对来自本土品牌 Nirma 的竞争。Nirma 35 年前就在印度以西方公司 1/3 的价格销售肥皂，现在以 35%的市场份额占据市场主导地位。[7]另一家印度公司 Arvind 同样采取了有进攻性的定价策略。该公司为 Lee，Wrangler，Arrow 和 Tommy Hilfiger 生产牛仔裤，这些品牌牛仔裤在西方售价为 60 美元或者更高。同时，该公司拥有印度销量最大的牛仔裤品牌 Ruff & Tuff，产品通过裁缝店销售，仅卖 6 美元。[8]零售行业的情形与此类似。例如，在中国，外国零售商面临来自本土对手的激烈的价格竞争，因为中国零售商不仅经常提供很大折扣，而且让自己的员工将竞争对手限量供应的促销特卖品全部买下，并采取其他进攻性手段利用价格击败新进入者。[9]

所有这些因素决定着竞争压力水平，后者在很大程度上影响定价决策。麦肯锡针对顶级全球执行官的一项调查发现，竞争强度越大，单个公司越不容易依靠价格来竞争。北美和欧洲这些高度竞争市场上的执行官，比中国、印度等快速增长市场上的执行官更同意这一说法，因为后者在定价上有很大灵活性。[10]

必须强调，定价权与公司通过不同营销组合变量创造出的产品价值紧密相连，如果公司的品牌形象比竞争对手差，就更容易受制于价格压力。这种情况经常发生，服装业最著名的品牌之一 Gap 就是一例（见专栏 11—1）。

专栏 11—1

聚焦公司：GAP

与价格压力做斗争

20 世纪 90 年代，GAP 通过在连锁零售专卖店销售价格适中的时尚服装而获得成功。它能否长期保持产品的差异化？答案是否定的。在一个进入门槛很低、顾客转移成本也微乎其微的行业，它的商业模式很容易复制。GAP 品牌被裹挟在时尚业的各种趋势潮流中，无法在目标顾客心目中建立正确的定位。

考虑到竞争环境，一方面，消费者寻求能混搭的低价基本用品。如今，其他公司（比如 Zara 和 H&M）也在提供 T 恤、牛仔裤和斜纹布裤，但它们的价格更低，对 GAP 造成无法承受的价格压力。另一方面，一线品牌提供独特、昂贵的签名版服装。此外，随着过去 10 年成百上千家竞争店铺的开张，GAP 已经丧失了最初的独特形象。虽然公司为建立品牌更具时尚性的定位进行了无数次尝试，但均告失败。结果是消费者觉得品牌定位不相关，而且产品线价格过高。

品牌组合造成了更多问题。在美国，GAP 公司还有老海军（Old Navy）和香蕉共和国（Banana Republic）两类零售店，这让消费者更为困惑，从而加剧了 GAP 的困境并侵蚀了它的销售。老海军的产品更具娱乐导向，价格更低，在经济衰退时赢得了更大市场；另一个品牌香蕉共和国销售质量更高、更高档的产品，预计在经济下行之后销量会重新上扬。

考虑到公司面临的内部和外部困难，以及有必要确定一个新的、恰当的并且与产品独特定位相符的性价比，很显然 GAP 公司需要一个转折点来保证未来的发展。

资料来源：Best global brands. （2008）. *Interbrand*. Retrieved from www. interbrand. com/surveys. asp; Retail competition could hurt Gap stock. （23 June 2010）. Retrieved from www. trefis. com/company? article=17701#；M. Duff. （ 11 February 2010）. Gap's comeback strategy：Jeans for life. Retrieved from http：//industry. bnet. com/retail/10007070/next-move-in-gap-comeback-is-kids-stuff/.

消费者因素

与消费者有关的价格影响因素非常复杂。从公司角度看，产品单价是界定清晰的一个数字价值，但从消费者角度看，感知价格会起作用。感知价格包括货币价格和非货币价格两个维度，将二者区分开来十分重要。**货币价格**（monetary price）代表消费者对产品价格的看法，比如贵还是便宜。看法取决于消费者的以往经历、接触到的信息以及竞争产品（Monroe，1990）。[11] **非货币价格**（non-monetary price）代表消费者为购买产品付出的代价，比如购买所需时间、学习产品如何使用所付出的努力，以及涉及的风险。[12] 非货币价格感知会随国家而改变，例如，在"时间节约型"国家中，人们的非货币价格感知大于时间经济不怎么重要的国家。或者，此类感知取决于消费者对产品重要性的认知，以及愿意为获取产品付出多大努力。所以，产品价格的最终感知取决于对成本（货币和非货币成本）和利益（因购买产品或服务而获得的好处）的仔细考量。最后，感知的产品功能和其他利益将与购买成本、内部成本（学习如何使用新产品、时间损失、处置旧产品等）和购买风险（财务、社会和物质风险）相平衡。[13]

许多研究显示了价格和质量之间的关系如何受文化因素的影响。[14] 例如，Tellis and Gaeth（1990）[15] 识别出消费者在不确定时可能采取的三种策略：价值最高、价格寻求和价格规避。如果消费者进行理性决策，选择价值最高或者总期望成本最低的品牌，说明采取了价值最高（best value）策略。但是，买者有时候将高价与高质量联系在一起，结果导致忽视了质量方面的客观信息，从而引起价格寻求（price-seeking）。另外，消费者可能完全被不确定性压倒，倾向于选择价格规避（price-averse），表现为选择最便宜的品牌使当下损失最小化。公司必须考虑这些不同选择，不仅为了制定价格策略，还为了确定特定的运营策略。在低背景文化（西方国家）和高背景文化（非西方国家）中进行的一项价格尾数研究发现，对尾数为 0.5 和 0.9 零售价格的感知并非同质。公司希望尾数价格传达便宜或赚了的信息，但非西方文化中的消费者似乎不容易受此吸引，有时候觉得有人试图"愚弄"他们。[16]

全球化尚未带来消费者感知方面的趋同，即便在特定地理区域也是如此。例如，Kotabe and Jiang（2006）[17] 最近的一项研究指出一般情况下，美国和其他西方多国公司怎样倾向于将日本、韩国和中国市场归为一类。这些公司假定亚洲消费者的口味和偏好无异，只不过受到不同收入水平的影响。然而，真实情况完全不是这样，特别是在价格与质量的关系方面，正如专栏 11—2 所示。

价格和互联网

互联网使用的增长无疑推动了理性消费。事实上，在全球范围内，互联网帮助全世界的买家对类似产品进行比价。NexTag. com 等网站有德、法、英不同版本，还有美国本土的网站，消费者得以比较从婴儿尿不湿到在线学位教育一切商品的价格，它们还提供历史价格图、产品评论、卖家排序等多项服务。

尽管上述工具能帮助消费者理性决策，但社会情境和风俗习惯仍然有很大影响。过去几年在不同国家实行的"请你定价"策略就体现了这一点（见专栏 11—3）。

专栏 11—2

聚焦国家：日本与中国

日本和中国的价格—质量感知差异

日本。需求和欲望明确、对产品的期望高并且愿意支付高价，这是日本消费者的写照，在全世界他们对产品质量的要求最高。事实上，他们根据品牌、包装、广告等信息而不是价格来评估产品质量并做出决策。即使是沃尔玛“天天低价”的理念似乎也对大多数日本消费者缺乏吸引力，因为他们往往将低价与劣质联系在一起。

有些公司很快明白了这一点。宝洁在产品生产和包装上采用最好的原料。为了成为日本第一大快餐连锁品牌，麦当劳的第一家店开在东京银座这一奢侈品坐标地段。李维斯的售价高昂，因为它被视为有设计师名字的高端品牌，代表了美国生活方式。但是，也存在消费行为与此不同的年轻消费者细分市场，一方面，他们在日常生活中偏好价格低廉的产品；另一方面，为了实现自我满足和展示社会地位，他们仍然愿意为精选的优质产品，特别是欧洲产品支付高价，结果导致那些价格居中的产品利润很低，例如当地的设计师品牌。

中国。中国正处于发展变化中，存在一些互相矛盾的行为。许多消费者对价格敏感，愿意攒钱。多数情况下，公司要想渗透进该市场就必须提供价格实惠的产品，这可以解释为何宝洁需要 3 年、欧莱雅需要 9 年才能在中国市场上盈利，也能说明为何全世界最流行的炸鸡连锁餐饮店肯德基花 10 年时间来改进商业模式，并在 450 个中国城市成功经营。

然而，中国消费者也显示出对声望高度敏感，年轻人受到西方和奢侈品牌的吸引。即使事实上他们买了冒牌货并引发无数打假问题，奢侈品市场持续增长也是不争的事实。这一增长对于某些中国公司来说也是有意义的，它们同样受到高端子市场的吸引。以上海滩（Shanghai Tang）为例，该品牌在时装界推出质量精良、设计富有创意、价格高昂的产品，不掩饰其“中国制造”标签，反而强调自己“以中国为骄傲”的品牌形象。该品牌的感知价值很高，因此靠卡地亚品牌而享誉全球的历峰集团（Richemont Group）收购了它。收购以后上海滩不仅在中国，而且在全世界得到了发展。

资料来源：Adapted from：Kotabe，M.，& Jiang，C.（2006，March/April）. Three Dimensional：The Markets of Japan，Korea，and China are Far from Homogeneous. *Marketing Management*，*15*（2），39-43. Meng，J.，& Altobello Nasco，S.（2009）. Cross-cultural equivalence of price perceptions across American，Chinese，and Japanese consumers. *Journal of Product & Brand Management*，*18*（7），506-516；Analysis of Japanese consumers.（2010）. *Intelligent Bridges*. Retrieved from www.intelbridges.com/japaneseconsumer.html；www.shanghaitang.com.

产品因素和分销渠道

产品在不同国家所处的生命周期阶段是定价决策需要考虑的一个重要方面。如第 10 章所讨论的，针对在各国的不同生命周期阶段，公司需要采用不同的营销组合策略，包括价格。[18]

专栏 11—3

聚焦公司：Radiohead

购买音乐制品的基础是对音乐的尊重，从商店或 iTunes 上购买的唱片都可以方便地免费下载。但是，美国摇滚乐队 Radiohead 彻底扭转了音乐的营销方式，它允许自己的粉丝“自行定价”来下载其专辑《彩虹之下》（*In Rainbows*）。换言之，“价格由你来定”，这一方式与其他定价的不同之处在于允许买者自己定价。该策略，包括免费获取的可能，从沟通角度看完全成功，所带来的全球知晓度高于任何一场专辑发布会，几乎没有营销和新闻报道费用，还扩大了对巡回演唱会门票的需求，获得了一大堆粉丝营销数据。但是，销量如何？在头 29 天，62%的全球下载分毫未付，38%自愿付费。在后者当中，全球平均价格为 6 美元，美国消费者支付的价格更高，为 8.05 美元，其他消费者平均支付 4.64 美元。但是，盈利率不错，一家音乐杂志发现与通过唱片公司或者零售商售卖唱片相比，该摇滚乐队获得的利润高出很多。

Radiohead 不是第一次也不是唯一一次使用该定价策略，但可以肯定的是，这种方式在北美等文化环境中更为有效，在这些地区消费文化比较流行，人们大多接受而且乐于为好的体验付费。然而这种方式不是在所有地方有效。在很多文化中，人们不会付小费。例如，在北欧和斯堪的纳维亚国家，人们追求清晰的固定价格，上述方式可能根本不会被欣赏。

资料来源：Pricing strategies: The price is right? (10 December 2007). *Brand Strategy*, 14, retrieved from Proquest database; Mohammed, R. (3 October 2007). How much is Radiohead's new CD? Whatever price you want to pay! Retrieved from www. pricingforprofit. com/pricing-strategy-blog/how-much-radiohead-s-new-cd-whatever-price-you. htm; Anonymous. (1 October 2007). Putting a price on Radiohead. *The Economist*. Retrieved from www. economist. com/blogs/freeexchange/2007/10/dollars _ and _ cents.

另外需要考虑的因素是公司是否有能力向消费者传递产品的真实质量。倘若公司处在一个竞争主要基于价格而非差异化战略的行业，那么传递真实质量这一目标不一定能轻易实现。正是在这种情况下，用恰当的沟通策略来支持价格变得很重要。沟通中要注意利用能获得世界范围认可的产品或公司特性，以便向目标顾客传递产品的价值所在。例如，GranitiFiandre 是意大利一家领先的、面向工业用户的豪华瓷砖生产商，它用某些客户形象来传递产品价值感知，这些客户在其奢侈品商店或者公司驻地采用了 GranitiFiandre 瓷砖，其中包括法拉利、阿玛尼、贝纳通、纪梵希和保时捷这些品牌以及公司声望为潜在全球客户所熟知的客户。因此，公司得以建立起与高价格相匹配的高质量感知。公司的宣传重点是价值创造，最近一则广告就显示了这一点，其口号是“价值也是变原料为梦想的能力”（见图 11—1）。

在国际营销中为产品制定最终价格时，调整适应、生产制造和销售方面的费用，以及出口相关成本和边际利润，都是构成产品最终定价的基本要素。需要考虑的成本包括[19]：

- 可变成本（原材料、劳动力、能源、代理商佣金等）
- 营销支出（分析、促销和产品管理）
- 财务费用

图 11—1　世界 B2B 市场上价值创造的例子：GranitiFiandre

资料来源：Advertising reprinted by permission from GranitiFiandre.

- 银行费用（货币运作、汇率风险等）
- 出口相关费用（翻译、贴标签、标记原产国、出口捆扎和包装、集装箱、准备文件、发运费用、海关经纪费等）

谁控制定价决策？考虑进入新兴市场时定价决策尤为关键。如诺基亚高级营销经理基斯·帕蒂（Keith Pardy）所指出的，"生产和设计一款 500 欧元的手机是一回事，但是为一部 50 或 60 欧元的手机传递可信、可靠、优质和连接这些诺基亚一直以来的承诺，却需要真正的创造性思维"。[20]

出口过程中发生的成本与分销渠道长度（中间商数目）和渠道特点密切相关，使得最终出口价格与国内价格相比有一定上升。[21]这一现象称为**价格升级**（price escalation），表 11—1 比较了两种出口情形与一种典型的国内情形。在第一种情况下（意大利），渠道中只有零售商，公司因此获得的毛利更高（70%，不是 50%）；在第二种情况下（美国），分销渠道因外国进口商的加入而变长；第三种情形又增加了批发商。尽管美国和俄罗斯的制造毛利都比较低，但是价格升级分别高达 40.34%和 82.35%。

表 11—1　　出口价格升级：以零售渠道中的咖啡为例

	意大利 国内渠道，有零售商 （制造商毛利：+70%）	美国 外国渠道，有进口商和零售商 （制造商毛利：+50%）	俄罗斯 外国渠道，有进口商、批发商和零售商 （制造商毛利：+50%）
制造商成本	5.00	5.00	5.00
制造商毛利（%）	+70	+50	+50
制造商毛利（美元）	3.5	2.5	2.5
=出厂价	8.50	7.50	7.50
+保险和货运成本（2%）	—	0.15	0.15

续前表

	意大利 国内渠道，有零售商 （制造商毛利：+70%）	美国 外国渠道，有进口商和零售商 （制造商毛利：+50%）	俄罗斯 外国渠道，有进口商、批发商和零售商 （制造商毛利：+50%）
=落地成本	—	7.65	7.65
+关税（20%）	—	1.53	1.53
=进口商成本	—	9.18	9.18
+进口商毛利（成本加成30%）	—	2.75	2.75
=批发商成本	—	—	11.93
+批发商毛利（成本加成30%）	—	—	3.58
=零售商成本	8.50	11.93	15.51
+零售商毛利（成本加成40%）	3.40	4.77	6.20
=消费者成本（=零售价）	11.90	16.70	21.70
相对于国内的价格升级（%）		+40.34	+82.35

为了避免最终价格太高而被市场抛弃这一风险，公司必须采取一些措施来避免或限制价格升级。[22]第一种办法是缩短分销渠道长度。诺基亚就是如此，印度零售市场的分割很有名，公司首先对此进行了评估，然后决定越过零售商和分销商，用自己标记明显、设备完善的货车直接向消费者销售产品。[23]另一种办法是尽量降低产品净价，或去掉一些昂贵的属性，或将产品或一些部件的生产转移至低成本国家。最后，限制价格升级的可能性在很大程度上取决于公司有多大权力控制最终价格，如果权力大，就可以要求各目标国家的渠道成员降低毛利。

Chaco Footwear 是美国一家高端凉鞋生产商，产品出口 28 个国家，在各国采取不同的定价策略。在员工不熟悉当地语言的市场，如日本，公司将最终定价权交给分销商；在加拿大等其他国家，公司有自己的销售网络，与买者直接进行价格谈判，从而维持自己对零售和营销策略的控制权。[24]

如 Myers and Harvey（2001）所描述的[25]，对分销渠道中价格决策的控制在国际营销中非常关键。当出口商能够影响经销商行为以制定理想的国外市场价格，或者出口商有权直接定价时，它们就能控制价格。为了监督、管理和规范整个渠道中的价格，公司需要有大量信息以及充分的资金和人力资源。但是，结果是值得的。通过协调不同国家的价格，公司能够降低灰色市场进口的可能性[26]；能控制、保护产品的性价比；还能保证制造商弥补个别产品隐含的成本。

国家因素

国家的社会经济和政治特征也会影响公司的定价策略和政策。这些因素不由公司控制，因此公司在特定国家营销产品时必须进行调整。例如，在新兴经济体中需要考虑人均收入，许多全球公司都想进入新兴市场，不仅针对其中相对富裕的少数人，而且瞄准大众市场。许多拥有一线品牌的公司在进入东欧、中东、非洲和亚洲等低价市场时，采用的战略是推出二线品牌或者产品线。在这种情况下，注意不要与现有品牌自相残杀或者削弱品牌形象。3M 公司成功地实行了双层定价策略，它在办公用品市场上采取了双品牌战略，东欧采用 Tartane 品牌，产品比 3M 便利贴便宜一些。这一战略使 3M 扩大了价格范围和产品组合，从而更好地满足不同终端用户子市场的需求。[27]

货币考虑

国际贸易中的一个关键因素是交易所用的**货币**（currency），如果购买者同意用出口商所在国的货币结算，汇率风险就转移到购买者一方。但是，很多交易中没有选择的余地，因为有标准的贸易惯例。例如，原油贸易采用美元。通常，中小型公司拒绝用本国货币以外的其他任何货币付款，这与汇率过度波动和伴随的风险有关。在国际货币体系中，根据若干汇率安排，国家可以设定一个作为汇率预期基础的锚（IMF，2006）。[28]在协定汇率下，政府承诺维持汇率在中央汇率上下不超过1%的窄幅内变动，在布雷顿森林体系时代就是如此。即使水平带（horizontal bands）变宽，最大收益或损失也很容易计算。例如，丹麦没有采用欧元，但是按照欧盟汇率机制 ERM II，丹麦克朗紧钉住欧元，由于二者高度趋同，丹麦与欧洲央行签订协议，使克朗的振幅带变窄，为上下 2.25%。但是，2002 年以来实际振幅不超过 1%，因此用克朗或欧元定价基本没有什么差别。

可靠的浮动汇率不会对国际贸易造成威胁。在浮动汇率框架下，货币定期小幅调整到某个固定汇率水平，或者根据选定的几个量化指标的变化进行调整，如过去与主要贸易伙伴的通胀差异、通胀率目标的差异以及主要贸易伙伴的预期通胀水平。若浮动率已知，在国外市场的定价就变得更容易。20 世纪 90 年代，几个拉丁美洲国家实行钉住美元的汇率政策，但由于与美国的通胀差异显著，导致当地货币需要大幅贬值。然而，快速贬值可能引起不稳定，因此当地货币朝着更加合理的汇率水平进行缓慢贬值。

但是，金融和货币危机频发，尤其在新兴国家。美元对欧元，或者日元对美元等的汇率很灵活，难以预测，即使短期预测也很困难，而且通常缺乏一个名义锚。再者，考虑到货币供应、价格水平和经常项目，浮动汇率被认为振幅过大，使金融资产价格出现同样巨幅波动。[29]在这种情况下，选择一种货币相当于选择货币风险由谁来承受。汇率变化会改变一个公司的竞争力大小，从而影响其国际定价策略。

本币贬值能刺激出口并创造新的市场机会。20 世纪初美元开始疲软，美国一家小型船帆公司发现利用新的价格优势有机会进入竞争激烈的欧洲市场。由于关税高达 14%，Neil Pryde 国际船帆公司以前一直未能进入欧洲这个大市场。随着美元对欧元贬值将近 25%，该公司产品的价格比欧洲竞争对手便宜了 10%，使得它在这一地区的销量几乎翻番。[30]

购买力平价理论能够为汇率变动提供一些解释。该理论认为，如果采用统一货币，完全相同的产品或者一篮子交易品在不同国家的售价应该相同，交易成本也考虑在内。《经济学人》（*Economist*）的巨无霸指数（Big Mac Index）就是现实当中的一个例子（见表 11—2）。

表 11—2 《经济学人》的巨无霸指数：以某些国家为例

	巨无霸价格		购买力平价暗示的汇率	实际汇率	本币对美元低估（一）或高估（＋）（%）
	本币标价	美元标价			
美国	3.57 美元	3.57			
中国	12.5 元	1.83	3.50	6.83	－49
挪威	40.0 克朗	7.88	11.2	5.08	＋121
俄罗斯	59.0 卢布	2.54	16.5	23.2	－29

资料来源：Adapted from：Sandwiched.（24 July 2008）. *The Economist*.

篮子里是在 120 个国家销售的同一种产品：麦当劳的巨无霸。根据表 11—2，中国生产商有比较优势，因为它们以 12.5 元或 1.83 美元（按照实际汇率 6.83 计算，12.5 元/6.83＝1.83 美元）的价格出售巨无霸，而纽约的售价为 3.57 美元。根据购买力平价，即美国的巨无霸售价与中国相同，人民币与美元的汇率应该为 3.50（12.5 元/3.57 美元），即比实际汇率低 49%（（6.83－3.50）/6.83）。因此，中国向美国出口的商品通过供需两方面将改变产品在本国和美国的售价，使人民币相对于美元升值。实际上，中国本地价格引起人民币被低估 49%，而美元被高估。[31]

但是，实证分析也指出购买力平价理论的失败之处。有证据显示，汇率波动朝着长期均衡方向变动的趋势很弱，甚至根本没有。[32]不仅如此，Meese and Rogoff (1983)[33]以及Mark（1995）[34]都发现，开放经济模型并不优于简单的随机游走模型。因此，即期汇率是远期汇率的最佳预测。如果买方不想承担货币风险，就需要进行套期保值或对冲。对冲能使公司避免部分或全部的外币交易有关风险，因为在实际交易发生时不需要对货币汇率做任何猜测。大型公司如果有很多交易涉及外币，就可以在内部进行对冲。

假设一家加拿大公司要分 10 次收回 5 万英镑，时间是在第二年的每个月月末，同时在 6 个月后需要支付 100 万英镑。合计起来，必须考虑的是实际现金流的差别。尽管忽略利率风险后就没有风险了，但未知的汇率波动仍然会影响公司的利润。为了管理这一风险，加拿大公司可以购买基本锁定货币兑换率的特定远期合约或期权，远期外汇报价是当下协商的远期交割价格，一般是 30，60，90 天以后，也可延长至 1 年或多年。报价通常由商业银行制定，支付一定费用也可协商到期日。如果 6 个月交割的远期汇率是每英镑 1.5 加元，则 6 个月以后支付的 100 万英镑的确定成本为 150 万加元（加上佣金）。如果加拿大公司购买的远期外币 6 个月后到期，公司持有外币债务进行抵消，那么可以“平仓”，两个交易都无风险。同样，公司可以抵消其 10 项未来出口业务的相关风险。但是，如果汇率自由浮动，则到期日将汇率维持在签协定时的水平的可能性很小，但银行会承担这一风险。

通货膨胀和价格决策

定价时需要考虑**通货膨胀**（inflation）因素。管理者面临的挑战是，在管理多个国家不同通胀率的同时使价格处于一定水平。正如 Mühlbacher et al.（2006）[35]所指出的，如果制造国的通胀率高，公司可能无法对价格进行相应调整来弥补上涨的成本，只能被迫吸收新增成本，从而造成毛利下降。另一方面，如果客户所在国通胀率高，就必须提高价格，同时考虑顾客反应、政府控制以及与价格变动相关联的运行成本，如更新价签、给收银机重新编程。在价格谈判中，如果客户所在市场的通胀率高，公司还必须承担支付延误的风险，因为支付的真实价格会更低。

政府管制、关税、税收、配额以及各种非关税壁垒

企业还需考虑政府管制、关税、税收、配额以及各种非关税壁垒。政府为维持贸易平衡、发展本国产业、维护当地就业和国家安全而干预价格，迫使公司做出应对，这种情况十分常见。政府对市场的干涉也可能出于政治原因。2005 年，委内瑞拉的咖啡商遭到政府对其现磨咖啡的严格价格管制，结果它们只能提供更贵的、不受政府管制的咖啡，比如芳香咖啡和风味咖啡。这导致某些咖啡严重短缺，而低价咖啡的价格大幅上扬，即便能买到，这些咖啡的价格也几乎比政府设定的高出 86%。[36]

税收是另一种地方保护工具，用来提高进口品的国内售价。例如，南方共同市场制定的进口税率如此之高，许多试图进入拉丁美洲的公司必须选择对外直接投资的方式。尽管国际社会建立了公平的协定，鼓励自由贸易以保证竞争，但还是有很多国家试图回避这些协定。很明显的一个例子是，中国汽车行业新推出的“绿色税”。为了鼓励外国汽车厂商更多采用当地供应，减少进口，中国对进口汽车配件在通常 25%的关税之外又征收 25%的特别关税。加入世界贸易组织后这一关税被取消，但之后不到一个月，中国又开始对发动机排量超过 4.1 升的车征收 40%的关税。官方称这样做是为了减少油耗、降低污染，但这类车一般是外国车，这似乎并非巧合。[37]

一般而言，政府补贴是为了降低本国产品价格，以提高本国公司在当地和全球市场的竞争力。例如，在中国政府提高对钢铁行业的能源补贴之后，本国的钢铁生产和出口显著提高。有些情况下，受政府补贴的出口品被进口国认为是某种形式的倾销。[38]

但是，政府补贴也可迫使一个公司对产品做出重大调整以便提高价格竞争力。例如，2001 年，由于瑞典对乙醇燃料实行补贴，福特公司的欧洲分部以及通用汽车的萨博分部将面向瑞典的汽车调整为采用 E85 燃油，含 85%的乙醇和 15%的汽油。[39]当美国政府对乙醇燃料实行每加仑 1 美元的补贴时，汽车厂商和石油公司也开始在这一地区作出调整。

目标、策略和定价政策

当规划国际定价策略时，必须考虑国家差异和公司目标。因此，定价策略受到国际化的短期或长期目标、进入模式、竞争战略、利润和成本因素等变量的影响。公司是否有能力高效地选择并实施与目标更吻合的特定策略，在很大程度上取决于它能否控制产品的最终定价。定价控制与公司的内部组织因素正相关。Cavusgil (1996)[40]指出，公司对国际定价采取集中决策能提高对最终价格以及在不同国家之间进行价格协调的控制力。其他组织变量，如国际经验、企业规模、渠道独立性和商业关系中的制造资产专属性也是影响出口定价控制的重要因素。[41]公司的国际经验越丰富，就越了解海外经营的复杂性，越倾向于定价决策的内部化。大型公司有大量人力和财力，能够支持外国经销商、监控价格并获取控制出口渠道价格所需的信息。渠道依赖是另一个影响定价控制的重要变量。最后，在出口国的资产专属性（例如，在特定外国市场为支持分销而进行的专门投资）能提高价格控制程度。事实上，专用投资能提高分销商对制造商的依赖性，制造商可以降低分销商的机会主义行为，树立权威，从而提高对定价的控制水平。

成为一名盈利的出口商，不能依靠某种特殊的定价策略，而需要采取以上策略的组合。重要的是，在扩张至外国市场时要有与公司目标相符的、理性的、一致的策略。[42]例如，在一项针对美国制造领域的 400 多家中型出口企业的调查中[43]，作者发现大部分公司仍然采用成本定价法，加上集中决策和产品标准化策略。但是，考虑到盈利水平，这种方法被更具市场导向的做法紧紧跟进，后者的典型特征是定价决策、分权管理、依赖于市场情报。

跨渠道、地区和品牌采取多种价格和定价策略会带来问题。在有些情况下，包装消费品公司每年被迫与多达 2 000 万个价格点打交道。在工业市场上销售照明设备的一家制造企业估计管理着 45 万个存货单位（SKU），覆盖 10 个品牌，产品被卖给世界各地的直销代表、关键客户管理团队和第三方代理。[44]显然，在各点的定价都实现盈利，即使对最训练有素的公司而言也是巨大的挑战。

在国际定价中有以下一些策略或方法可供选择：

- 成本定价相对于市场定价
- 新产品定价：撇脂相对于渗透定价
- 标准化相对于适应化
- 中心化相对于去中心化
- 国际化准备和产业全球化：定价策略原型

成本定价相对于市场定价

成本法（cost-based method）是在确定的产品成本之上制定一个毛利，从而保证利润更为稳定而且可以预见。这一方法基于公式：成本＋毛利＝价格，它的一个缺陷是忽略了外国市场上的需求和竞争。

市场法（market-based method）与之相反，它考虑到竞争和顾客需求，更具动态性。最近的一项研究[45]发现，鉴于全球市场上的竞争环境，对出口公司而言这一方法远比成本法合适。

成本法包括以下三种选择[46]：

- 完全成本定价
- 边际成本定价
- 利润贡献定价

完全成本定价（full-cost pricing）代表归到某产品的单位成本总和（直接生产成本、直接营销成本、分摊的生产等间接费用）加上毛利。这很容易计算，可以保证每项交易都能盈利。但是，间接成本分摊有任意性，而且由于忽视了需求和竞争，这一方法未考虑价格对销量的影响。造成的结果是，价格对生产规模并因此对总单位成本的影响未纳入考虑。最后，如果由此制定的价格缺乏竞争力，那么利润可能被削减，造成价格低于总成本。

边际成本定价（incremental-cost pricing）区分了可变成本和固定成本，基于此，这一方法考虑了公司在出口时必须面对的生产和营销成本，边际生产和营销成本加上毛利就决定了最终价格。这是一个底线价格，不能再低，否则就会造成亏损。

利润贡献定价（profit-contribution pricing）考虑需求弹性。由于外国与本国市场在偏好、购买行为和竞争方面存在差异，需求曲线形状和需求弹性可能截然不同。公司必须确定总销售收入如何随价格波动。利润贡献代表向目标外国市场出口时边际收益和边际成本之差。能带来最高利润贡献的价格是最好的（见表 11—3）。

表 11—3　　利润贡献定价：以某法国公司在德国食品市场销售葡萄酒为例

价格（欧元/升）	预计销量（升）	边际收益（千欧元）	边际成本（千欧元）	利润贡献（千欧元）
8.00	0	0	0	0
7.50	220 000	1 650 000	990 000	660 000
6.60	380 000	2 508 000	1 635 000	873 000
6.25	400 000	2 500 000	1 700 000	800 000

市场定价考虑目标市场区域的特点，特别是竞争者定价。因此，这一方法可用于外国市场上已经存在且为消费者所知的产品。例如，在汽车行业，菲亚特在推出 Fiat 500 时就模仿了宝马的高价策略。事实上，公司确信 Fiat 500 与 Mini 一样，因为性能独特可以定高价。汽车行业的研究指出，存在对复古、怀旧小型车的市场需求，消费者愿意为此支付高价。[47] 由此看来，市场和竞争能够影响公司的定价决策。

市场定价基于以下公式：市场有能力支付的单价－毛利＝目标成本，公司可以倒着计算，从市场需求开始，然后确定一个合适的毛利。例如，一家比利时啤酒商发现波兰消费者能支付的单价为 3 欧元一瓶，考虑进口商和零售商的毛利，生产商价格应该是每瓶 1 欧元。由于公司的毛利率为 55%，目标成本应当不超过 0.64 欧元，否则无法在波兰市场盈利。

新产品定价：撇脂定价相对于渗透定价

撇脂策略（skimming strategy）基于的理念是公司可以针对一些消费细分市场定高价。从代表着"奶油"，即乐于支付更高价格的高端市场开始，价格逐步降低，覆盖所有其他细分市场，由此从不同目标市场上获得最大利润。这一策略能带来高利润，但风险无数。首先，产品必须具有与众不同的属性才能证明高价是合理的，而竞争对手不应该具有进攻性。其次，公司不得不冒的风险是，自己创造的市场被竞争对手轻而易举地占领。最后，如果国内价格更低的话，有可能刺激平行进口（灰色市场）。[48] 索尼的例子凸显出上述风险有些是内在的，而且难以管理。事实上，当索尼推出 Playstation 3 电玩主机时，在美国市场上标价为 600 美元，在欧洲市场上则高于 800 美元，远高于其竞争对手微软和任天堂的新主机 Xbox 和 Wii，其价格分别是 400 美元和 150 美元。但是，索尼的撇脂定价策略可能适得其反，尽管它有更好的技术和特征，但 Playstation 3 在美国的市场很快被价格更低的 Wii 占据。虽然造成这一失败的原因很多，但最初的高价策略无疑是决定性的，因为只有对 Playstation 3 最忠诚的 100 万名粉丝才可能愿意支付撇脂价格。[49]

另一方面，**渗透定价**（penetration pricing）是指为新产品定低价以进入外国市场，同时经常基于同一策略进行产品沟通。采用渗透定价，公司可以很快渗入市场，占据可观的市场份额，因此获得市场知名度和生产、分销方面的规模经济利益。当消费者对价格敏感时可以采用这一策略，公司借此可获得竞争优势。评价渗透定价策略是否具有吸引力，不仅要考虑它是否有助于获取市场份额，而且要衡量它对公司整体的全球战略有何影响。例如，谷歌在与 PayPal 的竞争中，推出的 Google Checkout 服务仅按照收支平衡来定价，甚至不惜亏损。这是因为，谷歌认为这“不是一个孤立的业务，而是谷歌网络的驱动器”。[50]

标准化相对于适应化

进入外国市场时，公司可以为不同市场制定相同价格，或者根据当地市场条件对价格政策进行调整。

价格标准化（price standardization）意味着不同市场上的价格定位策略相同。正如 Theodosiou and Katsikeas（2001）[51]所指出的，影响价格标准化的潜在重要因素包括经济和法律环境、分销基础设施、顾客特征和行为以及产品生命周期阶段。基本上，如果公司业务处于全球化产业中，那么实行标准化是可能的。当公司向全球零售商提供产品时，就必须采用标准化策略，因为全球零售商希望运到各国的产品价格都一样。若非如此，它们将在价格最低的国家市场集中采购。例如，某多国公司发现，一个最重要的香体露品牌在瑞士的价格与葡萄牙不同，前者高出 80%，因此欧洲零售商很容易在葡萄牙购买然后销往他国。公司很快做出反应，将价差降到不超过 20%。这一差别不至于引起机会主义行为，因为零售商的价格优势被高运输成本抵消了。一般而言，供应商和客户必须缔结一个全球定价的合约。

价格适应化（price adaptation）是指公司被迫采取不同的价格定位策略，原因包括消费偏好差异、产品感知、竞争强度和原产国效应。IBM 和可口可乐等全球巨头一直坚定地实行全球分销统一定价，但是，它们以及其他很多大型公司在印度和中国等收入偏低但正在崛起的市场上改变了策略，这让发达国家的分销商感到沮丧。[52]

适应化不仅与最终标价有关，而且可能关系到整个交易。管理交易价格意味着要确定每一笔交易采用的折扣、津贴、付款条件和奖金等（见表 11—4）。[53]

表 11—4　你口袋上的洞：许多发票上有的、没有的项目可能轻易导致价格和利润漏洞

年度采购奖励	如果实现预计采购量目标，在年底发给客户的奖金。
现金折扣	订单支付很快（通常 15 天以内）时对发票价格的扣减。
寄售成本	供应商向批发商或零售商提供寄售库存时的资金成本。
合作广告	为支持制造商品牌在当地做广告而支付给零售商或批发商的津贴。
终端用户折扣	零售商向特定用户（通常是大客户）以折扣价销售产品时所获返利。
发运费	公司向客户运送货物的成本。
市场开发资金	一种用于促进特定子市场销售增长的折扣。

发票外促销	一种营销激励，例如，在特定促销季给零售商的销售返利。
在线订购折扣	客户在互联网或局域网上订购所获得的折扣。
业绩处罚	质量水平或送货时间等方面未达目标时卖方同意给买方提供的折扣。
应收置存成本	从开出发票开始计算的资金成本，直到收到货款。
货位津贴	为保证一定的货架空间给零售商的津贴。
储存津贴	支付给批发商或零售商的一种折扣，为了让它们大量购买并储存起来，通常在需求季节性上涨之前支付。

资料来源：Excerpted from Marn，M. V.，Roegner，E. V.，& Zawada，C. C.（2003). The power of pricing. *The McKinsey Quarterly*，(1)，27-36. Retrieved from www. mckinseyquarterly. com. McKinsey & Company. All rights reserved. Reprinted by permission.

价格倾销

当企业对价格进行调整以低于进口商本国报价的价格出口商品时，就可能产生**倾销**（dumping）。倾销定义为低于成本或国内价格向别国市场销售产品，目的是在外国市场占领市场份额。[54]对于倾销，国家层面有些规定会予以控制以便使当地公司避开倾销，国际社会也有规定进行控制。自从 1995 年世界贸易组织成立，反倾销活动已经大幅缩减（见图 11—2）。但是，仍有无数反倾销调查，最大的调查对象是中国。

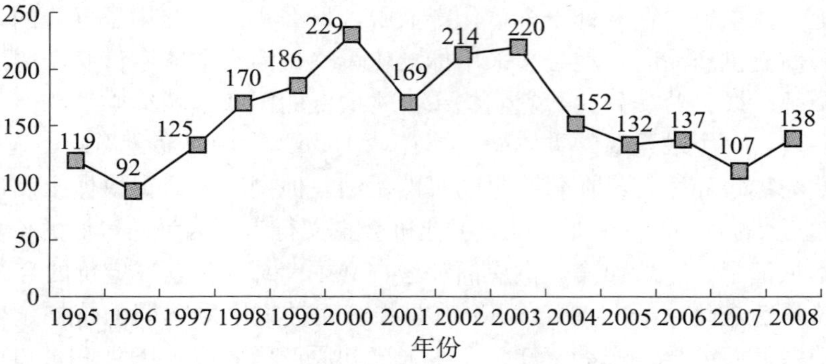

图 11—2　1995—2008 年全球反倾销调查

资料来源：Data from WTO Secretariat reports increase in new anti-dumping investigations.（2009, May 7). *World Trade Organization*.

灰色营销和平行进口

标准化定价策略能减少跨国价格差异，这在事实上有利于公司将**灰色营销**（gray marketing）和**平行进口**（parallel imports）的风险降到最低。[55]当处于价格较低的国家市场且未受制造商严格控制的渠道成员将产品转卖到价格极高的市场时，就会发生平行进口。[56]灰色营销的另一种类型是，公司既在母国生产，也在外国生产，但外国分公司为外国市场生产的产品被外国分销商卖回母国，与国内生产的产品相竞争。在这两种情况下，营销机会的出现都要求灰色市场的产品价格更低，或低于授权分销商价格，或低于母国价格。[57]

例如，iPhone 在推出时遇到的情况就说明灰色市场如何得以创造，以及管理灰色市场如何困难，即便像苹果这样的公司也不例外（见专栏 11—4）。

专栏 11—4

聚焦公司：苹果

iPhone 在灰色市场出售

当苹果 iPhone 正式在美上市销售之时，在英、法、德这些苹果与手机运营商签订了独家合同的国家，已经有 80 万～100 万部 iPhone 被软件黑客"解锁"，能在苹果独家合作伙伴之外的其他网络中运行。

自 2007 年以来苹果为 iPhone 制定的营销战略为平行或灰色市场创造了绝佳条件。主要原因何在？

首先，公司试图维持对市场的排他性和控制力。在美国，iPhone 锁定于 AT&T 公司，不仅产品价格高，而且可以获得运营商从每名用户处所获收益的 15%。公司在英国与 O_2、在法国与 Orange 也有类似安排。与此同时，为了应对公司实施的产品控制，通过非正式渠道兴起了一个适用任意手机卡的解锁 iPhone 非法市场。

灰色市场兴起的第二个原因是产品的国际推广。公司采取了交错发布，原因包括最初上市的手机数目较少，而且公司希望在各国造成最大影响，但这一方式也创造出大量未满足需求，成为灰色营销者的目标。造成灰色市场兴盛的一个特别原因是，苹果公司采取在不同国家售价不同的战略，这一情形由于币值波动进一步恶化。由此，亚洲灰色市场上的企业主发现用美元买入 iPhone 后再用人民币出售极具吸引力。

资料来源：Ritson，M.（11 June 2008）. iPhone strategy：No longer a grey area. *Marketing*，21；Burrows，P.（12 February 2008）. Inside the iPhone gray market：A global network is thriving by selling up to 1 million iPhones that bypass Apple's restrictions. *Bloomberg Businessweek*. Retrieved from www. businessweek. com/technology/content/feb2008/tc20080211 _ 152894. htm；Kharif，O.，& Burrows，P.（28 January 2008）. Millions of iPhones go AWOL. *Bloomberg Businessweek*. Retrieved from www. businessweek. com/technology/content/jan2008/tc20080128 _ 984623. htm.

另一例子是欧盟的药品市场。同种药品在匈牙利、波兰和捷克共和国比在德国、法国或意大利便宜得多。事实上，一项研究估计西欧和东欧之间的平行贸易额高达 38 亿美元，大多是从东欧流向西欧。一些国际制药公司试图通过对批发商进行强行限制来解决这一问题，另一些则试图缩小其产品在欧盟各国的价差，但先灵（Schering AG）等公司实行地区内统一定价。然而最有效的办法可能是目前进行的市场一体化，由此价格、货币和法规的波动将逐步消除。[58]专栏 11—5 指出了一些灰色营销问题，显示出管理跨国平行进口这件事是何等困难，又何等重要。

中心化相对于去中心化

国际定价采取中心化或去中心化是公司战略的一个关键问题，对于多国公司尤为如此。促使多国公司采取中心化定价或去中心化定价的因素有很多。下面概括了企业实行中心化定价的原因。[59]

- 全球化的推进要求在不同市场实行标准化价格，否则难以控制平行进口。零售商的全球化带来同样的风险，它们可能从价格较低的别国购买后在本国销售，这是一种机会主义行为。

专栏 11—5

聚焦技术：互联网时代的灰色营销

如今，全球连接性和互联网的扩散使灰色营销比以往任何时期都更加容易操作。不管是法国香槟、意大利家具，还是美国香烟，几乎没有消费品不被裹挟于这一潮流。许多制造商和零售商很不乐意，但无能为力。例如，几家高端意大利家具厂商最近试图阻止设在伦敦的互联网公司 Europe by Net 销售其产品，因为后者的售价低于美国授权零售商价格 20%～40%。制造商威胁要将它的广告从 *Elle Decoration* 中撤下，因为在英国报摊上卖出的该杂志上有 Europe by Net 的目录广告。后来轮到互联网公司，它请求欧盟贸易委员会调查家具厂商试图阻止自己做广告、卖产品这一做法是否违法。同时，转卖者并不掩饰其处于灰色市场上，事实上还以此为荣。公司所有者朱莉·爱德华兹（Julie Edwards）说："我们确实在灰色市场上，我们不以此为羞。"她以及其他灰色营销者为其商业模式辩护，声称为消费者带来更多选择和更公平的价格。

但是，零售商并不这样认为。香烟零售商，特别是边境地区的零售商更深切地感受到灰色市场的影响。马萨诸塞州的一名批发商说："它侵犯了我的生意，但取证极其困难。"他的香烟销售受到美国生产的、本来用于销往外国市场的那些香烟的影响。恰巧，美国唯一尚未禁止香烟灰色市场交易的州就是马萨诸塞州。

在联邦层面，灰色市场商品受制于一部几乎实行了 80 年的法律《1930 年关税法案》，该法案严令禁止在未获商标所有人许可的情况下进口外国生产的产品。但是，法案也列出几种例外情况。执法的美国海关以及法院系统在灰色市场商品方面有很大的灵活性，而且双方对法律的阐释经常不一致。由于法律漏洞不少，而灰色市场活动也在增多，越来越多的消费者发现夹在当中。他们经常发现自己在网上找到的"实惠商品"能提供许多标准的配件或保障，甚至说明书用的也是自己的文字。

有些专家建议，鉴于对灰色市场的规范存在问题，公司应当做出前瞻性战略响应。例如，改进市场细分和产品差异化，以便降低灰色市场产品的吸引力。另一个战略是更富进攻性地找到参与灰色市场销售的分销商，终止其合同。

资料来源：Tedeschi，B.（3 July 2006）. A gray market in furniture spawns a feud in Europe. *The New York Times*；Deusser，R.（5 December 2005）. State lawmakers consider imposing ban on gray-market cigarette sales. *The Berkshire Eagle*；Kessler，M.（11 December 2006）. Some see red over gray-market goods. *USA Today*，B1.

- 竞争的国际化以及竞争结构的同质性要求全球协调一致的竞争战略。
- 价格决策通常与生产规模规划、生产能力、规模经济等方面密切相关。因此，中心化定价能促进公司层面对全世界年度收益的预测。
- 最后，价格定位与品牌形象有关，全球定位要求价格同质化，因此价格由公司总部集中协调更好。

类似地，有以下多方面原因促使公司偏好去中心化定价战略。[60]

- 如果公司在不同国家瞄准价格不同的子市场，或者各国的竞争结构不同，那么当地定价就是必要之举。有时候，特别当公司是价格追随者时，公司必须制定当地价格以应对领先竞争产品的价格变化。

● 当终端用户的特征（一般是收入较低）或价格敏感度以及消费偏好有显著差异时，就必须进行去中心化定价。

● 当增值税、产品调整成本、运输成本、当地经济和金融条件（如利率和通货膨胀）等因素导致公司不能采用标准准则时，通常需要进行灵活定价。

● 去中心化定价也可能与零售商权力不同有关，零售商可能迫使当地经理降低售价。另一方面，不同国家的条款和条件也可能要求价格去中心化。

显然，上述因素中有一部分与标准化和适应化的选择紧密相关。同样，最终决策取决于中心化和去中心化的平衡。

定价实践分类

有些研究人员提出，公司定价策略受到所处行业、公司国际化经验的影响，因此可以归纳出四种基本**定价原型**（pricing prototypes）[61]：

● 当地价格追随者

● 全球价格追随者

● 多地价格制定者

● 全球价格领导者

正如作者所指出的，在一个多国化行业，出口公司的国际化准备不足，因此被认为是“当地价格追随者”。它们对外国市场了解甚少，信息来自当地代理和分销商，而这些信息有时因个人利益被扭曲，通常缺乏当地洞察和市场知识。这促使出口公司采取当地成本导向或竞争导向，导致在不同外国市场制定不同价格。

“全球价格追随者”的国际经验有限，处在一个更为国际化的产业，其特点是在不同国家主要采用由全球价格领导者制定的标准价格。它们有时能够瞄准一些特殊的利基市场，制定与高质量相吻合的高价格。但是，它们处于当地分销商以及富有竞争性全球品牌的定价策略的持续压力之下。

第三类称为“多地价格制定者”，它们的国际经验使其具有控制力，能够从经销商那里获得充分的反馈信息，从而可以针对当地要求和各国市场条件调整价格策略。它们通常是价格领导者，将定价权赋予分支机构经理，以实行这一多地策略。地方经理通常协调不同分支机构的定价，以避免灰色市场进口。

“全球价格领导者”可视为产业内的全球主要“棋手”。[62]它们通常以跨国子市场为目标并占据主导地位，价格基本相同。其价格水平一般偏高，导致与多国公司相比市场渗透率较低，而后者能更好地满足当地消费者和分销商的需求。

转移定价

转移定价（transfer pricing）是同一组织内不同单位之间发运商品所制定和支付的价格，单位可能是部门、国外分公司或合资公司。这些价格不仅决定着与海关和税务机构相关的关税和其他税项，还影响到参与公司内交换的部门利润大小。当外国的单位性质上属于中间商，财务绩效极大依赖于运输价格时，对部门利润的影响尤为重要。

确定转移价格的方法包括以下几种：

- 成本加成定价法
- 市场转移定价法
- 协商转移定价法
- 惯例转移定价法

成本加成定价法将产品成本作为制定最终价格的基础。

市场转移价格以公司内转移的货物、服务或专门技能的市场价格为基础。因此，该价格相当于地方市场价格减去分支机构用于弥补成本的部分。[63]

协商转移价格适用于市场价格频繁变化的情况。[64]此时，分支机构之间稳定的内部价格是必要的。

惯例价格基于与一名独立商业伙伴假定协商的结果。这一方法存在很多局限，不仅数据极难取得，而且很难确定开放市场中的正确市场价格，因为大多数情况下，没有替代品，或者类似产品和服务的质量不同。此外，供应商的成本结构差异甚大，使得不同选项难以比较。

实际上，对于从母公司流入外国分公司的产品，当公司发现当地市场利润最大化有利时，转移价格会定得高于惯例价格。原因可能包括以下几方面[65]：

- 外国的公司所得税高于母公司所在国
- 国有化或者对高盈利公司进行征用的风险较高
- 外国政治不稳定或者通货膨胀率高，或兼而有之
- 母公司渴望掩盖在国外盈利的事实，以免竞争对手进入

支付条款和方式

支付方式（payment methods）规制直接、间接涉及商品和服务交换的各方之间的商业关系。比如，出口商、进口商和出口银行可能直接参与交换，与此同时，第三方伙伴，如其他银行或参与资金安排的专业交易人，可能间接参与交易。

不同支付方式的风险程度不同。因此，一般建议对出口订单拒绝支付进行投保。下面是一些现有的支付方式，从最安全的开始。[66]

预付款：付款（可以运用银行转账的形式）在货物发出之前就已经结清。这种付款方式通常适用于高风险的国家或低信用的顾客。这种付款方式也受到那些无法承受长期欠款的中小企业的青睐。为了避免付款沟通过程中可能产生的变化，在卖方和买方的银行之间创造直接的联系是一种更加可取的方法。

信用证：这更应当被视为一种保证，而非一种支付方式。事实上，信用证是指银行看到交易证明文件后向供应商（卖方）付款，其主要优点是为出口商提供安全保证。如果买方能定期支付，信用证就不会激活。反之，出口商向银行提供文件，银行继续支付事宜。另外，进口商可以通过开立信用证以保证出口商或卖方满足销

售合同的要求。信用证的主要不足在于银行收费会给企业带来额外成本。

跟单托收：这一过程是为了促进进出口交易。向顾客发货后，出口商将相关发运文件（买方必须有这些文件才能收货并通关）寄送给自己的银行，银行完成支付，为出口商支付所有相关费用。银行可以在收到买方付款后寄送发运文件，即付款交单，或者是收到卖方发出的买方承兑汇票后再寄送，即承兑交单。

赊销：这一办法风险极高，因为在付款之前发货。因此，仅在上述方法都不适用或者进出口双方完全信任的情况下才推荐采用。赊销时，信用在远期支付，期限可能是 30 或 60 天，或者更长。由于风险程度高，建议审核买方的信用可靠性。

对销贸易

对销贸易（counter trade）是不用货币支付的商品或服务贸易或交换的总称，包括不同贸易形式，从按议定价值进行易货贸易到更复杂的出口交易。例如，最近刚果民主共和国和中国一家国有企业——铁路工程公司就达成一项对销贸易：中方在非洲建设社会基础设施，对方为中国提供自然资源。刚果将获得价值 60 亿美元的基础设施（2 400 英里①公路、2 000 英里铁路、32 家医院、145 个卫生中心和 2 所大学）。作为回报，中国将获得与本国工业相关的自然资源（1 000 万吨铜、40 万吨钴）。“这是易货交易，中方喜欢称双赢。这不是多年来西方强国提供给刚果的带附加条件援助，而是纯粹的交易。”[67]

根据伦敦对销贸易圆桌会议，对销贸易可能因地方法规和要求、出口商品的性质以及交易方当前的优先事项而不同。[68]

从营销角度看，对销贸易的主要优点在于：

- 有潜力利用过剩产能，将低效资产转变为盈利的生意，帮助国内产业发现国外新市场。
- 有能力刺激无法为进口商品付款的市场之间发展交易，无法付款可能是因为缺乏商业信用或者货币不可兑换。

表 11—5 列举了最常见的对销贸易形式。但是，如伦敦对销贸易圆桌会议所指出的，交易通常涉及几种对销贸易安排，而不是一种。例如，某公司可能采取长期回购加上反向购买以支付首付款。

表 11—5　对销贸易类型

易货贸易
易货贸易基于商品和服务的直接交换，最简单的易货贸易不涉及货币。尽管一个合同中覆盖了来自进口市场、出口市场的两种货物的流动，但出口商通常只在自己从易货商品销售中获得相应现金收入之后，才向进口商提供货物。 易货贸易是最古老的商业形式，至今在很多欠发达国家仍然是交易的主要形式。发达市场的公司和发达国家在提供大宗货物时也可采用易货贸易。

① 1 英里＝1.6 千米。——译者注

反向采购（或平行贸易/平行易货）
根据其特征，反向采购通常用来刺激出口或平衡国际收支进出口赤字。反向采购协定（也称为平行贸易或平行易货）需要分别签订两份合同，一份是关于进口的主要供应品，这些商品通常用正常货币或信用结算；另一份是外国供应商答应作为交换从进口方购买商品或服务。如果两项交易的价值不等，就需要使用货币。协定的形式不等，从一般的意向书到约束性合同，后者包括所供应的商品和服务、在哪里销售和不履约的罚金等细节。
抵消
抵消通常由政府用于国防工业，既用来购买飞机等高价产品，也用来对制造工厂进行投资。军事用品采购面临促进进口替代、降低国际收支赤字（因为军费更多投向当地生产）的必要性。其他部门也可能采取这种易货贸易形式。 抵消可以是直接或间接的。直接抵消在国防和航空工业十分普遍，间接抵消可用于民用工业。对于前者，采购方要求供应方采用由采购国提供的材料、部件或总装，而且有时要求当地生产；对于后者，采购方通常要求供应方建立长期工业合作和投资关系，但不限定于某个供应合同。
回购（或补偿协定/补偿贸易）
回购协定指一方供应技术、设备、工业生产工具等另一方生产产品所必需的东西，作为交换，它同意另一方用一部分未来生产的产品支付货款。尽管在加工厂、冶炼设备等订单出口中很常见，但这种形式也可用于其他部门，比反向采购和易货贸易更常用于高额合同。
清算协议
当两方，通常是两个政府，无法同时进行一项交易时，就可以建立清算账户，为相互贸易而持有、取出存款。这些贸易（例如，咖啡和三文鱼）经常用一种主要货币（如美元）估价，账户的价值代表购买力大小。在合同中，双方可就特定价值的商品或服务制定购买计划。如果看个别交易，账户可能失衡，但长期来看能重新回到均衡。
转手贸易
有时为了给清算账户提供灵活性而采取转手贸易，它允许货物文件和目的地发生变化。事实上，长期双边协定失衡有时造成一国或另一国的未清算信用盈余累积，因此信用可以出售或者转移给其他国家。例如，如果A国对B国有大量信用盈余，A国就可从C国进口，而C国则从B国购进产品。
债务转换
当债务人无力偿还时，债权人可用债务交换他物。最常用的是“债转债”，即一个债权人用自己的贷款与另一债权人的贷款交换。当债务转化为国内公司的海外股票，从而债务变为对外直接投资时，就产生了“债转股”。而“债转产品”则是将风险很高的债务转化为债权人业务发展需要的商品和服务。另外，还有“债转社会用途”，例如，将发展中国家的外债转化为当地货币，专门用于自然保护或教育等特定社会用途。
收费协议
一方（供应方）向制造商提供产品加工并制成最终产品所需的原材料，但在生产过程中，供应方依然享有对这些材料的所有权，只有当制造商的产品被最终客户购买之后，制造商才用现金向供应商付款。这种协议有利于那些面临生产加工受限风险的制造商，它们常常缺乏采购原料所需的外汇。

资料来源：Adapted from：London Countertrade Roundtable.（2007）. Retrieved from www. londoncountertrade. org/countertradefaq. htm；Czinkota，M. R.，Ronkainen，I. A.，& Tarrant，J. J.（1995）. *The global marketing imperative：positioning your company for the new world of business*. Lincolnwood，IL：NTC Business Books；Online Business Dictionary（www. businessdictionary. com）.

本章小结

- 价格是全球营销方案中更具挑战性的 决策之一，制定正确的全球定价策略对企业长期成功至关重要。

● 价格必须反映消费者愿意为公司产品支付多大价值。

● 影响国际定价决策的因素可以归纳为竞争因素、消费者因素、国家因素、产品因素和分销渠道以及公司因素。

● 制定国际价格时有几种战略方式可供选择：成本定价相对于市场定价、新产品定价、标准化相对于适应化、中心化相对于去中心化和几种定价原型。

● 同一组织不同单位之间发运产品所制定和支付的价格称为转移定价，转移定价可用不同方法来确定。

● 对销贸易指不用货币的商品或服务贸易或交换，包括易货贸易、反向采购、抵消、回购、清算协议、转手贸易、债务转换和收费协议。

讨论题

1. 影响国际定价的因素有哪些？以你所在国家的某个外国品牌为例，在确定其价格时必须考虑哪些当地因素？

2. 当你在互联网上比较商品价格时，你如何将这些信息用于自己的购买过程？

3. 比较两个价格定位不同的类似产品（比如两个牛仔裤或摩托车品牌），哪些因素会影响其价值创造？

4. 成本定价和市场定价分别有哪些优点和缺点？

5. 当公司在海外推出新产品时，撇脂定价和渗透定价分别有何机会和风险？

6. 灰色营销在哪些部门最常见？为什么？请举一些例子。

体验性练习

1. 美泰（Mattel）公司如何管理其在中国等价格敏感市场销售的芭比娃娃的价格？听听 NPR 故事《美泰希望上海是一个芭比世界》（http：//www.npr.org/templates/story/story.php?storyId=101479810），描述支持其高端定价的营销战略。依你之见，公司如何与廉价仿冒品进行竞争？两年以后，芭比旗舰店在 2011 年 3 月关闭（http：//www.bbc.co.uk/news/business-12670950）。你能指出公司所犯的主要错误吗？

2. 选择你所在国家的一个产品，再选择一个新兴市场，为产品定价并指出你在国际定价决策中考虑了哪些因素（竞争、消费者、国家、产品因素和分销渠道）？

关键术语

成本法（cost-based method）
对销贸易（counter trade）
货币（currency）
倾销（dumping）
完全成本定价（full-cost pricing）
灰色营销（gray marketing）
边际成本定价（incremental-cost pricing）
通货膨胀（inflation）
市场法（market-based method）
货币价格（monetary price）
非货币价格（non-monetary price）
平行进口（parallel imports）
支付方式（payment methods）
渗透定价（penetration pricing）
价格适应（price adaptation）
价格升级（price escalation）

价格标准化（price standardization）
定价决策（pricing decisions）
定价原型（pricing prototypes）
利润贡献定价（profit-contribution pricing）
撇脂策略（skimming strategy）
转移定价（transfer pricing）

注释

[1] Quoted in the presentation by Jim Lawrence，Unilever Chief Financial Officer，at the 2008 Consumer Analyst Group of New York（CAGNY）Conference，February 20，2008，retrieved from www.unilever.com/Images/ir_CAGNY_Conference_2008_Speech_tcm13-120416.pdf.

[2] Stottinger，B.（2001）. Strategic export pricing：A long and winding road. *Journal of International Marketing*，*9*（1），40-63.

[3] Gian Luigi Buitoni explains his theory of "Dreamketing，" HSM global.com，http：//us.hsmglobal.com/notas/36000-gian-luigi-buitoni-explains-his-theory-of-dreamketing.

[4] Interbrand.（2007）. *Best Global Brands 2007*. Retrieved from www.interbrand.com/surveys.asp on March 2，2009.

[5] Madden，N.，& Neff，J.（23 February 2004）. P&G adapts attitude toward local markets. *Advertising Age*，*75*（8），28.

[6] www.infoworld.com/article/04/03/01/HNrethinks_1.html.

[7] www.equitymaster.com/research-it/compare/compare_comp.asp?symbol＝NRMA-HLL&value＝compare-NIRMA-LTDHIND-UNILEVER；Jordan，M.（11 December 1997）. Indian soap maker steps up battle with big firms. *The New York Times*. Retrieved from www.nytimes.com/1997/12/11/business/worldbusiness/11iht-nirma.t.html.

[8] The bottom of the pyramid is where the real gold is hidden.（8 February 2007）. *Marketing Week*，18. Retrieved from Proquest on August 8，2008.

[9] Ready for warfare in the aisle.（5 August 2006）. *The Economist*，60.

[10] McKinsey global survey of business executives：Inflation and pricing.（2007，April）. *McKinsey Quarterly*. Retrieved from www.mckinseyquarterly.com/article_page.aspx? ar＝1999.

[11] Monroe，K. B.（1990）. Pricing. *Making profitable decisions*. London：McGraw-Hill.

[12] See：de Chernatony，L.，Harris，F.，& Dall'Olmo，R. F.（2000）. Added value：Its nature，roles and sustainability. *European Journal of Marketing*，*34*（1/2）；Gronroos，C.（1997）. Value driven relational marketing：From products to resources and competences. *Journal of Marketing Management*，*13*，407-419；Zeithaml，V. A.（1988，July）. Consumer perception of price，quality and value：A means end model and synthesis of evidence. *Journal of Marketing*，*52*，2-22.

[13] Blythe，J.（2006）. *Principles and practice of marketing*. London：Thomson Learning.

[14] Usunier，J.，& Lee，J. A.（2005）. *Marketing across cultures*. Harlow，England：Prentice Hall，Pearson Education Ltd.

[15] Tellis，G. J.，& Gaeth，G. J.（1990，April）. Best value，price-seeking，and price aversion：The impact of information and learning on consumer choices. *Journal of Marketing*，*54*（2），34-45.

[16] Nguyen，A.，Heeler，R. M.，& Taran，Z.（2007）. High-low context cultures and price-ending practices. *Journal of Product & Brand Management*，*16*（3），206-214.

[17] Kotabe，M.，& Jiang，C.（2006，March/April）. Three Dimensional：The Markets of Japan，Korea，and China are Far from Homogeneous. *Marketing Management*，*15*（2），39-43.

[18] Theodosiou，M.，& Katsikeas，C. S.（2001）. Factors influencing the degree of international pricing

strategy standardization of multinational corporations. *Journal of International Marketing*, *9* (3), 1-18.

[19] Demers, J. (2003, June/July). Enhanced export pricing strategies. *CMA Management*, *77* (4), 52-54.

[20] Knudsen, T. R. (2007, May). Confronting proliferation... in mobile communications: An interview with Nokia's senior marketer. *The McKinsey Quarterly Web exclusive*, 1-9.

[21] Becker, H. (1980). Pricing: An international marketing challenge. In H. B. Thorelli and H. Becker (Eds.). *International marketing strategy*. Elmsford, NY: Pergamon Press.

[22] Cavusgil, T. S. (1988). Unravelling the mystique of export pricing. *Business Horizons*, *31* (3), 54-63.

[23] Ewing, J. (4 May 2007). First mover in mobile: How Nokia is selling cell phones to the developing world. *Business Week*.

[24] Kolodny, L. (2005, February). The price might be wrong. *Inc*. Retrieved from http://www.inc.com/magazine/20050201/going-global.html.

[25] Myers, M. B., & Harvey, M. (2001). The value of pricing control in export channels: A governance perspective. *Journal of International Marketing*, *9* (4), 1-29.

[26] Gray markets or parallel imports occur when channel members located in low price markets, not under the strict control of the manufacturer, resell their products to market areas for significantly higher prices.

[27] The price is right? (2005, January/2004, December). *Brand Strategy*, 32.

[28] IMF 2006, *De Facto Classification of Exchange Rate Regimes and Monetary Policy Framework*, at www.imf.org/external/np/mfd/er/2006/eng/0706.htm.

[29] MacDonald, R. (1988). *Floating exchange rates: Theories and evidence*. London: Unwin-Hyman.

[30] Wahlgren, E. (2003, November). Trade winds. *Inc*. Retrieved from www.inc.com/magazine/20031101/casestudy.html.

[31] The Big Mac Index. (2008, July 24). *The Economist*. Retrieved from www.economist.com/markets/bigmac/about.cfm.

[32] De Grauwe, P. (1989). *International money: Pat war trends and theories*. Oxford: Oxford University Press.

[33] Meese, R. A., & Rogoff, K. S. (1983, February). Empirical exchange rate models of the seventies: Do they fit out of sample? *Journal of International Economics*, *14*, 3-24.

[34] Mark, N. C. (1995, March). Exchange rates and fundamentals: Evidence on long-horizon predictability. *American Economic Review*, *85*, 201-218.

[35] Mühlbacher, H., Leihs, H., & Dahringer, L. (2006). *International marketing: A global perspective*. London: Thomson Learning.

[36] Coffee—Venezuela: Market Insight. (2006, July 7). *Euromonitor International* [industry report].

[37] Taking another road. (21 August 2008). *The Economist*. Retrieved from www.economist.com/node/11967001.

[38] Dumping takes place when products are sold in other countries' markets below cost or below domestic prices, with the objective of obtaining relevant market shares in the foreign countries.

[39] Edmondson, G. (2007, April 27). Europe looks beyond ethanol. *Business Week*. Retrieved from www.businessweek.com/print/globalbiz/content/apr2007/gb20070427_164153.htm.

[40] Cavusgil, T. S. (1996, Winter). Pricing for global markets. *Columbia Journal of World Business*, *31*, 67-78.

[41] Myers, M. B., Cavusgil, T. S., & Diamantopoulos, A. (2002). Antecedents and actions of export pricing strategy. *European Journal of Marketing*, *36* (1-2), 159-188.

[42] Ibid.

[43] Cavusgil, S. T., Chan, K., & Zhang, C. (2003). Strategic orientations in export pricing: A clustering approach to create firm taxonomies. *Journal of International Marketing*, *11* (1), 47-72.

[44] Bright, J. K., Kiewell, D., & Kincheloe, A. H. (2006, August). Pricing in a proliferating world. *The McKinsey Quarterly* [web exclusive]. Retrieved from www. mckinseyquarterly. com/article _ page. aspx? ar=1841.

[45] Cavusgil, S. T., Chan, K., & Zhang, C. (2003). Strategic orientations in export pricing: A clustering approach to create firm taxonomies. *Journal of International Marketing*, *11* (1), 47-72.

[46] Root, F. R. (1994). *Entry strategies for international markets*. San Francisco, CA: Jossey-Bass.

[47] Fiat charges premium price for new 500. (5 July 2007). *Automotive News*. Retrieved from www. egm-cartech. com/2007/07/05/fiat-copies-bmw-charges-premium-price-for-new-500/.

[48] Gray markets or parallel imports occur when channel members located in low price markets, not under the strict control of the manufacturer, resell its products to market areas for significantly higher prices.

[49] Taylor, C. (27 April 2007). Where Sony went wrong. *Business 2. 0* [Future Boy e-newsletter]. Retrieved from http: //money. cnn. com/2007/04/27/magazines/business2/sony _ playstation. biz2/index. htm; Palmer, M. (29 March 2007). European fans help Sony PS3 to a record-breaking launch. *Financial Times*, 1.

[50] A battle at the checkout. (5 May 2007). *The Economist*, 87.

[51] Theodosiou, M., & Katsikeas, C. S. (2001). Factors influencing the degree of international pricing strategy standardization of multinational corporations. *Journal of International Marketing*, *9* (3), 1-18.

[52] The price is wrong. (23 May 2002). *The Economist*. Retrieved from www. economist. com/node/1143622.

[53] Marn, M. V., Roegner, E. V., & Zawada, C. C. (2003). The power of pricing. *The McKinsey Quarterly*, (1), 27-36.

[54] Mühlbacher, H., Leihs, H., & Dahringer, L. (2006). *International marketing: A global perspective*. London: Thomson Learning.

[55] Myers, M. B., Cavusgil, T. S., & Diamantopoulos, A. (2002). Antecedents and actions of export pricing strategy. *European Journal of Marketing*, *36* (1-2), 159-188.

[56] Muhlbacher, H., Leihs, H., & Dahringer, L. (2006). International marketing: A global perspective (3rd ed.). London: Thomson Learning.

[57] Tedeschi, B. (3 July 2006). A gray market in furniture spawns a feud in Europe. *The New York Times*. Retrieved from www. nytimes. com/2006/07/03/technology/03ecom. html? pagewanted=all.

[58] New EU countries represent both market and manufacturing opportunities. (2005, March). *Pharmaceutical Business Strategies* [online newsletter]. Retrieved from www. pbsmag. com/Article. cfm? ID=181.

[59] See: Cavusgil, T. S. (1996, Winter). Pricing for global markets. *Columbia Journal of World Business*, *31*, 67-78; Bertoli, G., & Valdani, E. (2010). *Mercati internazionali e marketing*. Egea, Milano; Hollensen, S. (2010). *Global marketing* (5th ed.). Essex, UK: Pearson Education Limited.

[60] See: Cavusgil, T. S. (1996, Winter). Pricing for global markets. *Columbia Journal of World Business*, *31*, 67-78; Bertoli, G., & Valdani, E. (2010). *Mercati internazionali e marketing*. Egea,

Milano；Hollensen，S.（2010）. *Global marketing*（5th ed.）. Essex，UK：Pearson Education Limited.

[61] Solberg，C. A.，Stöttinger，B.，& Yaprak，A.（2006）. A taxonomy of the pricing practices of exporting firms：evidence from Austria，Norway，and the United States. *Journal of International Marketing*，*14*（1），23-48.

[62] Solberg，C. A.（1997）. A framework for analysis of strategy development in globalizing markets. *Journal of International Marketing*，*5*（1），9-30.

[63] Muhlbacher，H.，Leihs，H.，& Dahringer，L.（2006）. *International marketing：A global perspective*（3rd ed.）. London：Thomson Learning.

[64] Keegan，W. J.，& Green，M. C.（2008）. *Global marketing*（5th ed.）. Upper Saddle River，NJ：Pearson International Edition.

[65] Bradley，F.（2002）. *International marketing strategy*（4th ed.）. Essex，UK：Pearson Education Limited.

[66] Johnson，T. E.，& Bade，D. L.（2010）. *Export import procedures and documentations*. New York：Amacom；SITPRO Ltd.（2007）. International trade guides：Getting started in international trade. Retrieved from www. sitpro. org. uk/trade/getstarted. html；Corradini，G.（2001）. *L'impresa globale*. Milan，Italy：Giuffrè editore.

[67] $9 billion barter deal.（19 April 2008）. *Barter News*. Retrieved from www. barternews. com/9 _ billion _ dollar _ barter _ deal. htm.

[68] www. londoncountertrade. org/index. html.

案例 11—1　中国电视机制造业的价格战：海信案例

海信（中国）

海信的前身是 1969 年建立的青岛无线电厂，凭借高效的管理方式、世界一流的员工团队、创新技术与高品质以及独特的营销战略，海信已经成长为价值数十亿美元的大企业。掌门人周厚健 1982 年加入海信，带领公司实现了创纪录的增长，2008 年的总收入达到 134 亿元人民币，净利润为 23 亿元人民币（Reuters Stock Quote，2009）。周厚健曾两度被中国中央电视台（CCTV）评为“年度商业精英”。在他的带领下，海信年平均增长超过 30%，并在过去六年内崛起成为中国平板电视销售的领跑者。海信有大约 10 800 名员工，市场份额维持在 12.5%（见附录，表 3A），在经营 LCD（液晶显示器）的所有中国公司中处于领先地位（见附录，表 3A 和表 3B）。作为一家成功的公司，海信在 2008 年被世界品牌实验室（World Brand Laboratory）评为中国第 20 位最具价值品牌，估值 84.5 亿元（Access Asia Limited，2009）。

海信（国际）

1991 年，周厚健在青岛建立海信进出口公司，开始了将海信打造为国际知名品牌之路。当时，公司的唯一业务是开拓有潜力的海外市场和引进国外先进技术。由于美国和欧洲市场壁垒高，海信首先将目光放在新兴市场，并于 1996 年进入南非，1997 年进入中国香港，1999 年进入巴西。随后几年，海信采取了全面国际扩张战略，进入美国（2000

年）、意大利（2001 年）、印度尼西亚（2001 年）、日本（2002 年）和澳大利亚（2003 年）等市场。目前，海信拥有 22 家子公司，在东南亚、中东、欧洲和南美等不同地区的 130 多个国家销售产品。在所有的国际市场上，海信都通过大型零售商分销产品，比如美国的百思买（Best Buy）和沃尔玛，其广告宣传的主要形式为口碑相传和精心布局的广告牌。这些努力证明非常有效，海信的海外收入和电视机出口都迅速增长，在一些地区海信品牌家喻户晓。

国内价格战

尽管海信在国内市场居主导地位，国际化战略也很成功，但到 20 世纪 90 年代中期，市场上出现一些严重制约整个行业发展的因素：产能过剩；国内市场竞争加剧；缺少技术标准；一些无名小厂生产高科技电视机并以能击垮别人的低价销售；彩电走私入境导致灰色市场不断扩大等。这些因素使电视机供应过剩，并引起价格战。海信及其他主要生产商面临价格压力，如表 1、表 2 所示。

表 1　　电视机平均零售价格　　单位：元

电视机类型	2002 年	2003 年	2004 年	2005 年	2006 年	2007 年	2008 年
阴极射线管	2 020	1 960	1 970	1 870	1 660	2 050	1 770
平板液晶显示器	N/A	N/A	7 100	10 420	8 770	8 280	7 790
液晶显示器	10 080	9 600	9 540	9 950	8 740	8 130	7 630
等离子	38 330	35 340	26 690	18 170	11 560	10 430	9 620
PRTV	2 730	2 560	2 460	2 570	2 620	2 820	2 920

资料来源：Televisions in China 2009：A market analysis. （2009，January）. *Access Asia Limited*.

表 2　　中国市场上电视机起价对比　　单位：美元

型号	康佳	长虹	海信	美国价格
42 英寸等离子壁挂式	1 500	1 300	1 250	2 000
32～36 英寸液晶显示器	600	700	600	1 000
32 英寸高清晰电视	415	430	450	800
数字电视机顶盒	150	125	150	250
高清晰电视机顶盒	220	200	200	550

资料来源：Compiled from company websites，2009.

中国电视机制造业是一个两极市场。外国品牌占领高端领域，其售价比本地品牌高出 20%，这保证了它们的特定利润，而本土品牌只能在低端领域竞争。由此，国内厂商在竞争中明显处于劣势，它们几乎没有利润提升的空间。结果是中国电视机厂商的生存面临威胁。在别无选择的情况下，当时中国最大的本土制造商长虹发起价格战，以对外国竞争者施加压力。这些外国公司或者不大幅降价，让国内企业抢占市场份额，或者以减少利润为代价而降低价格。大多数外国品牌的选择是，关注产品功能并提高产品价值，而非降价。这样一来，它们的市场份额萎缩，业绩出现下滑。

另一方面，国内厂商用几种不同方式回应价格战。当时的四大国内厂商考虑到已然单薄的利润和高昂的单位生产成本，选择避免卷入价格战。然而，随着 TCL 和康佳等本土品牌迅速宣布降价，其他厂商除了降价别无选择。受打击最大的是那些很难赚到钱的国内小型企业，近 20 个本土品牌宣告破产。一年内，那些对价格战做出迅速回应的厂商实现了市场份额和收益的双增长（见附录，表 4），但那些反应迟钝的厂商遭到了打击。此外，外国公司的主导性已不明显，中国市场的十大畅销品牌中，本土品牌占据八席。虽然价格战增加了短期收益，但长期效果并不明朗。从未有过的低利润率、产能过剩和逐渐扩大的灰色市场，是目前国内电视机厂商所面临挑战的一部分。随着渗透定价策略变得不再可行，海信和长虹必须转向新的竞争和定价战略，以实现长期可持续发展和盈利。

海信的生存之道和华丽转身

针对当前所面临的国内挑战，周厚健强调进行全面的国际扩张和展露来凸显海信品牌。公司几乎参加了每一个主要的国际展会，向全球消费者展示其高科技电视机。然而，公司主要生存之道在于 LED 液晶电视的销售。2007 年，中国液晶电视出货量超过日本，成为世界第三大液晶电视出口国。与其他竞争对手不同，海信有自己的 LED 背光板生产线。因此，当其他公司为获得生产 LED 液晶电视所必需的资源而发生额外成本时，海信实现了成本最小化，因而能进行大规模生产并增加未来研发投入。最后，对手因全球经济危机而遭受重创，但海信将重点重新转移至南非和印度尼西亚等发展中国家。在激烈的市场竞争中，海信通过差异化战略和高端产品提升了产品结构。与上年同期相比，海信在 2009 年上半年的净利润迅速增长了 87.9%，其液晶电视的销量提高 229%。它在主要海外市场上获得了增长，其中在南非的销量增长了 89%，在印度尼西亚超过 120%。

展望未来

随着中国在 2001 年加入世界贸易组织，电视机行业的竞争进一步加剧，进入中国电视机生产行业的那些全球品牌和公司不仅将中国视为生产地点，而且视为销售市场。事实上，全球十大电子消费品制造商都在中国建立了工厂，随着竞争转向高端市场而加大了投资。海信虽然在中国本土市场作为最畅销品牌脱颖而出，但与此同时，在全球金融危机的背景下，它也面临着来自国内市场以及进入海外市场的重重挑战。目前看来，周厚健已经将海信带上正确的发展道路，在发展中国家获得了初步成功并投资于未来高端领域。通过提供创新产品和服务，海信能够在海内外电视机制造业中进一步站稳脚跟吗？

附录

表 3A　液晶电视市场份额（2008 年上半年）

排名	品牌	份额（%）	排名	品牌	份额（%）
1	海信	12.6	7	东芝	7.3
2	三星	8.7	8	长虹	7.2
3	创维	7.8	9	夏普	7.0
4	索尼	7.7	10	TCL	6.5
5	康佳	7.6	NR	其他	20.2
6	飞利浦	7.4		合计	100.0

注：NR 指无排名。

表 3B　　　　等离子电视市场份额（2008 年上半年）

排名	品牌	份额（%）	排名	品牌	份额（%）
1	松下	21.9	6	创维	4.3
2	日立	21.4	7	康佳	3.3
3	海信	17.6	NR	其他	5.1
4	长虹	16.1		合计	100.0
5	海尔	10.3			

注：NR 指无排名。

资料来源：Televisions in China 2009：A market analysis. （2009，January）. *Access Asia Limited*.

表 4　　　　中国电视机制造企业竞争性财务分析（2008 年）

公司	总收益（百万元）	总利润（百万元）	员工数	证券市场代码
长虹	27 930	4 787	30 000	SH 600839
TCL	22 731	3 622	50 000	HK 1070
海信	13 407	2 327	10 800	SH 600060
创维	12 294	2 631	5 200	HK 0751
康佳	12 205	2 361	17 000	SZ 200016

资料来源：Compiled from Reuters Financial Statements (2009). Retrieved from www. reuters. com/finance/stocks.

讨论题

1. 中国国内电视机制造业的吸引力如何？
2. 海信的竞争优势来源于哪些方面？公司应如何开展竞争？
3. 海信应遵循什么定价策略？这种策略是否具有可持续性？能否盈利？

参考文献

Televisions in China 2009：A market analysis. （2009，January）. *Access Asia Limited*.

Retrieved from www. accessasia. co. uk/showreport. asp? RptId=12.

Sandra D. （2008），*International brand management of Chinese companies：case studies on the Chinese household appliances and consumer electronics industry entering US and Western European markets*（*Google eBook*），Springer，pp. 211-232/369.

Beyer von Morgenstern，I.，& Shu，C. （2006）. The great electronic wars. *McKinsey & Company*. Retrieved from www. mckinsey. com/locations/greaterchina/mckonchina/industries/high_tech/electronics_war. aspx.

Hisense Company Ltd. reports earnings results for the first quarter of 2009. （14 April 2009）. *Business Week*. Retrieved from http：//investing. businessweek. com/research/stocks/private/snapshot. asp? privcapId=5491388.

Chen，Z. （2 May 1999）. Changhong sparks new television price war. *Business Weekly*，3-8.

Hisense Company Limited Website. （2009）. Retrieved from http：//www. hisense. com/en/.

Hoover's Company Records. Hisense Company Limited. Retrieved September 2009 from http：//proquest. umi. com. ezproxy. rollins. edu：2048/pqdweb? index＝1&did＝1014562891&SrchMode＝2&sid＝1&Fmt＝3&VInst＝PROD&VType＝PQD&RQT＝309&V Name＝PQD&TS＝1253903046&clientId＝394.

Reuters Stock Quote. *Hisense Company Limited*. Retrieved September 2009 from http：//www. reuters. com/finance/stocks/overview?symbol＝600060. SS.

Yu, H. (9 January 2009). Hisense awarded CES 2009 Global TV Brand Top 7. *PR Newswire*, *Asia*. Retrieved from www. reuters. com/article/pressRelease/idUS31723+10-Jan-2009+PRN20090110.

案例 11—2　长途廉价航空能够在传统航空市场上生存吗?

甘泉香港航空公司（Oasis Hong Kong Airlines Limited）创立于 2005 年 2 月，其掌门人为李卓民（Raymond Lee）和他的妻子李黄慧恂（Priscilla Lee）。这是一家设在中国香港的廉价航空公司，最初经营从香港到伦敦的航线。首席执行官苗礼士（Steven Miller）是另一家香港航空公司——港龙航空（Dragonair）的创办人和第一任首席执行官。甘泉航空于 2006 年 10 月 26 日首航飞往伦敦。这次首航原定于 10 月 25 日，但就在航班预计起飞之前，俄罗斯取消了甘泉航空飞越其领空的权利。

廉价航空模式通常在一国内部或欧洲境内运行，因为航空公司可以让飞机迅速周转，并免受不同国家各自规定的限制。同时，为了节省成本，机舱座位空间更小，而且不提供餐食。因为飞行时间较短，旅客不会受过多影响。但甘泉香港航空公司是一个例外，其商业模式是以实惠价格提供一流长途飞行服务，这乍看之下似乎不可能。

甘泉航空与地位稳固的国泰航空（Cathy Pacific）、英国航空（British Airways）和维珍航空（Virgin Airlines）等航空公司直接竞争。2008 年 6 月 28 日，甘泉宣布将开通从香港到温哥华的航线，这是另一条热门长途航线。同时，到旧金山、芝加哥和纽约等地的航线也在筹备中。

甘泉香港航空公司主席李卓民称他们为已取得的成绩感到自豪。加拿大和中国旅客都希望以实惠价格获得高品质服务。他相信甘泉航空这种注重价值的长途航线运营模式在世界范围内有巨大的增长潜力。甘泉航空的平均载客量为 90%，准点率为 86%。这些指标都显示出旅客在甘泉航空获得了可信赖的优质服务。

甘泉香港航空公司在 2007 年度世界旅游业年度评选中被评为“全球领先航空公司”以及“亚洲高性价比航空公司”，同时它被澳大利亚亚太航空中心评为“年度新航空公司”，还在伦敦举行的 2007 年环球廉价航空峰会上获得“最佳新航线”和“最佳商务客舱”奖。

甘泉曾计划对一部分燃料采购进行套期保值，以防范未来燃料价格上涨的风险。2006 年 11 月 24 日，甘泉航空购买了两架飞机来提供每日往返于香港和伦敦的直飞航班，这与其他廉价航空公司租赁飞机的方式不同。随后，甘泉又从全日空航空公司购买了三架飞机。至此，它拥有三架波音 747 - 481 飞机和两架波音 747 - 412 飞机，机组人员 200 名，员工总计 700 人。

与其他航空公司一样，甘泉航空通过公司网站和旅行社出售机票。香港和伦敦间的经济舱单程票价从 128 美元起（不含税费）。甘泉航空在所有航线上为各舱位旅客免费提供两顿正餐和软饮，并免费发放耳机、毛毯和枕头。每位乘客都有自己的座椅靠背电视，其中至少设置了 16 个电视频道和 12 个音乐频道。经济舱的座位宽度为 32 英寸，这与国泰航空和加拿大航空相同，比英国航空和维珍航空的座椅宽出至少 1 英寸。甘泉也有商务舱，公司声称其价格比老牌航空公司的经济舱价格更低。旅客对此反响很好，大多数航班爆满。最初的促销期过后，票价仅为其他航空公司的 1/3 或一半。甘泉航空希望它不仅能从现有的航空公司那里获得市场份额，而且将此细分市场做大。

然而，香港金融服务公司 Quam 的航空公司分析员爱德华·黄（Edward Wong）指出，香港并不适合作为廉价航空的空港，因为香港的飞机着陆费很高。这与欧洲不同，因为欧洲的廉价航空可以使用二线机场来降低机场费用。2007 年，燃料价格与 2006 年相比多次上涨，这使低成本经营长途航线更加困难。同时，包括国泰在内的几乎其他所有航空公司都为忠诚客户提供折扣。

终于，2008 年 4 月 9 日，甘泉航空公司向香港特别行政区高等法院申请委派临时清盘人。最后一个航班在当地时间上午 10 点 15 分离开温哥华，并于当地时间下午 3 点零 9 分抵达香港，其航班号为 O8901。受法庭委派，毕马威（KPMG）担任临时清盘人，并在同一天接管甘泉航空公司。甘泉航空的首席执行官苗礼士在记者会上宣布，公司自运营以来产生了 1.28 亿美元的累计亏损，因此宣告停运。他表示："非常遗憾甘泉航空今天向香港法庭申请清盘，我们从即日起停止所有服务。"中国银行（香港）向甘泉航空公司提起 2 167 万美元的诉讼，称后者不正当申请自愿停业令。大约 700 名员工失去工作，5 万名预订该公司航班的旅客受损。

资料来源：Case prepared by Tai Ming Wut, Senior Manager at Sigma Elevator, Hong Kong, Marketing and Advertising. Reprinted with permission.

第12章 全球布局和分销渠道

为了顾客和分销系统的利益，我们努力取得引人注目的进步，在所有主要市场上的不同销售形式都根据顾客的新要求进行调整。每一天都是我们改进服务、使产品更触手可及的好机会。

——迈克·迪克曼（Michael Diekmann），安联集团管理委员会主席[1]

学习目标

1. 理解分销在国际营销组合中的作用。
2. 确定影响分销决策的主要内部和外部因素。
3. 明白如何管理全球布局和国际分销渠道。
4. 评价不同类型的渠道中间商。
5. 认识到不同国家的零售体系存在很多差异。
6. 制定渠道成员选择框架。
7. 认识管理和控制渠道成员的重要性。
8. 描述与实体分销有关的主要活动。

渠道的力量

几乎没有什么产品比生鱼掉价更快，也几乎没有什么产品比蓝鳍金枪鱼升值和流行得更快，人们做寿司时喜欢用这种鱼。作为日本传统美食，用生鱼片加上有醋味大米做成的寿司已经风靡全世界。在萨沙·艾森伯格（Sasha Isenberg）的《寿司经济》（*Sushi Economy*）一书中，作者说明寿司流行全世界不仅是文化和口味全球化的绝佳例证之一，而且展示出分销渠道技术和现代化如何使之成为可能。寿司享誉全球始于20世纪70年代，当时日本航空（Japan Airlines）的一名官员试图找到一些有价值的飞机返程货物，这架飞机将相机、织物和电子产品运到北美。由此，喷气式飞机的迅捷高效为将加拿大沿海各省捕获的金枪鱼卖到日本开辟了一个新的分销渠道。然而，渠道创新并未止步于此。有了卫星电话，渔民可以提前叫回捕捞船，而传真机使船主得以知道他所捕获的、能提供给东京鱼市的是什么鱼，充氮大冷柜能在零下70度保存这些鱼，从西班牙海岸、北太平洋或科德角海岸附近的一个农场运送至你就餐的当地餐馆。

寿司的全球化仍在继续。日本采取了美国快餐店模式，使寿司成为回转寿司自助餐馆里的方便小吃，这类餐厅用传送带围绕吧台循环传送小盘寿司。现在，华盛顿西雅图的一个回转寿司集团推出了一种提高时间效用的新方法，保证只向顾客提供新鲜寿司。餐厅在传送带上小盘子的底部粘上无线射频识别（Radio Frequency Identification，RFID）标签，由此跟踪哪些盘子已经旋转了 90 分钟，即餐厅规定的最长允许时间。利用这一新系统，该餐厅成功实现了两个目标：更好的库存管理和更高的顾客满意度。同时，印度 Taj 连锁酒店也将寿司作为一种差异化手段。它在印度推出了寿司酒吧。Martin（2007）在最近一次采访中谈到使寿司成为全球化象征的这些新分销渠道、现代技术和国际营销实践时总结道："寿司是典型的全球化行业，没有 20 世纪的技术和金融革命，它就不可能存在。"[2]

寿司一例显示出分销在全球市场渗透方面作用巨大。事实上，在公司针对目标外国市场制定恰当的进入模式之后，一方面，决定性的问题就是确定包含机构、代理、批发商、零售商等全部成员的分销渠道，渠道负责将产品运送给最终消费者。另一方面是实体分销的组织，包括对准备出口至外国的商品进行运输、包装、仓储等。设计和管理高效的国际分销网络应当集中于为最终消费者提供产品信息及产品可获性、维持分销的盈利性、维护分销商关系以及强化公司的全球营销战略。更具挑战性的问题是：设计国际分销网络时应该考虑哪些影响因素？是宏观环境差异、竞争结构，还是分销体系？哪些管理因素与渠道和物流决策相关？零售商在国际化进程中的涉入度如何？本章将提出并讨论所有这些问题，并重点强调公司国际营销战略中分销决策的重要性。

国际分销决策的影响因素

在确定某外国市场的进入战略之后，公司必须估计什么渠道最合适，包括渠道结构、管理和控制。在公司就建立和发展全球市场上期望的地位进行规划时，必须考虑几方面的内部和外部因素。内部因素包括：

- 公司的国际营销战略，含既定的进入战略和公司希望获得的控制权
- 分销策略，主要受市场渗透目标、竞争结构和资金实力的影响
- 产品复杂程度
- 公司营销和销售部门的规模和发展

外部因素包括：

- 分销体系的特征
- 当地法规
- 产品生命周期阶段
- 消费者购买习惯和市场规模
- 竞争态势

内部因素

制定外国市场分销决策时需要考虑的一个主要因素是公司进入模式和公司希望

获得的控制权。显然，如果选择了风险较低的进入模式，如间接出口，公司就无法全面控制在国外的营销战略，而不得不委托国外伙伴，后者负责产品在本国的分销。战略联盟、特许协议、合资企业或者绿地投资等中间进入模式允许企业建立直接或较短的分销渠道，从而能够持续监控国外的销售活动。[3]

另一个重要因素是，公司希望采取密集分销、选择分销还是独家分销策略？**密集分销策略**（intensive distribution strategy）指厂商采用尽可能多的销售点。例如，设在法国的米其林（Michelin）集团在进入俄罗斯市场时，决定通过米其林 Truck Pro 和驰加店合作模式进行密集分销。在 61 个城镇开了 82 家店之后，2006 年米其林决定扩展至俄罗斯所有居民在 15 万人以上的城镇，以提高在这一广阔市场上的覆盖率。[4]不仅如此，大型多国公司希望其快消品渗透进入总人口的各个细分市场时，也常常使用密集分销策略。

服装领域的阿玛尼等公司采用**选择分销策略**（selective distribution strategy），这一策略指采用少数经过选择的中间商。阿玛尼不仅通过自营店（独家方式）分销其高质量产品，而且通过挑选大城市里最精致的服装店渗透进一些国家。最后，在**独家分销策略**（exclusive distribution strategy）中，少数零售商获准在它们所在的特定范围内销售产品，作为交换条件，它们不得销售竞争产品。例如，西班牙 Inditex 集团的品牌 Zara 采取了完全独家分销策略。Zara 的全球零售网络包含 1 361 家商店，它一般通过只售本公司品牌产品的连锁店渗透至外国市场，这些商店由 Inditex 持全部或部分股权（88%的商店所有权）的公司直接管理，仅有某些国家例外。这些国家主要位于亚太地区，公司在该地区的零售通过特许方式完成（12%的商店所有权）。[5]这些选择取决于公司的市场渗透目标、竞争结构和财力。例如，高渗透率必然需要米其林那样的密集分销，但密集分销除非投入大量资金，否则难以实现。

产品复杂性是需要考虑的另一个因素。复杂性不同，出口商与中间商的关系就不同，因为复杂产品要求大量信息交换和双方互动来解决产品运送、安装和售后服务等相关职能问题。[6]在有些情况下，复杂性如此之高，以至于需要高层领导亲自过问。

最后一个影响公司分销选择的重要因素是出口部门的内部组织特征，包括部门经理人数以及他们的国际化职业背景、营销技能和运营预算。如果公司出口部门很简单，就没有能力直接管理不同的外国市场，因此，公司会倾向于选择间接分销，采用当地中间商并将一切分销活动委托给它们，尽管这种选择会降低公司对目标市场的控制力。

外部因素

有些外部因素在国际分销决策中能发挥一定作用。公司必须经常让步于**分销体系**（distribution system）、物流和交通基础设施方面的国别差异，因为这些因素不仅影响分销决策，而且影响公司自身的产品和价格决策。例如，如果物流和交通基础设施低效，公司就必须使用当地中间商，因为它们能够解决可能发生的一切问题。同时，采用为数众多的中间商意味着公司对最终市场缺乏控制力，还可能引起价格升级，导致产品卖不出去。[7]类似地，分销体系的差异要求公司采用自身及其销售网络都缺乏经验的分销方式。

以非处方药（OTC）行业为例，一家全球制药公司不得不在分销体系完全不同的国家销售产品。例如，在法国，全国非处方药品市场65.7%的药品通过药房和普通药店销售，而超市和大卖场仅销售8.3%；但在美国等市场，后二者占28.8%，前二者占49.1%（Datamonitor，2008）。[8]美国的情形要求建立一个擅长与现代分销体系谈判的销售网络，而这种分销体系在其他国家作用不大。

另一个例子是啤酒。据表12—1，在德国等一些国家，啤酒分销的主导形式是超市和大卖场，但在爱尔兰和新加坡等国，即饮渠道[9]更重要。印度的情形让人吃惊，一半以上的啤酒通过零售专卖店销售。

表12—1　　世界啤酒分销举例（占总量的百分比）

渠道	巴西	印度	爱尔兰	新加坡	德国	俄罗斯
零售专卖店	48.60	56.60	7.60	6.80	7.30	30.20
超市（大卖场）	29.70	0.20	—	17.80	61.30	48.10
即饮市场（餐馆等）	14.90	43.10	78.70	63.80	22.90	8.80
其他	6.80	<0.1	13.80	11.60	8.50	12.90
合计	100.0	100.0	100.0	100.0	100.0	100.0

资料来源：Based on data provided by different reports：Datamonitor.（2008）. Beer in Brazil；Beer in India；Beer in Ireland；Beer in Singapore；Beer in Germany；Beer in Russia. Retrieved from www. datamonitor. com.

以上所强调的分销差异可能由各种因素引起，其中之一便是当地法规。在中国，由于立法改变，不再允许玫琳凯、安利和雅芳等公司进行人际网络营销，导致这些公司销量下跌过半。它们不得不适应新法规，新法规要求销售员通过一个由当地政府组织的考试。[10]

分销体系差异也可能与产品生命周期有关。在导入期，市场渗透率和覆盖率非常低，成长期则建议采用选择分销，而成熟期通常要求密集分销。

其他需要考虑的因素包括消费者购买和**购物习惯**（shopping habits）以及零售场所偏好。这些行为深植于国家文化之中，难以改变。最近Maruyama and Trung（2007）[11]关于越南零售形态的研究指出，2005年，超市引入已有10年，但所有商品中，仅有10%通过现代分销渠道进行分销，90%继续通过有组织的或非正式的集市以及夫妻店等传统渠道销售。在越南，正式的集市是获政府允许的稳定市场，经常拥挤，嘈杂，色彩鲜艳，比较脏，没有产品标准和商标。至于非正式的集市（称为Cho Coc），当地政府并不允许且努力取缔，但是没有成功。零售商是固定或流动摊贩，经常卖蔬菜、鸡蛋、肉和鱼。最后，传统夫妻店是小型家庭店铺，卖食品、饮料、玩具和个人护理产品。在有些街道，每隔几百米就有200～500个类似的夫妻店。为何消费者继续在这些传统商店购物？对此有许多解释，但是大多提及长期形成的购买习惯难以改变这一事实。

其他值得考虑的外部因素包括市场规模和消费者在国内的分布情况。宝洁公司针对中国农村地区的分销策略表明，公司取得竞争成功的决定因素是，针对分布在辽阔区域由农村人口组成的巨大市场制定分销策略（见专栏12—1）。

渠道策略还可能受竞争对手渠道选择的影响，竞争者通过采用特定渠道为在某国销售铺平了道路。不仅如此，它们还可能与当地零售商和批发商签订了独家合同，建立起进入壁垒，以阻止公司涉足某些关键渠道。在另一些情况下，竞争对手

专栏 12—1

聚焦公司：宝洁

除了价格实惠、成本低、产品适应当地市场等关键成功因素之外，宝洁公司很早就意识到它需要一个稳健而灵活的分销网络来进入中国农村地区快速发展的消费品市场。宝洁不仅对中国内陆地区消费者的品位和偏好进行了深入的市场调查，而且为建立一个广泛的分销网络花费大量时间，并给予充分关注，使其覆盖到哪怕是最遥远的乡村。它当前的分销商覆盖大部分城镇和城市的 50 万家商店，而且正在进入人口更少的地区，那里夫妻店是主要的零售中心。分销商用货车装上宝洁卖得最好的商品，如汰渍、舒肤佳和潘婷洗发水，还有彩色海报、招牌等其他有助于建立企业形象并与当地市场沟通的各种销售支持物。但是，宝洁又前进了一步。最近它与中国商务部签订了一项协议，准备升级现有商店并建立新店，还给将近 1 万个村庄的当地劳动力讲授怎么卖消费品。宝洁在中国的市场份额为 19%，中国是宝洁仅次于美国的第二大市场。这些行动将使宝洁公司更多出现在中国农村市场，与地方和全国性企业竞争，它们的成本更低，市场知识更丰富。同时，这些行动也使宝洁的竞争对手，如联合利华，难以企及。联合利华这家英荷公司由于缺乏清晰的分销策略导致市场被宝洁占领，如今正在努力赶上。联合利华大中国区主席弗兰克·布拉肯（Frank Braeken）说："我们犯了些错误，这让我们变得更聪明。"

资料来源：Roberts，D.（2007，June 25）. Scrambling to bring Crest to the masses in China. *Business Week*. Retrieved from www. businessweek. com/magazine/content/07 _ 26/b4040058. htm；Penhirin，J.（2004）. Understanding the Chinese consumer. *The McKinsey Quarterly* [Special Edition]，46-57. Retrieved from http：//mkqpreview2. qdweb. net/PDFDownload. aspx? ar=1468；New President for P&G，（2010，March 25）. *China Retail News*. Retrieved from www. chinaretailnews. com/2010/03/25/3467-new-president-for-pg-greater-china/.

拥有销售渠道，从而接近当地市场。资生堂在日本以及最近在中国建立的连锁商店能针对每个顾客的要求提供高质量咨询和服务，持续地满足顾客皮肤护理和化妆的需要。直接控制分销渠道使得资生堂对职员进行培训，使其通过先进技术和好客精神（omotenashi，即"通过顾客和产品互动丰富人们的精神"）完全掌握高级服务技巧，对顾客需要做出响应（见插图 12—1）。[12]

插图 12—1　日本的资生堂商店

资料来源：Reprinted by permission from SHISEIDO© . CO. ，LTD.

管理国际分销渠道

分销**渠道结构**（channel structure）在很大程度上受到国家经济发展水平的影响，经济发展需要效率更高的渠道。[13]随着经济增长，零售和批发机构有望变得规模更大、更为专业，尽管效率较低的中间商仍然存在于市场上。[14]最近针对中国市场的一项研究（Yi and Jaffe，2007）[15]发现，渠道结构由经济发展水平决定，而且部分取决于鼓励经济发展的政府政策。例如，在中国，政府推行“开放政策”，为外国和当地公司提供市场准入。此外，允许制造商直接向零售商销售产品，这使中间商显得多余。

从公司角度看，分销渠道管理需要做很多决策，这些决策以评价以下各种渠道的优缺点为基础：

1. 直接渠道相对于间接渠道。

2. 传统分销渠道相对于垂直营销系统（vertical marketing system，VMS）。

3. 在不同类型的中间商（代理商、批发商和零售商）中做选择，找出最合适的中间商。

直接和间接分销渠道

在直接分销渠道中，制造商直接向最终客户销售产品。当一个或一个以上中间商涉入交易，产生不同销售层次时，渠道就成为间接渠道。尽管直接和间接渠道不同，但在既定国家市场同时采用两种渠道的情况并不罕见。图 12—1 描述了以上指出的各种形式，选项 1 和选项 2 代表了**直接渠道**（direct channels），而选项 3～7 代表了**间接渠道**（indirect channels）。

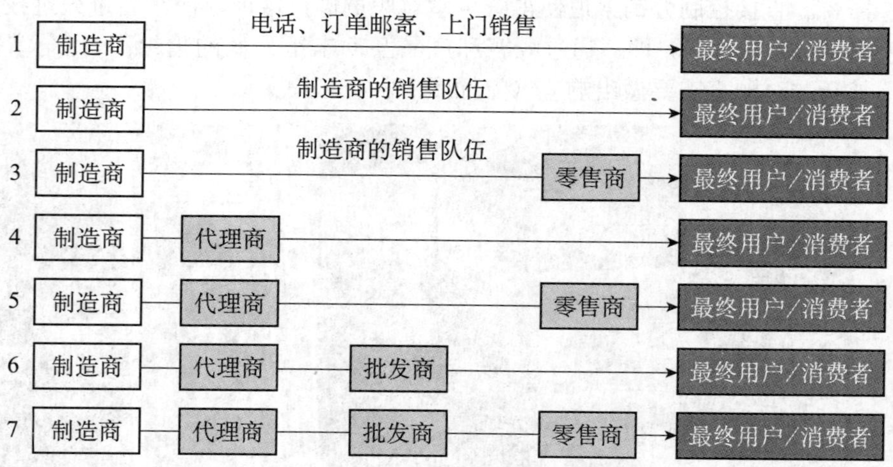

图 12—1 国际分销渠道选择

分销渠道结构可以用渠道长度和宽度来描述。渠道长度指在产品抵达消费者过程中发挥一些作用的中间商层次和类型。例如，在图 12—1 中，渠道 7 长于渠道 3，因为有更多类型的中间商涉入其中。在某些长渠道中，可能存在不同层次的同类中间商，例如，可能有总批发商、中间批发商和最终批发商。渠道宽度可以用来衡量各类渠道成员，定义为渠道中同类中间商的数目。如果零售环节非常分散，比如可口可乐在世界无数零售店里销售，那么就是宽渠道；如果分销比较集中，例如杜嘉班纳的系列服装只在有限的商店里销售，那么就是窄渠道。

直接渠道

如果公司的客户不多，就可以通过内部专业销售队伍，或者通过一个与这些客户密切合作的全球大客户组织直接提供服务。一般而言，如果只能由内部有资质的员工为消费者或工业用户提供技术产品或服务，那么直接渠道值得推荐。公司直接控制渠道对工业品较为典型，因为工业品的情况是，制造商通过自己的销售队伍和另一个购买此产品用于生产加工的公司进行企业间营销。如果产品很复杂，公司就需要给客户进行展示和解释。在有重要客户的情况下，高层管理者会进行谈判。需要考虑到的一个重要方面是客户所要求的服务水平，如果要求高，公司就不得不与客户直接联系，快速地对客户要求做出响应，并为售后可能出现的问题提供一切必需的专业技能服务。

类似地，如果公司属于零售商，那么它倾向于通过称为采购办公室的公司内部代理向后控制采购活动。国际零售商通常将采购办公室设在公司感兴趣的一些主要国家。

直到几年前，在公司销售队伍之外，直接渠道还仅限于上门销售、订单邮寄或电话销售。如今，由于网络销售增多，直接营销渠道得以进一步发展。尼尔森针对欧洲、亚太、北美和中东 48 个国家和地区所做的调查发现，在线购物发展迅猛，2005—2010 年间从占全球网民的 10%增长到大约 84%。[16] 因此，很容易理解为何许多公司认为互联网不仅是一种沟通工具，而且能带来销售。为了证明这一点，另一项针对 2.7 万名网民的全球调查[17] 指出，在线购物过去只限于图书、机票等产品，现在预计发展到衣服和电子设备等其他产品类别。

间接渠道

在间接营销渠道中，制造商和最终消费者之间的关系由代理商、批发商和零售商这些中间商筛选，它们执行库存、融资、销售和促销、管理售后服务等职能。[18]

渠道可长可短，取决于公司采用的中间商数目。如果公司有很多外国客户，那么这些中间商会对缩减交易数量、克服文化差异、简化销售过程发挥重要作用。另一方面，采用间接渠道带来的风险是失去对产品实体流的控制，不能决定渠道各阶段的价格政策、库存付款和促销政策。

传统分销渠道相对于垂直营销系统

渠道的组织是另一个重要问题，可以考虑**传统分销渠道**（conventional distribution channels）或**垂直营销系统**（vertical marketing systems，VMS）。在传统渠道中，中间商独立运行，俨然另一个企业。对于垂直系统而言，中间商在一个独特的整合系统中被连接起来，有利于合作和协同。如图 12—2 所示，制造商（第 3 种情况）可以既控制批发（分拣、组装、仓储货物的过程），也控制零售（例如，管理直营店）。批发商也可以这么做，自己生产产品，零售也由自己负责（第 2 种情况）或交给零售商（第 1 种情况）。整合也可以限于部分职能，如第 4 到第 7 种情况。在所有这些情形中，都可以用公司 VMS、合同 VMS 或管理 VMS 进行控制。公司 VMS（corporate VMS）指公司通过所有权取得控制权，例如直营店（directly owned stores，DOS）。合同 VMS（contractual VMS）指公司通过与生产、分销不同环节上的独立公司签订合同来实现控制，例如特许经营。最后，管理 VMS（administrative VMS）指生产和分销由合作伙伴中权力高、规模大的一方进行协调和控制。

完全垂直整合				部分垂直整合			
R	W	M	制造商	M	W	M	M
R	W	M	批发商	M	W	W	R
R	W	M	零售商	R	R	W	R
1	2	3		4	5	6	7

注：M 代表制造商；W 代表批发商；R 代表零售商。

图 12—2　完全和部分垂直整合示例

如果在销售和售后阶段都需要管理一个复杂产品，通常采取整合系统。也有一些情况下，公司无法找到可靠的分销伙伴，或者渠道伙伴的利润加成太高使制造商的最终价格失去竞争力，此时制造商会有兴趣通过整合分销活动提高自己对销售过程的控制。因此，如果外国市场规模很大，足以证明投资的合理性，许多公司往往设立销售分支和办公室执行批发职能，负责将母公司的产品直接卖给零售商和工业用户。[19]

此外，当外国现有的零售业态不适合公司的产品时，公司可以选择通过自有商店或特许经营进行前向整合。众所周知，奢侈品牌开设自营店，在那些公司希望维持高品质和独特形象并且有增长潜力的市场上更是如此。

多渠道策略

根据外国市场的特点，公司经常制定多渠道策略（直接和间接策略，含不同类型的中间商），并选择最合适的分销组织形式（传统或垂直体系）用于差异化产品或品牌。例如，法国化妆品行业巨头欧莱雅在全世界 130 个国家经营 25 个品牌，是唯一一个采用多渠道分销的化妆品集团（见表 12—2）：专业产品销往美发沙龙，消费品出现在大众市场（食品和药品），奢侈品在化妆品精品店等专业零售店和百货商店销售，活性化妆品则通过药店和配药医生销售。[20]

表 12—2　欧莱雅分销渠道

分销渠道	品牌
美发沙龙	L'Oréal，Kérastase，Redken，Matrix，Mizani，Pureology
大众市场	L'Oréal，Garnier，Maybelline，Softsheen-Carson
化妆品精品店及其他专业零售店和百货商店	Lancôme，Biotherm，Helena Rubinstein，Diesel，Giorgio Armani，Kiehl's，Guy Laroche，Ralph Lauren，Cacharel，Shu Uemura，Victor Rolf，Paloma Picasso，Yue Sai
药店	Vichy，La Roche-Posay，SkinCeuticals，Sanoflore，Inneov
自营店	The Body Shop

续前表

分销渠道	品牌
电子渠道和目录销售	Lancôe e-shop，Le Club des Créateurs de Beauté

资料来源：Adapted from：www. careernomics. com/Loreal0709/can/excelling. php；www. loreal. com/ _ en/ _ ww/index. aspx；http：//www. ccbparis. fr/index. aspx；Dudson，D. （2008，March 7）. L'Oréal has been on a spending spree in recent years to build up its ethical credentials，explore alternative distribution channels and lessen its dependence on Western Europe. *Cosmetics International*，6（1）.

欧莱雅也采用垂直营销系统，2006 年收购以商业道德著称的化妆品零售店美体小铺便是例证。收购为公司进入欠发达国家零售市场提供了一个重要平台。最后，欧莱雅的直接渠道通过创建兰蔻 e 店和美丽创造者俱乐部等电子商务和目录销售得到发展。

多渠道策略的一个主要问题是如何进行必要的协调，以便向最终消费者传递相同的信息。在美国和加拿大从事保险的好事达（Allstate）公司，其分销网络包括约 14 900 名独家代理人和财务代表，是通过技术实现协调的一个例子（见专栏 12—2）。

专栏 12—2

聚焦技术：多渠道协调需要投资：以好事达公司为例

倘若不注意渠道整合，多渠道公司并不能保证成功。技术是实现整合最基本的出发点。好事达公司清楚，在商业过程管理和数据管理方面的投资是执行多渠道项目的关键，其特点是实现深度整合。

好事达是美国最大的个人保险上市公司，成立于 1931 年，1993 年成为上市公司。如今，公司总资产达 1 330 亿美元，产品组合包含 13 大类保险，包括汽车、财产、人寿和商业险，另外还销售退休和投资产品及金融服务。所有这些产品线由多渠道分销网络提供，包括好事达代理人、好事达网站（allstate. com）、1－800 好事达电话、独立代理人、金融机构和经纪人。

消费者从中得到的好处主要是，他们可能受益于非常不同但又深度整合的分销网络。好事达代理人可以接入客户呼叫中心和互联网，这意味着消费者既可以采用网络这样的创新渠道，也可以通过代理人或电话这些传统手段来完成交易。例如，一名潜在客户可能在两分钟内就了解到公司对汽车保单的预估，公司可以立刻在网站上显示一名代理人的姓名，供客户随时联系。技术使顾客得以在网上启动交易，与代理人完成交易，而不需要重复整个交易，他们只需要在之前停顿之处继续就可以完成整个过程。

多渠道整合也给代理人带来利益，他们可以快速方便地报价、跟进、追踪新交易，从而比以往更高效地追求销售目标。但是，多渠道分销必须有整合沟通。事实上，至关重要的是，公司要保证所有渠道提供相同的服务和信息，一致地传递品牌和信息，并提升定位策略的连贯性。

好事达保险公司于 2000 年启动渠道整合项目，自此销售显著增长。技术、整合和持续投资于分销渠道的改进，这些是公司和客户之间建立成功关系的要点所在。好事达保险公司设在伊利诺伊州诺斯布鲁克的分公司的一名负责分销、营销和过程方案的经理说："我们希望为顾客提供优质体验，多渠道必不可少。"

资料来源：www.allstate.com/about.aspx；Burns，C.（2008，August）. Channels work together toward the same goal. *Insurance Networking News：Executive Strategies for Technology Management*，*12*（1），1430；Viscusi，S.（2009，June 4）. Allstate agents improve sales and marketing capabilities with Leads360 and Quote Burst. Tmcnet.com. Retrieved from http：//outbound-call-center.tmcnet.com/topics/outbound-call-center/articles/57392-allstate-agents-improve-sales-marketing capabilities-with-leads360.htm.

渠道中间商类型

渠道中间商基本上分为三类：代理商、批发商和零售商。**代理商**（agents）以公司名义经营，但不拥有商品所有权。**批发商**（wholesalers）购买商品再出售给客户，客户用于转卖或生产经营。**零售商**（retailers）建立起商品提供者和消费者之间的最终联系。中间商可能各个不同，取决于它们的发展战略。例如，有些批发商前向整合从而涉及零售业务。同理，有些零售商后向整合，从事批发商的一些典型业务。下文将列举并介绍代理商、批发商和零售商每一类当中包含的各种中间商。从具体操作角度看，它们通常与提供的服务和产品所处的行业高度相关，这经常导致公司混合使用不同类型的中间商或合同，用于不同的外国市场。

代理商和批发商

代理商负责将供应商拥有的产品销售给零售商和其他批发商，但没有产品所有权，以它们所代表的公司（称为委托方）之名义开展业务。它们提供的服务有限，通常是为了挣佣金或代理费，代理的产品有纺织品、服装和鞋类。

批发商将其他公司提供的产品卖给零售商，或者直接卖给特定地理范围内提供服务的工业、商业和其他终端用户。它们与其他类型中间商的区别在于拥有所销售产品的所有权。批发商承担着从商品分拣、组装和仓储，到提供包装、贴标签、联系新客户、谈判和销售等众多职能。

在分析此类中间商从事的活动时，可以将它们分为提供全面服务的"全服务批发商"和只提供部分服务的"有限服务批发商"两类。根据批发商与供应商和客户的关系，以及所采用的分销方式，批发商有不同的商业指称。本章末的附录描述了国际背景下最重要的一些代理商和批发商分类。一定要理解，这些类别的定义不一定普遍适用，可能随部门而变化。

批发商在欠发达国家市场上尤其可以发挥供需桥梁的作用。在整个农村地区的零散市场上，消费者收入不高，当地零售商只能少量购买多种产品，那些有能力管理大量低价产品的批发商可以发挥作用。[21]

尽管代理商一直是提供增值服务的重要角色，但其结构却在不同国家之间差别显著，主要是因为经济发展水平不同。需要考虑的一个重要方面是批发业务的权力集中度。在有些国家，权力集中于少数公司，它们在全国范围开展经营，能够获得显著的规模经济效应。日本便是一例，那里66％的销售来自最大批发商的门店，但其门店数只占所有批发商门店的 10%。

如果批发商活跃于全球市场，它们也可在全球市场分销其产品。批发商的实力会对那些渴望进入某个国家市场的外国公司造成影响，因为产品分销几乎完全控制在这些批发商手中。

为了解批发商的权力之大，可以看看几个全球最大批发商的收入。

表 12—3 展示了几家批发商的收入，高收入给它们带来了很大的渠道权力。但是，权力并不是如此集中。小型分销商可以专门经营一种产品或品牌，甚至取得某进口品在本国的独家分销权。[22]

表 12—3　领先的全球分销商

公司	行业	收入（2010 年，百万美元）	国家/地区
麦克森公司（McKesson Corporation）	制药	112 084	美国
Genuine Parts Company	汽车	11 207	美国
华润创业有限公司（China Resource Enterprise）	零售、饮料、食品加工等	11 188	中国香港
英之杰（Inchcape）	汽车	9 570.1	英国

资料来源：Companies' annual reports (2010) retrieved from http://www.mckesson.com; http://www.genpt.com; http://www.cre.com.hk; http://www.inchcape.com/.

垂直整合程度也决定了外国分销商的权力，以中国控股集团华润为例，集团业务主要在内地和香港，它既后向整合进入生产制造，也前向整合进入分销和零售。

零售商

零售商是向最终消费者销售产品的一类中间商，活动涉及订购、储存、组装、以最吸引人的方式展示商品、包装、融资和提供售后服务等。

由于各国的购物习惯、生活方式、经济发展和当地法规不同，不同国家的零售业态可能存在很大差异。沃尔玛是全球最大的零售商，在 28 个国家有 9 667 家商店，这些零售店的零售业态不同，包括折扣店、超市和山姆会员店（Sam's Club）。[23]即使在欧洲地区，食品杂货店差异之大也令人印象深刻。例如，在法国，54%的零售业态为大卖场，接下来是大小超市，分别占 23%和 19%，只有 4%属于专卖店等其他形式。在其他国家，仅仅英国与法国类似。西班牙的情况是，大卖场占 32%，大型超市 28%，小型超市 19%，其他形式 21%。与西班牙相比，意大利的情况更为差异化，食品杂货店中，大卖场仅占 25%，专卖店等其他商店占 32%。[24]

有时当地法规决定了零售业态的不同。例如，只有 3%的印度人到西式超市和大卖场买鞋子，中国是 20%，印度尼西亚是 30%，泰国是 40%。造成这些差异的部分原因是，事实上，部分出于保护数百万小型家庭杂货店的目的，印度政府不允许外资公司开设鞋店。如今，这一情况似乎正在慢慢改变，新德里仅在 2006 年一年之内就关闭了 3 万家涉及非法经营的小商店。[25]

制造商向最终消费者销售产品，有很多方式可供挑选。首先，它们要考虑外国市场上有哪些独立零售商可以使用，从中选择最适合自己产品的零售商。有些情况下，制造商可以利用与某些全球零售商的强大伙伴关系。例如，联合利华在全球市场上拓展时，一直与家乐福、沃尔玛、阿霍德（Ahold）和乐购等全球零售商的全球化进程相伴，公司与这些零售商建立了坚实的伙伴关系。选择市场上已有的独立零售商并不排除在产品销售方面进行创新，如德国拜尔斯多夫公司那样。该公司销售妮维雅、莱珀妮（la Prairie）、柔美娜（Juvena）、优色林（Eucerin）等品牌，公司围绕零售形式开展创新，在传统的分销点、超市和药店，公司推出“蓝墙”区域，专门摆放一系列妮维雅产品，其共同特点是统一的蓝色包装。公司不仅在德国这一主要市场推广“蓝墙”概念，在初始成功之后计划开设大约 100 家店中店，还将进行世界推广，争取覆盖东欧和西欧最成熟的那些国家市场。[26]

但是，在有些情况下，制造商必须建立拥有全部所有权的自营店或者特许网络，以便更好地进行品牌推广和销售。例如，宝格丽的零售网络包括 293 家独家经营宝格丽产品的商店，其中 173 家直接由公司所有，54 家是特许连锁店，49 家为旅游零售和批发店。宝格丽还通过独立的钟表零售商以及最精致的香水店和百货店销售（见插图 12—2）。[27]

插图 12—2　位于罗马和巴黎的宝格丽商店

资料来源：Reprinted by permission from Bulgari SpA.

国际零售

零售行业国际化是一个日益凸显的现象，大小零售商都涉及。对开发一个国际零售网络进行管理，前提条件是创造外国消费者认可的品牌价值。以沃尔玛、H&M 和迪奥为例。沃尔玛面向大众消费者，用不同品牌提供大量“物有所值”的产品，加上商店的设计和气氛，向全球消费者传递出沃尔玛的品牌形象。H&M 与之不同，围绕为消费者提供价格最低的时尚优质产品这一理念而建立品牌形象。该理念通过顾客购物体验得到加强，H&M 从瑞典到韩国、中国的 2 200家商店都传递了这一信息。与 H&M 完全相反，迪奥强调生产第一、零售第二，这一特征决定了迪奥采取不同的零售模式。该品牌在全世界通过独立零售商、特许商店和自营店销售，但是商店围绕制造商品牌进行建设，而不是相反（见插图 12—3）。

国际零售商面临的一项主要决策是标准化/适应化选择。一方面，消费品的全球化不断增长，很多人认为这一因素会鼓励国际零售商采取标准化方式；另一方面，仍有研究人员宣称零售形式上的调整几乎是必需的，包括商店的风格、设计、陈列和产品组合。[28]全球零售商深切感到需要与国家文化相适应，不仅是零售形

插图 12—3　中国的一家迪奥商店

式，还有在当地提供的产品，包括产品种类、产品促销和销售技巧。以乐购为例，其在国际市场上成功的原因之一是有能力适应当地环境，理解当地需求及购买行为，在零售形式和产品种类两方面都能调整适应（见专栏 12—3）。

专栏 12—3

聚焦公司：乐购

英国最大的零售商乐购在海外非常成功，原因之一是它对当地人的口味和习俗十分关注。乐购的商店经理根据各国不同的事件来规划促销活动。因此，在波兰，乐购商店在 11 月的万圣节期间会供应大量蜡烛；在韩国 10 月的“韩文字母日”，商店里堆满了增进阅读的产品；在大部分中欧地区，7 月份商店里会展销泳衣；在本国则会推销最新版的《哈利波特》。

尽管乐购已进入无数海外市场，但在准备进入美国市场时，公司也打算这样做。公司 CEO 特里·莱希（Terry Leahy）在谈到公司计划时说：“它是专门为美国消费者设计的，经过很多调研……我们为此做了很多努力。”乐购美国店称为 Fresh & Easy，预计将采用欧洲乐购快捷店（Tesco Express）的一些元素。这种快捷店销售少量保健和美容品以及大量方便食品，比如商店自有品牌的前菜、配菜、甜点，还有葡萄酒、啤酒和软饮料。乐购在美国的新店根本没有收银台，所有交易都是自我管理。如此有影响力的创新可能在其他市场很难被接受，但美国不同，消费者在技术上依靠自己，企业也有机会获得利润。预计乐购将与德国超市阿尔迪（Aldi）展开直接竞争，后者属于折扣零售店，目前在美国几个州经营乔氏超市（Trader Joe's）。

资料来源：Griffith，V.（2002，First Quarter）. Welcome to Tesco：Your glocal superstore. *Strategy+Business*. Retrieved from www. scribd. com/doc/37855316/TESCO-Case-Study；Anonymous.（2007，February 12）. No “easy” United States entry for Tesco. *Retailing Today*，*46*（2），F2；Interbrand.（2008）. *Brands that have the power to change the world*. Retrieved from www . brandchannel. com/images/papers/382 _ European _ Retail _ Brands _ final. pdf.

全球零售商在国际化进程中面临高度竞争的市场环境。即使在许多新兴国家，也面临来自当地零售商的强有力的竞争，它们通过改进商品陈列、产品和专有技术水平加速扩张，以在外国零售商到达之前强化自己的市场地位。因此，全球零售商往往需要建立当地战略联盟。例如，在印度，美国的沃尔玛就与印度移动电话提供商 Bharti 达成协议，准备在全国开设几百家超市。[29]

在全球零售行业中，互联网和目录销售占零售总额的 6.9%，有必要进行讨论。[30]亚马逊无疑是为网络销售铺平道路的公司之一，当书商受困于传统的售书模式时，亚马逊正忙于利用互联网来开展营销、吸引顾客，借此赢得市场份额。低成本的网络运营使亚马逊得以提供大幅折扣和海量选择。更重要的是，亚马逊的在线模式使其有能力提供两种差异化服务，它们是亚马逊获得早期成功的关键因素，即基于顾客浏览和购买模式追踪的定制推荐，以及能建立社群感的产品同行评议。[31]亚马逊成功地将这一模式复制到若干国际市场，2006 年，亚马逊在这些市场的销售额占销售总额的 45%。[32]在线零售大约在同一时期开始兴起，如今已成为市场的最大变化之一，零售商需要对此做出调整。[33]

选择渠道伙伴

当评估潜在分销伙伴时，重要的一点是确定合同和关系发展情况。**伙伴选择**（partner selection）是一个很长的过程，从伙伴评估到最后的审核，每个阶段都需要认真对待。图 12—3 展示了公司在国际化进程中如何制定规划。

一般而言，选择分销商需要评价的最重要方面包括公司实力、财力、营销和销售技巧及承诺。

例如，考虑公司特点和财力时，一定要验证潜在伙伴所提供信息的真实性。有些公司如邓白氏（Dun & Bradstreet）为此类需求提供专门产品和服务，可以作为审核的可靠来源，也可向这些公司的一些现有客户进行咨询。从财务角度来看，这十分重要，而且可以检验公司和分销商在形象、定位和营销战略方面是否兼容。此外，一些促进性因素，如与其他出口商的合作经验，以及对国际合作持开放态度的管理文化，可缩短制造商和外国合作伙伴之间的文化、社会和地理距离。

当公司在海外不仅需要管理产品，而且需要管理品牌形象时，营销和销售因素尤为重要。这也是为何制造商不仅要评估外国渠道成员的产品知识，以及提供的互补品和竞争品，而且要了解它们经营哪些品牌。考虑到营销技巧，一定要从地理范围和子市场两方面衡量市场覆盖情况，以及分销商在营销渠道中的权力。衡量营销技巧，可以考察分销商在当地市场签的商业合同、开展促销活动的能力、销售支持和售后服务。

当公司希望与外国供应商建立长期关系时，承诺变得极其重要。事实上，中间商要求的佣金和利润并不总是足以维持一种有利可图的关系。

确实，选择中间商并非易事，因为公司面对的国家市场通常具有文化差异。选择起来很难，但重要的一点是认真评估公司即将面临的成本。仅仅考虑中间商要求的佣金和利润显然不够，签订分销协议、为促销开支提供支持和维护商业关系（例如拜访分销商的旅费）所有这些成本都要考虑在内。在进行所有这些评估时，经验和方法可用来使失败风险降到最低。

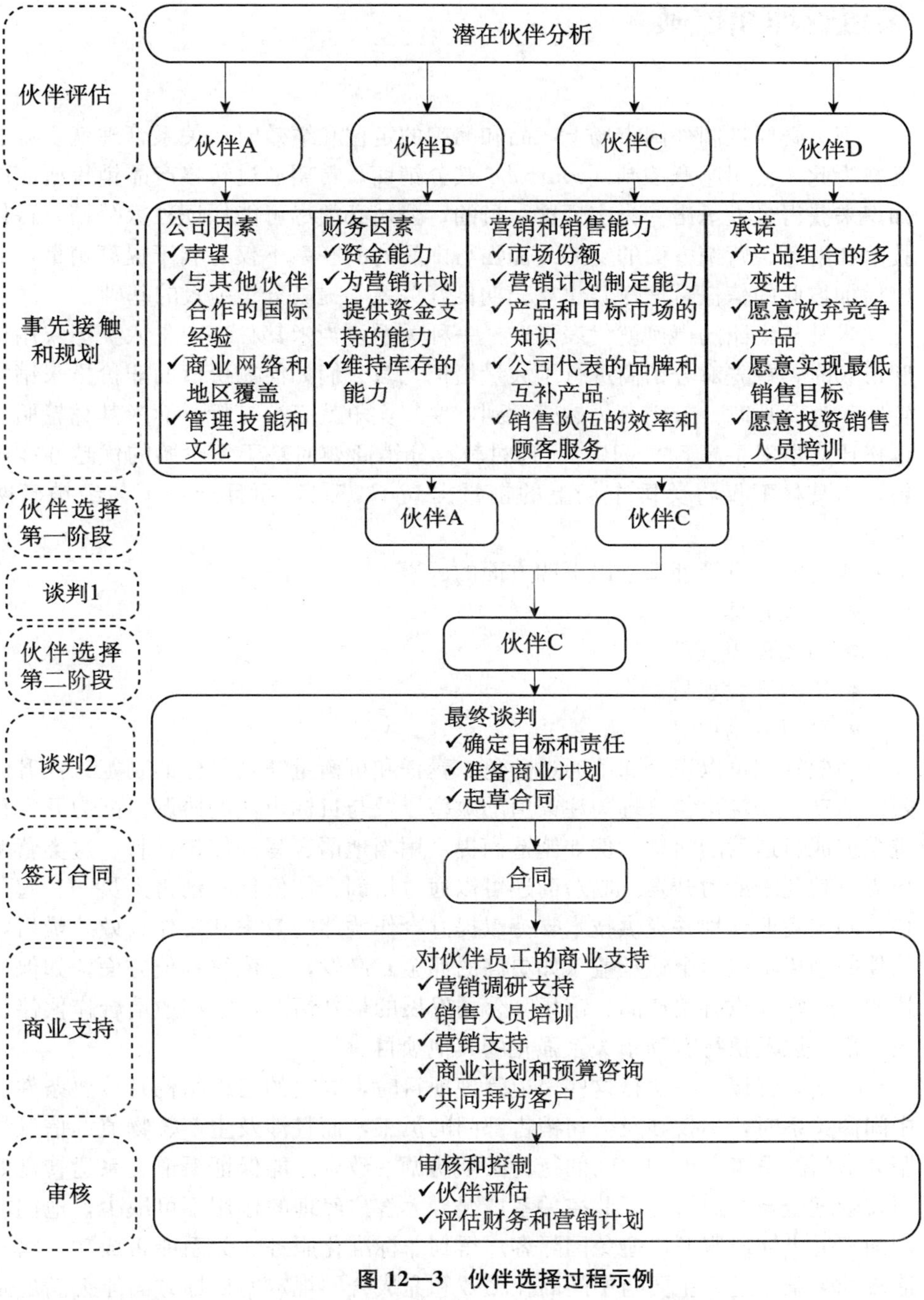

图 12—3　伙伴选择过程示例

资料来源：Varis，J.，Kuivalainen，O.，& Saarenketo，S.（2005）. Partner selection for international marketing and distribution in corporate new ventures. *Journal of International Entrepreneurship 3*，19-36；Cavusgil，S. T.，Yeoh，P.，& Mitri，M.（1995）. Selecting foreign distributors：An expert systems approach. *Industrial Marketing Management*，*24*，297-304；Hollensen，S.（2010）. *Marketing management*：*A relationship approach*. Harlow，Essex，England：Pearson Educated Limited.

渠道管理和控制

当有必要控制外国市场上产品和品牌的定位和绩效时，关系管理就变得非常重要。为此，公司愿意**控制**（control）其分销商，希望通过转移产品销售所需的一切知识来获得最大承诺。为实现这一目的，公司必须尽可能保证独家分销，提供信息技术和财务、营销方面的支持。加强与中间商的联系不仅有利于提高销量，而且可以增加彼此的信任，信任乃建立长期良好关系、提高分销绩效的基础。[34]

米其林集团的事例就代表了这样一种关系。当米其林决定进入美国农用机械轮胎市场时，首先对分销商进行了大量培训，教它们如何靠价值而非价格来销售农用轮胎。直到那时，分销商仍然感觉到，要想竞争就必须打折，而米其林轮胎当时的价格比竞争对手高5%～10%。通过教育分销商如何基于新轮胎的优越性能进行推销，米其林不仅将美国市场上的销量提高了35%，而且加强了与经销商网络的关系。[35]

成功的渠道管理基于以下四方面的因素[36]：

- 绩效管理
- 市场覆盖管理
- 能力开发项目
- 动机激励项目

绩效管理可以识别那些通过角色、责任和可衡量绩效目标的制定来提升运营绩效的活动。市场覆盖管理关注渠道的效率以及与目标市场的协调。能力开发包括促进渠道成员运营的活动。例如制造商提供用当地语言写的促销材料，这类营销和销售支持就属于能力开发。制造商还可以通过培训合作伙伴的销售人员、一起拜访客户、制定商业计划并提供技术支持以提升合作伙伴的效率和工作成效。最后，合作伙伴的动机不仅靠金钱利益（如更高的佣金）激发，还依靠其他方面，如保持关系透明，经常提供有关产品、市场和公司发展的最新情况，定期邀请合作伙伴访问公司总部，以及执行有助于关系强化的其他项目。[37]

一定要强调，在执行这些渠道管理项目时，高效的组织结构乃首要条件。管理中间商关系时，不仅涉及公司销售部门的员工，而且涉及生产、物流、信息技术和服务部门的员工。他们之间的行为必须协调一致，才能保证渠道关系运转良好。公司在管理全球客户时为了监控关系情况，大客户经理的作用不可缺少，他们能在不同国家提供同质服务，避免国际客户得到非标准化服务。关系能否成功，以及由此造成的关系远近，主要与中间商在绩效和完成合同规定的目标方面能否满足制造商的期望有关。

与国际代理商和分销商关系中的一个难题是绩效评价。一个原因是，分销合同的模糊性导致制造商难以做出评价。在如制造商和分销商之间的一种动态关系中，不可能形成一份考虑到关系进程中所有可能情况的、无所不包的合同。因此，当合同规定的条件未能严格照办时（意味着低绩效），制造商很难查明情况。制造商和代理商之间的地理距离，以及此类关系中典型的跨文化沟通问题，使评价过程变得更为复杂。因此出现了两种控制分销关系的专门方法。第一种优先考虑成本，该方法基于控制，控制是通过影响国外分销商的决策来实施的，目的是避免机会主义行为，并获得分销商行为的有关信息。第二种方法以规范为基础，强调建立共同的价值观，例如信任、承诺和灵活性。两种方法均会影响外国市场代理商和分销商的绩效。使用基于规范的第二种方法，制造商对其分销商提供支持，关系卷入程度深，会有双重作用，不仅能提高代理商的市场绩效，而且能提高制造商对关系的满意度。对于不确定性程度高的不稳定市场，规范治理的正面作用可能[38]更突出。

事实上，不管制造商和中间商多么努力，希望成功地管理双方关系，合作协议通常会终止。最近的一项关系过程研究识别出启动法律终止过程的两个主要推动力：前瞻性和反应性。前瞻性终止出现在制造商的内部决策促使它希望终止分销协议时，例如所有权发生变化、需要整合渠道建立国外销售分支机构，或者决定与更合适的分销商建立关系。当任何一方发现另一方不予合作或者有机会主义行为时，就可能启动反应性终止。最近涉及分销协议终止的案件包括分销商被发现卖假货，或者制造商给其他经销商更多价格优惠。[39]

实体分销

实体分销（physical distribution）的主要目的是管理产成品从公司向顾客的流动。搬运、运输、库存、贴标签和储存等**物流活动**（logistic activities）的有效协调能够保证实体分销的效率和服务质量。所有物流活动主要靠出口文件规范，包括商业发票、领事发票、原产地证明、运输和银行文件、政府文件以及许多其他文件。

但是，在一些国家，公司从政府那里获得所需文件可能会遇到很大困难，这并不罕见。有时官僚主义会造成巨大的进入壁垒，外国公司只能通过与当地伙伴建立联盟来克服困难，这些伙伴为实体分销提供支持。

运输决策也是一个大问题。在交通落后、物流标准低的国家，外国公司不得不面对效率低下的状况，而效率低会极大影响成本（见专栏 12—4）。

专栏 12—4

聚焦国家：中国和印度

在中国，物流管理高度分散，有多达 73 万人从事物流工作。实体分销效率及质量需要大幅提升。例如，运输人员给零售商送了一批货，返程卡车通常空驶。此外，当前法规影响长途运输，引起延误并增加成本。例如，一些司机为减少费用而不走高速，结果延长了运输时间，提高了间接成本并加大了延误的可能。全国运输不联网对物流、成本和吞吐量造成很大影响。当一辆货车到达省界时，经常需要卸货，然后再装到另一辆有当地省份牌照的卡车上。这造成实体处理成本提高，而且可能损坏产品。为缓解城市交通拥堵而采取的限制措施也使分销更为复杂。在一天当中的特定时段，分销公司必须选择是采用小汽车和小货车，还是相反，缴纳高额税款用卡车来运输。

在印度情况没有太大不同，那里的基础设施需要做很大改进。例如，由于从农场到货架没有仓储和冷冻卡车，40%的农场水果和蔬菜被浪费。除非有大规模投资，否则印度的冷链系统无法建立。而且，政府必须就是否有必要在零售领域引入外商直接投资做出决定，虽然有数百万中间商强烈反对。

资料来源：Feuling，B. A.（2008，September/October）. China supply chain development. Retrieved from http：//chinabusinessreview. com；Schept，K.（2008，July）. Retailing in India：Challenges and opportunities. *Chain Store Age*，23-25；Kazmin，A.，& Leahy，J.（5 July 2010）. Grocery debate. *Financial Times*，p. 19；Feuling，B. A.（2010，July-August）. Developing China sales and distribution capabilities. Retrieved from http：//chinabusiness. com.

专栏 12—4 展示了中国和印度的例子，运输和物流方面的困难不仅存在于这些国家的农村地区，在发展迅速的城市也是如此。据最近关于中国物流和分销行业的一份分析报告估计，企业在铁路、公路、内河、空运和仓储方面的费用高达约 4 900 亿美元，占国内生产总值的 20%。而美国的物流费用仅占国内生产总值的 9%，相差悬殊。[40]因此，一定要强调，外国公司的进入和发展有助于提高实体分销管理水平。例如，麦当劳和肯德基等快餐连锁店已经在整个中国建立了冷链系统，服务将近 200 家门店。[41]

从事国际经营的大多数公司深切感受到提高实体分销效率的必要性。一方面，成本控制变得更加重要；另一方面，将产品快速分销至顾客并且保证高质量服务的需求日益高涨。例如，联合利华在俄罗斯建立了 12 个地区分销中心，以建立一条灵活、高度响应的供应链，保证产品“一日送达”。[42]

有些公司将物流转变为一种公司理念。西班牙 Inditex 集团无疑是其中之一，集团最有名的品牌是 Zara，该品牌坚信“物流为商店服务”，一直将实体分销效率视为成功的一个要素。物流和信息技术投资，加上开店和装修投资，是集团最大的投资之一，集团认为这是保证业务增长的关键所在。事实上，该集团的物流设施超过 100 万平方米，员工超过 4 000 人。在 Inditex，有一个计算机化物流系统管理着从分销中心接到订单到货物运达商店的整个物流过程，使货物 24 小时内到达欧洲的门店，到美国和亚洲的时间最长不超过 40 小时。Inditex 的货物从西班牙的 8 个分销中心出发，运抵世界各地门店。物流系统的持续改进是对顾客要求作出快速响应，以及获得国际发展所需能力的基本要求。[43]

本章小结

● 当公司计划在全球市场上建立和提高市场地位时，应该确定最合适的分销渠道，包括分销结构、分销管理和控制。

● 制定外国市场上的分销决策时必须考虑几方面的内部和外部因素，内部因素包括公司的国际营销战略、营销和销售部门的规模和发展、资金实力和产品复杂性；外部因素包括分销体系的特征、当地法规、产品生命周期阶段、消费者购买习惯和竞争态势。

● 分销渠道结构在很大程度上受国家经济发展水平的影响，经济发展水平高，要求渠道更有效。

● 分销渠道管理需要做很多决策，这些决策以评价不同渠道的优缺点为基础：直接与间接渠道、传统分销渠道和垂直营销系统。

● 进入外国市场时，公司必须在不同类型的中间商（代理商、批发商和零售商）之间做选择，确定哪种是最恰当的。国际市场上存在不同类型的代理商和分销商。

● 由于当地购物习惯、生活方式、经济增长和法规不同，国家之间可能在零售业态上有很大不同。零售行业的国际化是一个日益凸显的现象。

● 当评估潜在分销伙伴时，一定要确定合同和关系发展情况。一般而言，选择分销商时需要评估的最重要因素是资金、公司实力、产品因素、营销技巧和承诺。

● 成功的渠道管理应该基于四个方面：绩效管理、市场覆盖管理、能力开发项目和动机激励项目。

● 与实体分销有关的决策也是一个大问题。在交通落后、物流标准低的国家，外国公司不得不面对效率低下的状况，效率低会极大影响成本。

讨论题

1. 影响国际分销决策的外部因素有哪些？以你所在国家的某个外国品牌为例，与其他国家相比，在为该品牌制定分销决策时必须考虑哪些当地因素？

2. 直接与间接分销渠道有哪些优点和缺点？讨论这一问题，举出利用直接或间接渠道，或二者并用的一些品牌实例。

3. 公司如何才能成功地建立一个垂直营销系统？有哪些主要风险？就成功实行垂直营销系统的全球公司展开讨论，如 Inditex 集团——Zara，或者麦当劳。

4. 讨论多渠道战略中的品牌形象协调问题。

5. 讨论采用代理商进入外国市场的优点和缺点。

6. 讨论采用批发商进入外国市场的优点和缺点。

7. 比较你所在国家的两个不同的全球零售商，描述其竞争优势。

8. 当评估潜在分销伙伴时，需要评价的最重要特性是什么？讨论这些特性对不同产品类别的重要性。

体验性练习

1. 作为一家以年轻人为目标市场的大型美国服装公司的营销经理，你的任务是制定在线营销策略以帮助公司进入欧盟市场。你面临的主要竞争对手是 Zara，H&M 和 Mango，它们已在网上开店。你在调研过程中还发现以下信息：

● 78%的欧洲人会在网上购物，6 个月内平均购买 10 件产品，总价值 750 欧元。

● 欧洲转换率（消费者在网上了解产品后，接着在网上购买）最高的几类产品为演出票（75%）、交通票（72%）、书（71%）和服装（70%）。

● 英国和斯堪的纳维亚国家的网购用户最活跃。

● 荷兰、德国和法国消费者的比价购物大多用网络完成。

● 拍卖网站在德国和英国最流行。[44]

根据上述情况进行竞争分析，并提出一个包括产品、定价、促销和分销建议的渠道策略，以提高公司品牌对欧洲消费者的相关度和吸引力。

关键术语

代理商（agents）
渠道结构（channel structure）
控制（control）
传统分销渠道（conventional distribution channels）
直接渠道（direct channels）
分销体系（distribution system）
独家分销策略（exclusive distribution strategy）
间接渠道（indirect channels）
密集分销策略（intensive distribution strategy）
物流活动（logistic activities）
伙伴选择（partner selection）
实体分销（physical distribution）
零售商（retailers）
选择分销策略（selective distribution strategy）
购物习惯（shopping habits）
垂直营销系统（vertical marketing system，VMS）
批发商（wholesalers）

注释

[1] Quoted in the Annual Report 2007，Letter to the Shareholder，p. 3，retrieved from www. allianz. com/static-resources/en/investor _ relations/reports _ and _ financial _ data/annual _ report/archive/az _ group _ e _ 2007. pdf.

[2] Martin，D. B. (2007，June). Fishy expedition. *Fast Company*，54；Ryssdal，K. (30 May 2007). Interview with Sasha Issenberg. *Marketplace*，*National Public Radio*；Malone，R. (23 May 2007). Tracking sushi. *Forbes*. Retrieved from www. forbes. com/logistics/2007/05/23/logistics-restaurants-biz-logistics-cx _ rm _ 0523sushi. html；Issenberg，S. (24 May 2007). As the conveyor belt turns，*FC Experts Blog*. Retrieved from http：//blog. fastcompany. com/experts/sissenberg/.

[3] See Chapter 8 for an analysis of entry modes.

[4] Michelin Group 2006 Annual Report，"Highlights：Specialties，" p. 10. Retrieved from www. michelin. com/corporate/finance/documents.

[5] Inditex 2007 Annual Report. Retrieved from www. inditex. com/en/shareholders _ and _ investors/investor _ relations/annual _ reports.

[6] Solberg，C. A. (2008). Product complexity and cultural distance effects on managing international distributor relationships：A contingency approach. *Journal of International Marketing*，*16* (3)，57-83.

[7] For a description of the problem of price escalation，see Chapter 11.

[8] Datamonitor. (2008). OTC pharmaceuticals in France. Retrieved from www. datamonitor. com；Datamonitor. (2008). OTC pharmaceuticals in United States. Retrieved from www. datamonitor. com.

[9] On-trade channel is known as the Horeca channel (Hotel/Restaurant/Café).

[10] Ambler，T.，& Witzel，M. (2004). Doing business in China (2nd ed.). New York：Routledge Curzon.

[11] Maruyama，M.，& Trung，L. V. (2007). Traditional bazaars or supermarkets：A probit analysis of affluent consumer perception in Hanoi. *International Review of Retail*，*Distribution and Consumer Research*，*17* (3)，233-252.

[12] www. shiseido. co. jp/e/ir/acc/ir _ e0804acc/img/brf _ 08041. pdf；www. shiseido. co. jp/e/ir/annual/index. htm.

[13] Mallen，B. (1996). Marketing channels and economic development：A literature overview. *Interna-*

tional Journal of Physical Distribution & Logistic Management, *26* (5), 42-57.

[14] Olsen, J., & Grazin, K. (1990, Fall). Economic development and channel structure: A multinational study. *Journal of Marketing*, *10*, 61-77.

[15] Yi L., & Jaffe, E. (2007). Economic development and channel evolution in The People's Republic of China. *Asia Pacific Journal of Marketing*, *19* (1), 22-39.

[16] The Nielsen Company. (2008). Trends in online shopping: A global Nielsen consumer report. Retrieved from http://th.nielsen.com/site/documents/GlobalOnlineShoppingReportFeb08.pdf; The Nielsen Company. (2010, June). Global trends in online shopping: A Nielsen global consumer report. Retrieved from http://at.nielsen.com/site/documents/Q12010GOS-OnlineShoppingTrendsJune2010.pdf.

[17] The Nielsen Company. (2010, June). *Global trends in online shopping: A Nielsen global consumer report*. Retrieved from http://at.nielsen.com/site/documents/Q12010GOS-OnlineShoppingTrends-June2010.pdf.

[18] A description of the types of intermediary that international companies can use is provided on p. 361-364.

[19] Sales branches set up by manufacturers in foreign countries are not considered wholesalers. However, since in practice they perform a wholesale activity, they are usually classified as wholesalers by national statistical offices. The difference between sales offices and sales branches is that sales offices do not carry inventory. See Chapter 8 for a discussion of entry strategies.

[20] Retrieved from www.careernomics.com/Loreal0709/can/excelling.php on March 3, 2009.

[21] Samli, A. C., & El-Ansary, A. I. (2007). The role of wholesalers in developing countries. *International Review of Retail, Distribution and Consumer Research*, *17* (4), 353-358.

[22] Johansson, J. K. (2000). Global marketing: Foreign entry, local marketing and global marketing (2nd. ed.). New York: Mcgraw-Hill.

[23] With nearly 600 locations and 47 millions members, Sam's Club is a membership warehouse club offering grocery and non-grocery products, serving both individuals and businesses. Retrieved from http://walmartstores.com/AboutUs/; http://www3.samsclub.com/NewsRoom/AboutUs/History.

[24] The Nielsen Company. (2008). What in the world is happening: A global overview of economic and shopping trends. *Consumer Insights*. Retrieved from http://en-us.nielsen.com/content/dam/nielsen/en_us/documents/pdf/Consumer%20Insight/Consumer%20Insight%20Magazine%20Issue %208.pdf.

[25] Giridharadas, A., & Rai, S. (28 November 2006). Wal-Mart's superstores gain entry into India. *The New York Times*, C3.

[26] Euromonitor International. (2007, June). Beiersdorf AG: Cosmetics and toiletries—World. *Global Company Profile*.

[27] Retrieved from http://ir.bulgari.com/~/media/Files/B/Bulgari-IR-2010/presentations/2008/fy_result/fy_result.pdf; www.bulgari.com.

[28] de Mooij, M., & Hofstede, G. (2002). Convergence and divergence in consumer behavior: Implications for international retailing. *Journal of Retailing*, *78* (1), 61-69; Goldman, A. (2001). The transfer of the retail formats into developing countries: The example of China. *Journal of Retailing*, 77, 221-242; White, D. W., & Absher, K. (2007). Positioning of retail stores in Central and Eastern European accession states: Standardization versus adaptation. *European Journal of Marketing*, *41* (3/4), 292-306.

[29] Kearney, A. T. (2008). *Emerging opportunities for global retailers: The 2008 A. T. Kearney Global Retail Development Index*. Retrieved from www.atkearney.de/content/misc/wrapper.php/

name/pdf _ atkearney _ bip _ grdi _ 2008 _ 1212762749d09c. pdf.
[30] Datamonitor. (2008). *Global retailing: Industry profile*. Retrieved from www. datamonitor. com.
[31] Flavián, C., & Guinalíu, M. (2005). The influence of virtual communities on distribution strategies in the Internet. *International Journal of Retail & Distribution Management*, *33* (6), 405-425.
[32] Bezos, J. P. (2006). Letter to Shareholders. *Amazon. com 2006 Annual Report*. Retrieved from http://media. corporate-ir. net/media _ files/irol/97/97664/2006AnnualReport. pdf.
[33] Hot topic: Web can pay off for traditional retailers. (23 December 2006). *The Wall Street Journal*, A7.
[34] Obadia, C. (2008). Cross-border interfirm cooperation: The influence of the performance context. *International Marketing Review*, *25* (6), 634-650.
[35] Huls, R. (2006, June). Michelin's value—Innovation strategy. *Corporate Event*. Retrieved from www. exhibitoronline. com/corpevent/article. asp? ID=1034.
[36] Bellin, H. (2006). Best practice channel management: The channel management framework. *Journal of Marketing Channels*, *14* (1-2), 117-127.
[37] Bradley, F. (2002). *International marketing strategy* (4th ed.). Upper Saddle River, NJ: Prentice Hall.
[38] Gencturk, E. F., & Aulakh, P. S. (2007). Norms- and control-based governance of international manufacturer-distributor relational exchanges. *Journal of International Marketing*, *15* (1), 92-126; Zhang, C., Griffith, D. A., & Cavusgil, S. T. (2006). The litigated dissolution of international distribution relationships: A process framework and propositions. *Journal of International Marketing*, *14* (2), 85-115.
[39] Zhang, C., Griffith, D. A., & Cavusgil, S. T. (2006). The litigated dissolution of international distribution relationships: A process framework and propositions. *Journal of International Marketing*, *14* (2), 85-115.
[40] Feuling, B. A. (2008, September/October). China supply chain development. Retrieved from http://chinabusinessreview. com.
[41] Gain Report. (2005). China, Peoples Republic of. Food processing ingredients. Sector food processing. *GAIN Report Number: CH5607*, USDA Foreign Agricultural Service.
[42] Unilever in Russia. (16 May 2008). JP Morgan Investor Conference, Moscow. Retrieved from www. unilever. com/images/ir _ Unilever-in-Russia-Field-Trip-Presentation _ tcm13-125538. pdf.
[43] Inditex 2007 Annual Report. Retrieved from www. inditex. es/en/downloads/Annual _ Report _ INDITEX _ 07. pdf.
[44] Harwood, S. (2007, March). Brits and Scandinavians top web shoppers. *Revolution*, 27.

附录 1 国际市场上的代理商和批发商

国际市场上的代理商类型

公司代表

公司代表(representative)在特定地理范围内代表委托方经营产品，但是不拥有产品。它们发展新的客户关系，并与老客户保持联系。它们筹划销售但不能签订合同，必须把所有的法律文件递交给委托方，由委托方承担信用风险、市场风险和交易风险。公司代表收取佣金作为酬劳。合同签订后，委托方将会安排发货和搬运。从长远看，公司代表既不能代表买方也不能代表卖方。

生产商的代理商

小型生产商会雇用代理商（manufactures agents），它们负担不起建立自有销售网络的成本，大型生产商也会利用代理商进入新的国家，这些国家因市场潜力有限、风险较高而不适合雇用全职销售人员。生产商的代理商分布于服装、家具和电子产品行业，通常代表两家或两家以上产品线互补的生产商。约束代理关系的书面协议通常涵盖定价、地区、订单管理、送货服务、担保和佣金等内容。

销售代理商

销售代理商（selling agents）受聘于那些对销售不感兴趣或者没能力销售的生产商。它们充当生产商的销售部门，按照合约有权销售生产商的所有产品。因此，即使它们没有货物的所有权，在制定价格、一般条款和销售条件时也能发挥重要作用。

采购代理商

采购代理商（purchasing agents）为买家采购。采购代理商通常会和买家建立长期关系，提供许多服务，例如收货、检查和储存，并把货物运抵买家。对买家而言，采购代理商也是了解市场上最好的货物和价格的一个宝贵信息来源。

经纪人和经营代理

经纪人和经营代理（brokers and factors）是独立的个人或组织，它们能促进购买和销售，协助谈判，依法为委托方缔结销售合同，但不承担风险。作为回报，它们从销售额中得到回扣。经纪人和经营代理通常不会与委托方建立长期关系，一般也不签订独家合同。通常根据产品线或客户类型（例如食品经纪人、保险经纪人）对它们进行分类。经营代理能履行所有经纪职能，还能代理融资。这也是经营代理常常为银行的原因，因为银行能够为货物提供资金，并且消除信贷风险。

国际市场上的批发商类型

商人批发商

可以根据商人批发商（wholesale merchants）所拥有的产品线数量来对它们进行分类：综合批发商拥有多条商品线，例如硬件、电子产品和家具等各类不易变质商品；单一产品（或百货）批发商只拥有一两条产品线（例如，只有食品或某一类工业用具），但产品线比综合批发商更深。

分销商

分销商（distributors）主要向批发商、零售商或终端消费者销售产品。它们通常储存产品达一年或更久，与生产商拥有正式、长期的关系，并且享有特定地区的独家销售权。相比利用商人批发商销售产品，这种紧密的合作使生产商能够对最终价格、促销活动、库存和服务政策实施更大的控制。

在B2C市场上，分销商向超市或大卖场等零售商销售大量商品。它们也可以向服务于特定零售渠道的商人批发商销售产品。在B2B领域，工业分销商将数量庞大的标准化商品卖给生产商，例如标准化工业元件或建筑材料。

分销商与供应商协商利润水平，其利润等于商品买卖的价差减去成本。不同国家之间利润差别可能会很大，影响因素包括分销商服务水平、竞争激烈程度、销量和顾客购买力等。

佣金商

佣金商（commission merchants）是农业领域使用最多的批发商。对于不想从事销售也不属于生产合作社的农民，佣金商将货物带到中心市场，以最优价格出售，然后将收入扣除佣金和开支后汇给农民。

经销商

经销商（dealers）为本公司的利益进行交易，并为生产商（委托方）提供大量市场信息。除了像分销商一样与供应商保持长久关系，经销商具有与零售商相同的功能，可以将委托方商品直接销售给终端消费者。经销商往往拥有在特定地区的独家销售权。有时，生产商会持有经销商的股份从而增强对双方合作关系的控制。

进口商

进口商（importers）提供的服务与分销商相同，但进口商既非批发商，也非零售商，而且通常没有特定区域的独家经营权。委托方对进口商的控制比较有限，因为它们可能会销售许多供应商的产品，有时甚至是相互竞争的产品。与分销商类似，进口商与供应商协商其利润。由于服务水平和当地竞争程度不同，进口商利润存在显著的国别差异。

现购自运批发商

现购自运批发商（cash-and-carry wholesalers）是有限服务批发商，为小型零售商提供服务，后者规模太小使得商人批发商为其服务无法盈利。近年来，现购自运批发商的目标已经延伸到餐饮行业（酒店、餐厅等）。顾客必须支付现金，但他们可以享受低价。实际上，这些批发商能够以较低的成本运营是因为零售商或顾客承担了许多批发商职能。因此，现购自运批发商在不太发达的国家更为普遍。

卡车批发商

卡车批发商（truck jobbers）提供与全服务批发商几乎相同的功能，其特点是将易变质产品储存在它们的卡车上，在数小时内将订购的产品送达至客户门口，可以每周 7 天 24 小时运营。

承销批发商

承销批发商（drop shippers）是有限服务批发商，它们销售产品，却不真正管理、储存或运送产品，因此其运营成本更低。具体而言，它们从买家获得订单，买家一般是其他批发商、零售商或工业用户。它们拥有所出售产品的所有权，但要求生产商直接将商品运送给客户。这一体系具有优势，因为批发商能够避免处理体积庞大的产品，从而降低成本和受损风险。

生产合作社

生产合作社（producers' cooperatives）多出现在农业市场上，那里许多小型生产者组织在一起，建立合作社，其运作模式类似于全服务批发商。利润由合作社成员分享，这些成员同时也是合作社的顾客。一些合作社成功地创建了知名品牌，为此所花费的营销成本是生产者单独运作所无法承受的。

货架批发商

货架批发商（rack jobber）专营非食品类产品，如文具、图书和杂志。它们通过杂货铺和超市进行销售，在自己的货架上展示产品、制定价格等。这使得零售商不必对数量少、种类多的非食品进行重新安排，还可保证其陈列整齐。因为这些服务，对于已经售出或者外送的产品，货架批发商通常获得现金支付。

邮购批发商

邮购批发商（mail-order wholesalers）通过目录将其产品销售给工业客户或零售商，这些目录包括完整系列的特定产品。通过此类批发商销售最多的产品包括珠宝、电脑配件和供应品、运动产品及日用品等。例如，LTD Commodities 是一家 B2B 供应商，提供服装、家居和园艺配件、珠宝、电子产品、行李箱、玩具等产品。该公司仅面向公司用户，通过目录和互联网销售产品。

资料来源：Sciarelli，S.，& Vona，R.（2009）. *Management della distribuzione*. Milan：McGraw-Hill Companies；Mühlbacher，H.，Leihs，H.，& Dahringer，L.（2006）. *International marketing：A global perspective*. London：Cengage Learning；Kotler，P.，Wong，V.，Saunders，J.，& Armstrong，G.（2005）. *Principles of marketing*（4th European ed.）. Essex，England：Pearson Education Ltd.

第13章 全球沟通和广告

如果沟通是为了改变行为，那么它必须植根于信息接收者的愿望和兴趣。

——亚里士多德

学习目标

1. 解释全球促销策略的构成及其所包含的营销活动。
2. 讨论自数字营销渠道出现以来营销者在全球市场上面临的挑战和机遇。
3. 明确全球品牌和当地品牌的区别及其营销沟通差异。
4. 理解文化如何影响广告偏好。
5. 举例说明广告经理可能在世界上遇到的法规问题，并解释为何需要这些法规。

嘉士伯公司1847年成立于哥本哈根，一个多世纪以来一直是欧洲啤酒行业的龙头企业。在过去几十年间，公司进入新兴市场，从东欧到俄罗斯、中国。除了进入新市场通常面对的挑战之外，嘉士伯还遇到几次产业变化，使其更难实现在全球范围内维持现有市场份额并占领新市场的任务。人口老龄化、反吸烟法、健康生活等趋势，以及来自葡萄酒和碳酸饮料的竞争蚕食了嘉士伯的核心市场，促使它重构运营并重新思考和强化其营销和广告。

公司的西欧高级副总裁、前任销售和营销集团副总裁亚力克斯·迈尔斯（Alex Myers）这样描述公司的营销沟通策略："当我们想建立品牌知晓度时，如我们在亚洲和东欧所做的，我们采用赞助、节日等类活动。当我们想巩固市场地位，追求更高的忠诚度时，我们将资源转向电视等媒体，因为信息可以通过电视得到更有效的传播。其后，就是在商店激活品牌，在餐厅和酒吧提高可见度。这一演变过程很难测量，这是我们推出卓越商业项目的主要原因，目的是评价营销和销售组合中的不同成分，努力形成公司的最佳实践。"[1]

品牌必须保持与市场的持续沟通以便获得并维持"第一提及"的地位和市场份额。品牌越全球化，沟通变得越复杂。从语言和文化壁垒到广告渠道选择和组织结构，全球品牌的沟通策略通常难以和谐一致，因为它取决于大量外部和内部因素。

全球促销策略

迄今为止，营销沟通大部分涉及营销组合的第四个“P”，即促销。**促销活动**（promotional activities）大致分为四大类：广告、销售促进、公共关系和个人销售。促销组合还包括其他一些活动，但是不太好分类，比如赞助、产品植入、事件营销和某些形式的直销等。

随着社交网络营销以及品牌和顾客间“双向”沟通的兴起，沟通（communications）和促销性沟通（promotional communications）之间的界限越来越模糊。大多数情况下，营销沟通仅仅意味着营销人员用广告、广告曲、广告牌等其他“单向”大众沟通形式来重复品牌信息。随着互联网特别是Web 2.0的兴起，顾客建立了自己的媒体平台来沟通他们的品牌观点。通过微博、论坛、留言板、维基、视频、网站等，他们与其他消费者、与品牌本身分享品牌看法和体验。营销人员日益明白这些一对一个性化沟通的重要性，越来越多地将其纳入公司的沟通计划。

对全球营销人员而言，所有这些意味着什么？在全球市场沟通品牌的本质向来不容易。如今，世界更具连接性，日益数字化，创造协调、高效、有效的全球宣传活动面临一系列新挑战，包括：

- 伴随着卫星网络、互联网、多媒体手机，以及脸书、YouTube、聚友网、Flickr和微博等社交媒体网络的流行，一些能覆盖全球的新渠道展现在营销人员面前。这不仅意味着电视或平面广告等传统媒体对特定市场不再起作用，而且意味着全球促销活动必须将以上所有因素纳入进来一起规划。
- 数字技术几乎消除了全球和当地沟通的区别。如今，YouTube上的一个视频，不管最开始打算指向什么观众，都可能“如病毒般扩散”，每个月内的浏览人数多达2 000万，分布在20多个国家。这必然使每一元营销支出能覆盖更多人群，但也更可能在不同文化和语言之间造成误解。
- 品牌沟通可以始于消费者，也可以始于公司，这迫使营销人员部分放弃对促销活动的控制，培养声誉管理等新技能，以便与今天的消费者沟通，他们更喜欢真实、开放的沟通形式。
- 数字营销能提供顾客追踪、销售转化率等方面的具体衡量，从而提高了营销责任的水平。营销人员比以往任何时候都更加需要提供清晰的投资回报分析。

为了应对这些挑战，全球营销者依赖于**整合营销沟通**（integrated marketing communication，IMC）战略。整合营销沟通的最新观念是，不仅必须认真协调公司沟通战略的不同组成部分，而且应该考虑它们总体上产生的市场影响。当前，营销组合模型可用来计算每种沟通和促销方式的效果，不考虑彼此的互动和总体效果，也可计算营销方案中除沟通外剩余部分的效果。[2]整合营销沟通管理的“整体影响”观念提倡营销沟通的跨职能视角，这对于公司的全球促销策略尤为重要。

IBM公司的整合营销沟通战略已经确立很久，这一全球信息技术巨人甚至设立了一个单独的IMC组织，专门用来对公司在全球范围的沟通活动绩效进行衡量和沟通，以确保其数亿美元的投资能取得回报。IMC部门追踪所有类型的沟通，从广告、销售促进到事件营销和赞助。多年来，IMC团队建立了一套高度复杂、有效的测量指标和调研方法，为IBM的全球营销沟通提供切实可行的洞见。[3]

李维斯是在这个崭新世界上努力进行全球营销的公司之一。根据李维斯牛仔裤在世界各地的不同定位，公司采用由当地提出创意并制作的不同广告来进行品牌和产品营销。例如，李维斯在美国被认为是一流品牌，相应地，价格也定得很高。但在美国，它是代表美国传统文化的休闲服装。[4]

2008年，公司向真正的全球产品推出和促销活动迈出一大步。围绕最近重新设计、将在全球采取统一尺寸销售的李维斯501牛仔裤，宣传主题是“解开纽扣生活”，希望传达“个人展示”的自由。这场全球宣传包括一系列促销和广告活动，如病毒视频、平面广告、电视广告、限量纽扣帽和展示世界各地新星的数字活动，以及在某些美国市场上的户外广告。[5]由于广告的信息前卫、形象性感、行为大胆，一些分析家认为这场宣传过分强调个人主义，可能有些国际观众难以接受，尽管广告人物用的是当地人。[6]但是，李维斯打赌，全球年轻人，即“解开纽扣生活”宣传活动的目标市场，最终将欢迎这一全球统一信息和产品，就如同他们欢迎音乐明星和流行文化那样。[7]李维斯的CEO兼总裁约翰·安德森（John Anderson）说：“这是为了提高自己，成为全球领先者。李维斯品牌在全球110多个国家销售，我们是排名世界第一的牛仔裤公司。这场宣传给我们一个难得的机会，让全世界新一代牛仔裤消费者知道，原创的经典501牛仔裤与他们属于同一时代，符合他们的生活方式。没有任何其他牛仔裤品牌能做到这一点。”[8]

公司的财务表现似乎为安德森所说的提供了支持。在宣传活动之后的那一季度，全球销量、净收益和净利润都得到了增长。[9]但是，一些批评家对宣传活动的效果仍然表示怀疑。品牌机构Wolff Olins的奈尔·帕克（Neil Parker）坚持认为，如今品牌应该“灵活地适应地域差异”，同时维持其品牌识别，在个性化时尚风格关乎尊严的当今世界推销单一风格牛仔裤，恐怕很困难。[10]

全球化相对于当地化沟通

在《全球市场的品牌管理》（*Managing Brands in Global Markets*）一书中，Day and Reibstein（2004）提出，尽管都在谈公司和品牌的全球化，但是仅有少数公司的品牌战略实现了真正的国际化。作者反而相信，大部分品牌都落在“全球统一定位”和“当地识别集合”两个极端之间的某一点上（见图13—1）。

作者认为，真正的全球品牌具有以下五个重要特征[11]：

- 在全球市场上采取一致的、易于发音的品牌名称。
- 在全球市场上销量分散均匀，没有任何一个市场占主导地位。
- 在所有市场和文化中保持品牌的本质和定位。
- 在世界各地满足相同的顾客需求或者服务于相同的目标市场。
- 在所有市场上通过包装、定价、广告等对品牌进行一致的展示。

在以上五方面要求中，至少有三个直接关系到公司如何与全球观众进行沟通。显然，精心设计扎实、有效的全球沟通策略是全球营销领导者的最重要任务之一。

Research International Observer (RIO) 进行的一项研究提出，根据以下四方面关键因素[12]，让一些品牌全球化而另一些品牌当地化，这种做法是有道理的。

品牌类型	声望品牌	主导品牌	高级品牌	全球当地品牌
类型特征	奢侈 例如： ✓劳力士 ✓法拉利 ✓路易威登 ✓梅赛德斯 ✓古驰	时尚 例如： ✓皮尔·卡丹 ✓贝纳通 ✓唐纳凯伦 ✓鳄鱼	家用、服务、个人用品、护理 例如： ✓高露洁 ✓联合利华家用护理产品 ✓宝洁美容产品	食品、零售 例如： ✓雀巢 ✓达能 ✓麦当劳 ✓快乐蜂(菲律宾) ✓肯德基
渴望程度	高	中高	中低	低
当地文化性质	全球	全球	当地	当地
——当地化要求程度——→				

图13—1　当地化路线图

1. 品牌类型。RIO研究发现有四种类型的全球品牌，其特征各不相同。

声望品牌（prestige brands）（香奈儿、宝马、古驰、梅赛德斯）拥有强大的吸引力，但吸引力基于非常特殊的神话，与原产国、公司创始人或公司开发的象征性技术相关联。试想手表体现的瑞士式精确和法拉利车定义的意大利设计。声望品牌代表对地位的渴望和雄心壮志，它们主动拒绝当地化，以维持内在的排他性。

主导品牌（master brands）（耐克、索尼、可口可乐、诺基亚）与世界的普遍理想和故事有关，比如独立、关联、友谊、质量、个人主义等。因此，这些品牌能够创造强大的诉求，足以跨越原产国而成为真正的全球品牌。出于战略原因，它们必须保持不变，抵制任何当地化措施。

高级品牌（super brands）（宝洁、高露洁、德芙、飞利浦）属于特定产品类别，以可靠性而非主导品牌那样的神话而出名。它们经常对产品进行当地化，并持续创新以维持与市场的相关性。

全球当地品牌（glocal brands）（雀巢、达能和快乐蜂）在全世界销售却“隐藏”其来源，以便融入当地文化和市场。它们所依靠的是建立消费者熟悉度和舒适度，力求最大限度实现当地化。这些品牌对应的产品类别通常是食品，发展中国家消费者可能对此心存渴望，因为那里的消费社会刚刚开始形成。

2. 产品类别性质。如果产品的展示价值很高，或者某品牌在该产品类别中采用了渴望定位，品牌就不太可能当地化。如上面提到的，食品、家居、清洁和个人护理产品的展示价值较低，因此当地化的程度最高。

3. 渴望程度。尽管丰田属于汽车这一展示价值很高的产品类别，但是它有意定位于低端市场以便融入当地文化和价值观。相反，耐克以赞助当地体育赛事闻名，比如匈牙利的布达佩斯马拉松，它通过迈克尔·乔丹和泰格·伍兹等著名代言人使品牌传递出承载高价值的象征意义。

4. 当地文化性质。品牌的文化导向可能界定为个人主义或集体主义程度，以及关注当地或全球。但是，个人主义或集体主义不一定总是符合第3、4章的传统定义。例如，根据霍夫斯泰德的框架，日本是一个高度集体主义的社会。但是论及品牌，日本又是高度个人主义的，与德国、比利时、意大利、瑞典等国家一道代表全球个人主义国家。文化个人主义国家包括法国、美国、英国、奥地利、俄罗斯、西班牙等，它们要求当地化程度更高的产品，以反映不同品位和价值观。全球—当地轴还区分出文化敏感和全球敏感国家。虽然二者都属于集体主义文化，但是前者（包括中国、土耳其、印度、印度尼西亚和匈牙利）希望全球品牌尊重并适应当地文化，而后者（包括巴西、韩国、肯尼亚、智利和哥伦比亚）对全球品牌更为开放，仅要求一定程度的当地化。全球敏感国家很在意品牌来源，以及产品具体产自哪个国家。

根据以上四方面关键要素，研究者设计了一个路线图（见图 13—1），指导营销经理就全球沟通计划中采取当地化或者更为标准化的策略制定决策。一定要注意，由于品牌的感知地位或个性并非静态，营销人员需要定期调整策略，以实现在特定市场上所希望的定位。

广告是任何全球沟通策略中最突出的部分。因此，本章的剩余内容将集中介绍全球沟通背景下的全球广告及相关问题。

标准化广告

标准化广告（standardized advertising）的经典定义是，广告除了语言翻译之外没有任何改变。多年来，这些严格的要求在一定程度上放松了，时至今日，只要广告在全世界的主题保持不变，就可以认为是标准化广告。[13]

在全球市场上推行标准化营销和广告，其吸引力已为人熟知：节约、一致性、可控、品牌识别、能够在多个市场发挥产品和专有技能的协同作用。但是，仅有少数品牌能完全获得这些益处。Day and Reibstein 列出了一些最为全球化的品牌，如英国航空、通用电气、喜力、IBM、英特尔、万宝路、百忧解、西门子、星巴克、泰胃美和伟哥。[14]

适于做标准化广告的产品。戴（Day）说："像英特尔这样的公司建立全球品牌要容易得多，它的买者［比大多数其他全球公司］数目少，所有买者都为了同一用途使用电脑芯片。英特尔的所有竞争对手都是全球公司。英特尔是一个全球品牌，不需要做多少当地适应。"[15]

英特尔等工业品牌，以及奢侈品、高科技、时尚和汽车领域的声望品牌和主导品牌，比食品和个人护理用品等其他产品更容易标准化，如图 13—2 所示。前者诉求的是顾客志向和对排他性的渴望，是一种普遍情感；相反，后者的目标是成为各市场文化风景以及消费者个人日常生活的组成部分。

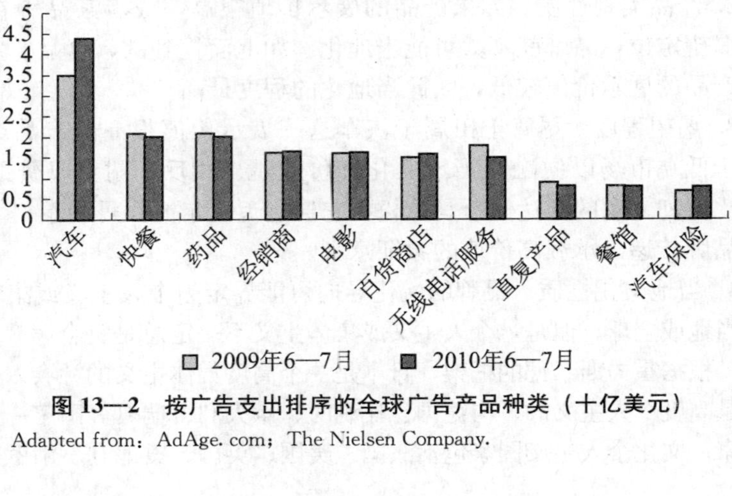

图 13—2 按广告支出排序的全球广告产品种类（十亿美元）

资料来源：Adapted from：AdAge. com；The Nielsen Company.

Life Fitness 生产高性能健身器材，它成功地推出一则全球标准化广告来扩大产品吸引力，不仅吸引传统的健身迷，而且吸引经常健身者以及健康生活方式践行者（见图 13—3）。公司销售额的 45%来自海外市场，它认识到全球消费者对健康和幸福的兴趣日渐增长，因此设计了一则新广告，强调日常健身对所有人的益处。之前的广告强调的是器材的技术特征和性能，广告中展示的是肌肉发达的健身者形象。如今，身体健康、身材匀称的人们享受山地骑车、徒步远足、冲浪等大众娱乐项目，此类形象和信息用来强化新口号“我们的生活所求”。这一新的营销宣传 90%用于全球体育馆等健身活动场所，这些场所包含 Life Fitness 的绝大多数客户。但是，公司还需要对其全球标准化信息和形象进行微调，更多地考虑当地文化。因此，在迪拜，穿比基尼浮潜的广告被删掉，而在意大利和西班牙，广告还需要增加一些性方面的吸引力以适应当地文化。[16]

图 13—3　Life Fitness 新一轮营销宣传中的人物形象

资料来源：Images supplied by Life Fitness. Reprinted with permission.

尽管标准化广告有很多感知上的益处，但要想成功地执行这一策略，还有很多挑战。不同文化对人物形象的感受具有差异，除此以外，另一个问题是说服效果不同。如 Marieke de Mooij（2005）所指出的，世界各地的人们或许愿意购买标准化产品，但是他们购买的原因可能截然不同。对有些人来说，李维斯牛仔裤可能代表地位或美国生活方式，但对其他人而言也许仅仅是一件日常衣服。“如果标准化产品的购买动机因国家或地区而异，那么怎么可能一则标准化广告在所有国家都同等有效呢?”[17]

专栏 13—1

聚焦公司：福里斯特研究公司

社会化计算提供顾客联系的新方式

福里斯特研究公司（Forrester Research）研究了社会化计算（social computing）这一重塑公司与顾客互动方式的新手段，将社会化计算定义为“一种社会结构，在这一结构中，技术赋权给社群而非机构”。

根据福里斯特的研究，不仅是营销，通过微博、文件共享、播客和搜索引擎等点对点活动，社会化计算将使几乎所有工商领域转型。因此，公司建议，营销人员不要再仅仅依赖于传统营销，应该通过 eBay 和 Craigslist 等网络社群，或者自己开发顾客直接与公司联系的网络平台来更多地聆听顾客。许多公司（如宝洁和喜力）在这方面做得很成功。如果公司将顾客视为平等对话伙伴，而非仅仅将平台作为商业工具，这种战略就可以创造顾客忠诚。

用于社会化计算的营销新工具

当今的营销工具		社会化计算时代的营销工具	
		当今的营销工具	
渠道： ● 电视/光缆 ● 电台 ● 杂志 ● 报纸 ● 户外 ● 直复邮件	战术： ● 赠券 ● 顾客促销 ● 商业促销 ● 人员销售 指标： ● 到达率 ● 频率	新渠道： ● 网站 ● 在线广告 ● 电子邮件 ● 微博 ● 互动电视 ● 播客 ● 自助服务亭 ● 移动广告 ● 病毒/口碑	技术： ● 个性化 ● 搜索 ● 网站设计 ● 顾客数据库 ● 网页分析 ● 品牌监控 ● 内容聚合 指标： ● 转化率 ● 销售成本

资料来源：Charron, C., Favier, C., & Li, C. (13 February 2006). Social computing [white paper]. *Forrester Research*. Presented by Brian Kardon, MPlanet conference, November 29-December 1, 2006, Orlando, Florida.

专栏 13—2

聚焦技术：根据当地市场对数字化的倾向调整 B2B 促销

销售促进和沟通是全球促销组合中的重要组成部分，因此要求考虑许多因素，特别是对于在线企业间交易而言。在最近一期报告中，福里斯特公司的分析人员讨论了促销沟通当地化的重要性。他们发现全球市场 B2B 沟通设计应该考虑以下三个方面：

● 找出每个市场上的关键决策者，以及他们在业务中主要担心哪些问题。每名决策参与者优先考虑的事项有可能不同，在当地化的促销沟通中，要尽可能注意这些首要问题。

● 业务经理在决策制定过程中喜欢采取什么信息搜寻方式，你一定要知道并且熟悉这种方式，让你的销售沟通信息出现在相应渠道。例如，福里斯特的研究发现，73%的美国经理在决策过程中依赖来自产业、供应商或贸易网站的信息，但只有 52%的法国经理会这样搜寻信息。

● 保证当地化的在线网站不仅提供信息，而且提供免费试用、展示、付款选择等特色内容。

资料来源：Jennifer Bélissent, "Expanding Globally, Marketing Locally," teleconference presentation slides 15-17, Forrester Research, March 25, 2009.

适应化广告

适应化或当地化广告（adapted or localized advertising）反映每个市场的文化和社会条件，目的在于提高广告品牌和产品的认可度和接受度。广告适应化的理论基础是，将品牌置于当地文化价值观和品位的背景下，使更多人认同品牌，形成与品牌更为亲密的关系，最终提高品牌销量。

例如，在巴基斯坦，宝洁一则突出“安全将军”这一超级英雄可动玩偶的广告获得巨大成功。通过保持那一地区的讲故事传统，并且利用电视节目、广播节目、网站、DVD和音乐视频等各种途径吸引儿童，宝洁不仅改变了人们的卫生习惯，而且显著提高了品牌认可度和销量。创作此广告的盛世（Saatchi & Saatchi）公司称，舒肤佳是巴基斯坦价格最高的香皂品牌，但却卖得最多。[18]

并非巧合，宝洁广告所宣传的香皂是高级个人护理品，据RIO的研究，它属于最可能进行当地化的家用产品。

除产品类型，还有一些其他因素影响广告当地化决策。例如，一项研究发现，当地消费者对全球品牌的熟悉程度会影响他们对该品牌广告的感知。当他们熟悉某全球品牌时，就更容易接受标准化的品牌信息；相反，如果他们对品牌陌生，就更可能对当地化广告做出积极响应。[19]

针对全球消费者的服务营销，与产品营销相比，当地化往往更有效。服务依靠消费者个人体验，因此，很容易明白，适应当地文化、语言和社会规范对于服务提供者而言非常重要。对服务采取标准化广告的另一障碍在于，事实上，在大多数国家，服务受到高度管制，这进一步阻止广告从一国直接转移到另一国。[20]

营销人员在对广告信息进行当地化处理时，面临着文化禁忌和感知方面的挑战。例如，许多全球化妆品公司，如欧莱雅、雅芳、旁氏等，在印度、中国、韩国和日本等国大力营销和销售女性美白霜，这令西方人感到惊恐，因为这被视为强化不良刻板印象和偏见之举。印度利华（Hindustan Lever）护肤品部门经理阿肖克·温卡特拉曼尼（Ashok Venkatramani）驳斥道，基于意识形态来抵制特定产品是“西方人看待世界的方式，西方世界美的定义与抗衰老联系在一起，但在亚洲，将肤色调亮就是一切”。在印度快速增长的化妆品市场上，美白产品一直是最畅销的品类。[21]

在营销沟通中选择当地化策略，通常需要在提高宣传效果和成本、复杂性上升二者之间进行权衡。营销领域的持续演进，特别是考虑到技术发展，进一步提高了复杂性。玛丽·迪伦（Mary Dillon），麦当劳全球首席营销官（CMO）最近提到，“随着技术持续跨界发展，对于全球品牌，一个日益扩大的挑战在于同时在全世界创建亲密纽带和普遍联系”。她建议营销人员去了解“你的顾客怎样生活，你的品牌给他们的生活带来什么增值”，这一建议表明沟通当地化的巨大力量，尽管沟通仍将围绕共同需求和渴望来开展。[22]

实际上，多年来，那些有资格参评并获得全球艾菲奖（Global Effie）这一广告顶尖荣誉的广告已经证明，全球营销人员获胜的秘方是借助真实、相关的语言和人物形象，将一个普遍观念或理想完美地变为“当地的”。2007年全球艾菲奖颁奖之后，一些评委如此定义什么是“伟大的”全球广告：“创意非凡、聚焦明确并采取突破性沟通，建立在对真实消费者洞察的基础上”“大创意，具有足够的象征性，可以被广泛接受，同时触及当地消费者情感”“一个大而广又具有灵活性和整体性的想法，可以为当地差异和文化留下空间”“质量创新，消费洞察，基于全人类真理的独特、专一的想法”。[23]

全球广告策略

2008 年的全球广告支出估计为 6 650 亿美元，全球市场的增长略高于美国市场。[24]但是，广告费用的分布因产业而异。最近一项针对全球高级营销经理的调查[25]发现，1/3 以上的经理认为营销策略最好在国家层面制定，1/4 则认为地区层面更好，只有 19%制定了全球策略。IT 行业营销经理制定全球营销策略的可能性最大，与高科技 B2B 行业很可能全球化程度最高这一之前发现相一致。

研究中，所有营销人员都将媒体和广告列为最优先项目，特别是 IT、金融/保险和电信行业的经理，他们称正在考虑如何将公司的新定位或者下一年的新产品传播给顾客。

用如此强有力的、集中的广告来宣传重新定位对于卡夫的费城牌奶酪很有效。卡夫多年来的全球广告语“费城——天堂的一点味道”覆盖 35 个国家（有一些定制措施），宣传的是费城天使在天堂吃着美味的奶酪。2000 年，竞争对手帕玛拉特（Parmalat）在加拿大推出了自己的奶酪品牌，并且凭借富有进攻性的定价、广告和店内摆放很快赢得大量市场，超过了费城品牌，尤其是在法语区魁北克省。卡夫迅速回击，更新了广告宣传，新增了广告人物，扩大了产品吸引力。但在魁北克省，卡夫更进一步，它替换了天使面部表情让天使更具同理心。计划取得了成功。费城奶酪销量反弹，在新广告播出的第一年就赢得 8.5%的市场份额，在魁北克省，结果更加喜人。可见，卡夫多关注了一点当地市场，就使得广告宣传和销售焕发生机，而且保护其市场份额免遭严重威胁。[26]

一定要记住，全球广告策略不应当单独设计或执行，而应当成为协调的促销策略和总体营销组合策略的组成部分。遗憾的是，由于全球市场上营销组合决策的复杂性，鲜有研究确定什么是资源跨国、跨市场配置的最好办法。一些研究建议，营销人员应将当地市场条件作为决策基础，同时考虑全球竞争、市场学习和扩散等影响因素。其他研究则提出，采用延缓进入市场方式，把营销费用更多花在后期进入的市场上，能够提高营销效率。[27]

最近几年，三星电子证明有条理的、高度整合并经充分研究的策略能够大幅提高公司的全球营销绩效。三星对 200 个国家、14 种产品的 10 亿美元营销预算如何花费进行彻底评估之后，意识到如果将俄罗斯和北美的预算缩减 10%，将欧洲和中国的预算增加 11%，就可以提高营销支出效果。结果，三星在若干产品类别上获得了可观的市场份额，销量大增，全球品牌价值提升了 30%。[28]

全球宣传和媒体组合

经营个人护理或汽车等特定产品的公司的广告支出高于其他公司（见表 13—1）。但是，随着新广告渠道的增多，营销人员对广告预算支出的决策难度进一步加大，主要棘手之处源自数字媒体。微博、播客、在线视频和病毒电邮等技术为营销者创造了前所未有的机会，他们得以跨越当地/全球之争，为每一特定的但也是全球性的消费者群体定制广告，这些消费者依靠共同兴趣在网上相互联系。在网上，营销者可以针对他们实现精准营销，广告信息如果得当能够产生及时回应。但是，做好这件事，需要用有效、有冲击力和相关的信息来吸引消费者，使信息不至于遗失在他们周围如汪洋大海的广告噪声中。

表 13—1　　全球顶尖广告主

排名 2007 年	广告主	总部	全球广告支出（美元）① 2006 年
1	宝洁	辛辛那提	9 358
2	联合利华	伦敦/鹿特丹	5 295
3	欧莱雅	法国克里希	3 345
4	通用汽车	底特律	3 426
5	丰田汽车	日本丰田城	3 202
6	福特汽车	密歇根州迪尔伯恩	2 902
7	强生	新泽西州新不伦瑞克	2 361
8	雀巢	瑞士韦威	2 181
9	可口可乐	佐治亚州亚特兰大	2 177
10	本田汽车	东京	2 047

资料来源：Top 100 global marketers by media spending. (19 November 2007). Adapted from: *Global Marketers*, *Advertising Age*.

这些新的更高的标准迫使许多营销人员重新思考其角色和战略。Zócalo 集团总裁兼首席执行官保罗·兰德（Paul Land）说："我们有 RSS、维基、播客和视频广播，这可能会固化营销人员。如果以往有效的现在失效了，而且现在谈论的未被证明，你该怎么办？现在规则重新制定了，形成一大批营销人员新的成功者、失败者和曾经的成功者。我觉得这很刺激。"[29]

给消费者赋权的社会化计算等新媒体渠道和技术仅仅是新工具中的几种，这些新工具使消费者能够宣传自己对产品或品牌的观点，其激发兴趣的程度堪比公司的正式广告。在这一过程中，消费者可能很快在全球范围内建立或者损害一个品牌的声誉（见专栏 13—3）。

专栏 13—3

聚焦公司：AXE 的全球宣传

全世界那些热衷技术、可支配收入高、与世界各地的"虚拟朋友"经常沟通的年轻人群体被称为"Y"一代或千禧一代。他们是在互联、数字世界里成长起来的第一代，既给传统商业模式带来挑战，也为公司通过与他们进行有意义的沟通获得协同效应提供了机会。对这一群体，公司可以利用病毒营销这一新形式，他们很可能分享自己认为新潮有趣的广告。下面就是某公司实行这一办法的示例。

① 单位疑有误，原文如此。——译者注

从一开始，联合利华就对在全球推出 Axe 牌男士香体露有一项雄心勃勃的计划：制定一个在 75 个国家都适用的营销口号。结果呢？“Bom Chicka Wah Wah”，由 Axes 设在伦敦的广告公司 BBH 提出，由 BBH 设在纽约的创意团队构想，这则广告立刻风靡全球。通过广告、YouTube 视频、现场乐队演出和在线游戏，公司发动了一场病毒式宣传，其影响远远超出市场。公司将一个既简单又普遍的概念——两性间吸引以尖锐的幽默感表现出来。世界各地的人们争相转发滑稽的视频，玩在线游戏，游戏根据玩家自称喜欢的女性为其推荐适合的 Axe 香型。仅仅五年之后，Axe 在美国的销售额即从零攀升至 5 亿美元。

但是，Axe 并未止步于此。接着，公司推出新的瓶体设计，并邀请一位知名专家特别设计一系列新香型来吸引全世界的男士。但是，概念没有变，Bom Chicka Wah Wah，从纽约到东京到世界各地都一样。宣传取得巨大成功，Axe 现在占据日本市场的 12%，而这个市场上的男士香体露本来是无味的。Axe 东北亚地区的执行官丹·博尔登特（Dan Burdett）说：“策略是最大限度利用全球的做法，然后进行当地化。”北美的执行官大卫·鲁宾（David Rubin）补充道，“有些地方这个概念行不通，但也做了，突然就行了。世界没有边界，你无法控制谁看到了，谁感兴趣。”但是，这一策略对所有产品都适用吗？

请登录 www. theaxeeffect. com。

资料来源：Hamm，S.（2 July 2007）. Children of the Web. *Business Week*. Retrieved from www. businessweek. com/magazine/content/07 _ 27/b4041401. htm.

文化对人们对广告的感知和反应有很大影响。多年来很多研究证实，广告越被喜欢就越有效。最近一项研究针对 X 代消费者，考察在亚洲国家哪些属性让人们更喜欢一则广告，与美国和欧洲市场有何差异。结果发现，亚洲人最喜欢能激发“娱乐性”的广告，其次为“温暖”“软销”“强壮/独特/性感”“与我相关”“符合潮流/现代/时尚”“地位吸引力”。这些结果与世界其他两个地区极其相似，欧美消费者也最喜欢广告有“娱乐性”“温暖”且“与我相关”。其他一些属性是亚洲独有的，比如“软销”“强壮/独特/性感”“符合潮流/现代/时尚”和“地位吸引力”。[30]

玛丽基·德穆吉（Marieke de Mooij）长期研究广告风格的文化差异，并总结出不同国家的广告风格，如表 13—2 所示。

表 13—2　　不同国家的广告风格

国家	广告风格
中国	教育性，强调质量、传统、地位和尊重
法国	象征性、感性、幽默
德国	逻辑、证明、传统、物有所值、权威
意大利	情感、生活方式、使用明星、戏剧性
日本	间接诉求、软广告、娱乐性、情绪、象征性
西班牙	间接诉求、理想主义、愉悦
荷兰	娱乐性、现实主义、庄重
英国	展示性、幽默、微妙、证明、展示社会等级差异
美国	讲课式、直接诉求、硬广告、争辩式

资料来源：de Mooij，M.（1997）. *Global marketing and advertising*：*Understanding cultural paradoxes* (pp. 272-283). Thousand Oaks，CA：Sage.

全球广告法规

当规划全球营销战略时，营销人员必须考虑不同国家管制广告行业的无数标准、法规和法律，以及地域管辖问题。建立广告监督和法规体系，目的是回应消费者投诉，保证广告声称的内容准确无误，广告产品合法。对于药品、含酒精饮料、烟草和赌博等关系到消费者保护问题的特定产品，广告法规的监管尤其重要。

但是，广告法规监管不仅可能被国家和地方政府打破，有时甚至广告行业本身也会破坏。例如，在英国，广告行动委员会（Committee of Advertising Practice，CAP）管制平面、新媒体和电影广告，以及促销、直复营销和邮购品配送；另一方面，广播行动委员会（Broadcast Committee of Practice，BCAP）负责电视和电台广告、互动电视、电视购物和图文电视。这两个独立的委员会由英国广告标准局（British Advertising Standards Authority，ASA）管理。

例如，在北京，一项大规模的“城市整治行动”拆除了市中心的所有广告牌，使广告主和广告公司感到震惊。戴姆勒-奔驰的一位发言人惋惜地说：“户外广告是戴姆勒-奔驰、克莱斯勒、吉普和道奇在中国的营销组合策略的一部分。”在北京颁布户外广告禁令后，许多公司纷纷转向商业区的户外视频广告。结果，拥有 10 万块这种屏幕的一家公司季度销售额上涨了 75%。[31]圣保罗和莫斯科也在考虑禁止户外广告。[32]插图 13—1 是一个进行户外广告宣传的聪明的办法。

插图 13—1　户外广告的创新

资料来源：Executive Search Dating Trap. Reprinted by permission of Rethink Canada.

全球广告公司

面对全球市场的挑战，许多公司借助全球广告公司在营销方面获得竞争优势。

广告公司与企业营销职能的整合程度因企业规模、营销战略重点和领导力、所处行业或市场等因素而不同。但是，对于大多数多国公司，与一个或更多个广告公司或网络的关系是全球营销战略的一个重要方面，常常予以认真考察。

有些大型全球广告主更喜欢用当地广告公司，其他则可能继续使用母国市场的广告公司，还有一些可能雇用在世界各地都设有办公室的大型广告公司，或者与李奥贝纳（Leo Burnett）、扬罗必凯（Y&R）或麦肯广告（McCann Erickson）等一些世界性网络结成联盟。许多这些广告公司组成了 WPP 集团，WPP 是全球最大的多国广告公司，总部位于爱尔兰，2010 年销售额达到 60 亿英镑，在 107 个国家有 2 400个办公室，雇员达146 000人。规模次之的是宏盟集团（Omnicom Group）（见表 13—3）。前面提到，许多多国公司与不同广告公司保持联系，以实现特定宣传目标。例如，维萨选择设在伦敦的独立广告公司威登肯尼迪公司（Wieden & Kennedy）负责其世界杯赞助活动，但其 Visa 品牌一直与设在加州的李岱艾广告公司（TBWA/Chiat/Day）合作。[33]

表 13—3　　宏盟集团

	天联 (BBDO)	恒美全球 (DDB Worldwide)	李岱艾 (TBWA/Worldwide)
雇员人数	15 000	—	11 000
办公室数	287	200	267
国家数	79	90	77

企业选择广告公司来满足全球营销的需要有很多原因，其中包括：

● 成本节约。随着企业进行国际扩张，为满足国际营销之需而扩大内部营销和创意部门可能导致财务效益不佳。选择具有适当市场覆盖率的广告公司，企业可以节约资源，并专注于决策。此外，由于广告公司与媒体关系密切，企业还可以节约媒体购买成本。

● 市场知识。选择在世界各地都设有办公室的广告公司，或在目标市场上选择一些当地广告公司，企业很可能获得专门技能，使自己的广告宣传对当地受众有效。

● 优良的创意。广告公司有才华横溢、经验丰富的专业人士，他们开发的创意材料新颖而又精致。大多数公司难以形成或维持这样的创意焦点和专门技能。

● 专业化服务。有的广告公司开发了一些标签式能力，如媒体规划和购买、数字营销。不仅如此，它们还经常提供一系列专门服务，如危机沟通、市场调查等支持性服务。内部资源有限的公司经常会寻求这些专业化服务。

大多数公司在审视与广告公司的关系时，还会考虑营销战略一致性、广告公司的声誉和规模、行业专业化程度等其他因素。通常，企业或广告公司内部有变化，或者二者都发生改变，就会促使关系变化。20 世纪 90 年代，可口可乐大多使用自己的广告部门——Edge Creative。但是，到了 21 世纪，由于策略转变，可口可乐指定埃培智（Interpublic）作为其全球广告代理，同时还使用 WPP 的 Red Cell Berlin Cameron 和 UK's Mother 等一些外部代理商的服务。更大的变化发生在 2005 年，那一年公司将其经典可乐北美地区广告委托给威登肯尼迪公司。[34] 类似地，当丰田公司在 2005 年准备在日本推出奢侈品牌雷克萨斯时，除了自己的广告公司之外，它还选择了日本广告巨头电通（Dentsu）以及其他几家日本广告公司代理新产品上市的广告。[35]关于公司选择、改变广告代理商的一系列常见原因，以及广告公司对同一问题的看法，请参见表13—4。

表13—4 **选择和放弃广告代理公司的影响因素**

从客户角度选择广告代理公司的影响因素	排序	从客户角度更换广告代理公司的影响因素	排序	从广告代理公司角度流失客户的影响因素	排序
人员资历	1	对广告公司不满意	1	客户公司规模改变	1
符合客户的广告策略	2	目标不一致	2	沟通不畅、业绩不佳	2
国际联盟的一部分	3	高层经理不够重视	3	人事变动	3
机构规模	4	到了需要改变的时候	4	客户公司的战略改变	4
以往记录	5	销售和利润下降	5	政策改变	5
广告公司设施	6	广告效果不确定	6	销售下降	6
推荐	7	广告公司的关键人员流失	7	客户公司的要求不切实际	7
广告获奖	8		8	报酬矛盾	8
声誉	9		9	利益矛盾	9
	10				

资料来源：Adapted from：Yuksel，U.，& Sutton-Brady，C.（2007，January）. From selection to termination：An investigation of advertising agency/client relationships. *Journal of Business & Economic Research*，*5*（1），31-39.

毋庸置疑，广告公司和客户公司之间的关系对企业经营至关重要。比如，这一关系可能引起公司营销战略方向的改变，带来成功的形象改造，并且直接影响产品销量。当韩国企业集团LG电子决定委托设在伦敦的Bartle，Bogle，Hegarty（BBH）代理其全球营销沟通的战略制定和创意开发时，LG的全球品牌营销经理引用了公司的愿望——建立一个“唯一、强大的LG品牌”。[36]宜家的广告代理尚扬媒介（Mediaedge:cia）发现，该家具零售商在波兰的形象不佳，增长缓慢，于是设计了一场非传统的宣传活动，使顾客数量激增22%，波兰宜家成为全球所有宜家商店在这一指标上的领先者。同时，这场宣传还使得波兰宜家的网站流量提高了45%。[37]

这些事例显示出客户—代理关系可能形式多样而且不断变化。但是，客户与代理公司之间任何成功的伙伴关系的核心所包含的几个基本因素保持不变，即信任、信心、有效的沟通、总体营销愿景和目标的战略一致性，以及公司的内部技能和相应的外部市场覆盖。

本章小结

- 在全球广告和沟通组合中，社交媒体日益重要。
- 数字技术缩小了全球广告和当地广告之间的距离，广告主的信息可以到达全球市场，而非逐个国家开展沟通。
- 多国公司已经认识到整合营销沟通策略的重要性，该策略使公司不仅可以在地区或全球基础上规划沟通活动，而且可以立即跟踪沟通效果。
- 尽管广告信息正在当地化，但全球媒体的使用越来越多。
- 识别出适合进行全球广告宣传的产品十分重要。
- 全球广告公司在协调国家之间的宣传活动上发挥着日益重要的作用。

讨论题

1. 整合营销沟通与传统营销沟通有哪些不同？

2. 社交媒体如何影响全球促销沟通？举例说明。

3. 根据 Day and Reibstein，全球品牌有何特点？他们认为真正全球化的品牌为数甚少，你是否同意？

4. 营销人员在决定对其全球广告和沟通进行标准化或当地化时，必须做哪些权衡？

5. 记住文化影响广告偏好。能否想出最近看到的不符合你自己文化期望的一则广告？

6. 全球广告代理公司为全球公司带来哪些益处？

体验性练习

选择一种面向全球 18～34 岁消费群体的消费品，为其设计一个数字广告宣传的大纲，包括：

- 你选择哪些地理区域，以及选择这些国家和地区的原因。
- 在各个国家和地区建议采用什么网站，说明理由。
- 建议采取什么广告方法，说明理由。
- 建议的广告频率及理由。
- 建议的投资回报分析。

关键术语

适应化（或当地化）广告（adapted or localized advertising）

整合营销沟通（integrated marketing communications，IMC）

促销活动（promotional activities）

标准化广告（standardized advertising）

注释

[1] Knudsen，T. R. （2007，May）. Confronting proliferation…in beer：An interview with Carlsberg's Alex Myers. *McKinsey Quarterly* [web exclusive] .

[2] Shultz，D. E. （15 February 2006）. Measure IMC's whole—not just each part. *Marketing News*，8.

[3] Powers，T. M.，& Menon，A. （2008）. Practical measurement of advertising impact：The IBM experience. In Roger A. Kerin and Rob O'Regan（Eds.），*Marketing mix decisions：New perspectives and practices*（pp. 77-109）. Chicago：AMA.

[4] Smith，R. A. （18 July 2008）. Levi's marketers hope one size fits all. *Wall Street Journal Online*.

[5] "Live unbuttoned" with global launch of new，innovative Levi's 501 marketing campaign. （21 July 2008）. *PR Newswire* [press release] .

[6] Smith，R. A. （18 July 2008）. Levi's marketers hope one size fits all. *Wall Street Journal Online*.

[7] Morrissey，B. （11 August 2008）. EVB "unbuttons" bunch of Levi's next-gen celebs. *AdWeek.com.*

[8] "Live unbuttoned" with global launch of new，innovative Levi's 501 marketing campaign. （21 July 2008）. *PR Newswire* [press release] .

[9] Levi Strauss & Co. announces third-quarter 2008 financial results. （2 October 2008）. *Business Wire*

[press release].

[10] Smith, R. A. (18 July 2008). Levi's marketers hope one size fits all. *Wall Street Journal Online*.

[11] Day, G. S., & Reibstein, D. J. (2004). Managing brands in global markets. *The INSEAD-Wharton Alliance on Globalizing: Strategies for Building Successful Global Businesses* (p. 192). New York: Cambridge Press.

[12] Baker, M., Sterenberg, G., & Taylor, E. (2003). Managing global brands to meet consumer expectations. *ESOMAR Global Cross-Industry Forum, Miami*. Retrieved from www. warc. com.

[13] Onkvisit, S., & Shaw, J. J. (2004). *International marketing: Analysis and strategy* (p. 455). New York: Routledge.

[14] Day, G. S., & Reibstein, D. J. (2004). Managing brands in global markets. *The INSEAD-Wharton Alliance on Globalizing: Strategies for Building Successful Global Businesses* (p. 194). New York: Cambridge Press.

[15] Managing brands in global markets: One size doesn't fit all. (1 June 2005). *Knowledge@Wharton*. Retrieved from http://knowledge. wharton. upenn. edu/article. cfm?articleid=1206.

[16] Borden, J. (15 September 2008). Fitness for the everyday consumer. *Marketing News*, 17-19.

[17] de Mooij, M. (2005). *Global marketing and advertising* (2nd ed.) (p. 8). London: Sage.

[18] Lindstrom, M. (21 May 2007). P&G cleans up in Pakistan. *AdAge. com* [*BrandFlash: Martin Lindstrom's Weekly Reports*]. Retrieved from http://adage. com/article?article_id=115637.

[19] Pae, J. H., Samiee, S., & Tai, S. (2002). Global advertising strategy: The moderating role of brand familiarity and execution style. *International Marketing Review*, *19* (2/3), 176.

[20] Kanso, A., & Kitchen, P. J. (2004). Marketing consumer services internationally: Localisation and standardisation revisited. *Marketing Intelligence & Planning*, *22* (2/3), 201.

[21] Timmons, H. (30 May 2007). Telling India's modern women they have power, even over their skin tone. *The New York Times*, C5.

[22] McDonald's CMO: Erase borders and create bonds. (15 October 2008). *Marketing News*, 20.

[23] Langton, C. (4 June 2007). What wins Effies? Simple ideas. *Advertising Age*, *78* (23), 32.

[24] Interpublic unit sees'08 global ad spending up. (26 June 2007). *Reuters*. Retrieved from http://today. reuters. com/news/articleinvesting. aspx? type = comktNews&rpc = 33&storyid = 2007-06-26T134448Z_01_WEN8979_RTRIDST_0_UNIVERSALMCCANN-FORECAST-URGENT. XML.

[25] Gritten, A. (2008, July). Inside the marketing department. *Research*, 29.

[26] Anonymous. (18 November 2002). Philadelphia cream cheese. *Marketing Magazine*, *107* (46), C14. Accessed in ProQuest.

[27] Shankar, V. (2008). Strategic allocation of marketing resources: Methods and insights. In Roger A. Kerin and Rob O'Regan (Eds.), *Marketing Mix Decisions: New Perspectives and Practices* (pp. 154-183). Chicago: AMA.

[28] Ibid.

[29] Fielding, M. (15 March 2007). Eliminate waste: Determine which media channels truly engage customers. *Marketing News*, 10-12.

[30] Fam, K. (2008, September). Attributes of likeable television commercials in Asia. *Journal of Advertising Research*, *48* (3), 418-432.

[31] Leow, J. (25 June 2007). Beijing mystery: What's happening to the billboards? *The Wall Street Journal*, A1.

[32] Ibid.

[33] Cuneo, A. Z. (28 June 2007). Visa teams with Wieden for soccer sponsorship. *Advertising Age*. Retrieved from http://adage. com/abstract. php?article _ id=118886.

[34] Coca-Cola: Brand Profile. (2007, March). Retrieved from http://WARC. com.

[35] Madden, N. (15 August 2005). Home-field advantage? Toyota readies Lexus for its debut in Japan. *Advertising Age*.

[36] Anonymous. (3 December 2007). LG appoints new global advertising agency. *Cellular-news*. com. Retrieved from www. cellular-news. com/story/27823. php.

[37] Hall, E. (3 March 2008). Global media agency network of the year: Mediaedge: cia. Advertising Age.

案例 13—1 约旦的企业家精神：创建一家广告公司

约旦安曼

“这就是我想做的！我知道它会成功！唯一的问题是我怎么筹到将想法变成事业的资金?”十多年前，当娜哈拉（Nahla）向父亲展示一个商业项目提案时，她以这句话作为结尾。那次展示是她为创办一家新广告公司而做的最后一次努力。为了使想法更加成熟，她认真思考准备了数月之久。她希望成立一家运用各种媒体帮助客户销售产品和服务的广告公司。她充满激情地声称，自己有资格、有能力创办这样一家企业，现在正是该采取行动的时候。

娜哈拉太有主见，有创造力和活力，她的人生不可能受制于传统阿拉伯世界企业的保守层级和严苛管理。她坚信广告公司可以使她在设计和创新方面的技能和创造性得以尽情发挥。在她的国家，广告是一个正在成长的领域，她希望建立自己的广告公司。在向父亲提出这个想法之前，她先试探了一些朋友和家人的意见。大家都支持她的想法，家人对她的能力也充满信心。有些朋友对此兴趣浓厚，以至于希望成为她的合作伙伴。娜哈拉没有经商背景，所以她邀请 Karim 担任总经理，同时邀请 Khalid 担任设计师，Waseem 担任营销总监，而娜哈拉自己将成为“创意”经理。他们希望娜哈拉的父亲能够加入，他作为一位有影响力的商人，其声誉和家族姓氏可以为新企业带来信誉。

广告公司的想法吸引了娜哈拉的父亲，他认为娜哈拉的展示不错。他建议娜哈拉“自助”经营，将家庭的积蓄作为启动资金成立公司。这样，她的媒体集团（Media Group）成立了，最初有一台电脑、扫描仪和打印机，还有软件和一些办公用品，地点在娜哈拉父亲办公室里的会议室。

约旦的企业家精神

娜哈拉的积极行动代表了约旦社会正在经历的变化，在这种变化中，鼓励采用非传统政策来促进经济发展。但就女性经济活动整体而言，娜哈拉实属例外。1999 年，12.5%的约旦妇女有工作，但其中只有 12%有自己的生意，而且 3/4 以家庭为基础，所以只有 0.375%的女性或者 1/266 的女性拥有正式的生意。

女性担任高管有时并非易事。客户和雇员时常拿不准如何与娜哈拉相处。一开始，客户对娜哈拉的专业性和能力表示怀疑，而男性雇员不知道该如何听从女性的领导。但是，随着娜哈拉逐渐赢得声誉，她克服了这些困难，这需要她强大的自信心和个人魅力。

娜哈拉是一位穆斯林，但是她打破了她所在国家的现有规范，接受基督徒作为其生意伙伴。这种不同寻常的做法使娜哈拉失去了一些客户，但是她愿意和不同背景的人合作，这使她的公司脱颖而出，前景光明。当文化背景迥异的客户（包括日本和韩国的）来约旦销售产品时，娜哈拉能够和他们愉快地合作。

当广告业在约旦商业社会得到更多认可时，娜哈拉的广告事业又发展了十年。许多新竞争者进入广告领域，广告公司从娜哈拉刚入行时的 25 家增加至 150 家。不是每家公司都具有专业资质，有些仅仅依靠一台个人电脑和软件来推销广告服务。新竞争导致价格大幅下降。几年前，娜哈拉设计一个品牌标识收费 200 约旦第纳尔，现在相同业务的报酬很少超过 75 约旦第纳尔。

娜哈拉的事业转折点出现在和韩国 LG 公司签署合作协议之后。这使她能招揽需要的员工。现在她拥有 4 个大客户和 12 个稳定客户，每年还有 10～20 个新客户。客户包括航运公司、业务发展服务公司、美容行业公司（如化妆品）、糖果公司（糕点和巧克力）、大使馆和杂志等。大多数客户来自约旦本土，来自阿拉伯联合酋长国的客户也不断增加。

总体来说，阿拉伯世界对女性商人的态度经历了慎重而又戏剧性的转变。女性商业网络如雨后春笋般在中东出现，并受到阿拉伯第一夫人的祝福，如埃及总统夫人苏珊娜·穆巴拉克（Suzanne Mubarak）和约旦王后拉尼娅（Rania）。有些人说，阿拉伯政府竞相鼓励女性涉足商业或步入政坛。现在有旨在协调整个地区法律的“阿拉伯妇女组织”（Arab Women Organization，AWO），由阿拉伯联盟（Arab League）主持。

但仍然有许多问题需要解决，大约一半的阿拉伯女性不识字，一些国家的性别隔离形成诸多障碍。在巴林，劳动力中的女性占比从 1971 年的 5%增至 2005 年的 40%。但是在沙特阿拉伯，女性占人口的一半，其经济贡献率却仅为 3%。属于女性的工作机会并不多，所以她们需要为自己创造机会，如建立自己的企业。阿拉伯国际妇女论坛（Arab International Women's Forum）主席海依法·法霍姆·阿尔·凯兰尼（Haifa Fahoum Al Kaylani）表示：“我们承认还有许多工作要做，但我们目前取得的成就不同凡响。”

娜哈拉非常支持女性创业，尤其是年轻的阿拉伯女性。她建议这些女性在创业之前全面地了解市场，进行 SWOT 分析，在相关领域有至少 5 年的经验并了解竞争规则。她还建议在事业初期要有充足的启动资金，然后就……坚定大胆地去执行。娜哈拉坚信：“成功与性别无关，无论是男性还是女性，只要你有雄心，知道自己想要什么，那就去做！”

资料来源：This case was written by Susanna Aulbach of George Mason University and Professor Richard Linowes of the Kogod School of Business of the American University in Washington，D. C. It was produced under the auspices of the Emerging Market Development Advisors Program (EMDAP) of the United States Agency of International Development (USAID) and administered by the Institute of International Education (IIE). Reprinted with permission.

讨论题

1. 娜哈拉展现了怎样的企业家精神？你认为约旦和美国企业家所需的素质有什么不同？
2. 鉴于娜哈拉创业初期遇到的困难，她本应当采取哪些不同做法来评估其想法的可行性？

第 4 篇　全球营销的新趋势

第14章 采用社交媒体开展全球营销

现在，正有场对话……你的老顾客和前雇员在交谈，与此同时，投资者和潜在新顾客在回顾这些谈话内容，目的是帮助自己对下一步行动做出“理智的”决定。你加入这场对话了吗？

——达斯全球媒体公司（Das Global Media）

学习目标

1. 理解什么是社会营销及其在全球范围的应用。
2. 了解主要的全球社交媒体。
3. 理解如何使用全球营销网络作为促销工具。
4. 讨论如何将全球社交媒体本地化。
5. 阐述社交媒体广告与传统广告的区别。
6. 讨论社交媒体使用中的一些隐私问题。

伊莱恩和罗兹是家庭主妇兼好友，她们正在脸书上讨论伊莱恩在百思买商店看到的一款新冰箱。她们非常喜欢这款冰箱的三门设计以及其他一些功能。两天后，她们加入到一个由20个买过这款冰箱或听说过相关评论的人形成的脸书讨论组中。在讨论中，她们尤其重视其中一名好友的意见。讨论的结果是，伊莱恩决定再看一看这款冰箱，以确定是在网上还是在零售店购买。

这个场景描述了一个正在全球范围内发生的趋势。诸如脸书、推特和领英之类的**社交媒体**（social media）将兴趣或爱好相似的人连接起来。通过这些媒体，营销人员可以将信息传递给潜在的消费者。另一方面，营销人员也可以了解消费者对其产品或服务的评价。这种双向沟通是社交媒体的本质和重要特点。

社会营销简介

科特勒和扎特曼（Kotler and Zaltman，1971，5）最早将社会营销定义为：“用来提高社会观念接受程度的有关项目的设计、实施和控制，包含对产品设计、定价、沟通、渠道和营销研究等方面的一系列考虑。"[1]科特勒随后又将**社会营销**(social marketing)定义为:"[确定]目标市场的需要、欲望和利益点,并以一种维持或提升消费者和社会福利的方式比竞争者更有效、更高效地传递价值。"[2]与此类似,社会营销协会(Social Marketing Institute)将社会营销定义为运用商业营销理念,通过社会项目设计与实施带来社会变革。[3]一些非营利组织,例如政府机构、慈善机构、教育机构(大学和学校)和生态研究组织也采用现代营销技术来推动社会营销目标的实现。

社会营销随后发展成为所谓的公益事业营销(cause-related marketing, CRM),即将一项公益事业(例如,伦敦幼儿博物馆一类的慈善机构)与一家营利公司(如3M)相结合。其理念是发挥两者的协同作用,使公司在增加销量的同时为公益事业筹措资金。其中,最值得一提的活动是1983年美国运通(American Express)信用卡与修复纽约自由女神像之间的合作。对于使用美国运通卡的每一笔消费,美国运通将贡献1美分;对于每一张新开的信用卡,美国运通将贡献1美元。三个月内,该活动使美国运通卡销量上涨了27%,同时为修复纽约自由女神像筹措了170万美元的资金。然而,公益事业营销与社会营销的主要区别在于公益事业与公司之间缺乏持续的关系。公益事业营销局限于一个特定的时间周期,而社会营销网络的持续时间更长。Kaplan and Haenlein (2010)[4]将社会营销网络定义为一种"建立在Web 2.0思想和技术基础之上,允许创建和交换用户生成内容(user-generated content)的组织"。

社会营销网络

社会营销网络是互联网营销的同义词。互联网营销的开展需要借助博客、新闻发布和社交媒体等方法。尤其是社交媒体已经彻底革新了人们的互联网使用方式。人们现在不仅使用互联网来搜索信息,还通过互联网与其他有相似兴趣和习惯的人连接。这些连接通过社交媒体(例如脸书、推特、聚友网和领英)来实现。人们不仅可以与当地人连接,而且可以与身处不同地区和全球范围的人连接。例如,谷歌的Orkut和脸书的功能是帮助人们寻找朋友;领英(美国)是一个职业性质的社交网络;WELCOM(The World Economic Leaders Community,世界经济领袖社区)则为全球政治和经济领袖讨论全球、区域和行业议题而设计,用于专业或商业联系。脸书、Orkut和领英用于寻找你认识的人,推特则用于寻找你不认识但却有共同兴趣的人。Orkut是真正意义上的全球社交媒体,总部设在巴西,48%的用户来自巴西,印度以39.2%紧随其后,接下来是美国,占2.2%。它在波罗的海国家也很受欢迎,尤其是爱沙尼亚。脸书是全球最大的社交网络,拥有超过5亿活跃用户,其中70%来自美国以外的国家。

在表14—1所列出的国家中,脸书几乎都排名第一,仅有一个例外,推特在6个国家中排名第二。全球有2/3的网民使用至少一种社交网络或博客网站,时长占互联网总使用时间的10%。Smith (2010)[5]发现基于社交媒体的数字化交流已经超越了面对面交流。他的报告指出,美国人平均的面对面交流网络中有21.4人,而在社交网络中达到49.3人。

表 14—1　　顶尖社交网络排名

国家	脸书	推特	领英	其他
澳大利亚	1	2	3	
加拿大	1	2	3	
法国	1	2		3
德国	1	2		3
意大利	1	3		2
俄罗斯				1，2，3
西班牙	1			2，3
英国	1	2	3	
美国	1	2	3	

资料来源：Data from：World map of social networks.（2011，June）. http：//Vincosblog. com.

图 14—1 展示了上述及其他一些受欢迎的社交网络在全球的分布。脸书覆盖了整个北美洲和欧洲，以及南美洲的很大一部分。

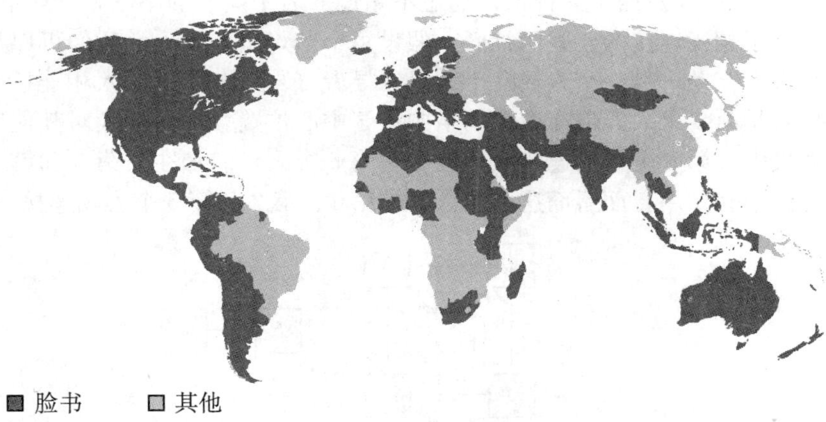

图 14—1　社交网络的全球分布（2011 年 6 月）

资料来源：Data from：World map of social networks.（2011，June）. http：//Vincosblog. com.

网络对行为的影响

网络分析（社会网络理论）是一门研究人、群体或组织之间的社会网络结构如何影响信念和行为的科学。网络分析人员相信个体的行为在很大程度上取决于他如何与更广泛的社交网络相连接。社交网络通常将特定个体或组织组合在一起。当然，社交网络能够通过面对面交流来建立，这些交流可以发生在商业场所、俱乐部或工作地点等。然而，面对面互动受限于某个特定群体，由此形成的网络在很大程度上呈静态。互联网为人们与更大的群体、在更广的时间范围内进行沟通提供了机会。有些社交网站关注特定的兴趣领域，有的并非如此。例如，领英主要吸引专业和商界人士，一个更具排斥性的网络专门为全球经济论坛（World Economic Forum）的代表们建立。

专栏 14—1

聚焦人：奥库特·比尤科克顿

很多人都对脸书的创始人马克·扎克伯格非常熟悉，但很少有人知道奥库特·比尤科克顿（Orkut Büyükkökten）这个名字。他是社交网络 Orkut 的创始人，Orkut 以他的名字命名。自 2004 年创建以来，截至 2010 年，Orkut 已经拥有大约 1 亿用户，其中约一半来自巴西，39%来自印度。它已成为世界上第三大社交网络。

奥库特·比尤科克顿生于土耳其，之后来到美国加州斯坦福大学攻读工程与信息科学博士学位。他在脸书工作期间，将 Orkut 这一个概念作为 20%的独立项目进行了开发。当时，他才 20 多岁。他的目标是“在人生中经历所有最疯狂的事情，绝不为任何事情后悔”。他确实做到了这一点。

一个社交网络由角色（由图 14—2 中的节点来代表）与角色之间的关系（由连接或路径来代表，连接显示节点之间的关系或信息流动）组成。根据六度分隔理论（指地球上的任意两个人都可以通过不超过 5 名中间人的串联来产生联系），社交网络建立了相互连接的互联网社区。假设每个节点是一个人。我们可以从图中说出哪两个人有互动，哪一个人或几个人是领导者（与一个以上的人相连接）。在本例中，领导者是第 5 个人，他在整个网络中处于中心位置。第 5 个人对其他节点行为的影响力最大。第 6 个人的连接数虽然少于第 5 个人，但却在与第 3 和第 4 个人的连接中扮演中介作用，而后面这两个人又与第 1、第 2 和第 5 个人相连接。

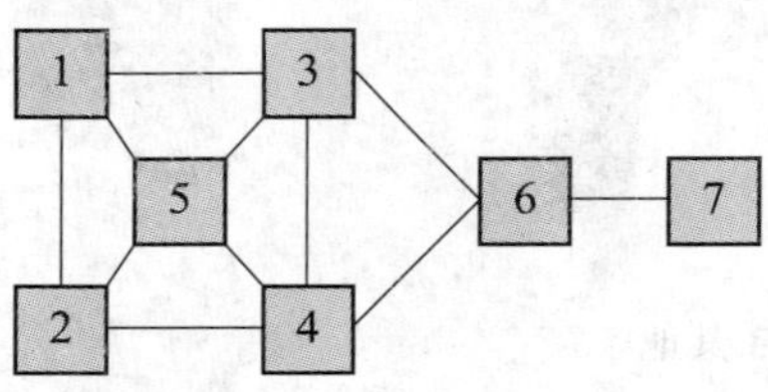

图 14—2 一个社交网络

社交网络的影响之一是，人们在了解行为选项并做出选择时，不仅基于对社交圈子中他人行为的直接观察，而且要向社交网络以外的朋友和亲人学习并将这些信息或实践带回现有的社交网络中。

社交网络对营销人员的启示是什么？Christakis and Fowler（2009）认为世界按照他们所提出的“三度影响”理论来运行——你的朋友的朋友的朋友在间接地影响你的行为和情绪，而这个人你可能根本不认识。[6]网络参与者之间的讨论在很大程度上受到互联网社交网络的影响，讨论内容包括买什么产品、经常去哪家餐馆吃饭、去什么地方娱乐，以及观看和阅读哪些电子或纸质媒体。

使用社交媒体的动机

人们使用社交媒体的动机是什么？有关这个问题，部分答案来自全球网页指数(Global Web Index)。[7]该指数基于一项对亚洲、欧洲、南美洲和美国的29 000位社交媒体用户的调查。这些用户可以按照年龄、行为（例如，风险偏好者、惊险探求者、国际主义者）和总体国家指数进行细分。表 14—2 选择了金砖四国在部分动机

专栏 14—2

聚焦公司：智利红酒在中国

尽管脸书、推特和 YouTube 在中国被禁用，但中国人仍然在全球网民中占据最大比例。在中国，也有若干当地社交媒体被批准使用。

智利的红酒厂商计划开展一项活动向中国消费者介绍它们的产品。社交媒体用于帮助它们建立一个可以让消费者讨论红酒的社区。

- 开心网（Kaixin）：一个红酒爱好者可以聚集在一起并分享品酒经验的社交网络。
- 优酷网（Youku）：一个可以制作、上传和观看智利红酒视频内容的视频分享网站（类似 YouTube）。
- Flickr：在华智利商务处（ProChile）用来提供无数有关智利红酒、风景和其他活动的照片。

由于这次宣传活动，智利红酒变成在中国销售排名第四的红酒。

资料来源：Information culled by Michael Darragh, "Discovering Social Media in China," http://blog.ogilvy.pr.com/2009/11/discovering-social-media-in-china. Retrieved January 13, 2011.

上的总体指数进行展示。在巴西（69%的受访者）和俄罗斯（53%），使用社交媒体的最重要动机是"随时关注新近发生的新闻和事件"。在印度，最重要的动机是"寻找工作"（61%的受访者），在中国则是"与朋友联系"（51%的受访者）。很多人使用社交媒体来搜索想要购买的产品，61%的巴西用户有这一动机，印度用户为50%，接下来是46%的俄罗斯用户，中国用户为40%。从这些结果以及表 14—2所呈现的数据中可以发现，社交媒体的使用在不同国家存在差异。企业在规划如何利用社交媒体开展全球广告宣传时，必须考虑社交媒体作为一种信息和影响力来源的相对重要性，与此同时，还需要顾及国家之间的差异。

表 14—2　使用社交媒体的动机

	（激励的百分比）			
动机	巴西	俄罗斯	印度	中国
研究购买什么产品	61	46	50	40
推销商品	27	11	32	16
发现音乐	48	33	38	36
关注新闻、事件	69	53	58	40
得到创意	50	30	50	32
表达自我	28	15	37	27

资料来源：Data from GlobalWebIndex.net. Global State of Social Media in 2010.

与上述动机相关，R. Craig Lefebvre[8]（2009）提出了以下一些社交媒体营销策略：

1. 聚焦于有大量连接的人，比如社交网络中的连接者、有影响力的人或意见领袖。

2. 降低社交网络密度，方式是引入更多的跨界人员或者增加网络外部成员的社会连接，降低密度是因为网络中可能集中一些风险行为。

3. 了解在社交网络中最认真、最能回应他人行为（或更容易受到影响或被说服）的成员，并向他们提供保护性或替代性的行为以防止他们盲目采纳他人意见。

4. 增强“外群体”的显著性和吸引力，具体方式是通过对那些行为受到赞赏的[正面脱离者]的定位，使其被网络内成员模仿或者视为榜样。

网络化的企业——社交网络的商业用途

人们普遍认为家庭消费者是社交网络的主要使用者，但越来越多的工商企业也开始使用社交网络。麦肯锡公司的一项调查[9]发现，企业可以通过社交网络应用来获益，收益来自三类社交网络：内部网络、与顾客相关的网络以及与外部供应商和合作伙伴相关的网络。通过内部和外部社交网络所获收益包括：加快知识获取、降低沟通成本、提高员工满意度，以及提高供应商、合作伙伴和外部专家的满意度。一些社交网络允许管理者看到哪些员工互相联系，他们讨论了什么主题。与顾客相关的社交网络带来的收益包括：增加营销效果、提高顾客满意度、降低营销成本。一些企业重点使用三类社交网络中的一类，但在所有受访企业中，大约有3%是全网连接，三类社交网络全都使用。大部分商业企业与专为它们设计的Web 2.0程序相连。这些社交网络在应用广度上与脸书类似，但不对公众开放，并且受到企业防火墙的保护。安全性是此类社交网络的主要特点。由于消费者社交网络和企业社交网络都用于收集内部和外部情报，所以必须考虑隐私权，这将在后面单独讨论。

TMC沟通与技术产业研究中心（TMC.net Communications and Technology Industry Research）对全球1 000名主管进行了一项问卷调查，发现企业将社交网络最多用于获取有关本行业其他公司最新进展的信息（见图14—3）。在提及率最高的社交网络用途中，外部营销排第三位。在外部营销之后，通过社交网络进行外部、内部沟通是接近顾客和员工的有效手段。Online Social Networking和TopRank等一些民意调查机构发现，脸书、领英和推特依次是企业使用最多的三种社交网络。

为全球市场提供虚拟办公室和会议室的雷格斯公司（Regus）是社交网络外部营销沟通的一个案例，该公司运用脸书和推特等社交媒体的组合来提高在纽约市场上的销量。与上年同期相比，这次活动使收益增长了114%。[10]负责这次活动的经理总结道：

> 社交媒体使得公司能够与目标受众直接互动……这些受众将网络自我定义为对特定话题、主题、产品和（或）服务感兴趣的人……此类关注焦点是B2B营销吸引潜在客户、提高收益的基础。[11]

运用社交媒体来触及消费者并非易事。与关系营销相似，营销人员需要在媒体上回应消费者的对话。这要求投入人力对社交媒体进行监控，以此确定哪些消费者体验过公司产品或服务。消费者与营销人员的对话是双向的：对品牌的体验由消费者关联在一起，而营销人员在同一个社交媒体上做出回应。这种消费者与营销人员之间的双向沟通要求改变传统的广告策略。如果成功，回报将非常可观。宝洁公司

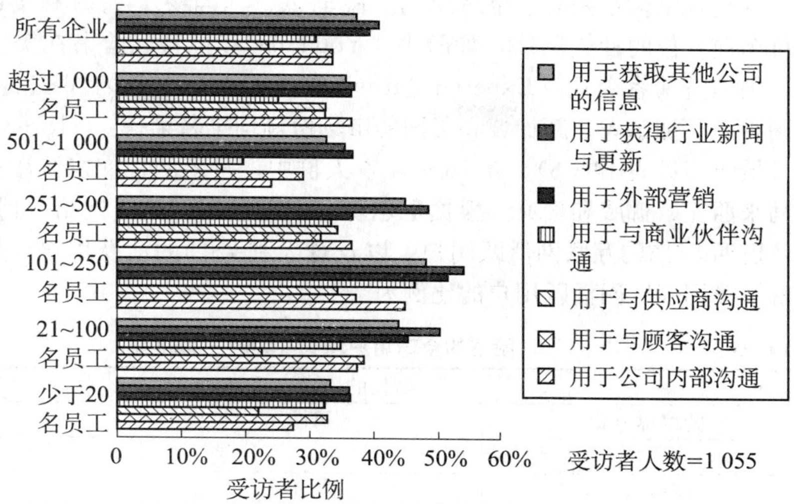

图 14—3　社交网络的商业用途

资料来源：Top business uses of social networking：Information gathering and marketing ranked above collaboration.（14 May 2009）. *TMC. net News*.

是美国最大的广告主，在 YouTube 上为其“老香料”（Old Spice）品牌进行了一项成功的宣传活动之后，决定在 2010 年年末中止白天电视节目（所谓的肥皂剧）中的广告。这项活动为宝洁公司带来了超过 100 万脸书粉丝。

全球社会营销广告的增长

广告和促销是另外两种企业使用社交媒体的主要方式。2010 年，全球的社交网络广告支出为 33 亿美元，这一数字预计在 2011 年将增至 43 亿美元（见图 14—4）。全球媒体的社交广告支出平均每年增长 30%。在全球社交媒体支出中，美国大约占据一半。世界其他地区（如欧洲和亚洲）的全球支出份额有望增长。

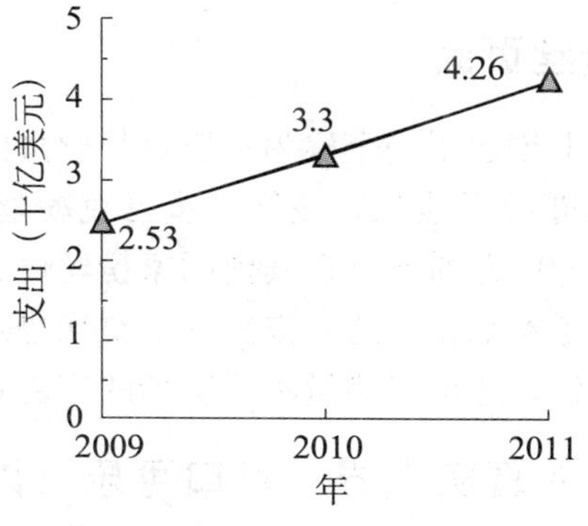

图 14—4　全球的社交网络广告支出（2009—2011 年）

资料来源：Data from eMarketer，July 2010.

社交媒体广告在一些金砖国家广泛应用。例如，2010 年，社交网络（博客）触及巴西 86%的互联网活跃用户；2009 年，中国的社交网络使用人数达到 2.45 亿，相比 2008 年增长了 34%。普华永道（PricewaterhouseCoopers）预测，截至 2013 年，广告总支出的 36%将流向基于互联网的营销活动。

社交网络营销是真正全球化的。截至 2009 年年末，每月有接近 2.5 亿人在使用排名前 9 位的社交网络，如脸书、YouTube 和推特。脸书在美国之外也增长迅速。根据益博睿公司（Experian Hitwise）的数据，2010 年 6 月，脸书在新西兰、中国香港、加拿大、新加坡和美国的市场份额均排名第一。[12] 18～49 岁的年龄群体增长最快（见表 14—3）。在 16～54 岁人群中，丹麦的社交媒体渗透率最高，随后是马来西亚、挪威和瑞典。根据尼尔森公司的数据，社交网络（博客）在 2010 年触及巴西 86%的互联网活跃用户，以及意大利 78%的活跃用户。与之相比，同年它触及美国互联网活跃用户的比例为 74%。

表 14—3 脸书的全球用户增长（2007—2008 年）

年龄群体（岁）	增长的用户（百万） 男性	女性
2～17	3.7	3.6
18～34	10.9	11.9
35～49	12.4	11.7
50～64	6.0	7.6
65＋	1.9	1.3

资料来源：Adapted from：Nielsen Online Global Index.

在中国，社交网络的使用也在增加。根据中国数据中心（Chinese Data Center）的报告，2009 年社交网络用户的数量为 2.45 亿，较前一年增长 34%。2010 年年末，中国互联网用户数量接近 5 亿，约有 60 万个社交网络账户。

社会营销宣传案例分析

星巴克的粉丝页面

星巴克在脸书上创建了一个称为星巴克粉丝页面的社交网络，主要针对美国人群，也在外国市场进行当地化。最终，星巴克粉丝页面变成脸书上最大的社交网络，在美国本土有 600 万粉丝，在其他国家粉丝略少一些。公司的促销和沟通信息根据各个市场进行了本地化。这一方法的主要优势是，星巴克不仅可以在全球任何可能的地方发布广告，还可以测量不同市场的广告效果。

将"赞"带入真实世界：可口可乐（以色列）

在以色列，"可口可乐村庄"是一个独特的夏日体验活动。每年可口可乐（以色列）都会邀请 1 万名青少年来到在脸书上创建的村庄。他们每人必须收集 10 个可口可乐瓶盖，组织 8 名完成同样任务的朋友，然后通过脸书在线注册获得特有的进入权。到达可口可乐村庄时，他们按照要求佩戴一个特殊的手环以便安全地持有其账号和密码。在每个活动开始时，他们需要用手环刷一下射频识别设备（RFID）。这些设备安装在一些战略地点（游泳池、餐厅）。随后，他们要将手环放在这些设备旁边，以表示他们“赞”过这些地点。根据这一行为，脸书会自动发布一条信息，让朋友们知道该参与者参加活动的最新情况。摄影师也会拍摄一些照片发布到脸书的页面上。可口可乐村庄每天大约接待 650 名参与者，发布 3.5 万条信息，在为期 3 天的整个活动期间发布超过 10 万条信息。因此，可口可乐村庄的脸书页面成为在以色列点“赞”最多的页面，当然这一过程也产生了几十万次社交媒体互动。

专栏 14—3

聚焦国家：埃及

埃及有8 000万人口，但互联网用户仅为 1 300 万。尽管如此，考虑到政府管制和社会壁垒（例如，识字率、宗教）等原因，这一数字仍然庞大。例如，脸书在社交媒体领域的普及率在埃及持续增加。埃及有 300 万脸书用户，略低于人口总数的 4%，这一比例相对于 24%的互联网用户渗透率有点低。不过，脸书用户增长率达 7.63%。62%的脸书用户为男性，38%为女性，男性用户增长更快。大部分用户都很年轻，其中 48%的用户在 18～24 岁之间，28%的用户为 25～34 岁。

2008 年年末，诺基亚基于社交媒体和用户生成内容开展了一次活动。这次活动同时采用传统和非传统媒体（电视、收音机、印刷品、社交媒体）来鼓励用户参与脸书上的一项比赛。该活动邀请埃及著名的演员兼说唱歌手阿默德·马基（Ahmed Mekky）参与，该演员在埃及几部流行的电影中担任主角。

这次活动运用了一段节奏悦耳、情节丰富的音乐视频，富有当地色彩，是“埃及仅有”的场景。该视频用来鼓励观众用诺基亚手机来创建他们自己的视频，并传到 Nokia N96 的脸书上参加比赛。获胜者的名字将在网上公布，其视频也将放在群里。如今，这个群的成员超过 2.4 万人，并且一直活跃，论坛用户彼此分享内容。

资料来源：Adapted from：Facebakers.（2010，April）. Retrieved from www. facebakers. com；Egyptian Information Bureau.（2010）. Retrieved from http：//Eccosocialmedia. files. wordpress. com/2010/04/Egypt/pdf.

卡夫食品的阿拉丁巧克力盒

在瑞典，阿拉丁（Aladdin）巧克力已经畅销 70 年，一直是受欢迎的圣诞礼物。在 2009 年圣诞节，卡夫计划推出一种新的坚果巧克力。阿拉丁没有运用广告来宣传新品，而是安排了一个社群投票比赛来决定哪种坚果巧克力将被新品所取代（见图 14—5）。

阿拉丁在圣诞节的四周前建立了一个电子投票站，消费者可以为他们最喜欢的巧克力投票。瑞典最大的报纸《瑞典晚报》（*Aftonbladet*）对此进行了大规模报道。活动组织者在脸书上设计了一项“个性测试”，人们可根据他们最喜欢的坚果巧克力品种来测试自己的个性。大约有 1.4 万人参加了测试。在这次活动中，有超过 40 万人投票，高于 2009 年瑞典选举欧洲议会代表时的投票数。活动最终带来销量（26.5%）和市场份额（2.8%）双增长。

图 14—5　阿拉丁巧克力投票广告

社会营销的法律方面：隐私问题

不当获取隐私信息是所有互联网用户共同关注的问题，尤其是当第三方可以获得在社交媒体平台上存储的信息时。此外，大多数员工将其个人社交媒体网页视为隐私。员工通常难以意识到发布在这些网页上的私人信息可能被其雇主和同事获取。如果一个组织监控员工的社交媒体使用情况，那么必须将此事通知员工。

被视为隐私信息的例子包括顾客的浏览和购买模式、对品牌或特定公司和产品的负面评论以及个人的经历。社交媒体用户能够意识到这些隐私问题吗？虽然无法一概而论，但是来自世界各地的一些现象表明用户并没有完全意识到这个问题。例如，挪威消费者委员会（Norwegian Consumer Council）的一项调查发现，66%的挪威互联网用户使用社交网络，几乎所有人（94%）都提到，保护网上的个人信息非常重要。尽管如此，用户还是很少阅读关于如何保护隐私、如何管理社交网络上分享内容的条款和条件。[13]

加拿大的一项研究显示，大约 86%的受访者提到他们在使用社交网络时“没有定期采取以下基本安全措施”，包括更换密码；65%的人说他们很少或从不调整隐私设置；57%的人说他们很少或从不“向社交网络的管理者报告隐私问题”。[14] 另一方面，皮尤研究中心（Pew Research Center）对美国社交媒体营销使用情况的调查发现，2/3 的用户表示他们曾经通过更改用户资料的隐私设置来限制他们在网络上与他人分享的内容。在那些担心自己的网上信息随处可见的用户当中，77%的用户更改了隐私设置。即使是不担心这个问题的用户也对此较为积极，59%的用户调整了他们的隐私设置。[15]

在隐私问题与社交网络的利益之间进行平衡并不容易。社交网络能促进新产品采用，这种价值有很大一部分来自社交浏览，由此能看到别人“公开、清晰表述的社交网络”。用户资料的隐私越多，社交网站对用户的价值就越小。例如，巴西的 Orkut 用户几乎一致表示，当用户资料变得更加私密时，网站变得“不那么好玩”，人们使用网站的时间也减少了。然而，大部分用户还是希望 Orkut 提供更多的隐私选项。换句话说，他们希望看到别人的数据，但是不希望别人看到他们的数据。[16]

本章小结

● 社交媒体在全球渗透到发达国家和新兴市场国家。世界上2/3的网民会访问社交网络和博客网站，大约占互联网使用时间的10%。

● 社交媒体既针对消费者市场，也针对企业市场。在21世纪取得成功的企业是社会性的，需打造深刻而有意义的顾客关系。社交媒体的使用将挑战电视广告等传统营销媒体。

● 在全球《财富》500强中最大的100家公司中，79%正在使用推特、脸书、YouTube或企业博客这些最受欢迎的社交媒体平台中的至少一种。

● 美国和欧洲公司更喜欢用推特和脸书，而不是企业博客，来自亚太地区的公司更喜欢使用后者。

● 隐私保护已经成为一个重要问题，用户关心他们在网上发布的信息能否受到保护。社交网络用户通过升级隐私设置来做好预防工作。

讨论题

1. 厨具制造商如何最好地运用社交媒体？

2. 社交媒体营销和公益事业营销的区别是什么？

3. 社交媒体受人们创造、分享、发现和参与的需求驱动，请评论这一说法。

4. 脸书是美国和英国最受欢迎的社交网络，而大部分印度人使用Orkut。为什么？是文化差异还是有其他原因？

体验性练习

1. 有报告显示社交媒体的重要性，如何衡量其有效性？使用任何可以运用的资料来源，并确定存在哪些测量工具。

2. 比较两个公司的脸书粉丝页面，分析二者所使用的策略。它们在做法上有何异同？

关键术语

社会营销（social marketing）

社交媒体（social media）

注释

[1] Kotler, P., & Zaltman, G. (1971). Social marketing: An approach to planned social change. *Journal of Marketing*, *35*, 3-12.

[2] Kotler, P., Roberto, N., & Lee, N. (2002). *Social Marketing* (2nd ed.). Thousand Oaks, CA: Sage.

[3] The Social Marketing Institute is located at 1825 Connecticut Avenue NW, Suite S-852 Washington, DC 20009.

[4] Kaplan, A., & Haenlein, M. (2010). Users of the world unite! The challenges and opportunities of social media. *Business Horizons*, *53* (1), 59-68.

[5] Tom Smith, http://globalwebindex.net/thinking.

[6] Christakis, N., & Fowler, J. (2009). *Connected: The Surprising Power of Our Social Networks and How They Shape Our Lives*. New York: Little, Brown.

[7] http://GlobalWebIndex.net.

[8] Retrieved from http://lefebvres_social2009/10/social_models_for_marketing_social_networks.html on November 28, 2010.

[9] Retrieved from www.mckinseyquarterly.com/article_print.aspx?L2=18&L3 on December 16, 2010.

[10] www.mashable.com/2010/11/04/b2b-social-marketing-strategies/.

[11] Ibid.

[12] Hitwise Rankings are updated daily and provide a comprehensive overview of top performing websites across more than 160 industries. See www.hitwise.com.

[13] Retrieved from http://forbrukerportaler.no./Artikler/2009/social_network-sites-grossly-undermines-users-privacy.

[14] Bhandari, B. (2009). Internet users: Be aware of the dangers of social networking and community sites. Retrieved from http://gosecure.wordpress.com.

[15] Retrieved from www.PewInternet.org/Reports/2020/Reputation-Management/Methodology/About.aspx on January 8, 2011.

[16] Recuero, R. (2010). Privacy and social media sites: A growing global concern. Retrieved from www.dmlcentral.net/blog/raquel-recuero/privacy-and-social-media-sites-growing-concern.

案例 14—1 探索图书销量

社交媒体营销作为一种搜索引擎优化的工具

社交媒体就像青少年性行为。每个人都想做，但是没人知道怎么做，做过之后才惊讶地发现并不太好。

——艾维娜西·考西克（Avinash Kaushik），谷歌分析师

2008 年 10 月，阿伦·库佩兹（Allen H. Kupetz）站在佛罗里达州奥兰多市中心公共图书馆的讲台上正式发布他的新书《未来是无——无线化、无纸化和无现金化革命对你意味着什么》（*The Future of Less—What the WireLESS, PaperLESS, and CashLESS Revolutions Mean to You*）。在大约 200 名观众面前，库佩兹对在图书馆卖一本关于无纸化的书开了一个具有讽刺意味的玩笑。尽管那天晚上在场的大部分人都买了一本纸质书，但是库佩兹知道，自己没有时间做足此类活动来卖书。他需要直接和间接分销渠道，这在图书世界意味着需要与亚马逊进行合作。但是究竟怎样才能让人们去亚马逊买他的书或是直接向他本人购买呢？什么方式能让他赚更多钱？答案似乎是，使用社交媒体让他更多出现在各种搜索引擎的搜索结果页面。对作者而言，这不能发家致富，但应该是包含其他公共事件的总体营销宣传的一部分。

最重要的事

搜索很容易，找到却很难。在草堆中找一根针很难，但试试在针堆中找一根针。

——匿名

根据世界实时统计数据（Worldometer，http：//www. worldometers. info/books/），2005 年美国共出版了多达 17.2 万本新书，这一数字仅次于英国。所以，在《未来是无》发布三年前，即自助出版、电子书和电子阅读器（例如 Kindle）出现之前，已经有大量的新兴英文读物不断出现在市场上。库佩兹所面临的挑战是如何变得与众不同。

在新书上市前，库佩兹购买了域名 futureofless. com 和 thefutureofless. com，并将后者链接到前者以避免创建和维护两个网站。尽管谷歌等搜索引擎从未确认有些网站必须等六个月才能出现在搜索结果中，即所谓的沙盒效应（Sandbox Effect），但为了以防万一，库佩兹依然想尽快走出沙盒。他知道仅仅购买域名并显示一个“正在建设中”的页面是远远不够的，所以他在页面上展示了一些与新书发布会有关的文字。然后，库佩兹在浏览器中下载了谷歌工具栏并安装了网页排名按钮。这样，他就可以定期访问 www. futureofless. com 并且观察谷歌何时可以“发现它”。

库佩兹在两个最受欢迎的博客网站 blogger. com 和 WordPress 上创建了自己的领地。他不花钱就得到了 futureofless. blogspot. com 和 futureofless. wordpress. com 这两个域名。他使用推特（一个微型博客网站）并保留了 twitter. com/future _ of _ less 这一域名，而不是 twitter. com/futureofless 或 twitter. com/ofless。这实际上是一个错误，因为推特规定用户发消息的长度不得超过 140 个字符，而较长的名字限制了其他人给别人转发长消息的能力。

博客和推特对库佩兹的搜索引擎优化（SEO）策略至关重要，因为搜索引擎难以评估照片或视频，它们更喜欢基于文本且文本内容能够定期更新的网站。博客和推特均满足这两个条件。

将这些看似独立的碎片连接起来的最后一步是将它们全都指向网站 www. futureofless. com。库佩兹知道，随着他的博客和推特网站人气渐长并且网页排名提前，www. futureofless. com 的网页排名也会提升。库佩兹还将其网站、博客和推特链接到自己的领英页面。对不同的组织发表演讲时，他提出请它们在演讲者简历部分增加一个链接并指向 www. futureofless. com。库佩兹的战略是将所有内容都指向网站，战术是以所有形式的社交媒体作为指针。虽然他无法优化亚马逊网站，但是他能优化自己的网站，而网站上有亚马逊网站的链接，博客和推特账户也是如此。社交媒体的本质是开展交谈，所以库佩兹想让关注其博客和推特的人购买他的书，并让买了书的人在博客和推特账户中发表评论。他的目标是围绕无线化、无纸化和无现金化的思想制造共鸣，因为对这三个思想中任意一个感兴趣的人都可能想去买这本书。

寻找国际市场

当《未来是无》发布时，库佩兹保留了国际出版权，这意味着他可以在美国以外的任何国家出售图书翻译、出版和发行权。但是，美国在无线网络方面遥遥领先于亚洲和欧洲的大部分国家，因此他发现亚欧国家对自己的书兴趣不大。然而，库佩兹在书中将韩国作为公私伙伴关系的一个成功案例，他发现韩国的一家出版商想把这本书翻译成韩语来销售。尽管这家出版商拥有广泛而成熟的销售网络，但是库佩兹再次选择了社交媒体营销（SMM）来提高销量。

库佩兹有一个获奖的博客 www.koreality.com，其网页排名指数为 2。库佩兹认为这对于一个关注度有限的博客而言已经很棒了，特别是在一个媒体曝光度远不及中国或印度的国家。他让出版商购买了 www.koreality.co.kr 并指向他自己的博客。然后，他在博客右侧创建了自己的广告，可以从亚马逊和另外四个在韩国领先的在线图书出版商 Aladin，Interpark，Kyobo 和 Yes24 那里购买韩语版的书。2009 年 5—12 月，该书的销量超过 1 500 本。

衡量成功

对于很多社交媒体营销工具而言，可能很难衡量营销活动如何影响收益，以及品牌知名度和品牌资产等更为无形的资产。但是，由于在使用社交媒体营销后可以立即追踪图书的销售率，社交媒体营销与销量的相关性和因果性就更容易计算出来，这是产品销售的一个好处。

还有一些工具可以衡量有多少人访问你的网页，他们在到达你的网站之前访问了什么网站，在你的网站停留了多久，点击过多少个页面，来自哪个国家等。库佩兹使用谷歌分析（Google Analytics，http://www.google.com/analytics/）这一工具。对于企业，它可以让营销总监明确地告诉上司什么有效，什么无效，并且计算出不同社交媒体活动的投资回报率。

定义

- 网页排名（Page Rank）：一种以谷歌联合创始人拉里·佩奇（Larry Page）的名字命名的算法，谷歌搜索引擎用它来衡量一个网站的价值，主要基于分析哪些网站链接到该网站。
- 沙盒效应（Sandbox Effect）："根据沙盒效应，谷歌会暂时降低新域名的网页排名，并将它们置于沙盒，以此来应对搜索引擎优化者通过创建大量导入链接来操纵谷歌的网页排名。"（引自 http://en.wikipedia.org/wiki/Sandbox-effect）
- 搜索引擎优化（Search Engine Optimization）：通过真实的（例如，免费的）搜索结果提升流量的过程。
- 社交媒体（Social Media）："指人们使用技术来互相获取所需，而不是从公司等传统机构来获取所需的一种社会趋势。"（Li，Charlene and Bernoff，Josh. *Groundswell*.）
- 社交媒体营销（Social Media Marketing）：它是一个过程，使用社交媒体作为更广泛的营销计划的一个方面。

资料来源：Case prepared by Allen H. Kupetz，Rollins College. Reprinted with permission.

讨论题

1. 库佩兹在 2008 年开始了他的社交媒体营销和搜索引擎优化战略。考虑社交媒体从那之后发生的变化，它们可否在今天用来代替库佩兹在 2008 年所做的，或者是作为补充？

2. 随着《未来是无》走向成熟（在市场上，两年对于书名冠以“未来”二字的科技图书而言是很长的一段时间），库佩兹能做些什么来持续销售图书，并将网页排名和搜索结果保持在当前水平？

3. 你最常访问哪些网站？其网页排名如何？国内网站和全球性网站是否存在差异？例如，yahoo. com 的网页排名是否比 yahoo. cn 或 br. yahoo. cn 更高？谷歌和其他搜索引擎使用哪些变量对一个网站进行排名，或让一个网站出现在搜索结果的第一页？

第15章 设计与控制全球营销系统

要在商业环境中蓬勃发展，就要进行创新，在技术上创新，在战略上创新，在商业模式上创新。

——IBM 首席执行官萨缪尔·帕尔米萨诺（Samuel Palmisano）

学习目标

1. 理解选择最佳组织结构对全球企业的重要性。
2. 识别不同组织结构间的差异。
3. 论述企业的组织结构如何适应其国际化进程。
4. 区分企业的国内和国际组织需要。
5. 理解全球化如何影响企业的组织结构。
6. 解释正式与非正式控制机制间的差异。

北电网络聘用转型首席营销官

劳伦·弗莱厄蒂（Lauren Flaherty）大学毕业后在 IBM 公司工作了 25 年。她被认为和她的团队一起重振了 IBM 品牌。这正是北电网络（Nortel）在邀请她担任首席营销官时所急需的。2006 年 5 月，这家来自多伦多的全球电信巨头陷入困境。先是互联网泡沫破碎，然后是电信业的衰退，紧接着一则令人震惊的会计丑闻使事件加速恶化，最终北电网络和股东们达成一份价值 25 亿美元的清偿协议。与此同时，北电网络的竞争者，包括思科（Cisco）、朗讯（Lucent）等，一直主动攻击北电以抢占其市场份额。

劳伦上任后做的第一件事就是进行全球品牌审计。这个想法类似于 SWOT 分析，旨在了解公司的优势和劣势，进而做出深入的市场细分。劳伦的主要目标是提升北电网络的品牌价值并增加收益。凭借自己的角色，加上在全世界最具指标导向的公司之一（IBM）有长达 25 年的营销生涯，劳伦将传统的市场细分方法与识别在不同细分市场赢得客户的概率的算法相结合。这是她花了几年时间从品牌审计中学到的。

劳伦采取的最重要的措施之一就是与全球组织的当地营销和销售团队分享经验教训："我们必须获得每一位决策执行者的支持。"北电网络决定在四个关键市场

（伦敦、新加坡、芝加哥、墨西哥）试验新的战略，以此确定每个地区的特定目标市场和具体目标。

这项新的战略为北电网络的网络业务带来了两次成功的营销宣传活动。这些活动通过电视、印刷品、网络广告、博客及其他社交媒体渠道，适时抓住了“节约能源”这个主题，并向企业高管证明了北电网络的产品相比于该领域最大的竞争者思科可以节省高达50%的能源成本。营销宣传活动使北电网络的潜在客户增加了4倍，销售转化率提高了3～5倍，销售增长了20%。北电网络也获得了来自伦敦奥组委的支持，2008年7月，北电网络宣布成为2012年伦敦奥运会官方网络设施的合作伙伴。同时，劳伦也理所当然地因为北电网络的成功转型入选*BtoB*杂志2008年度“顶尖市场营销者”。[1]

全球组织中成功的营销领袖，例如北电网络的劳伦女士，通常能够熟练掌握我们在本章中提到的三种能力——组织、控制和领导力。这些首席营销官在公司的大背景下塑造营销组织并为公司的成功进行市场定位；他们开发控制机制，系统地追踪绩效；他们展现自己的领导素质，这些素质使他们能够开发并执行战略愿景、激励员工并通过对顾客的拥护来促进全球组织的成功。根据福里斯特研究公司高级调查员史蒂芬·诺贝尔（Steve Noble）的调查，首席营销官正在进入一个组织变革的全新阶段，因为他们要调整结构以使成本最低、灵活性最大，并将电子和社交媒体置于全球战略的核心。事实上，新的福里斯特调查报告显示，75%的首席营销官正在或将在2011年年底之前重建其营销组织。[2]

随着组织扩张到越来越多的国际市场，很多公司的全球营销职能正在有机地发展。最初，国际营销可能只是出口部的一项职能，或者是大型组织国际部的一部分工作。随着公司和全球营销组织（global marketing organization，GMO）的发展壮大，高管们要花时间规划并建立坚实的战略、领导力和文化驱动力。最近的研究证明，增加这三个模块不仅有助于建立更加自然有效的组织结构，对企业的营销和财务绩效也有积极影响。正如作者所说：“全球营销组织的高管要谨慎地规划全球战略，建立组织文化，这会为处理结构问题和组织的常规问题铺平道路。”[3]

传统的营销组织会采取下列组织形式之一：区域型、功能型、以产品为中心或矩阵型。在接下来的内容中，我们将回顾每一种组织形式，并展示可能完全改变全球营销组织未来的新型组织形式。

基于产品的组织形式

跨国公司，特别是那些销售消费品，或者有多个终端用户市场的公司，往往根据它们的产品来组织全球战略业务单元（见图15—1）。由于每个单元只负责某一特定产品线的全球营销，因此它能够专注于产品的持续创新和改进，使得产品在全球范围内保持竞争力。当与有效的定位全球的生产和分销相结合时，**基于产品的组织结构**（product-based organizational structure）使企业具备快速回应市场需求变化和竞争压力的灵活性。

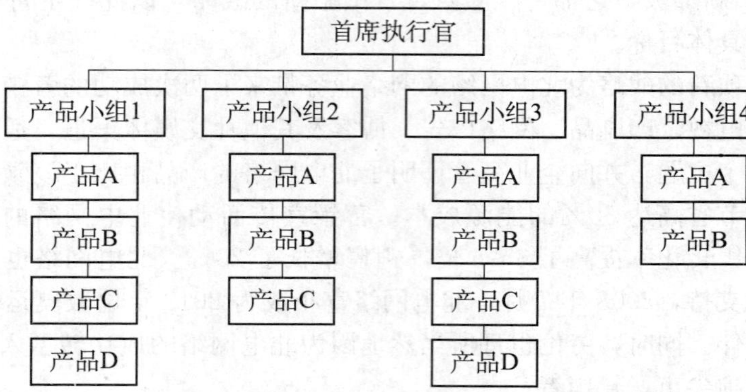

图 15—1 全球产品线结构

然而，基于产品线的组织也有一些缺点。它往往会导致不同产品团队间资源和努力的重复，也可能妨碍组织积累一个共同知识库，这些知识涉及共享市场、产品设计问题，以及通过合作协调给组织整体带来长期收益的其他领域。特别是在营销领域，共享的专有知识具有非常积极的影响。研究发现已经证明，通过跨单位共享市场和行业信息来整合营销职能，或者程度更低一些，通过集中决策过程而不是整合员工来实现营销职能的整合，将给企业带来显著收益。[4]

区域型组织形式

经济学人智库（Economist Intelligence Unit）最近进行的一项针对首席营销官的调查显示，将近 1/3 的首席营销官认为营销组织可能变得越来越集中化而非当地化。报告的作者们推断，这一趋势很可能代表着由于互联网以及强大的商业智能和分析工具的兴起，全球营销管理者所感受到的授权。他们现在能够更好地追踪区域和全球趋势并据此制定营销战略。[5]

在基于服务的地理区域来规划组织结构的企业中，公司总部往往成为战略规划、控制、协调的中心（见图 15—2）。这类区域通常包括北美、南美和中美、欧洲、中东和非洲以及亚太地区。然而，区域也可能根据其他标准确定，例如通用语言或是属于欧盟或北美自由贸易协定等同一贸易联盟。

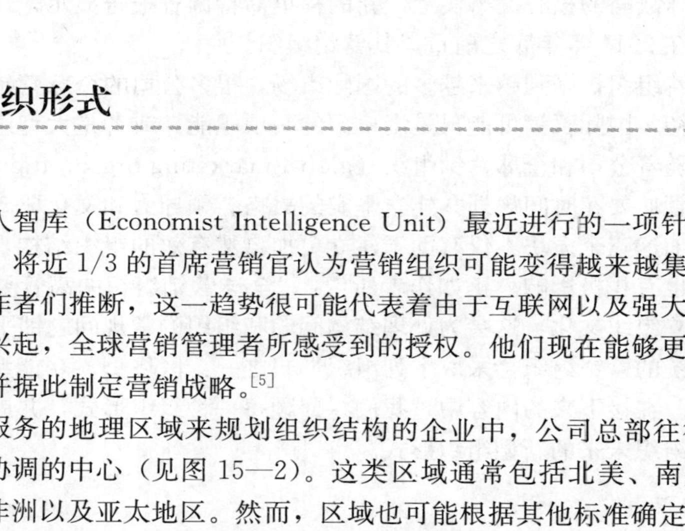

图 15—2 全球区域型结构

集中于特定地理区域有利于营销活动的开展，因为对区域市场情况和文化偏好的了解有助于发现产品设计和推广方面的潜在标准化机会，进而带来规模经济效应。反过来，如果区域内个别市场的条件或用户需求出现变化，这些情况能及时得到特别关注。

区域组织形式对于那些产品数量有限并在全球范围内具有相似市场细分的公司最有效。这种结构要求将营销、价格、产品设计作为更重要的差异化因素。

区域组织的一个缺点在于它们无法规模化。如果组织决定扩张并实行产品多样化，那么其产品线之间、各区域和各国部门之间的协调可能会变得非常烦琐和昂贵。此外，区域划分往往使各区域过于关注自身的运营，阻碍了各区域之间的合作和知识转移，导致不必要的竞争和重复劳动。

功能型组织形式

最传统的组织结构之一是功能型组织结构。它基于组织的运营、财务、营销和人力资源等经营过程而建立，要求建立高度专业化的团队分别向对应的部门主管（财务总监、营销总监等）汇报（见图 15—3）。这种简单、易于掌握和操控的结构为组织提供了清晰的沟通和任务管理路径，促进了部门内的项目协调。

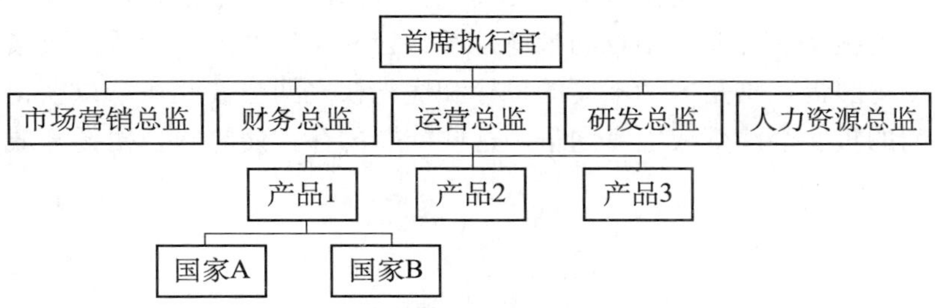

图 15—3　全球功能型结构

另一方面，功能型组织容易产生“部门孤岛”，妨碍跨部门交流，使得部门间产生“我们对他们”的心态。在当今这种发展迅速、竞争激烈的环境下，常常需要跨部门合作的解决方案，而上述组织结构会降低决策效率并阻碍问题的解决。因其局限性，一旦企业达到产品和消费者多样化的临界值，往往会放弃此类组织结构。

矩阵型组织形式

一些组织为避免上述结构的缺陷，纷纷转向矩阵型组织结构（见图 15—4）。矩阵型组织（matrix organizations）可能包括产品型、地理型或功能型结构中两个或者两个以上的结合，例如，将基于产品的结构与主要地理区域结合，或者将功能部门与地理部门结合。这种混合型结构的优点包括更好的沟通和团队合作，以及更大的市场覆盖范围，这很可能是因为整合了全球和当地视角。矩阵型组织试图去适应多维的全球商业环境。

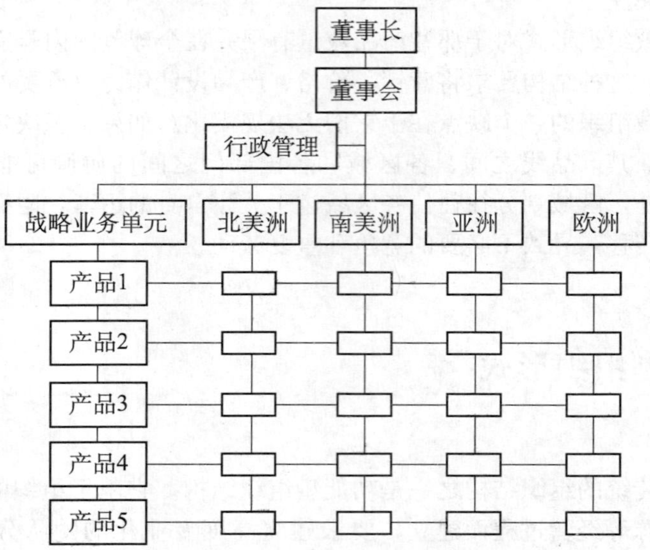

图 15—4 全球矩阵型结构

然而，这种结构固有的二元性也会带来问题。很多管理者发现，向两个独立的部门汇报是一件非常困难的事情，经常容易产生冲突和矛盾。决策制定过程也可能会变得缓慢，这是因为不同的目标和优先权之间会彼此竞争以获得更多关注，部门之间的重叠会演变成地盘之争。这些问题的存在使跨国公司逐渐放弃了矩阵型组织结构。

新的组织方向

在上述组织结构及其变化中实施全球营销战略并非易事。全球业务单元和总部之间，或各国、各地区子公司之间的一体化程度，对全球营销活动的成败起关键作用。

最近一项研究试图将一些常见的营销战略与使其发挥作用的组织结构之间的关系进行分类。研究认为，对于“全球营销者”，也就是那些依赖标准化营销战略的跨国企业，更适合的组织结构是，子公司分散在全球但功能有限，它们依赖总部以及其他子公司以获得支持。作者称作“基础设施极简主义者”的另一类营销者，是那些将标准化要素（例如品牌名称和渠道）和本地化要素（例如改编后的广告和销售宣传）混合在一起的公司。这种战略更适合那些依赖总部和彼此之间的支持，但地理范围有限的公司。最后，那些被誉为“战略协调者”的市场营销者最可能将战略本土化，因此这种战略最适合那些子公司具有广泛地理范围和自主权、来自总部的控制很少的组织。[6]另一项研究表明，总部和子公司之间的关系强度对营销战略的形成十分重要。[7]

除了要关心组织内的战略契合，营销领导者还受到来自营销组织自身性质演进的挑战。有两个重要因素加速了这种变化，即顾客权利更大，全球竞争日益残酷。

以顾客为中心的组织

随着权利的天平逐渐朝有利于顾客的方向倾斜，市场营销成为最先受到影响的组织职能之一，同时也是最先对其做出回应的部门，它提倡转向以顾客为中心的组织设计。这样的组织设计受到称赞，因为它能够避免传统组织结构的很多局限性，通过增进企业对市场需求的理解来提升公司竞争力。一项研究表明，这个漫长而复杂的转变过程可能涉及会计、国家或产品经理等特定管理角色的变化，以及整体营销职能的变化。原因在于，由于试图向更加跨职能的、以顾客为导向的视角转变，组织内的营销活动会越来越分散。[8]

专栏 15—1

聚焦公司：星巴克

来自首席执行官霍华德·舒尔茨的星巴克组织结构调整声明

亲爱的伙伴们：

自六周前我作为首席执行官回到星巴克至今，我们经历了很多变化……

舒尔茨的目标是帮助陷入困境的门店，与顾客重新建立情感依恋，并制定一些长期整改措施，例如重组管理队伍、改进供应链等。第一步是进行一次全面的组织分析，公司最终决定进行结构重组，通过重组来加大美国实地运营中对客户的重视，并集中或巩固许多支持性职能来达到职能最优、冗余减少。

美国实地运营

2008 年 2 月 25 日，星期一，美国市场开始重组结构，从两个部门变为四个部门，3 月 24 日完成全部重组。新的部门为：西部地区（太平洋地区）、西北地区（山区）、东南地区（平原地区）、东北地区（大西洋地区）。结构重组是为了实现：

- 重新设计成本结构以实现长期营业利润率上升
- 通过关闭运营不佳的店面以实现更健康的门店组合
- 建立更强大的价值和奖励平台，以与星巴克优质品牌保持一致
- 重新强调和投资咖啡领导力
- 用统一的思想重塑公司

新的组织结构将关键的执行主管安排在更靠近顾客和合作伙伴的位置上，从而为合作伙伴的实地开发、指导和问责提供更大的支持。在美国建立以顾客为中心的支持型组织结构能够保证执行团队专注于合作伙伴、顾客以及产品（咖啡）。

直到 2009 年 4 月，虽然同一店面的销售额仍低于上年同期，但总算开始上升，到假

期时已经开始盈利。2009 年 1 月，一种新的速溶咖啡（免煮咖啡 Via）全面引入星巴克，虽然一些执行主管不能确定它是否能够成功，但是舒尔茨决定推向市场。2010 年，Via 的销售额超过 2 亿美元。现在，这种速溶咖啡也在美国及英国、加拿大、日本、菲律宾等地的食品杂货店销售。公司还打算在食品杂货店和星巴克咖啡店销售更多种类的饮品和食物，例如 Kind 牌水果和坚果棒。

组织重组是否成功？2011 年第一季度的报告显示，全球可比店面的销售额增长了 7%，美国市场营业利润率达到 21.9%，全球市场的利润增长 16.3%，这也是公司历史上最好的节日季。

资料来源：Adapted from：Starbucks makes organizational changes to enhance customer experience.(21 February 2008). Starbucks press release，company records.

戴尔公司的 B2B 部门最近在进行一项重要的组织重组，以使公司更关注不同的客户细分市场而非地理范围。现在，戴尔的组织结构围绕三大主要商业客户子市场：大型企业客户、公共客户（政府、教育机构、医疗保健机构和环境组织）、中小型企业客户。这种以客户为中心的市场细分被首次引入戴尔的全球消费者部门，戴尔的首席执行官迈克尔·戴尔对此评价道：“这种结构已经证明，整合的业务单元能够更加灵活地运用创新来回应顾客不断变化的需求。”有趣的是，同一时间，戴尔还宣布了营销部门负责人的变更。出色的首席营销官马克·贾维斯（Mark Jarvis）在完成公司品牌和营销组织的变革，使公司的“营销效率和效果迈上新的台阶”后将退休。以前担任戴尔欧洲、中东和非洲地区营销副总监的埃林·纳尔逊（Erin Nelson）将出任新的首席营销官。[9]

全球营销团队

人们也认为跨职能和以客户为中心能应对日益激烈的全球竞争。一些研究者认为，跨国公司正在通过逐步建立全球任务团队，尤其是全球营销团队（GMT），来适应这一新的现实。全球营销团队“现在具有战略方面的职能，而这些职能传统上通常留给高层管理团队。全球营销团队现在担任关键决策者的角色，负责确定和实施能够在多个市场建立竞争优势的方法”。[10]

天生国际化企业

拥有众多国际分支和国际员工的大型跨国企业通常被假定为全球市场的主要参与者，然而，近年来出现一种全新的全球企业，使这一假设受到挑战。**天生国际化企业**（born global firms）是一类动态的、增长迅速的国际公司，以年轻化、规模小、资源有限和创业导向为特征。它们没有大型公司的层次结构，因此能够灵活地适应各种变化。这种适应性可以解释它们为何往往在创立三年之内就能实现成功的全球扩张。这种扩张主要依赖于科技、创新战略和产品及外国分销商网络。对于营销人员，最重要的一点是，这些企业拥有较高水平的全球营销导向和能力，它们能够密切关注每个新市场上的顾客需求，相应提供高质量的独特产品。

这种天生国际化企业在全球增长迅速，这证明了全球商业舞台上新的进化趋势。如今，企业的规模、年龄、原国籍等都不再是决定企业能否取得国际成功的关键因素。相反，扁平化的组织结构、创新、牢固的关系以及深入的市场知识能预测企业在全球市场上的成功。

总之，一个全球公司的营销结构需要平衡以下四个方面[11]：

1. 本地定制相对于全球一致：去中心化的组织结构给予区域营销团队更大的决策权，他们能够在更大程度上根据当地情况来定制产品。但是，这种结构会导致品牌不一致、不同区域营销质量不同以及不必要的工作重复。

2. 全球预算优先相对于当地问责制：集中预算有利于专注于最好的市场机会，而区域预算能在区域层面进行盈亏问责。

3. 灵活性相对于连续性和专门知识技能：大部分组织需要一定的灵活性来应对新的优先事项和变化的战略。极端情况下，一个以项目为基础的组织由不同的团队组成，这些团队因不断变化的优先事项形成或解散。然而，角色连续性、职责分明的组织结构能够使组织积累深度知识和专门技能。

4. 协同决策相对于组织简化：矩阵型组织结构让多方利益相关者参与决策，结果或好或坏。组织需要确保对于每条新增的报告线，其收益超过失去灵活性带来的损失以及增加协调需要付出的成本。

专栏 15—2

聚焦技术：天生国际化企业改变规则

金喜来科技集团（eSys Technologies）是一家分销电脑配件的公司，2000 年成立于新加坡，当时信息科技产业正处于危机之中。除了公司的创建者韦加斯·戈尔（Vikas Goel），公司仅有一位员工和一间办公室。四年之后，公司自豪地宣布它在 33 个国家有 112 个办事处，4 套生产设施，销售额接近 20 亿美元。最令人吃惊的是，它能在如此迅速扩张的同时保持盈利。虽然公司的利润只有 3%，但一直盈利，自创立起就没有任何负债。

戈尔的创新诀窍，加上使其想法付诸实践的那些技术，使金喜来成为年轻、进取、科技导向公司中最成功的代表之一，这些特征界定了“天生国际化”这一概念。例如，金喜来公司完善了它称为“全业务外包”的流程，使得公司的核心业务功能集中化，例如将销售、营销、财务和人力资源等功能转移至一个像印度这样的高技能、低成本国家。在那里，员工能够使用前沿科技来运营或者监控金喜来的全球办公室。所以，前往日本千野、美国加利福尼亚办公室参观的人就会通过等离子屏幕和网络电话连接（VoIP）受到在印度的接待员的实时欢迎，同时经理通过网络来监管公司全球范围内的工厂运营，这些运营几乎全部实现自动化。最后，最先进的分销系统负责将制造工厂与区域分销中心联系起来，使公司的库存成本最低，同时比竞争者更快地将产品运抵市场。但是，戈尔的创新思维不局限于科技，金喜来之所以能保持零债务，是因为他在商业金融领域实施了另一种独特的流程。

地点是金喜来公司战略中的另一重要因素。公司为其业务的各个方面寻找最节省成本的地点。根据这一思路，分销中心位于新加坡、新德里、迪拜、阿姆斯特丹和洛杉矶；信贷保险业务位于瑞士和德国，因为那里的利率最低；后台系统和 IT 位于印度；财务运营位于新加坡，因为那里的公司税率全世界最低。

资料来源：Stack，J.，& Burlingham，B.（2007，April）. My awakening：How an entrepreneur from Singapore opened my eyes to what I have to do remain competitive in Springfield. *Inc.*，93-97；Singapore ICT sector to grow exponentially. Retrieved from AsiaMarketingResearch. com；eSysglobal. com website.

控制机制

如今公司要接受来自不同层面的审查。股东、监管者、客户、分析师、供应商以及普通大众，只要动动指尖，就能运用网上搜索、专业信息数据库访问等一切工具，迅速对某个公司做出自己的判断。为响应增加公司透明度的要求，很多公司对所有业务单元和管理层面采取了较强的控制措施。在营销领域，这种趋势体现在更加重视计划，并确立那些能够证明营销会对公司整体盈利产生影响的目标、流程、指标和责任方面的具体衡量指标。

在全球营销组织环境中，**控制机制**（control mechanisms）变得加倍重要。正如一作者所说："因为涉及更多的国家、顾客子市场、媒体和分销渠道，公司及其首席营销官正在发起与复杂性的斗争。"他举了一个例子，对于有大量客户的公司来说，如果有多个渠道、市场和客户群，公司一年内可能需要确定多至 2 000 万个单品的零售价。面对如此海量数据，很显然，营销主管需要将某些决策权委托给当地和区域层面的管理人员，同时又要在不同地区、细分市场和分销渠道上保证对品牌一致性的控制权。[12]对任何一位全球营销主管而言，实现集中控制和地方自主的平衡都是一个重大挑战。

正式控制机制

通过设定一些具体的长期和短期规划、业绩标准和汇报体系，领导者可以协调全球营销组织，使其具有一致性和可衡量性。这些机制包括规划、制定预算和报告。

规划

在最好的情况下，战略性的、可操作的规划是一张路线图，告诉我们为什么、怎么样、何时以及谁来完成营销所需的各项任务。为了发挥有效作用，规划过程应考虑公司整体的目标和宗旨，同时也要考虑当地和区域层面的意见。组织内各层面之间的交流也非常重要，因为它确保所有负责实施规划的人员在最终目标、绩效衡量和截止日期上达成一致意见。

泰克公司（Tektronix）是一个测试、测量、监控设备的全球制造商。公司即将上任的首席营销官面临很大挑战，因为营销活动一团糟，大约有4 000个正在进行的营销活动没有绩效指标，与公司的战略目标（也有很多）无关，与销售部门也没有联系。新任首席营销官的“康复计划”要求大规模简化战略目标，重新调整营销活动使它们符合公司目标和销售目标，还要将营销组织彻底简化，从原来的十个层级减少到仅有三四个层级。首席营销官马丁·埃瑟林顿（Martyn Etherington）认为，泰克公司收入持续增长和问责文化的形成，部分归功于这些“痛苦的步骤”。[13]

制定预算

预算是对规划阶段概述的“如何”（how）和“何时”（when）问题的更具体的回答。通常，预算以年度为基础制定，用于在营销组织内分配资金——从分配多少给区域办公室和公关公司等服务提供商，到花费多少用于特定宣传活动、赞助及其他营销方案。预算也是判断营销组织及其业务单元绩效的工具之一。经济学人智库最近的报告表明，大约60%的首席营销官制定了中心化的营销/广告预算，但是却允许支出和分配去中心化。[14]图15—5列举了全球B2B营销者的预算支出情况。

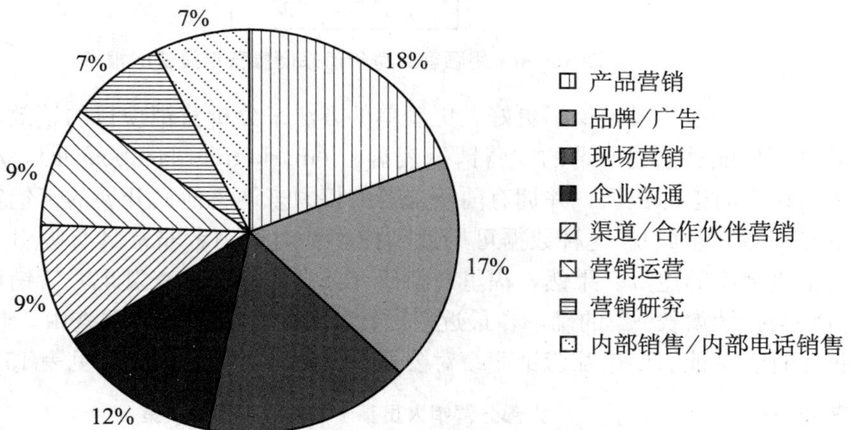

图15—5 2008年B2B营销领域的预算比例

资料来源：Data from *B-to-B Marketing in 2008*: *Trends in Strategies and Spending*. MarketingProfs. com in conjunction with Forrester Research.

报告

向组织证明营销的价值一直是个有争议的问题。因此，设立测量指标来显示营销对企业的影响并定期报告其业绩成为当今营销领导者面临的最关键问题之一。

如何衡量，衡量什么，才能量化营销投资回报率（ROMI），这是一个自营销行业出现以来就困扰市场营销者的问题。随着营销预算支出方式的不断增加（伴随

Web 2.0 和移动营销等方式的出现），出现新的营销组合模型以及用来衡量绩效的其他分析工具。显然，传统的衡量方式诸如市场占有率或大众知晓度等是不够的，宝洁公司现已退休的全球营销官吉姆·斯登戈尔（Jim Stengel）宣称："我认为如今的营销模式已被打破。我们正在把陈旧的想法和工作体系用于一个具有更多可能性的新世界。"[15]

如今的营销观念专注于客户而非品牌，很多当代学者和实践人士认为，营销战略和预算应当由可通过顾客资产衡量工具进行量化的顾客终身价值（CLV）来驱动。顾客终身价值是营销者衡量营销投资整体效果的一个指标（见图 15—6）。提出顾客终身价值和顾客资产这一最受欢迎框架的作者们总结道："顾客资产提供了一种以信息为基础、以顾客为驱动、熟知竞争者、强调财务问责的战略方法来实现企业长期盈利最大化。"[16]

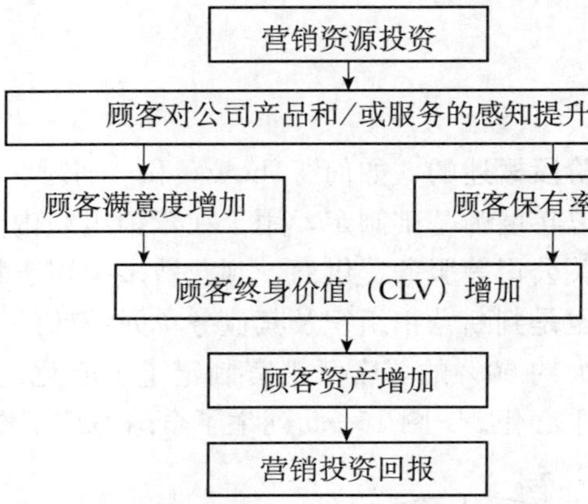

图 15—6 用顾客终身价值来衡量营销投资回报率

很多新型工具提供了更好、更简单的方法来分析营销项目的绩效。强大的统计软件程序能够创建所谓的"营销仪表盘"（marketing dashboards），利用它，营销者可以实时追踪数据，并拥有前所未有的权力来调整他们开展的营销宣传活动（尤其是在数字领域）。这种数据可用性和控制性对营销者非常具有吸引力，因为他们要汇报最终的盈亏。果然，福里斯特研究公司的一项调查发现，营销科技方面的投资将会持续增长。[17]的确，在最近一项针对营销主管的问卷调查中，超过 70%的营销主管表示他们要追踪营销业绩对公司整体业务目标的影响（见表 15—1）。

表 15—1 大部分营销人员基于绩效进行预算决策

绩效衡量	百分比（%）
将增加的营销支出与所带来的业务产出进行比较，产出包括收入、客户增长和市场份额等	81
预算决策基于项目追踪记录和以往的花费	78
营销组合模型有效促进了预算规划	75
预算决策基于营销策略的有效性数据	74
如果投资回报率报告显示策略未能实现预期目标，现有营销预算能迅速、容易地修改	71
因活动/项目的支出可追踪，所以能够有效地制定预算	70

资料来源：Data from *B-to-B Marketing in 2008*：*Trends in Strategies and Spending* at MarketingProfs.com in conjunction with Forrester Research.

但是，也有一些营销者告诫说不能完全依赖财务指标来衡量营销绩效。《营销的投资回报：平衡责任和长期需要》（*ROI for Marketing*：*Balancing Accountability with Long-Term Needs*）的作者罗伯·杜波夫（Rob Duboff）提出，直觉在营销领域应该起到一定作用。营销者如果只使用数据工具，可能会犯“精确的错误”，他们应该试图做到“大体上正确”。这种方法会为基于直觉的营销工具留有余地，如广告、公共关系、赞助等，同时也能利用分析工具带来的好处。这种平衡的办法能够使营销者变得“……大体上正确，不过分吹嘘我们所拥有工具的精确性。我也不希望我们盲目地说‘相信我’”。[18]

对于品牌、广告、市场调研等活动，企业现有的工具箱无法提供适当的方法来量化营销所创造的价值。例如，尽管 2007 年谷歌的品牌估值高达 660 亿美元，但根据对上市公司财务报表的要求，公司不能将其列为资产。事实上，谷歌的品牌价值在其年报中仅仅作为风险因素被提及，这是因为如果品牌遭受损害，公司的股票价格可能受到影响。自相矛盾的是，尽管品牌价值和知识产权等无形资产在全球竞争中变得比以往任何时候都更重要，但这些无形资产却很少被测量，甚至从未报告过。[19]

非正式控制机制

企业能够利用一些非正式方法对组织进行控制，例如建立与众不同的企业文化、雇用和提拔具有特定品质的管理者。对于全球企业而言，这种“软”控制比正式的控制机制更重要，尤其是当企业在多文化背景下经营时，受西方文化青睐的数据导向管理方式可能与当地强调建立关系、层级制度和社交网络的社会价值观产生文化冲突。

企业文化

一些企业以其强有力的企业文化闻名。强生、沃尔玛、索尼以及许多其他企业花费数年时间向它们全球范围内的雇员灌输某种特定价值观和职业道德，努力形成有凝聚力和生产力的业务单元，不管其大小、地点和文化如何，都能依照公司的标准工作。中国计算机行业巨头联想公司也积极处理企业文化问题，努力建立真正全球化和具有包容性的文化。联想拒绝建立一个正式的总部。主管们在全球各地的办公室轮岗，甚至公司的董事长都全家迁至美国，以进一步了解美国文化和完善英语技能。不同国家的开发团队实际上经常合作，营销部门位于班加罗尔。企业发布内情报告以培养员工的跨文化理解和合作精神，其中一条这样写道：“在任何情况下，都要假设对方是善意的；愿意理解他人以及被他人理解；尊重文化差异。”[20]

管理选拔和培训

联想公司在解决另一个关键问题上也表现得非常睿智，这个问题对很多快速发展的公司，特别是发展中国家的公司而言，往往是一个不利因素。它主张雇用一些德高望重、经验丰富、有国际工作经历的高级管理人员。[21]

管理选拔和晋升是另一种非正式控制方法。管理者是传播和维持公司使命、愿景和文化的主要代表。通过培训和提拔最能代表公司核心价值观的管理者，企业能够确保自己希望建立的文化"活"在组织中。这一方法也可以促进全球各个业务单元间的合作和知识传播。

想想最近意大利汽车制造商菲亚特公司的转变。公司首席执行官塞尔吉奥·马尔乔内（Sergio Marchionne）负责转型，他采取的第一个主要举措就是识别并提拔一批新的管理者到领导岗位上。他发现这批人大部分来自下属公司，不同于总部的高管，他们展示出创新精神和独立性。找到了合适的人，接下来马尔乔内花了几个月的时间评估他们，看他们是否具备领导组织进行彻底变革所需要的品质，比如承担更多责任和义务的能力。马尔乔内和每个人都建立了深入的私人联系，他说："如果企业能够将这种联系看做领导力，那么你将获得一个非常可靠的组织文化和共同的价值观。"[22]

领导力

最近，《麦肯锡季刊》（*McKinsey Quarterly*）上的一篇文章宣称："在接下来的几年内，几乎没有任何高管的职位会像首席营销官那样变化那么大。"[23]在这篇文章和其他有关全球首席营销官所面对的挑战的研究中[24]，作者们发现可能在不久的将来用来定义营销领导力的几个关键问题，包括：

- 平衡全球覆盖和当地联系。
- 寻找有效的方法来获得消息灵通、直言不讳的新客户。
- 在迅速变化的技术和媒体环境中学习如何有效营销。
- 将营销重新定义为一种战略功能，它凭借对全球市场和消费者的了解以及对结果负责来塑造公司的历程。

由于近期发现洞察客户对于企业的重要性，营销因此获得了建立自身核心地位的最好机会。然而，要想成功，营销领导者需要用能力和技巧来证明营销不仅仅是广告、品牌或市场调研。他们需要成为组织整体变革的推动者，"在企业内部驱动创新并成为顾客互动参与的传播者"。[25]

根据研究，顶级的营销者能通过采取具体措施达到更高的领导标准。例如，福里斯特研究公司强调了提出营销具体定义和职责的重要性，也强调了教育、交流和与其他成员合作以达成一致目标的重要性，以及建立强大的营销团队、主动寻求责任的重要性。[26]管理咨询公司麦肯锡主张，部门和企业组织对消费品营销人员的成功也有重要作用。麦肯锡一个与全球营销组织高度相关的发现是，品牌组合表现出色的公司倾向于赋予部门营销负责人战略和执行方面更大的控制权。在这些公司中，企业营销扮演的角色更像是信息和经验的传播者，而不是营销服务的提供者或者全球品牌宣传活动的管理者（见表 15—2）。[27]

知名品牌专家，也是《跨越孤岛：新首席营销官必备》（*Spanning Silos*：*The New CMO Imperative*）一书的作者大卫·阿克（David Aaker），提出了从事转型任

表 15—2　　成功的企业营销组织成为卓越中心

企业营销的主要作用（受访者百分比）		
	高绩效公司	其他公司
作为卓越中心向产品线营销人员传播信息和最佳实践	50	17
管理全球品牌	0	42
为公司提供营销服务	25	33

资料来源：Adapted from：Court，D.（2007，August）. The evolving role of the CMO [Exhibit B]. *McKinsey Quarterly*. Retrieved from www. mckinseyquarterly. com/The _ evolving _ role _ of _ the _ CMO _ 2031.

务的营销人员常犯的两个错误：低估了组织"孤岛"的力量，以及在短时间内改变太多。无论是国家、产品还是业务部门，都存在"孤岛"，营销者为了获得成功，需要学会如何接近他们并取得信任。除此之外，营销领导者必须小心，不要过度许诺自己可以实现的积极成果的范围或速度。为了避免掉入这些陷阱，大卫建议以下每一步都要谨慎小心、深思熟虑：

- 寻找正确的角色和范围
- 获得信任和认同
- 利用团队连接"孤岛"
- 形成共同的规划流程和信息系统
- 调整主品牌来适应"孤岛"市场
- 将品牌组合中的品牌排出优先次序
- 制定制胜的"跨越孤岛"营销计划

遵循这些步骤，首席营销官在组织中能逐渐地、可靠地承担起他们渴望的领导角色。大卫说："影响力的最终来源是顾客知识。"当首席营销官及其团队代替当地、区域或产品团队成为这种知识的核心来源时，他们将会赢得战略领导者的位置。[28]

全球猎头公司史宾沙（Spencer Stuart）最近强调了在当今获得真正的营销领袖位置有多难这一事实。公司进行了一项研究，揭示了首席营销官在大型公司的"C"级别高管中任期最短，在每个公司的时间平均少于两年（见表 15—3）。史宾沙公司将这种趋势归因于首席营销官重要程度的提高，以及随之增加的期望和责任："过去十年中，营销功能的整体复杂程度大幅上升。顶级的营销主管以前仅仅负责发布新的广告宣传活动，起草每年的促销日程，现在却要监督一系列整合营销和沟通活动。如今，首席营销官不再被淹没于组织层级中，相反，他们在驱动组织战略上处于前沿和核心位置。"[29]

很明显，如今对营销领导者的期待比以往任何时候都要高。他们不仅要管理不断提高的内外部期望，还要在他们的主要使命，即坚定拥护消费者上表现得更好。位于加拿大的圣丹斯咨询公司（Sundance Consulting Inc.）专注于帮助企业通过领导力和管理开发进行变革，公司创始人兼董事长克里斯·艾吉罗（Chris Edgelow）总结道："营销者代表通往外面世界的通道，他们必须将外面的事实带回系统内，他们必须清楚地告诉公司客户如何看待我们，客户需要我们做什么，其他竞争对手是如何大获全胜的。他们可以将这些真实情况带回组织内。"[30]

表 15—3 各行业首席营销官和首席执行官的任期（数据以月计）

行业	首席营销官	首席执行官
航空	22	10
媒体	29	17
其他零售	26	33
生命科学	24	34
电信	15	37
餐馆	23	37
健康/美容	18	38
酒店	19	40
金融服务	35	45
汽车	26	46
食品	12	48
饮料	26	48
服装零售	19	52
百货零售	26	61
家居装饰零售	9	65
技术	30	75
服装	10	229
平均	23	54

资料来源：Data from Welch，G. （2004）. CMO tenure：Slowing down the revolving door［blue paper］. *Spencer Stuart*.

专栏 15—3

聚焦人：从实践角度看，当今营销者的最大挑战是什么？

在一次顶级营销人员的聚会上，美国市场营销协会的首席执行官丹尼斯·邓拉普(Dennis Dunlap）描述了如今市场营销的主要驱动力和趋势：

1. 消费者获得权力：消费者拥有充足的信息、广泛的选择权、控制权和影响力，他们对营销沟通的期待变得更高。

2. 新兴媒体普遍存在：由于网络和技术直接或间接影响消费者决策，消费者的购买过程发生变化。

3. 分众化：新媒体和渠道的增长将受众分割成更小的群组，使营销者更难接近消费者。

4. 大规模定制：消费者需要，同时科技手段能够实现，所以如果想要保持竞争力，营销者人员必须接受大规模定制。

5. 渠道力量：渠道合作伙伴的力量正在转移，零售商获得更多的权力，相反，生产者失去了一些权力。

6. 更加商品化：因为产品的质量和价格越来越接近，所以新产品开发和整个公司的创新变得日益重要。

7. 全球化：世界变得更加扁平，风险越来越高。

8. 追求收益增长：以往对运营的结果和收益有非常严格的要求，现在渐渐地对营销也是如此要求。

资料来源：Adapted from：Dunlap，D. （1 March 2007）. AMA CEO unveils five winning strategies for marketers today. *Marketing News*，12-17.

本章小结

● 对全球公司而言，没有标准化的组织控制结构。一个理想的结构取决于公司的国际化程度。另一个决定组织结构的因素是公司整合和协调国际运营的程度。

● 大部分国际组织的结构基于功能、产品或区域。但是，很多先进的国际公司选择了全球矩阵结构。

● 很多公司通过几个阶段实现国际化（例如，从出口到海外生产），有些公司成立几年就国际化，它们称为天生国际化企业。

● 全球企业一定要建立正式和非正式的控制机制。随着公司国际化进程中所涉及的国家、客户子市场、分销渠道和沟通可能性增多，这些机制变得更加重要。

讨论题

1. 讨论当一个企业从国内公司转变为国际公司时，其组织结构该如何适应这一变化。

2. 为什么全球企业的矩阵型组织结构难以实现？这样的组织结构适用于国内公司吗？为什么？

3. 企业文化如何影响组织形式的选择？

4. 注意正文中的这样一句话："在接下来的几年内，几乎没有任何高管的职位会像首席营销官那样变化那么大。"你同意吗？

体验性练习

1. 访问营销分析网站（http：//marketingprofiler. com），根据你目前所在营销组织的经历完成问卷，或者根据你对任何公司营销运营的了解完成问卷。写一篇针对给定情况的短评，为了取得最优结果，你认为营销部门应该采取什么战略方向？

2. 选择一个你认为在全球产品营销上做得不错的公司，向它建议一种能提高组织绩效的更适合的组织结构。写出建议背后的原因：为什么你认为新的结构会有更好的效果？这种组织结构有什么潜在危险？有什么优势？总结你的发现和建议，并以幻灯片展示。

关键术语

天生国际化企业（born global firms）
控制机制（control mechanisms）
功能型组织结构（functional organizational format）
矩阵型组织结构（matrix organizational format）
基于产品的组织结构（product-based organizational structure）
区域型组织结构（regional organizational structure）

注释

[1] *BtoB* magazine，Nortel Corporate website（www. nortel. com/corporate/exec/flaherty. html）；www. b2bmarketing. net/node/1225；Carter，S. （2009）. *The new language of marketing 2.0*：*How to use ANGELS to energize your market*. Cambridge，UK：IBM Press.

[2] How to create an adaptive global marketing organization. (26 November 2010). *Advertising Age*.

[3] Hult, G., Cavusgil, S., Kiyak, T., Deligonul, S., & Lagerstrom, K. (2007). What drives performance in globally focused marketing organizations? A three-country study. *Journal of International Marketing*, *15* (2), 58-85.

[4] Kim, K., Park, J. H., & Prescott, J. E. (2003). The global integration of business functions: A study of multinational businesses in integrated global industries. *Journal of International Business Studies*, *34*, 327-344.

[5] Economist Intelligence Unit. (2008, September). *Future Tense: The Global CMO*.

[6] Lim, L. K. S., Acito, F., & Rusetski, A. (2006). Development of archetypes of international marketing strategy. *Journal of International Business Studies*, *37*, 499-524.

[7] Hewett, K., Roth, M. S., & Roth, K. (2003). Conditions influencing headquarters and foreign subsidiary roles in marketing activities and their effects on performance. *Journal of International Business Studies*, *34*, 567-585.

[8] Homburg, C., Workman, J. P., & Jensen, O. (2000, Fall). Fundamental changes in marketing organization: The movement toward a customer-focused organizational structure. *Journal of the Academy of Marketing Science*, 459-478.

[9] Dell Globalizes Business Groups Around Major Customer Segments. (31 December 2008). Press release.

[10] Kiessling, T. S., Marino, L. D., & Richey, R. G. (2006). Global marketing teams: A strategic option for multinationals. *Organizational Dynamics*, *35* (3), 237-250.

[11] Lynch-Klarup, E. (2010). Striking a balance in global marketing structure. *Marketing Leadership Council*. Retrieved from www. mlcwideangleexbdblogs. com/tag/organizational management/.

[12] Court, D. (2007, August). The evolving role of the CMO. *The McKinsey Quarterly*.

[13] Economist Intelligence Unit. (2008, September). *Future Tense: The Global CMO*.

[14] Ibid.

[15] Auletta, K. (28 March 2005). The new pitch. *New Yorker*.

[16] Rust, R. T., Lemon, K. N., & Zeithaml, V. A. (2004, January). Return on marketing: Using customer equity to focus marketing strategy. *Journal of Marketing*, *68*, 109-127.

[17] Enright, A. (1 October 2006). Real-time analytics boost ROI, accountability. *Marketing News*, 20.

[18] Krauss, M. (1 June 2007). Balance attention metrics with intuition. *Marketing News*.

[19] Caruso, D. (26 August 2008). The real value of intangibles. *strategy + business*.

[20] A bigger world. (18 September 2008). *The Economist* [special report].

[21] Ibid.

[22] Marchionne, S. (2008, December). Fiat's extreme makeover. *Harvard Business Review*, 45-48.

[23] Court, D. (2007, August). The evolving role of the CMO. *The McKinsey Quarterly*.

[24] For example, see Economist Intelligence Unit, *Future Tense: The Global CMO*, September 2008, and ISBM "2010 B-to-B Marketing Trends 2010 Study."

[25] Economist Intelligence Unit. (2008, September). *Future Tense: The Global CMO*.

[26] Commander, C. (2006). *The Marketing of Marketing*. Forrester Research report brief for The CMO Group. Retrieved from www. forrester. com/role _ based/pdfs/Marketing _ Of _ Marketing _ Report-Brief. pdf.

[27] Crawford, B., Mulder, S., & Gordon, J. (2007, May). How consumer goods companies are coping with complexity [web exclusive]. *McKinsey Quarterly*. Retrieved from www. mckinseyquarterly. com/article _ page. aspx?ar=2004&pagenum=8.

[28] Aaker, D. (2008). *Spanning silos: The new CMO imperative*. Cambridge, MA: Harvard Business School Press.
[29] Welch, G. (2004). CMO tenure: Slowing down the revolving door [blue paper]. *Spencer Stuart*.
[30] Vence, D. L. (1 April 2007). Take the lead: marketers discuss ways to drive organizational change. *Marketing News*, 13-14.

案例 15—1　发展上海成为全球时尚中心

2003 年年初，上海服装行业协会（Shanghai Garment Trade Association，SGTA）秘书长徐秀清女士完成一趟旋风之旅后回到上海。她想在世界各主要时尚城市建立新的全球时尚协会，这次旅行的目的就是为这一想法赢得支持并将其推广。长达一个月的旅行让她感到疲惫，但是充满热情和希望，她相信经过自己的努力，上海会成为竞争激烈的时尚世界的明日之星。在接下来的几周，她起草了上海国际时尚联合会（Shanghai International City Fashion Federation，SICFF）章程的初稿，这份初稿是她和其他业内专家讨论并参观类似时尚组织之后撰写的。她知道要想使愿景变为现实，除了起草章程还需要做更多的事情。她要发起一场有声势、有组织的宣传活动来吸引这个快速多变的时尚界的关注。这要求员工有上进心、知识渊博，而且具备营销、公共关系、组织设计、宣传、筹集资金的能力，以及在中国的劳动力市场上稀缺的许多其他技能。凭借特有的独创性和实践导向，她很快想到了一个最佳方案：雇用来自美国的咨询顾问。美国成年人中 9/10 属于至少一个组织，而且美国也是营销和公共关系的起源地。

上海服装行业协会

上海服装行业协会的使命是促进协会成员和合作伙伴的利益和成长，协会有超过 1 000名会员，包括纺织服装制造商、时尚学院、时装设计者、经济发展组织，以及有兴趣推动上海成为主要时尚中心的其他团体。上海服装行业协会努力让中国时尚行业得到更多关注，为此，它们组织各类时装秀、比赛、展览会，与其他国际时尚组织交流，推广行业标准，加强培训并代表上海时尚服装部门游说政府。

关键问题：将上海转变为全球时尚城市

上海有着大都市的外观、炫目的购物区以及追赶时尚而且人数持续增长的中产阶层，正在成为中国的时尚中心。很多国内和国际公司以及时尚品牌将其亚洲总部设在上海，更多公司开始在上海巨大的工业园区生产大量产品。

尽管时尚业长期以来将远东，尤其是中国，视为灵感的来源和廉价优质劳动力的来源，但是未将其看作真正的时尚中心，一个能够在世界范围内提供引领潮流的创新或优秀设计师的时尚中心。上海服装行业协会想要改变这一切。为了提高上海时尚业在国际上的曝光率，协会开始组织年度时装秀和时装节，届时邀请许多业内杰出人物并在媒体上大力报道他们取得的成绩。现在，由协会的女主席带领，上海服装行业协会开始着手迄今为止最具野心的一项计划，即组建一个包括上海在内的全球时尚新联盟。此举将迅速提升上海这座城市的声望。联盟的目的在于促进全球领先时尚中心之间的交流和合作，具体实现途径是向所有地方、全国以及国际时尚组织提供上海这一共同平台和基础，通过联盟将上海建成全球领先时尚中心。

咨询过程及调查发现

全球服装行业分析

这个行业存在以下几种趋势：

● 不断向生产最廉价的市场转移。在过去 20 年中，服装和纺织制造商不断向世界上的某些区域转移，因为这些地方能够提供最低廉的生产和劳动力成本。中国以其相对而言既廉价又有技能的劳动力，以及质量和员工管理的世界级标准吸引投资者。同时，巴基斯坦、印度以及最近兴起的一些南非国家，虽然其经济、工业、司法建设都不太成熟，但是凭借劳动力成本全球最低这一特征也吸引着制造商（India Mart，2003；Clean Clothes，2003）。类似的转变也发生在地区层面：泰国和中国台湾的服装厂逐渐关闭，转向诸如越南这样更廉价的市场（Global Sources，2003）。中国和印度尼西亚的制造商拥有阿联酋国家大部分的服装工厂，几乎只雇用印度和巴基斯坦工人（UAE，2001）。美国的服装和纺织生产继续向南转移，从墨西哥转向危地马拉、哥斯达黎加、加勒比海地区（Rosen，2002）。越来越多的西欧纺织品和服装在东欧国家进行生产（Enterprise，2000）。

除了廉价劳动力的竞争优势，还有其他一些因素促使行业参与者继续留在中国和其他亚洲国家，比如生产效率高、质量标准、熟练的劳动力以及在研发和设备现代化上的投资持续增长。

● 产品多元化。“多元化”在亚洲和全球服装业都是一个热门话题（Woolmark，2003）。面料、里衬、配饰、设计、风格和技术都在推动人们寻找新的突破。成功的关键在于引入新的产品或用途，向上弯曲的超细纤维便是一例，“最新发布的超细纤维面料有多种用途和外观。产品有印刷的、压花的、刺绣的、上胶的、防水的。”（Global Sources，2003）。超细纤维制造商也将其作为功能性纤维开展营销。来自中国大陆和台湾公司的最新产品具有透气性，能“除湿、抗菌、排汗”，再加上其他一些特殊功能，成为运动和户外服装的理想材料（Global Sources，2003）。由于生产主要根据买家的具体要求来进行，实际上整个产业中大部分设计变化都是由买家要求来驱动的。

● 高科技引入。近来服装纺织制造业引入的先进科技进一步加剧了行业竞争。例如，印度密切关注意大利，那里有大量小型专业纺织公司在终端产品上竞争；德国人在“关灯”安排下进行 24 小时生产；日本和美国工厂均安装了“机器人”以确保全面质量管理。另据报道，南美的公司研究“基因工程、细胞生物技术、组织培养”来种植彩色棉花。除此之外，通过“三维、非接触式身体测量、数码打印”等技术，大规模定制得以实现，使满足不可预测的各层次需求和定制奢侈品变得简单易行（India Mart，2003）。

● 新标准。虽然价格仍在影响很多消费者的购买习惯，但欧洲和美国的消费者在决策时将舒适性看作最重要的因素。因此，很多服装制造商将注意力放在可以提供最佳舒适性的设计创新上。

除了以上所概括的趋势，服装业总有一些与消费偏好和产品设计变化直接相关的趋势。这些未列入本项研究中。

行业协会分析

行业协会虽然存在很多国家和地区差异，但是所有组织的主要特征基本一致。

● 结构。大部分服装协会的作用是联合服装行业，促进其成长和技术发展。一些组织通过与政府密切合作扮演以上角色，还有一些组织靠独立的行业领导力和非营利身份运行。第三种组织，例如欧盟国家中的组织，正在通过某些方式进行合并或转型以更好地服务欧洲共同市场成员。这样的跨国组织扮演着更广泛的角色，试图在成员中推动创新、市场调查和品牌建设。

● 成员资格。为了促进关系建立和协会发展，行业协会将会员加入的程序简化，要求也极少。通常而言，一个准成员必须是国内或国外的个体或法人，在纺织、服装或时尚配饰领域积极从事设计、制造、运输、贸易或其他工作；必须填写申请表并提供商业执照或公司执照的复印件；必须支付入会费以及之后的常规费用。很多行业组织根据准成员在纺织或服装行业的直接参与程度进行分级。正式会员、合作会员和附属会员是最常见的分级，它们的费用、利益以及能从组织获取的服务不同。

有两种比较普遍的会费结构：一种涉及每年的会员申请费，另一种基于销售额。按年度收取会费的定价基于机构提供的利益的感知价值。这种结构确保了财务的稳定性和公平性，因为组织向每个会员收取同样的费用。基于销售额的会费则依据会员月度、季度和年度销售水平收取。会员的生意越好，协会的收入越多。这种会费结构使协会在会员生意兴旺时获得相应的财务利益；然而，如果会员业务萎缩或需求下降，它们交给协会的会费也会降低。因此，这种结构带来浮动收益，涉及额外风险。此外，每个会员的成本不同，但所获协会福利相同，这使得公平性成为一个潜在问题。

● 服务。由协会提供的服务专注于会员或者会员的潜在顾客。那些更关注顾客的协会主要扮演营销角色，不向会员提供太多其他方面的支持和服务。更有经验的协会关注协会成员以及协会能够为它们提供的福利。几乎所有协会都会提供的服务包括政府关系、研究报告及信息系统和数据库、培训和开发、法律援助和咨询、人际网络建立机会、在国内外活动中担任代表等。一些协会也提供营销和贸易促进、交通支持、信用报告、会议展览设施等服务。国家越发达，通过设计精美、市场熟知的网站提供的在线服务就越多。

其他行业协会的最佳实践

我们分析了与上海服装行业协会类似的几个不同行业的专业组织，包括加拿大贸易促进工作组—亚太经贸合作组织（Working Group on Trade Promotion Canada-APEC，www. dfait-maeci. gc. ca/canada-apec/tp-en. asp)、奥兰多经济发展委员会（Orlando Economic Development Commission，www. orlandoedc. com)、美国市场营销协会（American Marketing Association，www. marketingpower. com)、办公家具经销商联盟（Office Furniture Dealers Alliance，www. ofdanet. org/)、美国工业设计师协会（Industrial Designers Society of America，www. idsa. org/)、市场营销专业服务协会（Society for Marketing Professional Services，www. smps. org/）和技术通信协会（the Society for Technical Communication，www. stc. org/)。我们于 2003 年 2 月对这些网站进行了间歇性的访问，以下提供的所有信息均来自于此。

这些组织大部分属于非营利组织，由个人和企业会员支持。它们的共同使命是促进并推动其所属特定行业的商业或专业活动；与成员分享企业和行业的进展、新举措和技术；增加成员间的商业联系、信息交换和合作；促进对专业或商业活动的思考、应用和伦理实践。

大部分组织有全国总部，行政和管理人员以及董事会都设在总部。它们也有很多区域分部，通常设在有特定商业或专业活动的大城市或地区。区域分部的领导包括会长、秘书长和会计各一名，以及分管会员资格、活动、教育和其他业务的多名副会长，具体取决于组织的具体情况。从战略上考虑，一些组织会在有兴趣发展或维持会员基础及外部合作伙伴的某些国家和城市设立国际办公室。某些组织分别设立特别兴趣小组（SIG）或者委员会，这些小组专注于专业或商业活动的特定领域。例如，技术通信协会有针对教育和研究、插画家和视觉设计师、指标化、管理及其他方面的特别兴趣小组。美国工业设计师协会有针对汽车设计、医学设计以及家居设计的“专业兴趣部门”。

大部门组织在全球年会上选举领导人，年会向所有成员开放。各个分会在每年最后一个月度会议或季度会议期间选举管理者。

除了年会，很多组织在所在各国分别举办研讨会、系列演讲或者论坛。每次活动都有一个共同主题，围绕这一主题还有各种展示和/或展览。专业组织的地方分会也会举办一些特定活动，在活动中成员能够彼此交流，了解专业的最新进展，会见社区或国家的重要领导人，并庆祝一些特别时刻。此类活动包括讲座、展示、专题讨论会、筹资活动、拍卖、假日晚餐和特殊景点参观（如去其他国家或地区进行访问）等。

除了教育和交流机会，很多组织为会员提供其他一些有用的信息和活动，例如专业出版物（杂志或报纸）订阅、成员目录、奖励项目、行业研究报告、书评以及工作机会。

还有其他一些更不寻常的利益，包括：行业专门供应商目录；顾问目录；当地招聘会；金融服务、运输以及其他产品或服务的会员折扣；团体保险和/或责任保险；奖学金；认证项目；旅行服务；学生竞赛；最佳实践集；标杆管理研究及其他。

全球时尚城市分析

一项针对那些以引领潮流和吸引人才闻名的城市的调查发现，想要使时尚成为每个城市形象不可磨灭的一部分，某些基本要素是必需的。要想使一个有时尚气息的城市真正变为时尚之“都”，就必须有能包容各种风格、复杂性、成熟度、形象和独特性的肥沃土壤。有著名设计师和多变风格的历史远远不够，时尚是本章所列关键要素集合而成的一种文化理念和社会“现象”，是难以解释的事情，是所有要素的集体协同所致。

艺术

每个时尚之都都大力支持文化和艺术，这有利于形成一个能鼓舞、激励时尚的大环境。比如，米兰就拥有充满活力的艺术和娱乐场所，为当地设计师、艺术家和时尚相关专业的学生提供无限灵感；伦敦的艺术实力则足以吸引全球的购买者、媒体、广告商和世界级模特。纽约则通过培育一个创新性环境在时尚界树立信誉，即通过人口多样性和雅俗共赏的艺术生活营造出一种鼓励创新和自由表现的氛围。如果没有成熟的剧院、艺术和娱乐“舞台”所构成的网络，时尚很难靠自身创造出如此蓬勃的环境。

术语

打造时尚之都，还需要协调一切以建立有关形象、生活方式和时尚的“现实”。所有市场营销和推广活动都必须使用适当的术语，改变地点和概念的名称使其符合某种时尚和风格。比如：

- 著名的时尚“大道”或“三角区”。在巴黎，最高级的优秀设计师（香奈儿、迪奥、圣罗兰）都会在由香榭丽舍大道、玛索大道和蒙田大道组成的“黄金三角区”精品店中展示其作品（Paris Break，2003）。

纽约有一个明确界定的时装区，特征明显。它也有明确界定的时尚区（比如第五大道）和购物区（比如 Soho 商业区），它们和时装区不一定处于同一区域。

在米兰，由蒙特拿破仑大道、史皮卡大道和圣安德烈大道构成的“黄金三角区”因其独家时装店和高档购物区而闻名世界（The Great Outdoors，2003）。

东京目前有一个“时尚中心”，但这个中心更像是一个时尚购物中心。东京缺少为城市顶级设计师开设的精品店。缺乏与“时尚三角区”相关的成熟度和高端环境，是东京未能获得像巴黎或者米兰那样的时尚地位的原因之一（Japan Today，2003）。

- 时尚圈。时尚圈有着清晰且受人尊敬的分层：高级时尚（高级时装或者 T 台秀）、中级时尚（工业化生产的服装）和低级时尚（大规模生产的服装，基础类）。时尚之都负责设计和创造高级时尚，它们通常被认为是高端工艺品。这些不是你平常能在街上买到的“时尚”，而是在《名利场》《时尚芭莎》和《W》等杂志中以及在 T 台上看到的，这些时装更像是艺术品而不是用来穿的衣服。成功的时尚之都往往很小心地确保不把三个层级混在一起，保持它们在物质和精神上互相分离。

时装季

每个时尚之都确保在世界闻名的时装季和相应的时装潮流中制造足够的新闻。宣传炒作可以通过在所有零售场所和促销活动中进行时尚的、有战略意义的视觉展示来实现。时装季的范围因地域而异，因为气候、文化和社会都会影响到时尚潮流。例如，在巴黎，购物就像是打猎和钓鱼，购物季短促而集中，比如一个为期三周的“手袋季”（handbag season）会创造一个最终看来独有的、无与伦比的宣传炒作（Fashion Windows，2003）。

设计师

时尚之都的时尚专业学校有很大影响力，它们提供优质的基础教育。作为时尚之都，为了获得认可，这里的设计人才一定要超出所有人的预期，创造并紧跟潮流，建立实力强大的“事务所”来邀请设计新秀进行项目合作，例如，Nautica 的朱钦骐。设计师的名字必须被认可，真正有名的设计师将其名字作为品牌名称以确保品牌力量的最大化并提供文化认同感。了解时尚的人都知道香奈儿和迪奥是法国品牌，因此对法国和时尚有了好的印象。

英国的巴宝莉通过其特有的英式名字展示了传统。范思哲和阿玛尼都是意大利名字，“汤米”（Tommy）让人自然而然地联想到红色、白色和蓝色。米兰通过一致的努力来吸引本国和外国时尚设计师开设工作室、店铺并举办展览，还给予奖励（United States Commercial Service，2003）。

为了在保持明显特征的同时继续推动时尚创新，很多著名设计师邀请来自世界各地的人才，为他们提供设计的机会，例如古琦的汤姆·福德。这对积极进取的设计师以及他们的来源国而言有利有弊。好处是，新的设计师能够获得为知名服装设计师设计的特权，通过建立知名度和赢得坚定的追随者提升自己的职业高度。坏处在于，新的设计师往往失去自己的“优势”，被事务所的大品牌所掩盖。例如，消费者往往不知道朱钦骐先生是中国人，但如果这个名字单独存在而不是在 Nautica 品牌下，那么人们更不会知道。有时，设计师甚至会失去他们的文化触感，例如，伊藤贤治（Kenji Ito）是日本设计师，但他发布了有浓郁英式风格的系列作品（Tokyo，2000）。

对于时尚之都而言，培养并留住时尚人才非常重要。大量前往纽约、巴黎和米兰的设计人才是伦敦培养的。越来越多的顶级设计专业学生离开东京，前往米兰、巴黎深造。但是他们决定留在米兰、巴黎工作而不是回到东京，因为东京目前的经济状况不是非常理想。出于这些原因，东京作为时尚之都的认可度受到限制。东京因其不与其他全球参与者（如纽约、巴黎、米兰的设计师等）合作而闻名。东京的设计师倾向于适应本地时尚行业而非全球市场。除此之外，东京的时尚行业一直按照自己的规则运行，并期望全球参与者做出改变（Council，2003）。

设计师“品牌”如果定位正确，其力量非常惊人，往往能够导致消费者做出不合常理的行为。例如，中国的年青一代不愿意选择国内的服装，而追求西方品牌，例如拉尔夫·劳伦（Ralph Lauren）和 CK（Calvin Klein），但事实上这些服装都是在中国生产的（Fashion Windows，2003）。

模特

模特由于展示知名设计师的“艺术”作品而经常取得与设计师类似的国际地位，这有时会提升设计师的名气，有时会让模特的事业腾飞。今天，模特的定义模糊不清，因为越来越多的设计师依靠名人为其产品带来短期吸引力，而名人希望通过与高级时尚相关联来提升自己的魅力。无论是歌手克里斯蒂娜·阿奎莱拉（Christina Aguilera）为范思哲做广告还是奥斯卡影帝阿德里安·布罗迪（Adrien Brody）叫卖杰尼亚西服（Ermenegildo Zegna），他们创造出来的“名声”通常对合作的设计师和名人双方都有利（*USA Today*，2003）。

设计学院

拥有顶级艺术设计名校，这是任何城市想要成功变为时尚之都的必要条件。纽约的时装技术学院（Fashion Institute of Technology，FIT）拥有卡尔文·克莱恩（Calvin Klein）和诺玛·卡玛丽（Norma Kamali）等知名校友。巴黎对于设计专业的学生来说充满机会，但也是时尚界竞争最激烈的城市。原因之一可能是，巴黎时装学院（Paris Fashion Institute）是唯一同时有时尚设计专业和市场营销/销售专业的学校。

由于顶级设计学校的存在，伦敦未从时尚舞台上消失。尽管有许多毕业生去了巴黎、纽约和米兰，但还是有些设计师留了下来，至少最初是这样。此外，一些来自伦敦设计学校的创新设计使得这座城市依旧留在时尚版图上（*The Guardian*，2003）。东京未能在全球时尚界取得成功，进一步凸显了拥有一个由设计学校组成的强大网络何等重要。随着日本经济形势下滑，大部分学校被迫关闭。东京现在仅有三所设计学校，而且优质教育设施缺乏，东京的创新时尚设计因此走向衰败（Japan Today，2003）。

时装协会/组织

时尚之都的发展离不开管理良好的时尚协会，它们能够引导行业方向并为很多业内企业提供支持。“成衣”服装企业和设计师联盟引领了巴黎时尚：有影响力的巴黎服装工会能决定谁有资格成为时装“裁缝”，并组织大型时装秀。新人或者依靠其提交的设计方案被接纳，或者被允许作为“边缘”参与者在时装秀上见缝插针（Europe，2000）。

时尚艺术发展国家联盟（National Association for the Development of the Fashion Arts）于 1989 年成立，目的在于帮助并促进法国的时尚创作。联盟每年都举办全国比赛，向年轻设计师颁发奖学金以帮助其设计高级女式时装、成衣或配饰，这能有力地激发他们创建自己的品牌。

东京有两个时尚协会，很多设计师都加入。协会一直努力将东京定义为下一个时尚中心，然而，缺乏基础设施以及市民和东京政府的支持使其难以成功。

米兰时尚行业有活跃的专业组织，它们致力于合作，采用有组织、有重点的战略来宣传城市，从时装秀活动到纺织品交易会，到巡回展览，再到以年轻或成熟的当地时尚设计师为特色的竞赛，覆盖了时尚行业的方方面面（Merlo，2001）。

政府支持

要想为时尚产业的发展创造一个良好的环境，当地公民和政府的支持必不可少。米兰就是在地方和国家政府机构的支持下，被推动并发展成为时尚产业中心的。米兰被作为“时尚之都”向关键公众人物和媒体代表推广，目的是借助宣传报道和新闻媒体产生国际利益。

近来，伦敦由于多种原因在服装创新方面退出了公众视线，其中一个原因是缺乏政府支持（*Evening Standard*，1999）。很多设计师不得不转向大公司寻求支持以维持其时装秀。这使得时装秀的时尚元素减少，更多侧重赞助商产品。纽约则在联邦、地区和当地各个层面拥有令人羡慕的政府支持，这种支持使其时尚产业全面发展并获得潜在利益。

商业支持

米兰向那些可以为时尚活动提供额外资助和宣传的当地企业征求同意和支持。纽约是一个很好的例子，它有与时尚行业高度相关或支持性的行业，例如模特、摄影、广告、公共关系以及出版。

基础设施

对于时尚之都，建立强大的网络非常必要，但这只能通过免费的基础设施才能实现。米兰和巴黎有基础设施（交通中心、通信设备、展览设备）和资源（时装设计学校、广告及公共关系机构、摄影师、出版商）来支持活跃的时尚舞台。纽约也拥有良好的基础设施，例如港口、机场、公路、铁路和通信。

生产/制造

伦敦附近有生产厂，可为来自设计学院的新设计提供所需原材料。然而，服装制造业的消失使得伦敦越来越远离制造这个行业。纽约在维持一个综合性服装产业方面做得很成功，不仅是设计，还包括制造、批发、零售和营销。

全球关注

每个时尚城市都承诺在增长、多样性、创新和合作方面保持全球关注。最著名也是最受尊敬的时尚城市（巴黎和米兰）之所以能保持活力，是因为它们有能力扮演世界“时尚中心”的角色，同时保持自己的文化特性。例如，巴黎从来没有被多样性过分稀释以至于丧失其法国“触觉”。

巴黎有发达的战略伙伴关系和网络来展现法国时尚业的统一形象，所有合作伙伴都要加入这个行业或者展现出类似法国时尚文化的形象，所有与这个行业相关的品牌都能促进时尚（Paris Break，2003）。

米兰在合作伙伴关系方面也很成功：它联合国内外其他类似城市共同促进全球时尚；它在全球时尚方案和活动上与其他地区进行合作，这种合作能够给所有参与地区带来益处（Foundation，2003）。

对五个最具特色的国际时尚中心的分析强调，一个时尚都市大于任何一个协会或联盟。文化思维方式被融入这个城市。要想形成下一个全球认可的风格，就要有能力将历史价值纳入今日社会的价值，并与艺术人才结合起来。为了获得成功，必须有一个能够激发灵感的环境，这不仅仅是一间办公室或一个空间。整个城市需要与艺术、革新和创造性相融合。

资料来源：Case prepared by Nadia Ballard & Ilan Alon，Rollins College. Reprinted with permission.

讨论题

1. 对于徐秀清女士努力将上海定位为一个全球时尚之都，你有什么合理的建议？

2. 在上海作为时尚中心进行全球扩张的过程中，上海服装行业协会的结构和角色应该是什么样的？

3. 为了实现中国在纺织品和服装的生产和分销领域的扩张，徐秀清女士应该如何定位这个协会？

参考文献

American Society of Association Executives. (2004). *Associations in a nutshell: Why are associations so important?* Retrieved from www. asaenet. org/asae/cda/index/1,,ETI10471,00. html.

Clean clothes campaign. (2003). Retrieved from www. cleanclothes. org.

Council of Fashion Designers Tokyo. (2003). Retrieved from www. cfd. or. jp.

Enterprise Directorate General of the European Commission. (2000, October). *The Textile and Clothing Industry in the EU: A Survey*. Retrieved from http: //ec. europa. eu/enterprise/newsroom/cf/itemlongdetail. cfm?displayType=library&tpa _ id=203&item _ id=2449. The direct link to the PDF is: http://ec. europa. eu/enterprise/newsroom/cf/ _ getdocument. cfm?doc _ id=1856.

Europe: The haute and mighty. (2000, November). *ProQuest Direct*. Retrieved from http://proquest. umi. com.

My fears for the fizz in London fashion. (26 February 1999). *Evening Standard*.

Retrieved via ProQuest Direct at http://proquest. umi. com.

Fashion windows. (2003). Retrieved from www. fashionwindows. com.

Foundation Nicola Trussardi. (2003). *City of Fashion Project*. Retrieved from www. fondazionenicolatrussardi. com/fondazione/EnCittadellamoda. htm.

Global sources: fashion accessories and supplies. (2003). Retrieved from www. fashion. globalsources. com.

Milan fashion. (2003). *The Great Outdoors*. Retrieved from http: //thegreatoutdoors. com. au/display. php?ID=2722.

Fashion victims: London fashion week starts tomorrow—but why does a country that produces so many first-class talents have such a second-class industry? [Comment and analysis]. (14 February 2003). *The Guardian*. Retrieved via ProQuest Direct at http: //proquest. umi. com.

India Mart. (2003). Retrieved from www. apparel. indiamart. com.

In and out of fashion [Metropolis section]. (2003). *Japan Today*. Retrieved from http://metropolis. japantoday. com.

Merlo, E. (2001, June). Knowledge as a basis for collective action: the case of the Italian fashion industry. *EBHA Conference 2001: Business and Knowledge* [Presentation].

Paris Break. (2003). Retrieved from www. parisbreak. com.

Rosen, E. I. (2002). *Making sweatshops: The globalization of the United States apparel industry*. Los Angeles, CA: University of California Press.

Tokyo International Forum. (2000). Retrieved from www. tif. or. jp.

UAE urges revamp of garment industry run by Asians. (16 June 2001). *Middle East News Online*. Retrieved via ProQuest Direct at http://proquest. umi. com.

Celebrities are stylin' as high fashion models. (11 May 2003). *USA Today*. Retrieved from http://

www. usatoday. com/life/2003-05-11-celebs _ x. htm.

The organizers of "Milano Vende Moda" are offering a unique opportunity to emerging and trendy women fashion designers. (3 April 2003). United States Commercial Service. Retrieved from www. buyusainfo. net/info. cfm?id=113378anddbf=imi1andloadnav=noandarchived=noandaddid=.

The Woolmark Company. (2003). Retrieved from www. woolmark. com.

第16章 界定国际市场中的伦理道德和企业社会责任

我们要解决透明度、管理责任和制度能力的问题。坦白地讲，我们要摘除腐败的毒瘤。

——詹姆斯·沃尔芬森（James Wolfensohn），世界银行行长，1996年年度会议

学习目标

1. 理解在海外经营的伦理道德。
2. 区分法律与伦理道德。
3. 确定是否存在普遍的伦理道德准则。
4. 讨论跨国公司能否成为遵守伦理道德的公民。
5. 明确跨国企业的社会责任。
6. 讨论公司能否承担违背伦理道德所带来的后果。

你刚刚被任命为美国广播有限公司（ABC（Ltd.）Company）在菲律宾马尼拉分公司的负责人，分公司生产并分销高中教学设备，包括视听教学材料。一批价值5万欧元的货物刚刚抵达，等待通关。你接到海关通知，因“管理上的延误”，公司的教学设备不能及时放行。一周以后，“延误”仍在继续。当你询问负责此事的海关工作人员设备何时能放行时，对方的回复是很难说，但是如果能给工会度假基金捐点钱，那么公司的设备会立刻放行。你很清楚设备现在存放在一个很不安全的地方，很有可能被偷。同时，很多学生急需这批教学设备。在菲律宾，给政府官员好处，让他们优先解决本公司的事，这种做法非常普遍，而且不算违法。但是，你也知道，母国政府的反贿赂法可能适用于这种情况，公司有可能因此被罚款。面对这样的两难处境，有哪些可选方案？你应该怎么办？

在国际商务中，以上现象很常见。如果交易双方的伦理文化不同，类似的问题就更难解决。本章将提供在国际环境中解决此类困境的框架，同时提出双方都可接受的解决方案。首先回顾一下诸如贪污受贿等不道德事件的成本。

不良经营的成本

以贿赂这种最易行的方法为例，公司和个人要承担被捕、被调查、名誉受损等风险，一旦定罪，就要接受缴纳罚金甚至是被捕入狱的惩罚。很多公司和个人因非法支付而缴纳罚金（见例 1），同时也有很多公司和个人因缺乏预防此类事件的正确机制而被罚款（见例 2）。

例 1：英国咨询公司 CBRN Team 的一名员工和一名乌干达政府官员承认参与贿赂事件，该公司为了与乌干达总统护卫队签订一份咨询合同而实施贿赂。英国欺诈重案办公室判处这位员工缓刑，乌干达政府官员被判监禁一年。

资料来源：Adapted from：www. badfaithinsurance. org. Retrieved May 10，2009.

例 2：美国怡安公司（Aon Corp）是世界上最大的保险经纪公司，其分公司因缺乏完备的反贿赂条例被英国金融服务管理局（Financial Services Authority）罚款 525 万英镑（合 790 万美元）。据称，2005—2007 年，怡安公司向其在印度尼西亚、越南、巴林岛和缅甸等国的海外分公司进行了“可疑支付”，总计大约 700 万美元。

资料来源：Adapted from：“The Global Bribery Crackdown，” growthbusiness. co. uk. Accessed June 22，2011.

这两个案例显示，国家层面的管制机构监管着个人和企业的贪污受贿行为。接下来我们会了解到，各国政府以及诸如联合国和国际货币基金组织（IMF）等多国组织都在监管贪污受贿行为。然而，对违法和不道德行为的监管应当始于自身。企业应该进行自我监督，事实上很多企业也在这么做。全球范围内的贪污受贿行为不容忽视。据美国商务部统计，1994—1999 年间，先后有 294 份国际合同涉嫌贿赂，金额总计1 450亿美元。在亚洲，据亚洲开发银行估算，“贪污任务”花费了政府大约 50%的税收收入。[1]

根据**透明国际**（Transparency International）的一项调查[2]，每年全球贿赂数额高达 1 万亿美元。如表 16—1 所示，发展中国家/地区的贿赂发生率更高。贪污受贿在更大程度上损害了穷人的利益，发展经费被挪用，政府提供基本服务的能力被削弱，不平等和不公正问题更严重，外国投资和援助受阻。在全球化进程中，贪污受贿并非管理者遇到的唯一问题，缺乏诚信、欺骗、职业健康、安全、环境以及工业间谍等问题也非常普遍。在美国，仅员工舞弊行为每年就会使公司损失6 000亿美元，约占 GDP 的 6%。[3]尽管此类行为都受到法律法规的监管，但监管的执行在全球范围内并不一致。因此，跨国公司的管理者必须回答以下一些问题：

1. 如果不同社会的道德观念不同，你遵从哪个国家的规则？
2. 在一个贪污受贿盛行的国家，我们如何在做生意时保持正直？
3. 我们怎样形成道德规范，以引导全球营销人员和商业人士正直、负责地经营？

表 16—1 部分国家/地区的贿赂程度

国家/地区	近 12 个月报告贿赂的比例*
奥地利，加拿大，哥斯达黎加，丹麦，西班牙，芬兰，法国，德国，中国香港，冰岛，爱尔兰，以色列，日本，韩国，荷兰，挪威，葡萄牙，新加坡，瑞士，中国台湾，英国，乌拉圭，美国	少于 5%
阿根廷，保加利亚，波斯尼亚和黑塞哥维那，哥伦比亚，克罗地亚，科索沃，卢森堡，马其顿，马来西亚，尼加拉瓜，巴拿马，菲律宾，波兰，南非，泰国，土耳其，委内瑞拉	5%～10%
埃塞俄比亚，中国大陆，危地马拉，立陶宛，尼日利亚，希腊，印度尼西亚，印度，肯尼亚，巴基斯坦，秘鲁，俄罗斯，塞内加尔，塞尔维亚，乌克兰	11%～30%
喀麦隆，巴拉圭，柬埔寨，墨西哥	31%～45%

*问题："近 12 个月，你或你的家人是否实施过任何形式的贿赂？"

资料来源：Adapted from：Transparency Global Corruption Barometer.（2005）.

伦理和法律

伦理（ethics）是由社会决定的行为规范，用以规范社会成员的行为。不同社会的伦理规范各不相同，但是某个社会中的个体应该遵循该社会的伦理道德规范。法律是行为守则，规定社会成员按要求行事，并由警察和法院等相关政府机构执行。违反法律者会受到惩罚（罚款、刑期），但是忽视伦理道德规范只会受到不同于刑事诉讼的惩罚，如失去工作。法律和伦理有一定的重合（见图 16—1），不道德的行为有可能也是违法的（如贿赂），但在另一些情形中，两者并不重合。有些情况下，行为虽然被认为不道德，但仍然合法，如污染环境、支付低于标准的工资；在另一些情况下，行为虽然违法，但可能被看作合乎伦理，如公司设备供个人使用。总之，法律制度不能解决所有关于"是"与"非"的问题（图 16—1 左边部分）。如何应对这样的困境便成为一个伦理道德问题（图 16—1 右边部分）。

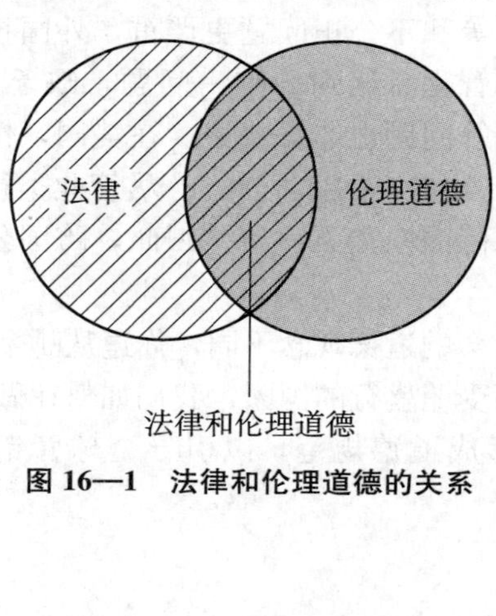

图 16—1 法律和伦理道德的关系

有人认为，右边部分与合法的意义相同，即只要一个人没有违反法律，那么这个人是否合乎伦理并不重要。在这种情形下，行为仅靠法律制度来规范，即“如果一件事合法，那么它就合乎伦理”。然而，在全球经营时，这个问题变成：应当遵循哪一方的法律或伦理？是交易发生地的法律还是母国的法律？特别是，当两国的伦理道德不同时，是遵循母国还是东道国的伦理标准？（见图 16—2）

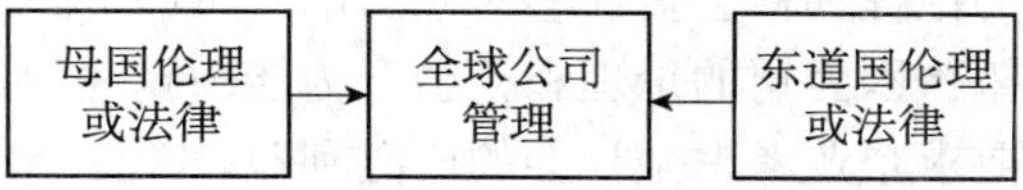

图 16—2　全球环境中的企业受母国和东道国双方法律和伦理的影响

发生文化冲突时会怎样？你应该遵循哪一方的规范，是母国还是东道国？当在母国以外做生意时，有三种宽泛的伦理观念可供选择（见表 16—2）。

表 16—2　三种伦理观念

伦理相对论	伦理绝对论	伦理普遍论
没有普遍适用的伦理道德标准。 行为的伦理本质只能由行为发生地的道德规范来决定。 “身处罗马，就要和罗马人一样。”	优先参考某人本国的伦理道德规范。 “身处罗马，和在本国时一样。”	一套普遍接受并且有效的伦理道德标准。 行为的伦理本质独立于文化背景。

伦理相对论者（ethical relativists）会提出全球计划，在遇到伦理问题时按照当地情况进行调整。他们试图践行“身处罗马，就要和罗马人一样”的谚语。**伦理绝对论者**（ethical absolutists），有人称为“伦理帝国主义”，将母国的伦理规范“进口”到东道国。一般而言，他们认为母国的伦理规范更加优越，所以东道国应该遵守母国的伦理规范。**伦理普遍论者**（ethical universalists）相信，即使国与国文化不同，也存在具有足够普遍性的伦理规范。这三种框架说明，在不同的文化背景中经商，是非对错并无简单答案。这一争论引发了另一个关于多国公司在全球经营的问题：好与坏的标准是否与它们所处的文化和地区相关？例如，价值观是绝对的，还是会随新生代或新的管理结构而改变？如果发生改变，何种伦理规范会胜出？社会责任实践是否应当以一套普遍价值观的存在为前提？

“公司必须帮助管理者区分哪些行为是错误的，哪些行为仅是不同而已。相对论者认为，既无神圣之事，也无错误之举。但绝对论者认为，很多事情，只要不同，就是错误的。这两种极端观点都不能阐明商业决策的真实世界，真正的答案介于二者之间。”[4]一个典型的伦理困境就是送礼，在很多非西方国家这是一个传统。例如，在日本，送小礼物原本是商业互动的一部分，代表着互惠和建立关系，然而西方公司经常将这种行为误解为贿赂，把它当作一种错误行为而非文化差异。这种困境说明了在评估不同行为时，在保证没有破坏普遍规范的前提下情境的重要性。解决这一困境，要看礼物的价值大小。人们应当能够分辨什么是贿赂，什么是可接受的礼物。

作为好公民的跨国公司

跨国公司的伦理和社会责任感对东道国和母国都很重要。因其规模大、经济实力强，人们希望跨国公司的伦理和社会行为能超越法律的基本要求。社会责任是一个伦理概念，要求企业考虑全社会的广泛利益，关注所有利益相关者，而不仅仅是股东。跨国公司对其利益相关者负有经济、伦理、法律和社会责任。因此，跨国公司在战略管理过程中应将核心伦理观、社会责任价值观和企业目标结合起来。

什么是**企业社会责任**（corporate social responsibility，CSR）？欧盟委员会将其定义为“企业在自愿的基础上，将对社会和环境的关注融入商业运作以及与利益相关者的互动中”。[5]同样，世界银行将企业社会责任视为“企业员工及其家庭、当地社区以及整个社会通力合作，为改善生活质量而贡献于经济可持续发展的一种承诺，最终使企业业绩和社会发展双丰收”。[6]国际劳工组织指出，企业在开展经营时要考虑对社会的影响，不仅在内部方法和流程上要声明行为原则和价值观，在与其他行为者的互动中也应如此。[7]总而言之，这些定义表明企业社会责任不仅要求企业实践符合伦理并遵守法律，还要求企业在提供就业、获得利润之外，保障利益相关者的福利（有些福利要与企业经营所在的社区共享）。

世界范围内有关企业管理的观点有哪些？企业社会责任的活动和报道在发达国家非常密集，但是在发展中国家和新兴国家却较少。一些欠发达国家开展企业社会责任活动主要是响应非政府组织（NGO）的倡议，例如全球报告倡议组织（Global Reporting Initiative，GRI）和国际劳工组织。GRI 是大型非政府组织网络，涉及多方利益相关者，包括数千名专家，遍及全球数十个国家。企业可以参加 GRI 的工作小组和管理机构，使用其指南来撰写企业社会责任报告，获得 GRI 报告中的信息，还可以用其他正式或非正式方式为制定报告框架做贡献。[8]总部设在阿姆斯特丹的 GRI 开发了一个广泛使用的可持续性报告框架，被全世界1 500家公司采用。

金砖四国的企业社会责任

巴西应用经济学研究所的一项研究表明，在接受调查的 44.5 万家企业中，大约 2/3 的企业投资过社会项目，其中一半打算增加社会项目的投入。[9]企业社会责任项目在巴西的开展归因为三方面，即非政府组织在该国与日俱增、企业希望提高合法性和顾客忠诚度，以及全球守则的兴起。950 家公司加入巴西一个本地组织“伦理协会”，这些公司的年收益几乎占巴西 GDP 的 30%，雇用的员工数约为 120 万。该组织是一个致力于企业社会责任的企业网络。大约有 150 家公司签署了联合国的全球盟约，同意遵守人权、劳动关系、环境保护和打击腐败的基本准则。专栏 16—1 是巴西应用企业社会责任的一个例子。

专栏 16—1

聚焦国家：巴西

Plasma 是巴西 Klabin 公司（纸业）、利乐集团（耐用包装）、Alcoa 公司（铝业）和 TSL Ambiental 公司（废弃物处理）的一个合作项目，通过创新且可盈利的方式来解决一个严重的环境问题。几家公司都对铝、纸和塑料这三种耐用包装生产材料的回收利用感兴趣，耐用包装主要用于果汁、牛奶和其他一些饮品。

俄罗斯的企业社会责任

在苏联时期，所有产业都归国有。苏联经济基于大规模的工业企业，它们给员工及其家庭提供住房、教育、医疗以及娱乐设施。因此，这个工业复合体要为员工承担社会责任。苏联解体导致许多工业企业私有化，另一些则继续保持国有。因此，这一工业复合体并没有自动接管员工的社会福利。这个任务现在是政府的责任，但由于预算限制，政府很难提供娱乐、环境、慈善捐赠和其他方面的援助。

私人企业在多大程度上接管了政府的社会角色？当俄罗斯企业开始明白企业社会责任对可持续发展的重要性时，一些大公司开始朝这个方向努力，例如，Norlisk Nickel、Lukoil、Novolipstek Steel、被政府接管之前的 Yukos 石油公司以及其他服务于西方市场的公司。两大因素限制了俄罗斯的企业社会责任行为：一是俄罗斯的商业透明度不足；二是对企业社会责任的认识有误。根据一名观察者的说法，企业社会责任“被俄罗斯高层管理者视为一种管理工具，通过提升公众形象来解决非财务危机并提高市值”。[10]根据俄罗斯政治技术中心的说法，企业社会责任问题的唯一解决办法是，使国家制度现代化并创建民间机构，二者共同监督企业和政府的互动。

中国的企业社会责任

在中国，企业社会责任是一个相对新兴的现象。最近中国政府正努力改进相关法律和市场规则，通过加大监督来减少公司违规行为。2007 年，13 家中外企业在上海联合创办了中国企业社会责任联合会。中国在建立可行的企业社会责任理念和管理方面刚刚起步，提出的理念和指导方针包括：中国企业社会责任示范标准、中国商业协会就可持续发展出版的最佳实践合辑，以及商务部关于编写企业社会责任报告的指导方针。

然而，企业社会责任的指导方针要求企业在追求利润的同时重视社会和环境，这对于大多数中国企业来说还比较陌生。2005 年，吉林市化学品爆炸造成 6 人死亡和多人受伤，其主要原因是工人操作不当。同年，东风煤矿爆炸案造成100余名工人丧生。在这次事故中，煤矿的管理者不仅不了解中央政府关于煤矿安全的应急说明，甚至无法在爆炸之后立即报告下井工人的人数。这种对工作安全、污染以及教育需求的忽视存在于部分工厂之中，是造成数以千计悲剧发生的深层原因。[11]有些人认为，对中国企业而言，企业社会责任的概念言之尚早，因为大多数企业目前还处于发展专有技术知识的初期，在努力谋求生存。然而，英国石油公司中国总部主席盖里·德克斯（Gary Dirks）曾提到，企业社会责任已超出单纯的“慈善措施”，涉及企业获取利润的根本性问题，因此应该一开始就纳入企业的商业模式，而不应视为后期添加的一种奢侈物。然而，目前也有一些好的现象发生。中国政府和经济组织正在建立关于企业社会责任的中国标准和认证指标，以及健康安全标准。在中国境内经营的西方企业应当意识到企业社会责任准则并予以推进。

专栏 16—2

聚焦公司：联想

联想中国与联想国际公司合作发起环保产品项目，将环境管理体系和产品标准进行整合。联想采用ISO 14001作为环境管理体系，包括终期管理、供应商环保绩效以及温室气体排放等因素。

山东省烟台市旨在通过增加绿色旅游酒店和经济型酒店的数量来促进节能减排。“绿色旅游酒店”一词指那些坚持清洁生产、提倡绿色消费、保护生态系统并且合理使用资源的酒店。

印度的企业社会责任

精神性和企业社会责任深植于印度的传统之中。因此，企业社会责任在印度并不是一个新现象，而是与印度文化和宗教联系在一起。印度企业的社会义务和慈善参与可以充分显示这一点。随着时间的推移，企业社会责任变得更加重要、广泛。慈善事业如今已经作为日常经营的一部分嵌入企业活动之中。[12]

印度有家长式慈善的长期传统。像塔塔（Tata）这样的大型家族企业尤其热衷于为当地社区提供学校和医疗保健等基本服务。巴拉特石油有限公司（Bharath Petroleum Corporation Limited）、马鲁蒂铃木印度公司（Maruti Suzuki India Limited）、印度联合利华有限公司（Hindustan Unilever Limited）这类组织会选择一些村庄并聚焦于这些村庄的全面发展。它们为村民提供更好的医疗和卫生设施，筹建学校和住房，并通过教授村民一些职业和业务技巧来帮助他们自力更生。表16—3列举了一些企业社会责任给企业带来效益的例子。[13]尽管如此，据称印度发布企业可持续发展报告或者公布社会责任方面花费的企业寥寥无几。[14]

表 16—3 **企业社会责任的回报**

增加利润	Gujarat Ambuja，印度最大的水泥制造商之一，声称“我们实现环境保护国际标准的努力使效率和利润得到大幅提升”。
降低成本	Reliance Industries 公司的能源节约措施每年可以节省 11.5 亿卢比的成本。
增加收入	HLL 公司的 Shakti 项目为贫困弱势的农村妇女提供了获得收入的机会，同时给公司提供了进入未开发贫困地区市场的途径。
增加品牌价值	印孚瑟斯（Infosys）成为“有道德的顶级品牌”第一年度榜单上榜的七个公司之一。
提升声誉	石油天然气公司（Oil and Natural Gas Corporation）发现它的社区发展项目“创造了良好的商誉，并赢得了关爱员工的声誉”。
提升士气	塔塔钢铁公司（Tata Steel）坚信在帮助社区的同时会改变员工对公司的看法，从而提升员工的士气。

专栏 16—3

聚焦企业：印度管理学院

印度管理学院（Indian Institutes of Management）的研究生部门在学院发起了一个伦理项目。该校一名教育工作者说道：“我们的社会条件总的来说会让我们缺乏伦理，缺少公民责任感和对环境的关注。管理学院的学生处于不再脆弱并且可以明辨是非的年纪。引入这个项目的目的在于让学生们对道德问题更加敏感，并在随后的职业生涯中承担起责任。”

道德课程是所有学生的必修课，该课程中还加入了关于印度社会转型的内容，主要关注全国的社会问题。这类课程应该帮助学生在毕业后为社会做出可持续发展的决定。

企业能够承担违背伦理道德的后果吗

在任何情况下都遵循伦理道德可能非常困难。对于某商业杂志中一篇支持在国际组织中遵守伦理道德的文章，一位匿名读者评论道：

> 世界各地的伦理道德各不相同。在一些国家，贿赂是经商所必需的；而在另一些国家，贿赂则是违法的。你唯一能做的事情就是遵守本国的实践并接受后果。

富时 350 指数（FTSE 350）记录了 1997—2001 年间各个公司全面并且具有可比性的数据。英国的一项研究选取了其中的 127 家公司并将它们分为两类：一类公司在近五年或者更长的时间内有伦理守则、行为规则、原则；另一类公司明确表示它们没有。调研结果显示：

- 从财务绩效上看，根据四种衡量公司价值方法中的三种（经济增加值

(EVA)、市场增加值（MVA）和市盈率（P/E ratio）)，1997—2001年间，有伦理守则的公司的财务状况要胜过同等规模但没有伦理守则的公司。

● 1997—2000年间，有伦理守则的公司比没有伦理守则的公司产生了更多的经济增加值和市场增加值。

● 四年中，有伦理守则的公司的市盈率波动远低于没有伦理守则的公司。这说明，投资于有伦理守则的公司从长期来看更加安全。其他研究表明，稳定的市盈率能够以更低的平均成本吸引资本，伦理守则很可能意味着始终如一的管理。

● 资本回报率（Return on Capital Employed，ROCE）这一指标与其他三项指标的结果不同。1997—1998年间，两类公司的资本回报率并无差别。然而，1999—2001年间，有伦理守则的公司的平均回报率有显著提升（大约50%），没有伦理守则的公司的回报率却在下降。

在美国，人们也进行了一些学术研究来比较有商业伦理政策（例如，伦理守则）的公司和无商业伦理政策的公司在长期增加值上有何差异。研究表明，正直的声誉和长期股东利益增长有相关关系。2006年的一个课题汇总了接近100项探讨公司绩效和伦理之间关系的研究，发现[15]：

● 在80项评估公司社会表现是否有助于公司财务绩效的研究中，53%的研究表明二者存在正相关关系，24%表明二者没有关系，4%表明二者存在负相关关系，19%显示出正负混合结果。

● 在19项评估公司社会表现是否为财务绩效的产物的研究中，68%的研究证明了二者的正相关关系，16%表明二者没有关系，16%显示出混合结果。

一些研究发现，伦理行为对公司绩效的短期影响不及长期影响。一项非正式的研究调查了匈牙利广告、物流、包装、旅游、招聘等行业的51位公司员工，他们中67%的人认为在长期内，那些合法经营并遵守伦理的匈牙利公司更加成功，而在短期内可能不太成功。[16]

有社会责任感的公司能否持续发展？表16—4列出了一些持续发展的公司及其社会行为，其中大多数公司在行业内非常著名、成功。表中只列出少数行业中某几家有代表性的公司。

表16—4　有社会责任感的成功的公司

公司	行为
丰田	开发油电混合动力汽车
雷诺	节能型汽车
大众	清洁柴油技术
惠普	生态标准
东芝	开发高效节能产品
戴尔	循环使用旧电脑硬件
荷兰皇家壳牌	投资风能和太阳能
挪威海德鲁	评估运营的社会和环境影响
森科能源	帮助解决加拿大北部的生态和社会问题
诺基亚	引领淘汰有毒原料
爱立信	在尼日利亚村落建立风能和燃料供能的通信系统
摩托罗拉	披露运营对环境的影响

续前表

公司	行为
飞利浦电子	节能电器的创新者
索尼	考虑环保问题并监督供应商的安全和劳动标准
松下电器	生产最先进的绿色产品
罗氏	在用于第三世界国家的药物研究方面投资
诺和诺德	在贫困国家销售优惠的治疗糖尿病药物
葛兰素史克	首次以成本价提供治疗艾滋病的药物

一项有关英国公司的研究调查了伦理认同对财务绩效的影响，其做法是比较公司伦理认同的两个维度：企业应用伦理（CAE）和企业披露伦理（CRE）。因为大部分公司都有披露的伦理守则，所以只有那些对员工进行伦理守则培训的公司才被归类为应用伦理的公司。研究还检验了商业伦理是否对会计测量的绩效比对市场测量的绩效影响更大。用会计指标和市场指标两种方式测量 2001—2005 年间的公司财务绩效。结果表明，在短期内两种测量方式的结果无显著差异，但在长期内采用应用伦理的公司比采用披露伦理的公司表现更好。这项研究也发现，会计测量绩效比市场测量绩效更容易受到商业伦理道德的影响。[17] 事实上，伦理守则是一种期望员工能够遵守的政策声明。然而，仅有守则本身是不够的，还需要有监控机制，需要有人负责监督这些准则的实施。根据《萨班斯-奥克斯利法案》，受 1934 年证券交易法保护进行股票交易的公司需要向公众披露其伦理守则。

反贪污受贿

贪污受贿有两个主要驱动因素：金钱收益和治理松散。金钱收益的动机很难消除，但是可以通过多种措施提升治理水平。有资源来监控、阻止贪污受贿的组织主要有三类：政府、非政府组织和企业。在 20 世纪 90 年代之前，几乎没有关注此类问题的非政府组织。但是，之后成立了一些非政府组织，如透明国际组织，经济合作与发展组织和联合国等一些组织也开始制定公约。表 16—5 按年代顺序展示了一些发展进程。

表 16—5　反腐败组织的年代序列表

1993 年	透明国际组织
1995 年	透明国际腐败感知指数
1997 年	经济合作与发展组织反贪污条例
1999 年	透明国际组织行贿指数
2001 年	透明国际全球腐败晴雨表
2003 年	联合国反腐败公约

透明国际是一个主要的非政府组织，总部位于德国，在全球建立或者正在建立的分会超过 90 个。这些分会聚集了来自政府、民间团体、企业和媒体的利益相关者，它们共同促进提高选举、公共管理、采购和商业的透明度。透明国际的全球分

会和联系人网络会通过倡议活动来游说政府进行反腐改革。该组织会发布测量贪污受贿程度的调查结果，包括腐败感知指数、行贿指数和全球腐败晴雨表。2008 年的腐败感知指数对 180 个国家进行了排序，其中腐败的感知水平由专家评估和民意调查共同决定；行贿指数评估了腐败方即工业化国家的公司在国外行贿的可能性；全球腐败晴雨表评估了全球几十个国家的一般公众对贪污的态度和贪污经历。

图 16—3 展示了 2008 年腐败感知指数的排名。三个腐败程度最低的国家是丹麦、新西兰和瑞典，三个最腐败的国家是索马里、缅甸和伊拉克。行贿指数则调查了 22 个国家，在海外经营中行贿最少的是总部位于比利时、加拿大、荷兰和瑞士的公司，而总部位于俄罗斯、墨西哥和印度的公司最可能在海外经营中行贿。需要注意的是，在这些国家经营的公司不仅包括本国公司，也包括跨国公司在当地的分公司。

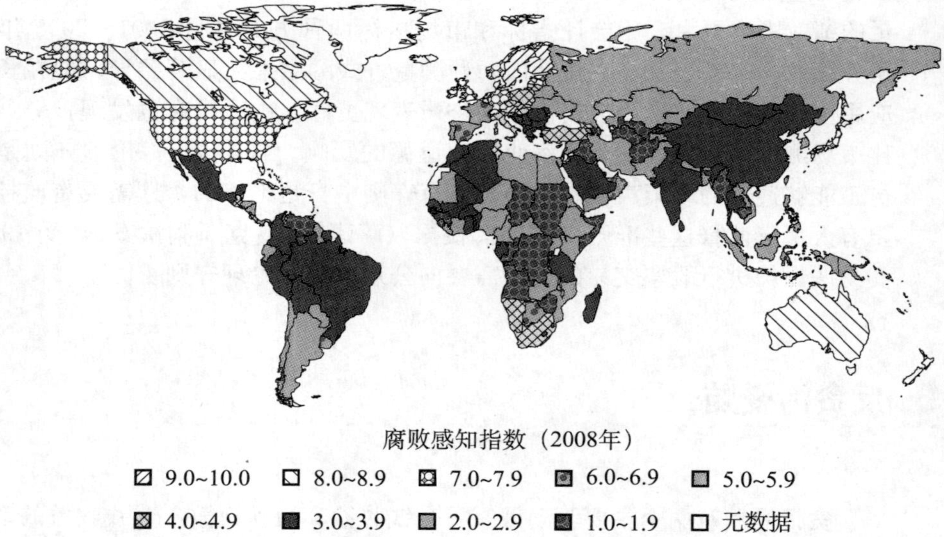

图 16—3 腐败感知指数国家地图

资料来源：Data from Transparency International. Retrieved from www. transparency. org/policy-research/surveys-indices/cp/2010.

经济合作与发展组织反贿赂公约

经济合作与发展组织反贿赂公约（OECD Anti-Bribery Convention）建立了有法律约束力的标准，认定在国际商务中行贿外国公务人员为犯罪行为，同时制定一系列相关措施使其生效。经济合作与发展组织的 30 个成员和 8 个非成员（阿根廷、巴西、保加利亚、智利、爱沙尼亚、以色列、斯洛伐克共和国和南非）已经采用此公约。这项公约禁止通过向公务人员行贿来牟取商业便利，无论是向被选举的还是被任命的公务人员行贿，在公约的范围内都属违法。签约国有责任执行公约，预期通过立法处理此类事件。尽管经济合作与发展组织无权实施这项公约，但是可以监督成员现有立法的效果。这种监督非常有分量，英国的欺诈重案办公室就是一个例子。英国的欺诈重案办公室决定调查一项对英国 BEA 系统公司行贿的指控，这项指控涉及一批与沙特阿拉伯交易的价值 430 亿英镑的军火设备。经济合作与发展组织对这一指控连同其他一些腐败案件进行了调查，调查结论是英国亟须通过改革来纠正法制体系中的“系统性缺陷”。

这份报告一针见血地批评了英国，指出其反贪污法不符合经济合作与发展组织在反贿赂公约中规定的国际责任。经济合作与发展组织声称，英国的现行法律使检察官难以对公司的贿赂罪行做出有效判决。该批评是英国反贿赂法案实施的主要原因，这项法案将国内外的贿赂行为都认定为犯罪。

联合国反腐败公约

联合国反腐败公约（UN Convention Against Corruption）禁止国有部门和私营部门的所有腐败行为，尽管对私营部门的禁令并无强制性。这项公约包括四个方面：防范、定罪、反腐败政策和协作实施。腐败也包含洗钱和挪用公款。挪用公款是一个敏感话题，因为它对超出自身能力住豪宅、高消费的公职人员提出质疑。但是，这项公约呼吁要调查任何不寻常的现象。国际合作呼吁将那些非法转移到外国的资产返回国内。联合国反腐败公约也有局限性，因为它不涉及私营部门的腐败，也不涉及政治腐败。此外，联合国没有权力强制各国遵守公约内容，它的作用只是监督所涉及国家执行公约。

政府反贪污贿赂行动

通过恪守承诺阻止、检举贪污事件，政府在确保海外贿赂止于源头中扮演着非常重要的角色。一些政府颁布了反贪污贿赂法律来呼应经济合作与发展组织和联合国的公约。以下是其中的一些例子。

1997 年美国《反海外腐败法》

美国是第一个颁布反腐败法的国家。**1997 年美国《反海外腐败法》**（United States Foreign Corrupt Practices Act of 1977，FCPA）包括两个主要条款：第一，反贿赂条款规定，为获取商业项目而贿赂外国官员为非法行为；第二，它要求企业通过制作和保留账簿、记录和账户来准确公正地反映其交易。此外，还要求企业维持一个控制体系，以便为交易的合理性、合法性提供一定保证。

21 世纪初，美国《反海外腐败法》包含更多内容，一个关键原因是 **2002 年《萨班斯-奥克斯利法案》**（Sarbanes-Oxley Act of 2002）的通过，该法案强调加大公司透明度、实行高管问责、强化控制体系、保护揭发者。由于企业日益关注《萨班斯-奥克斯利法案》的要求，加上在很多情况下为实施该法案付出额外资源，因此发现了一些不正当支付，以及导致这些支付未被曝光的管控缺陷。除此之外，公司通过各种方法来减少违法行为的潜在责任，例如，主动向当局披露贿赂行为，保证进行彻底调查，向政府汇报彻查结果和弥补控制架构方面的缺口。[18]

由美国司法部和美国证券交易委员会负责的反海外腐败法调查案件从 2003 年的 9 起增加到 2007 年的 29 起，到 2008 年年初，累计有 82 家公司接受调查。类似地，《反海外腐败法》对公司的反贿赂起诉和执法诉讼从 2004 年的 5 起增至 2007 年的 38 起。2008 年，有 16 起新起诉在处理，这比 2007 年之前各年份的诉讼都多。[19]

英国反贿赂法案

英国反贿赂法案（The UK Bribery Bill）：

- 无论在国内还是国外，给予、承诺、试图贿赂或者要求、同意接受贿赂都被认定为犯罪行为，包括对海外公务人员的贿赂。
- 将对贿赂的最高惩罚从 7 年监禁上调至 10 年监禁，罚金不设上限。
- 新增因疏忽未能防止代表公司工作人员贿赂的法人犯罪。如果公司可以证明自己有良好的防贿赂机制，就可免责。
- 国会议员被起诉时免除他们享有的议会特权，以确保议会诉讼中的证据可供法院在贿赂案件中考虑。

新兴国家也通过了反腐败和贿赂法案。以立陶宛为例，刑法第 282 条规定，政府工作人员或文职人员因本人或他人原因而接受贿金、许诺接受贿金或索贿，从而不作为或在决策、选举或发表意见时偏向贿赂者或许诺贿赂者这样做，都被视为受贿行为。刑法也规定了其他与贪污相关的犯罪行为，包括滥用职权、逃避职责（不履行公务）、（涉及文件处理的）欺骗（渎职）、越权、商业贿赂和接受不正当报酬。

企业反腐和伦理政策

对企业而言，选项之一是制定伦理守则。**伦理守则**（ethics code）是规定可接受行为的一整套指导方针。然而，一份纸质守则是不够的，还需要执行机制。例如，对不遵守守则的行为进行罚款，奖励遵守准则的行为。一份伦理守则需要得到公司全体高管的支持。德勤公司调查了大约4 000家美国上市公司，发现虽然 83%的调查对象都有行为守则，但是有 1/4 的公司并未执行。[20]大约一半的公司称只有在发生事故时董事会才会讨论伦理问题。

为执行伦理守则，有必要指定一位监督专员负责协调整个组织内部的伦理政策，在员工和董事会成员报告伦理困境或卷入困境时为其辩护。如果雇主希望员工能够举报同事的非伦理行为，那么组织一定要对他们进行保护（或是对他们的行为进行奖励）。

企业也被鼓励在供应链中遵守伦理道德。例如，Sedex是一个非营利组织，总部位于伦敦，全世界任何公司都可申请成为其会员。该组织致力于为测量和改进全球供应链中的伦理道德和企业责任实践提供知识管理，它要求成员公司有效管理全球供应链中的伦理道德和企业责任实践，通过提供安全、便于使用的数据交换来提高透明度。

全球企业公民

全球化世界中的国家彼此依赖，在这个世界上经营的公司因此有机会建立一个保护美德和基本人权的国际共同体。[21]通过遵守一系列行为准则，例如由联合国、经济合作与发展组织和透明国际组织等非政府组织所公布的准则，可完成这一任务。企业能够推动基础性和普适性的人本原则，具体办法是在工作场所将人身安全、教育、良好的工作环境、工资等付诸实践。

除了Sedex组织，一群来自欧洲、日本和美国的企业领袖在瑞士的科镇会面，以形成"一些共享的、所有人都能接受并尊重的商业行为观点"。[22]这次商议促成并发布了七条基本行为准则：

1. 企业责任：超越股东，面向所有利益相关者
2. 企业的经济和社会影响：创新、公正和世界共同体
3. 企业行为：超越法律条文，形成信任
4. 尊重规则
5. 支持多边贸易
6. 尊重环境
7. 避免违法运营

这些行为准则建议包含伦理道德（如避免违法运营）和社会责任（如尊重环境）两方面的原则，适用于各个国家。

一些伦理学家，如理查德·德乔治（Richard De George）[23]、托马斯·唐纳森（Thomas Donaldson）[24]和托马斯·邓菲（Thomas Dunfee）[25]，概括了企业在国外经营时应当遵循的道德观念（见表16—6）。这三个教育家都努力解决母国和东道国文化冲突带来的问题，尤其是道德观方面的冲突。在一种文化中被认作是不道德的商业行为，在另一种文化中很可能被当作是合理的。在此情形下，如何行动是一个难题。这种情形被唐纳森和邓菲称作**道德自由空间**（moral free space）。[26]在这个自由空间里，没有正确答案，所以管理者必须制定自己的做法，只要不违背**核心道德价值观**（core moral values）即可。通常，这些核心价值观源自公司的伦理守则。如果缺乏这样的守则，或守则与实际情况不符，管理者就必须自我判断。唐纳森认为，大多数源于文化冲突的困境分为两类：**相对发展冲突**（conflict of relative development）和**传统冲突**（conflict of tradition）。在第一类冲突中，困境源于经济发展阶段不同。在此情形下，建议管理者考虑如果本国处于相同发展阶段，该行为可否接受。倘若可以，就是符合伦理的。第二类冲突是一种传统的差异，最普遍的情

况就是送礼。在亚洲和中东国家，赠送商务礼品是一种习惯。这里问题涉及送礼的意图和尺度。如果送礼是为了遵从文化规范并且礼物价值没有超过该情境中的正常价值，那么这份礼物就可以认为是符合伦理的。

表 16—6　　一些公司的道德观念和原则

加拿大贝尔公司	蒙特利尔银行	通用电气公司	北电网络
遵守法律。	做公平和诚实的事情。	遵守适用的法律法规。	在市场上激烈并公平地竞争。
正直、诚实、公平地工作。	尊重他人权利。	诚实、公正、守信。	尊重他人。
培养信任、尊重和公开交流的环境。	工作中遵守法律条款和法律精神。	避免利益冲突。	实现承诺之事。
维持安全的工作环境，保护环境。	维持信息的保密性。	形成机会均等的氛围。	诚实守法。
形成一种全体员工认可、尊重并实施伦理行为的文化。	避免利益冲突。	努力建立安全的工作环境并保护环境。	努力实践我们的价值观。
	时刻保持举止恰当。	通过领导力形成全体员工认可、尊重并实施伦理行为的文化。	

资料来源：Adapted from：Schwartz，M. （2005）. Universal moral values for corporate codes of ethics. *Journal of Business Ethics*，59，33.

本章小结

● 当跨国公司进行全球扩张并进入外国市场时，管理人员和员工的伦理行为比以往更为重要，因为伴随扩张而来的文化多样性可能会削弱多数共享的文化和伦理，这种现象常见于更具同质性的组织中。

● 不道德的实践，例如贿赂和不良的工作环境，会导致公司利润长期下降和形象受损。

● 根据伦理绝对论，无论在何地经营，跨国公司都需要制定并遵守自己的伦理守则，尤其在针对与跨文化、跨国商务环境有关的问题时。但是，也有人认为应当遵守东道国的伦理守则。

● 国际商务环境中的企业社会责任更加具有挑战性，因为国际公司的利益相关者更加多样化。跨国公司承担着更大的企业社会责任，在全球经营中体现社会责任的压力也与日俱增。

● 由于很多组织（例如透明国际、经济合作与发展组织、欧盟委员会等）的出现，对腐败和贿赂的国际监督更加广泛。这些组织加强了很多国家内部的反腐败立法，也促进了遏制腐败的多边协定的形成。

● 金砖四国的企业社会责任各有不同，巴西和印度的情况中等，中国和俄罗斯不太完善。

讨论题

1. 在外国经商时，你应该遵循母国还是外国的伦理道德观？请讨论。

2. 举出三个本州或本市的企业社会责任的例子。

3. 跨国公司怎么做才能鼓励与它们在海外做生意的公司履行企业社会责任？

4. 一个潜在的揭发者是否对社会、组织或者自身有更大的责任感?

体验性练习

1. 在网上搜索两家美国跨国公司的伦理守则，设法比较它们与法国或者英国跨国公司的伦理守则（也从网上获取）的区别。你发现了什么相似之处？存在哪些差异？

2. 比较英国和美国的反贿赂立法。你认为哪一种立法能更好地防止贿赂?

关键术语

相对发展冲突（conflict of relative development）
传统冲突（conflict of tradition）
核心道德价值观（core moral values）
企业社会责任（corporate social responsibility，CSR）
伦理绝对论者（ethical absolutists）
伦理相对论者（ethical relativists）
伦理普遍论者（ethical universalists）
伦理守则（ethics code）
伦理（ethics）
道德自由空间（moral free space）
经济合作与发展组织反贿赂公约（OECD Anti-Bribery Convention）
2002 年《萨班斯-奥克斯利法案》（Sarbanes-Oxley Act of 2002）
透明国际（Transparency International）
英国反贿赂法案（The UK Bribery Bill）
联合国反腐败公约（UN Convention Against Corruption）
1997 年美国《反海外腐败法》（United States Foreign Corrupt Practices Act of 1977，FCPA）

注释

[1] "The Global Fight against Bribery and Corruption: United States Law and Policy," speech by Ambassador Schneider "Transparency Unveiling Corruption," Deloitte & Touche，Amsterdam，October 1，1999.

[2] Transparency International is an NGO based in Germany that monitors the incidence and content of global bribery and corruption.

[3] www. josephsoninstitute/org/pdfworkplace-flier _ 0604. pdf.

[4] Donaldson，T. (1996，September/October). Values in tension: Ethics away from home. *Harvard Business Review*，47-62. Reprinted with permission.

[5] European Commission. (2001). Retrieved from http: //eurlex. europa. eu? lexuriserv/site/en/com/2001/com2001 _ 0366en01. pdf.

[6] World Bank. (2003). *Corporate Social Responsibility Practice: Strengthening Implementation of Corporate Social Responsibility in Global Supply Chains*. Washington，D. C.: World Bank.

[7] Retrieved from www. ilo. org/public/english/support/lib/resource/subject/csr. htm.

[8] Retrieved from www. globalreporting. org/AboutGRI/WhoWeAre/.

[9] Nascimento，A. (2004). *Corporate Social Responsibility in Brazil: A Comparative Analysis of Two Paper Companies*. Cambridge，Mass.: Massachusetts Institute of Technology.

[10] Dayman，S. (2008). Russia in 2008: Corporate social responsibility in a post-socialist state. Retrieved from www. ecologia. org/isosr/sergey. html.

[11] Ziniung, L. (2005). Lack of corporate social responsibility behind recent China accidents. *World Watch Institute*. Retrieved from http: //www. worldwatch. org/node/3859.

[12] Lattemann, M., Fetscherin, M., Alon, I., Li, S., & Schneider, A. (2009). CSR communication intensity in Chinese and Indian multinational corporations. *Corporate Governance*: *An International Review 4* (17), 426-442.

[13] The state of CSR in India 2004, acknowledging progress, prioritizing action. (10 November 2004). National Seminar on Corporate Responsibility, New Delhi.

[14] Retrieved from www. karmayog. org/redirect/strred. asp?docId=13270.

[15] Margolis, J., Walsh, J., & Krehmeyer, D. (2006). *Building the Business Case for Ethics*. Business Roundtable Institute for Corporate Ethics.

[16] Retrieved from www. ethicalleadershipgroup. com/blog/2006/04/budapest _ hungary _ does _ ethics _ p _ 1. html.

[17] Ugoji, K. (2006). *Does Business Ethics Pay? Ethics and Financial Performance* [MSc thesis]. Cranfield School of Management.

[18] Rial, E. (17 April 2009). Beyond reproach, why compliance with anti-corruption laws is increasingly critical for multinational businesses. *Deloitte Review*.

[19] 2008 Mid-year FCPA update. (2008, July). Gibson, Dunn & Crutcher LLP.

[20] Retrieved from www. deloitte. com/us/ethicssurvey.

[21] Rendtorff, D. *Toward ethical guidelines for international business corporations*: *Aspects of global corporate citizenship*. Proceedings of the Fourth ISBEE World Congress, Cape Town, South Africa, 15-18 July 2008. International Society of Business, Economics and Ethics.

[22] *Caux Round Table Principles for Business*. (1994). The Hague, Switzerland.

[23] De George, R. (1993). *Competing with integrity in international business*. New York: Oxford University Press.

[24] Donaldson, T. (1989). *The ethics of international business*. New York: Oxford University Press.

[25] Dunfee, T. (2003). Taking responsibility for bribery: The multinational corporation's role in combating bribery. In Rory Sullivan [Ed.], *Business and Human Rights*: *Dilemmas and Solutions*. Sheffield, UK: Greenleaf Publishing.

[26] Donaldson, T. (1996, September/October). Values in tension: Ethics away from home. *Harvard Business Review*, 44-52.

案例 16—1 三鹿案例

据我们所知，世界上没有一家乳品公司检测三聚氰胺。

新西兰恒天然公司（Fonterra Company）的首席执行官安德鲁·费里尔（Andrew Ferrier）试图用这些话来解释为何他们对与中国三鹿公司合资开发的婴儿奶粉的化学污染毫不知情……这次化学污染最终夺走了至少 4 个孩子的生命，另外 104 人情况危急，12 892人被送入医院，近40 000人受到影响。

事件背景

新西兰恒天然联合集团公司（Fonterra Co-operative Group Ltd.）是世界上最大的牛

奶生产商，它在生产、加工和销售乳制品方面建立了卓越的国际声誉。产品在 120 个国家销售，2005 年营业收入达到 85 亿美元。公司官方网站上阐明了公司的原则：

> 乳品是我们一生的事业。它是我们激情的来源，我们对此精益求精。
>
> 我们一直惊叹于乳品的简单营养。在一个需要化学学位来理解食品标签含义的时代，牛奶就是纯牛奶，它为健康的生活提供基石。

石家庄三鹿集团曾经是中国最大的奶粉生产商。除奶粉以外，它还生产液态奶和其他新鲜乳制品。在与恒天然公司建立合资企业之前，三鹿在中国混合乳制品公司中排名首位，2005 年这两家公司的合资象征着平等合作。

2005 年 12 月 1 日，恒天然公司与石家庄三鹿有限公司签订了占股 43%的合资协议。这是中国乳制品公司历史上获得的一笔最大的外国公司投资。合资公司继续专注于提升组织的各方面能力，包括生产、营销和分销乳制品。作为 20 年来向中国提供乳制品原料的最大出口商，恒天然公司采取合资有其道理。公司的品牌管理总监桑杰·科斯拉（Sanjay Khosla）说："通过与一家有当地新鲜奶源的成功企业合作，我们在中国现有的进口和消费者业务将获得补充。"

这项战略旨在使合资公司具备竞争力和盈利性，最终着眼于在金融市场发行股份。为了实现这一共同目标，由七名成员组成的合资公司董事会包括三名恒天然公司的代表。此外，恒天然公司的一名高级代表还加入石家庄三鹿集团的高管团队。合资看起来潜力巨大。中国消费者不仅增加了对乳制品的常规消费，还增加了对含有乳制品成分的饼干和糖果的消费。大部分的中国乳制品出口到亚洲其他国家，随着世界市场愈发一体化，这些产品最终将会出现在世界各地零售商的货架上，实现全球销售。甚至对于欧盟成员国而言，即使它们不从中国进口任何液态乳制品，市面上还是有从中国进口的包含牛奶成分的非乳制品。

问题

三聚氰胺是一种工业化学物质，用于制造塑料、阻燃剂、厨房台面、胶水、化肥和清洁产品。摄入三聚氰胺会导致人体泌尿系统受损，从而引发健康问题，包括肾结石（泌尿系统阻塞）、肾衰竭、生殖系统损伤和膀胱癌。

若三聚氰胺添加到奶粉等食物中，它会使产品因水或其他"填充物"的加入而体积增大，但常规的质量检测不会发现。三聚氰胺会释放氮进入食品中，而典型的食品检测会检查牛奶中氮（蛋白质的间接测量）的含量。所以，当加入三聚氰胺时，产品中蛋白质的含量会被错误判断。只要三聚氰胺的价格低于等量的奶粉，在奶粉中添加三聚氰胺就变得有利可图，而且表面看起来符合食品标准。这样做可以帮助生产商减少价格竞争。

恒天然/三鹿公司添加三聚氰胺污染婴儿奶粉这一悲剧的开始时间远早于 2008 年 9 月 11 日产品最终下架之前（附录 A 展示了事件的时间轴）。供应链中发生掺假事件很可能源自那些从个体农民手中收集牛奶的牛奶站。对牛奶站的监督不完全一致，因为乳制品生产和整个行业的大幅增长是相对近期的一个现象。

并非孤立案例

尽管大部分媒体都聚焦于三鹿，但 9 月 22 日恒天然公司的发言人转移了这一焦点，他说："这个问题普遍存在于中国的牛奶行业，而且已经持续一段时间了。"遗憾的是，这种说法在一定程度上是事实。

除了乳制品行业，2007—2008年间，中国一直存在将三聚氰胺添加到宠物食品中以虚假提高饲料中蛋白质含量的现象。成千上万只动物因此患病，数百只动物死亡。

2004年，超过200名婴儿患有营养不良症，至少12名婴儿死于食用缺乏营养成分的奶粉。这一奶粉被错误地报道为由三鹿公司生产，而事实并非如此。我们只能琢磨，可能正是这次事件或其他一些信息促使一家中国电视台开始强烈怀疑三鹿在早期报道的与毒奶粉有关的婴儿健康事件中扮演了什么角色。在有关这一话题的一则电视报道中，三鹿产品的商标被用作背景图（这发生在召回公告发布之前）。

然而并非所有争议都集中于中国。三家公司（雅培、美赞臣和雀巢）在美国生产了超过90%的婴儿奶粉。美国食品和药物管理局在一种配方奶粉（雀巢的含铁婴儿配方奶粉）中检测出微量的三聚氰胺，在另一种产品（美赞臣的含铁配方奶粉）中检测出氰尿酸（类似于三聚氰胺的一种化学物质），此外，还在为疾病儿童生产的营养补充剂中发现了微量的三聚氰胺。该机构解释说，这些污染是在制造过程中造成的，并非人为故意添加。由于三聚氰胺用于塑料食品包装和加工设备的清洁，因此可能会浸入到食品中。

2008年10月1日，新西兰塔杜瓦乳业公司（Tatua Dairy Company）在销往中国的乳铁蛋白产品中发现含有三聚氰胺后停止了出口。虽然当时的污染被认为在"安全"线以上，但由于乳铁蛋白用于婴幼儿配方奶粉，因此谨慎是必需的。人们开始努力寻找是哪一个生产环节导致三聚氰胺流入。污染可能来自产品生产过程中使用的杀虫剂所分解的三聚氰胺，或者是来自新西兰进口的饲料。

内外部利益相关者

在丑闻爆发初期，新西兰总理海伦·克拉克（Helen Clark）辩护道："恒天然公司始终是负责任的。"她还解释说，公司曾经试图尽快召回配方奶粉，但受到中国地方官员的阻挠。她指责当地官员和三鹿就像"试图拿毛巾掩盖它（丑闻）……在新西兰我们绝对不会这样做"。简而言之，克拉克为国际乳业巨头恒天然公司撑腰，让它可借此声称自己在与外国合作伙伴的交往中太"幼稚"，不知道合资企业做了什么，如果知道，它永远不会宽恕购买掺有杂质的牛奶进行加工这一行径。

另一方面，中国卫生部部长指责恒天然公司没有在早期警示公众它所知道的产品相关风险。恒天然公司的首席执行官费里尔认为，与中国机构合作召回受污染产品可能比他们自己面对中国公众召回产品更为有效。他在接受采访时说："我们永远不知道如果在事发初期就面对公众，结果是否会有所不同……依我们的判断，我们已经尽可能做到使产品最快下架。"

然而，三鹿公司却无法声称自己很"幼稚"。当三鹿公司充分意识到问题的严重性时，其公关部门写了一份备忘录，建议补偿那些因食用产品而遭受痛苦的孩子的父母，以期他们保持沉默。三鹿公司的管理者随后在8月11日同意支付成千上万美元来做这件事，这是在新西兰合作伙伴恒天然公司知晓情况之后。

为了使丑闻不被声张，其公关部门建议三鹿与中国互联网提供商百度公司合作来阻止相关消息扩散。在这项合作中，百度将从三鹿获得近50万美元的广告费。这一事件发生在恒天然公司知晓污染情况之后，因此人们对新西兰公司声称在知情后立刻公开召回的说法产生了质疑。尽管恒天然公司的代表格里姆·麦克米兰（Greame McMilan）说“该计划从未在三鹿董事会上讨论，也未与恒天然公司方面的任何人员讨论”，但这值得怀疑，如果三鹿的董事会成员（恒天然公司在董事会有代表）对行动不知情，怎么向孩子的父母和媒体付款？

最终，费里尔说，公司正在处理一个并非由它引起的问题，并将应对公众健康危机的责任留给中国政府：“我们不是坐在这里数钱，我们只是确保我们在做正确的事情……现在，我们知道中国政府已经介入并关心儿童健康问题。我们看看……还有什么是我们能够做的。”

恒天然公司应该做什么？

1. 在知晓问题后尽快召回在中国的产品。

2. 在知晓问题后尽快告知中国媒体。

3. 告知新西兰媒体有关产品的情况将很快在中国曝光，这可能会“迫使”中国地方官员更快采取行动（假设这些官员对延迟告知公众承担责任）。

4. 恒天然公司正好做了它所应该做的：在与政府官员进行协商的同时等待事情出现转机。

附录A　时间表

2005年12月1日	● 恒天然公司与三鹿公司签订合资协议。
2008年3月	● 三鹿公司开始接到关于儿童因喂食公司的奶粉而患病的报道（其他资料显示相关报道从2007年12月开始出现）。
2008年6月	● 恒天然公司的首席执行官表示，对有关牛奶产品进行的测试没有发现质量问题。
2008年8月2日	● 恒天然公司在三鹿董事会中的代表告知，检测的奶粉中存在三聚氰胺污染。
2008年8月6日	● 首次启动产品召回。
2008年8月14日	● 恒天然公司“非正式”地向新西兰驻北京的大使馆报告问题，汇报形式是在一个招待会上向一名官员发表评论。
2008年8月19日	● 恒天然公司向新西兰大使馆征询意见。
2008年8月22日	● 恒天然公司会见使馆人员。
2008年8月31日	● 新西兰大使向外交部和贸易部递交相关问题的报告。
2008年9月2日	● 外交部部长温斯顿·彼得斯（Winston Peters）获知该问题。
2008年9月5日	● 总理海伦·克拉克发布了一个有关该事件的正式报告。
2008年9月8日	● 新西兰官员收到克拉克的指示——通知北京的中国官员。
2008年9月9日	● 中国政府官员收到通知。
2008年9月11日	● 中国开始向公众召回奶粉。 ● 三鹿公司被勒令停止生产。 ● 从三鹿公司一个仓库收缴2 176吨奶粉，另有8 218吨奶粉被召回。
2008年9月15日	● 克拉克总理在公共媒体上维护恒天然公司。 ● 中国逮捕19人，审问78人。 ● 1名婴儿死亡，另外432名婴儿肾脏受损。 ● 2名婴儿死亡，1 253名婴儿因该产品患病。

2008年9月16日	● 国家质量监督检验检疫总局局长李长江派出官员到三个不同省份的其他乳制品和婴儿牛奶食品公司检查，承诺两天内公布检查结果。 ● 三鹿公司副总裁公开道歉，并指责供应商提供被污染的牛奶。
2008年9月17日	● 在中国22家乳制品公司的婴儿奶粉中发现三聚氰胺，禁止销售。 ● 更多奶牛场被检查。 ● 由内蒙古伊利实业集团生产的冷冻酸奶也出现问题。 ● 受害者父母去石家庄三鹿集团总部讨要说法。 ● 三鹿的女董事长田文华辞职。 ● 另有两人被捕。 ● 中国最大的牛奶生产商蒙牛集团召回它所有的问题婴幼儿奶粉。
2008年9月18日	● 中国卫生部部长宣布第3个婴儿死亡。 ● 6 244名婴儿患病，其中154名患有急性肾衰竭。
2008年9月19日	● 共18名嫌疑犯被捕，其中6人涉及销售三聚氰胺，其他人涉及将三聚氰胺添加到牛奶中。
2008年9月21日	● 在中国香港，由内地制造的雀巢Dairy Farm品牌的牛奶中也发现少量三聚氰胺，香港政府食品安全部门要求雀巢召回产品。 ● 香港1名三岁小孩由于食用含有三聚氰胺的奶粉而患病，是中国内地以外地区的首例。
2008年9月22日	● 政府宣布53 000名婴幼儿因食用被污染的牛奶而患病。 ● 国家质量监督检验检疫总局局长李长江辞职，三鹿总部所在地石家庄市市委书记吴显国辞职。 ● 第4个孩子被报道死于受污染的奶粉，但未纳入官方数据中。 ● 其他国家开始禁止所有中国奶制品。 ● 非奶制品中也发现了三聚氰胺，这促使其他国家扩大了中国食品禁售范围。
2008年9月23日	● 克拉克总理批评恒天然公司在知晓信息后拖延行动。然而她并不是指责恒天然公司与中国公众之间缺乏沟通，她在接受采访时说："没有迹象表明公司对新西兰公众采取了适当的沟通策略。" ● 4个孩子死亡，104名婴儿情况严重，12 892名婴儿被送进医院，39 965名婴儿在未经允许的情况下接受治疗，1 579名婴儿出院。
2008年9月30日	● 全球最大的糖果制造商吉百利在发现产品中含有三聚氰胺后召回了11种在北京工厂生产的巧克力糖果。 ● 中国北方地区是最大的产奶区，警察突击检查了那里的40多家奶牛场，逮捕了22名牧场经理和参与生产牛奶的相关人员，缴获485磅三聚氰胺。 ● 政府宣布有两名嫌疑人承认生产并向奶站销售用三聚氰胺制成的"蛋白粉"。
2008年10月7日	● 另外6名嫌疑犯被捕，总数增至32人。 ● 政府的检测显示，最近批次生产的牛奶中不含三聚氰胺。

第 5 篇　全球营销综合案例

案例 1　预测柯达冲印店在新兴市场上的需求

案例 2　茹丝葵牛排馆：国际扩张的高风险

案例 3　极速竞赛：贝纳利和钱江在国际摩托车市场上的角逐

案例 4　旧金山咖啡屋：克罗地亚的美式特许经营

案例 5　欧洲迪士尼

案例 6　移动学习语言：Praxis 在中国大获成功

案例 1

预测柯达冲印店在新兴市场上的需求

安娜·约翰逊（Anna Johnson）使劲盯着她从不同国家收集来的信息，思考着怎样用这些信息来预测柯达冲印店的市场需求。她从柯达市场调研部了解到，柯达冲印店数量的需求主要取决于家庭收入。维持一家柯达冲印店正常经营，必须满足以下条件之一：100 万家庭年收入不低于 15 000 美元，200 万家庭年收入在 10 000 美元到 14 999 美元之间，400 万家庭年收入在 5 000 美元到 9 999 美元之间，或者 1 000 万家庭年收入低于 5 000 美元（见表 1）。根据市场调研部，这些平均值可用于全世界，只是需要以经购买力平价调整的国际货币作为基准。

表 1　　维持一家柯达冲印店所需家庭数量和收入水平

收入（美元）	家庭住户数
≥15 000	100 万
10 000～14 999	200 万
5 000～9 999	400 万
0～4 999	1 000 万

资料来源：Company estimates/assumptions.

遗憾的是，约翰逊能找到的这些数据没有告诉她，不同国家的家庭收入等同于多少美元，或者在每个国家，每个收入分类中有多少个家庭。她需要做一系列计算，把原始宏观经济数据转换为能预测柯达冲印店市场需求的有用信息。在市场需求的基础上，柯达可以利用这些信息决定如何在不同新兴市场上分配投资。

约翰逊计算的目的是识别出最有潜力的市场。在特定国家开设柯达系列冲印店

David M. Currie and Ilan Alon wrote this case solely to provide material for class discussion. The authors do not intend to illustrate either effective or ineffective handling of a managerial situation. The authors may have disguised certain names and other identifying information to protect confidentiality.

是一项重大投资，需要有可观的投资回报。此外，选择最有潜力的市场和柯达公司的投资理念是一致的——“投资你卖得最好的地方。”

约翰逊坐在电脑前，试图建立一个可以帮助她预测柯达冲印店市场需求的模型。她拿出笔和纸，开始勾勒计算过程。一旦决定了过程，她就会准备一个电子表格模型，输入国家的相关数据，看看结果是否合理。

柯达的全球策略

自从 1888 年乔治·伊士曼（George Eastman）使用胶卷将个人相机商业化以来，摄影器材的生产和分销一直是伊士曼柯达公司（Eastman Kodak）的主要关注点。[1]下一年，柯达公司将产品的分销拓展至美国本土之外，开始了国际化。1900 年，柯达公司推出第一台布朗尼相机，使大众都能够进行摄影。到 2002 年，你可以在 150 个以上国家买到柯达产品。然而，公司却面临与日俱增的竞争压力：日本的富士胶片有限公司生产和出售同样的摄影产品；柯达公司对新兴数码摄影的反应十分迟缓。[2]

2010 年，柯达产品的全球总收入在 55 亿美元以上，同 2009 年相比下降了 8 亿美元，同 2008 年相比下降了 16 亿美元。全球经济衰退是收入下降的部分原因，尤其在欧洲、中东和非洲，这些地区前两年的收入下降总计超过 10 亿美元。[3]

为抵消欧洲、中东和非洲销量的下滑，柯达的策略是在中国、印度等新兴市场国家扩大销量。由于中国人口庞大，人们对摄影有文化情结，因此成为柯达新兴市场战略的一个重要对象。仅仅开发中国一半人口的市场，就等于在全球摄影市场上又增加了一个美国或日本。[4]

柯达冲印店

尽管柯达冲印店是独立经营的，但根据合同，它们必须购买、展示各种柯达产品，同时采用柯达对店铺的具体规范以及柯达的品牌元素。这些冲印店可以给柯达公司带来三方面好处：

1. 一线零售展示
2. 柯达公司产品、服务和品牌名称的广泛传播
3. 柯达公司开发市场的一项战略资产

公司努力在全世界范围内推广柯达冲印店。通过这些实体店，柯达计划推出“草根营销项目”。[5]

数据可获取性

约翰逊关注从可靠来源获得的不同国家的四组数据：人口、购买力、收入分配和平均家庭规模。第一组数据——人口的重要性不言而喻。对一个国家购买习惯的任何分析都始于消费者，不管是个体（人均）层面还是家庭层面。到 2010 年的人口预测见表 2。很难获得最新的统计数据，因为很多国家的人口普查是每十年一次。在两次普查之间的人口数据都是估计值。

表 2　部分国家的人口（2010 年）

国家	人口（百万）	国家	人口（百万）
美国	310	马来西亚	28
孟加拉国	164	尼日利亚	156
巴西	193	巴基斯坦	167
柬埔寨	14	俄罗斯	140
中国	1 341	南非	50
印度	1 216	泰国	64
印度尼西亚	234	越南	88
老挝	6		

资料来源：International Monetary Fund，2010.

计算一国的收入水平相当于多少美元是一项更具挑战性的任务。很多统计数据在比较时仅仅用当年的平均汇率将一个国家的收入转换为美元收入。尽管有些用处，但是会对该国消费模式产生误导，因为它忽略了国家之间不同的生活成本。例如，用 1∶6.5 的汇率计算，一个年收入 6.5 万元的中国家庭相当于赚取了 1 万美元。[6]但是，6.5 万元人民币在中国的购买力比 1 万美元在美国的购买力更强。因此，年收入 6.5 万元的家庭在中国的标准下生活得更好，他们的消费模式更接近美国年收入 4.8 万美元的家庭。

为了说明上述差异，经济学家经常对数据进行标准化来反映购买力的差异，称为购买力平价（purchasing power parity，PPP）。对于感兴趣的国家，约翰逊可以用购买力平价来计算人均国内生产总值（GDP）（见表 3）。

表 3　部分国家按购买力平价计算的人均 GDP（2000 年）

国家	按购买力平价计算的人均 GDP（美元）	国家	按购买力平价计算的人均 GDP（美元）
美国	47 284	印度	3 339
孟加拉国	1 572	印度尼西亚	4 394
巴西	11 239	老挝	2 436
柬埔寨	2 112	马来西亚	14 670
中国	7 519	尼日利亚	2 422

续前表

国家	按购买力平价计算的人均 GDP（美元）	国家	按购买力平价计算的人均 GDP（美元）
巴基斯坦	2 791	泰国	9 187
俄罗斯	15 837	越南	3 134
南非	10 498		

资料来源：International Monetary Fund，2010.

一个相关的问题是 GDP 不等同于国民收入，约翰逊需要知道家庭收入。经过一些研究，她发现由于差异不太大，经济学家经常用 GDP 来代替国民收入。因此，这些国家的人均 GDP 能够替代人均收入。这就意味着 2010 年，在购买力平价基础上，印度年人均收入相当于 3 339 美元。

收入分配是另一个重要问题。如果一个国家拥有大量低收入人口，将无法支持很多柯达冲印店的运营。约翰逊需要知道一个国家不同收入水平上有多少家庭。表 4 展示了收入分配数据。对于任何国家，人口都被五等分，表中显示了每部分所对应的国民收入份额。例如，在印度，底层 20%的人口只占收入的 8.1%，而顶层 20%的人口占据了 45.3%的收入。由于每一等分代表 20%的人口，因此大约 2.43 亿人口（12.16 亿的 20%）的收入只有国家总收入的 8.1%。但是，在另一个极端，2.43 亿人口的收入占国家总收入的 45.3%。如果国家的收入分配均匀，那么每 1/5 的人口应占国家收入的 20%（见表 4）。

表 4　　部分国家的收入分配——不同时期（收入百分比）

	国家							
阶层	美国	孟加拉国	巴西	柬埔寨	中国	印度	印度尼西亚	老挝
高等	45.8	40.8	58.7	52	47.8	45.3	45.5	41.4
中高等	22.4	21.1	19.6	18.9	22	20.4	21.3	21.6
中等	15.7	16.1	11.8	12.9	14.7	14.9	14.9	16.2
中低等	10.7	12.6	6.9	9.7	9.8	11.3	11	12.3
低等	5.4	9.4	3	6.5	5.7	8.1	7.4	8.5

	国家						
阶层	马来西亚	尼日利亚	巴基斯坦	俄罗斯	南非	泰国	越南
高等	44.4	48.6	40.5	50.2	62.7	49.4	45.4
中高等	22.8	21.9	21.3	20.7	18.8	21.3	21.6
中等	15.8	14.7	16.3	13.9	9.9	14.1	15.2
中低等	10.8	9.7	12.8	9.6	5.6	9.4	10.8
低等	6.4	5.1	9.1	5.6	3.1	5.9	7.1

资料来源：World Bank，World Development Indicators，various dates.

家庭平均规模有助于确定一个国家的家庭数目，在此基础上可以确定各阶层的家庭数量。表 5 显示了家庭平均规模，即每个家庭的人口数。用五分位人口除以该数，可以估计出整个国家的家庭数量。当然，前提假设是家庭人口数不随收入改变。然而，约翰逊意识到评价家庭规模取决于文化和经济两个因素。在有些国家，父母、孩子和祖父母住在一个大家庭里是一种传统。在大多数国家，家庭规模随家庭收入而变化，收入高的家庭倾向于有更少的孩子。家庭规模在城市和农村也有差异，城市家庭规模一般更小。对于手头这项分析，约翰逊需要假设平均家庭规模适用于整个国家。原因很简单，因为她认为分析的所有国家没有关于家庭规模差异的可靠数据。

表5 **部分国家的平均家庭规模**

国家	平均家庭规模（人）	国家	平均家庭规模（人）
美国	2.6	马来西亚	4.4
孟加拉国	6.0	尼日利亚	4.9
巴西	3.6	巴基斯坦	7.2
柬埔寨	3.2	俄罗斯	2.7
中国	3.4	南非	3.7
印度	5.3	泰国	3.5
印度尼西亚	3.4	越南	4.4
老挝	5.2		

资料来源：Euromonitor International，2010.

计算潜在需求

随着约翰逊更深入地思考自己的任务，她开始意识到需要两步走。首先，她需要对人口的每个五分位组计算以美元表示的家庭收入。只有通过这一步，才能将家庭分到表1的各个收入组中。正如约翰逊从柯达市场调研部所了解到的，每个收入组可支持的柯达冲印店数量不同，因此这一分类非常重要。一旦知道不同消费组的家庭数量之后，第二步是计算对柯达冲印店的潜在需求。

为了获得这个数，约翰逊需要首先完成一些中间步骤。用现有数据，她能够做一些初步计算，比如总人口的按购买力平价计算的GDP、每个五分位组的人口数以及家庭数。利用总人口的GDP和每个国家的收入分配，可以计算每个五分位组的收入。

用每个五分位组的收入除以人口数，可以知道各组的个人收入，并且很容易得到家庭收入。然后，利用每个五分位组的家庭收入，可以确定表1中的各组包含多少家庭，从而确定特定市场上对柯达冲印店的潜在需求。她的目标是建立一个对表2中不同国家的评估模型，然后用一个国家的数据来测试。如果模型有效，电脑将会执行接下来的大部分或者全部计算。一旦模型建立起来，约翰逊可以用它来预测在挑选的新兴市场上对柯达冲印店的需求，同时就这些国家的市场进入和资源分配给柯达公司管理层提出一些有用的建议。

最后，约翰逊还知道，如此重大的一项投资不仅需要考虑当下的市场需求，为了选择最有吸引力的市场，她还需要确定这些市场在未来是否仍然具有吸引力。因此，对于各国市场需求，除了计算2010年的数据，还要计算2016年的。她能够收集按购买力平价计算的GDP和人口的预测值（见表6和表7），但无法获得有关收入分配和平均家庭规模的可靠预测值。因此，她做了一个天真的假设，收入分配和平均家庭规模这两个变量对结果没有太大影响。

表 6 **部分国家 2016 年人口预测**

国家	人口数量（百万）	国家	人口数量（百万）
美国	328	马来西亚	31
孟加拉国	178	尼日利亚	183
巴西	199	巴基斯坦	183
柬埔寨	15	俄罗斯	137
中国	1 382	南非	53
印度	1 316	泰国	66
印度尼西亚	253	越南	95
老挝	7		

资料来源：International Monetary Fund，2011.

表 7 **部分国家 2016 年按购买力平价计算的人均 GDP（预测）**

国家	按购买力平价计算的人均 GDP（美元）	国家	按购买力平价计算的人均 GDP（美元）
美国	57 320	马来西亚	19 541
孟加拉国	2 340	尼日利亚	3 242
巴西	15 193	巴基斯坦	3 678
柬埔寨	3 183	俄罗斯	22 717
中国	13 729	南非	13 607
印度	5 398	泰国	12 681
印度尼西亚	6 556	越南	4 803
老挝	3 675		

资料来源：International Monetary Fund，2011.

在不同的新兴市场上，2010 年对柯达冲印店的潜在需求会有多大？到 2016 年，市场需求又如何？根据这些需求预测，哪些市场将是投资首选？

注释

[1] Kodak，"Building the Foundation，" http：//kodak. com/US/en/corp/kodakHistory/buildingTheFoundation. shtml，accessed January 26，2004.

[2] Daniel Gross，"Photo Finished：Why Eastman Kodak Deserves to Lose Its Dow Jones Industrial Average Membership，" *Slate*，January 6，2004，http：//slate. msn. com/id/2093512/，accessed January 26，2004.

[3] Kodak 2010 Annual Report；www. envisionreports. com/EK/2011/22103MA11E/38495aae46f94783a4829c3e66124a12/Kodak _ AR _ 10k _ Secured _ 3-28-11. pdf，accessed June 16，2011.

[4] David Swift，"Remarks of David Swift，Chairman & President，Greater China Region，Eastman Kodak Company，" *Goldman Sachs 21st Century China Conference*，September 1999，pp. 1-8.

[5] Ilan Alon，"Interview：International Franchising with Kodak in China，" *Thunderbird International Business Review*，November/December 2001，pp. 737-754.

[6] Exchange rate on April 18，2011，http：//finance. yahoo. com/currency-converter/，accessed June 16，2011.

案例2 茹丝葵牛排馆：国际扩张的高风险

> 我很幸运能够从事我真正喜欢的事情。我认为你一旦涉足商业，最好能够发现你真正热爱的事，因为你要在上面倾注如此长的时间……它几乎成为你的生活。
>
> ——茹丝葵牛排馆创始人茹丝·费特尔（Ruth Fertel，1927—2002）

2006年，茹丝葵牛排馆（Ruth's Chris）首次公开募股。丹·汉纳（Dan Hannah），2004年6月上任的业务开发部副总裁，全权负责新策略的开发，这一新策略将致力于特许经营店和公司直营店的持续发展。同时，他还会监管与特许经营者的关系。现在，作为一个上市公司，茹丝葵牛排馆必须达到华尔街对收益增长率的期望。可以预计的是，现有分店会有持续的收益增长。相比来说，新开的分店形势比较严峻，但汉纳确信国际化的机会将大幅改善现状。

由于餐馆仅仅在包括美国在内的5个国家营业，汉纳面临的挑战是决定下一步去哪个城市。茹丝葵牛排馆经常收到世界各地对加盟的咨询。但是超过100万美元流动资产净值，服务业经验以及在多个地域经营的能力和意愿等要求让很多企业望而生畏。10万美元的加盟费，营业额的5%作为特许权使用费，以及营业额的2%作为广告费等特许经营成本，也扼杀了很多合作意向。高级管理层内部对于是否需要开展国际经营的争论使情况更加恶化。所以，汉纳要到哪里去找新的国际加盟商呢？哪个城市最适合开西餐厅，同时还有助于提高茹丝葵牛排馆的知名度？

Allen H. Kupetz and Professor Ilan Alon wrote this case solely to provide material for class discussion. The authors do not intend to illustrate either effective or ineffective handling of a managerial situation. The authors may have disguised certain names and other identifying information to protect confidentiality.

茹丝葵牛排馆的创建

茹丝葵牛排馆的创始人茹丝·费特尔（Ruth Fertel）1927年出生在新奥尔良。她在语法学校跳了几级，15岁进入路易斯安那州立大学巴吞鲁日分校（Louisiana State University in Baton Rouge）攻读化学和物理学位。毕业后，费特尔在麦克尼斯州立大学（McNeese State University）任教。她的大部分学生是不但比她高而且比她年长的足球运动员。费特尔执教了两个学期。1948年，茹丝和住在巴吞鲁日的罗德尼·费特尔（Rodney Fertel）结婚，他们对马有着共同爱好。他们有两个儿子，杰里（Jerry）和兰迪（Randy），并在巴吞鲁日开了一个赛马场。茹丝·费特尔获得优秀驯马教练许可证，从而成为美国路易斯安那州第一位女性驯马师。1958年，茹丝和罗德尼·费特尔离婚。

1965年，茹丝·费特尔碰巧在《新奥尔良皮卡尤恩时报》（*New Orleans Times-Picayune*）上看到一则出售牛排馆的广告。她将房子抵押22 000美元，购买了克里斯牛排馆。这是一家有60个座位的餐馆，坐落在布劳德和乌尔苏拉一隅，邻近游乐场跑道。1996年9月，在收购之后，新奥尔良遭遇飓风。由于断电无法营业，所以她烹制了自己所有的食材，送到位于灾区的哥哥那里帮助救灾。

1976年，这个蒸蒸日上的饭店毁于一场火灾。费特尔在几个街区之外的布劳德街买了一处新的房产开店。由于与前任老板克里斯·马图里奇（Chris Matulich）所签的合同，其他地方开店无法用“克里斯牛排馆”这个名字，所以新店取名为“茹丝葵牛排馆”。在几年失败的尝试之后，一个叫做汤姆·莫兰（Tom Moran）的忠实顾客，同时也是巴吞鲁日的企业主，成功地说服犹豫不决的费特尔让他开设一家特许经营店，这是在1976年。新店开设在巴吞鲁日的机场公路旁。费特尔勉强同意开设更多的分店。到了20世纪80年代，这个小小的街角牛排馆成长为一个在全美和全世界每年都会开设分店的全球餐饮公司。费特尔成为大家的偶像并被誉为美国餐饮业第一夫人。

茹丝葵牛排馆成为美国最大的西餐厅（见表1），始终关注顾客满意，而且大量选择USDA一等牛肉（USDA是一个肉类等级标签，指具有均匀大理石纹路从而风味极佳的牛排）。菜单中包括品质一流的羊排、小牛排、鱼、鸡和龙虾。在一些指定餐馆里，提供牛排和海鲜拼盘以及蔬菜拼盘。晚餐的主菜价格一般为18～38美元。3家直营餐厅会提供午餐，主菜价格在11～24美元之间。茹丝葵牛排馆所有分店的核心菜单几乎相同。公司时不时地引入一些新的特色菜，为顾客提供更多选择。[1]

表1　美国顶级牛排餐厅品牌（2005年）

公司名称	餐厅数目
茹丝葵牛排馆	92
Morton's	66
Fleming's	32

续前表

公司名称	餐厅数目
Palm	28
Capital Grille	22
Shula's	16
Sullivan's	15
Smith & Wollensky	11
Del Frisco	6

资料来源：Ruth's Chris Steak House files.

2005 年，茹丝葵牛排馆成功上市，得到超过 1.54 亿美元的股本，这是一个巨大的里程碑。在公司 2005 年的年报中，茹丝葵牛排馆称希望“实施一个加速发展计划，通过直营和加盟方式拓展业务”。2005 年，餐馆销售额达到创纪录的 4.158 亿美元。这些餐馆包括在美国的 82 家和在海外的 10 家，分别位于加拿大（1995，2003）、中国香港（1997，2001）、墨西哥（1993，1996，2001）和中国台湾（1993，1996，2001）。截至 2005 年 12 月，92 家茹丝葵牛排馆中有 41 家是公司直营，51 家是特许经营，包括 10 家国际餐馆（见表 2 和图 1）。

表 2　茹丝葵牛排馆增长率

时间	新餐厅（总数）	新餐厅（公司直营）	新餐厅（特许经营）
1965—1969 年	1	1	0
1970—1979 年	4	2	2
1980—1989 年	19	8	11
1990—1999 年	44	19	25
2000—2005 年	25	12	13
	93[1]	42	51

注：受飓风的影响，茹丝葵牛排馆不得不在新奥尔良停业。

资料来源：Ruth's Chris Steak House files.

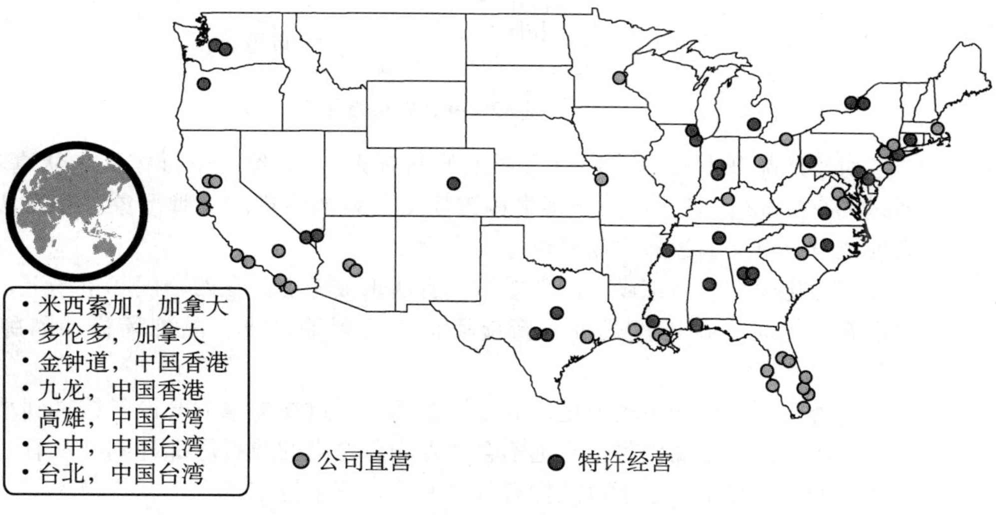

图 1　茹丝葵牛排馆在美国的营业地址（2005 年）

资料来源：Ruth's Chris Steak House files.

茹丝葵牛排馆的 51 家特许经营店仅由 17 个特许经营商负责经营，其中 5 个新特许经营商有权开设新餐馆，3 个最大的特许经营商分别经营 8，6，5 家分店。在 2004 年之前，每个特许经营商都签订了 10 年的特许协议，每个餐馆都有三次 10 年续约的选择权。协议为每个加盟商提供了地域保护，它们可以选择在地域内开办特定数目的新餐馆。茹丝葵牛排馆的特许协议一般包括终止条款，主要针对那些经营状况不好的餐馆。[2]

充满机遇的世界

在国际市场选择过程中，汉纳会考虑四种标准模型（见图 2）：

1. 产品开发：现有市场上的新餐馆
2. 多元化：新市场上的新餐馆
3. 渗透：相同市场上更多的相同餐馆
4. 市场开发：新市场上更多的相同餐馆

市场 \ 餐馆品牌	原有	新增
原有	**渗透** （更多餐馆） 相同市场 相同产品	**产品开发** （新品牌） 相同市场 新产品
新增	**市场开发** （新市场） 新市场 相同产品	**多元化** （新市场上的新品牌） 新产品 新市场

图 2　餐馆发展路径[3]

对于产品开发模型（现有市场上的新餐馆），茹丝葵牛排馆从未认真考虑过。通过现有的 92 家餐厅，茹丝葵牛排馆建立了高档牛排的品牌形象。公司认为没有必要也没有意义通过建立新餐馆进行多元化。

多元化模型（新市场上的新餐馆）也从未被考虑。在四个国际市场上，汉纳认为现有的优质牛排馆模式进入新市场仍然行得通，没有品牌稀释和品牌混淆的风险。

渗透模型（相同市场上更多的相同餐馆）通过在加拿大开设餐馆得到小规模运用，限制性因素是高档餐馆永远不会像麦当劳之类的快餐厅那样到处都有。即使是世界上最大的城市，也不可能拥有五六家茹丝葵牛排馆。

市场开发模式（新市场上更多的相同餐馆）在增加利润方面十分有效。在加拿大、中国香港、墨西哥和中国台湾四大国际市场，牛排馆的利润丰厚。

当管理团队就模式达成一致时，下一步就是制定市场选择标准。关键成功要素的界定很明确，具体如下：

● 吃牛肉的人：茹丝葵牛排馆尽管在菜单上提供鱼类，但其主要消费群体是吃牛肉的人。根据世界资源研究协会的报告，2002 年高收入国家中 17 个国家的人均牛肉年消费量超过平均值（见表 3）。[4]

表 3　　**人均牛肉消费量（千克）**

地区/分类	2002 年	2001 年	2000 年	1999 年	1998 年	增长率 1998—2002 年
世界	39.7	38.8	38.6	38.0	37.7	5.31%
亚洲（除去中东）	27.8	26.9	26.6	25.7	25.4	9.45%
中美洲中部/加勒比海	46.9	45.7	44.8	42.9	41.3	13.56%
欧洲	74.3	72.5	70.5	70.6	73.1	1.64%
中东/北非	25.7	25.7	26.0	25.1	24.7	4.05%
北美洲	123.2	119.1	120.5	122.2	118.3	4.14%
南美洲	69.7	68.4	69.1	67.6	64.2	8.57%
撒哈拉沙漠以南的非洲	13.0	12.9	13.1	12.8	12.6	3.17%
发达国家	80.0	78.0	77.2	77.3	77.6	3.09%
发展中国家	28.9	28.1	28.0	27.1	26.6	8.65%
高收入国家	93.5	91.9	92.0	92.2	90.9	2.86%
低收入国家	8.8	8.6	8.4	8.3	8.2	7.32%
中等收入国家	46.1	44.6	43.9	42.7	42.3	8.98%

● 进口美国牛肉的合法性：现在，茹丝葵牛排馆只使用 USDA 优质牛肉，所以目标城市必须可以进口牛肉。在某些情况下，澳大利亚的牛肉可以达到美国的高标准。

● 人口数量/城市化率高：在目标顾客是牛肉爱好者的前提下，餐馆需要开在一个人口密度大的地方。大多数大型中心城市也许能达到这一标准。

● 可支配收入高：茹丝葵牛排馆提供优质用餐体验，在美国每餐人均花费为 70 美元。这一标准会剔除很多候选国家。比如，一些国家人口很多，但是只有很小一部分人群拥有高收入。

● 人们是否外出就餐？这是很重要的一个因素。如果牛肉爱好者不喜欢外出就餐，这些国家也应该从目标国中剔除。

● 对美国品牌的亲近感：茹丝葵牛排馆这个名字非常美国化，那些过度反对美国的国家将从名单上剔除，或者至少在名单中将其位置下移。衡量亲近感的一种方法可能是，了解现在有多少家美国餐馆以及特许经营店是否成功。

茹丝葵牛排馆下一步应该怎样做？

汉纳有多年的特许经营经验，因此对于茹丝葵牛排馆到哪里去寻找新市场有很多个人偏好和良好的直觉。“我们应该优先进入哪个市场？”他自言自语道。市场进入很重要，但是否还有其他事情需要考虑。比如，是否应该继续让特许经营作为茹丝葵牛排馆国际化的唯一模式？在特定市场上，是否存在合资和开直营店的可能性？如何识别和评估潜在的加盟商？是否有机会找到一个国际合作伙伴？

汉纳从几个相关的美国政府机构和网站收集信息，并制作了表格（见表4）。他注意到，很多首选城市都不允许进口牛肉，他认为这是一个政治而非文化因素，如果环境变好的话，可能很快改变，他也感到实行更加自由的贸易是大势所趋。他找不到关于人们外出就餐的频率和对美国品牌的态度的任何数据。也许美国的休闲餐厅在一个城市的成功能表明当地居民对美国餐厅的态度。他要继续计算数据，并考虑公司未来的全球拓展模式。

表 4 数据表

国家	人均牛肉消费量（千克）	人口（千人）	城市化率（%）	人均 GDP（按购买力平价计算，美元）
阿根廷	97.6	39 921	90	13 100
巴哈马群岛	123.6	303	89	20 200
比利时	86.1	10 379	97	31 400
巴西	82.4	188 078	83	8 400
智利	66.4	16 134	87	11 300
中国	52.4	1 313 973	39	6 800
哥斯达黎加	40.4	4 075	61	11 100
捷克共和国	77.3	10 235	74	19 500
法国	101.1	60 876	76	29 900
德国	82.1	82 422	88	30 400
希腊	78.7	10 688	61	22 200
匈牙利	100.7	9 981	65	16 300
爱尔兰	106.3	4 062	60	41 000
以色列	97.1	6 352	92	24 600
意大利	90.4	58 133	67	29 200
日本	43.9	127 463	65	31 500
科威特	60.2	2 418	96	19 200
马来西亚	50.9	24 385	64	12 100
荷兰	89.3	16 491	66	30 500
巴拿马	54.5	3 191	57	7 200
波兰	78.1	38 536	62	13 300
葡萄牙	91.1	10 605	55	19 300
俄罗斯	51	142 893	73	11 100
新加坡	71.1	4 492	100	28 100
南非	39	44 187	57	12 000
韩国	48	48 846	80	20 400
西班牙	118.6	40 397	77	25 500
瑞士	72.9	7 523	68	32 300
土耳其	19.3	70 413	66	8 200

续前表

国家	人均牛肉消费量（千克）	人口（千人）	城市化率（%）	人均GDP（按购买力平价计算，美元）
阿拉伯联合酋长国/迪拜	74.4	2 602	85	43 400
英国	79.6	60 609	89	30 300
美国	124.8	298 444	80	41 800
越南	28.6	84 402	26	2 800

资料来源：World Resources Institute, "Meat Consumption: Per Capita (1984—2002)," retrieved on June 7, 2006 from http://earthtrends.wri.org/text/agriculture-food/variable-193.html and World Bank Key Development Data & Statistics, http://web.worldbank.org/WBSITE/EXTERNAL/DATASTATISTICS /0,,contentMDK:20535285~menuPK:232599~pagePK:64133150~piPK:64133175~theSitePK:239419,00.html, retrieved on June 7, 2006.

如果你吃过这么好的牛排，欢迎回来。

——茹丝葵牛排馆创始人茹丝·费特尔

注释

[1] Ruth's Chris Steak House 2005 Annual Report, p. 7.

[2] Ruth's Chris Steak House 2005 Annual Report, p. 10.

[3] This diagram is based on Ansoff's Product/Market Matrix, first published in "Strategies for Diversification," *Harvard Business Review*, 1957.

[4] World Resources Institute, "Meat Consumption: Per Capita (1984—2002)," retrieved on June 7, 2006 from http://earthtrends.wri.org/text/agriculture-food/variable-193.html.

案例3 极速竞赛：贝纳利和钱江在国际摩托车市场上的角逐

意大利摩托车制造商贝纳利（Benelli）年轻的中国常务董事张女士正坐在意大利佩扎罗的办公室里考虑公司2005年被钱江集团（QJ）收购的事。当这个中国公司成功竞标并实现收购后，钱江迎来一个好的开端：当地政府帮助创建一个良好的市场环境，已有的两条生产线运营良好，技术精湛的工程师正在研发摩托车新品，同时，新品牌小轮摩托车对消费者很有吸引力。

在新的合作关系进展良好的同时，中国和意大利在文化态度、工作方法、社会规则和会计准则以及信贷途径等多方面的差异和分歧却日益显现。尽管有足够的产业投资来提高效率、降低价格，但由于激烈的市场竞争，尤其是来自日本品牌的威胁，钱江想要渗透西方市场仍然十分困难。

虽然欧洲和美国媒体对新型号摩托车表现出十足的热情，但销售结果与技术方面的成功不尽相符，也未能实现销售计划。此外，位于佩扎罗和中国两地的技术部门未就生产一种新品摩托车的产业计划达成一致，这种新品摩托车于两年前开始设计并向专业消费群体展示，受到他们的极大欢迎。

据新闻办公室主任马里奥·托尼斯（Mario Tonis）反映，上个月的摩托车测试在媒体中产生了巨大反响，这一好消息打断了张女士的思路。《极限摩托》（*Ultimate Motorcycling*）对此做了如下报道：

> 事实上，保留贝纳利的老员工，并将所有的设计和生产工作仍然放在佩扎罗地区，这种融合亚洲工作伦理与意大利设计风格于一体的工作模式被证明是有效的。这种组合催生了几款贝纳利新品摩托。其中，Tornado虽在外观上与

Francesca Spigarelli，Ilan Alon and William Wei wrote this case solely to provide material for class discussion. The authors do not intend to illustrate either effective or ineffective handling of a managerial situation. The authors may have disguised certain names and other identifying information to protect confidentiality.

前几代产品完全一样，但它保留了原有的设计精髓，摒弃了之前古怪的特点，逐步发展为超级摩托车。[1]

这些产品不仅已进入市场，而且很有可能获得成功，但是张女士如何才能整合新公司，创造共同的企业文化，实现专有技术转让和业务扩展，在与日本品牌的激烈竞争中获胜呢？

被收购公司

1911 年，贝纳利作为一个家族企业于意大利的佩扎罗（位于亚得里亚海岸的马尔凯地区）创立。起初，贝纳利主要从事汽车和摩托车维修及备用配件的生产。经过多年发展，公司开始生产摩托车，它生产的摩托车在各种运动比赛中取得成功，赢得无数荣誉。

为了给 6 个儿子提供一份稳定的工作，年轻的寡妇特里萨·贝纳利（Teresa Benelli）创办了“贝纳利车库”，为人们提供汽摩维修服务。这项业务取得了成功，她的儿子们开始生产相关零配件和引擎。1920 年，公司的第一个引擎问世，型号为单缸两冲程 75cc。接下来的几年中，公司基于内部开发的 98cc 引擎生产出第一辆贝纳利摩托车。

1923 年，公司设计生产了一款独特型号的摩托车，并参加了摩托车竞技比赛。特里萨的一个儿子安东尼奥（Antonio）极具赛车天赋，被人们称为“可怕的东尼奥”。他驾驶着贝纳利 175 号摩托车开始了他辉煌的赛车生涯。安东尼奥于 1927 年、1928 年、1930 年凭借安装单顶凸轮轴发动机的摩托车夺得意大利摩托车赛冠军，并在 1931 年凭借安装双顶凸轮轴发动机的摩托车再次夺冠。他在摩托车竞赛中的成功证明了贝纳利品牌的实力，以及公司设计和生产达到国际竞赛水准的摩托车的能力。但安东尼奥不幸在 1932 年的一场竞赛中遭遇严重事故，不得不结束摩托车竞赛生涯。1937 年他死于一场车祸。

1949 年，特里萨的另一个儿子朱塞佩（Giuseppe）因为与其他兄弟产生分歧，创建了自己的摩托车公司——Motobi。几年后，随着家族矛盾的解决，朱塞佩重新加入母公司。

到 1962 年，贝纳利和 Motobi 公司的员工人数达到 550，摩托车产量达到每日 300 辆。[2]20 世纪 60 年代末，由于与日本摩托车品牌之间的竞争加剧，贝纳利被卖给德托马索工业股份有限公司（De Tomaso Industries Inc.）。尽管贝纳利尝试各种方法来使自身与日本竞争品牌差异化，包括 1988 年与 Moto Guzzi 合并，但最终还是停止了生产。[3]

1989 年，一位同样来自佩扎罗地区的企业家试图重新启动这家公司，却未获成功。直到 1995 年，意黛喜集团（Indesit Group）[4]买下贝纳利品牌，再次重启公司，贝纳利才恢复运营。意黛喜集团很快就将业务重心放在小轮摩托车领域（试图通过薄利多销来获利），但在 2001 年，公司决定进入摩托车的一个利基市场。尽管如此，由于投资需求巨大，而融资又无比困难，公司于 2005 年被迫停产，最终面临破产清算（见表 1）。紧接着，约翰·高尔特投资有限公司（John Galt Investment Ltd.）有意收购贝纳利公司，它进行了收购谈判，却并未成功。该投资公司所有人为俄罗斯人尼古拉·斯莫林斯基（Nikolai Smolenski），亚历山大·斯莫林斯基（Alexander Smolenski）[5]之子。最后，钱江公司经过一系列紧张的谈判成功收购贝纳利公司。[6]

表 1　　贝纳利公司被收购前的概况

2001 年

- 实行新的战略计划。主要决策：将工作重心放在高排量摩托车的生产上，同时，与其他生产商合作生产小轮摩托车，降低生产成本，使售价更具竞争力。
- 与雷诺体育公司（Renault Sport）就小轮摩托车市场达成合作协议，以期通过雷诺的销售网络在法国和意大利销售贝纳利产品。
- 为超级摩托车冠军赛提供新款摩托车 Tornado 900 cc，车手的好成绩帮助公司赢得了市场认可（重振了公司形象）。

2002 年

- 由于市场条件和趋势不佳，与雷诺体育之间的合作未实现预期结果。
- 管理层的重点是摩托车生产，新款摩托车 Tornado 900 Tre 面世，并且在几个月内售出 101 辆（占国外市场销售量的 85%）。
- 对于小轮摩托车，公司通过减少库存和生产外包两种方式来实现组织的灵活性，但将知识最密集的活动留在内部。新款摩托车 Velvet 400 cc 研发成功。

2003 年

- 贝纳利停止生产小轮摩托车，转而集中生产越野摩托车。
- 新款摩托车 Tornado RS 面世，产量达到 1 600 辆。新款街车 Tornado Naked Tre（TNT）研发成功，预计于 2004 年推向市场。由于前期的成功宣传，公司接到许多来自国内外的客户订单。

2004 年

- 公司推出新款街车 TNT，并在 7 个月内销售 930 辆。同时，TNT 在摩托车竞赛中的辉煌成绩也进一步促进了销售。各种新款 TNT 被成功设计出来，预计于 2005 年上市（同样提前接到许多订单）。
- 开发一系列新配件并投入市场，这些高利润的产品将为公司带来更高的收益。

资料来源：Benelli financial statements and balance sheet.

贝纳利若被俄罗斯公司收购，很有可能导致公司被逐步拆分，其生产设备将会转让给美国，所损失的不仅是公司品牌而且包括本地工作岗位。相反，钱江公司有意采用一份有意思的产业计划来重振贝纳利公司。

收购公司[7]

钱江公司坐落于中国温岭，距上海 480 公里，是一家规模庞大的国有企业，被国务院认定为 520 家重点国有企业之一。它是中国最大的摩托车生产和销售企业，年产量超过 100 万辆，被摩托车行业协会评为中国最具竞争力的十佳企业之一。2002 年年初，“钱江”商标被授予中国驰名商标荣誉称号。

钱江公司的前身是温岭化工机械厂，成立于1971年。1985年5月，这家工厂变更生产线，开始生产摩托车，并将厂址迁到温岭市。1993年1月，工厂改名为浙江摩托车厂，1996年公司重组后，企业正式更名为浙江钱江摩托车集团。紧接着，在政府的大力支持下，公司相继与温岭糖化厂、温岭机车厂、温岭汽车修理厂及温岭电动工具厂等一系列公司实现并购。这一系列扩张使公司在短期内迅速实现低成本扩张，各项经济指标翻了一番。1999年，经浙江省人民政府批准，浙江钱江摩托车有限责任公司正式成立。该公司是子公司浙江温岭摩托车公司的主要创立者，还拥有浙江美可达摩托有限责任公司75%的资产，美可达公司的合伙创立者是金狮明钢有限公司（Bright Steel Pte. Ltd.）。[8]1999年5月14日，浙江钱江摩托股份有限公司在深圳证券交易所正式挂牌上市。

公司优势

钱江公司的主营业务为摩托车和引擎零件的研发、生产和销售。公司生产的摩托车占据中国大约70%的市场份额。

钱江公司同时从事机械和电子产品的设计、开发和生产。公司生产50cc～250cc的摩托车，也生产摩托车相关产品，如引擎和零部件、赛车、小型摩托车、全地形车、汽油滑板车、发电机、高压水清洗机、园艺工具、电动泵、真空泵和割草机等。公司40%的产品出口到欧洲、美国、中东、东北亚和非洲等地区的110多个国家。

上市8年后，公司生产并销售了700多万辆摩托车，其中出口93万辆。公司总销售额达211.96亿元，缴纳税款总计45.37亿元。在总销量中，国内市场上销售成品摩托车937.7万辆，出口264.4万辆，赚取外汇1.403 8亿美元。钱江公司总资产达36亿元，总投资额为2.6亿元。

钱江公司在温岭经济开发区占地面积超过700万平方英尺①，是亚洲最大的摩托车生产基地，也是中国最先进的摩托车生产企业，摩托车整车年产量达150万辆。公司拥有一个联合控股公司和五个合资公司，包括许多下属子部门，如研究所、研发中心、检测中心、机械加工厂和装配厂等。钱江公司拥有高端技术和新兴技术以及一流设备，并采用先进的三维工程设计软件Pro/ENGINEER和计算机辅助设计软件制造技术。同时，公司从美国、德国、瑞典和日本等国进口先进设备用于产品研发和模具机械加工。

钱江公司拥有一套完整的质量管理系统，并于1997年由授权国际认证组织TUV产品服务有限公司（TUV Product Service，Ltd.）颁发ISO 9001质量认证。公司的一系列产品通过了CE，GS，CSA和UL标准认证，并获得国家进出口商品检验局颁发的质量许可证书。钱江还获得了“中国知名品牌”“中国驰名商标”“免检产品”“国家级技术中心”“国家级实验室”等荣誉称号。

海外扩张

为对产品进行升级，钱江摩托与李斯特内燃机及测试设备公司（AVL）进行合作，该公司为欧洲两大汽车摩托车研究所之一。与此同时，钱江与法国一家引擎设

① 1英尺=0.304 8米。——译者注

计公司合作开发摩托车引擎，这家企业也是法国雷诺公司的合作伙伴。通过与蓝天设计公司（Bluesky Design，www. blueskydsn. com）合作，钱江摩托针对海外市场研发了多款引领时尚潮流的机动车，如沙滩车、小轮摩托车、运动型多用途车和越野车。[9]

1999 年，Jiang Zuyun 与钱江公司联合，在印度尼西亚市场销售摩托车。仅两年时间，钱江摩托几乎占据印度尼西亚摩托车市场的半壁江山。2001 年 8 月 20 日，三力钱江摩托国际有限公司（Sanex Qianjiang Motor International）在印度尼西亚投资 1 200 万美元的摩托车组装厂落成。三力钱江是中国和印度尼西亚两国间最大的合资公司，成立于 2000 年 3 月，为钱江摩托国际有限公司、马来西亚金狮集团（Lion Group）、中国台湾联统摩托车公司（CPI）和印度尼西亚三力摩托车公司（PT Sanex）共同所有，前三方合计持股 35%。从 2000 年 4 月开始，三力钱江从中国总部进口组装好的摩托车，在印度尼西亚市场上售卖。但是，离组装厂落成典礼还有两个月时，当地工厂就开始每日生产 400～500 辆摩托车，进口量随之逐渐减少。工厂最终的产能达到每月 3 万辆。因此，三力钱江为印度尼西亚提供了许多工作岗位。公司在印度尼西亚共设有 43 个经销点和 273 个分销点，并计划成立印度尼西亚分公司，称为印度尼西亚三力阿贡摩托车公司（PT Sanex Agung Motor Indonesia），主要负责公司所需零配件的生产。

为打入欧洲市场，钱江与一家澳大利亚公司建立合资公司，并创立通用（Generic）品牌来生产欧式风格摩托车。与此同时，钱江还收购了匈牙利公司凯威摩托（Keeway Motor），成立钱江-凯威欧洲公司（Qianjiang-Keeway Europe）。2005 年，钱江收购贝纳利公司。随着贝纳利、通用和凯威三大品牌领导地位的逐步确立，钱江公司开始计划拓展欧洲和北美市场，以此来加速技术创新，在国际摩托车市场进一步提高竞争力。

就战略发展而言，钱江也将中国台湾视为目标市场。台湾是世界上摩托车密度最大的地区，平均每平方公里的摩托车数量超过 300 辆，预计台湾地区 50%的人口每人拥有一辆摩托车。由于摩托车维修保养成本较高，台湾消费者更倾向于购买新摩托车，而不是进行维修。[10]台湾地区新领导人的上台，使得台湾与中国大陆的关系日益密切，航运、邮政通信和贸易领域也逐渐开放。同时，台湾当地公司的生产成本攀升，当地投资环境恶化，这为大陆摩托车工业的发展提供了重大机遇。钱江公司位于温岭，靠近台湾海峡东北部。除地理优势外的另一优点是，由国外股东派遣的几位公司高管都是台湾人，他们对台湾摩托车市场十分了解。钱江公司凭借其优越的地理位置、先进的生产技术和有竞争力的价格打开了台湾市场。对台湾摩托车出口量的增长使公司的毛利几乎翻了一番。

行业分析

行业概况

摩托车行业包括生产摩托车和相关设备、零配件的所有企业，贝纳利公司属于这一行业。摩托车根据发动机大小和车辆用途进行分类。发动机大小用每立方厘米的排量进行衡量：小于50cc的为小型，介于50cc和650cc的为标准型，大于650cc的为重型。根据商业用途进行划分，通常基于行驶路面的不同将摩托车分为街用车、越野车和两用车。

街用车是专为在平整马路上行驶而设计的摩托车，其排量一般为125cc或更大。这种车型一般包括如下几类：巡行车、运动车、旅行车、运动旅行车、街车、脚向前摩托车、小轮摩托车和轻便摩托车。越野车包括越野摩托车、越野拉力赛车、山地摩托车和场地赛车。两用车是为野外路况设计的越野摩托车，在街道上也能行驶，包括探险旅行摩托车、耐力越野车和超级摩托车。

贝纳利既生产小型摩托车，也生产街车、运动车和旅行摩托车等重型摩托车领域的车型。由于大量生产各种型号的小型和标准型摩托车，钱江公司专注于低价市场，口号是："集欧洲精湛设计、日本完美质量和中国低廉成本于一身。"公司还生产几款具有典型中式风格的低功耗摩托车。

全球趋势

摩托车行业中的几个主要竞争者几乎占据全球绝大部分市场，因此这个行业可以描述为全球化的、高度竞争的。价格、设计和引擎性能是影响消费者选择的几个关键因素。雅马哈、铃木、川崎和本田等日系摩托车制造商凭借其创新设计和低廉的价格占据了众多国家的大部分市场。但是，在一些区域市场，单个生产商因其独有的核心能力或顾客忠诚度而主导市场。例如，在北美洲，哈雷-戴维森（Harley Davidson）几乎占据摩托车市场的1/3（见表2）。[11]另外，杜卡迪（Ducadi）在运动和竞赛市场占据主要地位，一来是它的摩托车性能卓越，二来是其运动和竞赛成绩优异。[12]

表2　　美国排名前十的摩托车生产商的市场份额（2008年预计销售）

生产商	市场份额（%）	生产商	市场份额（%）
哈雷-戴维森	27.3	KTM	2.0
本田	20.9	宝马	1.4
雅马哈	17.0	凯旋	1.3
川崎	13.8	胜利	1.3
铃木	12.5	杜卡迪	1.0

资料来源：Don J. Brown. (2009). "What's Next for the Motor Co.?" *Dealernews*, February 1, 2009, www.dealernews.com/dealernews/Research/Whats-Next-for-the-Motor-Co/ArticleStandard/Article/detail/579349, accessed June 30, 2009.

2003—2007年间，美国、加拿大、德国、法国、英国、意大利、俄罗斯和日本的摩托车市场增长了4.7%。到2007年年底，这个所谓8国集团的市场总值达到243亿美元（其中美国占41%），预计2012年将继续上涨5.1%。

在摩托车全球竞争的舞台上，一个有意思的趋势是新兴市场中涌现出许多小公司，尤其是在巴西、俄罗斯、印度和中国（金砖四国）。这些市场的摩托车供求状况越来越引人注目。2003—2007年间，金砖四国的摩托车市场增长了14.5%，2007年年底市场总值达272亿美元。[13]巴西是增长最快的地区，年复合增长率达

28.3%。据可靠预测，到2012年，金砖四国市场总值将达674亿美元，相比2007年增长19.9%。[14]

本土趋势：意大利

在意大利，摩托车行业竞争十分激烈，日本生产商占据最大市场份额。2008年，尽管市场走势消极，但本田和雅马哈仍覆盖新车登记数量的30%以上，在市场占据主要地位（见表3）。同年，川崎售出数量最多的单缸摩托车（见表4）。在小轮摩托车市场，意大利比亚乔集团（Piaggio Group）占据较大市场份额。[15]

表3　意大利排名前十的摩托车生产商的市场份额（摩托车登记数量的百分比，2009年2月28日）

生产商	市场份额（%）	生产商	市场份额（%）
本田	19.4	Altre	6.7
比亚乔	16.3	阿普利亚	5.5
雅马哈	14.9	川崎	4.2
光阳	7.8	宝马	3.6
铃木	6.8	杜卡迪	2.6

资料来源：Authors calculation on data from www.ancma.it/it/publishing.asp，acquired through Benelli QJ srl.

表4　2008年意大利销量排名前十的摩托车（摩托车登记数量）

	生产商	产品	类别	数量（辆）
1	川崎	Z 750	街车	6 745
2	意大利本田	Hornet 600	街车	5 207
3	宝马	R 1200 GS	耐力赛摩托车	5 087
4	本田	XL 700 V Transalp	耐力赛摩托车	4 198
5	雅马哈	FZ6 Fazer	街车	4 025
6	铃木	GSR 600	街车	3 172
7	杜卡迪	M 696	街车	3 113
8	铃木	DL650 U V-Strom	耐力赛摩托车	2 655
9	川崎	ER-6n	街车	2 560
10	宝马	R 1200 R	街车	2 258

资料来源：Authors calculation on data from www.ancma.it/it/publishing.asp，acquired through Benelli QJ srl.

贝纳利在意大利主要经营一个利基市场，所占市场份额较小。贝纳利公司希望与阿普利亚、杜卡迪和本田竞争，但它在意大利本土及外国市场的真正的竞争对手是三家意大利生产商：莫里尼（Morini）摩托、奥古斯塔（MV）和凯旋（Triumph）摩托。莫里尼是它的直接竞争对手，因为推出的车型相近，年度销量也不相上下。尽管奥古斯塔与贝纳利处于相同的细分市场，但奥古斯塔更倾向于生产独特的、奢华的摩托车，价格更高，性能更优。贝纳利也与凯旋摩托竞争，因为它们是意大利市场上仅有的生产三汽缸摩托车的公司，凯旋的市场份额更大（见表5）。

表 5 摩托车和小轮摩托车（排量大于 50cc）的年度登记数量

生产商	2006 年	2007 年	2008 年
贝纳利	262	401	484
莫里尼	340	356	351
奥古斯塔	1 987	1 891	1 274
凯旋	3 781	5 233	5 978

资料来源：Authors calculation on data from www. ancma. it/it/publishing. asp，acquired through Benelli QJ srl.

本土趋势：中国

中国是世界上最大的摩托车市场，占亚太地区市场总量的 59.1%（见表 6）。2006 年，国内市场增长了 7.9%，市场总值达 58 亿美元，市场容量为 1 490 万辆。据预测，2011 年，中国市场总值将达 99 亿美元，相比 2006 年增长 69.4%；市场容量预计将达 2 460 万辆，比 2006 年增长 65.7%。

表 6 国家背景

中国

就按购买力平价计算的 GDP 而言，中国是世界上第二大经济体。同时，中国也是世界上人口最多的国家。巨大的贸易顺差（中国是世界上第三大贸易国）和吸引外国直接投资（FDI）的巨大能力——中国是世界上接受 FDI 最多的国家——使中国具有可用于投资的高额外汇储备。[16] 2003—2007 年间，实际 GDP 增长了 11%（见表 A），甚至是在经济危机爆发后，中国经济仍然保持高速增长（见表 B）。2008 年年底，中国政府以投入 4 万亿元人民币作为开端，正式开始实行经济刺激计划，大力推动经济发展。从 2009 年到 2010 年，中国一直是世界上发展最快的经济大国。[17]

尽管中国前景一片光明，但就目前来看，过快的经济发展是不平衡甚至是不可持续的。由此产生的诸多问题包括：城市和工业地区的污染日益严重，城乡发展严重不平衡，社会压力大等。[18] 在商业领域，许多进入国际市场的中国公司无法实现盈利，在保持竞争力和采用国际管理标准方面存在很大的问题。中国企业在使西方国家接受其产品上面临重重困难。不仅如此，许多外国公司为获得更低价的劳动力，转而投资其他新兴或发展中国家。

表 A 中国前景分析

年度数据	2007 年	2003—2007 年历史平均值	%
人口（百万）	1 321.3	人口增长率	0.6
GDP（十亿美元；市场汇率）	346	实际 GDP 增长率	11.0
GDP（十亿美元；购买力平价）	7 316	实际国内需求增长率	9.9
人均 GDP（美元；市场汇率）	2 620	通货膨胀率	2.6
人均 GDP（美元；购买力平价）	5 540	经常账户余额（占 GDP 百分比）	5.6
平均汇率　人民币：美元	7.61	FDI 流入量（占 GDP 百分比）	3.0

资料来源：Factsheet，May 6，2009，Economist Intelligence Unit (Country ViewsWire).

表 B 中国主要宏观经济数据：预测值

关键指标	2008 年	2009 年	2010 年	2011 年	2012 年	2013 年
实际 GDP 增长（%）	9.0	6.0	7.0	8.4	8.7	8.9
消费物价上涨（%）	−5.9	−0.2	2.5	3.5	4.1	4.1
预算余额（占 GDP 百分比）	−0.1	−3.6	−2.1	−1.6	−1.1	−1.0
经常账户余额（占 GDP 百分比）	10.2	6.1	4.5	3.6	2.9	2.0
商业银行优惠利率（%）	5.6	5.4	6.6	7.0	7.1	7.4

资料来源：Factsheet，May 6，2009，Economist Intelligence Unit (Country ViewsWire).

意大利

意大利是由7个工业化国家组成的七国集团（Group of Seven，G7）之一，其经济优势主要在于商品加工和生产。奢侈品、耐用消费品和投资品的出口使其在国外市场上颇具竞争力。意大利的工业体系主要基于中小型家族企业。

意大利经济从1996年到2000年一直呈增长趋势，1996年增长率为1%，2000年达到巅峰值3.7%，在经历2003年和2008年两次经济萧条后逐步减缓。近年来，由于生产力增长乏力和竞争力减弱，意大利成为工业化国家中经济增长率最低的国家之一。与许多西方国家一样，意大利受到全球金融动荡的影响，由于大幅削减预算赤字，在生产总值严重下滑的同时公共支出大幅上升（见表C和表D）。2008年，意大利经济疲软，出口结构的不当致使出口量大幅下跌。同时，投资需求急剧下降，消费支出也大幅减少，尤其是汽车和耐用品的消费。

意大利政府在长期预算整合方面面临挑战。最关键的问题在于养老金改革制度的推广和公共管理效率方面的改革。同时，企业急需一系列有效措施来提高竞争力，以此支撑这个以中小型企业为基础的工业体系。

表C　意大利前景分析

年度数据	2008年	2004—2008年历史平均值	%
人口（百万）	58.1	人口增长率	0.1
GDP（十亿美元；市场汇率）	2 311	实际GDP增长率	0.9
GDP（十亿美元；购买力平价）	1 797	实际国内需求增长率	0.9
人均GDP（美元；市场汇率）	39 744	通货膨胀率	2.3
人均GDP（美元；购买力平价）	30 910	经常账户余额（占GDP百分比）	−2.2
平均汇率　欧元：美元	0.680	FDI流入量（占GDP百分比）	1.3

资料来源：Factsheet，May 6，2009，Economist Intelligence Unit（Country ViewsWire）.

表D　意大利主要宏观经济数据：预测值

关键指标	2008年	2009年	2010年	2011年	2012年	2013年
实际GDP增长（%）	−1.0	−4.5	−0.5	0.6	0.9	0.9
消费物价上涨（平均值；%）	3.4	0.5	0.8	1.7	1.9	1.6
消费物价上涨（平均值；%：欧盟协调测量）	3.5	0.6	0.9	1.8	2.0	1.7
预算余额（占GDP百分比）	−2.7	−5.3	−5.2	−3.6	−3.7	−3.6
经常账户余额（占GDP百分比）	−3.2	−2.2	−2.0	−3.0	−2.8	−2.7
短期利率（平均值；%）	4.6	1.7	1.8	2.6	3.5	4.1

资料来源：Factsheet，May 6，2009，Economist Intelligence Unit（Country ViewsWire）.

就销售量而言，江门大长江集团有限公司（Jiangmen Grand River Group Company，Ltd.）曾是中国摩托车市场的主力军。2006年，该公司占据摩托车市场16.2%的份额。同年，重庆隆鑫工业有限公司与中国嘉陵工业有限公司所占市场份额分别为8.3%和7.4%。由于市场上没有占绝对优势的领导者，越来越多的生产商涌入摩托车市场，争夺剩余68%的市场份额，其中就包括钱江摩托和其他新兴企业。

为了解中国摩托车市场的实际趋势并确定钱江公司的市场地位，有关中国法律和制度环境的背景信息必不可少。针对自然资源枯竭、环境恶化和二氧化碳过量排放等问题，中国财政部、科技部、工业和信息化部、发改委出台了一项经济补贴计划，决定对纯电力驱动和燃料电池驱动的机动车给予适当的财政补贴。节能型和环保型机动车成为新品研发的主导趋势。基于此，钱江集团将新能源摩托车的发展提上日程，公司率先发布了带有发动机管理系统的摩托车，以此响应国家政策。钱江公司加大技术投入，引入电控喷射技术，以减少噪声和气体排放。同时，集中发展电气、液化气摩托车，积极参与国家电动摩托车标准的规划。

根据国务院的决议，摩托车将正式列入“下乡”计划。从2009年3月1日至2009年12月31日，国家拨款50亿元为乡镇农民提供摩托车和汽车以旧换新服务。在农村，摩托车是运输家禽和产品以及人员往来必不可少的交通工具。与电脑及其他家用电器相比，人们对摩托车的依赖更多。这一计划将持续四年，直到2013年。随着钱江逐渐成为国内摩托车市场的领导者，公司将从这一经济补贴政策中获得更多收益。[19]

收购阶段

贝纳利与钱江公司于2005年6月开始初次接触，它们都在寻求能将双方优势相匹配的协议。贝纳利拥有知名品牌，并熟悉西方市场和喷射技术，而钱江具有高效率工厂和较低的生产成本。2005年9月，双方达成协议，同意共同组建贝纳利-钱江公司，并于2005年10月正式开始投产。

钱江公司收购贝纳利的主要目的，是利用其在质量和运动传统方面的品牌知名度，以及贝纳利的专业技术和知识，开发高质量产品，进入钱江集团在此之前尚未渗透的市场。因此，为实现高质量生产，公司合并后的最初战略目标是利用其历史和传统重振贝纳利品牌。贝纳利的产品和零配件也将在中国使用，以此提升中国产品的质量，并进一步实现多样化生产，满足新型消费者。钱江希望这一收购能够提高效率，通过多种高质量的产品来帮助自己在摩托车市场上更好地与日本领导品牌展开竞争。

在收购时，对于贝纳利处于意大利中心这一地理位置优势，钱江公司并未抱以特别期望，但之后钱江公司确实在马尔凯地区发现了一些竞争优势。在这项收购案中，钱江公司获得了当地公共组织的许多支持，这些支持促进了收购案的协商，帮助钱江公司在收购案中力压俄罗斯企业而赢得“竞争”。钱江公司从某种意义上说是一家公共控股公司，公司领导人欢迎当地组织的参与，也希望中国地方政府和意大利城镇、省市等各级组织建立良好的关系。

马尔凯地区的佩扎罗和中国温岭在文化和社会风俗方面存在许多意想不到的共同点。它们都地处沿海城市，此外，佩扎罗人民普遍具有敬业精神，工作方法也与中国相似，钱江公司对此十分欣赏。

收购后阶段

收购后主要采取的组织和运营变革

在佩扎罗，管理、生产和研发的运营方式保持不变。为提高佩扎罗公司的生产力，公司对生产做了些改变，创新之处是扩大内部生产，如公司开始生产三汽缸引擎，以前这一业务采取外包。因此，收购时员工增加到100名。

在人力资源方面，销售总监、零部件质量经理和总经理由中方人员担任。销售总监的主要工作是重组销售网络，并将其扩展至西方国家。质量经理主要处理与总公司之间的生产关系，尤其是整合贝纳利公司的部件生产，这些部件产自中国，进口到佩扎罗进行组装。

所有的工程师、工人和技术人员都是意大利人，以前的技术总监担任现在的副总监一职。钱江公司的中国员工轮流持短期签证到佩扎罗，与当地员工互相学习和分享经验（尤其是设计和测试摩托车方面的经验）。

对贝纳利公司来说，被收购后最积极的变化有如下几方面：

- 采取更多增效措施来减少一些本可以避免但以前一直在增加而且导致巨大损失的成本。
- 一种新的人力资源管理方法：钱江公司给予员工更大的决定权和责任，包括年轻员工和女性员工在内。同时，通过定期举行会议、鼓励各级员工发表意见等方法努力推行团队工作方式，试图让所有员工都参与公司的未来发展。

工业活动：现在和未来

2009年，原有工厂有两条生产线在运营：一条用于引擎生产和组装；另一条用于摩托车生产和组装。在收购前，引擎的生产和测试主要采取外包方式，因此只使用一条生产线。外包引擎业务这个决定从一开始就是个错误，不仅导致高昂的生产成本，而且使质量和性能控制出现问题。钱江公司决定采纳意大利技术总监的建议，由公司内部生产引擎。为了实施新计划，钱江公司加强与当地专业技术学校的合作，为学生提供实习机会和后续的工作岗位。

钱江集团为未来发展设计了一项具有挑战性的计划，这一计划涉及在收购后的4年内制造新品，这会同时带来工人数量的增加。摩托车种类从收购前的仅3款增加到2007年的9款，以及2008年的10款（图1展示了2009年贝纳利的两款新型摩托车）。每一款摩托车都不同，而且使用了由佩扎罗技术部门设计的三种新型引擎。贝纳利公司将设计和产品原型转让给钱江技术部门，由中方和意方的设计部门合作监管这个项目的开发。一旦产品的工业计划完成，产品就会在意大利开始生产。

在收购前，贝纳利仅生产一种小轮摩托车。从2008年起，开始生产两款新型小轮摩托车，到2009年8月，产品增加到4款。这些产品都由意大利方面设计研发，由钱江公司在中国进行生产，贴上贝纳利的品牌，出口到意大利进行分销。

在重振贝纳利的活动中，关键是降低生产成本和销售价格。据估计，贝纳利需要花10年时间才能使产品价格相对于日本生产商具有竞争力。为实现这一战略目标，中方公司将生产更多的零配件，而意方公司所有的高价值——以知识为基础——活动都将保留。在努力赢得价格上的竞争力并且利用钱江的优势的同时，贝纳利还研究钱江公司的产品，努力提升产品的技术性能及风格和设计。

贝纳利的产品有望在2009—2010年间进入中国市场。2009年，排量超过250cc的摩托车的进口限制被解除，企业现在可以销售，若干经销商也准备在中国

图1　2009年贝纳利的两款新型摩托车

资料来源：Courtesy of Benelli QJ srl.

销售贝纳利摩托车。贝纳利不会在中国市场销售小轮摩托车，因为它们没有价格优势。完成工业计划后，贝纳利将着眼于竞赛活动。钱江公司计划研发极具竞争力的摩托车，为参加世界摩托车锦标赛（未来5年内）和世界超级摩托车赛做准备。[20]

国外销售活动和商业网络

为了在国际市场上提高贝纳利的竞争地位并强化钱江的竞争力，另一个关键要素是商业网络。以在欧洲和美国设立新的分支机构为开端，贝纳利重建其在国外的商业关系。贝纳利公司销量的很大一部分来自欧盟，尤其是意大利。德国是其最重要的国外市场，接下来是美国，然而，在摩托车进口数量和销售数量之间存在明显差异。在美国销售，最关键的问题就是顾客支持服务和分销渠道。英国是另一个重要的市场。

意大利的商业网络以179个官方销售点为基础，其中30%位于北部，33%位于中部，37%位于南部。贝纳利开设了21个"授权修理厂"，其中北部8个，中部3个，南部10个。

国外的分销网络主要由合资子公司组成，销售贝纳利品牌和凯威品牌。凯威是为了销售小轮摩托车而建立的一个新品牌，在贝纳利收购匈牙利企业凯威后推出(之后称为钱江-凯威欧洲公司)。这些品牌在质量和价格上有所差异，但通过同一销售网络进行销售。除凯威分公司以外，分销网络都基于正式的进口商，通常每个国家设定一个进口商，它们再销售给不同的经销商。这些经销商通常销售不止一个品牌的商品。贝纳利在欧洲、亚洲和美洲的37个国家有进口商。

钱江的商业战略因地理位置而异。尽管公司在印度尼西亚建立了一个由经销商和二级经销商组成的强大的销售网络，但却远离了东南亚市场。这主要是由于东南亚国家的品牌集中参与竞争，压低产品价格。比如，越南摩托车公司主要依靠低价竞争，钱江的价格在越南市场完全不具有竞争力。

现在，钱江公司正转向北美和欧洲市场。欧洲拥有一套严格的技术标准作为门槛，因此，想要进入欧洲市场并不容易。在欧洲，摩托车的维修成本高昂，可能导致销售利润受到侵蚀。因此，要想打入欧洲市场，高质量的一流产品必不可少。

接下来是什么?

在收购以后，由于中国人和意大利人在行为，特别是商业行为方面存在文化差异，因此出现一些问题。由于不同的心理、习惯和背景，人与人之间的关系变得很难处理。不仅不同的组织文化会产生问题，中国与意大利不同的工作环境也会引发问题。

在技术领域存在许多如上所说的沟通不畅的事例。中方和意方的技术部门本应一起工作，和谐发展，实现技术优势互补。然而，由于语言文化的差异，一起工作变得相当困难。这些问题导致重要项目的开发被拖延。

另一个关键领域是法律法规。有时，一些管理行动被意大利和中国员工都认为是无稽之谈。有时，意大利员工的一些行为在中国员工看来是“错误的”；同样，一些中国的法规在意大利员工看来似乎“很奇怪”甚至不可接受。从这个意义上讲，贝纳利与新的中国公司所有者面临的挑战是，如何改善跨文化沟通。沟通和文化差异的问题使管理层和员工之间产生隔阂，不仅阻碍战略的实施，也损害了公司的发展潜力。

管理“新”贝纳利公司的另一个困难是，因过度关注效率而导致一些不良后果。中国消费者主要以价格为导向。一般来说，这使中国企业更注重降低成本，从而减少了对长期或无形回报的投资。钱江的国际扩张要求它摒弃这种传统的经营方式。对成本节约的重视会使公司较少关注产品促销。

对贝纳利和新的中国公司所有者来说，一个关键问题就是提升品牌的全球优势以及销售网络的效率，以提高市场份额。贝纳利的产品，尤其是摩托车，有巨大潜力，能与市场上大多数生产商竞争，但在欧洲和美国的市场份额较低。在利用贝纳利品牌渗透西方市场的战略上，钱江公司原本预期不会有太大问题。但是，由于要在国际市场上重新建立和推广国际品牌形象并重建国际供应商关系，战略计划不得不延迟。营销投入，特别是促销、售后支持和客户关怀等方面的营销投入也是需要的。

注释

[1] Arthur Coldwells，“Stormbringer：Benelli Tornado Tre 1130，A Brilliant Return，” *Ultimate Motorcycling*，April/May 2009，p. 27.

[2] www. benelli. com/eng/storia. asp.

[3] Francesca Spigarelli and Paola Bellabona，“The transnational dimension of the Chinese Economy，” in M. Abbiati，*Economic and cultural characteristics of the Chinese market*，Ca'Foscarina，Venice，2006，p. 157.

[4] The Indesit Group，the largest company in the Marche Region，Italy (€3,438 million in turnover in 2007 and 17,418 employees)，was producing electric home appliances. The company belonged to the Merloni family. See www. indesitcompany. com.

[5] Giorgio Leonardi，“A 24 year old Russian billionaire running Benelli's bikes，” *La Repubblica*，July 30，2005，p. 41，http：//ricerca. repubblica. it/repubblica/archivio/repubblica/2005/07/30/un-miliardario-russo-di-24-anni-monta. html；accessed July 1，2009；Federico De Rosa，“Benelli. A rush between Russians

and Chinese. Qianjiang Motor Group is arriving," Corriere della Sera, September 6, 2005, http://archiviostorico. corriere. it/2005/settembre/06/Benelli _ testa _ testa _ russo _ cinese _ co _ 9 _ 050906051. shtml, accessed July 1, 2009.

[6] Jeff Israey, "China in Italy: Kick Start," *Time*, August 9, 2007, www. time. com/time/magazine/article/0,9171,1651236,00. html, accessed June 30, 2009.

[7] The information about the acquirer company and strengths of the company is from Qianjiang Motor Company Profile (Gong si jie jie), www. qjmotor. com/qjmotor/JieShao/aboutus. jsp, accessed December 11, 2009; Qianjiang Motor Financial Report (Cai wu bao gao), First Quarter 2009 accessed December 11, 2009; www. qjmotor. com/qjmotor/newsAction. do? method=view&id=4028882f20f0be69012108d4445e0019, accessed December 11, 2009; Qianjiang Motor Interim Report (Zhong qi bao gao), 2006, http://disclosure. szse. cn/m/finalpage/2006-08-17/18034278. PDF, accessed December 11, 2009.

[8] Zhejiang Meikeda Motorcycle Co., Ltd. was a joint venture of the Qianjiang Group and Singapore Kedeng Investment Co., Ltd., with registered capital of US$2. 8 million; 75 percent of equity was held by the Qianjiang Group and 25 percent held by Singapore Kedeng Investment Co., Ltd.

[9] X. Xia, "Qianjiang Motor: Exporting to European and American Markets," April 30, 2007, www. atvchina. com. cn/viewnews-7354. html, accessed December 11, 2009.

[10] Q. Li, "Qianjiang Motor: Penetrating Market in Taiwan," April 4, 2008, http://www. tzgb. com/Motorcycle/Qiyezhichuang/200804/3766. html, accessed December 11, 2009.

[11] Don J. Brown, "What's Next for the Motor Co.?" *Dealernews*, February 1, 2009, www. dealernews. com/dealernews/Research/Whats-Next-for-the-Motor-Co/ArticleStandard/Article/detail/579349 accessed June 30, 2009. As for Ducati, see "Ducati Grows United States Market Share," Motorcycleusa. com, 2009, www. motorcycle-usa. com/577/3542/Motorcycle-Article/Ducati-Grows-United-States-Market-Share. aspx, accessed December 10, 2009.

[12] As for Ducati competitive position, see "Ducati Grows United States Market Share," Motorcycleusa. com, 2009, www. motorcycle-usa. com/577/3542/Motorcycle-Article/Ducati-Grows-United-States-Market-Share. aspx, accessed December 10, 2009.

[13] "Motorcycles—Global Group of Eight (G8) Industry Guide," Research and Markets, www. researchandmarkets. com/reportinfo. asp?report _ id=706788, accessed June 30, 2009.

[14] "Motorcycles—BRIC (Brazil, Russia, India, China) Industry Guide," Research and Markets, www. researchandmarkets. com/reportinfo. asp?report _ id=706787, accessed June 30, 2009.

[15] www. ancma. it/common/file/articolo _ 220sezione _ 7. pdf and www. ancma. it/common/file/articolo _ 224sezione _ 8. pdf, accessed December 10, 2009.

[16] For a deep analysis on aspects related to Chinese outward and inward foreign direct investments, see "OECD Investment Policy Reviews China: Encouraging Responsible Business Conduct," OECD Publishing, 2008.

[17] Economist Intelligence Unit, "China Economy: Stimulus Report Card," http://viewswire. eiu. com/index. asp?layout=VWArticleVW3&article _ id=715063456&country _ id=1800000180&page _ title=Latest+analysis, accessed December 10, 2009.

[18] Economist Intelligence Unit, Country Profile 2009—China, The Economist Intelligence Unit Limited, London, 2009, www. eiu. com.

[19] L. Qu, "Great Prospects for Motorcycle Industry in China," March 2009, http://money. zjol. com. cn/05money/system/2009/03/31/015391068. shtml, accessed December 11, 2009.

[20] Aaron Frank, "Benelli, BMW, and MV Agusta—Onward and Upward," *Motorcyclist*, www. motorcyclistonline. com/newsandupdates/122 _ 0804 _ benelli _ bmw _ mv _ agusta/index. html, accessed December 10, 2009.

案例4

旧金山咖啡屋：克罗地亚的美式特许经营

在美国待了6年后，丹尼斯·坦斯克（Denis Tensek）和贾斯米娜·帕塞克（Jasmina Pacek）回到家乡克罗地亚，他们决定开一间旧金山风格的美式咖啡屋。虽然克罗地亚有很多咖啡屋，但很少有他们在美国碰到的那些将服务、质量、产品和氛围完美结合起来的咖啡屋。

坦斯克和帕塞克的事业始于一间小小的咖啡屋。从一开始，他们就感到它有可能发展为特许经营。他们没有加盟别人的品牌，而是考虑创建一个特许连锁品牌，将国际市场上所有现代特许连锁的元素与本土化相结合。他们决定充分利用自己的美国生活方式和职业经历，加上对本地市场上消费者习惯和行为的了解，在克罗地亚重新定义咖啡屋。

首家咖啡屋取得了很大成功，业务稳步增长，营业利润令人满意。咖啡屋能在克罗地亚最贫穷的地区之一取得成功，这激励了夫妻俩，他们意识到这一概念有潜力在全国推广。但是，该如何进一步发展？他们应当创建更多店面，还是开设直营店？

通过新开店面实现业务自然增长，这种方式成本很高、过程缓慢且难以控制。他们既没有资金，也缺乏人手。他们不想让投资的风险过高，也没有时间在全国各地考察。他们的经营理念已经在当地引起关注，希望成为特许加盟商的人开始增多。但是，如何在克罗地亚开展特许经营？

克罗地亚的经济总量很小，法律体系不够稳定，几乎没有特许经营方面的经验。虽然发展特许经营很有吸引力，但他们只有一家门店，经营刚刚起步，特许经营概念对克罗地亚这个新兴市场来说还很陌生。总体而言，特许经营的环境很不理想。

Ilan Alon，Mirela Alpeza and Aleksandar Erceg wrote this case solely to provide material for class discussion. The authors do not intend to illustrate either effective or ineffective handling of a managerial situation. The authors may have disguised certain names and other identifying information to protect confidentiality.

除了是否进行特许经营，另一个问题是怎样保护知识产权和商业模式？怎么打击模仿者？如果星巴克或其他大型咖啡连锁店进入克罗地亚，他们该如何应对？下一步怎么做？如何才能成为克罗地亚全国或部分区域最大、最成功的咖啡屋？

企业家：坦斯克和帕塞克

坦斯克拥有加利福尼亚州立大学的 MBA 学位以及大型美资企业的丰富工作经验。帕塞克拥有加利福尼亚大学的艺术设计硕士学位，曾在多家美国公司担任艺术总监。事业成功，加上在美国房地产投资中获利丰厚，使他们能够带着平和的心态、充足的信心和巨大的资本回到克罗地亚投资创业，同时为国家发展出力。他们想在克罗地亚建立一个在质量与服务上远胜于本地商户并能满足顾客期望的世界级企业。

坦斯克和帕塞克回忆了他们在美国的生活，并分析了包括星巴克在内的所有大型咖啡连锁店的成功案例。他们甚至想获得星巴克在克罗地亚经营的主要授权，但是该过程特别漫长、复杂，而且与期望产出相比成本极其高昂。事实上，星巴克在克罗地亚本地的品牌认知度很低。引进品牌的另一个问题是，这些品牌往往不允许进行调整，而调整又是当地市场所必需的。产品定价便是其中一个重要方面，它们的价格远远高于克罗地亚这样一个发展中国家的购买力。因此，二人在 2003 年决定建立旧金山咖啡屋（The San Francisco Coffee House，SFCH），顾客在其中可以感受到旧金山风格咖啡馆的氛围（见图 1）。

图 1　旧金山咖啡屋室内外图片

“旧金山咖啡屋”开幕仪式

奥西耶克地区有许多咖啡厅和酒吧，当地居民经常光顾，这是他们生活方式的一部分。就竞争力而言，本地酒吧和咖啡厅都存在一个大问题：产品大致相同且种类有限，毫无差异可言。坦斯克和帕塞克发现，市场上缺少的是产品种类丰富的美式咖啡屋，这种咖啡屋使在克罗地亚堪称新颖的“打包咖啡”成为可能。他们决定让这一十分普遍的美式咖啡概念融入本地市场。他们感到，“美国制造”品牌将在当地“新”市场上获得正面感知，因此将其咖啡馆命名为“旧金山咖啡屋”。在制定业务发展计划的过程中，坦斯克多次返回美国寻找创意，研究咖啡制作技术，并亲自带回一些设备和关键原料。

坦斯克精心为门店选址。他选择靠近交通繁忙地区并且至少有 80 平方米的店址，因为目标客户是商务人士。终于，他在市中心找到一个理想之地——在绿色市场对面，靠近三所大学，附近有一些律师事务所和司法机关办公处。他签了五年租赁协议，附带可延长租约及优先购买权的条款，以防店主将其卖掉。开业几个月后，他们发现咖啡屋的主要客户是学生和商务人士，各个年龄段都有。

旧金山咖啡屋是克罗地亚第一家美式咖啡屋，这个独特的能使顾客享受美国城市氛围的门店开业半年就得到了极高的评价，媒体也给予非同一般的关注。《时尚家居》(*Elle Décor*) 杂志将其列入全国服务行业室内设计前六名，称赞帕塞克运用不同的风格和材料创造出具有现代感、明亮且优美的环境。想想开店成本仅为 4 万欧元，这些成就更加令人赞赏。

旧金山咖啡屋的产品在市场上是独一无二的。它提供 17 种拿铁和摩卡咖啡以及各类美式松饼。顾客可以在舒适、现代的环境中享用咖啡，还可以打包带走。然而，旧金山咖啡屋没有自己的咖啡品牌。可是，在奥西耶克的旧金山咖啡屋中，所有咖啡杯上都印有咖啡供应商的标志。克罗地亚的咖啡供应商通常免费提供咖啡制作设备及服务（或包含在每千克咖啡价格中）。为了更好地吸引目标顾客，店内还提供克罗地亚当地和国际报刊以及免费 WiFi（这在克罗地亚非常罕见）。旧金山咖啡屋播放的 20 世纪 70—90 年代的爵士乐和公告牌音乐，进一步营造出美妙的氛围。

旧金山咖啡屋有八名雇员，总经理为坦贾·伊夫利 (Tanja Ivelj)。员工都很年轻，有些人没有任何工作经验，大多数员工自门店成立就在此工作。招募员工时，坦斯克中意那些值得信任、忠诚且诚实的人。每个岗位，员工都有详细的工作要求、轮休及职责清单。

所有员工都要接受相关培训，其薪水比本地其他咖啡店的员工高出近 20%。每半年，员工定期进行绩效考评，如果结果令人满意就会得到 5%的加薪。可见，坦斯克将自己在美国公司的工作经验应用到克罗地亚的人力资源管理中，因为在克罗地亚，雇员的权利、工资和一般就业条款大都模棱两可。另外，旧金山咖啡屋为员工提供全额带薪休假和福利，这也与克罗地亚的常规做法不同。因此，在这个员工流失率极高的行业中，旧金山咖啡屋能够在经营的头三年将流失率控制在 20%以内。正如坦斯克所提到的，“满意且受到激励的员工会给终端客户提供更高标准的服务”。

旧金山咖啡屋格外努力地与供应商保持良好关系，在人人皆知的一个不规范的市场上，做到及时交付货款。明智、负责任的财务管理是它的一个优势。公司的财务业绩如表 1 所示。

表 1　旧金山咖啡屋的财务业绩

收入数据	2006 年（欧元）	2007 年（欧元）
净收入	133 332	166 666
直接成本	50 666	54 000
总利润	82 666	112 666
营业费用	36 000	39 333
息税前盈余	46 666	73 333
税	9 680	14 520
折旧	2 666	7 333

克罗地亚的特许经营环境

由于监管不够，缺乏经验，再加上经济不景气，特许经营在克罗地亚并不常见。另一方面，在克罗地亚，新兴市场以及对欧洲一体化持开放态度，为吸引外部投资创造了机会。

经济环境

1991 年，克罗地亚共和国获得独立，其后，市场对大量国际产品和服务日益开放。由于 20 世纪 90 年代末经济增长，人们的工资水平明显上升，尤其是在大城市以及部分特定地区。[1]经济基本数据如表 2 所示。

表 2　克罗地亚经济基本数据

年度数据	2007 年	2003—2007 年历史平均值	%
人口（百万）	4.0	人口增长率	0.0
GDP（十亿美元；市场汇率）	51 452	实际 GDP 增长率	4.9
GDP（十亿美元；购买力平价）	69 211	实际国内需求增长率	5.0
人均 GDP（美元；市场汇率）	12 863	通货膨胀率	2.6
人均 GDP（美元；购买力平价）	17 303	经常账户余额（占 GDP 百分比）	−7.1
汇率（平均）克罗地亚库纳：美元	5.35	FDI 流入量（占 GDP 百分比）	6.4

资料来源：*The Economist*，2008，http：//www.economist.com/countries/Croatia/profile.cfm?folder=Profile-FactSheet，accessed June 11，2008.

工资增长导致消费者对更高质量国际品牌的需求扩大，这些品牌在当时不能轻易得到。独立后，克罗地亚市场充斥各类进口商品。随着供应增加，年轻消费者的购物习惯发生变化，国际品牌成为年轻人的购买目标，年长消费者则倾向于继续购买国内产品。同时，地区差异也影响着消费者的购买习惯。

克罗地亚的金融机构大多为外资银行所有（资料显示大约是 90%[2]），很多收购都发生在最近几年。虽然对未来企业家而言，他们能有一些可预见的融资途径，但是仍然有许多小企业因为无法偿还债务而破产。尽管易货交易在国内市场上很常见（发生在本土企业之间），但是由于外资控制了本土银行，这一传统方式变得困难重重。

政治环境

克罗地亚政府的主要目标之一是建立与欧盟标准和当地市场经济相适应的充满活力的商业环境。政府的经济改革希望通过吸引外资来促进国内和国际市场的发展。

在克罗地亚的外国投资受到公司法和其他法律规范的约束。根据公司法，外国投资者有若干组织形式可供选择，他们可以采取独资，或者与克罗地亚公司或个人进行合资，国家对于外资持股比例没有限制。另外，与国家吸引外资政策相一致，投资者能进入大量全新开放的市场。市场进入者还可以利用许多激励措施、税收优惠和关税优待，但仅限于外国投资者。

特许经营机构

近年来，克罗地亚通过了许多相关法律，这使其成功加入世界贸易组织和中欧自由贸易协定（Central European Free Trade Agreement，CEFTA）。这些法律方面的调整使克罗地亚开始加入欧盟的谈判。尽管如此，在克罗地亚，特许经营仍没有具体的法律依据。特许经营出现在克罗地亚贸易法中（Narodne Novine，2003），其中提到未来特许经营协定的概况，但关于特许经营的内容只出现在一个条款中，且描述十分简略。因此，没有关于特许经营发展的法律标准，也没有关于特许经营协议的法律参数，只能靠具体的商业实践来判断特许协议的适当性。

由于特许经营概念对克罗地亚及其居民来说相对较新，人们所知甚少。克罗地亚有两个特许经营中心，一个在奥西耶克，一个在最有活力的城市萨格勒布。这些中心与克罗地亚特许经营协会合作，致力于在以下几个方面取得进展：

● 促进关于特许经营的知识教育。例如，在奥西耶克的特许经营中心组织了“特许经营全解”研讨会，帮助企业家了解特许经营及其好处。

● 宣传特许经营。中心和协会合力通过当地报纸和杂志等媒体上的访谈和文章，来宣传特许经营这种商业经营方式。

● 在互联网上创建包含特许经营信息的门户网站。网站包含克罗地亚特许经营的新闻、最新特许授权方信息、新开设的特许经营门店的位置；网站还连接特许授权商与潜在加盟商，其中一部分内容就是对克罗地亚市场感兴趣的特许授权商发出的邀请，每周都会有一些潜在加盟商对此进行咨询。

● 帮助国内企业成为特许授权商。在波杜泽娜·赫瓦茨卡（Poduzetna Hrvatska）的帮助下，奥西耶克特许经营中心对潜在特许经营顾问进行培训，这些顾问可以帮助国内公司将特许经营作为一项发展战略。

- 举行特许经营展览会和圆桌会议。

国外特许授权商一般选择两种方式进入克罗地亚市场：产品特许经营或商业模式特许经营。大型的著名特许授权商，比如麦当劳，在克罗地亚开设办事机构，为感兴趣的创业者提供授权，以确保对质量的控制。一些小型的、不太知名的授权商主要授权给当地企业家，以更好地利用当地知识并节约成本。

特许经营发展的障碍

2006 年 9 月，奥西耶克的特许经营中心对 50 人进行了调查，询问被访者（银行代表、企业家和律师）对特许经营在克罗地亚受阻的看法。他们的回答包括以下内容：

- 法律——在克罗地亚没有关于特许经营的法律规定。“特许经营”只在贸易法中被提到，缺少明确的法律先例，这使克罗地亚律师难以为他们的客户提供帮助，尤其是在签订合同阶段。不管对特许授权商还是加盟商，对外国投资人还是国内投资人，都存在这一问题。
- 特许经营专业人才——特许经营的专业人才严重不足。相关教育培训严重缺乏，能帮助潜在特许授权商发展其经营网络，或者帮助潜在加盟商合理选择合作伙伴的特许咨询顾问的人数太少。
- 银行问题（不熟悉特许经营业务）——银行并没有认识到特许经营是一种相对安全的新业务领域进入模式，也没有针对特许经营的专门贷款。根据特许经营中心进行的一项调查（2006），一些银行代表说他们将要求特许授权商提供还贷担保；银行不愿意对员工进行培训让他们了解特许经营。对于那些在新的特许行业创业的企业家和进入已有特许经营体系的加盟商，银行似乎无法区分。
- 市场狭小——克罗地亚只有大约 400 万居民，受访者考虑到物流问题，怀疑那些最大的特许授权商是否会进入克罗地亚市场。他们的看法是在伦敦开设门店要比在克罗地亚更容易。著名的大型授权商在寻找更为广阔的市场来吸引大众，而且它们经常拒绝适应当地的规则和定价。那些想进入克罗地亚的小企业由于知名度低，很多当地企业家不会选择与其合作。
- 特许经营不是一种知名的商业经营方式——人们很少了解，很多人认为它与保险有关。根据调查，这是制约特许经营发展的最大障碍，因为人们不愿意进入他们不熟悉的领域。仍需召开研讨会和圆桌会议，让企业家了解特许经营及其成本收益。

根据上述调查，有一些明显的原因能解释为何特许经营在克罗地亚发展相对缓慢：企业家在思想上不接受，特许经营相关教育不足，全国特许经营协会不够强大。首先，许多企业家更愿意拥有自己的公司和完全的“业务自由”，而不是成为某体系中的一部分并因此受到制约——从生产、分销、销售到“被迫”清扫店铺。其次，克罗地亚企业家不了解如果成为完善的特许经营体系的一部分，自己能得到哪些收益。

尽管论调如此悲观，但业内专家认为，特许经营在克罗地亚具有良好的发展机会，该领域的增长率可能极高（达到 30%）。而且，克罗地亚成为欧盟成员国会促进特许经营的发展。这份调查表明，虽然特许经营不是为人熟知的商业方式，但是在克罗地亚有可喜的发展前景。

竞争

20 世纪 90 年代初，第一家麦当劳在萨格勒布开业后，特许经营开始在克罗地亚为人所知。“麦当劳进入克罗地亚市场倾向于使用两种授权方法：直接特许经营和商业设备租赁协议，后者允许加盟商在起步时只投入较少资本，成为入门级加盟商。”[3]

后来，其他特许授权商紧跟麦当劳的步伐进入克罗地亚。例如，匈牙利的 Fornetti 就是克罗地亚市场上相对较新的特许经营餐厅之一，它成功地运用特许经营将迷你面包店推向克罗地亚全国。它成立于 1997 年，到 2007 年在中东欧的门店数超过 3 000 家。[4]其他在克罗地亚具有代表性的特许经营企业包括贝纳通、赛百味、Dama Service 和 Remax 科技。

据克罗地亚特许经营协会，本国市场上共有约 125 个特许经营系统（其中 25 个为国内特许经营）。这些系统约有 900 家门店，雇用员工 16 000 人。[5]超过 20 个行业的公司选择特许经营作为发展方式，其中销售和快餐行业占比超过 20%，旅游、汽车租赁、快递服务和时尚产业也占据重要份额。

表 3 和表 4 按行业和网点数量列出了 2007 年克罗地亚境内最著名的国内外特许授权商。

表 3 克罗地亚的海外特许授权商

特许授权商	行业	网点数量
麦当劳	快餐	16 家餐馆
赛百味	快餐	6 家餐馆
Fornetti	面包店	超过 150 家门店
Dama Service	调色墨盒	3 家门店
Berlitz	外语学校	1 家门店
Firurella	女性减肥中心	2 家门店
贝高福	厨具	3 家门店
贝纳通	时装	约 20 家商店
Remax	房地产	2 家门店

资料来源：“Round table—Franchising in Croatia,” address given at EFF/IFA International Symposium, Brussels, October 24-25, 2006.

表 4 克罗地亚的国内特许授权商

特许授权商	行业	网点数量
Elektromaterijal	家用电器	超过 50 家商店
X-nation	时装	40 家商店/转角柜台
Rubelj Grill	烧烤	17 家餐馆
Skandal	时装	15 家商店
Body Creator	女性减肥中心	4 个中心
Bio & Bio	健康食品	3 家商店
Bike Express	快递	1 家门店
旧金山咖啡屋	咖啡馆	1 家门店

资料来源：“Round table—Franchising in Croatia,” address given at EFF/IFA International Symposium, Brussels, October 24-25, 2006.

虽然一些著名的餐馆特许授权商已经进入克罗地亚市场，但是国际知名咖啡店品牌并未进入。咖啡店面临的竞争主要来自本地，从较早时期开始就是如此。本地竞争者提供同质化的产品——咖啡，而且大部分商家并没有创造视觉识别标志，比如品牌或者新的概念。消费者通过价格、位置和环境来区分咖啡店。然而，国外的竞争对手即将到来。问题已经不再是国际咖啡屋是否会来，而是什么时候来。

克罗地亚的咖啡消费十分普及。许多克罗地亚人会在两餐之间、早上或晚上到咖啡馆喝咖啡，咖啡馆往往还提供啤酒和其他含酒精饮品。尽管普通酒吧和其他餐馆与咖啡馆存在竞争，但咖啡馆相对便宜，且能提供一个舒适的社交环境。咖啡供应商有很多，包括国际和本地品牌。咖啡基本上是一种大宗商品。

接下来怎么办?

坦斯克和帕塞克看着这些事实：特许经营是企业成长的几种可能模式之一，且广泛应用于经济发达国家。企业倾向于拓展特许经营网络而不是寻求有机增长，其原因包括低投资、低风险、较快增长、加盟商的当地市场知识和它们寻求成功的动力。他们也希望能获得这些利益。

可是，旧金山咖啡屋在当地市场所面临的障碍充满挑战性：

- 关于特许经营的信息不足，因此企业家和机构非常缺乏特许经营意识；
- 发展特许经营网络的支持性机构在克罗地亚尚未建立起来，只有两家创业中心能提供关于特许经营网络开发的服务；
- 缺乏金融机构的有力支撑，银行没有认识到特许经营对于未来的企业家而言比独立创业的风险更小。

此外，公司还很年轻。这对夫妇目前只是在当地获得了成功。他们可以自己开设新的门店，或者尝试特许授权他们的经营理念。表 5 为其预估的门店支出和收益情况。

表 5　　预期收益和支出

	支出（1 年）	欧元
1	工资加福利	10 000
	经理	6 000
	服务员 1	5 333
	服务员 2	5 333
	服务员 3	5 333
	附带水电的租金	32 000
2	营销，特许权使用费	2 666
3	直接材料成本（基于每天 666.66 欧元）	72 000
4	1 年总费用	138 666
	总收入（基于每天平均 666.66 欧元）	240 000
	第 1 年净利润	101 333

这对夫妇能在条件不太有利的当地市场发展特许经营吗？他们能在全国取得成功吗？夫妻俩未从事过特许经营，也没有必需的经验和知识。他们如何克服自己的弱点和环境威胁？他们怎么利用其独特的经历、能力和优势抓住市场机遇？

注释

[1] Croatian Bureau of Statistics，“Statistical information 2006，” 2006，http：//www. dzs. hr/Hrv _ Eng/StatInfo/pdf/StatInfo2006. pdf，accessed on October 26，2006.

[2] Hrvatska narodna banka，“Standardni prezentacijski format，” 2006，http：//www. hnb. hr/publikac/prezent/hbanking-sector. pdf，accessed on October 20，2006.

[3] L. Viducic and G. Brcic in I. Alon and D. Welsh，*International Franchising in Emerging Markets*：*China*，*India and Other Asian Countries*，CCH Inc.，Chicago，2001，p. 217.

[4] K. Mandel，“Franchise in Hungary，” address given at The Franchise Center Osijek seminar “Franšiza od A dož，” Osijek，November 2004.

[5] L. Kukec，“Roundtable—Franchising in Croatia，” address given at EFF/IFA International Symposium，Brussels，October 24-25，2006.

案例 5 欧洲迪士尼

欧洲迪士尼 A

作为华特·迪士尼的首席执行官兼董事长，迈克尔·艾斯纳（Michael Eisner）习惯了庆祝。自从 1984 年接管公司以来，他和他的团队获得的认可不计其数。最值得一提的是，艾斯纳及其团队使迪士尼的市值从 20 亿美元增长至 220 亿美元。但是，由于欧洲迪士尼主题公园在 1992 年年底和 1993 年旺季令人失望的财务状况，庆祝不得不告一段落。欧洲迪士尼在此期间的收入和利润远低于预期（见表 1）。这次不达标，对艾斯纳而言是第一次，也是唯一一次投资失败。该主题公园由欧洲迪士尼股份公司（Euro Disney SCA）经营，迪士尼公司持有 49%的股份，剩余股份向大众发行，几家银行通过向该公司提供总值 35 亿美元的建设贷款进行了投资。迪士尼公司由于主题公园的糟糕表现而形势堪忧。

表 1　　欧洲迪士尼盈亏表（1992—1993 年）

截至 9 月 30 日的半年报表（法国法郎）		
	1992 年	1993 年
收入	31 亿	18 亿
利润/（亏损）	（11 亿）	7 亿

公园的入场人次远远低于预期，从未达到最初商业计划所估计的 1 100 万人（见表 2）。艾斯纳准备与一家知名的独立咨询公司会谈，该公司被请来分析欧洲迪士尼进入市场所遇到的问题。艾斯纳引以为豪的是，自己对细节格外专注，具有卓越的领导才能，正是这些优点使得欧洲迪士尼在 1991 年 4 月顺利开业，并且在佛罗里达州、加利福尼亚州及东京成功推出迪士尼主题公园。由于之前赢得了迪士尼董事会和股东的信任，艾斯纳下定决心找出并纠正欧洲迪士尼的问题。然而，让他苦恼的是，他和他的团队所采取的正是之前成功推出主题公园采用的那些办法。由于这一事实，艾斯纳坚信，欧洲迪士尼之所以遇到问题，主要原因在于他无法控制

Case prepared by Kathryn Woodbury Zeno, Doctoral Candidate, Lubin School of Business, Pace University, December 2010. Reprinted with permission.

的那些外部力量。

表 2 每年入场人次

截至4月份的年报（于1991年4月开业）		
年份	1992	1993
入园人次	1 050 万	950 万

艾斯纳和他的管理团队曾经被认为势不可挡。办公室里的传闻是，他们所做的每件事情都会水到渠成。例如，东京迪士尼是新成立的主题公园之一，它每年的入园人次比加利福尼亚和佛罗里达的迪士尼世界的入园人次加起来还要多。就像香港迪士尼乐园的消费者一样，东京迪士尼的消费者喜欢美国式主题和景点并享受其中的乐趣、幻想和魔力。持续的全球化扩张成为主题公园一项势在必行的重要战略，艾斯纳决心让欧洲迪士尼实现更大程度的扩张和成功。因此，他直接参与了欧洲迪士尼推出计划的制定和执行，对所有相关细节和决策都亲力亲为。为了维护迪士尼成功、高品质的品牌形象，艾斯纳需要立刻着手解决欧洲迪士尼的问题。

初始商业计划预期

艾斯纳翻阅着欧洲迪士尼商业计划书，它装订得像经典名著一般，长达 30 页。他仔细查看市场调研、财务假定以及市场估计。计划书提供的细节之多、层次之丰富令他感到满意。公园选址评估体现了该商业计划的细致程度。如同所有的房地产投资，选址是一项极其重要的决定。在最终决定将该公园修建于巴黎东部之前，有 200 多个欧洲城市被纳入评估。之前的选址原则是将主题公园建在一座中心城市附近，欧洲迪士尼沿用了这一原则，希望能吸引更大范围的游客，并因为靠近巴黎这座首屈一指的欧洲旅游胜地而受益（见表 3)。同时，该商业计划还体现了欧洲人假期的变化趋势，即欧洲人平均比美国人多享有 2～3 周的假期。因此，计划书认为欧洲游客在欧洲迪士尼游玩的时间会比在其他迪士尼主题公园逗留的时间更长。

表 3 迪士尼主题公园：靠近中心城市

主题公园	所在城市	最近的中心城市	中心城市与主题公园的距离（英里）
加利福尼亚迪士尼乐园	阿纳海姆	洛杉矶	26.2
佛罗里达迪士尼世界	布埃纳文图拉湖	奥兰多	18.4
日本东京迪士尼	浦安市	东京	10.0
法国欧洲迪士尼	马恩河谷镇	巴黎	19.0

与法国政府的合作也被视为一项重大举措。即使离巴黎很近，仍有必要修建交通基础设施以方便游客造访公园。例如，法国政府投资数亿美元开发了与其他主要欧洲城市之间的铁路线路。1993 年英吉利海底隧道的开通预计能增加欧洲迪士尼的入园人次，以此吸引更多英国游客。

入园人次是决定主题公园项目是否可行的一项重要指标。东京迪士尼的经验使艾斯纳的团队进一步了解如何在一个比加利福尼亚或佛罗里达更加阴冷多雨的环境中运营主题公园。与东京迪士尼一样，欧洲迪士尼也设置了带篷的等候区和人行道，以尽量缩短游客暴露在不良天气下的时间，并延长他们在公园的停留时间。艾斯纳团队还从东京迪士尼的评估报告中学到了其他一些知识，包括迪士尼乐园嵌入的美国式主题对非美国人有吸引力，以及后者对这类主题欣然接受。“美国大街”（Main Street U. S. A.）、“边域世界”（Frontierland）和迈克尔·杰克逊的3D电影EO船长（Michael Jackson's Captain EO 3-D movie）都成为欧洲迪士尼中的特色景点。欧洲迪士尼的董事长罗伯特·费茨帕特里克（Robert Fitzpatrick）是美国人，他表示“将米老鼠像变戏法一样重塑为一个半法国半美国的混血儿将是非常愚蠢的”。在语言沟通方面，公园采取了混合方式，公园指示牌采用英、法双语，员工也讲两种语言。在东京则以英语为主。艾斯纳决定更深入地研究东京迪士尼的资料，希望从中发现更多的内容，这些内容或许能帮助自己弄清楚欧洲迪士尼为什么不够成功。

东京迪士尼

1983年，东方乐园株式会社（The Oriental Land Company，OLC）与迪士尼公司合作开办东京迪士尼。自开业以来，东京迪士尼大获成功，它的游客90%是日本人。到日本的外国游客也会来参观，他们可以乘坐巴士从成田机场直达主题公园。与东京迪士尼竞争的其他游乐园想尽办法跟上东京迪士尼的步伐，它们引进新的游乐设施和娱乐项目来延缓突然但持续不断的入园人次下滑。东京迪士尼被视为加利福尼亚和佛罗里达迪士尼公园的翻版。当然，它也融入一些当地元素，例如餐馆的一些菜单加上日本传统食物，一些指示牌加上日语，在某些景区演员会使用日语台词。尽管日本游客在长时间旅途中常常会自备便当，但在主题公园中，汉堡包和炸鸡仍十分常见，游客看起来也能接受。迪士尼公园不允许将便当带入园内，作为补偿，迪士尼在公园外设置长椅供人们享用便当。日本人完全沉浸在这美国式的奇幻体验中，完全接受了米奇和它的朋友们。这不仅体现在超高的入园人次，更体现在即使寒冷多雨也阻挡不了的热情，以及午餐盒、书包、T恤上大量的迪士尼特许标志。与劳动部门官员的合作很顺利，由OLC管理并拥有的东京日本（Tokyo Japan）与迪士尼管理团队密切合作来保证投资资金。

评估完欧洲迪士尼最近的业绩以及最初的商业计划，艾斯纳已经准备好如何要求咨询公司了，他要求咨询公司找出问题的根源所在，更重要的是，提供解决之道。他给了咨询公司三周时间来报告结果。

欧洲迪士尼的问题

在很短的时间内，这一跨职能咨询团队发现以下四项中心议题能够用来描述欧洲迪士尼的问题，它们是：

1. 管理
2. 环境
3. 市场营销和消费者问题
4. 金融债务和利息

与艾斯纳一同围坐在会议室的办公桌旁，咨询团队声称，由于问题的难度和严重性，他们需要有更多的时间和费用来提出更加详细可行的建议。

管理

管理问题十分宽泛，且与其他几个问题相互关联。咨询顾问将管理方法、决策和实践概括为管理方面的重要问题。主要问题在于，欧洲迪士尼的整体愿景不一致，以及如何将其融入迪士尼的总体愿景中。欧洲迪士尼的最高管理层相信，与欧洲迪士尼竞争的是欧洲的教堂和建筑。对于其他那些直接、间接的竞争者与场馆，管理层并未纳入一个更广泛的竞争框架中认真考虑。例如，欧洲的其他主题公园就价格而言有着更高的感知价值。由于不是美国迪士尼的翻版，欧洲迪士尼需要一个独特的定位，同时，它也十分依赖母品牌迪士尼以及其他迪士尼主题公园的成功，迪士尼在最佳全球品牌中排名第七。

在对法国政府官员、金融机构成员以及劳工和运输部门代表的深度访谈中发现，他们对欧洲迪士尼团队表现出明显的紧张和蔑视情绪。这种紧张情绪贯穿于从制定计划到具体实施项目的整个过程。欧洲迪士尼团队主要由美国经理组成，他们在公司运营与内部决策方面偏向于提供标准化的服务，不考虑当地管理者及行业伙伴的建议，这些建议本来能使公园对当地人的吸引力最大化，并且使公园从当地市场机会中获益。例如，当地顾问并不赞同将迪士尼乐园建在巴黎东北部，提议用其他方法来规划财务结构以避免如此高的债务水平。尽管费茨帕特里克认为重塑米老鼠这一形象需谨慎，但是采取与当地文化相交融的方式可能会增加入园人次并延长游客停留时间。高层领导者不愿听取当地人士和机构的意见，这反映出迪士尼的管理风格十分糟糕，而合作不力会妨碍主题公园获得成功。

环境

咨询公司强调的另一个问题是天气对入园人次的影响。欧洲迪士尼的平均气温比东京迪士尼低将近 9 华氏度，而东京迪士尼和欧洲迪士尼最高温度的平均值比佛罗里达迪士尼乐园足足低了 20 华氏度（见表 4）。此外，欧洲迪士尼附近的娱乐场所规模小，而且发展缓慢，这是影响消费者停留时间的另一个市场因素。欧洲迪士尼需要有与其互补的其他景点和旅游目的地，这样才能吸引度假者来到这一巴黎城外的小镇并待上几个星期。

表 4　迪士尼公园的地理气候

主题公园	地址	平均气温（华氏度）	平均气温范围（华氏度）	气温范围（华氏度）
迪士尼乐园	加利福尼亚州，阿纳海姆	69.7	60.0～79.5	55.0～94.0
迪士尼世界	佛罗里达州，布埃纳文图拉湖	72.4	62.0～82.6	48.6～91.5
东京迪士尼	日本，东京浦安市	60.0	54.0～66.0	35.0～86.0
欧洲迪士尼	法国，马恩河谷镇	52.0	45.0～59.0	34.0～75.0

资料来源：Metro Orlando Economic Development Commission；NOAA，National Weather Service；www. paris. world-guides. com/weather；www. weather. gov-National Weather Service-climate.

在法国，劳工问题时有发生，这是商业计划书无法预测的。例如，公园开张当日就发生了火车工人罢工事件。欧洲迪士尼不允许员工留胡须、涂眼影，必须穿内衣，此类不容商讨的着装守则遭到劳工组织的反对。管理层与员工缺少协商，这让问题更加严重，也使得员工与管理层持续处于紧张状态。法国以及大多数欧洲国家正面临经济衰退，所以与工会组织的合作就显得尤为重要。在经济衰退之际，企业经营需要质疑价格—价值关系（高价格代表高价值），因为这一关系可能不复存在，并且导致消费者和营销方面的问题。

针对消费者的营销问题

有分析表明，欧洲迪士尼的大部分游客主要来自法国，占45%。来自英国、比利时、德国、卢森堡和荷兰五个国家的游客数量逐渐增加，占到50%，各国大约占10%。其余游客来自西班牙。尽管与商业计划书的预期相符，欧洲迪士尼拥有广泛的吸引力，但因为公园中仅用英语和法语交流并且员工倾向于使用这两种语言，公园吸引力的持久性不容乐观。欧洲迪士尼的消费者细分停留在欧洲这一层面，缺乏更详细的消费者细分，因而导致对消费者的需求、习惯以及期望理解不够充分。午餐供应不足，往来频繁的旅游巴士没有足够的停车位，这些只是导致欧洲迪士尼陷入困境的消费者方面的问题之冰山一角。最具破坏力的问题是，公园禁止饮用含酒精饮料。如法国旅游编辑皮埃尔·阿马卢（Picrre Amalou）所言，在一种以红酒搭配美食的文化背景下，这一决定“不可思议”。至于游客在各种游览设施，特别是餐馆前排大队的现象，阿马卢则表示，“对法国人来说，排队就像回到战争年代一样。”欧洲迪士尼的顾问们假设，虽然可口可乐、好莱坞电影等其他一些流行的美国进口商品在欧洲大行其道，但法国和欧洲的民族中心主义导向使游客们无法尽情欣赏以美国文化为中心的景点（如“边域世界”）。

财务

由于财务问题复杂且深奥，咨询公司求助于一家投资银行，以便在艾斯纳所要求的极短时间内筛选出最重要的财务问题并提出建议。鉴于以下几点发现，必须对欧洲迪士尼进行重大调整：

- 制定财务规划所依据的关键假设过于乐观，并且没有进行更为平衡的风险预测。欧洲迪士尼的财务规划过于依赖周围酒店与办公园区的贡献。
- 交易结构主要依赖于发行新债券（这反映了自由主义政策）和高杠杆化（这是典型的欧洲作风）。尽管欧洲迪士尼努力想要重组，但不切实际的期限使其无法进行完整、充分的分析，也就无法完全解决财务问题。
- 商业提案没有将制定交易时出现的外部因素纳入考虑。另外，欧洲正处于可能持续多年的经济衰退之中，法国的房地产市场一片萧条，欧洲的各种货币，尤其是法国法郎波动剧烈。
- 由于不了解市场，与竞争对手相比，园内的定价系统及其他迪士尼资产都被高估。例如，在一家靠近欧洲迪士尼公园的酒店入住一晚需要 340 美元，价格相当于巴黎市中心的一家四星级酒店。考虑到其他欧洲货币相对于法国法郎和美元会持续走强，咨询公司认为定价是一个大问题。欧洲游客将被吸引至美国游玩，在那里他们可以买到更多商品，享受佛罗里达州全年都比欧洲更加温暖的气候，并游览奥兰多地区的景点。

从哪里着手改变？

艾斯纳明白有很多事要做。他组织团队开始解决那些业已明确的问题。欧洲迪士尼保留了一个投资金融团队，以保证在 3 月 31 日前迅速重组债务。有传闻称欧洲迪士尼可能会宣布破产。尽管债务重组是短期内必须做的一件事，但艾斯纳还想解决其他短期问题，并对营销和环境等长远问题采取激进措施。为了平息传闻，欧洲迪士尼需要不断举行新闻发布会，尤其是面对英国媒体。这一点，就连艾斯纳自己也承认“没有准备”。行动计划需要尽快落实，不能晚于3月底，只有这样艾斯纳才可以直接面对媒体，建立地方关系，并拯救欧洲迪士尼公司。

讨论题

1. 在迪士尼公司为欧洲迪士尼所制定的计划中，哪些方面存在失误？
2. 为解决欧洲迪士尼存在的问题，你有什么建议？
3. 从欧洲迪士尼遇到的问题中，我们能学到什么？
4. 什么社会/文化模型有助于迪士尼更好地理解法国或欧洲的环境？
5. 当迪士尼公司继续扩张其主题公园时，应该继续利用哪些文化普适观念？这样做有什么风险？

欧洲迪士尼 B

艾斯纳承担起解决管理问题的责任，并对欧洲迪士尼的管理团队做了一些调整。例如，让几名欧洲人担任高管职位，任命菲利普·布吉尼翁（Philippe Bourguignon）为欧洲迪士尼的新董事长。布吉尼翁检查了第一个财政年度的财务报告，发现当年9.2亿美元的亏损是以下三个原因造成的：

- 游客的人均消费低于预期
- 公园的财务杠杆率过高，用17亿法郎支出获得203亿法郎借款
- 没有房地产收入

在新闻发布会上，欧洲迪士尼的发言人雅克-亨利·艾劳德（Jacques-Henri Eyraud）反复传达以上“声音片段”。华特·迪士尼公司拥有欧洲迪士尼49%的股份，而作为董事长的迈克尔·艾斯纳对欧洲迪士尼公园的不佳表现给出“D”级评价。这一糟糕评价似乎是一个信号，艾斯纳开始远离欧洲迪士尼持续面对的问题。在一份年度报告中，艾斯纳对股东这样说：

> 毫无疑问，我们想要帮助欧洲迪士尼公司，该上市公司承载着迪士尼公司的品牌和声誉，处理此事时我们一定会坚持诚信……但是，我向所有华特·迪士尼公司的股东保证，在这一过程中，我们不会做任何损害迪士尼自身利益的事。

通常，迪士尼公司计划年度收益增长20%，在五年之内股本收益率达到20%。借助成功的电影人物以及对这些资产的授权经营，迪士尼一直能够实现这些收益目标。但是，由于为欧洲迪士尼支付了3.5亿美元，其对股本收益率目标的承诺未能兑现。欧洲迪士尼计划在1994年春季进行一次彻底的财务改革。在1993财年，欧洲迪士尼每天需要支付的利息大约为100万美元，这样高的利息水平它无力负担。那些参与资产重组的银行不会置评，但是某重要投资机构的一名分析师表示，“它

显然是有点被压着往前走”。

欧洲迪士尼的其他高层领导、利益相关者以及母公司迪士尼都明显感到了压力。布吉尼翁很快采取行动，削减运营开支，提高效率，并开始应对一些营销挑战。商品供应与库存从30 000件减少为17 000件，欧洲迪士尼酒店的用餐优惠券换为磁卡，食品供应由5 400种压缩到2 000种。供应链业务实行分权化管理，将决策权赋予职位较低的管理者。除此之外，1993年年底至1994年年初，公司还进行了裁员。

随着欧洲经济回升，英吉利海底隧道建成，以及计划开通从欧洲各大交通枢纽直达欧洲迪士尼的TGV高速列车从而使游客无须在巴黎换乘，对环境市场的担忧似乎得到缓解。不仅如此，1994年是诺曼底登陆50周年，公园希望吸引更多的游客。逐渐好转的经济环境再加上债务重组，欧洲迪士尼很可能转亏为盈。但还需要开展一些重要的谈判，欧洲迪士尼需要说服母公司迪士尼，让后者同意减免管理费用（占总收入的35%）、激励性管理费用（税前现金流的30%～50%）、食物销售提成（5%）和入场费提成（10%）。鉴于这些初始协议，母公司迪士尼自欧洲迪士尼开业以来一直处于盈利状态，甚至当欧洲迪士尼亏损运营时也是如此。现在的重组试图减少这些费用，以促进欧洲迪士尼实施改革，改善公园的财务状况并实现总体盈利。

资产重组计划协议

母公司同意在五年之内不向欧洲迪士尼收取管理费用和门票提成，还购置了未能充分利用的资产，并以优惠价格租赁给欧洲迪士尼。经过与银行的谈判，欧洲迪士尼可以免付18个月的利息，并延迟三年偿还本金。资产重组的另一项内容是让迪士尼股东同意通过筹资来偿还债务，1994年6月8日欧洲迪士尼正式获得了股东对筹资的许可。

银行和母公司的及时相助使欧洲迪士尼公司轻松不少。随着财务和环境问题逐渐好转，布吉尼翁及其团队对市场营销策略做出重大调整。最大的改变莫过于将主题公园更名为巴黎迪士尼乐园。这一重新定位使主题公园与法国首都的联系更加紧密，同时也强调了公园与巴黎这座中心城市毗邻。但这一做法遭到媒体的很多质疑。恰在此时，迈克尔·杰克逊与丽莎·玛丽·普雷斯利在蜜月期间参观了巴黎迪士尼乐园，这一新闻事件对巴黎迪士尼产生了积极的影响。此外，为了迎接1995年旺季的到来，排队入园程序在1994年底简化了22%。鉴于入园人次在1994财年降至880万人，这一改变十分重要（见表5）。

表5　　年度入园人次

截至9月30日的财政年度	
1993年	980万
1994年	880万
1995年	1 070万

资产重组和运营变革使得巴黎迪士尼乐园的业绩大幅提升，并在1995财年实现盈利（见表6）。

表 6　欧洲迪士尼的盈亏情况

截至 9 月 30 日的财政年度（法国法郎）		
	收入	利润（亏损）
1993 年	49 亿	（53 亿）
1994 年	41 亿	（18 亿）
1995 年	48 亿	1.14 亿

讨论题

1. 你赞同资产重组计划吗？你觉得还应该考虑哪些因素？

2. 为了保持盈利性，欧洲迪士尼/巴黎迪士尼乐园还应该做些什么？

3. 主题公园应该更名吗？更名有哪些利益和风险？

4. 如何更好地利用那些未能充分利用的资源（例如酒店），同时使那些充分利用的设施创造更多利润？

5. 迪士尼公司是否了解法国及欧盟的法律环境和劳动力市场环境？

6. 为了执行和支持欧洲迪士尼的变革，你觉得艾斯纳需要怎样的管理结构和技能？

7. 迪士尼公司应该在另一个市场上再建一个主题公园吗？为什么？你推荐哪个市场？为什么？

巴黎迪士尼乐园 C

最初的资产重组以及援助计划在接下来的几年内效果显著，但是面对来自其他欧洲新建主题公园的直接竞争，以及类似于欧洲六旗公园（Six Flags Europe）这类老牌景点的进攻性竞争行为，这些计划的效果难以维持。20 世纪 90 年代中期，欧洲正经历持续的经济衰退，这导致房地产价格不断下跌，尤其是在法国。为了保持竞争力，巴黎迪士尼乐园需要增添新的资产与景点进行扩张，与此同时，它也需要维持合理的债务结构和投资力度，这使其不时陷入矛盾。但是，迪士尼公司并没有将全部赌注压在巴黎迪士尼乐园上，它在美国与日本扩建景点与娱乐场所，这显示了“第二扇门”战略的重要性。由于公园所在旅游区提供更多样化的景点和酒店，游客的停留时间和到访率都大幅提升。为了筹集现金，欧洲迪士尼的新闻发言人雅克-亨利·艾劳德透露，“公司想要卖掉一个或多个酒店来减轻公司的债务负担”。但因为酒店出售遇到困难，欧洲迪士尼公司只好通过降低房价来提高入住率。这一做法看来奏效了，其酒店入住率攀升至 72%，高于法国其他酒店，后者的入住率在 59%～63%之间。截至 1996 年 9 月 30 日，欧洲迪士尼在该财年获得 4 000 万美元净利润，尽管迪士尼公司不愿承认，但这似乎是迪士尼旗下酒店的功劳。作为新提拔的欧洲迪士尼首席执行官，菲利普·布吉尼翁将此成绩归功于有效的成本控制。20 世纪末，欧洲经济联盟（European Economic Union）正式成立，巴黎迪士尼乐园希望借此机会获利，为此管理者十分激动。在这个由 11 个国家组成的联合区域，人们跨越国界更加容易，而且货币实行标准化，因此巴黎迪士尼乐园的入园人次有望增长。

何曾想到，21 世纪一开始，迪士尼公司就陷入困境。由于公司净亏损高达 1.58 亿美元，艾斯纳和迪士尼总裁罗伯特・伊戈尔（Robert Iger）都没有领到 2001 年的奖金。亏损的原因有很多，包括一次失败的网络公司投资，几家迪士尼零售店关闭，以及主题公园业绩下滑。纽约“9・11”恐怖袭击和之后发生在欧洲的恐怖行为，使主题公园的到访率下降。在这期间，航空旅行人数大幅下滑，相关产业受到多方面影响。尽管这些产业的情况会好转，但恐怖事件抑制了巴黎迪士尼乐园所期待和急需的强劲增长。随着华特・迪士尼影城（Walt Disney Studios Park）与会展中心在巴黎城外开张，公司希望借助成功的迪士尼电影及商业活动来提高业绩。业内人士认为，迪士尼公司应该开发新的游乐项目，以更好地应对竞争。还有人认为，由于缺乏独特的产品和娱乐体验，两家同处法国境内的迪士尼主题公园只能自相残杀。欧洲迪士尼公司拥有的土地比任何其他迪士尼产业都要多，正是由于拥有大量的土地，在其长期战略规划中扩建就在预料之中。非官方报告称，2006—2008 年间将会有三处大型景点面世。然而，要想扩张，欧洲迪士尼公司需要强大的合作伙伴并吸引更多现金和投资。母公司对欧洲迪士尼持有的股份从最初的 49%跌至 39%。

尽管迪士尼公司的高层管理者努力改变其傲慢且对文化差异不敏感的形象，但是管理层内部仍然动荡不安。艾斯纳的许多下属已经离开公司，转而担任其他利润丰厚的娱乐项目的高管。一些不愿透露姓名的前任高管表示，不论他们为公司的成长做出多少贡献，现在留给他们和艾斯纳的“高层位置”没有多少。

尽管管理局面混乱，媒体上连篇累牍地提到迪士尼董事会需要更理智的治理，艾斯纳仍然坚持他的计划和梦想，那就是继续迪士尼主题公园的全球性扩张。2005 年，香港迪士尼开幕使艾斯纳的理想之一得以实现。对于在中国投资的预测有好有坏，但是迪士尼管理层有信心能够抓住其中的机遇。仅仅从人口规模巨大、中国内地游客前往香港的签证限制放宽和迪士尼相关产品及门票的顺利预售，就能看出香港迪士尼将获得成功。然而，悲观者认为，香港迪士尼乐园很可能会遇到与巴黎迪士尼乐园相似的文化问题。例如，流行歌手布兰妮・斯皮尔斯在香港的受欢迎程度远远不如在美国。其他的美国品牌也曾进入香港，例如肯德基，但其菜单上有 85%是中国食品。想要进入这一新环境、新文化，面对新的人群，并取得成功，可能不像迪士尼管理层想象的那么简单。

迪士尼接受中国文化

香港政府持有香港迪士尼乐园 57%的股份。香港迪士尼乐园的资产超过其他迪士尼公园，算得上是最大的迪士尼主题公园，其扩张潜力也比巴黎迪士尼乐园更大。虽然香港迪士尼乐园的大部分景点都采用美国式主题和设计，但迪士尼在设计公园时还是请了一位风水先生来帮忙。例如，在汉语中“4”与“死”谐音，被认为是不吉利的数字，所以香港迪士尼乐园的酒店没有第 4 层。而“8”在中国是吉利的数字，酒店的宴会厅便被设计成 888 平方米。“美国大街”是所有迪士尼公园中都备受欢迎的景点之一，但在香港迪士尼乐园的“美国大街”上却有一家中国餐馆。有趣的是，虽然许多带有中国文化特色的设计不是特别醒目，但都潜移默化地融入主题公园的建筑风格之中。

讨论题

1. 为了更好地应对竞争威胁，迪士尼公园应该如何将其自身与欧洲越来越多的娱乐公园区分开来？

2. 面对不断变化的竞争环境，公司应该采用哪种目标营销策略？

3. 公司可以采取哪些相关品牌战略决策？

4. 你如何对比欧洲迪士尼与香港迪士尼乐园的推出？

5. 你认为香港迪士尼乐园会成功吗？为什么？

6. 你认为是什么原因促使迪士尼扩建主题公园和旅游景点，而不是对现有主题公园和旅游景点加大投入？

参考文献

Disney doesn't rule out closure of Euro Disney. (3 January 1994). *The Wall Street Journal* (Eastern edition), A4.

Geoffrey A. Fowler and Merissa Marr. (16 June 2005). Disney's china play; its new hong kong park is a big cultural experiment; will "main street" translate? *Wall Street Journal*, p. B. 1. Retrieved from http://search. proquest. com/docview/399001620?accountid=13044.

Haberman, C. (5 October 1986). Disneyland carves out a magic kingdom in hearts of Japanese (Final edition, C). *Chicago Tribune* [New York Times News Service, pre-1997 full text], 16.

Harney, A. (18 August 2005). Magic for the middle kingdom. *Financial Times* (London 1st edition), 19.

Jefferson, D. J. (13 April 1992). Euro Disney opens with much hoopla and a train strike—attendance appeared low, but the crowds seemed pleased by attractions. *The Wall Street Journal* (Eastern edition), C1.

Koranteng, J. (17 December 2001). Euro Disney preparing to unwrap $600 mil Walt Disney Studios Park. *Amusement Business*, *113* (50); ABI/INFORM Global, 12.

Koranteng, J. (2005, January). Euro threesome gear up for '05. *Amusement Business*, *117* (1), 10.

Larsen, P. T. (13 February 2004). Star pupil takes aim at old school management training. *Financial Times* (London 1st edition), 26.

Mahar, M. (20 June 1994). Not-so-magic kingdom. *Barron's*, *74* (25), 29-34.

Meyer, M., & McGuire, S. (5 September 1994). Of mice and men. *Newsweek*, *124* (10), 40.

Michaud, P. (6 December 1996). Euro Disney's hotel sector drives company's profits. *Hotel and Motel Management*, *211* (21), 4.

Moore, M. T. (6 October 1993). Euro Disney's culture shock. *USA Today* (Money, Final edition), 2B.

Orwall, B. (29 April 2002). Disney moves to improve governance—unhappy about criticism, Eisner revamps practices, hires prominent consultant. *The Wall Street Journal* (Eastern edition), A3.

Selwitz, R. (1 February 1994). Euro Disney hobbles into new year. *Hotel and Motel Management*, *209* (2), 4-5.

Tokyo Disney resort operator ups FY '06 earnings forecasts. (9 February 2007). *Jiji Press English News Service*, 1.

Turner, R. (30 December 1993). Disney's Eisner gives "D" grade to Euro Disney. *The Wall Street

Journal (Eastern edition), A2.

Wrighton, J. (29 September 2004). Euro Disney in debt-restructure deal. *The Wall Street Journal*, A3. Retrieved from http://online.wsj.com/article_print/0,SB1096363 50494229909,00.html.

附加参考文献

Best global brands. (2006). *Interbrand*, p. 11.

Inkpen, A., & Ramaswamy, K. (2006). Strategic choices in a global marketplace. In *Global Strategy Creating and Sustaining Advantage Across Borders* (pp. 32-53). New York: Oxford University Press.

案例6

移动学习语言：Praxis 在中国大获成功

> 我认为我们只是采取了不同的做事方式。我们首先寻求技术突破，帮助上海的普通语言学习者解决他们面临的问题。根据调研，我们发现通常学习者花在路途中和等待上课的时间超过在班上学习的时间。这似乎显得效率低下，我们开始思考如何改善这一状况，让学习者在路途中就能听完教材的授课部分，更好地利用上课时间来进行有效的练习。[1]
>
> ——汉克·霍尔科夫（Hank Horkoff）(2006)

汉克·霍尔科夫的办公室靠近中山公园和娄山关路地铁站。此时，他正坐在自己位于三楼的办公室思索 Praxis Language 公司的下一步行动。随着中文播客网站（ChinesePod. com）品牌知名度的提升，Praxis 凭借其独特的商业模式、移动学习方案和定制内容逐渐成为移动学习领域的领导者。

2006 年，恰逢中国智能手机爆炸式增长，Praxis 公司得以大规模发展。同时，公司也受到国际媒体的广泛关注，这使 Praxis 名利双收。中国语言学习的时代正在来临，技术的发展和全球化的到来进一步推动该公司成为移动语言学习领域的杰出创新者。霍尔科夫是毅伟商学院的校友，现在他在延续公司增长、合理利用现有资产、应对模仿者和保持公司良好势头等方面面临挑战。每天网上都会诞生新的竞争者，科技发展为中文教学提供了更多的可能性。对汉语、英语教育的需求逐步增加。

Professor Ilan Alon and Allen H. Kupetz wrote this case solely to provide material for class discussion. The authors do not intend to illustrate either effective or ineffective handling of a managerial situation. The authors may have disguised certain names and other identifying information to protect confidentiality.

海外创业机会

1996 年从英属哥伦比亚大学政治学专业毕业后，霍尔科夫决定到海外寻求发展机会。在攻读学士学位期间，他学会了编程并创建网站。对于电脑精通者，20 世纪 90 年代后期，市场上存在许多发展机会，而霍尔科夫十分喜欢利用他们的才能。他学过编程，实施过几个小项目，这一经历后来被证明是非常有用的。

离开加拿大之后，霍尔科夫决定去莫斯科碰碰运气。20 世纪 90 年代的俄罗斯是个令人向往的地方。那里，市场刚刚开放，自由职业者有很多工作机会。尽管旅行和工作经历很有趣，但霍尔科夫感到自己想要的更多。他想学习更多有关商业方面的知识，并希望能在国际市场环境中运用这些知识。理查德·毅伟商学院（Richard Ivey School of Business）拥有世界领先的 MBA 项目，能确保他真正掌握这些商务技能。他顺利被全日制 MBA 项目录取，并于 2001 年毕业。毕业后，更多的国际商业机会展现在他面前。

霍尔科夫决定下一步去新加坡。在那里，他进入一家生物科技公司，专门为各类创业公司进行商业策划。他的科技知识和所受的商业教育使他特别适合这份工作。然而，这并没给他带来他想要的那种刺激感。在这一岗位工作一段时间后，他遇到了一位朋友，邀请他去北京的三星公司担任业务规划咨询师一职。工作 9 个月后，他很快意识到，北京的这份工作也不适合自己。他渐渐发觉，为其他人工作，策划别人的商业计划，注定不是他想做的。他于是放弃了这份工作。

紧接着，霍尔科夫去了上海——中国的商业中心和“机遇之地”。凭借之前的技能，他开始从事一些自由职业，并创建了自己的咨询公司，主要从事网站咨询和开发、客户关系管理系统、后端企业发展、电子商务和促销等业务。在上海从事咨询工作改变了他的人生。

经人推荐，霍尔科夫开始为凯恩语言学校（Kaien Language School）做些工作，该校需要一个新的客户关系管理系统。凯恩英语培训中心（Kai En English Training Center）是一所采取西方管理方式的语言学校（以它的创始人肯和布莱恩的名字命名），从 1996 年开始在上海为英语学习者提供高质量的语言教学。[2]该校运用现代交际语言教学方法，为语言学习者提供在动态环境中提升商务英语沟通技能的机会。其语言培训师都经过专业认证，经验丰富，并且对专业上的自我提升极具热情。

破茧成蝶

Praxis 公司希望找到一种利用科技来提升英语培训效果的方式。霍尔科夫意识到，在上海这个拥挤的大都市，语言学习者花费大量时间来往于实体培训中心。即使在上海以外的其他地方，语言学习者也可能花费大量时间来听课并回顾一些无关紧要的信息，而这些都可以由播客轻松代替。2005年年初，播客——通过网站联合而下载的数字音频和视频媒体文件——随着中国互联网使用的飞速增长越来越受欢迎。

中国的英语学习市场非常强劲。随着外国直接投资的大量涌入，国际贸易也迅速增长。那些希望在就业市场上占据优势的中国员工很快意识到，他们需要提升自己的英语能力，以更好地利用国际商务增长的机会。Praxis公司估计，中国英语教学的市场需求量为6 000万成人学习者，但这一市场高度分散。新东方是Praxis在这一领域的最大竞争者，大约占据5%的市场份额。新东方每班30～40人，并提供一些个性化服务。此外，中国还有大量私立语言学校、国际学术机构和自由职业老师，数量多达5万左右。

凯恩英语培训中心在市场上占据有利地位。首先，它是市场早期进入者，1996年开始进入上海市场。其次，它归两个实力非凡的企业家所有，他们在英语第二语言教学（English as Second Language，ESL）方面拥有丰富的国际经验。凯恩英语培训中心的创立者布莱恩·麦克洛斯基（Brian McCloskey）和肯·卡罗尔（Ken Carroll）之前一直在中国台湾从事语言学校管理工作，随后才迁往上海创办了凯恩。到2007年，凯恩在上海拥有5家语言培训中心，每年毕业人数超过7 000人。教学人员主要包括60～70位母语为英语的全职专业英语教师和20多名英语作为第二语言的中国教师。简言之，凯恩是一个强大的本土品牌，在上海享有盛誉。

最初，凯恩的创立者与霍尔科夫都热衷于利用技术来进行英语教学，借此发展公司业务。他们意识到，语言学习者在学习一门新语言时，所花费的大多数时间都毫无效率。当老师和学生在课上积极参与演讲、倾听和回应时，二者之间的交流、互动和经验分享才算是真正的学习。他们都在琢磨，如何利用技术使课堂的主动学习达到最大化。

一种方法是将被动学习形式转变为在线平台交流。他们从华尔街英语（Wall Street Institute School of English）受到启发，这所学校很早就用电脑来提升课堂上的英语学习效率。[3]20世纪90年代，华尔街英语利用电脑程序来辅助英语教学，并将其与传统语言教学进行捆绑销售，以收取更多的费用。典型的外语学习主要包括每周3小时的实地教学。学习者如需增加每周1小时的在线学习时间，要另外交费。Praxis公司的商业模式基于克里斯·安德森（Chris Anderson）的免费模式——赠送音频播客课程，而对5类订阅收费（见表1）。2009年年末，Praxis公司拥有1万多名每月消费9～199美元的顾客，公司年收入超过100万美元，毛利率50%。教师每月大约工作160小时，月工资达1 000美元。公司共有50名全职员工和10名兼职员工。公司租了一个400平方米的办公室，每月租金为8 000美元。

表 1　　**产品价格表**

	价格（美元）	价格（人民币）	折扣（%）	网校	价格（美元）	价格（人民币）	折扣（%）
基础课程							
1 个月	9	60		3 个月	249	1.668	
6 个月	49	328	9.3				
12 个月	79	529	26.9				
24 个月	129	864	40.3				
高级课程				课程计划			
1 个月	29	194		1 个月	199	1 333	
6 个月	149	998	14.4	6 个月	899	6 023	24.7
12 个月	249	1 668	28.4	12 个月	1 599	10 713	33.0
24 个月	399	2 673	42.7	24 个月	2 999	20 093	37.2
指导课程				必修课程			
1 个月	49	328		1 个月	39	261	
6 个月	249	1 668	15.3	6 个月	169	1 132	27.8
12 个月	429	2 874	27.0	12 个月	299	2 003	36.1
24 个月	699	4 683	40.6	24 个月	549	3 678	41.3

资料来源：公司记录。

Praxis 将中国英语学习市场分为三个细分市场：高校、企业和个人（见图 1）。公司认为，每个细分市场都需要制定专门的营销战略（见表 2）。

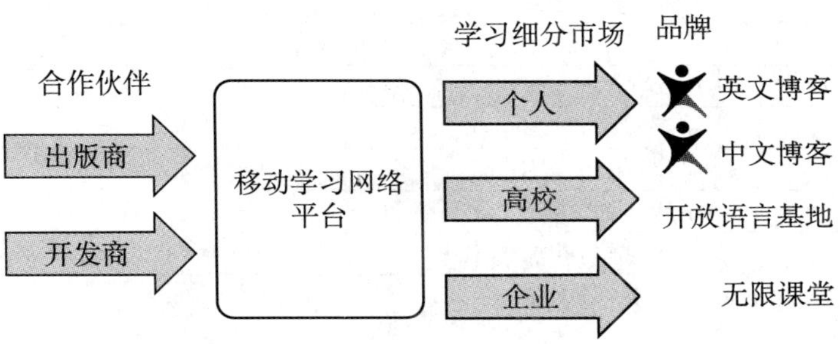

图 1　市场细分提案

资料来源：公司记录。

表 2　　**细分市场的营销战略**

	高校	企业	个人
市场规模	1.25 亿美元（2013 年）	10 亿美元（2013 年）	几十亿
竞争者	Dyned，Moodle，Blackboard	华尔街英语、英孚教育、环球英语	华尔街、Rosetta Stone、新东方
盈利模式	学校作为转卖商	直接收费	免费增值
营销	网上宣传、会议、合作伙伴	以人力资源和培训部门为目标	网上宣传、业务发展

资料来源：公司记录。

Praxis 针对三个细分市场建立了三个网站：

高校：http：//openlanguage. com

企业：http：//wxclass. com

个人：http：//chinesepod. com（见表 3）

表 3　课程计划和日常课程示例

始于 2009 年 9 月 10 日的教学周	
第 1 周	
1.	中级-订购办公用品
2.	中级-传统中医学
3.	中级-太极
4.	中级-诗词鉴赏
5.	中级-书法
第 2 周	
1.	中级-小王在办公室努力表现
2.	中级-职场新人
3.	中级-准备大展拳脚？
4.	中级-职场优胜劣汰
5.	中级-老王计划复仇
第 3 周	
1.	中级-老王计划起诉
2.	中级-老王失宠
3.	中级-配送问题
4.	中级-老王稍纵即逝的机会
5.	中级-要求加薪
第 4 周	
1.	中级-求职面试
2.	中级-学习中文
3.	中级-怎样使用字典
4.	中级-宿舍生活：上课迟到
5.	中级-报名参加艺术班

资料来源：http：//chinesepod. com.

最后，Praxis 公司的管理团队意识到，由于英语教育市场竞争激烈，仅仅以技术作为差异点无法使公司在市场上很好地生存发展。这些合伙人决定瞄准一个全新的市场——针对外国人的汉语学习中心。如同中国人将英语视为加速其职业发展的一个工具，外国人同样需要学习一些中文，以应对当地人到外企求职的局面，使自己更好地在组织中生存。由此，他们开拓一类新型业务，最终通过将技术元素注入语言教学成为这一市场的创新者。中文教育市场迅速扩大，但市场上几乎还没有成熟的竞争者。

随着中国经济的高速发展，中文的全球化水平越来越高，再加上技术尤其是播客和 Skype 等交互技术使用日益频繁，中文播客网站（ChinesePod. com）于 2005 年应运而生。此外，中文播客网站将电脑从教室搬走，将内容发布到网上。这一举措使语言学习者的学习时间从每周 4～5 小时增加到 8～10 小时。移动式互动（实验室和教室）大大增加了与顾客之间的互动机会，甚至有望达到每周 7 天，每天 24 小时。

中文播客的商业模式相当简单：为汉语初学者提供免费的中文播客服务，吸引他们访问网站。播客的节目包括一些实际有用的简短日常对话，主要涉及外出就餐、打电话、乘地铁和庆祝生日等具有代表性的话题。这些课程分为几个层次：新手、初级、中级、中高级、高级和媒体。付费用户还能进行对话、学习词汇和做练习。这一创意脱离了传统的课堂教学方式，给潜在学习者提供随时学习的体验。公司的理念是“随时随地，想学就学”。

Praxis 公司的移动学习网络将播客课程、社交协作工具、课堂整合、移动式分销和管理等特色融于一体，针对中国不同的细分市场创建了不同的品牌（见图 2）。

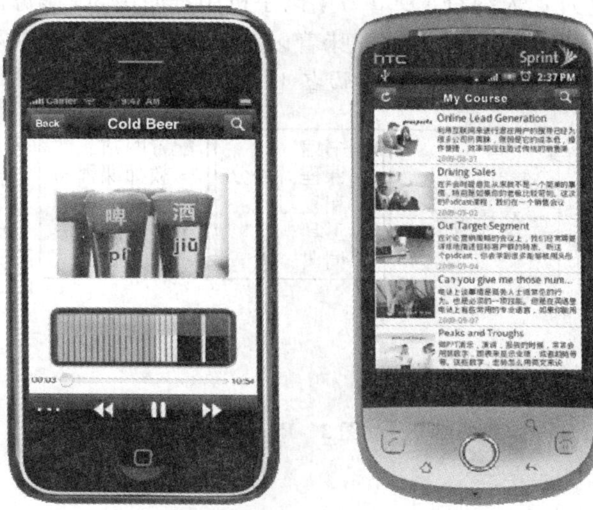

图 2　移动语言学习课程示例

资料来源：http：//chinesepod. com/.

付费用户也分为不同级别。最高级别的用户专门配备一名日常中文老师，这位老师每天就指定的播客教程与学习者交流 10 分钟。公司使用 Skype 的互联网电话为下载这一课程的用户提供免费的电脑联机语音服务，这些学习者可以在世界的任何地方向位于中国的以中文为母语的人学习中文。中国和东道国之间的时差有点挑战性，但这一难题是中国的老师所面对的，与学生无关。

技术：通用语

iPhone 是智能手机这类移动设备的象征，与之前的手机相比，智能手机与电脑有更多相同点，因为它们主要用来接收和发送数据消息，而不再是语音通话。虽然智能手机的存储空间不断增加，但最新趋势指向那些使用“互联网云”（Internet Cloud）的设备，如谷歌所使用的存储信息的大型服务器。移动设备将变为一个接入设备，从云端提取信息，或者运行云端已有的应用。以云为基础的计算，其同义词包括云计算、软件即服务（software as a service，SAAS）、作为服务的基础设备、租用而非自己计算。

中国并没有走在云计算革命的前沿，但在手机用户方面却是世界领导者。截至2009年12月，手机用户已超过7亿。博达克咨询有限公司（一家针对亚洲市场的咨询公司）的数据显示，到2011年中国手机用户将增长到7.84亿左右，同时手机联网用户将达到2.5亿。[4]由于手机设备和数据服务的费用高昂，中国只有一小部分用户使用智能手机。但智能手机市场的三大品牌——黑莓、台湾的HTC（使用基于Linux操作系统的安卓软件平台）和苹果公司的iPhone，分别于2006年、2009年5月和2009年10月登陆中国大陆。据中国国家工业和信息化部统计，到2009年10月，大约有1 000万中国手机用户使用3G服务。[5]3G网络给手机用户带来更快的信息传输体验，这意味着以前只能用固定/无线网络访问的云计算和其他商业服务现在可以转移至无线设备上（见图3）。

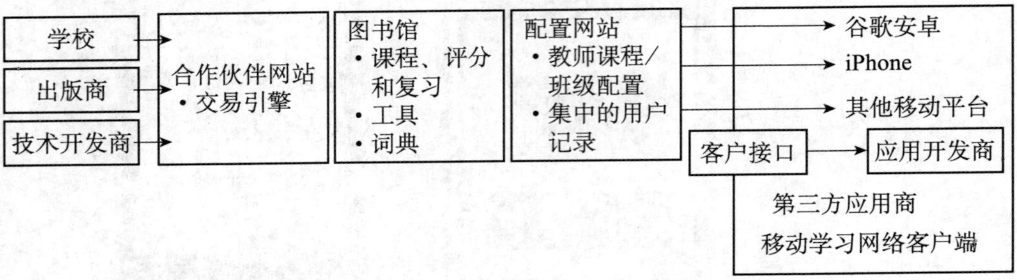

图3 Praxis的语言技术模型

资料来源：公司记录。

Praxis之所以在移动学习语言领域取得成功，关键在于以下三大技术：

- 用移动端口简化学习者进入
- 采用多种线上线下工具联系学习者使其参与最大化
- 运用开放的（非专有的）平台与学校、出版商和开发商合作

霍尔科夫意识到他不可能运用技术立即占领当前最大的潜在市场——母语为中文的英语学习者。虽然大多数中国人很快接受并开始使用手机，但他们完全不熟悉播客。因此，Praxis决定首先运用这一技术来创建中文播客——针对母语为英语的中文学习者。中文播客为那些无法在晚上上课或买不起相关书籍和CD的潜在语言学习者提供了一种可行的方案。

未来的机遇和挑战

虽然中文播客运营良好，但公司还需要考察未来增长机会。竞争者日益增多，这一商业概念几乎不存在市场准入、技术和其他方面的壁垒。公司应该转向其他语言群体吗？如果转向其他语言群体，哪些群体比较适合？公司应该仅集中于中文教育，并努力争取更多顾客吗？公司应该回到出发点，进一步在中国发展英语培训吗？对于已建立的平台，还有什么其他服务可以加入？

谷歌的安卓手机系统和苹果公司的iPhone两大新兴技术已登陆中国，Praxis

公司应如何利用这些新系统？这些技术以及新崛起的技术会给 Praxis 的商业模式带来哪些风险？

注释

[1] Huw Collingbourne, "Podcasting Secrets—ChinesePod," *Bitwise Magazine*, August 18, 2006, www. bitwisemag. com/2/Podcasting-Secrets-ChinesePod.

[2] http: //career. kaien. net. cn/index. php?page=about. kaien.

[3] www. wallstreetinstitute. com/students/overview. aspx, retrieved March 6, 2010.

[4] "How many new cell phone accounts are opened in China a day?" http: //news. cnet. com/8301-10784 _ 3-9724502-7. html.

[5] China's Information Technology and Internet, www. chinatoday. com/it/it. htm.

中国人民大学出版社工商管理类翻译版教材

序号	书名	作者	定价	出版年份	ISBN 978-7-300-

（一）工商管理经典译丛

序号	书名	作者	定价	出版年份	ISBN 978-7-300-
1	管理学（第11版）	罗宾斯（Stephen P. Robbins）	69	2012	15795-5
2	罗宾斯《管理学（第11版）》学习指导	罗宾斯（Stephen P. Robbins）	35	2013	17932-2
3	管理学（精要版第9版）	孔茨（Harold Koontz） 韦里克（Heinz Weihrich）	58	2014	18405-0
4	管理学（第3版）	贝特曼（Thomas S. Bateman）	58	2014	20098-9
5	商学精要（第8版）	埃伯特（Ronald J. Ebert）	55	2013	17581-2
6	管理经济学（第4版修订版）	彼得森（H. Craig Petersen）	69	2009	11367-8
7	管理经济学（第7版）	基特（Paul G. Keat）	65	2015	20416-1
8	组织行为学（第14版）	罗宾斯（Stephen P. Robbins）	72	2012	16663-6
9	组织行为学（第2版）	麦克沙恩（Steven L. McShane）	52	2015	20492-5
10	组织行为学（第9版）	格林伯格（Jerald Greenberg）	75	2011	13603-5
11	战略管理：概念与案例（第10版）	希特（Michael A. Hitt）	59	2012	16621-6
12	战略管理：概念与案例（第13版·全球版）	戴维（Fred R. David）	68	2012	15855-6
13	战略过程：概念、情境、案例（第4版）	明茨伯格（Henry Mintzberg）	69	2012	16331-4
14	人力资源管理（第12版）	德斯勒（Gary Dessler）	79	2012	15723-8
15	会计学（第10版）	亨格瑞（Charles T. Horngren）	85	2016	22753-5
16	公司理财：核心原理与应用（第3版）	罗斯（Stephen A. Ross）	76	2013	18161-5
17	项目管理：管理新视角（第7版）	梅雷迪思（Jack R. Meredith）	78	2011	12977-8
18	MBA运营管理（第5版）	梅雷迪思（Jack R. Meredith）	56	2015	21627-0
19	运作管理（第10版）	海泽（Jay Heizer）	89	2012	14890-8
20	运作管理（精要版第3版）	蔡斯（Richard B. Chase）	59	2014	18408-1
21	供应链管理（第5版）	乔普拉（Sunil Chopra）	65	2013	16974-3
22	市场营销：原理与实践（第16版）	科特勒（Philip Kotler）	79	2015	21339-2
23	营销管理（第13版·中国版）	科特勒（Philip Kotler）	59	2012	16254-6
24	营销信息系统（精要版·第9版）	劳东（Kenneth C. Laudon）	59	2012	16254-6
25	管理信息系统（第13版）全球版	劳东（Kenneth C. Laudon）	68	2016	20282-2
26	质量管理与卓越绩效（第9版）	埃文斯（James R. Evans）	75	2015	19776-0
27	数据、模型与决策（第4版）	埃文斯（James R. Evans）	59	2011	13605-9
28	电子商务（第7版）全球版	特伯恩（Efraim Turban）	79	2016	22533-3
29	电子商务导论（第2版）	特伯恩（Efraim Turban）	59	2011	13747-6
30	电子商务——商务、技术与社会（第7版）	劳东（Kenneth C. Laudon）	72	2014	18478-4
31	商务与经济统计学（精编版第5版）	威廉斯（Thomas A. Williams）	69	2014	19503-2
32	基础统计学（第4版）	拉森（Ron Larson）	52	2013	18479-1
33	商务统计学（第5版）	莱文（David M. Levine）	65	2010	12492-6
34	管理沟通——以案例分析为视角（第4版）	奥罗克（James S. O'Rourke）	49	2011	12920-4
35	商务谈判（第5版）	汤普森（Leigh L. Thompson）	55	2013	17837-0
36	管理思想史（第6版）	雷恩（Daniel A. Wren）	62	2012	14821-2
37	企业管理研究方法（第10版）	库珀（Donald Cooper）	79	2013	17645-1
38	商业伦理：概念与案例（第7版）	贝拉斯克斯（Manuel G. Velasquez）	52	2013	17376-4
39	企业伦理学（第10版）	费雷尔（O. C. Ferrell）	58	2016	22285-1
40	职业生涯发展与规划（第4版）	里尔登（Robert C. Reardon）	49	2016	22755-9
41	商法（第7版）	亚当斯（Alix Adams）	59	2014	20311-9
42	领导学——领导的艺术与科学（第7版）	纳哈雯蒂 （Afsaneh Nahavandi）	55	2016	22758-0

（二）工商管理经典译丛·市场营销系列

序号	书名	作者	定价	出版年份	ISBN 978-7-300-
1	市场营销学（第9版）	阿姆斯特朗（Gary Armstrong）	65	2010	12524-4
2	市场营销学基础（第18版）	佩罗（William D. Perreault, Jr.）	65	2012	15644-6
3	市场营销学（第3版）	格雷瓦尔（Dhruv Grewal）	65	2015	21338-5
4	营销管理（第5版·全球版）	科特勒（Philip Kotler）	39	2012	15367-4
5	营销管理（亚洲版·第5版）	科特勒（Philip Kotler）	75	2010	11369-2

6	营销管理：知识与技能（第 10 版）	彼得（J. Paul Peter）	65	2012	15751-1
7	消费者行为学（第 10 版）	所罗门（Michael R. Solomon）	68	2014	18249-0
8	消费者行为学（第 11 版）	希夫曼（Leon G. Schiffman）	69	2015	20402-4
9	战略品牌管理（第 4 版）	凯勒（Kevin Line Keller）	79	2014	19869-9
10	现代品牌管理	拉福雷（Sylvie Laforet）	55	2012	16015-3
11	商务谈判（第 6 版）	列维奇（Roy J. Lewicki）	65	2015	22006-2
12	营销调研（第 7 版）	伯恩斯（Alvin C. Burns）	65	2015	21107-7
13	基于 Excel 的营销调研（第 3 版）	伯恩斯（Alvin C. Burns）	58	2014	18621-4
14	营销调研精要	马尔霍特拉（Naresh K. Malhotra）	65	2016	22656-9
15	网络营销（第 7 版）	斯特劳斯（Judy Strauss）	65	2015	21036-0
16	服务营销（第 6 版）	洛夫洛克（Christopher Lovelock）	68	2010	12155-0
17	国际市场营销学（第 10 版）	钦科陶（Michael R. Czinkota）	69	2015	20986-9
18	全球营销	阿隆（Ilan Alon）	69	2016	23463-2
19	营销渠道：管理的视野（第 8 版）	罗森布洛姆（Bert Rosenbloom）	68	2014	18654-2
20	营销渠道（第 7 版）	科兰（Anne T. Coughlan）	59	2008	09525-7
21	广告学	阿伦斯（William Arens）	68	2014	18655-9
22	广告学：原理与实务（第 9 版）	维尔斯（William Wells）	75	2013	17868-4
23	广告与促销：整合营销传播视角（第 9 版）	贝尔奇（George E. Belch）	78	2014	19002-0
24	销售管理（第 9 版）	科恩（William L. Cron）	48	2010	11849-9
25	销售管理——塑造未来的销售领导者	坦纳（John F. Tanner Jr.）	48	2010	11767-6
26	客户关系管理	毛卡尔（Urvashi Makkar）	42	2014	19254-3
27	零售管理（第 11 版）	伯曼（Barry Berman）	79	2011	13093-4
28	战略营销：教程与案例（第 11 版）	凯琳（Roger A. Kerin）	65	2011	13868-8
29	营销战略与竞争定位（第 5 版）	胡利（Graham Hooley）	65	2014	07898-4
30	社会化媒体营销	塔腾（Tracy L. Tuten）	49	2014	20063-7
31	定价策略	史密斯（Tim J. Smith）	52	2015	21001-8

（三）工商管理经典译丛·会计与财务系列

1	会计学：管理会计分册（第 25 版）	里夫（James M. Reeve）	42	2016	22481-7
2	会计学：财务会计分册（第 25 版）	沃伦（Carl S. Warren）	72	2015	21597-6
3	会计学原理（第 21 版）	怀尔德（John J. Wild）	68	2015	20097-2
4	成本与管理会计（第 15 版）	亨格瑞（Charles T. Horngren）	99	2016	23024-5
5	管理会计	达塔（Srikant M. Datar）	78	2015	20847-3
6	高级会计学（第 10 版）	比姆斯（Floyd A. Beams）	69.8	2011	14636-2
7	审计学原理（第 19 版）	惠廷顿（O. Ray Whittington）	76	2015	22008-6
8	审计学：一种整合方法（第 14 版）	阿伦斯（Alvin A. Arens）	72	2013	16828-9
9	公司理财（第 2 版）	科尼特（Marcia Millon Cornett）	49	2015	20475-3
10	财务报表分析（第 11 版）	苏布拉马尼亚姆（K. R. Subramanyam）	75	2015	21598-3

（四）工商管理经典译丛·运营管理系列

1	运营与供应链管理（第 3 版）	博扎思（Cecil C. Bozarth）	65	2014	20047-7
2	运营管理：供需匹配的视角（第 2 版）	卡桑（Gerard Cachon）	55	2013	17105-7
3	供应链设计与管理（第 3 版）	辛奇-利维（David Simchi-Levi）	55	2010	11614-3
4	物流管理	格兰特（David B. Grant）	49	2016	22839-6
5	物流学（第 11 版）	墨菲（Paul R. Murphy，Jr.）	49	2015	21056-8
6	质量管理：整合供应链（第 4 版）	福斯特（S. Thomas Foster）	59	2013	17142-5
7	供应管理（第 8 版）	伯特（David Burt）	68	2012	15794-8

（五）人力资源管理译丛

1	人力资源管理：赢得竞争优势（第 7 版）	诺伊（Raymond A. Noe）	79	2013	17773-1
2	人力资源管理基础（第 2 版）	德斯勒（Gary Dessler）	65	2014	19505-6
3	薪酬管理（第 11 版）	米尔科维奇（George T. Milkovich）	69	2014	20048-4
4	战略性薪酬管理（第 7 版）	马尔托奇奥（Joseph J. Martocchio）	49	2010	11213-8
5	绩效管理（第 3 版）	阿吉斯（Herman Aguinis）	45	2013	18106-6
6	雇员培训与开发（第 6 版）	诺伊（Raymond A. Noe）	55	2015	22322-3

7	国际人力资源管理（第5版）	赵曙明 道林（Peter J. Dowling）	45	2012	14734-5
8	员工招聘与录用（第5版）	阿瑟（Diane Arthur）	45	2015	21108-4
9	工作分析——实用指南	普里恩（Erich P. Prien）	39	2015	21758-1
10	组织中的人际沟通（第5版）	杰纳兹（Suzanne C. De Janasz）	59	2016	22283-7
11	谈判与冲突管理	科尔韦特（Barbara A. Budiac Corvette）	39.8	2009	10388-4
12	人力资源管理：案例、练习与技能训练（第7版）	恩科莫（Stella M. Nkomo）	45	2015	21626-3

（六）工商管理经典译丛·国际化管理系列/国际商务经典译丛

1	国际贸易（第15版）	普格尔（Thomas A. Pugel）	49	2014	19001-3
2	国际金融（第15版）	普格尔（Thomas A. Pugel）	42	2014	19329-8
3	全球商务（第3版）	彭维刚（Mike Peng）	68	2016	22417-6
4	国际商务（第9版）	希尔（Charles W. L. Hill）	75	2013	10660-1
5	国际管理（第5版）	包铭心（Paul W. Beamish）	75	2013	10660-1
6	国际管理——跨国与跨文化管理（第8版）	德雷斯凯（Helen Deresky）	65	2015	20938-8
7	国际商务谈判	塞利奇（Claude Cellich）	42	2013	18404-3
8	全球营销（第6版）	基根（Warren J. Keegan）	72	2015	20471-0
9	国际企业伦理（第2版）	克兰（John M. Kline）	39	2013	18089-2
10	跨文化商务沟通（第6版）	钱尼（Lillian H. Chaney）	42	2014	19139-3
11	国际商务谈判：原理与实务	莫德（Barry Maude）	48	2016	23387-1

（七）管理科学与工程经典译丛

1	数据、模型与决策（第10版）	泰勒（Bernard W. Taylor Ⅲ）	78	2011	14005-6
2	创新管理（第4版）	蒂德（Joe Tidd）	59	2012	15657-6
3	工程经济学（第5版）	帕克（Chan S. Park）	75	2012	16014-6
4	管理信息系统（第15版）	奥布赖恩（James A. O'Brien）	65	2012	16779-4
5	管理信息系统案例（第4版）	米勒（M. Lisa Miller）	49	2013	18076-2
6	现代数据库管理（第10版）	霍弗（Jeffrey A. Hoffer）	68	2013	17076-3
7	知识管理：一种集成方法（第2版）	贾夏帕拉（Ashok Jashapara）	48	2013	17172-2
8	管理科学	史蒂文森（William J. Stevenson）	55	2013	17681-9
9	现代系统分析与设计（第6版）	霍弗（Jeffrey A. Hoffer）	69	2013	15844-0
10	决策支持与商务智能系统（第9版）	特伯恩（Efraim Turban）	62	2015	21400-9

（八）工商管理经典译丛·简明系列

1	创业学（亚洲版）	弗雷德里克（Howard H. Frederick）	55	2011	13506-9
2	战略管理	韦斯特三世（G. Page West Ⅲ）	45	2011	13607-3
3	战略管理精要（第5版）	亨格（J. David Hunger）	45	2012	15161-8
4	管理学（第8版）	舍默霍恩（John R. Schermerhorn）	50	2011	14220-3
5	商务沟通——数字世界的沟通技能（第12版）	伦茨（Kathryn Rentz）	49	2012	15331-5

（九）工商管理经典译丛·旅游管理系列

1	旅游学（第12版）	格德纳（Charles R. Goeldner）	65	2014	20229-7
2	旅游服务业市场营销（第4版）	莫里森（Alastair M. Morrison）	54	2012	16351-2
3	饭店经营管理（第2版）	海斯（David K. Hayes）	52	2013	17035-0
4	饭店业战略管理（第3版）	奥尔森（Michael D. Olsen）	45	2013	18013-7
5	饭店前厅管理（第5版）	巴尔迪（James A. Bardi）	49	2014	18628-3

（十）工商管理经典译丛·创业与创新管理系列

1	中小企业创业管理（第3版）	卡茨（Jerome A. Katz）	75	2012	14271-5
2	创业学（第9版）	库特科（Donald F. Kuratko）	52	2014	20022-4

（十一）其他教材

1	组织变革管理（第5版）	卡纳尔（Collin A. Carnall）	45	2015	21954-7
2	战略管理——制定、实施和控制（第12版）	皮尔斯二世（John A. Pearce Ⅱ）	65	2015	21111-4
3	案例学习指南：阅读、分析、讨论案例和撰写案例报告	埃利特（William Ellet）	39	2009	10202-3

Ilan Alon, Eugene Jaffe, Donata Vianelli
Global Marketing: Contemporary Theory, Practice, and Cases
0078029279

北京市版权局著作权合同登记号：01-2016-0437

图书在版编目（CIP）数据

全球营销/伊兰·阿隆等著；郭晓凌，龚诗阳译．—北京：中国人民大学出版社，2016.12
（工商管理经典译丛．市场营销系列）
ISBN 978-7-300-23463-2

Ⅰ.①全… Ⅱ.①伊…②郭…③龚… Ⅲ.①国际营销 Ⅳ.①F740.2

中国版本图书馆 CIP 数据核字（2016）第 237809 号

工商管理经典译丛·市场营销系列
全球营销
伊兰·阿隆
尤金·贾菲　　著
多娜塔·维亚内利
郭晓凌　龚诗阳　译
Quanqiu Yingxiao

出版发行	中国人民大学出版社		
社　址	北京中关村大街 31 号	邮政编码	100080
电　话	010－62511242（总编室）		010－62511770（质管部）
	010－82501766（邮购部）		010－62514148（门市部）
	010－62515195（发行公司）		010－62515275（盗版举报）
网　址	http://www.crup.com.cn		
	http://www.ttrnet.com（人大教研网）		
经　销	新华书店		
印　刷	北京鑫丰华彩印有限公司		
规　格	185 mm×260 mm　16 开本	版　次	2016 年 12 月第 1 版
印　张	30 插页 1	印　次	2016 年 12 月第 1 次印刷
字　数	680 000	定　价	69.00 元

教师反馈表

麦格劳-希尔教育集团（McGraw-Hill Education）是全球领先的教育资源与数字化解决方案提供商。为了更好地提供教学服务，提升教学质量，麦格劳-希尔教师服务中心于 2003 年在京成立。在您确认将本书作为指定教材后，请填好以下表格并经系主任签字盖章后返回我们（或联系我们索要电子版），我们将免费向您提供相应的教学辅助资源。如果您需要订购或参阅本书的英文原版，我们也将竭诚为您服务。

<table>
<tr><td colspan="6">★ 基本信息</td></tr>
<tr><td>姓</td><td></td><td>名</td><td></td><td>性别</td><td></td></tr>
<tr><td>学校</td><td colspan="2"></td><td>院系</td><td colspan="2"></td></tr>
<tr><td>职称</td><td colspan="2"></td><td>职务</td><td colspan="2"></td></tr>
<tr><td>办公电话</td><td colspan="2"></td><td>家庭电话</td><td colspan="2"></td></tr>
<tr><td>手机</td><td colspan="2"></td><td>电子邮箱</td><td colspan="2"></td></tr>
<tr><td>通信地址及邮编</td><td colspan="5"></td></tr>
<tr><td colspan="6">★ 课程信息</td></tr>
<tr><td>主讲课程</td><td></td><td>课程性质</td><td></td><td>学生年级</td><td></td></tr>
<tr><td>学生人数</td><td></td><td>授课语言</td><td></td><td>学时数</td><td></td></tr>
<tr><td>开课日期</td><td></td><td>学期数</td><td></td><td>教材决策者</td><td></td></tr>
<tr><td>教材名称、作者、出版社</td><td colspan="5"></td></tr>
<tr><td colspan="6">★ 教师需求及建议</td></tr>
<tr><td colspan="2">提供配套教学课件
（请注明作者 / 书名 / 版次）</td><td colspan="4"></td></tr>
<tr><td colspan="2">推荐教材
（请注明感兴趣领域或相关信息）</td><td colspan="4"></td></tr>
<tr><td colspan="2">其他需求</td><td colspan="4"></td></tr>
<tr><td colspan="2">意见和建议（图书和服务）</td><td colspan="4"></td></tr>
<tr><td>是否需要最新图书信息</td><td>是、否</td><td rowspan="2">系主任签字/盖章</td><td colspan="3" rowspan="2"></td></tr>
<tr><td>是否有翻译意愿</td><td>是、否</td></tr>
</table>

McGraw Hill Education | Higher Education

教师服务热线：800-810-1936

教师服务信箱：instructorchina@mheducation.com

网址: www.mheducation.com

麦格劳-希尔教育教师服务中心

地址：北京市东城区北三环东路 36 号环球贸易中心 A 座 · 702 室 教师服务中心 100013

电话：010-57997600

传真：010-59575582

教师教学服务说明

中国人民大学出版社工商管理分社以出版经典、高品质的工商管理、财务会计、统计、市场营销、人力资源管理、运营管理、物流管理、旅游管理等领域的各层次教材为宗旨。

为了更好地为一线教师服务，近年来工商管理分社着力建设了一批数字化、立体化的网络教学资源。教师可以通过以下方式获得免费下载教学资源的权限：

在“人大经管图书在线”（www. rdjg. com. cn）注册，下载“教师服务登记表”，或直接填写下面的“教师服务登记表”，加盖院系公章，然后邮寄或传真给我们。我们收到表格后将在一个工作日内为您开通相关资源的下载权限。

如您需要帮助，请随时与我们联络：

中国人民大学出版社工商管理分社

联系电话：010－62515735，62515749，62515987

传　　真：010－62515732，62514775　　　电子邮箱：rdcbsjg@crup. com. cn

通讯地址：北京市海淀区中关村大街甲 59 号文化大厦 1501 室（100872）

教师服务登记表

姓名		□先生 □女士	职称		
座机/手机			电子邮箱		
通讯地址			邮编		
任教学校			所在院系		
所授课程	课程名称	现用教材名称	出版社	对象（本科生/研究生/MBA/其他）	学生人数
需要哪本教材的配套资源					
人大经管图书在线用户名					
院/系领导（签字）： 院/系办公室盖章					